云亭法律实务书系

担保纠纷
裁判规则与类案集成

INTEGRATION OF JUDGMENT RULES AND CASES

李　舒　唐青林　李元元◎编著

中国法制出版社
CHINA LEGAL PUBLISHING HOUSE

《民法典》时代的担保纠纷

——司法实践和裁判观点的发展与演变

（代前言）

从1987年《民法通则》正式开始施行，到2020年《民法典》制定完成，改革开放以后的中国民事立法走过三十多年的历程。横跨物债，超越民商，作为市场经济基础交易工具之一的担保制度，历经《民法通则》《担保法》《物权法》《民法典》，逐渐走向完备和成熟。从一定意义上来说，我国担保立法的发展史就是我国市场经济发展的投影，担保纠纷的裁判观点也随着立法的不断发展持续演变。

一、发轫:《民法通则》时代的担保制度

市场经济是信用经济，担保是现代信用经济的重要工具，与商事交易相伴相生。但在1986年《民法通则》颁布之前，我国几乎没有关于担保制度的立法。《民法通则》第八十九条首次提出了“债的担保”这一概念，列举了保证、抵押、定金、留置四种方式作为债的担保。《民法通则》用三百余字的篇幅规定了担保责任、担保人追偿权、担保物权的实现等内容，这一看似简单的规定，却在相当长的一段时间内成为我国担保制度理论与实践的规范基础。

但《民法通则》关于担保制度的规定过于原则，根本无法满足日趋复杂的司法实践需求。为满足司法裁判对规则供给的刚性需求，最高人民法院发布了包括《关于贯彻执行〈中华人民共和国民法通则〉若干问题的意见》（1988）、《关于审理经济合同纠纷案件中有关保证的若干问题的规定》（1994）在内的多部司法解释，对经济生活中常见的涉及担保的法律问题进行了进一步的规范。相关司法解释就担保主体、担保合同的成立方式、保证期间、连带担保的责任承担、抵押物的转让、担保的从属性等问题作出了初步的阐释和说明。

尽管从今天的角度看来，《民法通则》及相关司法解释担保部分的规范仍然体现了一定的计划经济色彩，其逻辑体系不甚周严，其内容与理念也与如今之规范相去甚远，但仍可以说，《民法通则》与相关司法解释是我国担保制度走向体系化、规范化的开端。

二、发展:《担保法》《担保法解释》与《物权法》的新旧之争

自1995年起开始施行《担保法》，是我国第一部系统性规范民事担保制度的法律。《担保法》及其司法解释对语焉不详的《民法通则》担保制度予以了全面的体系化，并从立法层面规定了“质押”这一担保形式。《担保法》对担保合同的从属性、担保主体、担保责任、共同担保、最高额担保、保证期间等问题进行了系统性的规定，形成了保证、抵押、质押、留置、定金五足鼎立的民事担保制度法律体系。

《担保法》诞生于我国市场经济体制建设的起步时期，并未完全脱离于计划经济的色彩。该法带有明显的时代印记，体现了在一定时期内，我国为降低企业融资成本、强化担保行为的效力而确定的充分保护债权人的立法价值取向。例如，在保证人未书面明确保证方式的情况下，《担保法》并未采取世界主流做法将保证方式推定为“一般责任保证”，而是推定为“连带责任保证”，对担保人科以了较重的义务；又如，2000年的《最高人民法院关于适用〈中华人民共和国担保法〉若干问题的解释》认为，多名“连带保证人”与债务人的关系类似于多名“连带债务人”的关系，规定多人共同连带保证的情形下，向其中一名保证人主张权利，即起到对所有保证人主张权利、中断保证期间和诉讼时效的法律效果。但总体而言，《担保法》时代，民事担保的司法实践充分尊重债权人与担保人的意思自治，在一定程度上促进了我国资本市场的繁荣发展。

进入21世纪，随着我国民法学界与实务界对物权理论认识的深入，私有财产不受侵犯被上升到宪法层面，制定物权法的意识形态障碍被彻底扫除。在此背景下，2007年《物权法》正式诞生。《物权法》颁布实施，使得作为法定物权的抵押权、质权、留置权等担保物权不仅在《担保法》中加以规制，也在《物权法》担保物权编中加以规制。《担保法》及其司法解释与《物权法》对独立担保、混合担保、担保期间等问题作出了不同的规定。因此，很长一段时期内，如何协调《担保法》及《物权法》对担保物权的不同规定、如何处理新法与旧法之间的关系，成为担保司法实践中的一项重要议题。

市场经济的繁荣发展也为我国的担保制度带来了一系列新问题。其中最为典型的就是《担保法》《物权法》规定的刚性担保种类，与日趋复杂的资本市场增信需求不相匹配。为解决制度与实践之间的张力，不少商事主体通过变换交易模式、自创增信工具的手段（例如约定第三方差额补足、流动性支持、独立保函），试图绕过担保制度的强制性规定。再例如，公司法定代表人越权担保、上市公司违规担保的现象频发，严重侵害了公司股东及股民的权益；又例如，保兑仓交易、让与担保等新型担保交易形式不断涌现，各地法院对相关合同的效力问题理解存在重大差异。最高人民法院陆续通过发布司法解释、批复、会议纪要的方式，对担保制度的法律规则进行完善，以应对市场中不断变化的担保交易实践。

在《担保法》和《物权法》双雄并立的时代，中国担保制度的司法实践在众多的问题上缺乏应有的共识。如混合共同担保人之间的求偿权问题、公司担保问题、保证期间与诉讼时效的关系问题、抵押担保范围问题、让与担保效力问题，等等。这些问题，在实践中都缺乏统一的实践共识。这一时期内，我国金融市场的交易结构不断创新、担保问题的纠纷数量不断增加、新问题不断涌现，各级法院针对同一法律问题出现了大量同案不同判的现象，裁判规则难以统一。担保制度的司法实践，在某些案件中成为“掷硬币”的随机游戏，动摇了担保制度规则的可预期性。

三、成熟:《九民纪要》和《民法典》时代的担保制度

为解决司法实践中众多裁判观点不统一的问题，2019年11月8日，最高人民法院印发《全国法院民商事审判工作会议纪要》（即《九民纪要》），对《担保法》《物权法》及其司法解释在适用过程中面临的一系列争议问题进行了统一。《九民纪要》重申了担保的从属性，协调了《物权法》与《担保法》之间存在的多处适用冲突，并确定了不轻易否定新型担保合同效力的审判原则。

2021年1月1日，《民法典》正式实施，代表着我国规范意义上的担保制度进入了《民法典》时代。伴随《民法典》同步实施的还有《最高人民法院关于适用〈中华人民共和国民法典〉有关担保制度的解释》（以下简称《民法典担保制度解释》）。新法出台及新的司法解释颁布后，最高人民法院在其编撰的《民法典担保制度解释理解与适用》指出，《担保法解释》中五分之四的条款已经被《民法典》及司法解释取代，旧有的裁判观点不再沿袭适用，可见本次修法力度之大。但变化只是形式意义上的，中国担保制度的司法实践在民法典时代仍保持着一定的延续性，在诸多存在争议的司法实践问题上并未出现颠覆性的改变。

《民法典》及《民法典担保制度解释》体现了我国担保法律制度三十余年的积淀，是最新司法观点的总结与集成，体现了我国民商法立法与实务层面最新的价值转向，既有传承、又有创新：

第一，《民法典》保持了《担保法》和《物权法》关于担保制度的基本框架。《民法典》以及《民法典担保制度解释》仍然保持了保证合同、担保物权（含抵押、质押、留置权）、其他担保形式的基本结构框架，在担保制度核心内容的设置上，与旧法大体保持一致。例如，新旧法均包括担保的定义、担保的从属性、担保的种类与形式、担保的主体限制、担保责任的承担等担保制度的核心内容。

第二，《民法典》汲取了最高人民法院《九民纪要》及长期司法审判活动中积累的宝贵经验。《九民纪要》立足于司法实践，一方面试图解决《担保法》与《物权法》之间的冲突问题，另一方面试图解决在审判实践中出现的新问题，而《民法典担保制度解释》是对这一重要文件的传承与发展。《民法典担保制度解释》基本吸收了《九民纪要》对独立担保效力、担保责任范围、担保物权变动、非典型担保效力等方面的观点，对时下热议的公司法定代表人越权担保问题、混合担保中担保人互相追偿问题作出了更为详细、实用的规定。

第三，《民法典》淘汰了原有法律中大量丧失实务价值的条款，根据新的立法价值取向，对旧有法规进行了系统性的修改。考虑到担保人、债务人在设定担保时处于弱势地位，并结合司法实践中债权人滥用优势地位、过分压缩担保人利益的事实，《民法典》改变了《担保法》时代的立法价值取向，使得债权人与担保人之间的权利更加平衡；例如，根据《民法典》，在保证合同对保证方式与保证期间没有约定或者约定不明的情况下，保证人仅在6个月的保证期间内承担一般保证责任，这一责任与《担保法》相比明显较轻；再例如，《民法典担保制度解释》将实践中通行的差额补足、流动性支持等增信方式“还原”为保证责任或连带债务清偿责任，避免债权人通过合同任意设定增信工具，侵害担保人的合法权益。

第四，《民法典》创设性地出台了一系列新规定，填补了立法空白。《民法典》及《民法典担保制度解释》的一大亮点即在于将实践中新涌现的非典型担保形式纳入到担保的法律制度中加以规范，回答了司法实务中亟待解决的新型担保效力问题。除此之外，《民法典担保制度解释》正式明确了预告抵押登记优先受偿制度、担保债务在主债务人破产程序开始后的停止计息制度、融资租赁合同中出租人对租赁物的优先受偿制度，相关制度一经出台，即引起了学界与实务界的热切讨论。

《民法典》及《民法典担保制度解释》在防控市场风险的同时，进一步促进商品流通与资金融通，确保法律规定紧贴实践。如果说《担保法》诞生于我国金融与资本市场“野蛮生长”的时代，那么《民法典》和《民法典担保制度解释》的出台则象征着我国经济发展从“追求速度”到“追求质量”，担保制度立法逐渐走向成熟、走向理性。

苟日新，日日新，又日新。三十余年来，担保这一古老的商事制度历久弥新，不断焕发着生命力。我国担保制度的立法从无到有，逐渐成熟健全、不断革新，其每一阶段的进步都是革命性的。市场交易结构的创新、学术研究的深入、司法政策的转变都对我国担保制度的发展产生着重要影响。随着《民法典》时代的开启，担保制度的司法实践也必将随着立法的变革不断发展、走向成熟。

四、裁判规则解读：担保制度变迁视角

北京云亭律师事务所民商事争议解决团队长期致力于担保这一交易工具的研究和相关业务的实践。在处理大量涉及担保的商业纠纷的同时，我们收集并系统性地整理了最高人民法院及各高级人民法院千余份涉及担保纠纷的判决书、裁定书，并在此基础上总结了担保纠纷的100个常见争议点，于2019年7月出版了《担保纠纷案件胜诉实战指南——典型案件办案思路及实务要点解析》。

在本书出版后的2019年11月，最高人民法院向全国法院印发了《九民纪要》，对担保纠纷案件审理的规则进行了进一步的规范与统一，在一定程度上解决了司法实践中分歧较大的一系列实务问题。2021年1月1日起，《民法典》及新司法解释“一槌定音”地将担保制度司法实践中长期以来存在的部分争议问题进行了全面归纳与总结；另一方面，《民法典》及新司法解释创设性地出台了一系列新规定，改变了《担保法》中不适应当代经济生活需要的部分规范；与此同时，《民法典担保制度解释》亦将《担保法解释》中不典型、不实用的部分规定予以剔除，更加贴近司法实践。

就司法实践而言，法律的变化，欲实现其对社会经济实践的指引功能，最终必将通过裁判规则进行响应。为因应近年来立法和司法实践的重大变化，应读者要求和我们日常处理大量担保疑难案件实务的客观需要，我们结合最新判例和裁判规则，对本书进行全面修订、升级和完善。本次修订保留了本书原有的特色，但其修订始终以反映当前最新司法动态为目标。为此，我们将本书原有的部分老旧案例，结合最高法院和各地高院最新判例进行了全面更新。因此，与其说本书是第一版的修订版，不如说是重新改写后的一部新书。

截至本书完成修订之时，《民法典》及相关司法解释颁行仅一年多时间，实践中仍有大量问题待立法填补，相关规则的适用情况亦有待进一步观察。作者虽有心对《民法典》时代所有涉及担保的重点问题进行一一归纳、梳理，但由于作者水平和精力有限，对案例的选取和裁判规则的解读，难免挂一漏万，望各位读者予以批评指正！同时，我们也诚挚欢迎学者、律师界各位同侪、法官及其他司法实务工作者就本书涉及的相关问题、观点同我们进行探讨。并与我们邮件联系，邮箱：lishu@ yuntinglaw. com。

李舒律师

2022 年 5 月 1 日

目　录

第一章　担保法总论

第一节　担保合同的成立与生效

第二节　担保的范围

第三节　担保合同的主体

第四节　共同担保

第四节 债务人“借新还旧”时的担保责任

第五节 变更借款用途与保证责任

第六节 债权债务变更与保证责任

第七节 保证关系中的当事人地位

第八节 其他问题

第三章 抵押担保

第一节 抵押合同的效力

第二节 抵押登记

第三节　抵押权的效力

第四节　抵押物转让

第五节　抵押权与房地一致原则

第六节　抵押权的担保范围

第七节　抵押担保的债权债务转让

第八节　最高额抵押

第九节　抵押权消灭

第十节　其他问题

第四章　其他担保形式

第一节　质　押

第二节 定 金

第三节 让与担保

第一章　担保法总论

第一节　担保合同的成立与生效

001 如何判断债权人对担保合同无效有无过错？

裁判要旨[①]

因我国相关法律法规与相应物权登记具有公示性，故被抵押财产属于依法不可被抵押的财产而导致担保合同无效的，应认定各方当事人对于抵押合同的无效均存在一定的过错。根据《中华人民共和国民法典》（以下简称《民法典》）的规定，担保合同被确认无效后，债务人、担保人、债权人有过错的，应当根据其过错各自承担相应的民事责任。

案情简介

一、2015 年 5 月 2 日，富某公司与黄某勤签订《借款协议》，约定黄某勤向富某公司借款 5200 万元，金某公司（法定代表人为黄某勤）以其煤矿的采矿权为《借款协议》项下的借款提供抵押担保，签订《采矿权抵押合同》。富某公司依据协议向黄某勤支付了借款，但对采矿权未办理抵押、质押登记。

二、2017 年 7 月 5 日，因黄某勤未如期还款，富某公司向法院起诉，请求黄某勤支付 4724 万元本金、利息、违约金，并要求就金某公司煤矿的探矿权优先受偿。

---

① 案件来源：阜康市金某实业有限公司、富某借款合同纠纷再审审查与审判监督民事裁定书［（2019）最高法民申 5739 号］

三、一审、二审法院查明，由于案涉探矿权未办理抵押、质押登记，故抵押权未得有效设立，且在富某公司与黄某勤签订《借款协议》和《采矿权抵押合同》时，用于担保的采矿权已被人民法院另案采取财产保全措施，故一审法院认为，《采矿权抵押合同》无效，债权人富某公司对抵押合同亦有过错，判决富某公司承担黄某勤不能清偿部分的二分之一。

四、富某公司不服二审判决，向最高人民法院（以下简称“最高法院”）申请再审，最高法院裁定驳回其再审申请。

裁判思路

本案富某公司败诉的原因在于：《采矿权抵押合同》未经公司内部决议认可，且在《采矿权抵押合同》签订之前采矿权已经被法院查封，《公司法》第十六条规定，公司为公司股东或者实际控制人提供担保的，必须经股东会或者股东大会决议。法律一经公布，即推定所有人明知及不知法律不免责。富某公司不能以不知道法律的存在为由而不对金某公司决议的存在尽审查义务。此外，被法院保全或执行程序查封的财产不得抵押，富某公司对案涉采矿权的财产状态未作审查，最终导致抵押合同无效。综上，应当认定债权人富某公司对担保合同的无效亦有过错，应承担相应的责任份额。

经验总结

1. 担保合同无效后，各方当事人应根据过错程度承担相应的责任。

根据《民法典》第六百八十二条的规定，担保合同无效并非表示担保人可以就此免责，也并不代表债权人可以当然要求保证人对主债务未获清偿的部分承担连带责任，而是应当结合双方当事人的过错程度，确定不同的责任分担方式。具体参看《民法典担保制度解释》第十七条。

2. 担保合同因违反法律法规的强制性规定而无效，应认定债权人、担保人均有过错。

根据《民法典》第一百五十三条之规定，违反法律、行政法规的强制性规定的民事法律行为无效。我国是成文法国家，所有的正在有效实施的法律法规均已经对社会公布，在我国范围内从事民事活动的一切组织和个人均有知晓并遵守法律的义务。因此，当事人不得以不知晓法律为由，主张对合同无效不存在过错。根据《民法典》《民法典担保制度解释》《公司法》有关规定，部分主体（如公司、非营利机构等）与他人签订担保合同的能力会受到一定的限制。作为债权人，与他人签订担保合同时，应当对担保人提供担保的资格进行审查，避免导致担保合同无效的法律后果。

3. 签订担保合同，应当对担保财产的状态有清楚的认识，应当办理登记的，及时办理登记手续。

根据《民法典》第二百零九条的规定，不动产物权的设立、变更、转让和消灭，经依法登记，发生效力。除不动产外，设立各种权利质权亦采取登记生效主义。及时办理登记，不但可以确保担保物权的顺利确立，亦可以帮助债权人查明担保物上存在的可能使担保物权无法实现的其他权利。

相关法条

《中华人民共和国民法典》（2021年1月1日施行）

第一百五十三条 违反法律、行政法规的强制性规定的民事法律行为无效。但是，该强制性规定不导致该民事法律行为无效的除外。

违背公序良俗的民事法律行为无效。

第二百零九条 不动产物权的设立、变更、转让和消灭，经依法登记，发生效力；未经登记，不发生效力，但是法律另有规定的除外。

依法属于国家所有的自然资源，所有权可以不登记。

第三百八十八条 设立担保物权，应当依照本法和其他法律的规定订立担保合同。担保合同包括抵押合同、质押合同和其他具有担保功能的合同。担保合同是主债权债务合同的从合同。主债权债务合同无效的，担保合同无效，但是法律另有规定的除外。

担保合同被确认无效后，债务人、担保人、债权人有过错的，应当根据其过错各自承担相应的民事责任。

第四百四十一条 以汇票、本票、支票、债券、存款单、仓单、提单出质的，质权自权利凭证交付质权人时设立；没有权利凭证的，质权自办理出质登记时设立。法律另有规定的，依照其规定。

第六百八十二条 保证合同是主债权债务合同的从合同。主债权债务合同无效的，保证合同无效，但是法律另有规定的除外。

保证合同被确认无效后，债务人、保证人、债权人有过错的，应当根据其过错各自承担相应的民事责任。

《最高人民法院关于适用〈中华人民共和国民法典〉有关担保制度的解释》（法释〔2020〕28 号　2021 年 1 月 1 日施行）

第十七条　主合同有效而第三人提供的担保合同无效，人民法院应当区分不同情形确定担保人的赔偿责任：

（一）债权人与担保人均有过错的，担保人承担的赔偿责任不应超过债务人不能清偿部分的二分之一；

（二）担保人有过错而债权人无过错的，担保人对债务人不能清偿的部分承担赔偿责任；

（三）债权人有过错而担保人无过错的，担保人不承担赔偿责任。

主合同无效导致第三人提供的担保合同无效，担保人无过错的，不承担赔偿责任；担保人有过错的，其承担的赔偿责任不应超过债务人不能清偿部分的三分之一。

裁判意见

以下为最高法院在“本院认为”部分就此问题发表的意见：

本院经审查认为，本案再审审查的焦点在于导致本案中担保合同无效的过错责任如何承担。

根据《物权法》第一百八十四条、《担保法》第三十七条[①]的规定，依法被查封、扣押、监管的财产，不得抵押。根据《最高人民法院关于适用〈中华人民共和国担保法〉若干问题的解释》第五条的规定，以法律、法规禁止流通的财产或者不可转让的财产设定担保的，担保合同无效。原审法院查明，富某公司与黄某勤、金某公司等订立《借款协议》《采矿权抵押合同》时，用于担保的股权及采矿权均已被相关人民法院采取财产保全措施。因此，二审法院据此认定《采矿权抵押合同》无效并无不当，不存在法律适用错误。金某公司主张涉案合同上的章是黄某勤私刻，但黄某勤在签订相关合同时是金某公司的法定代表人，且金某公司也未能举证证明黄某勤与富某之间存在串通等情形，则印章的真假对本案二审分配担保合同无效导致的责任并无本质影响，金某公司再审提供的《阜康市公安局立案告知书》《情况说明》不足以证明二审判决存在错误。金某公司

① 编者按：《民法典》第 399 条。

以已经被查封的采矿权提供抵押，存在明显过错。富某在接受金某公司所提供的采矿权抵押担保时，未就抵押、质押财产有无权利限制进行审查，显然未充分尽到注意义务。

延伸阅读

1. 因违反法律法规的强制性规定导致担保合同无效，认定担保合同双方当事人均有过错的案例

案例一：郭某凤、河北某炼焦制气集团有限公司与鹤岗市某区人民政府、鸡西龙某投资集团有限公司合同纠纷二审民事判决书［（2016）最高法民终623号］

最高法院认为：某区政府作为该款的保证人，因其违反《中华人民共和国担保法》第八条①关于“国家机关不得为保证人”的规定，应认定《项目转让委托协议》中有关某区政府承担保证责任的约定无效。同时根据《最高人民法院关于适用〈中华人民共和国担保法〉若干问题的解释》第七条②关于“主合同有效而担保合同无效，债权人无过错的，担保人与债务人对主合同债权人的经济损失，承担连带赔偿责任；债权人、担保人有过错的，担保人承担民事责任的部分，不应超过债务人不能清偿部分的二分之一”的规定，某区政府应对鸡西龙某公司不能清偿5100万元及相应利息部分，承担二分之一的清偿责任。

案例二：关某祥与福建莆田某商业银行股份有限公司抵押合同纠纷二审民事判决书［（2013）闽民终字第126号］

该院认为：上诉人关某祥以集体所有土地上的房地产设定抵押导致担保合同无效，其明显有过错，本案双方对此亦无异议。本案的关键是某农商行对担保合同无效是否有过错。本院认为，某农商行作为银行金融机构对外开展贷款业务，在对贷款的发放及抵押物的审查上有专业的判断，其在接受关某祥的抵押时，也应充分认识到集体土地上的房地产作为抵押物违反法律、行政法规的强制性规定所带来的抵押无效的法律后果，对此风险某农商行应是明知的，换言之，某农商行对本案抵押无效亦负有一定的过错。因此，本案属于主合同有效而担保合同无效，债权人、担保人均有过错的情形，根据《最高人民法院关于适用〈中华人民共和国担保法〉若干问题的解释》第七条③‘债权人、担保人有过错的，担保

① 编者按：《民法典担保制度解释》第5条第1款。

②③ 编者按：《民法典担保制度解释》第17条。

人承担民事责任的部分，不应超过债务人不能清偿部分的二分之一’之规定。某农商行以关某祥保证办妥抵押手续的《承诺书》作为支持其在接受抵押时并无过错的依据，本院认为，关某祥的承诺不足以排除某农商行对抵押物审查不严的客观过错，故对某农商行的抗辩理由，本院不予采纳。综上，原审关于上诉人关某祥所承担的连带责任性质及份额的认定有误，本院予以纠正，关某祥应承担达某电子公司不能清偿部分债务二分之一的连带赔偿责任。

2. 境内公司向境外机构提供担保，未完成登记备案手续的，不影响担保效力

案例三：江某君、邢台港某汽车销售有限公司保证合同纠纷二审民事判决书［（2020）冀民终612号］

河北省高级人民法院认为：江某君主张涉案保证合同属于对外担保，因未办理登记或未经批准而无效。对外担保的法定定义最早来源于中国人民银行于1996年9月25日颁布的《境内机构对外担保管理办法》，根据该办法第二条的规定，对外担保是指中国境内机构（境内外资金融机构除外）以保函、备用信用证及《担保法》[①] 规定的财产和权利，向中国境外机构或者境内的外资金融机构所提供的担保。该办法于2014年废止，现行有效的有关对外担保的法律规范为《跨境担保外汇管理规定》，该规定于2014年6月1日实施。依照《跨境担保外汇管理规定》的规定，为境外机构对外提供外汇担保，应报经外汇管理机关批准，并办理签约登记或备案等审批手续。但第二十九条同时规定：“外汇局对跨境担保合同的核准、登记或备案情况以及本规定明确的其他管理事项与管理要求，不构成跨境担保合同的生效要件。”据此，自2014年6月1日起跨境担保的登记或备案等手续不再作为效力性规定，而是管理性规定。江某君主张涉案保证合同属于对外担保，因未办理登记或未经批准而无效。由于江某君并非境内机构，亦不是为银行贷款提供担保，故涉案担保合同并不适用《跨境担保外汇管理规定》和《最高人民法院关于适用〈中华人民共和国担保法〉若干问题的解释》第六条[②]的规定。即使将本案担保合同理解为广义的对外担保合同，2014年6月1日后亦不能再根据担保法司法解释第六条[③]的规定认定对外担保合同无效。综上，江某君主张担保合同未经登记无效依据不足，本院不予采信。

---

① 编者按：已失效，被《民法典》吸收。

②③ 编者按：已失效。

002 如何判断担保人对主合同无效有无过错?

裁判要旨[①]

因主合同无效而导致担保合同无效，担保人无过错的，不承担民事责任；担保人有过错的，应当依法承担民事责任。所谓担保人的过错，是指担保人明知主合同无效仍为之提供担保，或者明知主合同无效仍促使主合同成立或为主合同的签订作中介等情形。

案情简介

一、1997年3月20日，某外贸公司与科某德公司签订了五份《代理进口协议》，双方约定：某外贸公司受科某德公司委托，代理其进口镍板和铝锭。同日，某某行向某某银行出具了相应《不可撤销担保书》，对以上债务承担连带责任保证。

二、1997年3月至4月间，某外贸公司以履行铝锭买卖合同为由，向某某银行申请开立了四份不可撤销信用证，其受益人为香港某公司。某某银行为上述四单信用证累计垫款金额为16037646.34美元。某外贸公司于1998年6月25日、26日，两次共偿还1991000美元，故某外贸公司尚欠某某银行14046646.34美元。

三、1999年9月6日，某某银行向重庆市高级人民法院提起诉讼，请求某外贸公司偿付信用证垫款14046646.34美元及利息、罚息和主张债权的费用；某某行承担连带责任。重庆高院以担保合同不生效力为由一审判决某外贸公司还本付息，驳回某某银行的其他诉讼请求。

四、某某银行不服，上诉至最高法院。最高法院以某某行不存在过错为由二审判决某外贸公司还本付息，驳回某某银行的其他诉讼请求。

裁判思路

本案中某某银行要求某某行承担保证责任的诉请未获法院支持理由在于某某

---

① 案件来源：某某银行与某某行等信用证垫款纠纷二审案［（2005）民四终字第21号　《中华人民共和国最高人民法院公报》2006年第3期（总第113期）］

行对于本案主合同的无效不存在过错。根据《民法典担保制度解释》第十七条的规定，主合同无效而导致担保合同无效的，担保人不存在过错的，不承担责任。最高法院根据“一方以欺诈、胁迫的手段或者乘人之危，使对方在违背真实意思的情况下所为的民事行为无效”的规定认定案涉开立信用证的行为即主合同无效。某某行不是本案中主合同的当事人，不可能在开立信用证时知晓某外贸公司存在欺诈的行为，故最高法院最终认定某某行对于主合同无效不存在过错，不必承担责任。某某银行要求某某行承担连带保证责任的诉请未获法院支持，因此败诉。

经验总结

1. 担保合同与主合同之间在合同效力具有效力上的从属性。具体而言，除法律明确规定外（独立担保、最高额担保），主合同无效则担保合同亦无效，但主合同无效导致担保合同无效并不代表担保人必然不承担担保责任。根据《民法典》第六百八十二条、《民法典担保制度解释》第十七条的规定，担保人对主合同无效存在过错的，应承担不超过主债务不能清偿部分三分之一的损害赔偿责任。因此，对于担保合同效力的审查，不仅要审查担保合同本身是否存在无效的情形，也要审查主合同是否存在无效的情形。

2. 担保人对于主合同无效存在过错，并非是指担保人在主合同无效这一本身的问题上存在过错。鉴于主合同是债权人与债务人之间签订的合同，具有相对性，保证人并非主合同的当事人之一，因此担保人一般并不能左右主合同的效力，主合同是否有效在某种意义上与担保人的意志无关。因此，最高法院认为，担保人对主合同无效存在过错，“不应是指担保人在主合同无效上的过错”，而应指“担保人明知主合同无效仍为之提供担保，或者明知主合同无效仍促使主合同成立或为主合同的签订作中介等情形”，即明知主合同无效而仍提供担保或促成主合同签订的情形。因此，在主合同无效而导致担保合同无效的场合，债权人要求担保人承担责任的，不应着眼于担保人对于主合同效力的影响，而应着眼于担保人是否知晓主合同存在无效情形。

相关法条

《中华人民共和国民法典》（2021年1月1日施行）

第六百八十二条 保证合同是主债权债务合同的从合同。主债权债务合同无效的，保证合同无效，但是法律另有规定的除外。

保证合同被确认无效后，债务人、保证人、债权人有过错的，应当根据其过错各自承担相应的民事责任。

《最高人民法院关于适用〈中华人民共和国民法典〉有关担保制度的解释》（法释〔2020〕28号 2021年1月1日施行）

第八条 有下列情形之一，公司以其未依照公司法关于公司对外担保的规定作出决议为由主张不承担担保责任的，人民法院不予支持：

（一）金融机构开立保函或者担保公司提供担保；

（二）公司为其全资子公司开展经营活动提供担保；

（三）担保合同系由单独或者共同持有公司三分之二以上对担保事项有表决权的股东签字同意。

上市公司对外提供担保，不适用前款第二项、第三项的规定。

第十七条 主合同有效而第三人提供的担保合同无效，人民法院应当区分不同情形确定担保人的赔偿责任：

（一）债权人与担保人均有过错的，担保人承担的赔偿责任不应超过债务人不能清偿部分的二分之一；

（二）担保人有过错而债权人无过错的，担保人对债务人不能清偿的部分承担赔偿责任；

（三）债权人有过错而担保人无过错的，担保人不承担赔偿责任。

主合同无效导致第三人提供的担保合同无效，担保人无过错的，不承担赔偿责任；担保人有过错的，其承担的赔偿责任不应超过债务人不能清偿部分的三分之一。

裁判意见

以下为最高法院在“本院认为”部分就此问题发表的意见：

关于本案担保法律关系。根据《中华人民共和国担保法》第五条[①]即“担保合同是主合同的从合同，主合同无效，担保合同无效”的规定，由于本案开证法律关系无效，故本案担保法律关系亦应认定无效。根据本院《关于适用〈中华人民共和国担保法〉若干问题的解释》第八条[②]即“主合同无效而导致担保合同无效，担保人无过错的，担保人不承担民事责任；担保人有过错的，担保人承担民事责任的部分，不应超过债务人不能清偿部分的三分之一”的规定，本案担保人即某某行是否应承担民事责任，应考察某某行是否有过错。对担保合同所附条件是否成就进行认定，其前提应该是肯定担保合同的效力。原审判决以担保合同所附条件未成就认定本案担保行为不生效力从而认定某某行不承担担保责任属适用法律错误。

关于某某行是否存在过错的问题。在主合同无效导致担保合同无效的情形下，担保人并非主合同的当事人，主合同无效不应当要求非合同当事人的担保人承担无效结果。因此，担保人的过错不应是指担保人在主合同无效上的过错。担保人的过错应当包括：担保人明知主合同无效仍为之提供担保、担保人明知主合同无效仍促使主合同成立或为主合同的签订作中介等。就本案而言，开证法律关系无效是由于外贸公司欺诈开证行开立没有贸易背景的信用证造成的，担保人某某行从申请开证环节上无法获知合同的违法性。因此，应认定某某行无过错。根据前述规定，某某行不承担民事责任。

延伸阅读

1. 担保人负有对主合同效力进行审查的义务

案例一：无锡汇某投资担保有限公司与殷某娟、崔某、陆某平、某银行股份有限公司无锡某支行、无锡某民置业有限公司借款合同纠纷审判监督民事判决书［（2014）民抗字第62号］

最高法院认为：汇某公司作为担保人对其担保的事项包括借款人、主债权种类等的真实性负有审查义务。……原审判决认定汇某公司在签订《保证合同》以及出具《个人住房贷款担保通知书》时未对借款人主体资格等进行审查，存在过错，且其授权某某银行签发《个人住房贷款担保通知书》，无条件同意某某

① 编者按：《民法典》第388条、第682条。
② 编者按：《民法典担保制度解释》第17条。

银行对借款人主体资格的审查意见，并收取了担保费用，系放任担保后果的发生亦存在过错，并无不当。《中华人民共和国担保法》第五条[①]规定，'担保合同是主合同的从合同，主合同无效，担保合同无效。担保合同另有约定的，按照约定。担保合同被确认无效后，债务人、担保人、债权人有过错的，应当根据其过错各自承担相应的民事责任'，该规定明确规定担保合同无效后，担保人有过错的，应承担民事责任。汇某公司以其不是主合同的当事人，不应对主合同无效承担责任，只对保证合同因保证人的过错导致保证合同无效承担责任的主张，不符合上述法律规定。在汇某公司对本案借款的发生存在过错的情形下，原审判决参照最高人民法院《关于适用〈中华人民共和国担保法〉若干问题的解释》第八条[②]的规定，判决汇某公司对本案债务不能清偿部分承担三分之一的赔偿责任，并无不当。

2. 担保人促成无效主合同签订的，应认定为担保人存在过错

案例二：孙某乐、任某元民间借贷纠纷再审审查与审判监督民事裁定书［（2020）最高法民申1674号］

最高法院认为：《最高人民法院关于适用〈中华人民共和国担保法〉若干问题的解释》第八条[③]规定："主合同无效而导致担保合同无效，担保人无过错的，担保人不承担民事责任；担保人有过错的，担保人承担民事责任的部分，不应超过债务人不能清偿部分的三分之一。"该条规定的担保人有过错，系指担保人对主合同无效状态明知或者应当知道，并对无效主合同的成立起到了中介、促成等作用，该过错是主合同无效的过错向担保人的延伸。本案中，根据488号裁定查明的事实，孙某乐在该案作为证人陈述其与郭某耀就超市场地租赁问题共签过两次协议，表明孙某乐对郭某耀经营超市知情，郭某耀多次以该超市名义对外发布借款公告，一二审判决认定孙某乐明知郭某耀在文水县城以借款的形式公开向社会公众吸收资金，仍然为其借款担保，显然存在过错，并无不当。在案涉700万元借条出具过程中，孙某乐作为担保人在场并签字，孙某乐是对该郭某耀全部700万元借款进行担保，该700万元中是否包含500万元旧债，不影响孙某乐对该700万元借款进行担保的意思表示。从孙某乐在借款当天从郭某耀处转借200万元的事实来看，孙某乐对该700万元借款是持希望发生并起积极促进作用，此

① 编者按：《民法典》第388条、第682条。

②③ 编者按：《民法典担保制度解释》第17条。

种情形下，一二审判决根据《最高人民法院关于适用〈中华人民共和国担保法〉若干问题的解释》第八条[①]规定，认定孙某乐承担三分之一责任，并不存在适用法律错误的情形。

3. 担保人明知主合同无效仍提供担保的，应认定为担保人存在过错

案例三：沈阳东某钢铁有限公司、某金属材料总厂等买卖合同纠纷申请再审民事裁定书［（2015）民申字第2581号］

最高法院认为：关于担保人所应承担的责任问题。根据《中华人民共和国担保法》第五条[②]以及《最高人民法院关于适用〈中华人民共和国担保法〉若干问题的解释》第八条[③]的规定，主合同无效而导致担保合同无效，担保人有过错的，应承担相应的民事责任。根据二审查明的事实，金属总厂、延吉东某、鸡东北某、宇某创新作为担保人对案涉商品销售实为融资贷款的事实是明知的，二审判决据此认定上述担保人存在过错，并根据过错程度判令上述担保人对沈阳东某不能返还部分的三分之一承担连带清偿责任，并无不当。沈阳东某等再审申请人认为担保合同无效则其不应承担担保责任，该申请理由于法无据，不应予以支持。

案例四：深圳市联某投资集团有限公司、某航空有限责任公司保证合同纠纷二审民事判决书［（2019）最高法民终267号］

最高法院认为：联某公司不具有从事借贷或者拆借金融业务主体资格，其出借巨额资金给汇某公司，系企业之间非法借贷，因违反法律、行政法规的强制性规定而无效。担保合同是主合同的从合同，主合同无效，担保合同无效。航空公司为汇某公司向联某公司的借款提供连带责任保证，依法应认定为无效。《担保法解释》第八条[④]规定："主合同无效而导致担保合同无效，担保人无过错的，担保人不承担民事责任；担保人有过错的，担保人承担民事责任的部分，不应超过债务人不能清偿部分的三分之一。"航空公司为其控股股东汇某公司向联某公司的非法借贷提供连带责任保证，本身具有过错。航空公司应对汇某公司不能清偿的涉案债务承担三分之一的赔偿责任。

案例五：某轮工程股份有限公司、新疆阿勒泰金某有限公司建设工程施工合同纠纷二审民事判决书［（2019）最高法民终193号］

最高法院认为：由于《连带责任担保书》无效，三保证人不依据该《连带

---

①③④ 编者按：《民法典担保制度解释》第17条。

② 编者按：《民法典》第388条、第682条。

责任担保书》承担相应的保证责任，但并不意味着不承担任何责任。《中华人民共和国担保法》第五条①第二款规定："担保合同被确认无效后，债务人、担保人、债权人有过错的，应当根据其过错各自承担相应的民事责任"。案涉《连带责任担保书》系三保证人作出保证承诺的真实意思表示，而三保证人又系金某公司的股东，对于金某公司与某轮公司签订的案涉发电工程合同应当明知，对于该合同属依法应当予以招投标而未招投标的事实，亦应当明知。故三保证人在签订《连带责任担保书》时，对案涉主合同的无效事由明知，存在过错，应当依法承担因主合同无效而导致保证合同无效的相关责任。根据《最高人民法院关于适用〈中华人民共和国担保法〉若干问题的解释》第八条②的规定："主合同无效而导致担保合同无效，担保人无过错的，担保人不承担民事责任；担保人有过错的，担保人承担民事责任的部分，不应超过债务人不能清偿部分的三分之一"。另，三保证人对于按照持股份额承担连带保证责任的约定，因《连带责任担保书》无效而归于无效。因此，三保证人应对金某公司向某轮公司支付工程款及违约金总额的三分之一承担责任。裕某公司、金某公司关于保证合同无效而不承担保证责任的上诉主张及理由，本院不予支持。

案例六：高某涛、准格尔旗羊市某煤炭有限责任公司采矿权纠纷二审民事判决书［（2019）最高法民终403号］

最高法院认为：雷某、张某梅、许某梦在《开采工程施工承包合同书》及后续签订的7份补充协议中，明确约定了三人作为某煤炭公司履行上述协议的连带责任保证人。根据《最高人民法院关于适用〈中华人民共和国担保法〉若干问题的解释》第八条③"主合同无效而导致担保合同无效，担保人无过错的，担保人不承担民事责任；担保人有过错的，担保人承担民事责任的部分，不应超过债务人不能清偿部分的三分之一"的规定，雷某、张某梅、许某梦作为担保人是否应承担民事责任，应考察其是否有过错，应考虑是否存在担保人明知主合同无效仍为之提供担保、担保人明知主合同无效仍促使主合同成立或为主合同的签订作中介等情形。就本案而言，导致合同无效的原因是案涉矿区范围的采矿许可证未能依法办理变更登记，导致该区域至今未取得采矿许可证，而雷某、张某梅、许某梦作为某煤炭公司股东，应当知道上述情况，仍然代表某煤炭公司签订案涉合同并提供担保，明显存在过错。

---

① 编者按：《民法典》第388条、第682条。

②③ 编者按：《民法典担保制度解释》第17条。

4. 不知主合同存在无效事由的，应认定担保人不存在过错

案例七：江苏某金融租赁股份有限公司、南通惠某造船有限公司融资租赁合同纠纷再审民事判决书［（2019）最高法民再81号］

最高法院认为：关于保证人应承担的保证责任问题。本案中，由于张某忠系造船公司与推进器公司的实际控制人，对没有购买《融资租赁合同》项下租赁设备的事实应属明知，且推进器公司与造船公司存在互为担保的关联关系，故推进器公司、张某忠应连带承担造船公司未清偿金额14978793.36元的保证责任。鉴于南某公司与某金融租赁公司签订的担保合同中明确约定，南某公司愿意为造船公司与某金融租赁公司签订的融资租赁合同提供保证，且某金融租赁公司未举证证明南某公司明知租赁设备买卖合同未履行、租赁设备不存在以及委托购买等事实，因此二审判决关于南某公司对于未实际购买租赁物、融资款项直接进入造船公司账户后改变用途等情况并不知晓，其真实意思是对《融资租赁合同》项下产生的有关债务及责任提供担保，而非为企业间融资行为产生的债务和责任提供担保，南某公司在本案中不应承担保证责任的认定，并无不当。

003 法定代表人越权对外提供担保，担保合同效力应当如何认定？

裁判要旨[①]

公司法定代表人对外签订担保合同时，债权人对公司决议进行了合理审查的，应当被认定为善意。公司主张决议系伪造、变造或因其他原因无效的，不影响其担保责任的承担。

案情简介

一、2006年4月30日，某银行东港支行与某邦集团公司签订编号为2006年连贷字第SL006号借款合同，约定某邦集团公司向某银行东港支行借款1496.5

① 案件来源：某银行东港支行与某邦股份有限公司、某邦集团有限公司借款合同纠纷案［最高人民法院（2012）民提字第156号］

万元。2006 年 6 月 8 日，某邦股份公司出具了《不可撤销担保书》，承诺对上述贷款承担连带保证责任。

二、2006 年 6 月 8 日，某银行东港支行按照合同约定将 1496.5 万元贷款转入某邦集团公司账户内，贷款到期后，某邦集团公司未能偿还借款本息，某邦股份公司也没有履行担保义务。

三、2008 年 6 月 18 日，某银行东港支行以某邦集团公司和某邦股份公司为被告，向大连市中级人民法院提起诉讼，请求判令某邦集团公司偿还贷款本金 1496.5 万元及至给付之日的利息；要求某邦股份公司对上述债务承担连带责任。

四、大连市中级人民法院一审法院查明：《不可撤销担保书》系某邦股份公司法定代表人周某良代表公司签订，其在签订担保书时提供给银行的《股东会担保决议》系伪造，某邦股份公司其他股东对公司对外提供担保的事项并不知情。

五、2009 年 12 月 3 日，大连市中级人民法院一审认为某邦股份公司与银行间的担保合同无效，某银行东港支行未能查明其应尽的审查义务，未对决议的真实性进行审查，对担保合同的无效存在过错，故判决某银行东港支行对某邦集团公司不能清偿部分的债务承担二分之一的责任。

六、某银行东港支行不服上述一审判决，向辽宁省高级人民法院提出上诉，辽宁省高院二审维持原判。某银行东港支行不服二审判决，向最高人民法院申请再审。

七、2014 年 4 月 22 日，最高人民法院再审判决本案担保合同有效，某邦股份公司应当承担担保责任。

裁判思路

本案中某邦股份公司败诉的原因在于，公司法定代表人越权对外提供担保，债权人为善意的，应认定担保合同有效。根据《民法典担保制度解释》第七条[①]的规定，公司的法定代表人违反公司法关于公司对外担保决议程序的规定，超越权限代表公司与相对人订立担保合同，相对人善意的，担保合同对公司发生效力；相对人非善意的，担保合同对公司不发生效力。所谓“善意”是指相对人在订立担保合同时不知道且不应当知道法定代表人超越权限。实践中，相对人与公司签订担保合同的，仅需要对作为公司的担保人提供的关于同意担保的决议做

① 编者按：《民法典担保制度解释》第 17 条。

形式上的审查，而不必作实质上的审查。相对人对公司决议作出程序是否规范、决议上的签章是否真实无审查义务。因此，最高法院认为："某银行东港支行在接受作为非上市公司的某邦股份公司为其股东提供担保过程中，已尽到合理的审查义务，主观上构成善意。"某邦股份公司因此败诉。

经验总结

1. 债权人接受有限责任公司提供的担保时，仅需对公司同意担保的决议文件作形式审查即可，而不必深究该决议是否真实有效。《民法典担保制度解释》对公司法定代表人越权代表公司对外提供担保的行为进行了规定："相对人善意的，担保合同对公司发生效力；相对人请求公司承担担保责任的，人民法院应予支持。"善意，是指相对人在订立担保合同时不知道且不应当知道法定代表人超越权限。相对人有证据证明已对公司决议进行了合理审查，人民法院应当认定其构成善意，但是公司有证据证明相对人知道或者应当知道决议系伪造、变造的除外。因此，债权人在接受有限责任公司担保时，应当向签约的法定代表人索要公司同意担保的文件，并对文件进行形式上的审查。

2. 应当注意，根据《民法典担保制度解释》，上市公司、一人有限公司的法定代表人在对外提供担保时，适用特殊规定。此外，金融机构开立保函或者担保公司提供担保，公司为其全资子公司开展经营活动提供担保，担保合同系由单独或者共同持有公司三分之二以上对担保事项有表决权的股东签字同意的，属于《民法典担保制度解释》中规定的债权人无需审查公司决议即可成立有效担保合同关系的例外情形。

3. 当事人在判断公司对外作出的意思表示的效力时，应坚持内外有别的思路。具体而言，公司内部作出意思表示的过程、程序、效力等应与公司对外作出意思表示的过程、程序、效力等相区隔。不能以公司的内部行为效力影响公司对外作出的意思表示的效力，更不能以公司对外作出的意思表示的效力反向否定公司内部作出的决议的效力。但当事人另有约定的除外。

4. 作为有限责任公司股东和风控人员，应当警惕公司法定代表人超越权限对外提供担保为公司所带来的债务风险，选择可信的法定代表人，并在法定代表人、授权签约代表以及其他高级管理人员变动时，及时对外公告。同时，建立完善的公章管理制度，最大化地防范对外承担担保责任的风险。

相关法条

《中华人民共和国公司法》（2018年修正）

第十六条 公司向其他企业投资或者为他人提供担保，依照公司章程的规定，由董事会或者股东会、股东大会决议；公司章程对投资或者担保的总额及单项投资或者担保的数额有限额规定的，不得超过规定的限额。

公司为公司股东或者实际控制人提供担保的，必须经股东会或者股东大会决议。

前款规定的股东或者受前款规定的实际控制人支配的股东，不得参加前款规定事项的表决。该项表决由出席会议的其他股东所持表决权的过半数通过。

第一百四十八条 董事、高级管理人员不得有下列行为：

……

（三）违反公司章程的规定，未经股东会、股东大会或者董事会同意，将公司资金借贷给他人或者以公司财产为他人提供担保；

《中华人民共和国民法典》（2021年1月1日施行）

第五百零四条 法人的法定代表人或者非法人组织的负责人超越权限订立的合同，除相对人知道或者应当知道其超越权限外，该代表行为有效，订立的合同对法人或者非法人组织发生效力。

《最高人民法院关于适用〈中华人民共和国民法典〉有关担保制度的解释》（法释〔2020〕28号 2021年1月1日施行）

第七条 公司的法定代表人违反公司法关于公司对外担保决议程序的规定，超越权限代表公司与相对人订立担保合同，人民法院应当依照民法典第六十一条和第五百零四条等规定处理：

（一）相对人善意的，担保合同对公司发生效力；相对人请求公司承担担保责任的，人民法院应予支持。

（二）相对人非善意的，担保合同对公司不发生效力；相对人请求公司承担赔偿责任的，参照适用本解释第十七条的有关规定。

法定代表人超越权限提供担保造成公司损失，公司请求法定代表人承担赔偿责任的，人民法院应予支持。

第一款所称善意，是指相对人在订立担保合同时不知道且不应当知道法定代表人超越权限。相对人有证据证明已对公司决议进行了合理审查，人民法院应当认定其构成善意，但是公司有证据证明相对人知道或者应当知道决议系伪造、变造的除外。

第八条 有下列情形之一，公司以其未依照公司法关于公司对外担保的规定作出决议为由主张不承担担保责任的，人民法院不予支持：

（一）金融机构开立保函或者担保公司提供担保；

（二）公司为其全资子公司开展经营活动提供担保；

（三）担保合同系由单独或者共同持有公司三分之二以上对担保事项有表决权的股东签字同意。

上市公司对外提供担保，不适用前款第二项、第三项的规定。

《全国法院民商事审判工作会议纪要》（法〔2019〕254号）

18. 第2款 债权人对公司机关决议内容的审查一般限于形式审查，只要求尽到必要的注意义务即可，标准不宜太过严苛。公司以机关决议系法定代表人伪造或者变造、决议程序违法、签章（名）不实、担保金额超过法定限额等事由抗辩债权人非善意的，人民法院一般不予支持。但是，公司有证据证明债权人明知决议系伪造或者变造的除外。

裁判意见

以下为最高法院在再审判决“本院认为”部分就此问题发表的意见：

本案各方争议的焦点是担保人某邦股份公司承担责任的界定。鉴于案涉借款合同已为一二审法院判定有效，申请再审人对此亦无异议，故本院对案涉借款合同的效力直接予以确认。案涉《抵押合同》及《不可撤销担保书》系担保人某邦股份公司为其股东某邦集团公司之负债向债权人某银行东港支行作出的担保行为。作为公司组织及公司行为当受《公司法》调整，同时其以合同形式对外担保行为亦受合同法及担保法的制约。案涉公司担保合同效力的认定，因其并未超出平等商事主体之间的合同行为的范畴，故应首先从合同法相关规定出发展开评判。关于合同效力，《中华人民共和国合同法》第五十二条[①]规定“有下列情形之一的，合同无效。……（五）违反法律、行政法规的强制性规定”。关于前述法律中的“强制性”，最高人民法院《关于适用〈中华人民共和国合同法〉若干问题的解释（二）》（以下简称合同法解释二）[②] 第十四条则作出如下解释规定

---

① 编者按：《民法典》第153条。

② 编者按：已失效。

"合同法第五十二条第（五）项[①]规定的'强制性规定'，是指效力性强制性规定"。因此，法律及相关司法解释均已明确了将违反法律或行政法规中效力性强制性规范作为合同效力的认定标准之一。公司作为不同于自然人的法人主体，其合同行为在接受合同法规制的同时，当受作为公司特别规范的公司法的制约。《公司法》第一条开宗明义规定"为了规范公司的组织和行为，保护公司、股东和债权人的合法权益，维护社会经济秩序，促进社会主义市场经济的发展，制定本法"。《公司法》第十六条第二款规定："公司为公司股东或者实际控制人提供担保的，必须经股东会或者股东大会决议"。上述公司法规定已然明确了其立法本意在于限制公司主体行为，防止公司的实际控制人或者高级管理人员损害公司、小股东或其他债权人的利益，故其实质是内部控制程序，不能以此约束交易相对人。故此上述规定宜理解为管理性强制性规范。对违反该规范的，原则上不宜认定合同无效。另外，如作为效力性规范认定将会降低交易效率和损害交易安全。譬如股东会何时召开，以什么样的形式召开，何人能够代表股东表达真实的意志，均超出交易相对人的判断和控制能力范围，如以违反股东决议程序而判令合同无效，必将降低交易效率，同时也给公司动辄以违反股东决议主张合同无效的不诚信行为留下了制度缺口，最终危害交易安全，不仅有违商事行为的诚信规则，更有违公平正义。故本案一、二审法院以案涉《股东会担保决议》的决议事项并未经过某邦股份公司股东会的同意，某邦股份公司也未就此事召开过股东大会为由，根据《公司法》第十六条规定，作出案涉不可撤销担保书及抵押合同无效的认定，属于适用法律错误，本院予以纠正。

在案事实和证据表明，案涉《股东会担保决议》确实存在部分股东印章虚假、使用变更前的公司印章等瑕疵，以及被担保股东某邦集团公司出现在《股东会担保决议》中等违背公司法规定的情形。某邦股份公司法定代表人周某良超越权限订立抵押合同及不可撤销担保书，是否构成表见代表，某银行东港支行是否善意，亦是本案担保主体责任认定的关键。《合同法》第五十条[②]规定："法人或者其他组织的法定代表人、负责人超越权限订立的合同，除相对人知道或者应当知道其超越权限的以外，该代表行为有效"。本案再审期间，某银行东港支行向本院提交的新证据表明，某邦股份公司提供给某银行东港支行的股东会决议上的签字及印章与其为担保行为当时提供给某银行东港支行的签字及印章样本一致。

---

① 编者按：《民法典》第 153 条。

② 编者按：《民法典》第 504 条。

而某邦股份公司向某银行东港支行提供担保时使用的公司印章真实，亦有其法人代表真实签名。且案涉抵押担保在经过行政机关审查后业已办理了登记。至此，某银行东港支行在接受担保人担保行为过程中的审查义务已经完成，其有理由相信作为担保公司法定代表人的周某良本人代表行为的真实性。《股东会担保决议》中存在的相关瑕疵必须经过鉴定机关的鉴定方能识别，必须经过查询公司工商登记才能知晓、必须谙熟公司法相关规范才能避免因担保公司内部管理不善导致的风险，如若将此全部归属于担保债权人的审查义务范围，未免过于严苛，亦有违合同法、担保法等保护交易安全的立法初衷。担保债权人基于对担保人法定代表人身份、公司法人印章真实性的信赖，基于担保人提供的股东会担保决议盖有担保人公司真实印章的事实，完全有理由相信该《股东会担保决议》的真实性，无需也不可能进一步鉴别担保人提供的《股东会担保决议》的真伪。因此，某银行东港支行在接受作为非上市公司的某邦股份公司为其股东提供担保过程中，已尽到合理的审查义务，主观上构成善意。本案周某良的行为构成表见代表，某邦股份公司对案涉保证合同应承担担保责任。

延伸阅读

1. 公司同意提供担保的决议真实与否不影响担保合同效力，债权人在接受担保时，仅需要对决议进行形式审查。

案例一：浙江某汽车零部件有限公司、某银行股份有限公司台州支行、台州某机电有限公司、江西某矿业发展有限公司、陈某斌金融借款合同纠纷［（2010）浙商终字第73号］

该院认为，商业银行接受担保时对股东会或董事会的决议仅负形式审查的义务，不应要求其进行实质审查。原审法院对当事人申请的对《董事会同意担保决议书》上‘×××’等人的签名真实性进行司法鉴定不予准许，有其合理性。

案例二：鑫某公司诉某银行、伟某公司、福某公司、潘某才、彭某抵押借款合同纠纷［（2011）桂民一终字第57号］

该院认为，银行对鑫某公司提交的《桂林鑫某锡业有限公司股东会决议》只负有形式审查义务，在鑫某公司对外加盖公章真实的情形下，本案诉争合同的效力不受鑫某公司内部的法律关系影响，应当认定鑫某公司与某东农合行签订的抵押担保合同及为抵押物办理了抵押登记手续的行为均合法有效。鑫某公司应当承担抵押担保责任。

案例三：某银行股份有限公司青岛分行与青岛迪某集团有限公司、青岛义某行销有限公司等金融借款合同纠纷［（2016）鲁民终 2156 号］

法院认为，上诉人迪某公司称，因其董事会决议缺少董事顾某民签字，董事李某明签字非其本人所签，认为该决议并非上诉人迪某公司的真实意思表示，因此其做出的对外担保事项无效。本院认为，首先，根据《中华人民共和国公司法》第十六条第一款的规定，公司为他人提供担保，依照公司章程的规定，由董事会或者股东会、股东大会决议。但该项规定的内容主要指的是对公司在提供担保前进行内部决策时的权力配置和审议程序，只是属于对担保人单方的公司内部关系的管理性规定。即使上诉人迪某公司的董事会决议存在瑕疵，也并不违反法律、行政法规的效力性强制性规定，并不因此当然导致抵押担保合同无效。

2. 法定代表人越权对外提供担保，相对人善意的，应当被认定为担保有效。

案例四：云南曲靖鹏某有限公司、某银行股份有限公司宣威支行金融借款合同纠纷再审审查与审判监督民事裁定书［（2020）最高法民申 4267 号］

最高人民法院认为：《中华人民共和国公司法》第十六条明确规定，公司对外担保需经股东会或者股东大会决议。法定代表人未经授权擅自提供担保的，构成越权代表。对于法定代表人越权签订的担保合同的效力，应结合《中华人民共和国合同法》第五十条[①]“法人或者其他组织的法定代表人、负责人超越权限订立的合同，除相对人知道或者应当知道其超越权限的以外，该代表行为有效”的规定，区分订立合同时相对人是否善意予以认定。故判断案涉抵押合同是否有效、某银行宣威支行是否取得相应抵押权，应当重点审查某银行宣威支行是否属于善意相对人，即是否知道或者应当知道彭某跃的上述行为超越权限。

本案中，彭某跃作为鹏某公司法定代表人，向某银行宣威支行提供了鹏某公司营业执照、公司章程、股东会决议、公司股东身份证、公司股东签字及公司公章印文样本、登记于公司名下的房地产权属证书。本院认为，某银行宣威支行尽到了审慎的审查义务，属于善意相对人。第一，鹏某公司虽然不是专门提供担保业务的机构，但是法律并不禁止公司以自有资产对外提供担保。鹏某公司主张提供担保超出其经营范围，缺乏法律依据。第二，鹏某公司股东会决议上四位股东的签字，肉眼无法确认是同一人笔迹，且股东会决议上加盖的鹏某公司印章，经已发生法律效力的云南省曲靖市中级人民法院（2018）云 03 民终 1603 号民事判

---

① 编者按：《民法典》第 504 条。

决确认，与彭某跃提供的公司公章印文样本一致。鹏某公司主张该股东会决议明显虚假，缺乏事实依据。第三，《中华人民共和国公司法》第十六条第三款规定，为公司股东或者实际控制人提供担保的，该股东或受该实际控制人支配的股东不得参加股东会就该事项的表决，且该事项要由出席会议的其他股东所持表决权的过半数通过。由于饲料公司并非鹏某公司的股东或实际控制人，彭某跃在鹏某公司股东会为饲料公司提供担保事宜中的表决权并不在上述法条明确禁止之列。即使因彭某跃同时担任两公司法定代表人而排除他在案涉担保事宜上的表决权，其他投赞成票股东所持表决权亦超过了参会股东表决权的半数。鹏某公司以彭某跃参加表决违反法律规定为由主张股东会决议无效，不能成立。第四，案涉抵押物登记在鹏某公司名下，某银行宣威支行有理由相信鹏某公司有权对其名下的房地产设定抵押。鹏某公司主张其不是抵押物的真实权利人，不影响案涉抵押权的效力。

3. 法定代表人越权对外提供担保，相对人未尽形式审查义务的，担保无效。

案例五：俞某平、威海中某房地产有限公司民间借贷纠纷再审审查与审判监督民事裁定书［（2019）最高法民申6027号］

法院认为：公司为股东或实际控制人提供担保，必须由股东会决议，法定代表人未经授权擅自以公司名义为他人提供担保，则构成越权代表，在债权人订立合同时并非善意的情况下，该担保行为无效。

根据原审查明的事实，俞某平与余某强签订《股权转让协议》，由余某强受让俞某平在中某公司的相应股权，因余某强未按时支付股权转让款，双方约定将该款项转为借款，并由中某公司为余某强提供担保。由此可见，中某公司为余某强借款提供的担保实质是对余某强支付股权转让款的担保，此时余某强为中某公司股东，中某公司为其提供担保应当严格遵守上述法律规定。但中某公司提供案涉担保并未经过股东会的同意，余某强提供的中某公司为案涉款项提供担保的股东会决议中，仅有余某强一人签字。根据法律规定，余某强不得参加该股东会决议的表决。现俞某平主张担保合同有效，应当提供证据证明其在订立合同时对股东会决议进行了审查，在排除被担保股东表决权的情况下，应由其他股东过半数通过。而俞某平作为中某公司此前的股东，对中某公司的股权结构及股东情况应当知晓，余某强提交的股东会决议仅有被担保股东余某强一人签字，俞某平应明知其他股东并未同意中某公司为股东余某强的债务提供担保，其未能对股东会决议进行必要的审查，并非善意债权人，故中某公司提供担保违反了《中华人民共和国公司法》第十六条的规定，余某强无权代表中某公司作出提供担保的意思表示，案涉担保行为应认定为无效。对于俞某平再审申请所提出的本案是否存在股东抽逃出资问题，并不影响本案中某公司担保行为的效力认定。因此，俞某平主张中某公司对案涉款项的担保有效，理由不能成立，原审判决认定中某公司为案涉款项提供担保不具有法律效力，并无不当。

案例六：某银行股份有限公司大连分行、大连福某贵金属贸易有限公司金融借款合同纠纷二审民事判决书［（2020）最高法民终 532 号］

最高人民法院认为：关于三份质押协议的法律效力，本院基于以下理由认定三份质押协议无效：《中华人民共和国公司法》第十六条第二款规定："公司为公司股东或者实际控制人提供担保的，必须经股东会或者股东大会决议。"本案中，三份质押协议签订主体虽为福某公司，但根据福某公司系某连控股全资子公司、出质资金为某连控股发行股票募集资金、长富瑞某公司为某连控股持股股东等基本事实，以及各方当事人对其行为的自认和表述，应予认定本案三份质押协议的本质是：案外人某连控股作为出质资金的实际权利人，以其控制的福某公司为形式上的出质人，为其股东长富瑞某公司提供担保。该担保事宜未经过某连控股股东大会决议通过，未履行法定程序，对此，中国证券监督管理委员会大连监管局《行政处罚决定书》以及某连控股对该处罚决定书的公告亦已明确。因此，三份质押协议未经某连控股股东大会决议通过，违反前述《中华人民共和国公司法》第十六条第二款的强制性规定，属于无效协议。

案例七：天津开发区蒲某进出口贸易有限公司、深圳前海特某供应链平台服务有限公司金融借款合同纠纷二审民事判决书［（2020）最高法民终 189 号］

最高人民法院认为：对于宁夏银某能源公司是否承担保证责任的问题。某银行兰州分行作为金融机构，应当知晓《中华人民共和国公司法》关于公司对外担保的相关规定；且某银行兰州分行要求其他三公司提供了股东会决议，其在注意到公司对外担保应当提供相关会议决议的同时，未提供宁夏银某能源公司对外担保的相关决议，也无证据证明其要求宁夏银某能源公司提供相关决议，某银行兰州分行对其与宁夏银某能源公司之间的担保需经股东会或董事会决议未尽到审查义务。因此，某银行兰州分行不是善意相对人。根据《中华人民共和国合同法》第五十条[①]的规定，某银行兰州分行与宁夏银某能源公司签订的《最高额保

① 编者按：《民法典》第 504 条。

证合同》无效。

案例八：伍某鋐、廖某企业借贷纠纷再审审查与审判监督民事裁定书［（2020）最高法民申4620号］

最高人民法院认为：各方当事人均未提供利某公司担保时的股东会决议，伍某鋐也没有提供证据证明其在签订案涉相关担保合同时，按照《中华人民共和国公司法》第十六条规定对利某公司为廖某提供担保的股东会决议进行了审查，不能证明其在该关联担保中属于善意相对方，原审判决认定利某公司提供担保行为无效，并无不妥。

004《民法典》施行之前上市公司提供担保的，效力如何认定？

裁判要旨[①]

对于《民法典》生效前发生的上市公司担保行为，即使债权人未对上市公司公开披露的担保公告进行核查，亦可以取得该上市公司的担保。

案情简介

一、2017年12月14日，夏某公司向某银行申请贷款1.455亿元，期限1年，尤某公司以其大额存单为夏某公司提供质押担保，并与某银行签订《质押合同》。

二、经查，某夫公司为A股上市公司，尤某公司为某夫公司的全资子公司。在办理质押业务时，尤某公司向银行提供了某夫公司的股东决定，载明某夫公司同意尤某公司提供案涉担保，但该股东决议并未按照上市公司信息披露规则进行公告。

三、因夏某公司违约，某银行宣布其债务提前到期，夏某公司无法清偿，某银行遂起诉至法院，要求就尤某公司的大额存单实现质权。

四、尤某公司以案涉担保违反证监会出台的有关上市公司对外担保信息披露规则为由提出抗辩，主张质押合同对其不发生效力。2020年，一审法院以上市

---

① 案件来源：上海尤某新能源科技有限公司与某银行股份有限公司上海分行、上海夏某建筑工程有限公司金融借款合同纠纷二审民事判决书［（2020）沪民终599号］

监管规定并非法律、某银行已善意审查尤某公司股东会决议为由，判决尤某公司承担担保责任。

五、尤某公司不服，上诉至上海市高级人民法院。2021 年 1 月 18 日，上海市高级人民法院判决驳回尤某公司上诉，维持原判。

裁判思路

本案的核心争议在于《质押合同》是否因债权人未审查上市公司担保公告而无效。对此，上海市高级人民法院认为：

首先，关于《质押合同》是否存在法定无效的情形问题。《民法典》生效前，上市公司担保需依法决议并对外披露的规范集中体现在《中国证券监督管理委员会、中国银行业监督管理委员会关于规范上市公司对外担保行为的通知》(以下简称《通知》)[①] 之中，从《通知》的规范性质和层级来看，其不属于法律或行政法规，故违反该《通知》的相关规定并不直接导致民事行为无效。

其次，关于债权人决议审查标准问题。某银行根据《公司法》第十六条以及尤某公司章程的有关规定，善意审查了担保人股东做出的决议。《通知》规范的主要是上市公司及其子公司的对外担保行为，作为接受担保的外部债权人，如果适用该规定而导致其担保无效，则对外部债权人而言过于严格。

最后，关于《民法典担保制度解释》中上市公司担保新规的适用问题。《民法典担保制度解释》第九条明确，债权人未根据上市公司公开披露的担保事项接受担保的，该担保对上市公司不发生效力。本案系民法典施行前的法律事实引起的纠纷，应当适用当时法律、司法解释的规定，适用《民法典担保制度解释》第九条认定《质押合同》无效，将明显增加某银行的法定义务，背离其合理预期。

经验总结

1. 注意《民法典》中关于上市公司担保效力规则的重大变化。《民法典担保制度解释》第九条规定，相对人必须根据上市公司公开披露的关于担保事项已经董事会或者股东大会决议通过的信息与上市公司订立担保合同，否则担保合同对

① 编者按：已失效。

上市公司不发生效力，上市公司既不承担担保责任亦不承担担保无效的赔偿责任。这一新规开创性地将证监会关于上市公司信息披露的规范上升到法律高度，对上市公司的资产处置加以了更加严格的限制，将会极大影响到担保业务的开展。

2. 注意《民法典》担保制度的若干重大变化与民法典时间效力规定的衔接问题。《民法典时间效力的若干规定》第三条规定："民法典施行前的法律事实引起的民事纠纷案件，当时的法律、司法解释没有规定而民法典有规定的，可以适用民法典的规定，但是明显减损当事人合法权益、增加当事人法定义务或者背离当事人合理预期的除外。"民法典担保制度在公司担保效力（尤其是上市公司担保）、保证期间等重大问题上存在重大变化，这一系列变化体现了我国担保制度从偏向保护债权人到偏向保护担保人的立法取向，该类新规对于债权人来说，增加了其法定义务且背离了其合理预期。因此，如果相关法律事实发生在《民法典》施行之前，则不应当适用民法典的规定。

相关法条

《最高人民法院关于适用〈中华人民共和国民法典〉时间效力的若干规定》（法释〔2020〕15号 2021年1月1日施行）

第三条 民法典施行前的法律事实引起的民事纠纷案件，当时的法律、司法解释没有规定而民法典有规定的，可以适用民法典的规定，但是明显减损当事人合法权益、增加当事人法定义务或者背离当事人合理预期的除外。

第四条 民法典施行前的法律事实引起的民事纠纷案件，当时的法律、司法解释仅有原则性规定而民法典有具体规定的，适用当时的法律、司法解释的规定，但是可以依据民法典具体规定进行裁判说理。

《最高人民法院关于适用〈中华人民共和国民法典〉有关担保制度的解释》（法释〔2020〕28号 2021年1月1日施行）

第九条 相对人根据上市公司公开披露的关于担保事项已经董事会或者股东大会决议通过的信息，与上市公司订立担保合同，相对人主张担保合同对上市公司发生效力，并由上市公司承担担保责任的，人民法院应予支持。

相对人未根据上市公司公开披露的关于担保事项已经董事会或者股东大会决议通过的信息，与上市公司订立担保合同，上市公司主张担保合同对其不发生效力，且不承担担保责任或者赔偿责任的，人民法院应予支持。

相对人与上市公司已公开披露的控股子公司订立的担保合同，或者相对人与股票在国务院批准的其他全国性证券交易场所交易的公司订立的担保合同，适用前两款规定。

《中国证券监督管理委员会、中国银行业监督管理委员会关于规范上市公司对外担保行为的通知》（证监发〔2005〕120号　已失效）

一、规范上市公司对外担保行为，严格控制上市公司对外担保风险

（一）上市公司对外担保必须经董事会或股东大会审议。

（二）上市公司的《公司章程》应当明确股东大会、董事会审批对外担保的权限及违反审批权限、审议程序的责任追究制度。

（三）应由股东大会审批的对外担保，必须经董事会审议通过后，方可提交股东大会审批。须经股东大会审批的对外担保，包括但不限于下列情形：

1. 上市公司及其控股子公司的对外担保总额，超过最近一期经审计净资产50%以后提供的任何担保；

2. 为资产负债率超过70%的担保对象提供的担保；

3. 单笔担保额超过最近一期经审计净资产10%的担保；

4. 对股东、实际控制人及其关联方提供的担保。

股东大会在审议为股东、实际控制人及其关联方提供的担保议案时，该股东或受该实际控制人支配的股东，不得参与该项表决，该项表决由出席股东大会的其他股东所持表决权的半数以上通过。

（四）应由董事会审批的对外担保，必须经出席董事会的三分之二以上董事审议同意并做出决议。

（五）上市公司董事会或股东大会审议批准的对外担保，必须在中国证监会指定信息披露报刊上及时披露，披露的内容包括董事会或股东大会决议、截止信息披露日上市公司及其控股子公司对外担保总额、上市公司对控股子公司提供担保的总额。

（六）上市公司在办理贷款担保业务时，应向银行业金融机构提交《公司章程》、有关该担保事项董事会决议或股东大会决议原件、刊登该担保事项信息的指定报刊等材料。

（七）上市公司控股子公司的对外担保，比照上述规定执行。上市公司控股子公司应在其董事会或股东大会做出决议后及时通知上市公司履行有关信息披露义务。

裁判意见

关于案涉《质押合同》是否因违反《公司法》以及前述《通知》的相关规定而无效的问题。首先，《合同法》第五十二条[①]规定，违反法律、行政法规的强制性规定的合同无效。从《通知》的规范性质和层级来看，其不属于法律或行政法规，故违反该《通知》的相关规定并不直接导致民事行为无效。其次，从规范内容看，该《通知》规范的主要是上市公司及其子公司的对外担保行为，其对于公司对外担保的程序要求高于公司法对于一般公司对外担保的相关规定。作为接受担保的外部债权人，如果适用上述规定而导致其担保无效，则对外部债权人而言过于严格。再者，《公司法》第十六条第二款规定："公司为公司股东或者实际控制人提供担保的，必须经股东会或者股东大会决议。"本案中，即使如尤某公司所述，颜某某系夏某公司和尤某公司的实际控制人，系争质押担保也不属于"公司为公司股东或者实际控制人提供担保"的情形。尤某公司称该条中的"实际控制人"应扩张解释为包括实际控制人控制的其他关联人，但此种主张已经超出了法律条文通常的文义范围，本院不予采纳。第四，《公司法》第十六条第一款规定："公司向其他企业投资或者为他人提供担保，依照公司章程的规定，由董事会或者股东会、股东大会决议……"尤某公司的章程也明确规定："公司不设股东会，为公司股东或者实际控制人提供担保作出决议，由股东行使职权……公司向其他企业投资或者为他人提供担保，由股东作出决定。"从本案担保的决议程序来看，系争《质押合同》由担保人即尤某公司的唯一股东尤夫公司盖章作出股东决定，同意该担保行为，符合《公司法》对于公司对外担保的程序要求，也满足尤某公司的章程规定。第五，本案系民法典施行前的法律事实引起的纠纷，根据《民法典时间效力的若干规定》第一条的规定，本案应当适用当时法律、司法解释的规定；且本案如依据《民法典担保制度解释》第九条的规定，认定《质押合同》无效，将明显增加某银行上海分行的法定义务，背离某银行上海分行的合理预期。尤某公司以此主张《质押合同》无效，依据不足，本院不予支持。

关于本案借款过程中某银行上海分行是否尽到了审核义务进而影响《质押合同》效力的问题。首先，从尤某公司主张的某银行上海分行应尽的审核义务来

① 编者按：《民法典》第153条。

看，其主要是监管部门为维护金融市场秩序、防范金融风险而提出的相关要求，对于当事人之间的民事权利义务关系并不产生必然影响；其次，公司对外担保中，如果存在法定代表人越权担保的情况，则需考虑某银行上海分行是否具有善意等情形，进一步判断担保是否有效以及各方当事人应负的法律责任等问题。就本案而言，系争质押担保依法履行了股东决议程序，符合公司章程要求，并不存在越权担保的情况。在此种情况下，尤某公司以某银行上海分行未尽审核义务，不具有善意为由，主张《质押合同》无效，欠缺相应的事实和法律依据，本院不予采信。

延伸阅读

1.《民法典》生效前公司担保的效力问题，适用旧法。

案例一：深圳市比某电池有限公司等与北京当某材料科技股份有限公司买卖合同纠纷二审民事判决书［（2020）京民终798号］

北京市高级人民法院认为：民法典、民法典担保制度解释均自2021年1月1日起施行。根据《最高人民法院关于适用〈中华人民共和国民法典〉时间效力的若干规定》第一条第二款的规定，民法典施行前的法律事实引起的民事纠纷案件，适用当时的法律、司法解释的规定，但是法律、司法解释另有规定的除外。因本案事实发生在民法典施行之前，故仍应适用民法典施行之前的法律、司法解释的规定。深圳比某公司主张应依据民法典担保制度解释的规定认定《保证合同》无效，依据不足，本院不予支持。

根据公司法第十六条的规定，公司向其他企业投资或者为他人提供担保，依照公司章程的规定，由董事会或者股东会、股东大会决议。但是，公司法并未明确未依照该条规定作出决议的情况下公司是否可以不承担担保责任，以及可以不承担担保责任的具体情形。在民法典担保制度解释作出明确规定前，对于公司为其直接或者间接控制的公司开展经营活动向债权人提供担保，即便债权人知道或者应当知道没有公司机关决议的情形，认定担保合同系公司的真实意思表示，合同有效，符合法律规定。案涉两份《保证合同》虽然仅显示签订的年份，没有写明签订的具体日期，但该事实并不能否定《保证合同》的真实性及其效力，一审法院认定案涉两份《保证合同》签订日期在2015年12月31日前并无不当。在案涉两份《保证合同》签署时，深圳比某动力公司、郑州比某公司系深圳比某公司直接或间接控制的公司，深圳比某公司为其直接或间接控制的公司开展经营活动提供担保，一审法院据此认定案涉两份《保证合同》合法有效亦无不当。

2. 关于主债务人破产，保证债务停止计息问题，适用旧法（不停止计息）。

案例二：某银行股份有限公司昌平支行合同纠纷二审民事判决书［（2021）京民终156号］

北京市高级人民法院认为：《最高人民法院关于适用〈中华人民共和国民法典〉有关担保制度的解释》第二十二条规定，人民法院受理债务人破产案件后，债权人请求担保人承担担保责任，担保人主张担保债务自人民法院受理破产申请之日起停止计息的，人民法院对担保人的主张应予支持。《最高人民法院关于适用〈中华人民共和国民法典〉时间效力的若干规定》第三条明确规定，民法典施行前的法律事实引起的民事纠纷案件，当时的法律、司法解释没有规定而民法典有规定的，可以适用民法典的规定，但是明显减损当事人合法权益、增加当事人法定义务或者背离当事人合理预期的除外。因案涉《抵押协议》第二十一条约定，成都禅某公司或中某公司在本协议有效期内被宣告解散、破产或歇业的，某银行昌平支行有权处分部分或全部抵押资产，并从处分后的价款中优先受偿。即在《抵押协议》签订时，某银行昌平支行与成都禅某公司均认可在中某公司进入破产程序后，以抵押财产价值实现某银行昌平支行的全部债权。如果适用《最高人民法院关于适用〈中华人民共和国民法典〉有关担保制度的解释》第二十二条的规定，显然背离了某银行昌平支行的合理预期。故成都禅某公司应对担保协议项下的全部债务承担担保责任。

3. 关于债务加入效力问题，适用民法典的有关规定。

案例三：甘南鸿某矿业有限责任公司、青海聚某典当有限公司典当纠纷二审民事判决书［（2021）最高法民终355号］

最高人民法院认为：鸿某公司、西某公司出具《承诺书》，明确表示同意支付上述合同项下欠款的本息，该约定没有改变其债务内容，作为债权人的聚某公司对于鸿某公司、西某公司承担债务的承诺也予以认可，符合《中华人民共和国民法典》第五百五十二条关于债务加入的规定。《承诺书》签署于2014年，虽然当时的法律、司法解释没有规定债务加入，但根据《最高人民法院关于适用〈中华人民共和国民法典〉时间效力的若干规定》第三条规定，本案可以适用《中华人民共和国民法典》第五百五十二条认定构成债务加入。

4. **关于非典型担保效力问题（让与担保），适用民法典的有关规定**

案例四：上海贵某实业集团有限公司、张某进与袁某丰民间借贷纠纷二审民事判决书［（2020）沪民终423号］

上海市高级人民法院认为：袁某丰在二审中主张对旭某股权行使担保物权，由于旭某股权作为担保设立时，当时的法律、司法解释对此种担保物权没有规定，依照《最高人民法院关于适用〈中华人民共和国民法典〉时间效力的若干规定》第三条“民法典施行前的法律事实引起的民事纠纷案件，当时的法律、司法解释没有规定而民法典有规定的，可以适用民法典的规定，但是明显减损当事人合法权益、增加当事人法定义务或者背离当事人合理预期的除外”以及《中华人民共和国民法典》第三百八十八条关于“担保合同包括抵押合同、质押合同和其他具有担保功能的合同”的规定，本院认为《和解协议》第二条关于旭某股权的约定属于民法典规定的“其他具有担保功能的合同”，是非典型担保中的让与担保。《和解协议》关于“若贵某公司在期限之前未能偿还所有借款及利息，则袁某丰有权自行处置该股权”的约定，不违反流质条款的禁止性规定，故各方之间通过契约方式设定的股权让与担保，未违反法律、行政法规的禁止性规定，应为合法有效。袁某丰现参照股权质押的规定，请求对该股权折价或者变卖、拍卖，以所得价款优先受偿，与法不悖，本院予以支持。

005 按照政府指令提供担保，能否主张担保意思不真实？

裁判要旨[①]

保证人作为具有完全民事行为能力的法人，应依法对其所从事民事法律行为独立承担民事责任，其所作保证是否受合同以外第三人影响的问题不涉及合同当事人之间的权利义务关系，亦不影响保证合同的效力。

案情简介

一、2003年8月29日，和某公司向某行某支行借款，双方签订2003×××

① 案件来源：某自来水公司与某行某支行借款担保纠纷二审案［（2004）民二终字第262号　《中华人民共和国最高人民法院公报》2005年第9期（总第107期）］

字第13号《流动资金借款合同》，金额为人民币2800万元整。同日，某自来水公司与某行某支行签订《最高额保证合同》，某自来水公司为和某公司本案2800万元贷款提供连带保证担保。该担保合同是基于某市政府的指令而签订。

二、2003年9月5日，某行某支行向和某公司发放2800万元贷款。和某公司自2003年9月20日起就开始欠息，至今未支付分文利息。

三、2004年7月28日，某行某支行向福建高院提起诉讼，请求依法判令：1. 和某公司还本付息；2. 某自来水公司对和某公司的上述欠款承担连带还款责任。福建高院一审判决还本付息，某自来水公司承担连带还款责任。

四、某自来水公司不服，上诉至最高法院，最高法院二审判决驳回上诉，维持原判。

裁判思路

本案中某自来水公司的裁判思路在于，其不得主张基于政府指令所作的担保意思并非自己真实的意思表示。某自来水公司作为具有完全民事行为能力的法人，应当独立对外承担民事责任，对于其所签订的相关协议、文件的法律后果应当有独立的判断能力。虽然在本案中，某自来水公司与某行某支行签订的担保合同是基于某市政府的指令而签订，但作为第三人的某市政府对于自来水公司所施加的影响，并不能就此成为某自来水公司否认其意思表示真实性的理由。因此，最高法院最终认为："自来水公司是否受合同以外第三人影响的问题并不涉及合同当事人之间的权利义务关系。由于合同一方当事人没有义务了解合同相对人签约行为以外的其他因素，自来水公司一方面承认其在本案保证合同上盖章的事实，另一方面否认该签约行为是其真实意思表示，这对被保证人某行某支行是不公平的。保证合同不应仅因保证人的保证系因地方政府指令而确认无效。"某自来水公司因此败诉。

经验总结

1. 基于第三人的指令对外签订的担保合同如不存在其他效力瑕疵事由，即为有效。因此在对外签订担保合同时，担保人应当结合自身实际情况对是否对外作出担保作出独立的判断。切莫因为第三人的怂恿、哥们义气、履行所谓的行政指令或上级命令等即对外作出担保的意思表示。因为这些表面上出于"意气用事”或“身不由己”签订的合同，很难被法院最终认定为无效或者意思表示不真实。

2. 虽然在通常情形下，第三人对担保人是否作出担保意思表示的影响不会影响到担保合同的效力，但也并非没有例外。根据《民法典》第一百四十九条的规定，表意人基于第三人的欺诈对外作出意思表示而相对人对此知情或应当知情的，表意人可主张撤销该意思表示；《民法典》第一百五十条规定，表意人基于第三人的胁迫对外作出意思表示，不论相对人是否知情，表意人均可主张撤销该意思表示。因此，如果担保人基于第三人的胁迫而签订担保合同，则可主张撤销该担保合同；但如果是因第三人的欺诈而签订担保合同，则只有在债权人知晓或者应当知晓欺诈事实存在时，方可主张撤销担保合同。

3. 处理法律纠纷，应坚持“内外有别，彼此区分”的原则。具体而言，当事人与第三人的法律关系，原则上不能对抗相对人；当事人之间的纠纷应基于不同的法律关系进行分割并分别处理，切忌“胡子眉毛一把抓”。从本案来看，某自来水公司主张其是基于某市政府的指令才签订担保合同的，并意图以此否认担保意思表示的真实性。但非常遗憾的是，所谓的“行政指令”仅是某自来水公司与某市政府之间的法律关系，除非存在法定的事由，否则不能以之对抗某行某支行，更不得以此为由否认担保合同效力。如果某自来水公司能够在第三人欺诈或第三人胁迫上多做文章，而不是咬着所谓的“行政指令”不放，说不定本案还有一丝转机。

相关法条

《中华人民共和国民法典》（2021 年 1 月 1 日施行）

第一百四十九条 第三人实施欺诈行为，使一方在违背真实意思的情况下实施的民事法律行为，对方知道或者应当知道该欺诈行为的，受欺诈方有权请求人民法院或者仲裁机构予以撤销。

第一百五十条 一方或者第三人以胁迫手段，使对方在违背真实意思的情况下实施的民事法律行为，受胁迫方有权请求人民法院或者仲裁机构予以撤销。

《最高人民法院关于正确确认企业借款合同纠纷案件中有关保证合同效力问题的通知》（法［1998］85 号）（节录）

近来发现一些地方人民法院在审理企业破产案件或者与破产企业相关的银行贷款合同纠纷案件中，对所涉及的债权保证问题，未能准确地理解和适用有关法律规定，致使在确认保证合同的效力问题上出现偏差，为此特作如下通知：

各级人民法院在处理上述有关保证问题时，应当准确理解法律，严格依法确认保证合同（包括主合同中的保证条款）的效力。除确系因违反担保法及有关司法解释的规定等应当依法确认为无效的情况外，不应仅以保证人的保证系因地方政府指令而违背了保证人的意志，或该保证人已无财产承担保证责任等原因，而确认保证合同无效，并以此免除保证责任。

裁判意见

以下为最高法院在本案二审期间就此问题发表的意见：

本院认为，本案某行某支行与和某公司签订的借款合同系双方当事人真实意思表示，且不违反法律、行政法规的禁止性规定，应为有效。借款人和某公司在合同到期后未能全部履行合同义务，应当依法承担向某行某支行偿还借款本息的民事责任。自来水公司与某行某支行签订书面保证合同，明确承诺为和某公司上述借款提供连带保证义务。现和某公司到期未能偿还债务，保证人自来水公司应就上述债务向某行某支行承担连带清偿责任。自来水公司作为具有完全民事行为能力的法人，应依法对其所作民事法律行为独立承担民事责任。自来水公司关于其在地方政府的行政指令下所作担保，应免除其向某行某支行承担保证责任的上诉理由不能成立。因为，本案保证合同系自来水公司与某行某支行之间签订，自来水公司没有证据证明某行某支行在与之签订保证合同时采取了欺诈、胁迫等手段。自来水公司是否受合同以外第三人影响的问题并不涉及合同当事人之间的权利义务关系。由于合同一方当事人没有义务了解合同相对人签约行为以外的其他因素，自来水公司一方面承认其在本案保证合同上盖章的事实，另一方面否认该签约行为是其真实意思表示，这对被保证人某行某支行是不公平的。保证合同不应仅因保证人的保证系因地方政府指令而确认无效。自来水公司领取的是企业法人执照，属于以营利为目的的企业法人，其经营活动虽具有一定的公共服务性质，但不属于以公益为目的的事业单位。自来水公司关于其不符合保证主体资格的上诉主张没有事实依据，本院不予支持。原审判决关于本案保证合同应为有效，自来水公司应当承担连带责任的判决并无不当，本院应予维持。自来水公司关于本案可能涉及经济犯罪应当中止审理的上诉主张，没有事实和法律依据，本院依法不予支持。借款人和某公司的股东是否缴足注册资本的问题与本案借款担保纠纷并无直接的法律关系，自来水公司关于应当追加和某公司股东参加本案诉讼的上诉理由没有法律依据，本院依法不予支持。

延伸阅读

地方政府干预所签订的担保合同效力的案例

案例：某县电业公司与中国某产管理公司郑州办事处保证合同纠纷申请再审民事裁定书［（2013）民申字第215号］

最高法院认为：本案《借款合同》以及《保证合同》均是双方当事人的真实意思表示，不违反法律和行政法规的效力性强制性规定，应当认定为有效合同。虽然某银行某县支行违反《同业拆借管理试行办法》和《中华人民共和国商业银行法》的有关规定，从某信用联社越权拆借资金违规贷给某县化工总厂，违背了上述法律、行政法规的规定，但其违反的是管理性强制性规定，并不影响《借款合同》的效力。《保证合同》的签订，虽然有地方政府的干预，但某县电业公司并未表示反对。根据《最高人民法院关于正确确认企业借款合同纠纷案件中有关保证合同效力问题的通知》的规定，除确系因违反担保法及有关司法解释的规定等应当依法确认为无效的情况外，不应仅以保证人的保证系因地方政府指令而违背了保证人的意志，而确认保证合同无效，并以此免除保证责任。因此，《保证合同》亦为有效合同。二审判决依据合同签订时施行的法律、行政法规认定《借款合同》以及《保证合同》合法有效，适用法律并无不当。

006 差额补足和流动性支持文件未经公司决议是否有效?

裁判要旨①

公司以差额补足、流动性支持等形式出具承诺函的，应当根据其性质判断其为债务加入或者保证。承诺函的作出未依照公司章程规定经由董事会或者股东会决议的，对该公司不发生效力。

---

① 案件来源：某银行股份有限公司北京分行、乐某网信息技术（北京）股份有限公司金融借款合同纠纷二审民事判决书［（2019）最高法民终1438号］

案情简介

一、2016 年 7 月 26 日，某银行与乐某控股签订《并购借款合同》，约定乐某控股向银行借款 17.5 亿元，用于支付乐某控股收购财某公司和百某公司 100% 股权，贷款期限自 2016 年 7 月 26 日至 2023 年 3 月 17 日，乐某控股每年按比例偿还本金和利息。

二、2016 年 8 月 23 日，乐某网公司向某银行出具函件，称：鉴于乐某控股已与某银行签署了《并购借款合同》，乐某网公司确认知晓并认可该合同的全部条款和条件。如出现逾期或拖欠贷款本息的情况，乐某网公司承诺对借款人在《并购借款合同》项下的还款义务承担差额补足责任。

三、2017 年 1 月，《并购借款合同》项下的抵押财产被财某公司、百某公司另行抵押给案外人，导致《并购借款合同》加速到期。某银行于 2017 年 7 月 4 日向乐某控股发送了《加速到期通知书》，乐某控股无法偿还到期债务。某银行遂于 2017 年 8 月 2 日，向北京市高级人民法院起诉，要求乐某控股偿还债务，并要求乐某网公司对该债务承担差额补足义务。

四、北京市高级人民法院一审判决乐某控股全额还本付息，并认为：乐某网公司承诺只要出现逾期或拖欠贷款本息的情况，就承担差额补足责任，具有主动加入债务的意思表示，不应当被认定为保证。乐某网公司作为上市公司，对其股东乐某控股的债务作出债务加入的意思表示，既未经股东大会决议亦未经董事会决议通过。而某银行接受该函件时，未审核乐某网公司同意担保的公司决议，也未审查上市公司公开披露的公告文件。故乐某网公司出具的函件对乐某网公司不产生约束力。

五、某银行不服，上诉至最高人民法院。最高院判决驳回上诉，维持原判。

裁判思路

本案的核心争议在于，乐某网公司是否应当依其承诺对乐某控股的还款义务承担差额补足责任，对此，最高人民法院认为：

首先，关于差额补足函的性质。在乐某网公司出具的《差额补足函》中，乐某网公司承诺只要出现逾期或拖欠贷款本息的情况，就承担差额补足责任。该承诺并非《并购借款合同》的从合同，二者效力相互独立，乐某网公司的上述承诺，没有保证的意思表示，且由于保证属典型的担保方式，其设立、生效、保证期间、履行方式等都有较为严格的规定，本案的法律关系不符合保证的特征，而符合债务加入的特征，对此，双方当事人均不持异议。

其次，关于差额补足函的效力。乐某网公司出具差额补足函并未经过公司内部股东会决议。而《公司法》第十六条规定：“公司向其他企业投资或者为他人提供担保，依照公司章程的规定，由董事会或者股东会、股东大会决议”。可见，在公司为他人提供担保这一可能影响股东利益的场合，立法规定了公司机关决议前置程序以限制法定代表人的代表权限。而根据民法一般原理，债务加入是指第三人加入到既存的债务关系中，与债务人就其债务对债权人负连带之责，其效果相当于加入人为自己创设了一项独立的债务。与保证责任相比，加入人承担的债务较保证人的负担更重。举轻以明重，公司出具差额补足函加入债务，亦应当经股东大会决议，否则对公司不发生效力。

最后，关于责任的承担。某银行本身作为上市公司，对立法关于上市公司为股东提供担保须经股东大会决议并公告的相关规定系属明知。某银行应当知道乐某网公司的人员采用以出具债务加入承诺函件的方式系规避法律规定的做法。乐某网公司作为上市公司，其相关人员未经依法决议，擅自以公司名义出具债务加入承诺函承担股东债务，不能认定为属于公司的意思，依法不应当认定乐某网公司为承诺函的出具主体。故乐某网公司对案涉债务不承担任何责任。

经验总结

1. 债权人接受公司担保，必须审查公司董事会或股东会对担保事项出具的决议文件。在实务中，债权人图一时之便，未审查公司同意担保决议（或未审查上市公司同意担保公告）导致担保合同对保证人不发生效力的案例近年来十分多发、常见。保证人往往以“担保数额小无需决议”“股东已经同意但尚未书面决议”“上市公司公告审批不方便”等各类理由拒绝向债权人出具相关决议文件。应当强调的是，债权人接受公司担保时，审查公司董事会或股东会作出的同意担保的决议文件是该担保事项对该公司产生效力的必要要件。如债权人在接受担保时对该类文件不做审核、不留底档，则在发生争议时，即使担保合同有公司法定代表人签字盖章，债权人也无法向该公司主张担保责任。

2. 谨防以非典型合同形式规避担保制度规定的行为。随着企业融资需求不断提高，在实践中出现了“差额补足”“流动性支持”等变相的保证合同形式，亦出现了所有权保留买卖、融资租赁、保理等涉及担保功能的商业交易形式。《民法典担保制度解释》第一条、第三十六条均明确，涉及担保功能发生的纠纷，均应当适用《民法典》及《民法典担保制度解释》中关于担保效力的有关规定。债权人在实践中错认为"差额补足""流动性支持"等五花八门的名义的合同不适用担保的法律规定，故在签订相关合同或接受相应承诺文件时并未按照《民法典》《公司法》及相关司法解释对担保的规定审查相应决议文件，最终酿成大错。本案中，债权人某银行正是犯了这一错误，才致使明明有法定代表人签字与企业公章的承诺函近乎成为"废纸一张"。

3. 差额补足、流动性支持等类似承诺文件应依照其性质被认定为债务加入或者保证合同。保证合同与债务加入的核心区别在于承诺人偿还案涉债务是否以债务人无法按时还本付息为前提。本案中，虽然双方均认定差额补足文件承诺函属于债务加入，但最高人民法院仍然凭借"举轻以明重"的法律解释方法，认定乐某网公司加入案涉债务亦需进行公司内部决议和公告。

相关法条

《中华人民共和国民法典》（2021 年 1 月 1 日施行）

第四百六十七条 本法或者其他法律没有明文规定的合同，适用本编通则的规定，并可以参照适用本编或者其他法律最相类似合同的规定。

在中华人民共和国境内履行的中外合资经营企业合同、中外合作经营企业合同、中外合作勘探开发自然资源合同，适用中华人民共和国法律。

第五百五十二条 第三人与债务人约定加入债务并通知债权人，或者第三人向债权人表示愿意加入债务，债权人未在合理期限内明确拒绝的，债权人可以请求第三人在其愿意承担的债务范围内和债务人承担连带债务。

第六百八十一条 保证合同是为保障债权的实现，保证人和债权人约定，当债务人不履行到期债务或者发生当事人约定的情形时，保证人履行债务或者承担责任的合同。

《中华人民共和国公司法》（2018 年修正）

第十六条 公司向其他企业投资或者为他人提供担保，依照公司章程的规定，由董事会或者股东会、股东大会决议；公司章程对投资或者担保的总额及单项投资或者担保的数额有限额规定的，不得超过规定的限额。

公司为公司股东或者实际控制人提供担保的，必须经股东会或者股东大会决议。

前款规定的股东或者受前款规定的实际控制人支配的股东，不得参加前款规定事项的表决。该项表决由出席会议的其他股东所持表决权的过半数通过。

《最高人民法院关于适用〈中华人民共和国民法典〉有关担保制度的解释》（法释〔2020〕28号）

第一条　因抵押、质押、留置、保证等担保发生的纠纷，适用本解释。所有权保留买卖、融资租赁、保理等涉及担保功能发生的纠纷，适用本解释的有关规定。

第九条　相对人根据上市公司公开披露的关于担保事项已经董事会或者股东大会决议通过的信息，与上市公司订立担保合同，相对人主张担保合同对上市公司发生效力，并由上市公司承担担保责任的，人民法院应予支持。

相对人未根据上市公司公开披露的关于担保事项已经董事会或者股东大会决议通过的信息，与上市公司订立担保合同，上市公司主张担保合同对其不发生效力，且不承担担保责任或者赔偿责任的，人民法院应予支持。

相对人与上市公司已公开披露的控股子公司订立的担保合同，或者相对人与股票在国务院批准的其他全国性证券交易场所交易的公司订立的担保合同，适用前两款规定。

第三十六条　第三人向债权人提供差额补足、流动性支持等类似承诺文件作为增信措施，具有提供担保的意思表示，债权人请求第三人承担保证责任的，人民法院应当依照保证的有关规定处理。

第三人向债权人提供的承诺文件，具有加入债务或者与债务人共同承担债务等意思表示的，人民法院应当认定为民法典第五百五十二条规定的债务加入。

前两款中第三人提供的承诺文件难以确定是保证还是债务加入的，人民法院应当将其认定为保证。

第三人向债权人提供的承诺文件不符合前三款规定的情形，债权人请求第三人承担保证责任或者连带责任的，人民法院不予支持，但是不影响其依据承诺文件请求第三人履行约定的义务或者承担相应的民事责任。

《全国法院民商事审判工作会议纪要》（法〔2019〕254号）

17. ［违反《公司法》第16条构成越权代表］为防止法定代表人随意代表公司为他人提供担保给公司造成损失，损害中小股东利益，《公司法》第16条对法定代表人的代表权进行了限制。根据该条规定，担保行为不是法定代表人所能单独决定的事项，而必须以公司股东（大）会、董事会等公司机关的决议作为授权的基础和来源。法定代表人未经授权擅自为他人提供担保的，构成越权代表，人民法院应当根据《合同法》第50条关于法定代表人越权代表的规定，区分订立合同时债权人是否善意分别认定合同效力：债权人善意的，合同有效；反之，合同无效。

66. ［担保关系的认定］当事人订立的具有担保功能的合同，不存在法定无效情形的，应当认定有效。虽然合同约定的权利义务关系不属于物权法规定的典型担保类型，但是其担保功能应予肯定。

裁判意见

本院认为，关于乐某网是否应当依其承诺对乐某控股的还款义务承担差额补足责任的问题，因二审中乐某网和某银行均认可2016年8月23日函件的内容构成债务加入，本院对原审判决关于乐某网出具的承诺承担差额补足责任函件的性质构成债务加入的认定，予以维持。根据民法一般原理，债务加入是指第三人加入到既存的债务关系中，与债务人就其债务对债权人负连带之责，其效果相当于加入人为自己创设了一项独立的债务。与保证责任相比，加入人承担的债务较保证人的负担更重。本案中，作为上市公司的乐某网在函件中承诺承担的债务，是其控制股东乐某控股的债务。《合同法》第一百二十四条[①]规定："本法分则或者其他法律没有明文规定的合同，适用本法总则的规定，并可以参照本法分则或者其他法律最相类似的规定"。据此，在现行立法未就债务加入的生效要件作出明确规定的情况下，原审判决类推适用法律关于上市公司为其股东提供保证的相关规定来认定其效果归属，法律依据充分，亦符合"举轻以明重"的法律解释方法。上诉人某银行关于原审判决适用《公司法》第十六条的规定认定函件效果归属系适用法律错误的上诉理由不能成立，本院不予支持。《公司法》第十六条规定：公司为他人提供担保，依照公司章程的规定，由董事会或者股东会、股东大会决议；公司章程对担保的数额有限额规定的，不得超过规定的限额。公司为公司股东或者实际控制人提供担保的，必须经股东会或者股东大会决议。前款规定的股东或者受前款规定的实际控制人支配的股东，不得参加前款规定事项的表决。该项表决由出席会议的其他股东所持表决权的过半数通过。由此可见，在公

---

① 编者按：《民法典》第467条。

司为他人提供担保这一可能影响股东利益的场合，立法规定了公司机关决议前置程序以限制法定代表人的代表权限。在公司内部，为他人提供担保的事项并非法定代表人所能单独决定，其决定权限交由公司章程自治：要么是由公司股东决定，要么是委诸商业判断原则由董事会集体讨论决定；在为公司股东或实际控制人提供担保的场合，则必须交由公司其他股东决定。这种以决议前置的方式限制法定代表人担保权限的立法安排，其规范意旨在于确保该担保行为符合公司的意思，不损害公司、股东的利益。从本案当事人自身实际具有的认知水平和注意能力来看，某银行本身作为上市公司，对立法关于上市公司为股东提供担保须经股东大会决议的相关规定系属明知。故原审判决关于某银行应当知道乐某网的人员采用以出具债务加入承诺函件的方式规避法律规定的做法的认定，符合本案的实际情况。乐某网作为上市公司，其相关人员未经依法决议，擅自以公司名义出具债务加入承诺函承担股东债务，不能认定为属于公司的意思，依法不应当认定乐某网为承诺函的出具主体。上诉人某银行关于原审判决关于双方当事人的过错及责任认定不当的上诉理由，混淆了无权代理人与被代理人之间的关系，本院不予支持。

延伸阅读

1. 企业为他人债务出具流动性支持函构成保证，未经股东大会决议，对该公司不发生效力。

案例一：某通资产管理有限公司与邓某等金融借款合同纠纷一审民事判决书［（2018）京04民初207号］

北京市第四中级人民法院认为：关于案涉《流动性支持函》的性质以及某阳信通是否应当承担责任的问题。本案中，某通资产提交了加盖有某阳信通印章和法定代表人名章的《流动性支持函》。《中华人民共和国担保法》第十七条①规定，当事人在保证合同中约定，债务人不能履行债务时，由保证人承担保证责任的，为一般保证。某阳信通在《流动性支持函》中承诺“在光某信托发放的贷款之本金、利息获得全部清偿之前，若某阳集团没有按照合同约定履行归还本金及偿还融资利息的义务，某阳信通将根据光某信托要求为某阳集团在《信托贷款合同》项下全部债务履行差额补足义务”，故某阳信通上述承诺的性质属于一般

① 编者按：《民法典》第687条。

保证。在案证据显示，某阳集团为某阳信通的股东，根据《中华人民共和国公司法》第十六条第二款规定，公司为公司股东或者实际控制人提供担保的，必须经股东会或者股东大会决议。且某阳信通的公司章程亦明确规定公司对股东、实际控制人及其关联方提供的担保必须经过股东大会审议通过。某阳信通系上市公司，其公司章程具有明显的公示性，光某信托在发放贷款时应该注意到某阳信通为其股东提供担保必须经过股东大会审议通过，现大通资产未能举证证明光某信托在订立合同时对股东大会决议进行了审查，诉讼中某阳信通亦拒绝对《流动性支持函》进行追认，因此，《流动性支持函》对某阳信通不发生担保法上的效力。

案例二（相反情形）：珠海东方某翌投资管理中心（有限合伙）与中某卓业集团有限公司等借款合同纠纷一审民事判决书［（2018）京民初56号］

北京市高级人民法院认为：关于被告中某控股公司担保责任。被告中某控股公司分别向原告东方某翌和大某银行北京分行出具的《承诺函》系被告中某控股公司真实意思表示，承诺为被告三亚鹿某公司按时、足额支付全部委托贷款本金、利息、罚息、滞纳金、违约金及《人民币委托贷款合同》项下其他应付款提供流动性支持。承诺被告中某控股公司违反本《承诺函》第一条任何内容的，原告东方某翌与某银行北京分行有权要求被告中某控股公司纠正其违反行为、并有权直接向被告中某控股公司进行追偿、要求被告中某控股公司代为偿还被告三亚鹿某公司在本《承诺函》第一条约定中的应付未付款。故原告东方某翌依据《承诺函》之承诺要求被告中某控股公司承担连带保证责任有合同依据。

2. **企业为他人债务出具差额补足函构成保证，未经股东大会决议，对该公司不发生效力。**

案例三：华某国际信托有限责任公司、某迪生态环境科技股份有限公司金融借款合同纠纷二审民事判决书［（2019）最高法民终560号］

最高人民法院认为：根据已查明的事实，某迪生态公司为其股东某迪能源公司、关联公司某迪电力公司提供担保，并未经股东大会决议，仅经董事会决议。《中华人民共和国公司法》第十六条第二款规定，“公司为公司股东或者实际控制人提供担保的，必须经股东会或者股东大会决议。”该规定是对法定代表人代表权进行限制的强制性规范，意味担保行为并非法定代表人所能单独决定的事项，必须以公司股东会或者股东大会决议作为授权的基础和来源。本案中，《差额补足合同》虽由某迪生态公司加盖公章，并由时任法定代表人李某芝签字，但由于未经股东大会决议，仅经董事会决议，故法定代表人对外签订的保证合同，属于未经授权擅自为他人提供的担保，构成越权代表。根据《中华人民共和国合同法》第五十条[①]关于法定代表人越权代表的规定，区分订立合同时债权人是否善意认定合同效力。如果债权人善意，则合同有效，反之，合同无效。法律一旦经过颁布实施，则推定明知，华某公司作为专业的金融机构，应当知悉上述规定，且某迪生态公司的章程亦明确规定某迪生态公司对股东、实际控制人及其关联方提供的担保，须经股东大会审议通过，而上市公司某迪生态公司的章程是对外公开的，华某公司也应当知晓上述章程规定。因此，某迪生态公司签订《差额补足合同》时，未经股东大会决议，华某公司对此未尽审慎注意义务，主观上存在过错，并非善意第三人，在某迪生态公司对此不予追认的情况下，《差额补足合同》无效。

3. 基于信托关系建立的差额补足协议不属于担保性质，不适用担保制度的有关规定。

案例四：某通控股股份有限公司、某康营业信托纠纷二审民事判决书［（2019）最高法民终1524号］

最高人民法院认为：2017年9月27日，某康与郭某泽签订《差补和受让协议》。该协议约定郭某泽承担差额补足义务和受让信托权益的义务。其中，差额补足义务指：某康在《信托合同》项下每个信托利益分配日（含信托存续期间的信托净收益分配日和信托到期分配日），如因包括但不限于仁某公司未能及时、足额清偿《信托贷款合同》项下本息等任何原因，导致某康未能按照年化13%的信托收益率按时、足额获得信托利益分配的，郭某泽应就差额部分承担全额补充责任，包括：信托存续期间，若某康依照《信托合同》所获得信托净收益未能达到年化13%的收益率，不足部分，郭某泽应当向某康补足差额；信托到期分配日，郭某泽应向某康支付信托贷款本金2亿元，及未补足至年化13%收益的差额部分。远期受让信托受益权的义务指：郭某泽按照协议约定应当受让某康的信托受益权。若郭某泽已履行完毕差额补足义务，视为支付完毕信托受益权转让价款，则信托终止时，某康将信托受益权转让给郭某泽；若郭某泽未按照协议约定履行差额补足义务，某康有权利要求郭某泽补足差额，受让信托受益权。该协议约定的是郭某泽补足某康年化13%的信托收益、支付信托贷款本金和受让某康的信托受益权，而非为仁建公司在案涉合同项下所负债务承担担保责任。《差

① 编者按：《民法典》第504条。

补和受让协议》是双方当事人的真实意思表示，不违反法律、行政法规的强制性规定，合法有效。故安通公司关于案涉《差补和受让协议》是担保合同，属于无效合同，本案应定性为担保合同纠纷的上诉理由不成立。

第二节 担保的范围

007 律师费是否属于担保物权担保的范围？

裁判要旨①

律师费为实现担保物权的费用，因此如无相反约定，合理的律师费属于担保物权所担保的范围。

案情简介

一、2011 年 12 月 23 日，云南铜某公司与江某公司分别签订《电工用铜线坯买卖合同》和《阴极铜买卖合同》。2012 年 8 月 24 日，云南铜某公司与江某公司签订《货款结算确认书》，双方确认：江某公司尚欠云南铜某公司货款 66619535.28 元。2013 年 1 月 11 日，江某公司给云南铜某公司出具《债权确认书》，确认：截至 2013 年 1 月 11 日，江某公司尚欠云南铜某公司货款本金 83240245.55 元。

二、为担保以上债权，2012 年 7 月 25 日、2012 年 7 月 25 日、2012 年 7 月 30 日，云南铜某公司与江某公司签订三份动产的《抵押担保协议》，并办理了动产抵押登记。2013 年 1 月 18 日，云南铜某公司与江某公司签订《股份质押合同》，并办理了股权质押登记。《股权质押合同》约定："本合同所担保的债权为：乙方（江某公司）基于《阴极铜买卖合同》和《电工用铜线坯买卖合同》和《债权确认书》而对甲方（云南铜某公司）的全部欠款本金、利息、违约金、损害赔偿金及实现债权、质权的费用。"

三、2013 年 1 月 23 日，因江某公司至今仍未偿还所欠货款，云南铜某公司

① 案件来源：云南铜某股份有限公司与江门市江某有限公司买卖合同纠纷二审民事判决书［（2015）民二终字第 74 号］

向云南高院起诉，诉请判令：一、江某公司支付所欠货款本金83240245.55元及利息，并支付违约金；二、云南铜某公司对抵押动产和股权享有优先受偿权，范围包括本金、利息、违约金、诉讼费及律师代理费等。

四、云南高院一审判决支持了原告的部分诉请，云南铜某公司支付的63万元的律师费属于担保物权所担保的范围。

五、江某公司不服，上诉至最高法院，要求不承担律师费，律师费不属于《股权质押合同》担保的范围。最高法院判决驳回上诉，维持原判。

裁判思路

本案中江某公司败诉的原因在于虽然《股权质押合同》没有明确约定律师费属于担保的范围，但律师费属于“为实现债权、质权”所支付的费用，属于担保物权所担保的范围。因此，最高法院认为，江某公司应承担律师费，且律师费属于股权质押担保的范围。根据《民法典》第三百八十九条有关“担保物权的担保范围包括主债权及其利息、违约金、损害赔偿金、保管担保财产和实现担保物权的费用”的规定，云南铜某公司诉请江某公司承担本案律师代理费63万元有法律依据。江某公司因此败诉。

经验总结

1.《民法典》第三百八十九条关于担保物权所担保的债权的范围的规定，属于任意性规定，当事人可就担保物权的担保范围作出相关约定，明确排除或者确认相关费用是否属于担保物权的范围。如当事人可通过担保合同约定“利息、违约金、损害赔偿金、保管担保财产和实现担保物权的费用”等不属于担保合同所担保的范围。因此，签订担保合同时，应明确约定所担保的债权的范围，防止未来因所担保的债权的范围发生争议。如果没有就此问题作出约定，则担保物权所担保的债权范围包括“主债权及其利息、违约金、损害赔偿金、保管担保财产和实现担保物权的费用”。

2. 根据最高法院的观点，律师费属于实现债权或者担保物权的费用。因此如无特别约定，根据《民法典》第三百八十九条的规定，律师费属于担保物权所担保的范围，也即律师费可从担保物的变价所得中优先受偿。但担保物权所担保的律师费的范围，并非毫无边际，只有“合理的”律师费，才是担保物权所担保的范围。关于律师费合理性的判断，应以当地物价部门制定的律师费收费标准作为参考标准。

3. 作为担保人，在签订担保物权合同时，应充分认识到所担保的范围不仅仅是主债权本身，还可能包括诸如律师费、拍卖费、评估费在内的一系列为实现担保物权的费用。为了防止所担保的范围因为债务的迟延履行而被不断扩大，在符合担保物权的实现条件时，担保人应及时督促债权人实现担保物权或者主动要求实现担保物权，切勿抱有“能躲一时是一时”的心态。

4. 律师费属于实现债权或者担保物权的费用，因此，只要原告方的诉讼请求获得支持，哪怕是部分支持，也都可以全额主张要求对方承担合理的律师费。

相关法条

《中华人民共和国民法典》（2021 年 1 月 1 日施行）

第三百八十九条 担保物权的担保范围包括主债权及其利息、违约金、损害赔偿金、保管担保财产和实现担保物权的费用。当事人另有约定的，按照其约定。

第六百九十一条 保证的范围包括主债权及其利息、违约金、损害赔偿金和实现债权的费用。当事人另有约定的，按照其约定。

裁判意见

以下为最高法院在“本院认为”部分就此问题发表的裁判观点：

云南铜某公司与江某公司于 2013 年 1 月 18 日签订的《股份质押合同》是双方当事人的真实意思表示，亦不违反法律行政法规的强制性规定，是合法有效的合同。根据该合同第一条有关“本合同所担保的债权为：乙方（江某公司）基于《阴极铜买卖合同》和《电工用铜线坯买卖合同》和《债权确认书》而对甲方（云南铜某公司）的全部欠款本金、利息、违约金、损害赔偿金及实现债权、质权的费用”的约定，江某公司逾期仍未付款，云南铜某公司通过诉讼途径向江某公司主张权益，其委托律师代理诉讼所支付的费用系为实现该债权而支付的合理费用。云南铜某公司为本案支付的律师代理费 63 万元亦未超过《云南省律师服务收费暂行标准》所规定的收费限额，故云南铜某公司以案涉《股份质押合同》为据，诉请江某公司承担本案律师代理费 63 万元有事实依据。根据《物权法》第一百七十三条[①]有关“担保物权的担保范围包括主债权及其利息、违约金、损害赔偿金、保管担保财产和实现担保物权的费用”的规定，云南铜某公司诉请江某公司承担本案律师代理费63万元有法律依据。

延伸阅读

以下几则是关于律师费是否为担保物权所担保的范围的案例，供读者参考。我们发现，对于此问题各地裁判观点并不统一。公报案例认为，律师费属于实现担保物权的费用，应属于担保物权所担保的范围。但也有法院认为，如果主合同未就律师费的负担作出约定，则担保合同中关于律师费属于担保范围的约定无效。

1. 律师费属于实现担保物权的费用，应属于担保人所担保的范围。

案例一：香港上海某银行有限公司上海分行与景某大酒店（深圳）有限公司、万某置业有限公司金融借款合同纠纷二审案［《中华人民共和国最高人民法院公报》2014年第6期（总第212期）］

最高法院认为：本案抵押担保合同不存在依法应认定无效的情形，上海高院关于案涉抵押担保合同合法有效的结论是正确的。同时，上海高院关于‘景某公司在贷款代偿催收函回函上的确认应视为对抵押担保责任范围的确认。故景某公司在本案中应承担的抵押担保范围包括主债权及利息、违约金（即违约利息）和实现抵押权的费用，即万某置业所欠的贷款本金港币118354000元及相应利息和上述律师费损失’的意见亦是正确的，根据担保法的相关规定，景某公司应当对万某置业所欠主债务承担抵押担保责任。景某公司关于本案对外担保无效的上诉理由不能成立。

案例二：盐城经济开发区某农村小额贷款有限公司与盐城金某化纤机械有限公司、盐城市某实业总公司等借款合同纠纷二审民事判决书［（2015）苏商终字第00148号］

江苏省高级人民法院认为：根据《中华人民共和国担保法》第十五条[②]的规定，保证合同应当包括被保证的主债权种类及数额、债务人履行债务的期限、保证的方式、保证担保的范围、保证的期间、双方认为需要约定的其他事项。第二

---

① 编者按：《民法典》第389条、第691条。

② 编者按：《民法典》第684条。

十一条[1]规定，保证担保的范围包括主债权及利息、违约金、损害赔偿金和实现债权的费用。保证合同另有约定的，按照约定。当事人对保证担保的范围没有约定或者约定不明确的，保证人应当对全部债务承担责任。根据上述法条可见，'主债权的种类及数额'与'保证担保的范围'系不同的概念，无论主债权种类中有无列明实现债权的费用，除非合同特别约定将该部分费用从保证担保范围内剔除，实现债权的费用均属于保证担保的范围。本案中，保证合同并无除外的特别约定，相反，还再次列明了包括律师费在内的实现债权的费用属于保证担保范围。故实业公司应对祥某公司实际支付的律师费承担保证责任。实业公司以《保证合同》载明的主债权种类中未列明律师费为由，要求仅对本金及利息承担保证责任，与法律规定不符，本院不予支持。

案例三：江苏融某公司与赵某元、潘某生等追偿权纠纷二审民事判决书［（2015）苏商外终字第00023号］

江苏省高级人民法院认为：赵某元、潘某生、薛某敏上诉称，《房地产抵押协议》并未约定抵押的担保范围，因此不应就利息、律师费用等承担担保责任。对此本院认为，根据《中华人民共和国物权法》第一百七十三条[2]的规定：'担保物权的担保范围包括主债权及其利息、违约金、损害赔偿金、保管担保财产和实现担保物权的费用。当事人另有约定的，按照约定。'本案中，《房地产抵押协议》并未约定抵押的担保范围，依据上述规定，涉案抵押的担保范围应包括融某公司已经代德某公司向银行偿还的代偿款本金及其利息、融某公司支付的律师费。赵某元等人的上述主张没有法律依据，本院不予支持。

案例四：云南省能某集团有限公司、陕西联某能源管理有限公司企业借贷纠纷二审民事判决书［（2019）最高法民终2025号］

最高人民法院认为：联某能源上诉主张，《统借统还借款协议》未约定主债务包括实现债权的费用，《股权转让及重组框架协议书》亦未约定保证范围包括实现债权的费用，故其保证范围不应包括实现债权的费用。本院认为，《统借统还借款协议》虽未约定实现债权的费用应当由上某能源承担，但根据《中华人民共和国合同法》第一百一十三条[3]第一款的规定，因上某能源未按约偿还借款本息，云南能某为实现债权而支出的必要费用属于其所受损失，应当由违约方上

① 编者按：《民法典》第691条。
② 编者按：《民法典》第389条、第691条。
③ 编者按：《民法典》第584条。

某能源承担。《股权转让及重组框架协议书》虽未对联某能源的保证范围作出明确约定，但根据《中华人民共和国担保法》第二十一条[①]“保证担保的范围包括主债权及利息、违约金、损害赔偿金和实现债权的费用。保证合同另有约定的，按照约定。当事人对保证担保的范围没有约定或者约定不明确的，保证人应当对全部债务承担责任”的规定，联某能源的保证范围应当包括实现债权的费用。故联某能源关于其保证范围不包括实现债权费用的主张没有事实和法律依据，依法不能成立。

案例五：江西天某科技有限公司、某银行股份有限公司江西省分行信用证纠纷二审民事判决书［（2019）最高法民终 1961 号］

最高人民法院认为：关于某行江西分行主张的 25 万元律师费能否支持的问题。《保函合同》第十五条费用约定：除依法另行确定或当事人另有约定外，因本合同订立、履行及争议解决发生的费用（包括律师费用）由天某公司承担。依据上述约定，某行江西分行要求天某公司承担本案律师费符合合同约定。但某行江西分行提交的《委托协议书》约定的委托事项是包括本案在内的五起案件的诉前调查、诉讼代理，增值税发票的“服务名称”栏也记载“法律咨询、律师费”。因此，某行江西分行举证《委托协议书》、三张增值税发票及付款 25 万元的凭证不能证明该 25 万元代理费全部系本案委托代理发生，故该院酌定天某公司承担 15 万元律师费。

案例六：某资产管理股份有限公司山西省分公司、山西朔州平鲁区某煤业有限公司借款合同纠纷二审民事判决书［（2019）最高法民终 823 号］

最高人民法院认为：某银行太原分行与秦某公司、秦某实业公司、崇某煤业公司、冯某煤业公司、徐某华、王某敏、徐某、邓某晶签订的《最高额保证合同》中均约定，各担保人担保的债权最高额限度为“债权本金人民币 5 亿元整”和相应的利息、罚息、违约金、损害赔偿金以及为实现债权、担保权利等所发生的一切费用、其他所有应付的费用之和，即各保证人所担保债权最高额限度为本金 5 亿元和相应的利息、违约金、律师费、保全费实现债权费用等均属于被担保债权范围。该约定系当事人真实意思表示，且不违反国家法律、法规的强制性规定，应为合法有效，各方亦应依约履行。因各保证人所签订的《最高额保证合同》中已明确约定，本案在最高额担保的“债权本金人民币 5 亿元和实现债权的

---

① 编者按：《民法典》第 691 条。

律师费、保全费等实现债权的费用”范围内承担保证责任。本案已查明，至本案一审庭审时本案未偿还借款本金为492443528.38元，该数额并未超出《最高额保证合同》约定的本金5亿元，故各保证人应以合同约定对华某公司的涉案债务本金人民币5亿元和实现债权的律师费、保全费实现债权的费用等承担连带清偿责任。原审判决各保证人仅在5亿元最高债权额限度内承担连带清偿责任，属事实认定错误，本院予以纠正。上诉人某资产管理股份有限公司山西省分公司关于“改判秦某公司、秦某实业公司、崇某煤业公司、冯某煤业公司、徐某华、王某敏、徐某、邓某晶对该判决第一项所确定的华某奥司的债务承担连带清偿责任”的上诉请求具有合同和法律依据，本院予以支持，原审对此认定错误，本院予以纠正。

2. 担保合同具有从属性，主债务人与债权人未在主合同中约定支付律师费条款的，担保人承担担保责任的范围不应当超过主合同而包括律师费。

案例七：安徽肥东某银行与合肥康某衣帽有限公司借款合同纠纷二审民事判决书［（2014）皖民二终字第00655号］

安徽省高级人民法院认为：本案《承兑协议》并未对律师代理费的承担作出明确约定。虽然《最高额抵押合同》中担保范围包括律师代理费，但鉴于《最高额抵押合同》是依附于主合同《承兑协议》的从合同，是为主合同债务提供担保，而主合同的债务并不包括律师代理费，故原审判决未支持肥东某银行律师代理费的请求并无不当，肥东某银行此节上诉理由不能成立，本院不予支持。

案例八：原告某银行股份有限公司南京城东支行与被告南京福某房地产开发有限公司、南京阅某商贸有限公司、张某春、徐某金融借款合同纠纷一案的民事判决书［（2013）宁商初字第137号］

南京市中级人民法院认为：关于某银行城东支行主张的律师费。本院认为，担保合同是主债权债务合同的从合同，担保范围应以主债务为限。本案中，《南京市六合区房地产抵押合同》、《保证担保合同》及《个人连带责任保证书》虽约定担保范围包括实现债权的费用，但主合同《法人委托贷款借款合同》对律师费未作约定，故某银行城东支行主张福某公司支付律师费无合同及法律依据，应不予支持，进而该支行要求阅某公司、张某春对律师费承担连带清偿责任亦不应予以支持。

008 债权人能否要求担保人在担保范围之外承担违约责任?

裁判要旨[①]

在债权人与担保人既约定了担保责任又约定了违约责任的场合，约定担保人违约责任的目的是督促和制约担保人维护和保持其良好的偿还能力，进而保证主债权的实现。此类担保人违约责任的意义在于主债权尚未到期、担保责任尚未产生时，可先行追究担保人违约责任的方式既制约担保人又保证债权的安全性。而在主债务履行期间届满、担保责任产生后，担保人最终承担的责任仍应以约定的担保责任范围为限，如担保人已先行承担违约责任，则在确定其担保责任时，应将已承担的违约责任予以扣减。

案情简介

一、2014 年 1 月 15 日，某行白城分行与某谷物公司签订第一份《流动资金借款合同》，约定：某谷物公司向某行白城分行借款 4000 万元。某行白城分行发放了贷款，该笔借款于 2015 年 1 月到期。

二、2014 年 1 月 15 日，某行白城分行与陈某兵签订了《最高额保证合同》，约定：陈某兵（某谷物公司总经理）为某行白城分行的债权提供担保，担保债权最高余额 14000 万元。担保合同还约定，保证人存在违反约定或者影响债权人实现债权的行为，应按本合同所担保债权最高余额的 10% 向债权人支付违约金。同日，某行白城分行与某矿业有限公司签订了《最高额保证合同》，约定：某矿业有限公司为某行白城分行的债权提供担保，担保债权最高余额 14000 万元；某行白城分行与某谷物公司签订了《最高额抵押合同》，约定：某谷物公司以综合楼、办公、仓库设定、土地使用权作为抵押，担保以上债权，并办理了他项权利抵押登记。

三、2014 年 5 月 8 日，某行白城分行与某谷物公司签订了第二份《流动资金借款合同》，某谷物公司向某行白城分行借款 2000 万元。某行白城分行发放了贷款，该笔借款于 2015 年 5 月到期。

---

① 案件来源：某银行白城分行与陈某兵、被告某谷物综合开发有限公司等金融借款合同纠纷、担保合同纠纷二审民事判决书［（2016）吉民终 527 号］

四、某谷物公司到期未还款，某行白城分行向白城中院起诉，要求：（1）某谷物公司还本付息；（2）某行白城分行对抵押物土地及房产等享有优先受偿权；（3）某矿业有限公司、陈某兵承担连带保证责任；（4）陈某兵承担债权余额10%的违约金。一审法院主持调解，某行白城分行与某谷物公司、某矿业有限公司、陈某兵对某行白城分行诉讼请求中的（1）至（3）达成一致调解意见，法院制作了调解书予以确认。但对于第（4）项未达成调解意见。一审法院判决驳回某行白城分行该诉请。

五、某行白城分行不服白城中院，上诉至吉林高院，吉林高院二审判决驳回上诉，维持原判。

裁判思路

本案中某行白城分行的裁判思路在于其要求陈某兵承担违约责任的诉请超过了保证合同所担保的债权的范围。根据一审调解书，陈某兵已经根据保证合同承担了保证责任。虽然根据保证合同的约定，保证人陈某兵作为某谷物公司的总经理，未积极督促债务人履行债务，存在违约行为，理应根据保证合同约定承担违约责任。但两审法院均认为，某行白城分行与陈某兵另行负担违约金的约定与保证合同的目的、本质不相符合，超出了保证合同的保证范围。因此，对于某行白城分行要求陈某兵承担违约责任的诉请不予支持。本案二审的吉林高院更是从担保合同约定违约责任的目的出发，否定了某行白城分行的诉请。该院认为："担保人违约责任的意义在于主债权尚未到期、担保责任尚未产生时，可先行追究担保人违约责任的方式既制约担保人又保证债权的安全性。而在主债务履行期间届满、担保责任产生后，担保人最终承担的责任仍应以约定的担保责任范围为限，如担保人已先行承担违约责任，则在确定其担保责任时，应将已承担的违约责任予以扣减。"某行白城分行因此败诉。

经验总结

1. 担保合同具有从属性，担保人承担担保责任的范围以主债权为限

担保合同具有从属性，主要体现在担保成立、效力、存续、转让、消灭五个方面。其中效力上的从属性，不仅指主合同无效，担保合同无效，而且还体现在担保合同所担保的债权范围不得超过主债权的范围。《民法典》第六百九十一条

规定："保证的范围包括主债权及其利息、违约金、损害赔偿金和实现债权的费用。当事人另有约定的，按照其约定。"保证合同对保证责任范围的约定，虽实行意思自治，但因保证合同是主合同的从合同，保证责任是主债务的从债务，基于从属性原则，保证责任的范围及强度不能超过主债务的范围及强度。本案中，某行白城分行的债务已经通过债务人履行、担保人承担担保责任的方式实现。如果支持某行白城分行要求陈某兵承担10%的违约责任的请求，即代表某行白城分行通过担保合同取得了超出主债权范围之外的利益，有违担保合同的从属性。

2. 违约责任的承担，应遵循"填平原则"，不得超过合同的履行利益

本案中，两审法院均认为如果支持某行白城分行要求陈某兵承担10%的违约责任的请求，有失公允。但在论证的说理上，两审法院却有所不同：一审法院认为支持该诉请加重了保证人、债权人的义务；但二审法院则认为支持该诉请后，保证人承担责任后无法向债权人追偿。我们认为，两审法院对于此问题的说理，均有一定道理，但未把握住问题的关键——违约责任承担的"填平原则"。

"填平原则"具体而言是指：除法律另有规定外，守约方要求违约方承担违约责任，一般应当按照"有损失才有赔偿，损失多少，补偿多少"的原则来确定损害赔偿的数额。守约方通过要求违约方承担违约责任而取得的利益不得超过合同被正常履行时可获得的利益，也即违约责任的承担范围以履行利益为限。对此，《民法典》第五百八十三条有明确规定。

具体到本案中，某行白城分行对于陈某兵有两项诉请：一为要求承担保证责任，二为要求承担10%违约金。第一项诉请相当于《民法典》第五百七十七条规定的继续履行的违约责任，该项请求已通过一审调解书的方式得到实现，通过该项责任的承担，某行白城分行在担保合同中的履行利益已经实现。第二项则为《民法典》第五百八十四条规定的给付违约金的责任。如果允许某行白城分行同时主张两项诉请，则无异于允许其在担保合同约定的履行利益范围之外可要求其他额外利益，不符合损害赔偿的"填平原则"。

合同的一方当事人违约，对于守约方而言并不是"中彩票"，守约方不应当期望能够通过要求违约方承担违约责任的方式，取得大于合同正常履行时所能得到的额外利益。当然损害赔偿的"填平原则"不仅体现在合同领域，也能体现在侵害损害赔偿领域。也即不仅违约对于守约方而言不是"中彩票"，出现人身财产损害，对于受损方而言也不是"中彩票"。

3. 担保合同约定违约责任的意义在于提前实现对主债权的部分清偿

既然担保合同具有从属性，债权人不能要求担保人在主债权范围之外承担违约责任，但这并不代表担保合同约定违约责任毫无意义。我们认为，在合理设计相关违约责任条款的前提下，担保合同约定违约责任，可以起到在特定情形下预先实现部分债权的功效。具体而言，可以通过在担保合同中约定违约责任，促使担保人监督、督促债务人履行债务，防止债务人或者保证人财产状况恶化或者隐匿、转移财产等。如果担保人未履行担保合同约定义务，可以要求担保人承担违约责任，在不满足实现担保条件的情况下提前要求担保人承担责任，有效缩小损失或者防止损失的进一步扩大。

相关法条

《中华人民共和国民法典》（2021年1月1日施行）

第三百八十九条 担保物权的担保范围包括主债权及其利息、违约金、损害赔偿金、保管担保财产和实现担保物权的费用。当事人另有约定的，按照其约定。

第三百九十二条 被担保的债权既有物的担保又有人的担保的，债务人不履行到期债务或者发生当事人约定的实现担保物权的情形，债权人应当按照约定实现债权；没有约定或者约定不明确，债务人自己提供物的担保的，债权人应当先就该物的担保实现债权；第三人提供物的担保的，债权人可以就物的担保实现债权，也可以请求保证人承担保证责任。提供担保的第三人承担担保责任后，有权向债务人追偿。

第五百八十三条 当事人一方不履行合同义务或者履行合同义务不符合约定的，在履行义务或者采取补救措施后，对方还有其他损失的，应当赔偿损失。

第五百八十四条 当事人一方不履行合同义务或者履行合同义务不符合约定，造成对方损失的，损失赔偿额应当相当于因违约所造成的损失，包括合同履行后可以获得的利益；但是，不得超过违约一方订立合同时预见到或者应当预见到的因违约可能造成的损失。

第五百八十五条 当事人可以约定一方违约时应当根据违约情况向对方支付一定数额的违约金，也可以约定因违约产生的损失赔偿额的计算方法。

约定的违约金低于造成的损失的，人民法院或者仲裁机构可以根据当事人的请求予以增加；约定的违约金过分高于造成的损失的，人民法院或者仲裁机构可以根据当事人的请求予以适当减少。

当事人就迟延履行约定违约金的，违约方支付违约金后，还应当履行债务。

第六百九十一条 保证的范围包括主债权及其利息、违约金、损害赔偿金和实现债权的费用。当事人另有约定的，按照其约定。

《最高人民法院关于适用〈中华人民共和国民法典〉有关担保制度的解释》（法释〔2020〕28号 2021年1月1日施行）

第三条 当事人对担保责任的承担约定专门的违约责任，或者约定的担保责任范围超出债务人应当承担的责任范围，担保人主张仅在债务人应当承担的责任范围内承担责任的，人民法院应予支持。

担保人承担的责任超出债务人应当承担的责任范围，担保人向债务人追偿，债务人主张仅在其应当承担的责任范围内承担责任的，人民法院应予支持；担保人请求债权人返还超出部分的，人民法院依法予以支持。

《全国法院民商事审判工作会议纪要》（法〔2019〕254号）

55. ［担保责任的范围］担保人承担的担保责任范围不应当大于主债务，是担保从属性的必然要求。当事人约定的担保责任的范围大于主债务的，如针对担保责任约定专门的违约责任、担保责任的数额高于主债务、担保责任约定的利息高于主债务利息、担保责任的履行期先于主债务履行期届满，等等，均应当认定大于主债务部分的约定无效，从而使担保责任缩减至主债务的范围。

裁判意见

以下为吉林高院在“本院认为”部分就此问题发表的意见：

在债权人与担保人既约定了担保责任又约定了违约责任的场合，约定担保人违约责任的目的是督促和制约担保人维护和保持其良好的偿还能力，进而保证主债权的实现。此类担保人违约责任的意义在于主债权尚未到期、担保责任尚未产生时，可先行追究担保人违约责任的方式既制约担保人又保证债权的安全性。而在主债务履行期间届满、担保责任产生后，担保人最终承担的责任仍应以约定的担保责任范围为限，如担保人已先行承担违约责任，则在确定其担保责任时，应将已承担的违约责任予以扣减。主要理由如下：首先，《担保法》第五条[①]规定：“担保合同是主合同的从合同，主合同无效，担保合同无效……”担保合同是主

① 编者按：《民法典》第388条、第682条。

合同的从合同，其宗旨系为担保主债务的履行，担保责任的实质是对债务人义务的替代履行，承担主债务的最终责任主体是债务人。因此，没有债务人的责任，担保责任也就无从谈起。如担保人已经对主债务承担了担保责任，则已完全保障了债权人的利益，亦已实现了担保制度的目的。因此，担保人在担保责任之外另行承担违约责任，根本上悖离了我国担保制度的本质及法律价值。其次，《担保法》第二十一条①规定："保证担保的范围包括主债权及利息、违约金、损害赔偿金和实现债权的费用。保证合同另有约定的，按照约定。当事人对保证担保的范围没有约定或者约定不明确的，保证人应当对全部债务承担责任。"第四十六条②规定："抵押担保的范围包括主债权及利息、违约金、损害赔偿金和实现抵押权的费用。抵押合同另有约定的，按照约定。"前述条款是对担保人承担担保责任范围的规定，应理解为担保人的最大责任范围为主债务的全部债务，在当事人另有约定的情况下，担保责任可小于主债务范围。故担保人以各种形式承担的责任范围不应超过主债务范围。本案中，某谷物公司与陈某兵已经对案涉主债务承担了完全的担保责任，故其不应再行承担违约责任。再次，《担保法》第五十七条③规定："为债务人抵押担保的第三人，在抵押权人实现抵押权后，有权向债务人追偿。"《最高人民法院关于适用〈中华人民共和国担保法〉若干问题的解释》第四十三条④规定："保证人自行履行保证责任时，其实际清偿额大于主债权范围的，保证人只能在主债权范围内对债务人行使追偿权。"依据上述法律规定，如保证人最终承担的责任超过主债务范围，超过部分不能向主债务人追索，有失公允。

延伸阅读

保证责任超过主债务范围的，人民法院对超过的部分不予支持：

案例一：某证券有限责任公司与金某股份有限公司合同纠纷上诉案［（2019）最高法民终1353号］

最高人民法院认为：保证合同对保证责任范围的约定，虽实行意思自治，但因保证合同是主合同的从合同，基于从属性原则，保证责任的范围不能超过主债

① 编者按：《民法典》第691条。
② 编者按：《民法典》第389条。
③ 编者按：《民法典》第392条。
④ 编者按：《民法典担保制度解释》第3条。

务的范围。兴某公司、赵某、王某琰在本案中系保证人，其承担责任的范围不能超过主债务人金某公司承担责任的范围。故尽管保证合同约定了保证人违约时，债权人有权要求保证人支付主债权金额10%的违约金的内容，但基于保证人承担责任不超过主债务人承担责任范围之因素，综合考虑兴某公司、赵某、王某琰已就金某公司应支付的一次性违约金及迟延违约金等承担连带付款责任等情况，该院对某证券公司要求兴某公司、赵某、王某琰分别支付违约金34711215.15元的诉请不予支持。

案例二：某旅实业发展有限责任公司、山东省某信托股份有限公司合同纠纷二审民事判决书［（2019）最高法民终1434号］

最高人民法院认为："首先，根据《中华人民共和国担保法》第二十一条①规定，保证合同对保证责任范围的约定，虽实行意思自治，但因保证合同是主合同的从合同，保证责任是主债务的从债务，基于从属性原则，保证责任的范围及强度不能超过主债务的范围和强度；其次，如果允许保证责任超过主债务的范围，将违反保证责任的从属性规定，可能产生滥用权利的后果；再次，保证责任超过主债务的部分，使债权人获得从主债务人处不能获得的利益，保证人对该部分承担责任后无法对主债务人追偿，对保证人产生不公平的结果。"

009 主合同被解除后，担保人能否免责？

裁判要旨②

主合同解除后，除担保合同另有约定外，担保人并不当然免责。担保人对债务人应当承担的民事责任仍应承担担保责任。

案情简介

一、2007年1月8日，某黄埔温江公司与某建设五局签订建设工程施工《协议书》，某黄埔温江公司将位于成都市温江区温江新城光华大道住宅发展项

① 编者按：《民法典》第691条。

② 案件来源：某第五工程局有限公司与某黄埔地产（成都）温江有限公司不当得利纠纷申请再审民事裁定书［（2014）民申字第418号］

目的地块一（1A 期）总包工程发包给某建设五局。合同总价 188902623.10 元。

二、2006 年 12 月 13 日，某建设五局作为总承包方与担保人某银行湖南省分行签署《履约保证书》，约定：如果总承包方违约时，担保人需向发包方赔偿因此而蒙受的损失。某建设五局在上述《履约保证书》签署后将其提交给了某黄埔温江公司。

三、2009 年 9 月 15 日，某黄埔温江公司与某建设五局签订《解除合同协议》。该《解除合同协议》签订后，某建设五局和某黄埔温江公司并未就因工期延误以致双方蒙受的直接损失另行协商达成一致。

四、2012 年 2 月 14 日，某黄埔温江公司向某银行湖南省分行发出《关于 LGC97006001001 号〈履约保证书〉之索款通知》，某黄埔公司认为保函约定的担保事由现已发生，通知某银行湖南省分行依据保函赔偿因某建设五局违约造成的损失共计 1889 万元。

五、2012 年 2 月 17 日，某银行湖南省分行将某黄埔温江公司提出的上述索赔通知事项告知了某建设五局。后经多次信函往来，2012 年 3 月 19 日，某银行湖南省分行向某黄埔温江公司支付了《履行保证书》项下的索赔款项 1889 万元。

六、某建设五局得知某银行湖南省分行向某黄埔温江公司支付 1889 万元并依据双方建立的保证金质押关系将上述等额资金从其账户予以扣划后，于 2012 年 4 月 6 日向成都中院提起诉讼，要求某黄埔温江公司返还 1889 万元并支付相应利息。成都中院一审判决支持某建设五局诉请，某黄埔温江公司应返还 1889 万元并支付相应利息。

七、某黄埔温江公司不服，上诉至四川高院，四川高院二审改判驳回某建设五局诉请。某建设五局不服，向最高法院申请再审，最高法院裁定驳回再审申请。最终某黄埔温江公司不必返还 1889 万元并支付相应利息。

裁判思路

本案中某建设五局的裁判思路在于，虽然主合同已经解除，但担保人并不能就此免除担保责任，担保人仍需就主合同被解除后的债务人应承担的民事责任承担担保责任。在本案中，主合同《协议书》的担保人为某银行湖南省分行，在某建设五局与某黄埔温江公司协议解除《协议书》后，债权人某黄埔温江公司依据担保合同《履约保证书》向担保人主张承担保证责任。某银行湖南省分行根据其与某建设五局的约定，从保证金账户中划扣资金支付给某黄埔温江公司以履行担保义务。某建设五局主张“《履约保证书》仅为双方施工合同项下的担保条款，应当随着主合同的解除而终止履行”的诉请没有获得最高法院的支持，某黄埔温江公司取得 1889 万元的款项及其利息有法律上的原因，不构成不当得利。某建设五局因此败诉。

经验总结

1. 主合同解除，担保合同并不一并随之解除。根据《民法典》第五百六十六条第三款的规定，“主合同解除后，担保人对债务人应当承担的民事责任仍应当承担担保责任”。由此可知，主合同解除后，担保合同并不当然解除，担保人仍需承担担保责任。此处主合同的解除方式不以《民法典》第五百六十三条规定的法定解除为限，也包括《民法典》第五百六十二条规定的约定解除的情形，本案即属于约定解除的情形。主合同解除而担保合同效力不受影响，不构成担保从属性的例外情形。原因在于合同解除后产生的民事责任为主合同债务的一种变形，在债权债务关系上并不丧失同一性，故担保该债权债务关系的担保合同效力不因此受影响。所以，在主合同解除后，担保人仍需对主合同解除后债务人应承担民事责任承担担保责任。

2. 担保人需对主合同解除后的民事责任承担担保责任，并非绝对。根据《民法典》第五百六十六条的规定，上述责任可以通过约定予以排除。因此，为保证担保人担保的债权数额在可预知的范围内，建议担保人在担保合同约定如担保合同被解除时，担保人不承担担保责任。即使不能排除所有主合同解除时的担保责任，也应尽最大可能争取在约定解除的场合排除担保责任。因为约定解除的损害赔偿范围往往是不可预知的。

3. 担保人应正确认识担保合同的从属性，对于主合同的变形，如违约金、损害赔偿金、解除合同的返还财产、恢复原状或者采取其他补救措施的民事责任，都属于主合同债权债务关系的变形，在债权债务关系上与主合同债权债务不丧失其同一性。因此，如无特别约定，担保人不得以担保合同的从属性为由主张对以上民事责任不承担担保责任。

相关法条

《中华人民共和国民法典》（2021年1月1日施行）

第三百八十九条 担保物权的担保范围包括主债权及其利息、违约金、损害赔偿金、保管担保财产和实现担保物权的费用。当事人另有约定的，按照其约定。

第五百六十二条 当事人协商一致，可以解除合同。

当事人可以约定一方解除合同的事由。解除合同的事由发生时，解除权人可以解除合同。

第五百六十三条 有下列情形之一的，当事人可以解除合同：

（一）因不可抗力致使不能实现合同目的；

（二）在履行期限届满前，当事人一方明确表示或者以自己的行为表明不履行主要债务；

（三）当事人一方迟延履行主要债务，经催告后在合理期限内仍未履行；

（四）当事人一方迟延履行债务或者有其他违约行为致使不能实现合同目的；

（五）法律规定的其他情形。

以持续履行的债务为内容的不定期合同，当事人可以随时解除合同，但是应当在合理期限之前通知对方。

第五百六十六条 合同解除后，尚未履行的，终止履行；已经履行的，根据履行情况和合同性质，当事人可以请求恢复原状或者采取其他补救措施，并有权请求赔偿损失。

合同因违约解除的，解除权人可以请求违约方承担违约责任，但是当事人另有约定的除外。

主合同解除后，担保人对债务人应当承担的民事责任仍应当承担担保责任，但是担保合同另有约定的除外。

第六百九十一条 保证的范围包括主债权及其利息、违约金、损害赔偿金和实现债权的费用。当事人另有约定的，按照其约定。

裁判意见

以下是最高法院在“本院认为”部分就此问题发表的意见：

（一）关于《履约保证书》是否已变更或解除的问题。某建设五局认为《履约保证书》仅为双方施工合同项下的担保条款，应当随着主合同的解除而终止履行。最高人民法院《关于适用〈中华人民共和国担保法〉若干问题的解释》第十条[①]规定："主合同解除后，担保人对债务人应当承担的民事责任仍应承担担保责任。但是，担保合同另有约定的除外。"2006 年 12 月 13 日，某银行湖南省分行应某建设五局申请向某黄埔温江公司出具《履约保证书》，第 5 项约定："此履约保证书对总承包方及担保人双方本身、其继任人及受让人均共同和分别地有不可撤销的约束力"。2009 年 9 月 15 日，某建设五局与某黄埔温江公司签订的《解除合同协议》，对担保事宜亦未作任何说明。综上，某建设五局的该项再审申请理由不能成立。

延伸阅读

1. 主合同解除后担保人仍需承担担保责任

案例一：中国某建筑材料（集团）公司与湖南某建材纸厂借款担保合同纠纷上诉案［（2001）民二终字第 68 号］

最高法院认为："建材纸厂与南县某行、建材集团签订的四份借款担保合同系当事人真实意思表示，内容合法，原审判决认定为合法有效是正确的，当事人应当严格按照合同约定履行各自的义务。债权人南县某行已按约履行了全部贷款义务，但债务人建材纸厂在第一、二份合同还款期限届满后，不履行还款义务，应承担还款及违约责任。第三、四份借款合同虽尚未到期，但由于建材纸厂始终未能按期偿还任何贷款并已濒临破产，被列入 2000 年全国企业兼并破产第三批审查项目名单，建材纸厂的行为已构成了根本违约，依据《中华人民共和国合同法》第九十四条[②]第四款之规定，南县某行有权要求解除尚未到期的第三、四份借款合同。某行集团与南县某行签订的保证合同系本案借款合同的从合同，而南县某行已将上述债权合法转让给某公司，参照本院《关于适用〈中华人民共和国担保法〉若干问题的解释》第十条[③]'主合同解除后，担保人对债务人应当承担的民事责任仍应承担担保责任'之规定，某公司要求解除合同、提前收贷是符合法律规定的，建材集团关于一审判决判令偿还未到期的债务缺乏合同及法律依据的上诉理由并不成立，本院不予支持。"

---

①③　编者按：《民法典》第 566 条。

②　编者按：《民法典》第 563 条。

案例二：李某礼与杨某光、重庆市某区小湾园区土地整治有限公司等借款合同纠纷再审民事判决书［（2016）渝民再5号］

重庆市高级人民法院认为："《最高人民法院关于适用〈中华人民共和国担保法〉若干问题的解释》第十条①规定：主合同解除后，担保人对债务人应当承担的民事责任仍应承担担保责任，但是，担保合同另有约定的除外。根据该规定，除了担保合同有特别约定外，主合同解除后，担保人仍需承担担保责任，而非其他替代责任，如赔偿责任。所谓担保责任，是指按照担保合同约定的担保方式履行担保义务。抵押合同的担保责任就是抵押人通过法院拍卖抵押标的物等方式履行对抵押权人优先受偿的担保债务。可见主合同解除并不影响担保合同的效力，否则，将违背担保法律制度的目的。故本案《借款协议》中担保条款的解除，并非因主合同即《借款协议》的解除而解除。原二审判决以'主合同解除的效力及于从合同，本案抵押合同随借款合同解除而解除'的理由，认定《借款协议》中的担保条款解除，适用法律错误。"

案例三：王某元与郭某土地承包经营权转包合同纠纷再审复查与审判监督民事裁定书［（2015）闽民申字第1653号］

福建省高级人民法院认为："再审申请人王某元与原一审被告郭某德分别于2012年6月1日及2013年12月31日签订的两份《协议书》系双方真实意思表示，且未违反国家法律、行政法规的强制性规定，应认定为合法有效。原二审判决认为，根据王某元与郭某德于2012年6月1日签订的《协议书》，被申请人郭某对该份合同中涉及的借款提供担保是建立在郭某德正常经营的基础上，但王某元与郭某德未经担保人郭某同意，在郭某德承包经营仅一年多即2013年12月31日签订第二份《协议书》，终止双方的承包关系及转包合同的履行，变动了第一份合同的主要内容，并且其中的返还承包地部分已经实际履行，使郭某失去提供担保时所基于的条件和基础，故王某元与郭某德签订的第二份《协议书》不能对郭某产生约束力，郭某不应承担担保责任。上述认定缺乏事实依据和法律依据，依据最高人民法院《关于适用〈中华人民共和国担保法〉若干问题的解释》第十条②的规定：'主合同解除后，担保人对债务人应当承担的民事责任仍应承担担保责任。但是，担保合同另有约定的除外。'故原二审判决适用法律错误。"

①② 编者按：《民法典》第566条。

案例四：北京金某餐饮有限公司、北京辉某餐饮有限公司融资租赁合同纠纷二审民事判决书［（2019）最高法民终1430号］

最高人民法院认为："因房产被解押出卖给第三人，新签订的《债权转让协议》《债务承担三方协议》分割了原债权债务，《融资租赁合同》实际上已解除。根据《担保法司法解释》第十条①规定，主合同解除后，担保人对债务人应当承担的民事责任仍应承担担保责任。又因《债务承担三方协议》是《融资租赁合同》的承继，并非独立的新合同，河北某金租公司在担保期间内提起本案诉讼，故并未加重各担保人的担保负担。《中华人民共和国担保法》第十八条②规定，当事人在保证合同中约定保证人与债务人对债务承担连带责任的，为连带责任保证。连带责任保证的债务人在主合同规定的债务履行期届满没有履行债务的，债权人可以要求债务人履行债务，也可以要求保证人在其保证范围内承担保证责任。本案中，净某股份、净某集团、张某舵、田某玲与河北某金租签订《最高额保证合同》在保证方式部分均约定，本合同保证方式为连带责任保证，故净某集团、净某股份、张某舵、田某玲应在1.6亿元范围内向河北某金租承担连带清偿责任。《股权质押合同》第七条约定，发生下列情形之一时，河北某金租可以以出质股权折价或者以拍卖、变卖该出质股权所得的价款优先受偿，其中包括张某舵有诉讼、仲裁或重大行政案件，可能对出质股权有不利影响。现张某舵已涉及重大诉讼，河北某金租对张某舵持有的净某集团8000万元股权享有优先受偿权，有权按照《股权质押合同》约定的债权范围就质押物处置变现所得价款优先受偿。一审判决予以支持并无不当。"

2.《民法典》第五百六十六条的"另有约定"仅应理解为对主合同解除后担保人是否承担担保责任的约定

案例五：美国某德国际有限公司与张某玉等民间借贷纠纷上诉案［（2010）苏商外终字第0028号］

江苏省高级人民法院认为："《最高人民法院关于适用〈中华人民共和国担保法〉若干问题的解释》第十条③规定'主合同解除后，担保人对债务人应当承担的民事责任仍应承担担保责任。但是，担保合同另有约定的除外。'上述'另有约定'是指在主合同解除的情形下，担保合同中关于担保人免责或担保人仍承

①③　编者按：《民法典》第566条。

②　编者按：《民法典》第688条。

担担保责任范围的约定，并非是指此时担保人仍按原主合同约定的履行期限来承担担保责任。因此某德公司关于张某玉在原约定的履行期限前要求其承担担保责任，加重其担保负担的主张，本院不予支持。涉案借款合同虽予解除，但担保人某德公司上海代表处仍应按照法律规定承担相应责任。”

3. 担保合同可约定主合同解除后担保人不承担担保责任

案例六：江某集团股份有限公司、某银行股份有限公司徐州城中支行建设工程施工合同纠纷再审民事判决书［（2017）最高法民再216号］

该院认为：“关于江某公司是否可以依据履约保函要求某行城中支行承担保证责任的问题。本院认为，2012年2月8日某行城中支行开具的履约保函第七条约定：‘本保函项下的合同或基础交易不成立、不生效、无效、被撤销、被解除，本保函无效。’《最高人民法院关于适用〈中华人民共和国担保法〉若干问题的解释》第十条[①]规定：‘主合同解除后，担保人对债务人应当承担的民事责任仍应承担担保责任。但是，担保合同另有约定的除外。’本案中，由于双方已在履约保函中明确约定，保函项下合同被解除，保函即无效，故江某公司2013年1月22日向鑫某达公司发出合同解除通知书后，于2013年1月24日再向某行城中支行发出履约保函索赔通知，因保函已失效，故其依据履约保函主张某行城中支行承担保证责任，因缺乏合同依据，不能成立，本院不予支持。”

第三节 担保合同的主体

010 企业法人的分支机构能否作为保证人？

裁判要旨[②]

公司的分支机构未经公司决议程序，不能以自己的名义对外提供担保，债权人接受公司分支机构担保无总公司同意或者事后追认的，担保合同无效。金融机

① 编者按：《民法典》第566条。

② 案件来源：青海宏某混凝土有限公司、海某建设集团有限公司青海分公司民间借贷纠纷二审民事判决书［（2019）最高法民终1535号］

构的分支机构、担保公司的分支机构适用特殊规定。担保合同无效后，债权人与担保人之间应当按照各自的过错，对主债权中债务人不能清偿的部分承担责任。

案情简介

一、2016 年 12 月 12 日，青海宏某公司与西宁汇某公司等签订《协议书》，确认汇某公司共欠青海宏某公司款项 3.5 亿元，汇某公司承诺按期还款。海某青海分公司在《协议书》上以连带保证人身份签字盖章。

二、2018 年，因汇某公司未按约定还款，宏某公司向青海省高院提起诉讼，要求西宁汇某公司还款，并要求海某青海公司等保证人承担保证责任。

三、一审中，青海省高院查明，海某青海分公司系海某集团的分公司，其以担保人身份在《协议书》上盖章未经海某集团授权，系海某青海分公司负责人未经总公司批准，伪造了分公司印章并加盖的。据此，青海省高院判决，海某青海分公司不承担保证责任。宏某公司不服，向最高人民法院提出上诉。

四、2019 年 12 月 30 日，最高人民法院作出二审判决。确认宏某公司与海某青海分公司之间的《保证合同》无效，但宏某公司、海某青海分公司对《保证合同》的无效均有过错，各承担不能清偿部分 50% 的责任，海某集团对其分公司财产不足清偿的部分，承担补充责任。

裁判思路

本案的核心争议点在于，法人分支机构对外提供担保，担保合同效力如何认定。对此，法院分析如下：

第一，关于担保合同的效力。根据我国《民法典》担保制度的相关规定，对于一般公司来说，法人分支机构以自己的名义对外提供担保，必须取得总公司的书面授权，或得到总公司的事后追认，否则担保无效。审查担保人签约代表的授权委托文件和总公司决议是债权人的职责：未审查相关文件或者未发现材料瑕疵的，担保无效；审查了相关文件，但该文件系担保人伪造的，构成表见代理，担保有效。本案中，一审、二审法院在审理过程中均认为，海某青海分公司在提供担保过程中，未取得总公司授权，宏某公司未审查相关授权，故担保合同无效，担保未成立。

第二，关于担保合同无效后，责任的分担。本案中，一审法院认为：分公司越权担保，担保不成立，海某集团和其分公司不承担任何责任。而最高人民法院在此基础上，依据《担保法》第五条①担保合同无效后，各方责任承担的有关规定，认定：首先，债权人宏某公司未审查海某青海分公司是否得到海某集团公司书面授权便接受海某青海分公司提供担保，未尽合理注意义务，其自身对于担保合同无效具有一定过错；其次，海某青海分公司在明知未获得海某集团公司书面授权的情况下，对外提供担保，对于担保合同的无效明显具有过错；再次，海某集团公司作为法人，对其设立的分支机构海某青海分公司及选任的负责人负有管理义务。鉴于分公司不能独立承担民事责任，判决宏某公司、海某青海分公司就主债务无法清偿的部分各承担 50% 的责任，海某集团对其青海分公司独立财产无法承担的部分承担责任。

经验总结

1. 企业法人的分支机构、职能部门不能作为保证人，贸然接受分支机构担保的，可能导致担保权利无法实现。《民法典担保制度解释》第十一条规定：除非取得总公司股东大会、董事会决议同意，企业法人的分支机构、职能部门一般不能以自己的名义对外提供担保，未经股东大会、董事会同意提供担保的，原则上无效，但是债权人不知道且不应当知道分支机构对外提供担保未经公司决议程序的除外。因此，担保合同上仅有分支机构公章，且无任何总公司授权材料的，担保合同可能无效。

债权人“不知道且不应当知道”，是指债权人在接受分支机构担保时，尽勤勉义务审查了总公司同意分公司对外提供担保的决议，且分公司的签约代表获得了签约的授权，二者缺一不可。债权人仅需要做形式上的审查，确认授权的事项、范围等与担保合同一致；而对于决议的真实性，无需做实质审查。

2. 未经授权的企业法人的分支机构、职能部门对外签订保证合同虽然无效，但并不代表不承担责任。

根据《民法典担保制度解释》第十七条规定，担保合同无效后，应根据相关当事人的过错程度承担相应的损害赔偿责任。债权人与担保人均有过错的，担保人承担的赔偿责任不应超过债务人不能清偿部分的二分之一。在公司分支机构担保导致担保合同无效的案件中，作为担保人的分支机构和其总公司，对公章管

① 编者按：《民法典》第 388 条、第 682 条。

理、分公司负责人选任具有责任，通常会被认为负有过错；作为债权人，如未对总公司的决议进行审查，亦会被认定对担保合同无效负有过错。因此，对于分支机构未经决议提供对外担保的，一般认定担保人承担债务人不能清偿部分的二分之一的赔偿责任。

3. 设立分支机构的企业法人应根据不同情形对分支机构对外债务承担相应责任。

根据《公司法》第十四条的规定，企业法人的分支机构，如分公司，不具有法人资格，其民事责任由企业法人承担。《民法典》第七十四条第二款规定："分支机构以自己的名义从事民事活动，产生的民事责任由法人承担；也可以先以该分支机构管理的财产承担，不足以承担的，由法人承担。"本案中，海某青海分公司有自己一定的独立的财产，故法院最终判令保证合同无效后的损害赔偿责任先由海某青海分公司承担，不足部分由海某集团承担补充责任。

4. 注意金融机构、担保公司承担担保责任的规则。

金融机构的分支机构在其营业执照记载的经营范围内开立保函，无需经过总行决议。但除此之外，担保公司的分支机构、银行的分支机构（分行、支行）以自己的名义对外提供担保，均须适用公司分支机构提供担保的禁止性规定。该类案件是分支机构提供担保涉诉的"高发区"，债权人在接受银行分行担保时，应当格外谨慎。

5. 注意分公司的识别。

在实务中，分公司可以以自己的名义参加商业活动；银行、保险公司的分公司，甚至可以以自己的名义独立承担责任。因此，在实践中如何辨别公司为"分支机构"格外重要。企业的分支机构有其独立的统一社会信用代码，独立的地址，但在工商登记信息上没有注册资本，没有独立的法定代表人（只有"负责人"）。我们建议债权人在接受担保时，尽量避免以企业法人分支机构、职能部门为保证人。应业务需要，确实需要选择企业法人的分支机构、职能部门作为保证人的，应要求其提供可以对外作为保证人的相应授权并严格审查授权担保的范围，防止所签订的保证合同无效。

相关法条

《中华人民共和国民法典》（2021年1月1日施行）

第七十四条 法人可以依法设立分支机构。法律、行政法规规定分支机构应当登记的，依照其规定。

分支机构以自己的名义从事民事活动，产生的民事责任由法人承担；也可以先以该分支机构管理的财产承担，不足以承担的，由法人承担。

《最高人民法院关于适用〈中华人民共和国民法典〉有关担保制度的解释》（法释〔2020〕28号 2021年1月1日施行）

第十一条 公司的分支机构未经公司股东（大）会或者董事会决议以自己的名义对外提供担保，相对人请求公司或者其分支机构承担担保责任的，人民法院不予支持，但是相对人不知道且不应当知道分支机构对外提供担保未经公司决议程序的除外。

金融机构的分支机构在其营业执照记载的经营范围内开立保函，或者经有权从事担保业务的上级机构授权开立保函，金融机构或者其分支机构以违反公司法关于公司对外担保决议程序的规定为由主张不承担担保责任的，人民法院不予支持。金融机构的分支机构未经金融机构授权提供保函之外的担保，金融机构或者其分支机构主张不承担担保责任的，人民法院应予支持，但是相对人不知道且不应当知道分支机构对外提供担保未经金融机构授权的除外。

担保公司的分支机构未经担保公司授权对外提供担保，担保公司或者其分支机构主张不承担担保责任的，人民法院应予支持，但是相对人不知道且不应当知道分支机构对外提供担保未经担保公司授权的除外。

公司的分支机构对外提供担保，相对人非善意，请求公司承担赔偿责任的，参照本解释第十七条的有关规定处理。

第十七条 主合同有效而第三人提供的担保合同无效，人民法院应当区分不同情形确定担保人的赔偿责任：

（一）债权人与担保人均有过错的，担保人承担的赔偿责任不应超过债务人不能清偿部分的二分之一；

（二）担保人有过错而债权人无过错的，担保人对债务人不能清偿的部分承担赔偿责任；

（三）债权人有过错而担保人无过错的，担保人不承担赔偿责任。

主合同无效导致第三人提供的担保合同无效，担保人无过错的，不承担赔偿责任；担保人有过错的，其承担的赔偿责任不应超过债务人不能清偿部分的三分之一。

《中华人民共和国公司法》(2018 年修正)

第十四条 公司可以设立分公司。设立分公司，应当向公司登记机关申请登记，领取营业执照。分公司不具有法人资格，其民事责任由公司承担。

公司可以设立子公司，子公司具有法人资格，依法独立承担民事责任。

裁判意见

以下为最高法院在“本院认为”部分就此问题发表的意见：

一方面，《担保法》第十条[①]规定：“企业法人的分支机构、职能部门不得为保证人。企业法人的分支机构有法人书面授权的，可以在授权范围内提供保证。”《最高人民法院关于适用〈中华人民共和国担保法〉若干问题的解释》第十七条[②]第一款规定：“企业法人的分支机构未经法人书面授权提供保证的，保证合同无效。因此给债权人造成损失的，应当根据担保法第五条[③]第二款的规定处理。”本案中，虽然青海宏某公司与海某青海分公司就案涉债务的担保问题达成一致意见，但海某青海分公司作为海某集团公司的分支机构，未取得海某集团公司的书面授权，而海某集团公司事后亦未对该担保行为进行追认，因此，根据前述法律和司法解释的规定，青海宏某公司与海某青海分公司之间的担保合同无效。青海宏某公司请求海某集团公司、海某青海分公司承担连带保证责任的主张不能成立。

另一方面，《担保法》第五条[④]第二款规定：“担保合同被确认无效后，债务人、担保人、债权人有过错的，应当根据其过错各自承担相应的民事责任。”第二十九条[⑤]规定：“企业法人的分支机构未经法人书面授权或者超出授权范围与债权人订立保证合同的，该合同无效或者超出授权范围的部分无效，债权人和企业法人有过错的，应当根据其过错各自承担相应的民事责任；债权人无过错的，由企业法人承担民事责任。”《最高人民法院关于适用〈中华人民共和国担保法〉若干问题的解释》第十七条[⑥]第四款规定：“企业法人的分支机构提供的保证无效后应当承担赔偿责任的，由分支机构经营管理的财产承担。企业法人有过错的，按照担保法第二十九条[⑦]的规定处理。”本案中，首先，在法律和司法解释对于企业法人分支机构担保条件有明确规定的情况下，青海宏某公司未审查海某青海分公司是否得到海某集团公司书面授权便接受海某青海分公司提供担保，未

---

①②⑤⑥⑦ 编者按：已失效。

③④ 编者按：《民法典》第 388 条、第 682 条。

尽合理注意义务，其自身对于担保合同无效具有一定过错。其次，海某青海分公司在明知未获得海某集团公司书面授权的情况下，对外提供担保，对于担保合同的无效明显具有过错。再次，海某集团公司作为法人，对其设立的分支机构海某青海分公司及选任的负责人崔某辉负有管理义务。但从查明的事实来看，海某集团公司因公司名称变更收回海某青海分公司备案印章后，未及时对外公示，在崔某辉持与海某青海分公司备案印章不一致的印章进行日常经营活动时未予制止。故海某集团公司对于海某青海分公司及其时任负责人崔某辉的行为未能尽到一般善良管理人的审慎注意义务，对于案涉担保合同的无效亦具有过错。因此，根据上述法律及司法解释以及《民法总则》第七十四条[①]第二款“分支机构以自己的名义从事民事活动，产生的民事责任由法人承担；也可以先以该分支机构管理的财产承担，不足以承担的，由法人承担”的规定，结合各方当事人的过错程度，本院酌定由海某青海分公司以其经营管理的财产对于青海宏某公司案涉债权不能清偿部分的50%承担赔偿责任，海某青海分公司经营管理的财产不足以承担前述赔偿责任的，由海某集团公司承担。

延伸阅读

通过对最高人民法院近三年的案例检索，我们发现法院对企业法人的分支机构越权对外签订的保证合同效力的认定较为统一。但对于担保合同被认定为无效后，债权人与担保人之间如何承担责任这一问题，在裁判中存在三种观点：

1. 对于担保合同的无效，提供担保的法人分支机构与债权人均有过错，担保人应当承担不能清偿部分不超过二分之一的责任。

案例一：广某建设集团有限公司、金某法民间借贷纠纷再审审查与审判监督民事裁定书［（2020）最高法民申117号］

最高法院认为：“《最高人民法院关于适用〈中华人民共和国担保法〉若干问题的解释》第十七条[②]规定：‘企业法人的分支机构未经法人书面授权提供保证的，保证合同无效。’一审判决据此认定《借条》中的担保条款无效具有法律依据。对于担保条款无效，金某法未尽到审慎的注意义务，存在一定过错；广某西安分公司管理不善，未经广某公司书面授权提供担保，亦存在一定过错。原审

① 编者按：《民法典》第74条。
② 编者按：已失效。

判决根据《中华人民共和国担保法》第五条[①]第二款以及《最高人民法院关于适用〈中华人民共和国担保法〉若干问题的解释》第七条、第十七条[②]规定，认定各方过错以及责任承担，适用法律并无不当。”

案例二：某银行股份有限公司齐齐哈尔拜泉支行、栾某海民间借贷纠纷再审审查与审判监督民事裁定书［（2020）最高法民申2323号］

最高人民法院认为，根据《中华人民共和国担保法》第二十九条[③]关于‘企业法人的分支机构未经法人书面授权或者超出授权范围与债权人订立保证合同的，该合同无效或者超出授权范围的部分无效，债权人和企业法人有过错的，应当根据其过错各自承担相应的民事责任；债权人无过错的，由企业法人承担民事责任’的规定，因某银行拜泉支行作为某银行股份有限公司的分支机构，在未经书面授权的情况下，某银行拜泉支行为于某泉与栾某海之间的案涉借款提供担保的行为，应当认定为无效。对此节事实，某银行拜泉支行申请再审并未提出异议。依照《最高人民法院关于适用〈中华人民共和国担保法〉若干问题的解释》第七条[④]关于主合同有效而担保合同无效，债权人无过错的，担保人与债务人对主合同债权人的经济损失，承担连带赔偿责任；债权人、担保人有过错的，担保人承担民事责任的部分，不应超过债务人不能清偿部分的二分之一的规定，本案中，某银行拜泉支行作为专业金融机构，明知未取得对外提供担保的书面授权，两次在案涉借据上加盖公章、提供担保，且担保行为均发生在某银行拜泉支行办公场所，基于对某银行拜泉支行作为专业金融机构的信任和于某泉当时担任某银行拜泉支行法定代表人的实际，某银行拜泉支行主张其并无过错，明显与事实不符，某银行拜泉支行主张其对案涉借款不应承担连带赔偿责任的再审申请理由不能成立。

案例三：某银行股份有限公司呼和浩特武川支行与李某卿借款合同纠纷再审案［（2018）最高法民再66号］

最高人民法院认为，《中华人民共和国商业银行法》第二条规定：“本法所称的商业银行是指依照本法和《中华人民共和国公司法》设立的吸收公众存款、发放贷款、办理结算等业务的企业法人。”第二十二条第二款规定：“商业银行分支机构不具有法人资格，在总行授权范围内依法开展业务，其民事责任由总行

---

① 编者按：《民法典》第388条、第682条。

②④ 编者按：《民法典担保制度解释》第17条。

③ 编者按：已失效。

承担。”《中华人民共和国担保法》第十条[①]规定：“企业法人的分支机构、职能部门不得为保证人。企业法人的分支机构有法人书面授权的，可以在授权范围内提供保证。”《最高人民法院关于适用〈中华人民共和国担保法〉若干问题的解释》第十七条[②]第一款规定：“企业法人的分支机构未经法人书面授权提供保证的，保证合同无效。因此给债权人造成损失的，应当根据担保法第五条[③]第二款的规定处理。”因此，金融企业法人的分支机构提供保证的，应当由其总行或者总公司授权授信。武川支行作为某银行股份有限公司的分支机构，未经某银行股份有限公司的书面授权而订立的保证合同应当认定为无效。

《中华人民共和国商业银行法》、《中华人民共和国担保法》[④] 及《最高人民法院关于适用〈中华人民共和国担保法〉若干问题的解释》[⑤]均明确规定商业银行分支机构不具有法人资格且企业法人的分支机构未经法人书面授权提供保证的，保证合同无效。法律一经公布，社会公众均应知晓并普遍遵守。武川支行未经企业法人书面授权对外提供保证，李某卿在接受保证时亦未对武川支行是否具备出具保证的资格尽到注意义务，双方对于保证合同无效均具有过错。二审判决认为武川支行对合同无效存在过错，李某卿无过错属于适用法律错误，本院予以纠正。《中华人民共和国担保法》第五条[⑥]第二款规定：“担保合同被确认无效后，债务人、担保人、债权人有过错的，应当根据其过错各自承担相应的民事责任。”《最高人民法院关于适用〈中华人民共和国担保法〉若干问题的解释》第七条[⑦]规定：“主合同有效而担保合同无效，债权人无过错的，担保人与债务人对主合同债权人的经济损失，承担连带赔偿责任；债权人、担保人有过错的，担保人承担民事责任的部分，不应超过债务人不能清偿部分的二分之一。”本案借款合同有效而保证合同无效，李某卿、武川支行对于保证合同无效均有过错，武川支行承担民事责任的部分，不应超过债务人不能清偿部分的二分之一。

案例四：某农村商业银行股份有限公司磁钟支行、李某法保证合同纠纷再审民事判决书［（2019）最高法民再3号］

最高人民法院认为：“姜某欣与磁钟支行签订《无限连带责任保证合同》约定，为确保腾某公司与姜某欣于2014年1月6日签订的借款合同的履行，磁钟

①②⑤ 编者按：已失效。

③⑥ 编者按：《民法典》第388条、第682条。

④ 编者按：已失效，被《民法典》吸收。

⑦ 编者按：《民法典担保制度解释》第17条。

支行为债权人（姜某欣）提供无限连带责任保证。该合同加盖了磁钟支行信贷专用章，并由该支行时任行长王某伟签字确认。但李某法未提交证据证明，王某伟以磁钟支行名义与姜某欣签订《无限连带责任保证合同》的行为得到了湖滨农商行的授权或者追认。关于商业银行的分支机构未经总行授权对外提供担保是否有效以及商业银行对分支机构对外提供担保仅需总行概括授权还是需要特别授权的问题，存在争议。本院认为，处理这一问题，既要考虑保护善意相对人利益、维护交易安全，原则上不应当以商业银行内部规定对抗善意相对人，又要考虑保护商业银行以及广大储户的利益，赋予相对人一定的注意义务，兼顾交易效率和交易公平，根据个案案情，结合担保权人是否善意、是否尽到了合理注意义务，商业银行的分支机构对外提供担保的行为是否符合交易习惯，对外担保数额的大小等因素作出认定。根据本案案情，本院认为案涉《无限连带责任保证合同》无效，一方面，关于商业银行的分支机构未经总行授权对外提供担保是否有效以及商业银行对分支机构对外提供担保仅需总行概括授权还是需要特别授权的问题，可根据商业银行分支机构提供的担保业务是经常性业务还是特别业务而作出不同处理。对于商业银行分支机构依据总行概括授权、按业务流程开展、向资信良好的金融机构等企业出具银行保函等符合交易习惯、支付了合理对价或者提供了可信反担保的经常性业务，相对人基于交易发生时的基础事实，相信商业银行分支机构有权对外提供担保的，从维护交易效率和交易安全的角度考虑，原则上不应否定商业银行分支机构对外提供担保的效力。对于商业银行分支机构未按业务流程办理、单独与个别自然人签订保证合同等不符合交易习惯、相对人未支付合理对价或者提供可信反担保的担保，相对人应尽更高的义务，除非有证据证明商业银行总行规定此类业务无须特别授权、同一银行开展其他同类业务时均未特别授权或者有其他事实足以让相对人相信此类行为无需总行特别授权，原则上不应认定商业银行分支机构未经授权对外提供担保有效，而应当根据各方当事人的过错确定各自的民事责任。本案中，王某伟以磁钟支行名义与姜某欣签订《无限连带责任保证合同》，为自然人姜某欣对腾某公司享有的借款债权提供担保，合同上加盖的磁钟支行的信贷专用章不符合商业银行的通常的用章惯例，也没有证据证明双方签订《无限连带责任保证合同》的过程符合商业银行对外提供担保惯常的业务流程以及姜某欣或者腾某公司为获得磁钟支行的担保支付了合理对价或者提供了可信的反担保。另一方面，姜某欣曾长期在某银行义马市支行，某银行三门峡市分行峡西支行、投资咨询公司、资产保全部等银行部门工作，担任过投资科副科长、科长、房地产信贷部副主任等职务，熟悉商业银行分支机构业务范围、流程、规则，其作为担保权人，对于案涉《无限连带责任保证合同》是否需经过湖某农商行批准、是否已经通过该批准等事实负有高于普通交易相对人的注意义务。本案没有证据证明姜某欣对王某伟以磁钟支行名义与其签订《无限连带责任保证合同》的行为是否经过湖某农商行的授权进行过核实，未尽到应尽的注意义务，不属于善意相对人。本案没有证据证明王某伟以磁钟支行名义与姜某欣签订《无限连带责任保证合同》的行为得到了湖某农商行的授权，湖某农商行嗣后亦拒绝追认该合同。综上，案涉《无限连带责任保证合同》无效，二审判决认定案涉《无限连带责任保证合同》有效缺乏事实和法律依据。”

2. 关于责任的承担，接受分支机构担保的债权人应对担保人总公司存在过错承担举证责任，无法证明的，担保人不承担任何责任。

案例五：寿光广某汽车销售服务有限公司等诉王某江等民间借贷纠纷再审案［（2016）最高法民再207号］

最高人民法院认为，《中华人民共和国担保法》第二十九条[①]规定：“企业法人的分支机构未经法人书面授权或者超出授权范围与债权人订立保证合同的，该合同无效或者超出授权范围的部分无效，债权人和企业法人有过错的，应当根据其过错各自承担相应的民事责任；债权人无过错的，由企业法人承担民事责任。”在本案中，梁某国作为潍坊广某寿光分公司经理，在2012年6月19日的《借款协议》上加盖了该分公司的公章。现潍坊广某公司对其寿光分公司的担保行为不认可，债权人王某江亦没有提交证据证明潍坊广某寿光分公司的担保行为得到了潍坊广某公司的授权，故应认定潍坊广某寿光分公司的担保行为无效。在此情形，王某江如主张潍坊广某公司根据其过错承担相应的民事责任，则应按照“谁主张谁举证”的要求，举证证明潍坊广某公司存在过错，但王某江并未提交相应的证据，故潍坊广某公司亦无需承担赔偿责任。二审判决以潍坊广某公司没有有效证据和充分理由证明王某江有过错为由，判令潍坊广某公司承担赔偿责任，系举证责任分配错误，本院予以纠正。

① 编者按：已失效。

3. 债权人无过错对于担保合同无效不存在过错，提供担保的分支机构及其总公司承担全部责任。

案例六：吉某文、某银行阳曲县支行金融借款合同纠纷再审民事判决书［（2018）最高法民再358号］

最高人民法院认为：首先，吉某文与顺某公司的借款协议不违反国家强制性法律法规，合法有效。阳曲支行作为分支机构在未取得某银行总行书面授权的情况下，向吉某文出具担保书，该担保应认定为无效。阳曲支行作为专业性的金融机构，明知其未经某银行总行书面授权，为了使自己的借款得到清偿，仍对外提供担保，其行为存在明显过错。其次，吉某文作为自然人民事主体，在张某辰时任阳曲支行行长，且在银行办公场所办理担保的情况下，其相信阳曲支行可以提供案涉借款担保符合一般常理。阳曲支行提交的第一组、第二组新证据只能证实吉某文参与了多起民间借贷诉讼，而这些诉讼中均无涉及银行分支机构担保的事实，又系在本案借贷发生之后进行的诉讼，不能以此推断吉某文对本案担保无效存在过错。阳曲支行主张从借条内容、担保书形式及出具担保书存在不合常理的情形以及企业营业执照对外公示作用等方面能说明吉某文签订保证合同时存在重大过错，因吉某文对借条及担保书的出具过程等作了较为合理的解释，银行营业执照内容不能必然说明银行是否可以进行担保等，该主张本院不予支持。阳曲支行还主张2014年1月21日《担保补充书》系在盖好章的空白纸上打印文字形成的，但并未提供证据予以证明，亦不能成立。因此，现有证据不能证实吉某文对案涉借款担保无效存在过错，二审判决认定吉某文对借款担保无效存在过错不当，本院予以纠正。

011 上市公司对外提供担保的，如何判断是否合法有效？

裁判要旨[①]

债权人接受上市公司及其子公司担保，应当审查该公司所有公开披露信息，

① 案件来源：亿某信通股份有限公司与安徽华某房地产有限公司借款合同纠纷上诉案［（2019）最高法民终451号］

查明担保事项是否已经相关决议机关通过。债权人接受上市公司及其子公司担保，应当审查该公司公开披露的关于担保事项已经董事会或者股东大会决议通过的信息。债权人按照有限责任公司担保的规定，仅审查法定代表人提供的公司决议，但未审查该上市公司公开披露的信息的，债权人不构成“善意”，担保合同无效，上市公司与债权人各承担债务人不能清偿的50%的责任。①

案情简介

一、2016年9月20日，亿某集团与华某公司签订《借款合同》，约定亿某集团向华某公司借款2亿元，亿某信通公司向华某公司出具担保函，为《借款合同》下的款项承担连带责任保证，并与华某公司签订了《最高额保证合同》。

二、亿某信通公司系上市公司，亿某集团为该公司控股股东，根据亿某信通公司章程，为其股东提供担保属于应当经股东大会审议通过的事项。但2016年9月亿某信通公司为华某公司提供担保时，亿某信通公司仅提供了董事会同意担保的决议，相关决议未经股东大会作出，也未经公告。

三、2017年9月，亿某集团到期无法清偿债务，华某公司遂向安徽省高级人民法院起诉，要求亿某集团偿还债务，并要求亿某信通公司承担保证责任。

四、2018年8月27日，安徽省高级人民法院一审认为，华某公司应当知道亿某信通公司对外提供担保应当通过股东大会决议，但未对相关决议进行审查，《最高额保证合同》无效，判决亿某信通公司不承担保证责任。

五、华某公司不服，上诉至最高人民法院。最高人民法院认为，一审法院对《最高额保证合同》的无效的认定无误，但亿某信通公司对《最高额保证合同》的无效亦存在过错，遂改判亿某信通公司承担亿某集团无法清偿债务50%的赔偿责任。

裁判思路

本案的核心争议点在于，亿某信通公司作为上市公司，对涉案债务应否承担保证责任。对此，法院分析如下：

第一，关于保证合同的效力。《公司法》第十六条第二款规定：“公司为公司股东或者实际控制人提供担保的，必须经股东会或者股东大会决议”，公司提

---

① 编者按：已被新规修改。

供关联担保并非董事会或者法定代表人能够独立决定的事项。华某公司在未审查股东会决议的情况下，接受了亿某信通公司的保证，不构成“善意”，担保合同未有效成立。另外，亿某信通公司系上市公司，其公司章程、相关股东会决议均进行了公告。而华某公司未对相关公告文件进行审查，即接受了亿某信通公司的担保，亦不构成善意，不能取得担保权。一审、二审法院对这一问题的观点一致。

第二，关于担保合同无效后，各方责任的分担。本案中，一审法院认为：上市公司法定代表人凭借董事会决议为其股东提供担保，公司不应当承担保证责任。而最高人民法院在此基础上，依据《担保法》第五条①担保合同无效后，各方责任承担的有关规定认定：亿某信通公司相关董事就涉案担保事项出具了董事会决议，曲某作为亿某信通公司时任法定代表人在涉案《不可撤销担保函》《最高额保证合同》上加盖了私章及公司印章，并在《不可撤销担保函》中承诺为债权本金 2 亿元及利息、违约金等承担保证责任，对于上述对外实施损害公司利益的行为，亿某信通公司均未能及时发现和制止，存在管理不当的过错责任。故判决亿某信通公司承担亿某集团不能清偿债务部分的 50% 的赔偿责任。

经验总结

2021 年 1 月起施行的《民法典担保制度解释》对上市公司提供担保的制度进行了大量新的规定，一些规定推翻了最高人民法院在长期实践中的裁判精神，本案就是其中的一例。前事不忘、后事之师。为避免未来发生类似败诉，结合《民法典》与新《民法典担保制度解释》，现提出如下建议：

1. 与一般公司相比，在接受上市公司担保时，债权人应当对相关决议进行更加严格的审查。

公司担保相对人在接受担保时，对有关公司决议负有必要的形式审查义务，否则不构成善意相对人，该担保行为对公司不发生效力。对于上市公司《民法典担保制度解释》做出了特殊规定，即要求相对人对“公开披露的关于担保事项已经董事会或者股东大会决议通过的信息”进行审查，而不能仅以公司签约代表

---

① 编者按：《民法典》第 388 条、第 682 条。

单方面提供的公司决议作为依据。上市公司对外提供担保，不仅需要经过决议机关批准，在实践中还存在法定禁止性事项。经披露的公司章程、《公司法》、证监会和证券交易所制定的有关上市公司的规范性文件和规则，均是判定公司担保行为是否成立的规范，债权人在接受担保时，应当结合所有相关规则，对担保事项进行全面审查。

本案中，华某公司正是轻信了亿某信通公司法定代表人关于自己已得到授权、公告程序复杂的说辞，在明知无股东会决议的情况下，接受了亿某信通公司的担保，最终导致败诉。上市公司担保对相对人“善意”的认定提出了更加严格的要求。因此，在司法实践中，以上市公司作为担保人的担保合同也成为“被无效”的高发区。

2. 上市公司提供担保，不适用《民法典担保制度解释》中无需公司决议的例外情形。

根据《民法典担保制度解释》第八条规定，公司为其全资子公司开展经营活动提供担保，或担保合同系由单独或者共同持有公司三分之二以上对担保事项有表决权的股东签字同意的，无需依照公司法关于公司对外担保的规定作出决议。在最高人民法院以往的实践中，亦出现过上市公司为其子公司提供担保时，无需决议即被认定为有效的案例（见“延伸阅读”部分），但是，《民法典担保制度解释》明确，该种例外情形不适用于上市公司。

3. 相对人与上市公司已公开披露的控股子公司订立的担保合同，同样适用上市公司提供担保的规定。债权人接受担保前，应当仔细提供担保的主体是否是上市公司或者上市公司已公开披露的上市公司控股子公司，并严格按照相关规定，对公开披露的信息进行审查。

4. 相对人未根据上市公司公开披露的关于担保事项已经董事会或者股东大会决议通过的信息，与上市公司订立担保合同，上市公司既不承担担保责任，也不承担赔偿责任。[①]

《民法典担保制度解释》第九条第二款规定：“相对人未根据上市公司公开披露的关于担保事项已经董事会或者股东大会决议通过的信息，与上市公司订立担保合同，上市公司主张担保合同对其不发生效力，且不承担担保责任或者赔偿责任的，人民法院应予支持。”这一规定与《民法典》中关于担保合同无效后，

---

① 编者按：此观点尚有争议。

各方当事人应当按照各自的过错承担责任的理念相悖。可见，《民法典担保解释》对上市公司的赔偿责任进行了特别规定，为保护上市公司股票持有人的利益，赋予了上市公司一定的“特权”，但同时进一步加重了相对人在接受担保时对公司公开披露信息的审查责任。

与本案的裁判观点相一致，在最高人民法院近两年的大多数案件中（见“延伸阅读”部分），均倾向于认定：因上市公司对人员管理方面存在疏漏，并判决上市公司对债权人承担债务人无法清偿部分50%的赔偿责任。《民法典担保制度解释》的新规无疑颠覆性地改变了这一判决思路，对该规则的具体适用，在实践中还有待于进一步观察。

相关法条

《中华人民共和国民法典》（2021年1月1日施行）

第六百八十二条第二款 保证合同被确认无效后，债务人、保证人、债权人有过错的，应当根据其过错各自承担相应的民事责任。

《中华人民共和国公司法》（2018年修正）

第一百二十一条 上市公司在一年内购买、出售重大资产或者担保金额超过公司资产总额百分之三十的，应当由股东大会作出决议，并经出席会议的股东所持表决权的三分之二以上通过。

《最高人民法院关于适用〈中华人民共和国民法典〉有关担保制度的解释》（法释〔2020〕28号 2021年1月1日施行）

第九条 相对人根据上市公司公开披露的关于担保事项已经董事会或者股东大会决议通过的信息，与上市公司订立担保合同，相对人主张担保合同对上市公司发生效力，并由上市公司承担担保责任的，人民法院应予支持。

相对人未根据上市公司公开披露的关于担保事项已经董事会或者股东大会决议通过的信息，与上市公司订立担保合同，上市公司主张担保合同对其不发生效力，且不承担担保责任或者赔偿责任的，人民法院应予支持。

相对人与上市公司已公开披露的控股子公司订立的担保合同，或者相对人与股票在国务院批准的其他全国性证券交易场所交易的公司订立的担保合同，适用前两款规定。

《中国证券监督管理委员会、国务院国有资产监督管理委员会关于规范上市公司与关联方资金往来及上市公司对外担保若干问题的通知》（证监发〔2003〕56 号　已失效）

二、严格控制上市公司的对外担保风险

上市公司全体董事应当审慎对待和严格控制对外担保产生的债务风险，并对违规或失当的对外担保产生的损失依法承担连带责任。控股股东及其他关联方不得强制上市公司为他人提供担保。

上市公司对外担保应当遵守以下规定：

（一）上市公司不得为控股股东及本公司持股百分之五十以下的其他关联方、任何非法人单位或个人提供担保。

（二）上市公司对外担保总额不得超过最近一个会计年度合并会计报表净资产的百分之五十。

（三）上市公司《章程》应当对对外担保的审批程序、被担保对象的资信标准做出规定。对外担保应当取得董事会全体成员三分之二以上签署同意，或者经股东大会批准；不得直接或间接为资产负债率超过百分之七十的被担保对象提供债务担保。

（四）上市公司对外担保必须要求对方提供反担保，且反担保的提供方应当具有实际承担能力。

（五）上市公司必须严格按照《上市规则》、《公司章程》的有关规定，认真履行对外担保情况的信息披露义务，必须按规定向注册会计师如实提供公司全部对外担保事项。

（六）上市公司独立董事应在年度报告中，对上市公司累计和当期对外担保情况、执行上述规定情况进行专项说明，并发表独立意见。

《中国证券监督管理委员会、中国银行业监督管理委员会关于规范上市公司对外担保行为的通知》（证监发〔2005〕120 号　已失效）

一、规范上市公司对外担保行为，严格控制上市公司对外担保风险

（一）上市公司对外担保必须经董事会或股东大会审议。

（二）上市公司的《公司章程》应当明确股东大会、董事会审批对外担保的权限及违反审批权限、审议程序的责任追究制度。

（三）应由股东大会审批的对外担保，必须经董事会审议通过后，方可提交股东大会审批。须经股东大会审批的对外担保，包括但不限于下列情形：

1. 上市公司及其控股子公司的对外担保总额，超过最近一期经审计净资产50%以后提供的任何担保；

2. 为资产负债率超过70%的担保对象提供的担保；

3. 单笔担保额超过最近一期经审计净资产10%的担保；

4. 对股东、实际控制人及其关联方提供的担保。

股东大会在审议为股东、实际控制人及其关联方提供的担保议案时，该股东或受该实际控制人支配的股东，不得参与该项表决，该项表决由出席股东大会的其他股东所持表决权的半数以上通过。

（四）应由董事会审批的对外担保，必须经出席董事会的三分之二以上董事审议同意并做出决议。

（五）上市公司董事会或股东大会审议批准的对外担保，必须在中国证监会指定信息披露报刊上及时披露，披露的内容包括董事会或股东大会决议、截止信息披露日上市公司及其控股子公司对外担保总额、上市公司对控股子公司提供担保的总额。

（六）上市公司在办理贷款担保业务时，应向银行业金融机构提交《公司章程》、有关该担保事项董事会决议或股东大会决议原件、刊登该担保事项信息的指定报刊等材料。

（七）上市公司控股子公司的对外担保，比照上述规定执行。上市公司控股子公司应在其董事会或股东大会做出决议后及时通知上市公司履行有关信息披露义务。

裁判意见

以下为最高法院在“本院认为”部分就此问题发表的意见：

关于涉案担保对亿某信通公司是否发生效力。根据《公司法》第十六条第二款“公司为公司股东或者实际控制人提供担保的，必须经股东会或者股东大会决议”的规定，公司对外提供关联担保应当由股东会或股东大会作出决议，即担保行为，特别是对外提供关联担保，不是法定代表人所能单独决定的事项。因此，对于违反《公司法》第十六条规定的公司对外担保效力问题，应当引入《合同法》第五十条①关于越权代表的规定加以判断。具体而言，公司担保相对

① 编者按：《民法典》第504条。

人在接受担保时，对有关公司决议负有必要的形式审查义务，否则不构成善意相对人，该担保行为对公司不发生效力。本案中，亿某集团系亿某信通公司股东，涉案担保系关联担保，亿某信通公司又系上市公司，与一般有限责任公司或未上市的股份公司具有的“人合性”“封闭性”特征不同，上市公司股东人数分布广、资合性强。同时，上市公司涉及众多股民利益保护、证券市场秩序维护等公共利益问题，若未经股东大会决议同意即为股东或实际控制人提供担保，将会给上市公司及其股东甚至整个证券市场带来潜在风险，一旦债务人（股东）未按期清偿债务，上市公司作为担保人就必须以其资产代为履行清偿义务，势必会侵害其他股东及投资者利益。此外，上市公司属于公众性公司，又具有资合性的结构特性，决定了在对外担保的纠纷中应当倾向于保护股东特别是中小股东的利益。具体到本案中，亿某信通公司虽于 2016 年 9 月 20 日作出了同意为亿某集团就涉案债务提供担保的董事会决议，但该决议并不符合《公司法》第十六条第二款的规定，且亿某信通公司章程第五十五条也规定为股东、实际控制人及其关联方提供的担保须经股东大会审议通过，故涉案担保并未经过亿某信通公司作出有效决议。同时，华某公司系商事主体，根据其在二审庭审中所作陈述，在涉案借款及担保合同磋商阶段，其明知涉案担保事项应经亿某信通公司股东会作出决议，且亿某信通公司章程第一百二十九条第八项虽规定董事会“在股东大会授权范围内，决定公司的对外担保等事项”，但华某公司也并未举证证明亿某信通公司向其出示了股东大会授权董事会可以就向关联方提供担保作出决议的相关证据。在此情况下，华某公司未要求亿某信通公司提交相关股东会决议，反而直接接受了亿某信通公司提供的不符合《公司法》第十六条第二款规定的董事会决议，未尽到必要的审查义务，主观上具有过错。在亿某信通公司对涉案担保不予追认的情况下，一审以涉案担保有效判决亿某信通公司对涉案借款承担连带清偿责任理据不足，本院予以纠正。

关于本案相关责任承担。《担保法》第五条[①]第二款规定：“担保合同被确认无效后，债务人、担保人、债权人有过错的，应当根据其过错各自承担相应的民事责任。”《最高人民法院关于适用〈中华人民共和国担保法〉若干问题的解释》第七条[②]规定：“主合同有效而担保合同无效，债权人无过错的，担保人与债务人对主合同债权人的经济损失，承担连带赔偿责任；债权人、担保人有过错的，

① 编者按：《民法典》第 388 条、第 682 条。

② 编者按：《民法典担保制度解释》第 17 条。

担保人承担民事责任的部分，不应超过债务人不能清偿部分的二分之一。”本案中，涉案担保行为虽系无效，但亿某信通公司相关董事就涉案担保事项出具了董事会决议，曲某作为亿某信通公司时任法定代表人在涉案《不可撤销担保函》《最高额保证合同》上加盖了私章及公司印章，并在《不可撤销担保函》中承诺为债权本金2亿元及利息、违约金等承担保证责任，对于上述对外实施损害公司利益的行为，亿某信通公司均未能及时发现和制止，存在管理不当的过错责任，其应就因担保合同无效导致华某公司信赖利益受损承担赔偿责任。由于华某公司对担保合同无效也负有审查不严的过错责任，故亿某信通公司承担赔偿责任的范围为亿某集团不能清偿债务部分的50%。

延伸阅读

通过对最高人民法院近三年的案例检索，我们发现法院对于上市公司对外提供担保的效力认定通常较为严格。对于认定在担保合同无效后，上市公司是否应当承担赔偿责任这一问题，实践中，存在几个相矛盾的观点：

1. 上市公司法定代表人越权提供担保，担保合同无效后，上市公司承担债务人不能清偿部分50%的责任。

案例一：广东恒某资产管理有限公司、湖南天某数字娱乐文化传媒股份有限公司民间借贷纠纷二审民事判决书［（2019）最高法民终1804号］

最高人民法院认为：天某数娱公司对案涉《保证合同》无效并无异议，但对一审判决判令其承担的赔偿责任有异议，主张其对案涉《保证合同》无效并无过错，不应承担赔偿责任。经查，案涉《保证合同》签订时，恒某公司系天某数娱公司第二大股东，天某数娱公司系为公司股东提供担保。公司法第十六条第二款规定：“公司为公司股东或者实际控制人提供担保的，必须经股东会或者股东大会决议。”天某数娱公司章程亦明确载明为公司股东提供借款担保须经公司股东大会审核批准。天某数娱公司作为上市公司，未履行法律规定、章程约定的程序即由公司法定代表人在《保证合同》上盖章确认，该担保行为事后亦未被公司股东大会追认。据此，一审判决认定其对案涉《保证合同》无效具有过错，亦无不当。一审判决依据《最高人民法院关于适用〈中华人民共和国担保法〉若干问题的解释》第七条[①]规定，结合天某数娱的过错程度，判令其对恒某

① 编者按：《民法典担保制度解释》第17条。

公司的债务中不能清偿的部分承担二分之一的赔偿责任，具有事实和法律依据。天某数娱公司关于其对案涉《保证合同》无效并无过错，不应承担赔偿责任的主张，本院不予支持。

案例二：安某控股股份有限公司、某康营业信托纠纷二审民事判决书［（2019）最高法民终1524号］

最高人民法院认为，案涉《保证合同》无效，理由如下：第一，为防止法定代表人未经授权代表公司对外提供担保给公司造成损失，损害中小股东利益，《公司法》第十六条规定："公司向其他企业投资或者为他人提供担保，依照公司章程的规定，由董事会或者股东会、股东大会决议；公司章程对投资或者担保的总额及单项投资或者担保的数额有限额规定的，不得超过规定的限额。公司为公司股东或者实际控制人提供担保的，必须经股东会或者股东大会决议。前款规定的股东或者受前款规定的实际控制人支配的股东，不得参加前款规定事项的表决。该项表决由出席会议的其他股东所持表决权的过半数通过。"根据该条规定，担保行为不是法定代表人所能单独决定的事项，而必须以公司股东会或者股东大会、董事会等公司机关的决议作为授权的基础和来源。本案中，没有证据证明郭某泽代表安某公司对外签订案涉《担保合同》经过了股东大会决议，其行为属于越权代表。第二，关于公司法定代表人越权代表行为的效力问题，《合同法》第五十条①规定："法人或者其他组织的法定代表人、负责人超越权限订立的合同，除相对人知道或者应当知道其超越权限的以外，该代表行为有效。"因此，认定公司法定代表人越权代表行为效力问题的关键是相对人是否知道或者应当知道法定代表人的行为超越权限，是否属于善意相对人。本案中，郭某泽在签订案涉《担保合同》时是安某公司的第一大股东、法定代表人，其以安某公司名义为自己的债务提供担保，属于关联担保，道德风险很高。因此，相对于其他担保，关联担保的相对人应当承担更高的注意义务。而且，《公司法》第十六条亦对关联担保和非关联担保作了区分，关联担保"必须经股东会或者股东大会决议"。因此，关联担保的相对人应当审查担保合同是否经公司股东会或者股东大会决议，且决议的表决程序符合《公司法》第十六条的规定。第三，安某公司属于上市公司。相对于关联担保的相对人，上市公司的中小股东克服信息不对称、防范上市公司大股东、法定代表人等高管道德风险的成本更高，从公平的角

① 编者按：《民法典》第504条。

度看，上市公司对公司股东、法定代表人提供关联担保的，相对人应当负担更高的注意义务。此外，上市公司作为公众公司，其章程、关联担保等重大经营事项均应依法公开，相对人可以通过很低的交易成本了解到上市公司法定代表人是否有权自行决定对外担保以及公司股东大会重大决议事项。因此，无论从利益平衡的角度还是从注意义务分配的角度看，上市公司的法定代表人以公司名义对外提供关联担保的，相对人应当审查该担保是否经过股东大会决议。第四，虽然案涉《保证合同》第1.1条和第1.2条中明确约定："保证人可以对外提供保证担保，并有能力承担保证责任"，"保证人为债务人提供保证担保完全出于自愿，并经过内部有权机关通过，不违背公司章程，保证人在本保证合同项下的全部意思表示真实有效"，但该意思表示系由安某公司时任法定代表人郭某泽代表安某公司作出，由于对外担保并非安某公司法定代表人所能单独决定的事项，故上述意思表示亦非郭某泽有权在未经安某公司股东大会决议的情况下单独代表安某公司作出。综上，某康未提交充分有效的证据证明其对郭某泽签订案涉《担保合同》经过安某公司股东大会决议进行了审查，未尽到应尽的注意义务，不属于善意相对人，安某公司关于案涉《担保合同》无效的上诉理由成立，本院予以支持。

案涉《担保合同》无效，当事人无权依据合同约定请求合同相对人承担合同义务，故某康关于请求判令郭某泽、安某公司依照该合同约定支付案涉律师费136万元的诉讼请求不能成立，本院不予支持。《最高人民法院关于适用〈中华人民共和国担保法〉若干问题的解释》第七条①规定："主合同有效而担保合同无效，债权人无过错的，担保人与债务人对主合同债权人的经济损失，承担连带赔偿责任；债权人、担保人有过错的，担保人承担民事责任的部分，不应超过债务人不能清偿部分的二分之一。"安某公司时任法定代表人郭某泽以安某公司名义与某康签订案涉《担保合同》，该合同上加盖了安某公司公章并有郭某泽签名。而且，根据安某公司的公开材料，2017年，即案涉《保证合同》签署年度，华某天健会计师事务所（特殊普通合伙）经审查安某公司后，出具《2017年度控股股东及其他关联方资金占用情况专项审核报告》，明确表示没有发现存在上市公司违反章程规定对外出具担保的事实。安某公司2017年《内控制度评价报告》中也没有发现内控重大缺陷。上述事实证明，安某公司内部管理不规范，对于案涉《担保合同》无效，有重大过错。此外，某康未提交充分有效的证据证

---

① 编者按：《民法典担保制度解释》第17条。

明其在签订案涉《担保合同》时对安某公司股东大会决议进行了审查，对于案涉《担保合同》无效亦存在过错。依照《最高人民法院关于适用〈中华人民共和国担保法〉若干问题的解释》第七条①规定，综合考虑双方当事人过错和全案情况，安某公司应对郭某泽不能清偿在案涉《差补和受让协议》项下债务的二分之一向某康承担赔偿责任。

案例三：亿某集团股份有限公司等与吉林某农村商业银行股份有限公司合同纠纷上诉案［（2019）最高法民终 1603 号］②

最高人民法院认为：亿某信通公司时任法定代表人曲某，在未按其公司章程规定经股东大会决议情况下，擅自决定为他人提供担保，是导致《保证合同》无效的原因之一。曲某以亿某信通公司法定代表人名义签订《保证合同》的行为属职务行为，《保证合同》上亦加盖亿某信通公司公章，亿某信通公司应对曲某的职务行为后果承担责任。亿某信通公司对于《保证合同》无效具有主观过错，应承担相应责任。对于亿某信通公司方面签订《保证合同》的权限，某农商行未尽谨慎审查义务，其对于《保证合同》的无效也具有过错，同样应承担相应责任。根据《最高人民法院关于适用〈中华人民共和国担保法〉若干问题的解释》第七条③关于“主合同有效而担保合同无效，债权人无过错的，担保人与债务人对主合同债权人的经济损失，承担连带赔偿责任；债权人、担保人有过错的，担保人承担民事责任的部分，不应超过债务人不能清偿部分的二分之一”的规定，某农商行与亿某信通公司的上述过错程度大致相当，故对于债务人亿某集团不能清偿部分债务，亿某信通公司应承担50%的赔偿责任。根据《最高人民法院关于适用〈中华人民共和国担保法〉若干问题的解释》第九条④的规定，亿某信通公司向某农商行承担赔偿责任后，可以向债务人亿某集团追偿。

2. 认定上市公司对担保合同的无效不承担赔偿责任。

案例四：上海富某娱乐股份有限公司、中国某资产管理股份有限公司江西省分公司借款合同纠纷二审民事判决书［（2019）最高法民终 867 号］

最高人民法院认为，《公司法》第十六条规定，公司向其他企业投资或者为他人提供担保，依照公司章程的规定，由董事会或股东会、股东大会决议。该规

①③ 编者按：《民法典担保制度解释》第 17 条。

② 编者按：该案被最高人民法院再审维持。

④ 编者按：《民法典担保制度解释》第 18 条。

定系对法定代表人代表权进行限制的强制性规范，根据该规定，公司对外提供一般担保和关联担保，不是法定代表人所能单独决定的事项，均应当由股东（大）会、董事会等公司有权决议机关依法定程序作出决议。本案富某公司系上市公司，债权人应当根据上市公司公开披露的关于担保事项是否经过董事会或者股东大会决议通过的信息订立担保合同。本案中，富某公司法定代表人未经股东会或股东大会、董事会等公司机关决议对外签订担保合同，担保亦未经过公司追认。某资产公司作为上市公司，应当知晓公司法及上市公司行业规范对于公司对外担保的相关规定，亦应当知道富某公司法定代表人超越权限订立担保合同。且根据《收购重组湖南某技等对某技桩业持有的非金不良债权项目》载明，本案其他担保公司已实际提供股东会决议等文件，某资产公司未举示证据证明其在订立担保合同时对富某公司董事会或股东大会文件进行了审查，不构成善意相对人。因此，某资产公司与富某公司签订的案涉《保证协议》无效，富某公司不应承担保证责任。某资产公司主张富某公司对本案律师费 200 万元承担连带清偿责任，亦不能成立。某资产公司可按照担保法及有关司法解释关于担保无效的规定，另行向签订《保证协议》的实际行为人主张履行保证合同约定的义务或者承担赔偿责任。

3. 认定上市公司为其子公司提供担保，相对人无需审查公告的决议。①

案例五：安徽华某国际控股股份有限公司、焦作市中站区亿某小额贷款有限公司企业借贷纠纷二审民事判决书［（2019）最高法民终 1529 号］

最高人民法院认为：关于亿某公司是否属于担保合同的善意方，对担保合同的成立尽到注意义务的问题。《合同法》第五十条②规定："法人或者其他组织的法定代表人、负责人超越权限订立的合同，除相对人知道或者应当知道其超越权限的以外，该代表行为有效。"如前所述，安徽华某为华某装备公司提供担保，属于为其间接控制的公司提供担保的情形，无需经过公司股东大会决议。因此，安徽华某在《保证合同》上加盖公司及法定代表人印章，即已符合该次担保的形式要件，亿某公司有理由相信安徽华某系自愿为华某装备公司的借款承担保证责任。即使亿某公司对该担保是否经过公司股东大会决议未经审查，亦不属于未尽到注意义务。虽然上市公司的对外担保必须对社会公众披露，但案涉《保证合

---

① 编者按：该观点已被新司法解释否定。

② 编者按：《民法典》第 504 条。

同》签订后安徽华某应履行而未履行该义务，是亿某公司在合同签订时无法预见、也不能预见的事项，不影响其基于善意信赖与安徽华某签订保证合同。至于亿某公司违反部门规章和行业规定超额放贷，并不导致借贷及担保行为必然无效，安徽华某不能因此免除担保责任。安徽华某的该项上诉理由不能成立。

012 “关联公司长期相互担保”是否构成无须公司担保决议的例外？

裁判要旨①

债权人不能证明同一提供担保的公司与同一主债务人之间存在长期、多次的“相互”担保行为的，不能在未审查公司机关决议的情况下善意取得该公司担保。《民法典》实施后，即使债务人与担保人公司间存在长期相互担保行为，债权人接受担保时亦应审查公司同意担保的决议。

案情简介

一、2017年9月29日，桩业公司与某省金交中心签订《直接融资工具产品交易服务协议》，约定桩业公司向某省金交中心申请注册、挂牌直接融资工具，发行规模1亿元，到期日、付息日、本金兑付日均为2018年9月20日。

二、富某娱乐公司向某省金交中心出具《承诺函》，承诺在桩某公司到期未足额兑付本金与利息时，承担连带保证责任。经查，某省金交中心在接受该承诺函时，未审查富某娱乐公司股东会或董事会同意提供担保的公司决议。

三、鲁某公司于2017年9月30日购入该融资产品3000万元。2018年9月，桩某公司未能按期回购融资产品，发生违约。鲁某公司遂起诉至法院要求桩某公司偿还融资款本金3000万元，并按约支付利息，富某娱乐公司承担保证责任。

四、济南市中级人民法院一审认为，桩某公司到期未能兑付、回购金融产品，鲁某公司要求桩某公司支付融资款3000万元和利息符合合同约定，应予支持。富某娱乐公司应当依照约定对该债务承担保证责任。

---

① 案件来源：上海富某互动娱乐股份有限公司、济南鲁某资产管理有限公司合同纠纷二审民事判决书［（2020）鲁民终1610号］

五、富某娱乐公司不服，认为《承诺函》未经公司股东会决议，对公司不发生效力，故上诉至山东省高级人民法院。二审期间，桩某公司向法院提交7份《民事判决书》，证明桩某公司与富某娱乐公司及其关联公司间存在长期相互担保的商业合作，主张《承诺函》对富某娱乐公司有效。

六、山东省高级人民法院二审认为，在富某娱乐公司未提供股东大会决议的情况下，鲁某公司仅以《承诺函》上加盖了公章及法定代表人名章，即信赖富某娱乐公司的担保行为，不属于受法律保护的善意相对人。改判富某娱乐公司不承担保证责任。

裁判思路

本案于2020年8月26日审结，法院在本案中采取了《九民纪要》中的观点，认定在公司担保中，债务人与担保人间存在长期的互相担保行为是即便债权人知道没有公司机关决议也应当认定担保合同有效的情形之一。本案的核心争议在于，富某娱乐公司是否与鲁某公司存在相互担保行为，对此，山东高院认为：

首先，《九民纪要》中“相互担保等商业合作关系”的主体必须为同一担保人和同一债务人。相互担保等商业合作关系应理解为同一提供担保的公司与同一主债务人之间存在长期、多次的相互担保行为。本案中，债权人提供的一系列有关于“相互担保”的证据中，债务人虽均为富某娱乐公司，但担保人均非桩某公司，故不能证明二者之间存在相互担保的事实。

其次，“相互担保”的事实，必须发生在案涉争议的担保行为之前。“相互担保”之所以能够作为《九民纪要》中无须公司权力机关决议的例外情形，原因在于债权人基于对主债务人与担保人之间存在相互担保等商业合作关系的信赖，判断担保人具有为主债务人提供担保的意思表示。故在提供担保时，债权人对于此前主债务人与担保人之间存在相互担保的事实应为知情。

最后，“相互担保”主体间的商业合作关系基础不能存在显著变化。本案中，富某娱乐公司此前虽为桩某公司同样融资行为提供了担保，但富某娱乐公司时为桩某公司控股股东。而涉案《承诺函》出具之时，富某娱乐公司已经不再是桩某公司的股东，其无须公司机关决议即可为桩某公司提供有效的基础已经不复存在。故某省金交中心接受富某娱乐公司担保时，应当审查该公司同意担保的机关决议。

可见，“相互担保关系”的定义应当从严把握。基于以上原因，法院认定富某娱乐公司提供的《承诺函》应为无效，富某娱乐公司不承担担保责任。

经验总结

1. 关联公司间（尤其是上市公司）对外提供担保，必须经公司机关决议，债权人未审查公司机关决议即接受担保的，该担保对公司不发生效力。根据《公司法》《民法典》及相关司法解释的规定，公司向其他企业投资或者为他人提供担保，依照公司章程的规定，由董事会或者股东会、股东大会决议。债权人在接受担保时未审查相关公司决议，可能最终导致担保无效。这一原则并非绝无例外。2019 年 12 月，《九民纪要》第 19 条首次提出了 4 种“无须机关决议的例外情况”，其中，在“公司与主债务人之间存在相互担保等商业合作关系”时，即便债权人知道或者应当知道没有公司机关决议，也应当认定担保合同符合公司的真实意思表示，合同有效。

2. “相互担保的商业合作”作为对外担保无须公司机关决议的例外情形，仅适用于《九民纪要》适用后，《民法典》生效前作出的担保行为。

2021 年 1 月 1 日，《民法典》正式生效，《民法典担保制度解释》仅部分保留了《九民纪要》中关于无须决议的例外情形的规定，并将“公司与主债务人之间存在相互担保等商业合作关系”这一情形刻意删除。最高人民法院意识到，“相互担保的合作关系”在司法实践中认定难度较大，且作出此例外规定可能导致公司间以多次、小额的互保刻意建立相互担保关系，并在重要交易中刻意规避公司担保须经决议的法律规定，导致侵害公司（尤其是上市公司）利益的情况发生。

3. 债权人援引“相互担保的商业合作”作为对外担保无须公司机关决议的例外情形主张担保有效，需承担较重的举证责任。

法院对“相互担保”关系的认定应当从严把握。债权人以债务人与担保人此前长期存在“相互担保的商业合作”行为为由，主张其接受担保时没有审查公司决议的义务，必须证明此种“相互担保”的行为主体统一、长期稳定存在、效力不存在瑕疵，且债权人正是因为信赖这种相互担保的关系存在，才在没有审查公司决议的情况下接受了公司担保。故即使在《九民纪要》发布后，《民法典》生效前，债权人对“相互担保”的主张，亦极少被法院支持。

4. 债权人以无须决议的例外情形为前提接受公司担保时，必须注意该类情形对上市公司的特别适用规则。为了遏制上市公司法定代表人利用公司对外提供担保输送利益的现象，《民法典担保制度解释》特别强调，无须决议的例外情形不适用于上市公司（除金融机构与担保公司对外提供担保外）。上市公司旗下的数个子公司相互提供担保，或上市公司为其子公司提供担保在日常交易中极为常见，形式也十分多样，债权人极易“踩坑”。故无论是提供担保的上市企业，还是接受担保的债权人，在进行重大资产处置与担保交易时，都应当慎之又慎，做好交易合规工作，履行决议－公告－审查的必要程序，避免产生纠纷。

相关法条

《中华人民共和国公司法》（2018 年修正）

第十六条　公司向其他企业投资或者为他人提供担保，依照公司章程的规定，由董事会或者股东会、股东大会决议；公司章程对投资或者担保的总额及单项投资或者担保的数额有限额规定的，不得超过规定的限额。

公司为公司股东或者实际控制人提供担保的，必须经股东会或者股东大会决议。

前款规定的股东或者受前款规定的实际控制人支配的股东，不得参加前款规定事项的表决。该项表决由出席会议的其他股东所持表决权的过半数通过。

第一百二十一条　上市公司在一年内购买、出售重大资产或者担保金额超过公司资产总额百分之三十的，应当由股东大会作出决议，并经出席会议的股东所持表决权的三分之二以上通过。

《全国法院民商事审判工作会议纪要》（法〔2019〕254 号）

19. ［无须机关决议的例外情况］存在下列情形的，即便债权人知道或者应当知道没有公司机关决议，也应当认定担保合同符合公司的真实意思表示，合同有效：

（1）公司是以为他人提供担保为主营业务的担保公司，或者是开展保函业务的银行或者非银行金融机构；

（2）公司为其直接或者间接控制的公司开展经营活动向债权人提供担保；

（3）公司与主债务人之间存在相互担保等商业合作关系；

（4）担保合同系由单独或者共同持有公司三分之二以上有表决权的股东签字同意。

《最高人民法院关于适用〈中华人民共和国民法典〉有关担保制度的解释》（法释〔2020〕28号 2021年1月1日施行）

第七条 公司的法定代表人违反公司法关于公司对外担保决议程序的规定，超越权限代表公司与相对人订立担保合同，人民法院应当依照民法典第六十一条和第五百零四条等规定处理：

（一）相对人善意的，担保合同对公司发生效力；相对人请求公司承担担保责任的，人民法院应予支持。

（二）相对人非善意的，担保合同对公司不发生效力；相对人请求公司承担赔偿责任的，参照适用本解释第十七条的有关规定。

法定代表人超越权限提供担保造成公司损失，公司请求法定代表人承担赔偿责任的，人民法院应予支持。

第一款所称善意，是指相对人在订立担保合同时不知道且不应当知道法定代表人超越权限。相对人有证据证明已对公司决议进行了合理审查，人民法院应当认定其构成善意，但是公司有证据证明相对人知道或者应当知道决议系伪造、变造的除外。

第八条 有下列情形之一，公司以其未依照公司法关于公司对外担保的规定作出决议为由主张不承担担保责任的，人民法院不予支持：

（一）金融机构开立保函或者担保公司提供担保；

（二）公司为其全资子公司开展经营活动提供担保；

（三）担保合同系由单独或者共同持有公司三分之二以上对担保事项有表决权的股东签字同意。

上市公司对外提供担保，不适用前款第二项、第三项的规定。

裁判意见

山东省高级人民法院认为：鲁某公司主张桩某公司与富某娱乐公司之间存在相互担保行为，故即使没有股东大会决议，担保依然有效。对此，本院认为，首先，对于“相互担保等商业合作关系”应理解为“同一”提供担保的公司与“同一”主债务人之间存在长期、多次的“相互”担保行为。鲁某公司二审中提交的证据4－6，债务人虽均为富某娱乐公司，但担保人均非桩某公司，故不能证明二者之间存在相互担保的事实。其次，“相互担保”的事实应形成于提供涉案担保之时，不能以事后互保的事实反推此前的担保行为。鲁某公司二审中提交的证据4－6，担保时间均在本案《承诺函》出具之后，故不能证明桩某公司与富某娱乐公司之间此前即存在互保关系。第三，“相互担保”之所以能够作为无须公司权力机关决议的例外情形，原因在于债权人基于对主债务人与担保人之间存在相互担保等商业合作关系的信赖，判断担保人具有为主债务人提供担保的意思表示。故在提供担保时，债权人对于此前主债务人与担保人之间存在相互担保的事实应为知情。鲁某公司二审中提交的证据1－3和证据7，发生时间分别为2017年7月、2017年5月和2017年4月，虽在2017年9月本案《承诺函》出具之前，但证据1－3并无判决结果，无法证明二者之间担保关系是否成立，证据7中富某娱乐公司与桩某公司系共同借款人，并非担保关系。且上述证据中显示的诉讼时间均为2018年，鲁某公司未能证明此前对于上述担保等关系系知情。故鲁某公司未审查富某娱乐公司的股东大会决议，并非基于对桩某公司与富某娱乐公司之间存在互保关系的信赖。此外，2016年，富某娱乐公司虽为桩某公司同样融资行为提供了担保，但富某娱乐公司时为桩某公司控股股东，系为其直接控制的公司开展经营活动提供担保，是否取得股东会决议，均不影响担保行为的效力。2017年9月，涉案《承诺函》出具之时，富某娱乐公司已经不再是桩某公司的股东，作为上市公司，债权人应当审查富某娱乐公司出具《承诺函》是否经过股东会决议。

在富某娱乐公司未提供股东大会决议的情况下，鲁某公司仅以《承诺函》上加盖了公章及法定代表人名章，即信赖富某娱乐公司的担保行为，鲁某公司未尽到审慎注意义务，不属于受法律保护的善意相对人，不符合《合同法》第五十条[①]规定的合同有效的情形，故《承诺函》应为无效，本院对一审法院认定富某娱乐公司出具的《承诺函》有效承担连带责任予以纠正。因鲁某公司对《承诺函》的无效存在过错，富某娱乐公司时任法定代表人以公司名义出具《承诺函》，且《承诺函》上加盖了富某娱乐公司的公章和法定代表人名章，富某娱乐公司内部管理不规范，对《承诺函》无效亦存在过错，富某娱乐公司对鲁某公司的经济损失应承担赔偿责任。本院综合考虑全案情况以及双方当事人的过错程度，酌情确定富某娱乐公司应对桩某公司不能清偿的部分，向鲁某公司承担二分之一的赔偿责任。

---

① 编者按：《民法典》第504条。

延伸阅读

1. 支持公司与主债务人之间存在相互担保等商业合作关系，债权人在接受担保时无须审查决议的案例

案例一：华某电气股份有限公司、万某信托股份公司金融借款合同纠纷二审民事判决书［（2020）浙民终269号］

浙江省高级人民法院认为：判断案涉《保证合同》能否对华某电气公司产生效力，应当考量该保证是否系出于华某电气公司发展的利益需求，如果案件事实表明该保证的作出是为华某电气公司的自身发展利益，则可以认定该公司具有对外保证的真实意思表示。

《信托贷款合同》《保证合同》等的具体订立日期无法确定，但现有证据显示，华某集团公司决议同意向万某信托股份公司申请案涉贷款的临时董事会及临时股东会召开于2017年11月15日、《账户监管协议》订立于2017年11月22日、万某信托股份公司第一笔贷款发放于2017年11月30日、华某集团公司未如约归还的第一笔贷款到期于2019年5月30日，故在考量相关事实时，应当重点围绕前述时间段进行。华某电气公司在该时间段内的公告内容显示，2017年7月12日至12月25日期间，华某电气公司对外担保额没有变化，但在2017年12月25日至2018年4月10日期间，华某电气公司对外担保额有较大幅度增加；在2017年及2018年期间，华某集团公司实际为华某电气公司提供的担保额远高于华某电气公司对外担保额。并且，华某电气公司在前述历次公告的材料中均载明，华某集团公司为华某电气公司发展给予了大力支持，长期为华某电气公司及下属子公司向银行申请授信额度提供担保；华某电气公司为华某集团公司提供担保系本着互帮互助、促进共同发展的原则而为。因此基于现有证据，华某集团公司与华某电气公司间存在长期的相互担保关系，华某集团公司长期为华某电气公司贷款提供巨额担保，华某电气公司为华某集团公司提供案涉担保符合华某电气公司自身发展的利益需求，应当认定案涉担保系华某电气公司的真实意思表示。华某电气公司提出万某信托股份公司向华某集团公司发放贷款系因华某集团公司向该业务介绍人支付了高额费用的主张缺乏证据支持，不予采信。

案例二：郑州华某金刚石股份有限公司、河南省某小额贷款有限公司金融借款合同纠纷二审民事判决书［（2020）豫民终376号］

河南省高级人民法院认为：根据2018年10月29日查询的加速器公司企业

信用报告“对外担保记录”部分显示，加速器公司对郑州华某公司的一笔3.4亿元的债务提供担保，2019年7月查询的加速器公司企业信用报告对外担保记录显示，加速器公司对郑州华某公司的另一笔1亿元的债务提供担保，该事实在郑州华某公司于2019年8月公布的半年度报告中亦有记载。两个公司的企业信用报告能够相互印证，双方存在相互担保的商业合作关系，企业信用报告是对外信息披露的客观文件，具有一定的公示效力，郑州华某公司对报告中记载的互保内容予以否定，但未能作出合理解释。某小贷公司另行提交了郑州华某公司另案中为加速器公司提供担保的保证合同及董事会决议，作为本案补强证据，进一步证明了双方互保关系存在的事实。虽然另案亦正在审理之中，但某小贷公司将该证据作为补强证据提交并不违反法律规定。加速器公司于2018年11月22日起，为郑州华某公司的1亿元债务提供担保，可以相互印证。上述事实可以表明，在某小贷公司向加速器公司提供本案借款时，加速器公司正在为郑州华某公司的借款提供担保，原审认定二者存在相互担保关系的证据充分，与客观事实相符。

2. 因未达证明标准，不支持“相互担保”关系中债权人在接受担保时无须审查决议的案例

案例三：某传媒有限公司、中某文化集团股份有限公司合同纠纷二审民事判决书［（2020）最高法民终1161号］

最高人民法院认为：《中华人民共和国公司法》第十六条第二款规定，公司为公司股东或者实际控制人提供担保的，必须经股东会或者股东大会决议。该规定表明，以公司财产为他人提供担保的行为不是法定代表人所能单独决定的事项，必须经过公司机关决议。同时，中某文化公司章程第四十二条亦规定，对股东、实际控制人及其关联方提供的担保必须经股东大会审议通过。案涉《担保承诺函》中所涉担保事项未经中某文化公司股东大会进行审议，违反上述法律及公司章程规定，原审认定《担保承诺函》中所涉担保事项无效，并无不当，本院予以维持。

某传媒公司主张，中某文化公司与中某集团存在相互担保的商业合作关系，属于《九民纪要》第19条规定的无须机关决议的例外情况。对此本院认为，所谓相互担保的商业合作关系，应指在案涉行为之前既已存在相互担保行为，且在案涉行为之外亦有商业合作关系。中某集团是中某文化公司的股东，两者虽是关联公司，但该事实不能推定双方当然存在商业合作。某传媒公司亦不能举证证明在签订案涉《担保承诺函》之前，中某集团与中某文化公司之间有相互担保的情形。某传媒公司主张中某文化公司为中某集团提供担保无须公司机关决议，理据不足，本院不予支持。

案例四：天某证券股份有限公司、佛山市中某投资有限公司证券回购合同纠纷二审民事判决书［（2020）鄂民终524号］

湖北省高级人民法院认为：天某证券公司上诉主张欧某公司与中某公司之间存在相互担保的商业合作，应属无须公司机关决议之情形。欧某公司针对天某证券公司在上诉状中列举的5件欧某公司为中某公司提供担保案件，提供了相关民事裁判文书，证明天某证券公司所称担保情况不属实，其中两件已被生效民事判决书认定欧某公司为中某公司提供的担保无效。由于天某证券公司未能举证证明欧某公司与中某公司之间存在相互担保的商业合作，其主张案涉担保无须欧某公司股东大会决议的上诉理由不能成立。现无任何证据证明，欧某公司就其为中某公司提供担保形成股东大会决议，所以案涉2017年5月16日《担保函》即使由欧某公司时任法定代表人陈某豪亲自盖章，亦构成越权代表。天某证券公司作为上市公司和专业金融机构，在接受欧某公司为其股东中某公司提供担保时，明知应当要求欧某公司提供其股东大会对案涉担保事项的决议，但天某证券公司并未举证证明其曾对欧某公司提过上述要求，并且，欧某公司作为上市公司，其就案涉担保召开股东大会的召集、决议等情况可以通过公开渠道查询，而欧某公司已举证证明，其相关公告中不存在与案涉担保相关的内容，由此进一步证明天某证券公司不构成善意相对人。因此，一审认定案涉《担保函》未经欧某公司追认，对其不发生法律效力，对天某证券公司要求欧某公司承担连带保证责任的诉请不予支持，于法有据，并无不当。

案例五：中某信托有限责任公司与佛山市中某投资有限公司、欧某智网股份有限公司等质押式证券回购纠纷二审民事判决书［（2020）沪民终285号］

上海市高级人民法院认为：中某公司与欧某公司虽然存在相互担保，但是否导致此后某次违反《公司法》第十六条规定的关联担保成为有效合同，需考虑相互间的其他担保是否有效以及相互担保的金额等因素。如当事人之间长期存在有效的相互担保，担保金额基本相近，则此后某次欠缺决议的担保，有可能被法院仍认定为有效。但如果此前的相互担保就是无效的，就不能因为违法违规行为的不断累积，导致此后的担保成为有效。欧某公司系上市公司，现没有证据证明欧某公司股东会曾以决议方式同意为大股东中某公司提供担保。故上诉状上所列欧某公司为中某公司提供的第一次担保就存在违反《公司法》第十六条的可能。

而后数次关联担保也均存在类似效力瑕疵，本院不能认定双方之前存在有效的相互担保，也就不能以此为由认定本次担保有效。上诉人有关担保合同有效的上诉理由，本院不予采纳。

3. 因《九民纪要》适用时间问题，不支持“相互担保”关系中债权人在接受担保时无须审查决议的案例

案例六：张某宇、新某洲控股股份有限公司借款合同纠纷再审审查与审判监督民事裁定书［（2020）最高法民申3125号］

最高人民法院认为：张某宇申请再审称，（一）《中华人民共和国合同法》第十六条的规定为管理性规定，张某宇已尽到审查义务，其在签订《债权债务清偿协议》过程中并无恶意。（二）本案中各担保人系关联企业，在陈某友等人控制下，长期为共同利益占用资金及相互担保，张某宇有理由相信新某洲公司自愿提供担保。

……

本院认为，……本案二审判决作出之时，九民会议纪要尚未发布，张某宇依据九民会议纪要的规定，主张新某洲公司应当承担民事责任的申请再审理由，本院不予采信。

第四节 共同担保

013 第三人提供的物保与人保并存时，债权人如何行使担保权利？

裁判要旨[①]

被担保的债权既有物的担保又有人的担保的，债务人不履行到期债务或者发生当事人约定的实现担保物权的情形，债权人应当按照约定实现债权；没有约定

① 案件来源：二审：某集团财务有限责任公司与青岛威某投资有限公司、山东赛某集团有限公司等企业借贷纠纷二审民事判决书［（2016）最高法民终55号］；再审：某集团财务有限责任公司与青岛威某投资有限公司、山东赛某集团有限公司等企业借贷纠纷申诉、申请民事裁定书［（2016）最高法民申2561号］

或者约定不明确，债务人自己提供物的担保的，债权人应当先就该物的担保实现债权；第三人提供物的担保的，债权人可以就物的担保实现债权，也可以要求保证人承担保证责任。即，第三人提供的物保与人保并存时，债权人可任意选择担保人实现债权。

案情简介

一、2014 年 9 月 13 日，海某财务公司作为贷款人，威某公司作为借款人，共同签订 WY20140901 号《借款合同》，贷给威某公司 4 亿元。借款担保情况如下：（1）威某公司以其所有的青岛市市北区延安路十五大街项目××区 122 套商业网点房产作为抵押；（2）赛某集团公司以其所持有的威某公司全部股权提供质押担保；（3）宋某、韩某玲、全某旅游公司提供连带责任保证。

二、2014 年 10 月 11 日，海某财务公司向威某公司发放贷款 4 亿元，《借款借据》中注明借款利率为年利率 12.1175%。贷款发放后，威某公司按期支付了截至 2015 年 7 月 20 日的利息，贷款本金没有偿还。

三、海某财务公司向山东高院起诉，请求：1. 威某公司立即偿还借款本金 4 亿元及利息（利息按合同约定的标准继续计算至实际给付之日止）；2. 海某财务公司对威某公司设定的抵押物享有优先受偿权；3. 海某财务公司对赛某集团公司设定的质押物享有优先受偿权；4. 宋某、韩某玲、全某旅游公司对上述债务承担连带保证责任。山东高院一审判决支持了海某财务公司的诉请。

四、威某公司、赛某公司、宋某、韩某玲、全某旅游公司不服，上诉至最高院，最高院二审判决驳回上诉维持原判。

五、威某公司、赛某公司、宋某、韩某玲、全某旅游公司仍不服，向最高法院申请再审，最高法院裁定驳回再审申请。

裁判思路

本案中宋某、韩某玲、全某旅游公司、赛某公司认为一审判决在认定各担保人承担担保责任的法律适用上适用法律错误，且未对债务清偿的顺序作出判决。但最高法院认为，本案中的担保，既涉及债务人自己提供的物保，也涉及第三人提供的物保、第三人提供的人保，是典型的多种担保方式并存的情形。宋某、韩某玲、全某旅游公司根据《担保法》第二十八条①的规定认为“同一债权既有保证又有物的担保的，保证人对物的担保以外的债权承担保证责任”。但最高法院认为，根据《物权法》第一百七十八条②的规定：“担保法与本法的规定不一致的，适用本法。”《物权法》与《民法典》第三百九十二条一致，规定“被担保的债权既有物的担保又有人的担保的，债务人不履行到期债务或者发生当事人约定的实现担保物权的情形，债权人应当按照约定实现债权；没有约定或者约定不明确，债务人自己提供物的担保的，债权人应当先就该物的担保实现债权；第三人提供物的担保的，债权人可以就物的担保实现债权，也可以请求保证人承担保证责任。”也即，在第三人提供担保，既有人保又有物保的情况下，债权人可以要求所有的担保人同时承担担保责任，而不必先行实现担保物权。本案宋某、韩某玲、全某旅游公司作为连带责任保证人，赛某公司作为质押人，法院判决各保证人承担连带责任，同时判决对质押股权享有优先受偿权，符合上述法律规定。宋某、韩某玲、全某旅游公司、赛某公司因此败诉。

经验总结

1. 第三人提供的人保和物保并存时，债权人可任意选择行使担保权利。

根据《民法典》第三百九十二条规定，人保和物保并存时，实现担保权利的顺序按如下原则确定：有约定的，从其约定，此处的“约定”应理解为债权人与各担保人之间的约定，而非各担保人之间的自行约定。没有约定的，首先实现债务人自己提供的担保物权；其他担保人承担的担保责任，不区分顺序，债权人可自由选择。此处的“自由选择”既包括选择担保人（一人、数人或者全部）的自由，也包括选择担保方式（人保、物保或者人保加物保）的自由。

2. 在存在多个担保人时，担保人可与债权人约定实现担保的顺序

根据《民法典》第三百九十二条的规定，关于债权人行使担保权利的顺序，有约定的从其约定。具体约定内容如下：（1）担保人在提供担保时，如果知晓同时存在多个担保人的，可与债权人约定其担保义务后于其他担保人。（2）在不知晓是否有其他担保人或者未来是否有其他新的担保人的，可以与债权人约定，如有存在其他担保人的，仅在其他担保人不能清偿的范围内承担担保责任。

---

① 编者按：《民法典》第392条。

② 编者按：已失效，被《民法典》吸收。

通过以上约定，可以最大限度地尽量降低担保人承担担保责任的范围及其可能性。但在共同连带担保的场合，处于连带担保关系中的个别担保人与债权人所作的约定，不能损害处于同一连带担保关系中的其他担保人。

相关法条

《中华人民共和国民法典》（2021 年 1 月 1 日施行）

第三百九十二条 被担保的债权既有物的担保又有人的担保的，债务人不履行到期债务或者发生当事人约定的实现担保物权的情形，债权人应当按照约定实现债权；没有约定或者约定不明确，债务人自己提供物的担保的，债权人应当先就该物的担保实现债权；第三人提供物的担保的，债权人可以就物的担保实现债权，也可以请求保证人承担保证责任。提供担保的第三人承担担保责任后，有权向债务人追偿。

裁判意见

以下为最高法院在“本院认为”部分就此问题发表的意见：

二审判决书：

关于各担保人应对威某公司的全部债务还是除房产抵押之外不能偿还的债务承担担保责任的问题。本案中海某财务公司的债权既存在债务人威某公司自行提供的房产抵押担保，也存在第三人提供的保证担保。在物的担保和保证共存的情况下，担保责任如何承担，《担保法》第二十八条①和《物权法》第一百七十六条②均有规定，但两者并不一致。根据《物权法》第一百七十八条③的规定，此时应适用《物权法》的规定。海某财务公司与赛某公司签订的《质押合同》、与宋某及韩某玲签订的《个人连带保证合同》、与全某旅游公司签订的《保证合同》均明确约定，无论海某财务公司对主合同项下的债权是否拥有其他担保，海某公司均有权处置质押财产或直接要求宋某、韩某玲、全某旅游公司在其保证范围内承担保证责任。在海某财务公司与各担保人之间已就如何承担担保责任有明确约定的情况下，根据《物权法》第一百七十六条④之规定，赛某集团、宋某、韩某玲、全某旅游公司应当对威某公司的全部债务承担担保责任，不受威某公司自行提供的房产抵押的影响。赛某集团、宋某、韩某玲、全某旅游公司主张仅对

---

①②④ 编者按：《民法典》第 392 条。

③ 编者按：已失效，被《民法典》吸收。

抵押房产以外不能偿还的债务承担担保责任的理由不能成立，本院不予支持。

再审裁定书：

关于原审判令各担保人对威某公司的全部债务承担担保责任是否适用法律错误的问题。本案中，海某财务公司的债权既存在债务人威某公司自行提供的房产抵押担保，也存在第三人提供的保证担保。在物的担保和保证共存的情况下，担保责任如何承担，《担保法》第二十八条①和《物权法》第一百七十六条②均有规定。根据《物权法》第一百七十八条③的规定，担保法与物权法的规定不一致的，适用物权法。海某财务公司与赛某公司签订的《质押合同》、与宋某及韩某玲签订的《个人连带保证合同》、与全某旅游公司签订的《保证合同》均明确约定，无论海某财务公司对主合同项下的债权是否拥有其他担保，海某公司均有权处置质押财产或直接要求宋某、韩某玲、全某旅游公司在其保证范围内承担保证责任。在海某财务公司与各担保人之间已就如何承担担保责任有明确约定的情况下，原审判决根据《物权法》第一百七十六条④之规定，判令赛某集团、宋某、韩某玲、全某旅游公司应当对威某公司的全部债务承担担保责任，适用法律并无不当。

延伸阅读

案例一：中国某资产管理公司贵阳办事处与六枝特区佳某焦化有限公司、贵州路某义工矿股份有限公司等债权转让合同纠纷、保证合同纠纷二审民事判决书［（2015）民二终字第280号］

最高法院认为："关于担保权实现的顺序问题，本案债权既有债务人六枝佳某公司自己提供物的担保，又有第三人提供的物的担保和保证人提供的连带保证责任，根据《物权法》第一百七十六条⑤'被担保的债权既有物的担保又有人的担保的，债务人不履行到期债务或者发生当事人约定的实现担保物权的情形，债权人应当按照约定实现债权；没有约定或者约定不明确，债务人自己提供物的担保的，债权人应当先就该物的担保实现债权；第三人提供物的担保的，债权人可以就物的担保实现债权，也可以要求保证人承担保证责任。提供担保的第三人承担担保责任后，有权向债务人追偿'之规定，本案当事人签订的《抵押合同》、《质押合同》、《连带保证合同》并未明约定实现担保权的顺序，应属约定不明的

①②④⑤ 编者按：《民法典》第392条。
③ 编者按：已失效，被《民法典》吸收。

情形，根据《物权法》的上述规定，债权人贵阳长某公司应以六枝佳某公司提供的抵押物在拍卖、变卖后所得价款实现债权并优先受偿；不足部分再以源某洗煤公司、溢某科技公司、路某矿业公司提供的抵押物以及山西路某公司、张某斌提供的质押物在拍卖、变卖后所得价款继续实现债权且优先受偿；如仍不足以完全实现债权时，山西路某公司、张某斌、郑某群、朱某诚、王某荣才对不足部分承担连带保证责任。源某洗煤公司、溢某科技公司、路某矿业公司、山西路某公司、张某斌、郑某群、朱某诚、王某荣在承担保证责任后，有权向债务人六枝佳某公司、贵州路某公司、贵州某酒店追偿。”

案例二：中国某资产管理公司广州办事处与广州云某大酒店有限公司、兰某等合同纠纷二审民事判决书［（2016）最高法民终 554 号］

最高法院认为：“根据《中华人民共和国物权法》第一百七十六条①关于‘被担保的债权既有物的担保又有人的担保的，债务人不履行到期债务或者发生当事人约定的实现担保物权的情形，债权人应当按照约定实现债权；没有约定或者约定不明确，债务人自己提供物的担保的，债权人应当先就该物的担保实现债权；第三人提供物的担保的，债权人可以就物的担保实现债权，也可以要求保证人承担保证责任。提供担保的第三人承担担保责任后，有权向债务人追偿’的规定，《连带保证合同》《股权质押合同》已明确约定该两合同所涉担保在实现债权的顺位上不受主合同项下其他担保的影响，即提供担保的一方放弃了在实现债权时位于债务人自己提供物的担保的顺位之后等相关权利，因此长某公司可以要求抵押人云某公司，质押人百某公司、兰某，以及保证人百某公司、兰某、廖某新、潘某山、王某对涉案债务直接承担担保责任，而无担保责任顺位的限制。故原审判决关于某资产公司先行使抵押权实现涉案债权，行使抵押权后仍不能实现的部分由质押人百某公司、兰某及保证人百某公司、兰某、廖某新、潘某山、王某承担担保责任的认定不当，本院予以纠正。对某资产公司关于质押人百某公司、兰某及保证人百特公司、兰某、廖某新、潘某山、王某已在涉案担保合同中约定放弃在后担保顺位权利的上诉请求，本院予以支持。”

案例三：某银行潜江市支行与吕某伦、陈某秀等金融借款合同纠纷二审民事判决书［（2016）最高法民终 294 号］

最高法院认为：十上诉人称本案应适用《担保法》第二十八条②的规定，但

①② 编者按：《民法典》第 392 条。

该条规定已经被《物权法》第一百七十六条①补充完善。《物权法》第一百七十六条②规定：被担保的债权既有物的担保又有人的担保的，债务人不履行到期债务或者发生当事人约定的实现担保物权的情形。某行潜江支行依据《自然人保证合同》中的约定向保证人主张债权具有合同依据，十上诉人的该项上诉请求不能成立。

案例四：富某小额贷款（四川）有限公司成都城北分公司与马某辉、陈某等企业借贷纠纷申诉、申请民事裁定书［（2016）最高法民申 3010 号］

最高法院认为：《物权法》第一百七十八条③“担保法与本法的规定不一致的，适用本法”之规定，一、二审法院适用《物权法》第一百七十六条④之规定认定马某辉、陈某担保责任的范围，并无不当。

案例五：某银行股份有限公司大连分行与李某、张某、沈阳市新某贸易有限公司、沈阳鑫某工贸有限公司其他合同纠纷二审民事判决书［（2014）民二终字第46 号］

最高法院认为：“本案中，依据某银行大连分行与新某公司签订的《最高额抵押担保合同》，新某公司以其自有钢材为本案所涉债务提供担保。依据某银行大连分行与鑫某公司签订的《最高额保证担保合同》，鑫某公司为本案所涉债务提供担保。因此，本案存在物的担保和人的担保并存的情形。在该情形下，关于如何处理物的担保和人的担保的关系，我国《物权法》第一百七十六条⑤进行了规定，即：‘被担保的债权既有物的担保又有人的担保的，债务人不履行到期债务或者发生当事人约定的实现担保物权的情形，债权人应当按照约定实现债权；没有约定或者约定不明确，债务人自己提供物的担保的，债权人应当先就该物的担保实现债权；第三人提供物的担保的，债权人可以就物的担保实现债权，也可以要求保证人承担保证责任。提供担保的第三人承担担保责任后，有权向债务人追偿。’根据该条规定，在同时存在物的担保与人的担保的情形下，关于物的担保与人的担保的实现顺序，当事人间有约定的，应从其约定。没有约定的，债务人自己提供物的担保的，债权人应当先就该物的担保实现债权。本案中，某银行大连分行与鑫某公司签订的《最高额保证担保合同》第七条约定，无论债务人或者第三人是否提供物的担保（抵押/质押），某银行大连分行均有权要求保证人承担保证责任，而无需先行处分担保物。根据该约定，债权人某银行大连分行

---

①②④⑤　编者按：《民法典》第 392 条。
③　编者按：已失效，被《民法典》吸收。

有权在对物的担保实现债权之前请求保证人鑫某公司承担保证责任，故鑫某公司应按照约定在本金4000万元及相应的利息、复利、罚息及实现债权的费用内承担连带保证责任。（二）关于张某、李某承担保证责任的顺序及担保范围问题。2012年7月19日，某银行大连分行与张某、李某签订的《最高额保证担保合同》系当事人双方真实意思表示，不违反法律、行政法规的禁止性规定，应认定有效。当事人双方应依约享有权利和履行义务。该合同第七条约定，无论债务人或者第三人是否提供物的担保（抵押/质押），某银行大连分行均有权要求保证人承担保证责任，而无需先行处分担保物。如前所述，本案中，既存在债务人新某公司提供钢材抵押这种物的担保，也存在保证人张某、李某提供连带责任保证这种人的担保。根据《物权法》第一百七十六条①的规定和当事人间的约定，债权人某银行大连分行有权在对物的担保实现债权之前向保证人张某、李某实现债权。该合同第一条约定，张某、李某应在9600万元本金及相应的利息、复利、罚息及实现债权的费用范围内承担连带保证责任。综上，原审判决关于保证人鑫某公司、张某、李某在某银行大连分行对新某公司提供的抵押物实现担保权后不足清偿部分承担担保责任的认定以及鑫某公司和张某、李某分别在4000万元、9600万元范围内承担连带清偿责任的认定错误，本院予以纠正。”

014 保证人能否以因其他共同保证人的保证无效，而拒绝承担保证责任？

裁判要旨②

债权人有权依据保证合同请求任何一个保证人承担保证责任。连带保证人之一不承担保证责任并没有加重另一保证人的保证责任。部分保证人的保证合同无效，其他保证人以其今后代偿还主债务后不能对另一保证人行使追偿权为由对抗债权人的诉求的，人民法院不予支持。

---

① 编者按：《民法典》第392条。

② 案件来源：杭州世某实业有限公司、浙江天某控股有限公司、王某与被申请人某银行股份有限公司杭州萧山支行及一审被告李某金融借款合同纠纷再审案［（2018）最高法民申3376号］

案情简介

一、2015 年 3 月 31 日，某银行与世某公司签订《贷款合同》，约定某银行向世某公司发放贷款 1.05 亿元，借期 1 年。王某、李某为该笔债务提供保证。《保证合同》约定保证人独立承担保证责任，不论是否有债务人提供物的担保或保证，银行有权要求保证人承担保证责任。

二、2016 年，因世某公司未如期还款，某银行向法院起诉，请求世某公司返还借款 1.05 亿元，及利息、罚息，并要求王某、李某承担连带保证责任。

三、一审程序中，法院通过司法鉴定认定：保证合同上“李某”的字迹不是李某书写形成、“李某”签字处所留指印也不是李某捺印形成，故认定李某与某银行之间的保证合同无效，王某应当承担全部连带保证责任。王某不服判决，上诉至浙江省高级人民法院，法院判决驳回上诉，维持原判。

四、2018 年 7 月 7 日，王某向最高人民法院申请再审，最高院裁定驳回王某的再审申请。

裁判思路

本案王某败诉的原因是其错误认识了连带共同保证的责任承担方式。《民法典》第六百九十九条规定：“同一债务有两个以上保证人的，保证人应当按照保证合同约定的保证份额，承担保证责任；没有约定保证份额的，债权人可以请求任何一个保证人在其保证范围内承担保证责任。”尽管《民法典担保制度解释》在连带共同保证的情况下，赋予了保证人向其他保证人追偿的权利，但该权利不得对抗债务人。因此，作为连带共同保证的保证人，无论其他保证人签订的合同是否有效，均不影响该保证人在其范围内向债务人履行保证责任的义务。

经验总结

1. 连带共同保证人承担了保证责任后，原则上有权向其他连带保证人和债权人追偿相应的份额。

《民法典担保制度解释》第十三条第一款规定：“同一债务有两个以上第三人提供担保，担保人之间约定相互追偿及分担份额，承担了担保责任的担保人请求其他担保人按照约定分担份额的，人民法院应予支持；担保人之间约定承担连带共同担保，或者约定相互追偿但是未约定分担份额的，各担保人按照比例分担向债务人不能追偿的部分。”因此，保证人如要求其他保证人承担相应责任，最为保险的方式是在《保证合同》中明确约定各保证人之间承担的责任份额。如不能约定份额，保证人如认为与其他担保人的共同保证关系是其提供保证的前提，应在《保证合同》中明确说明该种债务分担关系是保证人签订保证合同的前提。

2. 在签订《保证合同》的过程中，应当提高风险防范意识。对于参与担保的其他保证人，应当对其财产和信用状况有一定了解，并确认签字、盖章流程符合规范，无其他可能导致保证无效的事由；对担保物，应对其物权状况（是否合法所有，是否设置了其他担保）等全面了解。

本案中，王某在签订保证合同时，对其他保证人签订保证合同的过程并不了解，对共同保证人签字虚假的事实毫不知情，在保证合同中也未进行份额的约定，故被法院认为其无法举证说明“其提供的保证依赖于另一保证人李某的保证”的事实，最终判决其败诉。

3. 如认为其他保证人与债权人之间存在串通、欺诈行为，认为其承担了过重保证责任的保证人应当及时通过《民法典》第一百四十八条的规定，请求法院撤销保证合同。

相关法条

《中华人民共和国民法典》（2021 年 1 月 1 日施行）

第一百四十八条 一方以欺诈手段，使对方在违背真实意思的情况下实施的民事法律行为，受欺诈方有权请求人民法院或者仲裁机构予以撤销。

第一百五十四条 行为人与相对人恶意串通，损害他人合法权益的民事法律行为无效。

第五百一十九条 连带债务人之间的份额难以确定的，视为份额相同。

实际承担债务超过自己份额的连带债务人，有权就超出部分在其他连带债务人未履行的份额范围内向其追偿，并相应地享有债权人的权利，但是不得损害债权人的利益。其他连带债务人对债权人的抗辩，可以向该债务人主张。

被追偿的连带债务人不能履行其应分担份额的，其他连带债务人应当在相应范围内按比例分担。

第六百九十九条 同一债务有两个以上保证人的，保证人应当按照保证合同约定的保证份额，承担保证责任；没有约定保证份额的，债权人可以请求任何一个保证人在其保证范围内承担保证责任。

《最高人民法院关于适用〈中华人民共和国民法典〉有关担保制度的解释》(法释〔2020〕28号 2021年1月1日施行)

第十三条 同一债务有两个以上第三人提供担保，担保人之间约定相互追偿及分担份额，承担了担保责任的担保人请求其他担保人按照约定分担份额的，人民法院应予支持；担保人之间约定承担连带共同担保，或者约定相互追偿但是未约定分担份额的，各担保人按照比例分担向债务人不能追偿的部分。

同一债务有两个以上第三人提供担保，担保人之间未对相互追偿作出约定且未约定承担连带共同担保，但是各担保人在同一份合同书上签字、盖章或者按指印，承担了担保责任的担保人请求其他担保人按照比例分担向债务人不能追偿部分的，人民法院应予支持。

除前两款规定的情形外，承担了担保责任的担保人请求其他担保人分担向债务人不能追偿部分的，人民法院不予支持。

裁判意见

以下为最高法院在“本院认为”部分就此问题发表的意见：

本院认为，案涉保证合同不因其他保证人签名不实导致无效，进而影响在保证合同真实签名的保证人的责任。首先，本案从形式上看只有一个保证合同，但保证人有两人，且均对债权人的债权承担连带保证责任，实际有两个连带保证法律关系。其中一个法律关系出现瑕疵，并不影响另一个法律关系的效力。李某在保证合同上没有签名，不影响某银行萧山支行与王某保证合同的效力。王某再审申请认为，李某不承担保证责任足以致使王某在签署保证合同时做出错误判断。然而王某并没有提供证据证明其提供的保证依赖于另一保证人李某的保证，王某所担保的主债务人天某公司，其法定代表人是王某，与王某更具利益直接相关性。因此，王某主张应当免除保证责任亦不符合《担保法》第三十条[①]所规定的保证责任免除事由。其次，李某不承担保证责任并没有加重王某的保证责任。根据案涉《保证合同》约定，王某、李某承担的是连带责任保证，某银行萧山分行有权依据《担保法》第十二条[②]的规定要求任何一个保证人承担保证责任。王

① 编者按：《民法典》第150条、第154条。

② 编者按：《民法典》第699条、第700条，《民法典担保制度解释》第13条。

某以其今后代偿还主债务后不能对李某行使追偿权为由对抗某银行的诉求，于法无据，不予支持。

延伸阅读

案例：顾某芳诉张某君、林某钢、钟某军追偿权纠纷案［《最高人民法院公报》2017 年第 10 期（总第 252 期）］

最高人民法院认为：本案钟某军、顾某芳、林某钢以保证人身份分别在涉案最高额保证合同上签名，为借款人马某荣向某银行余姚支行的借款提供连带责任保证的意思表示真实。因各保证人与某银行余姚支行没有约定保证份额，故应依法认定为连带共同保证，某银行余姚支行有权要求任何一个保证人承担全部保证责任。因钟某军并未提供证据证明其提供保证是以张某君本人提供保证为条件，故其上诉提出的因"张某君"并非该本人签名，故钟某军在最高额保证合同上签名不是其真实意思表示的主张不予采信。钟某军、顾某芳、林某钢与某银行余姚支行之间保证合同关系依法成立。被上诉人顾某芳在签订最高额保证合同时是否知晓"张某君"并非其本人所签，从而可以对债权人某银行余姚支行的代偿请求提出抗辩。对此，法院认为，上诉人钟某军并未提供证据证明顾某芳在签订最高额保证合同时已知晓"张某君"并非其本人所签。在此情形下，顾某芳作为保证人代为清偿债务人的债务并无不妥之处。在其代为清偿后，有权根据法律规定要求其他保证人平均分担。因此，钟某军提出的此点上诉理由没有事实依据，不予采纳。综上，钟某军的上诉请求法院不予支持。一审判决认定案件事实清楚，适用法律正确。

015 共同担保人承担担保责任后，对其他担保人是否享有追偿权？

裁判要旨①

《民法典》仅规定承担保证责任的保证人有权在其承担保证责任的范围内向

① 案件来源：顾某康等诉湖北汇某置业有限公司追偿权纠纷再审案［（2017）最高法民再 137 号］

债务人追偿，并无关于禁止承担担保责任的担保人请求其他担保人承担清偿责任的规定。按照《民法典担保制度解释》的规定，混合担保的各担保人，在承担担保责任后，可以按照担保合同或担保人之间的内部约定，要求其他担保人承担相应的份额。连带共同担保中的担保人承担担保责任后，有权向其他担保人追偿其应承担的担保份额；当事人之间没有约定，且不构成连带共同担保的，承担了担保责任的担保人不能向其他担保人追偿。

案情简介

一、2007年8月15日，华某公司形成股东会决议：一致同意在某行华中支行贷款700万元，由汇某公司房产作抵押担保。同日，荣某公司向汇某公司出具股东会决议及《承诺书》，承诺对汇某公司因担保造成资产方的损失，全额予以赔偿，钱某富对此承担连带清偿责任。

二、2008年10月20日，华某公司与某行华中支行签订一份《借款合同》，借款700万元整。汇某公司以其所有的两处房屋为华某公司的贷款提供抵押担保。2008年10月20日，某行华中支行与顾某康、卞某华签订一份《保证合同》，为华某公司的贷款提供保证担保。

三、华某公司未按期还款引起诉讼，2011年5月11日，十堰中院一审判决：华某公司还本付息；汇某公司承担抵押担保责任；顾某康、卞某华承担连带保证责任。判决确定各担保人承担担保责任后，有权向华某公司追偿。华某公司不服，上诉至湖北高院。湖北高院判决驳回上诉，维持原判。

四、某行华中支行申请原审法院强制执行，对汇某公司提供抵押担保物进行拍卖。房屋拍卖所得价款偿还某行华中支行939.04523万元，支付房地产过户税费121.31997万元，收取执行费用6.6348万元。

五、汇某公司承担抵押担保责任后向十堰中院起诉，要求华某公司偿还已支付某行华中支行945.68003万元，荣某公司、钱某富、顾某康承担连带清偿责任。十堰中院一审判决支持了其诉请。

六、顾某康不服，以共同担保人承担担保责任后不能向其他担保人追偿为由，上诉至湖北高院，湖北高院二审判决驳回上诉，维持原判。顾某康向最高人民法院申请再审。

七、最高人民法院再审改判撤销顾某康等人对全部债务承担清偿责任的判项，改判为顾某康在472.8万元（原判决金额的一半）范围内向汇某公司承担责任。

裁判思路

本案中顾某康的裁判思路在于法律并没有明确禁止共同担保人在承担担保责任后，不能向其他担保人追偿。结合本案，汇某公司为贷款的抵押担保人，顾某康为借款的连带责任保证人。本案二审的焦点即在于承担了抵押担保责任的汇某公司，能否向保证人顾某康进行追偿。关于此问题，原《担保法解释》与《物权法》的规定，并不完全相同。根据《担保法解释》第三十八条[①]规定，在混合共同担保（人保和物保并存）中，部分担保人承担担保责任后，不仅可向债务人进行追偿，还可向其他担保人追偿其应分担的份额。但《物权法》仅规定承担担保责任的人可向债务人进行追偿，对于能否向其他担保人进行追偿的问题，未作规定。本案中，最高人民法院从物权关系与债权关系的区分、法律的功能、公平原则以及恶意危险的防范等角度论证了赋予承担担保责任的担保人可以向其他担保人追偿的合理性，顾某康因此败诉。

2019 年后，《九民纪要》依据《物权法》中“担保法与本法不一致的，适用本法”的规定，认定《物权法》效力优先于《担保法》，故除非担保人之间对担保责任份额有约定，承担了担保责任的担保人无权向其他担保人追偿，最高人民法院近年来的判决，基本持这一观点。

经验总结

1. 注意裁判观点的变化，为避免担保人承担过重担保责任的问题，建议在担保合同中明确约定担保人间相互追偿的条款，明确份额。

《民法典担保制度解释》明确了共同担保中，担保人之间的责任分担情况：“同一债务有两个以上第三人提供担保，担保人之间约定相互追偿及分担份额，承担了担保责任的担保人请求其他担保人按照约定分担份额的，人民法院应予支持；担保人之间约定承担连带共同担保，或者约定相互追偿但是未约定分担份额的，各担保人按照比例分担向债务人不能追偿的部分。同一债务有两个以上第三人提供担保，担保人之间未对相互追偿作出约定且未约定承担连带共同担保，但是各担保人在同一份合同书上签字、盖章或者按指印，承担了担保责任的担保人

① 编者按：《民法典》第 392 条。

请求其他担保人按照比例分担向债务人不能追偿部分的，人民法院应予支持。除前两款规定的情形外，承担了担保责任的担保人请求其他担保人分担向债务人不能追偿部分的，人民法院不予支持。”

《民法典》和《民法典担保制度解释》实施后，《物权法》《担保法》被废止，其二者之间冲突的法律条款将不存在。《民法典担保制度解释》继承了《物权法》对于担保人之间相互追偿的观点，认为承担了担保责任的担保人可以向债务人追偿，对向其他担保人追偿并无明确规定。《民法典担保制度解释》明确，担保人向其他担保人追偿的前提是构成“连带共同担保”，或者担保人之间有承担份额的明确规定。在处理类似案件时，应当谨慎使用《九民纪要》和近年来司法实践中，对担保人之间相互追偿权一概否定的观点。

2. 承担担保责任的担保人向其他担保人追偿，并非全额追偿，而是只能向其他担保人追偿其应承担的份额。对于份额的计算，应根据各担保人的担保额与各担保人合计的担保总额来确定。担保份额的分担计算比较复杂，必须委托专业的律师进行计算。例如：甲欠乙 100 万元，丙以其 50 万元的房屋抵押担保，丁以其 150 万元的房屋抵押担保，戊承担连带责任保证。则此时丙应分担的债权数额并非全额的 50 万元，而是 100 × 50/（50 + 150 + 100）≈2516.67 万元。本例还相对简单，在涉及不足额担保与约定份额时更为复杂，因此必须委托精通担保业务的专业律师才能最终确定应分担的份额。结合本案来看，顾某康与汇某公司均提供的是足额担保，因此汇某公司能够向顾某康追偿的数额应当为汇某公司承担的债务总额的一半而非全部，剩余部分汇某公司只能够向债务人华某公司追偿。

3. 明确“连带共同保证”的概念范畴。《民法典担保制度解释》规定：“数个担保人在同一合同书上签字、盖章或者按指印的，可以认定构成连带共同担保。”《中华人民共和国民法典合同编解读》中，作者认为，保证人之间的关系，实际上是三种情形：“明确约定为按份共同保证；明确约定为连带共同保证，此时为真正连带；没有约定保证份额，但适用本法第 699 条所说‘没有约定保证份额的，债权人可以请求任何一个保证人在其保证范围内承担保证责任’的不真正连带共同保证，债权人可以请求任何一个保证人承担全部保证责任，保证人承担保证责任之后可以向债务人追偿，但是多个保证人之间没有相互追偿权。”目前《民法典》对连带共同担保的具体表现形式暂不明确，故如果担保人在与债权人签订担保合同时，债权人不同意各担保人之间划定担保份额，不妨在合同中明确约定各担保人之间的连带共同担保性质，方便向其他担保人行使追偿权。

相关法条

《中华人民共和国民法典》（2021年1月1日施行）

第三百九十二条 被担保的债权既有物的担保又有人的担保的，债务人不履行到期债务或者发生当事人约定的实现担保物权的情形，债权人应当按照约定实现债权；没有约定或者约定不明确，债务人自己提供物的担保的，债权人应当先就该物的担保实现债权；第三人提供物的担保的，债权人可以就物的担保实现债权，也可以请求保证人承担保证责任。提供担保的第三人承担担保责任后，有权向债务人追偿。

第五百一十九条 连带债务人之间的份额难以确定的，视为份额相同。

实际承担债务超过自己份额的连带债务人，有权就超出部分在其他连带债务人未履行的份额范围内向其追偿，并相应地享有债权人的权利，但是不得损害债权人的利益。其他连带债务人对债权人的抗辩，可以向该债务人主张。

被追偿的连带债务人不能履行其应分担份额的，其他连带债务人应当在相应范围内按比例分担。

第六百九十九条 同一债务有两个以上保证人的，保证人应当按照保证合同约定的保证份额，承担保证责任；没有约定保证份额的，债权人可以请求任何一个保证人在其保证范围内承担保证责任。

第七百条 保证人承担保证责任后，除当事人另有约定外，有权在其承担保证责任的范围内向债务人追偿，享有债权人对债务人的权利，但是不得损害债权人的利益。

《最高人民法院关于适用〈中华人民共和国民法典〉有关担保制度的解释》（法释〔2020〕28号 2021年1月1日施行）

第十三条 同一债务有两个以上第三人提供担保，担保人之间约定相互追偿及分担份额，承担了担保责任的担保人请求其他担保人按照约定分担份额的，人民法院应予支持；担保人之间约定承担连带共同担保，或者约定相互追偿但是未约定分担份额的，各担保人按照比例分担向债务人不能追偿的部分。

同一债务有两个以上第三人提供担保，担保人之间未对相互追偿作出约定且未约定承担连带共同担保，但是各担保人在同一份合同书上签字、盖章或者按指印，承担了担保责任的担保人请求其他担保人按照比例分担向债务人不能追偿部分的，人民法院应予支持。

除前两款规定的情形外，承担了担保责任的担保人请求其他担保人分担向债务人不能追偿部分的，人民法院不予支持。

《中华人民共和国物权法》（2021 年 1 月 1 日失效）

第一百七十六条　【物的担保与人的担保关系】被担保的债权既有物的担保又有人的担保的，债务人不履行到期债务或者发生当事人约定的实现担保物权的情形，债权人应当按照约定实现债权；没有约定或者约定不明确，债务人自己提供物的担保的，债权人应当先就该物的担保实现债权；第三人提供物的担保的，债权人可以就物的担保实现债权，也可以要求保证人承担保证责任。提供担保的第三人承担担保责任后，有权向债务人追偿。

《最高人民法院关于适用〈中华人民共和国担保法〉若干问题的解释》（法释〔2000〕44 号　2021 年 1 月 1 日失效）

第三十八条　同一债权既有保证又有第三人提供物的担保的，债权人可以请求保证人或者物的担保人承担担保责任。当事人对保证担保的范围或者物的担保的范围没有约定或者约定不明的，承担了担保责任的担保人，可以向债务人追偿，也可以要求其他担保人清偿其应当分担的份额。

同一债权既有保证又有物的担保的，物的担保合同被确认无效或者被撤销，或者担保物因不可抗力的原因灭失而没有代位物的，保证人仍应当按合同的约定或者法律的规定承担保证责任。

债权人在主合同履行期届满后怠于行使担保物权，致使担保物的价值减少或者毁损、灭失的，视为债权人放弃部分或者全部物的担保。保证人在债权人放弃权利的范围内减轻或者免除保证责任。

裁判意见

以下为最高人民法院再审判决中“本院认为”部分就此问题发表的意见：

关于汇某公司是否享有追偿权问题。《物权法》第一百七十六条[①]仅规定了混合担保中提供担保的第三人承担担保责任后，有权向债务人追偿，但没有对担保人之间是否能够追偿予以明确。《担保法解释》第三十八条[②]规定：“当事人对保证担保的范围或者物的担保的范围没有约定或者约定不明的，承担了担保责任

---

①② 编者按：《民法典》第 392 条。

的担保人，可以向债务人追偿，也可以要求其他担保人清偿其应当分担的份额。”这就明确肯定了混合担保中担保人之间享有追偿权。在《物权法》没有规定而《担保法解释》有明确规定的情况下，原审两级法院适用《担保法解释》，认定抵押人汇某公司承担担保责任后对保证人顾某康享有追偿权并无不当。顾某康认为汇某公司不享有追偿权，本院不予支持。

关于汇某公司追偿的范围。顾某康是某行华中支行的连带保证人，而非抵押人汇某公司的连带保证人，对汇某公司不负连带保证责任。一审法院认定顾某康对汇某公司承担连带保证责任，混淆了顾某康担保的对象，认定事实和适用法律错误。二审法院根据《担保法解释》第三十八条①规定，进一步肯定了混合担保中担保人之间的追偿权并无不当，但在追偿范围认定上，并未依据现有司法解释的规定处理，而是通过对另案判决的解读以及顾某康身份的考量，维持了一审法院关于顾某康应对汇某公司承担连带责任的判决，适用法律错误。

连带责任应由当事人约定或法律规定。顾某康与汇某公司均为某行华中支行的担保人，二者之间并未约定承担担保责任的一方在行使追偿权时有权要求另一方承担连带责任。根据《担保法解释》第三十八条②规定，汇某公司承担抵押担保责任后，有权要求顾某康清偿其“应当分担”的份额。即顾某康对汇某公司应承担按份责任。从混合担保中担保人之间追偿制度设立的初衷来看，主要是为了平衡担保人之间的利益关系，防止担保责任完全由一方承担而有失公平。在无特约的情况下，如认定承担担保责任的一方在行使追偿权时有权要求其他担保人承担连带责任，则会将损失风险完全转嫁给被追偿的担保人一方，有悖于追偿制度设立的初衷和公平原则。因此，在既无法律规定也无明确约定的情况下，原审法院判令顾某康对汇某公司承担连带责任，有所不当，本院予以纠正。顾某康关于其应在分担的份额范围内承担责任的主张成立，本院予以支持。考虑到汇某公司和顾某康均是对某行华中支行的全部贷款债权及实现债权的一切费用承担担保责任，在汇某公司已经单独承担了945.68003万元担保责任的情况下，本院根据公平原则，酌定顾某康分担472.840015万元，汇某公司有权在此范围内要求顾某康承担清偿责任。

以下为湖北高院在二审判决“本院认为”部分就此问题发表的意见：

关于各担保人之间是否享有追偿权的问题。《最高人民法院关于适用〈中华

---

①② 编者按：《民法典》第392条。

人民共和国担保法〉若干问题的解释》第38条[①]第一款赋予承担担保责任的担保人可以向其他担保人主张应当清偿的份额，而《物权法》第一百七十六条[②]并未明确上述权利，因而引发关于法律渊源的争议。对此，本院认为：1. 从法律特征来看。法理通说认为担保人承担担保责任后，继受了债权人地位，因此对债务人的追偿以及对其他担保人的清偿请求，均源自于债权的效力，所发生的法律关系也属于债法范畴，不属于物权法调整范围；2. 从法律功能来看。《担保法》在于规范包括人的保证和物的担保在内的担保行为，因此，该法律及其司法解释应当对涉及混合担保的情形做出规定。而《物权法》则主要规范基于物上权利所发生的物的担保的行为，人的保证不在其调整范围之内，因此《担保法》对混合担保仅做衔接性规定即赋予担保人向债务人追偿权利而对担保责任消灭后各担保人之间是否具有追偿权不做进一步的明确规定，应属受其立法目的和法律功能的限制，并非对《担保法》及其司法解释关于混合担保的担保人互有追偿权条款的否定；3. 从公平原则来看。如果保证人和物上保证人没有就承担担保责任后如何分担进行约定，则其权利义务的事后平衡应当适用公平原则予以实现。担保人承担担保责任后，其他担保人担保责任随之免除，就其所订立担保合同面临的风险而言，获得了实际的法律利益，如禁止承担担保责任的担保人请求分担清偿则会显失公平；4. 从恶意危险防范来看。保证人和物上担保人在实现担保权程序中均为维护同一债权人利益，两者权利之间并不产生冲突。另因并未在同一物上产生物权与债权的堆叠冲突、物权优先于债权原则排除适用，故而应当允许债权人可以选择通过履行人的保证或物的担保来实现债权。这从《担保法》第二十八条[③]所采保证人绝对优待主义到该法司法解释第三十八条第一款所采平等主义的变迁足以看出。但如果禁止担保人之间的追偿，则会鼓励债权人与某一担保人串通、恶意选择其他担保人承担责任从而免除其应负担保责任的滥用选择权情形发生，明显有违诚实信用原则。综上所述，法律尤其是《物权法》并无关于禁止承担担保责任的担保人请求其他担保人承担清偿责任的规定，混合担保的担保人之间可互有清偿请求权的制度设置更符合公平原则和诚实信用原则等债法基本规则。故汇某公司在承担担保责任后，向包括顾某康在内的其他保证人追偿，并不违反上述法律和司法解释的相关规定和立法宗旨，本院依法予以支持。

---

①②③ 编者按：《民法典》第392条。

延伸阅读

1. 不支持承担担保责任的担保人向其他担保人追偿的案例

案例一：六盘水富某大酒店有限公司、水城县鸿某农业开发有限责任公司追偿权纠纷再审审查与审判监督民事裁定书［（2020）最高法民申3400号］

最高法院认为：夏某翼、夏某跃、孟某东、钟某美以书面形式承诺对案涉水城县农村信用合作联社的3000万元贷款承担连带偿还责任。各担保人在担保合同中并未约定可以相互追偿。关于混合担保中担保人之间的追偿问题，《最高人民法院关于适用〈中华人民共和国担保法〉若干问题的解释》第三十八条①虽规定承担了担保责任的担保人可以要求其他担保人清偿其应当分担的份额，但《中华人民共和国物权法》第一百七十六条②明确提供担保的第三人承担担保责任后的追偿对象为债务人。依据《中华人民共和国物权法》第一百七十八条③关于“担保法与本法的规定不一致的，适用本法”的规定，二审判决对富某公司向夏某翼、夏某跃、孟某东、钟某美追偿的诉讼请求不予支持，具有事实和法律依据。

案例二：四川省某石化实业有限公司、某银行股份有限公司深圳熙龙湾支行金融借款合同纠纷再审审查与审判监督民事裁定书［（2020）最高法民申3353号］

最高人民法院认为：“物权法第一百七十六条④规定：‘被担保的债权既有物的担保又有人的担保的，债务人不履行到期债务或者发生当事人约定的实现担保物权的情形，债权人应当按照约定实现债权；没有约定或者约定不明确，债务人自己提供物的担保的，债权人应当先就该物的担保实现债权；第三人提供物的担保的，债权人可以就物的担保实现债权，也可以要求保证人承担保证责任。提供担保的第三人承担担保责任后，有权向债务人追偿。’可见，在存在混合担保的情形下，物权法并未规定承担了担保责任的担保人可以向其他担保人追偿。同时，物权法第一百七十八条⑤明确规定：‘担保法与本法的规定不一致的，适用本法’。四川某石化公司依据担保法第二十条⑥以及《最高人民法院关于适用〈中华人民共和国担保法〉若干问题的解释》第二十条⑦规定，主张某银行熙龙湾支行与庆某公司减少2个连带保证人加重了四川某石化公司法律责任的再审申

---

①②④ 编者按：《民法典》第392条。

③⑤ 编者按：已失效，被《民法典》吸收。

⑥ 编者按：《民法典》第701条。

⑦ 编者按：《民法典》第688条、第699条，《民法典担保制度解释》第13条。

请主张，本院不予采纳。”

2. **支持承担担保责任的担保人向其他担保人追偿的判例**

案例三：四川某达林业产业股份有限公司与新加坡时某有限公司质押合同纠纷二审民事判决书［（2014）川民终字第588号］

四川省高级人民法院认为：“最高人民法院《关于适用〈中华人民共和国担保法〉若干问题的解释》第三十八条①规定：‘同一债权既有保证又有第三人提供物的担保的，债权人可以请求保证人或者物的担保人承担担保责任。当事人对保证担保的范围或者物的担保的范围，没有约定或者约定不明的，承担了担保责任的担保人，可以向债务人追偿，也可以要求其他担保人清偿其应当分担的份额’。本案中，某达公司对锦某纸业公司享有的追偿权既有时正公司提供的质押担保，还有锦某公司、锦某活动中心提供的连带保证责任担保，依照该条规定，其可以就全部债权选择由保证人或者出质人承担担保责任。”

案例四：淮安市华某房地产开发有限公司、淮安市某投资担保有限公司与江苏某强钢铁有限公司、江苏和某置业有限公司等追偿权纠纷、申请承认与执行法院判决、仲裁裁决案件执行裁定书［（2015）苏执复字第00116号］

江苏省高级人民法院认为：“根据《最高人民法院关于适用〈中华人民共和国担保法〉若干问题的解释》第三十八条第一款②‘同一债权既有保证又有第三人提供物的担保的，债权人可以请求保证人或者物的担保人承担担保责任。当事人对保证担保的范围或者物的担保范围没有约定或者约定不明的，承担了担保责任的担保人，可以向债务人追偿，也可以要求其他担保人清偿其应当分担的份额’规定，在当事人对保证担保范围或者物的担保范围没有约定或约定不明的情况下，担保人不仅可以向债务人追偿，且担保人相互之间也享有追偿权。但本案中如前所述，和某公司、华某公司系各自为债务人某强公司提供独立担保，各自的保证担保范围或物的担保范围以及担保责任均有明确约定，不存在适用该条款的前提。且此后2007年10月1日起实施的《中华人民共和国物权法》第一百七十六条③中仅规定物的担保和人的保证并存情况下，‘……没有约定或者约定不明确，债务人自己提供物的担保的，债权人应当先就该物的担保实现债权；第三人提供物的担保的，债权人可以就物的担保实现债权，也可以要求保证人承担保证责任。提供担保的第三人承担担保责任后，有权向债务人追偿’，并没有规定

---

①②③　编者按：《民法典》第392条。

保证人与物的担保人共同分担责任问题以及担保人相互之间追偿权问题，华某公司认为其承担抵押担保责任后无法再向和某公司行使追偿权的复议理由无事实和法律依据。”

案例五：吴某芳与南京某科技有限公司、何某春、张某清担保追偿权纠纷二审民事裁定书［（2016）苏01民终5027号］

南京市中级人民法院认为：“何某春认为，《中华人民共和国物权法》第一百七十六条①规定，被担保的债权既有物的担保又有人的担保的，提供担保的第三人承担担保责任后，有权向债务人追偿，而未规定可对其它担保人进行追偿，该法条已对《最高人民法院关于适用〈中华人民共和国担保法〉若干问题的解释》第三十八条②作出变更，本案不应适用《最高人民法院关于适用〈中华人民共和国担保法〉若干问题的解释》第三十八条③的规定。本院认为，何某春该上诉理由不能成立，主要理由为：1. 本案所涉债务存在物保与人保两种担保方式，虽然物保和人保之间没有缔结相互追偿的契约，但两者皆是为债权人提供担保。其中一个担保人承担责任后，导致其他担保人的责任消灭，意味着其他担保人由此获得了免除担保责任的利益，若担保人无追偿权，显失公平。2. 若否定相互追偿权，则可能导致债权人滥用选择权。即债权人可能与某一担保人串通，恶意地选择其它担保人承担担保责任，从而免除该串通担保人的担保责任，明显有违诚信原则。3.《最高人民法院关于适用〈中华人民共和国担保法〉若干问题的解释》第三十八条第一款④规定，当事人对保证担保的范围或者物的担保的范围没有约定或者约定不明的，承担了担保责任的担保人，可以向债务人追偿，也可以要求其他担保人清偿其应当分担的份额。该规定确立了物保和人保之间共同分担责任的平等地位，以及物保与人保之间的比例责任关系，既可以维护诚实信用和公平原则，又可以防止债权人滥用选择权，符合社会通行的情理。而《中华人民共和国物权法》第一百七十六条⑤规定的是物的担保与人的担保并存时债权人的选择权，并未否定《最高人民法院关于适用〈中华人民共和国担保法〉若干问题的解释》第三十八条⑥规定担保人之间追偿权。综上，一审法院适用《最高人民法院关于适用〈中华人民共和国担保法〉若干问题的解释》第三十八条⑦规定处理本案所涉纠纷并无不当。”

---

①②③④⑤⑥⑦ 编者按：《民法典》第392条。

3. 特别地在共同保证中承认保证人之间相互追偿的案例

案例六：林某华、林某坚追偿权纠纷再审审查与审判监督民事裁定书［（2020）最高法民申2747号］

最高人民法院认为：《担保法》第十二条①规定："同一债务有两个以上保证人的，保证人应当按照保证合同约定的保证份额，承担保证责任。没有约定保证份额的，保证人承担连带责任，债权人可以要求任何一个保证人承担全部保证责任，保证人都负有担保全部债权实现的义务。已经承担保证责任的保证人，有权向债务人追偿，或者要求承担连带责任的其他保证人清偿其应当承担的份额。"该规定明确了已经承担保证责任的保证人既可以向债务人追偿，也可以向其他连带保证人追偿，并无先后顺序之分。《担保法解释》第二十条②第二款也进一步规定："连带共同保证的保证人承担保证责任后，向债务人不能追偿的部分，由各连带保证人按其内部约定的比例分担。没有约定的，平均分担。"就本案而言，林某凤已代债务人华某公司清偿了银行债务，承担了保证责任，依据目前仍有效的《担保法》第十二条③的规定向其他连带共同保证人进行追偿，有相应的事实和法律依据。林某华、林某坚、林某梅申请再审引述的《担保法解释》第二十条④系关于连带共同保证人之间如何分担责任的规定，并非是向债务人与连带保证人追偿顺序的规定。对于连带责任人之间的追偿问题，《民法总则》第一百七十八条⑤也作出了相应规定："二人以上依法承担连带责任的，权利人有权请求部分或者全部连带责任人承担责任。连带责任人的责任份额根据各自责任大小确定；难以确定责任大小的，平均承担责任。实际承担责任超过自己责任份额的连带责任人，有权向其他连带责任人追偿。连带责任，由法律规定或者当事人约定。"由于《物权法》中担保物权编系针对"物保"作出的规定，故该法第一百七十八条⑥关于"担保法与本法的规定不一致的，适用本法"的规定并不涉及《担保法》中关于保证（"人保"）的规定。由此，一、二审判决依据《担保法》第十二条⑦规定认定林某凤在承担保证责任后享有向保证人林某华、林某坚、林某梅追偿的权利并无不当，林某华、林某坚、林某梅该项申请再审事由不能成立。

---

①③⑦　编者按：《民法典》第699条、第700条，《民法典担保制度解释》第13条。

②④　编者按：《民法典》第688条、第699条，《民法典担保制度解释》第13条。

⑤⑥　编者按：已失效，被《民法典》吸收。

016 在人保和债务人提供的物保并存时，债权人能否通过“骑墙条款”约定实现担保权的顺序？

裁判要旨[①]

《保证合同》约定：“当债务人未履行债务时，无论债权人对主合同项下的债权是否拥有其他担保，债权人均有权直接要求保证人承担担保责任。”《抵押合同》又约定：“当债务人未履行债务时，无论抵押权人对所担保的主合同项下的债权是否拥有其他担保，抵押权人均有权直接要求抵押人在其担保范围内承担担保责任。”此情形应属于就实现担保权顺序作出了明确约定，担保人既可以主张抵押人承担担保责任，又可以主张保证人承担担保责任。

案情简介

一、2015年8月4日，康某公司与某农商行签订《授信合同》，约定：某农商行向康某公司提供授信额度6000万元，授信期间为1年，即2015年8月4日至2016年8月3日。

二、同日，胡某心、李某权与某农商行签订《最高额抵押合同》，约定：胡某心、李某权自愿为康某公司自2015年8月4日起至2016年8月3日期间，在某农商行办理约定的各类业务，实际形成的债权的最高额6000万元提供抵押担保，抵押权的存续期间至被担保的债权诉讼时效届满为止，后附28套房产清单。

三、同日，贺某等8人分别与某农商行签订《最高额保证合同》，约定自愿为康某公司自2015年8月4日起至2016年8月3日期间，在某农商行办理约定的各类业务，实际形成的债权的最高额6000万元提供连带保证责任，保证期间为债务履行期限届满之日起两年。

四、某农商行与各担保人签订的《最高额保证合同》《最高额抵押合同》均载有“当债务人未按主合同约定履行债务时，无论债权人对主合同项下的债权是否拥有其他担保，债权人均有权直接要求担保人在其担保范围内承担担保责任”字样。

① 案件来源：李某权、赵某英金融借款合同纠纷二审民事判决书［（2020）最高法民终184号］

五、2015 年 10 月至 2016 年 2 月期间，康某公司向某农商行借款 2000 万元，但始终未偿还任何款项。某农商行故向法院起诉，要求各担保人承担担保责任。贵州省高级人民法院一审认定，《最高额抵押合同》《最高额保证合同》成立且生效，某农商行有权同时要求抵押人和保证人承担担保责任。

六、李某权等担保人不服，上诉至最高人民法院，最高人民法院判决驳回上诉、维持原判。

裁判思路

本案中担保人败诉的原因在于未正确理解《民法典》第三百九十二条混合担保中，债权人应当“按照约定实现债权”这一规定的范畴。

《民法典》第三百九十二条规定：“被担保的债权既有物的担保又有人的担保的，债务人不履行到期债务或者发生当事人约定的实现担保物权的情形，债权人应当按照约定实现债权；没有约定或者约定不明确，债务人自己提供物的担保的，债权人应当先就该物的担保实现债权；第三人提供物的担保的，债权人可以就物的担保实现债权，也可以请求保证人承担保证责任。”这一规定与《物权法》保持一致。本案中，无论是在《最高额保证合同》，还是在《最高额抵押合同》中，债权人某农商行均约定：“无论债权人对主合同项下的债权是否拥有其他担保，债权人均有权直接要求担保人在其担保范围内承担担保责任。”这一约定使得某农商行在实现担保物权的问题上事实上处于“骑墙”的地位，可左右逢源。故本文将其称为“骑墙条款”。

本案中，最高人民法院认可了这一约定的法律效力——无论担保人是否了解其他担保权利的存在，无论担保人与债权人的合同是分别签订还是统一签订，债权人均有权利按照约定，直接要求担保人承担担保责任，无需考虑该项债务是否有其他担保存在。

经验总结

1. 应准确理解《民法典》第三百九十二条关于实现担保物权顺序的约定。本案中，李某权等担保人败诉的根本原因，就在于其对“当事人约定的实现担保物权的情形”的情形理解错误。《民法典》第三百九十二条所述的“发生当事人约定的实现担保物权的情形，债权人应当按照约定实现债权”。此处的“担保物权”不能够被狭义地理解为抵押权、质权与留置权，而排除保证的适用。《民法典物权编理解与适用》中，最高院民法典贯彻实施工作领导小组认为：“此处的约定，指的是债权人和所有担保人之间的约定，如果债权人仅与个别保证人或者物上保证人约定，损害其他担保人顺序利益的，则该约定对其他担保人无效。”

可见，本条保护的是混合担保中拥有追偿顺序利益的担保人——通常是保证人。如相关保证人一致作出承诺放弃自己在追偿权顺位下的利益，该种承诺不违反法律法规的强制性规定，应当被视作有效。

2. 如果担保法律关系中的当事人就实现担保的顺序作了约定，那么当事人应按照约定实现担保物权。如果法院经释明要求债权人追加或变更被告而债权人拒绝追加的，可认定为债权人放弃对债务人提供的物的担保。此时，其他担保人可根据《民法典》第四百零九条的规定主张在放弃物的担保的范围内免责。尽管近年来，法院普遍支持担保合同“骑墙条款”的效力，但“骑墙条款”有效的条件略显严苛，且在最高法的以往实践中，不认可“骑墙条款”效力的案件亦广泛存在，因此，债权人亦不能过分迷信“合同约定优先”，而自愿放弃债务人自己提供的担保物权。

3. 对于担保人来说，应当准确预判担保合同的“骑墙条款”可能给自身带来的风险。债权人在担保合同中约定：“无论债务是否有其他担保，债权人均有权直接要求担保人在其担保范围内承担担保责任。”极有可能造成债权人挑选担保人追偿的权力滥用情况，扩大担保人承担担保责任的风险。《民法典担保制度解释》规定，除非构成连带共同担保，否则担保人在承担责任后，不能向其他担保人追偿，只能向债务人追偿。因此，建议担保人在签订相关担保合同时，仔细审阅合同中是否存在有类似表述的合同条款，最大化地避免该类风险。

相关法条

《中华人民共和国民法典》（2021 年 1 月 1 日施行）

第三百九十二条 被担保的债权既有物的担保又有人的担保的，债务人不履行到期债务或者发生当事人约定的实现担保物权的情形，债权人应当按照约定实现债权；没有约定或者约定不明确，债务人自己提供物的担保的，债权人应当先就该物的担保实现债权；第三人提供物的担保的，债权人可以就物的担保实现债权，也可以请求保证人承担保证责任。提供担保的第三人承担担保责任后，有权向债务人追偿。

第四百零九条　抵押权人可以放弃抵押权或者抵押权的顺位。抵押权人与抵押人可以协议变更抵押权顺位以及被担保的债权数额等内容。但是，抵押权的变更未经其他抵押权人书面同意的，不得对其他抵押权人产生不利影响。

债务人以自己的财产设定抵押，抵押权人放弃该抵押权、抵押权顺位或者变更抵押权的，其他担保人在抵押权人丧失优先受偿权益的范围内免除担保责任，但是其他担保人承诺仍然提供担保的除外。

《最高人民法院关于适用〈中华人民共和国民法典〉有关担保制度的解释》（法释〔2020〕28号　2021年1月1日施行）

第十三条　同一债务有两个以上第三人提供担保，担保人之间约定相互追偿及分担份额，承担了担保责任的担保人请求其他担保人按照约定分担份额的，人民法院应予支持；担保人之间约定承担连带共同担保，或者约定相互追偿但是未约定分担份额的，各担保人按照比例分担向债务人不能追偿的部分。

同一债务有两个以上第三人提供担保，担保人之间未对相互追偿作出约定且未约定承担连带共同担保，但是各担保人在同一份合同书上签字、盖章或者按指印，承担了担保责任的担保人请求其他担保人按照比例分担向债务人不能追偿部分的，人民法院应予支持。

除前两款规定的情形外，承担了担保责任的担保人请求其他担保人分担向债务人不能追偿部分的，人民法院不予支持。

裁判意见

以下为最高法院在二审判决“本院认为”部分就此问题发表的意见：

关于李某权、赵某英、胡某心、周某珍是否应对康某公司债务承担连带清偿责任的问题。《物权法》第一百七十六条[①]规定：“被担保的债权既有物的担保又有人的担保的，债务人不履行到期债务或者发生当事人约定的实现担保物权的情形，债权人应当按照约定实现债权；没有约定或者约定不明确，债务人自己提供物的担保的，债权人应当先就该物的担保实现债权；第三人提供物的担保的，债权人可以就物的担保实现债权，也可以要求保证人承担保证责任。提供担保的第三人承担担保责任后，有权向债务人追偿。”本案中，李某权、胡某心与某农商

① 编者按：《民法典》第392条。

行签订的《最高额抵押合同》约定，当债务人未按主合同约定履行其债务时，无论抵押权人对主合同项下的债权是否拥有其他担保，抵押权人均有权直接要求抵押人在其担保范围内承担担保责任。贺某、刘某、欧阳某、黄某、李某权、赵某英、胡某心、周某珍与某农商行签订的《最高额保证合同》约定，当债务人未按主合同约定履行债务时，无论债权人对主合同项下的债权是否拥有其他担保，债权人均有权直接要求保证人在其保证范围内承担担保责任。本合同担保的债权既有物（不论是债权人本人还是第三人提供）的担保又有人的担保的情况下，乙方可以就要求甲方或者抵押人优先承担担保责任进行选择。上述两份合同系某农商行与不同当事人之间签订的合同，约定十分明确且互不影响、互不矛盾，表明债权人在既有物的担保又有人的担保的情况下，既可以优先选择向保证人或抵押人主张担保责任，也有权同时要求抵押人和保证人承担担保责任。李某权、赵某英、胡某心、周某珍作为《最高额保证合同》的一方当事人，应当按照《最高额保证合同》的约定承担连带清偿责任，与某农商行跟抵押人之间作何约定无关，其上诉请求仅就抵押物实现债权不足部分承担连带偿还责任没有事实和法律依据，本院不予支持。

延伸阅读

1. 相同裁判观点

案例一：成都博某房地产开发有限公司、某农村商业银行股份有限公司邛崃支行金融借款合同纠纷再审审查与审判监督民事裁定书［（2020）最高法民申610号］

最高人民法院认为：“《保证合同》第一条约定：‘保证人提供连带保证责任。保证人确认，当债务人未按主合同约定履行其债务时，无论债权人对主合同项下的债权是否拥有其他担保［包括但不限于保证、抵押（含债务人提供的抵押）、质押（含债务人提供的质押）、保函、备用信用证等担保方式］，债权人均有权直接要求保证人在其保证范围内承担全额保证责任。’依据《中华人民共和国物权法》第一百七十六条[①]关于‘被担保的债权既有物的担保又有人的担保的，债务人不履行到期债务或者发生当事人约定的实现担保物权的情形，债权人应当按照约定实现债权’之规定，某农商行有权直接向博某公司主张保证责任。

① 编者按：《民法典》第392条。

博某公司关于其仅在川某公司提供的抵押物价值不足以实现债权的情况下才承担保证责任的主张，缺乏事实和法律依据，依法不能成立。”

案例二：中国某资产管理公司广州办事处与广州云某大酒店有限公司、兰某等合同纠纷二审民事判决书［（2016）最高法民终554号］

最高法院认为：“二、涉案担保人在实现涉案债权时的担保顺位问题

涉案《连带保证合同》的甲方为某资产公司，乙方为百某公司、兰某、廖某新、潘某山、王某；涉案《股权质押合同》的甲方为长某公司，乙方为百某公司、兰某。以上合同当事人在《连带保证合同》第7.2.4条、《股权质押合同》第5.3条就担保顺位均作了下列约定，‘无论甲方对主合同项下的债权是否拥有其他担保（包括但不限于保证、抵押、质押、保函、备用信用证等担保方式），不论上述其他担保何时成立、是否有效、甲方是否向其他担保人提出权利主张，或放弃、部分放弃任何担保债权，也不论是否有第三方同意承担主合同项下的全部或部分债务，也不论其他担保是否由乙方自己所提供，乙方在本合同项下的担保责任均不因此减免，甲方均可直接要求乙方依照本合同约定在其担保范围内承担担保责任，乙方将不提出任何异议’。根据《中华人民共和国物权法》第一百七十六条①关于‘被担保的债权既有物的担保又有人的担保的，债务人不履行到期债务或者发生当事人约定的实现担保物权的情形，债权人应当按照约定实现债权；没有约定或者约定不明确，债务人自己提供物的担保的，债权人应当先就该物的担保实现债权；第三人提供物的担保的，债权人可以就物的担保实现债权，也可以要求保证人承担保证责任。提供担保的第三人承担担保责任后，有权向债务人追偿’的规定，《连带保证合同》《股权质押合同》已明确约定该两合同所涉担保在实现债权的顺位上不受主合同项下其他担保的影响，即提供担保的一方放弃了在实现债权时位于债务人自己提供物的担保的顺位之后等相关权利，因此长某公司可以要求抵押人云某公司，质押人百某公司、兰某，以及保证人百某公司、兰某、廖某新、潘某山、王某对涉案债务直接承担担保责任，而无担保责任顺位的限制。故原审判决关于长某公司先行使抵押权实现涉案债权，行使抵押权后仍不能实现的部分由质押人百某公司、兰某及保证人百某公司、兰某、廖某新、潘某山、王某承担担保责任的认定不当，本院予以纠正。对长某公司关于质押人百某公司、兰某及保证人百某公司、兰某、廖某新、潘某山、王某

---

① 编者按：《民法典》第392条。

已在涉案担保合同中约定放弃在后担保顺位权利的上诉请求，本院予以支持。”

2. **相反裁判观点**

案例三：某银行乾安县支行与江苏索某（集团）有限公司、上海儒某实业有限公司保证合同纠纷二审民事判决书［（2016）最高法民终 40 号］

最高人民法院认为：（五）关于本案实现担保物权的约定是否明确的问题。本案《保证合同》第 6.14 条约定：“当债务人未履行债务时，无论债权人对主合同项下的债权是否拥有其他担保，债权人均有权直接要求保证人承担担保责任。”索某公司、儒某公司称，以上保证合同条款并未对物的担保与人的担保并存时的实现顺序和方式作出明确约定，因本案 0022 号《流动资金借款合同》项下有债务人天某公司以及第三人丁某公司提供的最高额抵押担保，乾安支行应当先就天某公司以及丁某公司提供的物的担保实现其债权。乾安支行辩称，上述条款对物的担保和人的担保并存时债权实现的顺序、方式约定已属明确，即无论天某公司以及丁某公司是否提供抵押担保，乾安支行均有权直接要求索某公司、儒某公司承担保证责任。究竟哪方主张成立，这需要结合《物权法》第一百七十六条①规定以及本院进一步查明的事实综合判断。

《物权法》第一百七十六条②之规定：“被担保的债权既有物的担保又有人的担保的，债务人不履行到期债务或者发生当事人约定的实现担保物权的情形，债权人应当按照约定实现债权；没有约定或者约定不明确，债务人自己提供物的担保的，债权人应当先就该物的担保实现债权；第三人提供物的担保的，债权人可以就物的担保实现债权，也可以要求保证人承担保证责任。提供担保的第三人承担担保责任后，有权向债务人追偿。”《担保法》第二十八条③规定：“同一债权既有保证又有物的担保的，保证人对物的担保以外的债权承担保证责任。债权人放弃物的担保的，保证人在债权人放弃权利的范围内免除保证责任。”比照《物权法》与《担保法》以上条文的规定，《物权法》显然对《担保法》物保绝对优先的原则进行了修正，但这并不意味着《物权法》即抛弃了物保相对优先的基本精神。正确理解该条文，显然是就同一债权并存物保与人保时如何实现担保权利所作的规定，显然在《担保法》物权绝对优先原则的基础上，融合了意思自治的法律权衡，以满足更加丰富的现实需求。本院认为，对《物权法》第一百七十六条④可作以下三种情形的具体把握：第一种情形，即对实现担保物权有明

①②③④ 编者按：《民法典》第 392 条。

确约定的情形，在此情形下，无论是对人的担保合同还是对物的担保合同，均要审查是否存在“当事人约定的实现担保物权的情形”，即是否对实现担保物权作出明确约定，有此约定的，即应优先按照该类约定进行处理，无论该类关于实现担保物权的约定是就债务人提供的物保所作约定，还是就第三人提供的物保所作约定，均应当按照该明确约定实现债权。很显然，此等情形下，隐含着意思自治可以排除物保优先的精神，这实际是将契约自由精神摆在更加重要的法律地位。但此等情形下，依然始终要围绕实现担保物权的约定进行审查，其实质亦同样体现着物保优先的法律原则。第二种情形，即先就债务人的物保实现债权的情形，经审查人保合同与物保合同，对实现担保物权的情形没有约定或者约定不明确时，则债权人应当先就债务人提供的物保实现其债权，不得绕过债务人的物保而径行追究人保合同项下保证人的保证责任。此等情形，更是直接体现着物保优先的原则，尽管是就债务人的物保优先而言。第三种情形，即债权人对第三人提供的物保选择实现债权的情形，此等情形适用的前提与前述第二种情形应当相同，即依然是有关实现担保物权的情形没有约定或约定不明确时，因提供物保主体上存在差异，即物保系债务人以外的第三人所提供，则债权人既可选择向第三人物保实现债权，也可依据人保合同向保证人实现债权，或者同时向第三人物保以及人保提供者主张实现债权。此等情形，尽管赋予债权人以选择权，但此等情形的前提是没有关于实现担保物权的明确约定，因此依然体现着物保优先原则与意思自治原则相结合的审查要求。

结合本院进一步查明的事实，除本案《保证合同》6.14条款外，经查，乾安支行与天某公司以及丁某公司签订的两份《最高额抵押合同》第11.7条均约定：“当债务人未履行债务时，无论抵押权人对所担保的主合同项下的债权是否拥有其他担保，抵押权人均有权直接要求抵押人在其担保范围内承担担保责任。”根据以上对《物权法》第一百七十六条①规定所作理解，结合对本案《保证合同》以及两份《最高额抵押合同》相关条款的审查，在本案被担保债权既有物的担保又有人的担保、且物的担保既有债务人提供的、也有第三人丁某公司提供时，乾安支行无疑应当先依照两份《最高额抵押合同》中关于实现担保物权的明确约定，先行向债务人天某公司以及第三人丁某公司主张实现其债权，而不应当依照本案《保证合同》的约定实现其债权。这是因为，本案《保证合同》的

① 编者按：《民法典》第392条。

前述约定，仅仅是关于实现保证债权而非实现担保物权的约定，而且本案《保证合同》的前述条款也并没有明确涉及实现担保物权的内容，不能得出已就担保物权的实现顺序与方式等作出了明确约定，故不能将本案《保证合同》中的以上约定即理解为《物权法》第一百七十六条①规定的“当事人约定的实现担保物权的情形”。但两份《最高额抵押合同》第11.7条所作的相同约定，却显然是关于实现担保物权所作的约定，是关于抵押权人直接要求抵押人在其物保范围内承担物保责任的约定，无疑属于就实现担保物权所作的明确约定，这与乾安支行及一审判决关于《保证合同》第6.14条的理解逻辑实质上并无不同。在此情形下，按照《物权法》第一百七十六条②之规定，当发生当事人约定的实现担保物权的情形时，债权人即应当按照该约定实现债权，即本案乾安支行应当按照其与债务人天某公司以及第三人丁某公司的明确约定，不仅应当先就债务人天某公司的物保实现其债权，而且也应当先就第三人丁某公司的物保实现其债权。一审判决对于《物权法》第一百七十六条③规定的精神理解显然片面，在得出本案0022号《流动资金借款合同》同时附着两份《最高额抵押合同》以及本案《保证合同》的正确判断下，却又仅仅审查本案《保证合同》项下关于实现保证债权的约定，不去审查两份《最高额抵押合同》项下对于实现担保物权已经作出的明确约定，明显不妥。乾安支行能够理解本案《保证合同》第6.14条的约定明确，却偏偏置本案两份《最高额抵押合同》第11.7条的明确约定于不顾，这与其作为专业银行应当正确理解《物权法》精神以及应当全面审查《保证合同》与《最高额抵押合同》的基本要求均相违背，对由此片面理解法律精神以及片面审查合同条款所可能引发的行为后果，乾安支行应自行承担。故索某公司、儒某公司关于乾安支行应先向债务人天某公司以及第三人丁某公司实现债权的主张，因两份《最高额抵押合同》已就此作出明确约定，应予支持。

---

①②③ 编者按：《民法典》第392条。

第五节 管 辖

017 主合同约定的仲裁条款对担保合同是否具有约束力?

裁判要旨[①]

债权人一并起诉主债务人和担保人的，仲裁条款对担保人有约束力；债权人仅起诉担保人的，主合同的仲裁条款对担保人无约束力。债权人仅以担保人为被告，向《担保合同》中约定的人民法院起诉的，该人民法院有管辖权。无论担保人是否参与了主合同的签订，或者是否知道主合同中仲裁条款的存在，只要在程序上，债权人仅向担保人主张权利，就应当依照担保合同的法律关系确定管辖。

案情简介

一、自2014年6月起，某智造公司与卓某公司、恒某公司以循环滚动支付预付款的方式开展大宗贸易合作业务，某智造公司支付预付款，卓某公司与恒某公司为其提供货物。自2018年6月来，卓某公司与恒某公司出现违约，不能退回的相关预付款总计高达11亿元。

二、2018年7月18日，鉴于已出现的违约情形，某智造公司与汪某东签订《协议书》，约定汪某东为卓某公司与恒某公司的债务提供连带责任保证。《协议书》约定“本协议履行过程中发生争议的，均可向本协议签订地东莞市黄江镇管辖法院起诉”。后卓某公司与恒某公司的经营状况持续恶化，导致相关货款根本无法收回。

三、某智造公司与卓某公司、恒某公司所签订的一系列购销合同中，均约定“凡因执行本合同所发生的或与本合同有关的一切争议，应由双方通过友好协商予以解决。如果协商不能解决，应提交中国国际经济贸易仲裁委员会华南分会进行仲裁”。汪某东并未在相关购销合同上签字。

---

① 案件来源：汪某东、广东某智造股份有限公司保证合同纠纷二审民事裁定书［（2019）最高法民辖终436号］

四、2019年4月10日，某智造公司以汪某东为被告，向广东省高级人民法院起诉，要求汪某东承担《协议书》项下的保证责任，汪某东以本案应当由贸仲华南分会管辖为由，向法院提出管辖权异议。

五、广东高级人民法院认为，本案系债权人单独起诉担保人，应以担保合同确定管辖，遂裁定驳回汪某东的管辖权异议。

六、汪某东不服，上诉至最高法院，最高法院二审裁定驳回上诉，维持原裁定，本案由广东省高级人民法院管辖。

裁判思路

本案中汪某东败诉的原因在于未能准确理解担保合同从属性，错误地认为担保合同的诉讼管辖亦应无条件地适用担保合同的从属性。《民法典担保制度解释》第二十一条明确规定："主合同或者担保合同约定了仲裁条款的，人民法院对约定仲裁条款的合同当事人之间的纠纷无管辖权。债权人一并起诉债务人和担保人的，应当根据主合同确定管辖法院。债权人依法可以单独起诉担保人且仅起诉担保人的，应当根据担保合同确定管辖法院。"担保合同虽然从属于主合同，但在合同主体上仍为担保人与债权人之间的法律关系，具有相对性。担保合同体现的担保法律关系与主合同体现的债权债务关系，是发生在不同主体之间的彼此具有一定独立性的法律关系。如果因履行担保合同发生争议，应充分尊重当事人的意思自治，根据担保合同双方当事人的约定确定争议解决的方式。最高法院据此认为本案应当由当事人约定的管辖法院管辖，遂裁定驳回上诉，维持原裁定，汪某东因此败诉。

经验总结

1. 应特别注意《民法典担保制度解释》规定的变化。2021年1月1日起适用的《民法典担保制度解释》第二十一条规定："……债权人一并起诉债务人和担保人的，应当根据主合同确定管辖法院。债权人依法可以单独起诉担保人且仅起诉担保人的，应当根据担保合同确定管辖法院。"这一规定与《担保法解释》（已废止）中，"主合同和担保合同选择管辖的法院不一致的，应当根据主合同确定案件管辖"的规定不同。担保合同具有从属性，但这一属性不能理解为"担保合同与主合同约定不一致的一律以主合同为准"。担保合同的从属性原则不能褫夺当事人意思自治的权利，不能超越当事人在签订担保合同时对于涉诉时风险的预期。因此，《民法典担保制度解释》明确，在主合同与担保合同对争议管辖条款约定不一致时，以债权人主张权利的方式为争议解决条款适用的依据。

2. 根据《民法典》第六百八十八条规定，在连带责任保证中，债务人不履行到期债务或者发生当事人约定的情形时，债权人可以请求债务人履行债务，也可以请求保证人在其保证范围内承担保证责任。因此，债务人可能在主债权未经法院认定的情况下，直接要求连带责任保证人承担债务。就此，最高人民法院有先例认为，主合同履行情况未经实体审理，债权人直接主张担保人承担担保责任的，侵害了主合同当事人对实体问题审查选择管辖机构的意思自治。主债务范围不能确定，担保责任的范围亦不能确定，故债权人应当依据主合同的约定先行提起仲裁，确定主债权的范围（见“延伸阅读”部分）。因此，作为债权人，切勿盲目选择以仅起诉担保人的方式绕过主合同的管辖约定：一方面，担保人可能通过提起管辖权异议，导致拖延诉讼；另一方面，虽然《民法典》规定，担保人可以主张债务人对债权人的抗辩，但法院仍有可能以单独起诉担保人不便于查明事实，或主债务未确定前，担保责任范围不能确定为由，驳回债权人的起诉。

相关法条

《中华人民共和国民法典》（2021 年 1 月 1 日施行）

第六百八十二条　保证合同是主债权债务合同的从合同。主债权债务合同无效的，保证合同无效，但是法律另有规定的除外。

第六百八十八条　当事人在保证合同中约定保证人和债务人对债务承担连带责任的，为连带责任保证。

连带责任保证的债务人不履行到期债务或者发生当事人约定的情形时，债权人可以请求债务人履行债务，也可以请求保证人在其保证范围内承担保证责任。

第七百零一条　保证人可以主张债务人对债权人的抗辩。债务人放弃抗辩的，保证人仍有权向债权人主张抗辩。

《最高人民法院关于适用〈中华人民共和国民法典〉有关担保制度的解释》（法释〔2020〕28 号　2021 年 1 月 1 日施行）

第二十一条　主合同或者担保合同约定了仲裁条款的，人民法院对约定仲裁条款的合同当事人之间的纠纷无管辖权。

债权人一并起诉债务人和担保人的，应当根据主合同确定管辖法院。

债权人依法可以单独起诉担保人且仅起诉担保人的，应当根据担保合同确定管辖法院。

《中华人民共和国民事诉讼法》（2021年修正）

第一百二十七条 人民法院对下列起诉，分别情形，予以处理：

……

（二）依照法律规定，双方当事人达成书面仲裁协议申请仲裁、不得向人民法院起诉的，告知原告向仲裁机构申请仲裁；

……

《最高人民法院关于适用〈中华人民共和国民事诉讼法〉的解释》（法释〔2020〕20号）

第二百一十六条 在人民法院首次开庭前，被告以有书面仲裁协议为由对受理民事案件提出异议的，人民法院应当进行审查。

经审查符合下列情形之一的，人民法院应当裁定驳回起诉：

（一）仲裁机构或者人民法院已经确认仲裁协议有效的；

（二）当事人没有在仲裁庭首次开庭前对仲裁协议的效力提出异议的；

（三）仲裁协议符合仲裁法第十六条规定且不具有仲裁法第十七条规定情形的。

《中华人民共和国仲裁法》（2017年修正）

第五条 当事人达成仲裁协议，一方向人民法院起诉的，人民法院不予受理，但仲裁协议无效的除外。

第十七条 有下列情形之一的，仲裁协议无效：

（一）约定的仲裁事项超出法律规定的仲裁范围的；

（二）无民事行为能力人或者限制民事行为能力人订立的仲裁协议；

（三）一方采取胁迫手段，迫使对方订立仲裁协议的。

《中华人民共和国物权法》（2021年1月1日失效）

第一百七十二条第一款 ……担保合同是主债权债务合同的从合同。主债权债务合同无效，担保合同无效，但法律另有规定的除外。

裁判意见

以下为最高法院在二审“本院认为”部分就此问题发表的意见：

《民事诉讼法》第三十四条[1]规定："合同或者其他财产权益纠纷的当事人可以书面协议选择被告住所地、合同履行地、合同签订地、原告住所地、标的物所在地等与争议有实际联系的地点的人民法院管辖，但不得违反本法对级别管辖和专属管辖的规定。"本案中，某智造公司与汪某东签订的《协议书》第五条明确约定："协议履行过程中发生争议的，均可向本协议签订地东莞市黄江镇管辖法院起诉。"该约定不违反法律法规的强制性规定，原审法院认为本案应当由当事人约定的管辖法院管辖并无不妥。《担保法》第十八条[2]规定："当事人在保证合同中约定保证人与债务人对债务承担连带责任的，为连带责任保证。连带责任保证的债务人在主合同规定的债务履行期届满没有履行债务的，债权人可以要求债务人履行债务，也可以要求保证人在其保证范围内承担保证责任。"本案中某智造公司仅起诉连带责任保证人，并不违反法律规定。汪某东上诉主张本案必须追加主债务人卓某公司、恒某公司参加诉讼，并依照债权人与主债务人之间的合同约定将本案提交仲裁，或本案应由主债务人住所地法院管辖，没有事实和法律依据，本院不予支持。

延伸阅读

1. 债权人仅起诉担保人的，以担保合同确定管辖。主合同约定了管辖，担保合同未约定的，债权人仅起诉担保人，以担保合同的关系根据法律规定适用管辖。

案例一：张某钧等与某盛有限公司保证合同纠纷管辖权异议上诉案［（2014）民四终字第27号］

最高人民法院认为：本案系保证合同纠纷管辖权异议案件。争议焦点是案涉保证合同是否受主合同仲裁条款的约束，是否应当依照主合同管辖条款来确定管辖。首先，本案保证合同和主合同即《股权转让协议》系某盛公司与张某钧等七上诉人、鹏某公司之间分别签署的。张某钧等七上诉人并不是主合同的当事人。根据仲裁协议意思自治原则，本案主合同约定的仲裁条款不能约束仲裁协议以外的当事人，也不能约束仲裁条款约定的仲裁事项以外的其他事项。

其次，根据最高人民法院《关于适用〈中华人民共和国民事诉讼法〉若干

---

① 编者按：《民事诉讼法》（2021年修正）第35条。

② 编者按：《民法典》第688条。

问题的意见》第53条规定对于债权人仅起诉保证人的，人民法院只列保证人为被告，保证合同可以是一个独立的诉。因此，某盛公司有权只依据保证合同对张某钧等七保证人提起诉讼。

最高人民法院《关于适用〈中华人民共和国担保法〉若干问题的解释》第一百二十九条[①]第一款虽规定“主合同和担保合同发生纠纷提起诉讼的，应当根据主合同确定案件管辖”，但该款同时规定：“担保人承担连带责任的担保合同发生纠纷，债权人向担保人主张权利的，应当由担保人住所地的法院管辖”。张某钧等七上诉人依据上述条款的前一部分内容提出的本案应当根据主合同确定管辖的上诉理由显然不能成立。

案例二：鹏某科技发展股份有限公司、郑州某产业发展基金保证合同纠纷二审民事裁定书［（2019）最高法民辖终367号］

最高人民法院认为，《最高人民法院关于适用〈中华人民共和国担保法〉若干问题的解释》第一百二十六条[②]规定：“连带责任保证的债权人可以将债务人或者保证人作为被告提起诉讼，也可以将债务人和保证人作为共同被告提起诉讼。”本案中，2018年9月，郑州某产业基金与鹏某科技发展公司签订的《保证合同》约定的保证方式为连带责任保证，郑州某产业基金依据前述条款单独对保证人提起保证合同纠纷诉讼，具有事实和法律依据。本案并没有将主合同中的主债务人作为本案当事人，因此，本案应当根据基础合同《保证合同》的约定确定管辖。该《保证合同》约定由郑州某产业基金住所地法院管辖，郑州某产业基金住所地为河南省，故本案应由河南省人民法院管辖。

主合同未约定仲裁，担保合同约定仲裁，债权人一并起诉主债务人和担保人的，以主合同确定管辖，主合同对仲裁没有约定，以主合同的关系根据法律规定适用管辖。

案例三：大连长某开发建设投资有限公司、某银行金融借款合同纠纷二审民事裁定书［（2020）最高法民辖终46号］

最高人民法院认为：《中华人民共和国民事诉讼法》第三十四条[③]规定，“合同或者其他财产权益纠纷的当事人可以书面协议选择被告住所地、合同履行地、合同签订地、原告住所地、标的物所在地等与争议有实际联系的地点的人民法院

---

① 编者按：《民法典担保制度解释》第21条。

② 编者按：已失效，被《民法典》《民法典担保制度解释》吸收。

③ 编者按：《民事诉讼法》（2021年修正）第35条。

管辖，但不得违反本法对级别管辖和专属管辖的规定”。本案中，产业园公司（借款人）与某银行（贷款人）于2011年4月28日签订《人民币资金借款合同》第二十九条约定，借款人和贷款人在履行本合同中发生的争议，由双方协商解决；无法协商解决的，在贷款人住所地人民法院通过诉讼解决。本案贷款人为某银行，某银行大连分行只是贷款人的经办分行，某银行住所地在北京，北京市高级人民法院依法享有对本案管辖权。《最高人民法院关于适用〈中华人民共和国担保法〉若干问题的解释》第一百二十九条①规定，主合同和担保合同发生纠纷提起诉讼的，应当根据主合同确定案件管辖。本案主合同即《人民币资金借款合同》已确定了管辖法院，长某公司作为本案担保人，亦受该管辖条款的约束。

案例四：中国华某控股有限公司、珠海博某药业有限公司抵押合同纠纷二审民事裁定书［（2020）最高法民辖终17号］

最高人民法院认为：本案中，华某公司与珠海博某公司签订的《保证协议》第13.2条约定：“……如无法以友好协商方式解决的，因本协议引起的或与本协议有关的任何法律诉讼或程序可在中华人民共和国的法院提起，并且不可撤销地服从该等法院的非专属管辖权。”华某公司与钟某勇签订的《个人担保合同》第9.1条约定：“……在法律允许的范围之内，放贷人可以在任意数量的司法管辖范围内同时提起诉讼。”华某公司与博某集团公司签订的《股权质押合同》第16.2条约定：“……如无法在三十日内以友好协商方式解决的，凡因本合同引起的或与本合同有关的任何争议，均应提交中国广东省珠海市有管辖权的法院诉讼解决。”华某公司与世某公司签订的《股权质押合同》第16.2条约定：“……如无法在三十日内以友好协商方式解决的，凡因本合同引起的或与本合同有关的任何争议，均应提交中国广东省珠海市有管辖权的法院诉讼解决。”一审法院依据上述约定确定本案的地域管辖，并无不当。《最高人民法院关于适用〈中华人民共和国担保法〉若干问题的解释》第一百二十九条②关于“主合同和担保合同发生纠纷提起诉讼的，应当根据主合同确定案件管辖。……主合同和担保合同选择管辖的法院不一致的，应当根据主合同确定案件管辖”的规定适用的前提是债权人同时起诉主债务人和担保人且符合起诉条件，而如前所述，本案中华某公司对香港博某公司提起的诉讼并不符合起诉条件，故珠海博某公司、钟某勇、博某集团公司、世某公司、香港博某公司该上诉理由不能成立，本院不予支持。

---

①② 编者按：《民法典担保制度解释》第21条。

案例五：山西青某化工有限公司、中国某资产管理股份有限公司山西省分公司金融不良债权追偿纠纷二审民事裁定书［（2020）最高法民辖终30号］

最高人民法院认为：某山西分公司向原审法院起诉时提交了案涉0051100008－2015年（临猗）字0010号《固定资产借款合同》的原件，该原件显示：合同第九条关于“争议解决方式”有两项，即“提交太原仲裁委员会仲裁”或“在贷款人所在地法院通过诉讼方式解决”，但当事人并未在两项争议解决方式中予以选择，应依照《中华人民共和国民事诉讼法》第二十三条①“因合同纠纷提起的诉讼，由被告住所地或者合同履行地人民法院管辖。”青某公司主张“本案已选择太原仲裁委员会仲裁，原审法院对本案不具有管辖权”，但原审已经核实，青某公司向该院提交的0051100008－2015年（临猗）字0010号《固定资产借款合同》为复印件，其亦不能提供原件，故原审法院依据某山西分公司提交的合同原件内容，对青某公司已经选择太原仲裁委员会仲裁的异议未予支持，认定对本案纠纷具有管辖权并无不当。此外，案涉《保证合同》《特别担保合同》《质押合同》等约定的争议解决方式为“提交太原仲裁委员会仲裁”，但《保证合同》《特别担保合同》《质押合同》等均为《固定资产借款合同》的从合同，根据《最高人民法院关于适用〈中华人民共和国担保法〉若干问题的解释》第一百二十九条②“主合同和担保合同发生纠纷提起诉讼的，应当根据主合同确定案件管辖”的规定，青某公司关于本案各担保合同约定提交太原仲裁委员会仲裁，主合同亦应提交太原仲裁委员会仲裁的理由亦不能成立。因某山西分公司提交的合同文本显示当事人对争议解决方式未作选择，故本案纠纷应当适用《中华人民共和国民事诉讼法》第二十三条③的规定，原审适用《中华人民共和国民事诉讼法》第三十四条④、《最高人民法院关于适用〈中华人民共和国民事诉讼法〉的解释》第二十九条规定不当，本院予以纠正，但原审裁定驳回青某公司、王某红提出的管辖权异议的处理结果正确，本院予以维持。

2. 担保合同成立后，主合同争议解决条款因债权转让而变更的，变更效力及于担保人，债权人一并起诉主债务人和担保人的，按照变更后的合同约定确定管辖。

案例六：江西佳某商城发展有限公司等诉中国某资产管理股份有限公司江西

①③ 编者按：《民事诉讼法》（2021年修正）第24条。

② 编者按：《民法典担保制度解释》第21条。

④ 编者按：《民事诉讼法》（2021年修正）第35条。

省分公司等借款合同纠纷案［（2017）最高法民辖终270号］

本院认为，《关于适用〈中华人民共和国担保法〉若干问题的解释》第一百二十九条[①]规定："主合同和担保合同发生纠纷提起诉讼的，应当根据主合同确定案件管辖。担保人承担连带责任的担保合同发生纠纷，债权人向担保人主张权利的，应当由担保人住所地的法院管辖。主合同和担保合同选择管辖的法院不一致的，应当根据主合同确定案件管辖。"《关于适用〈中华人民共和国民事诉讼法〉的解释》第三十三条规定："合同转让的，合同的管辖协议对合同受让人有效，但转让时受让人不知道有管辖协议，或者转让协议另有约定且原合同相对人同意的除外。"本案中，某资产江西分公司依据《委托贷款借款合同》、《抵押合同》、《质押合同》、《债权转让协议》等提起本案诉讼，主张借款人偿还本息，担保人承担担保责任。前期的《委托贷款借款合同》、《抵押合同》、《质押合同》中虽约定如发生争议由北京仲裁委员会仲裁，但2015年11月30日某资产江西分公司（债权受让方）与佳某商城发展公司（债务人）等签订的《债权转让协议》明确约定："凡因本协议之订立、解释与履行所产生的全部争议……提交受让方住所地有管辖权的法院通过诉讼方式解决。"因此，某资产江西分公司作为债权受让方已与原《委托贷款借款合同》的借款人佳某商城发展公司协议变更了争议解决方式，依照上述司法解释的规定，本案应由某资产江西分公司住所地的江西省高级人民法院管辖。

3. **与前述观点相反，也有观点认为，主合同履行情况未经实体审理，债权人直接主张担保人承担担保责任的，侵害了主合同当事人对实体问题审查选择管辖法院的意思自治。主债务范围不能确定，担保责任的范围亦不能确定，故债权人应当依据主合同的约定先行提起仲裁，确定主债权的范围。**

案例七：中某惠德风电工程有限公司与辽宁高某能源集团有限公司保证合同纠纷二审民事判决书［（2015）民二终字第125号］

最高法院认为："中某公司的诉讼请求是主张保证人高某公司承担保证责任，代瑞某公司履行未支付货款的义务，但是，《中华人民共和国担保法》第二十条[②]规定，'一般保证和连带责任保证的保证人享有债务人的抗辩权。债务人放弃对债务的抗辩权的，保证人仍有权抗辩。抗辩权是指债权人行使债权时，债务

① 编者按：《民法典担保制度解释》第21条。
② 编者按：《民法典》第701条。

人根据法定事由，对抗债权人行使请求权的权利。’高某公司出具的《担保函》虽然承诺在瑞某公司未支付货款余额时承担保证责任，但是，依照法律规定，该公司依法应享有债务人瑞某公司的抗辩权。中某公司的实体权利来源于其与瑞某公司签订的《供货合同》和《补充协议》，作为保证人的高某公司在行使债务人的抗辩权时，同样可以依照《供货合同》、《补充协议》的约定以及合同履行情况，包括中某公司是否按照合同约定数量、品质履行了供货义务，瑞某公司是否履行了付款义务，应否继续支付货款以及欠款数额等，进行实体抗辩。而根据中某公司和瑞某公司《供货合同》和《补充协议》的约定，上述问题均系履行《供货合同》和《补充协议》中产生的争议，属于仲裁管辖的范围。人民法院如果对上述争议进行实体审理，势必侵害中某公司和瑞某公司基于仲裁条款约定而享有的选择仲裁解决纠纷的权利，违背当事人意思自治原则。因此，当主合同约定了仲裁管辖，而保证合同没有约定仲裁管辖的情况下，原则上应当先行通过当事人协商一致或者经仲裁对主债务的范围作出确认，如果债权人只对保证人提起诉讼，保证人以主合同的约定和履行情况进行抗辩，必然会涉及到法院对于已经约定仲裁裁决的争议事项能否进行审理和裁判的问题，这既涉及到约定仲裁管辖当事人的仲裁程序选择权，也涉及到人民法院审判权的行使范围。在本案中，原审第三人瑞某公司并未放弃其与中某公司的仲裁管辖约定，认为主债务应当通过仲裁来确定。因此，对于高某公司关于因主债务的范围不能确定，保证责任的范围也不能确定，在主债务未经过仲裁裁决确定的情况下，中某公司直接要求其承担保证责任，属于证据不足的主张，依法应予支持。”

第二章 保证担保

第一节 保证合同效力

018 框架性协议等能否作为主合同，成为被保证担保的对象？

裁判要旨①

鉴于保证合同的类型和性质，其主要条款在有效确定保证人的保证责任方面，应当符合以下要求：（1）有明确的保证意思。即保证人必须明确表达对某一债权债务愿意以自己的财产担保债务履行的意思表示。（2）被担保主债权已经确定或可以确定。即保证合同的标的，应当是特定化的、数额可以确定的、已经成立并合法有效的债权。故，债权具体数额尚未确定的框架性协议不能成为保证担保的对象。

案情简介

一、2010 年，葛某房地产公司与恒某公司签订《合作开发协议》，约定双方共同发起设立一家项目公司（名称尚未确定），负责海南陵水县土福湾项目的开发建设，恒某公司以其持有项目公司的全部股权对涉案项目融资承担连带担保责任。

二、2010 年 8 月 3 日，项目公司葛某实业公司成立。葛某房地产公司为竞买涉案土地前后共支付土地出让金 20.3486 亿元。葛某实业公司共计支付土地出让

---

① 案件来源：中国葛某集团房地产开发有限公司与海口恒某实业有限公司、海南葛某实业有限公司借款合同纠纷二审民事判决书［（2016）最高法民终 240 号］

金4.3486亿元。以上款项均作为葛某实业公司向葛某房地产公司的借款，葛某实业公司向葛某房地产公司出具《还款确认书》，承诺于2015年4月1日之前归还借款本金6000万元。葛某实业公司未如期偿还款项。

三、2011年7月11日，恒某公司转让其所持葛某实业公司49%股权，股权转让款经生效判决确认为4900万元。

四、葛某房地产公司向海南高院起诉，请求判令：1. 葛某实业公司向葛某房地产公司返还借款本金6000万元；2. 判令恒某公司在4900万元的范围内就葛某实业公司的上述债务承担连带清偿责任。海南高院一审判决葛某实业公司偿还本金，驳回其他诉请。

五、葛某房地产公司不服，上诉至最高法院，最高法院二审判决驳回上诉维持原判。

裁判思路

本案中葛某房地产公司的裁判思路在于《合作开发协议》中约定的保证条款是在融资具体数额尚未确定的情况下作出的约定，即本案的保证合同签订时，保证债权尚未发生或者最终确定。此后，在具体的融资数额确定后，双方当事人又未另行签订合同，对以上不完整的担保合同内容进行补正。因此，最高法院最终认定，《合作开发协议》中约定的担保条款“是以签约之时尚未成立、融资数额尚未确定、债权人债务人等基本要素均不特定的项目融资作为主债权，并缺少债务人履行债务的期限、保证担保的范围、保证的期间等基本要件，明显不符合保证合同的成立要件”。葛某房地产公司因此败诉。

经验总结

1. 能够被担保的债权必须是已确定发生的合法债权

包括保证合同在内的一切担保合同，除法律明确规定（最高额担保、独立担保）外，均具有从属性，成立上的从属性是担保合同从属性的重要内容之一。具体而言：担保合同的成立必须以主债权的成立确定为前提，主债权在担保合同签订时尚未确定或者尚未发生的，则担保合同即无担保的对象，缺失担保合同最核心的要素——主债权，因此担保合同不能成立。本案中，葛某房地产公司在与恒某公司达成保证担保的意向时，所担保的融资债权尚未实际发生，保证担保的范围、期间和主债权的履行期限等保证合同的主要条款缺失。故最高法院最终认定案涉担保合同尚未成立。因此，能够被普通担保所担保的债权，必须是已经确定发生的合法债权。

2. 对于框架性协议，可采用最高额担保的形式进行担保

所谓的最高额担保是指担保人对债权人与债务人之间在一定期间内连续发生的债权在一定的限额内进行担保的担保形式。最高额担保包括最高额抵押和最高额保证两种形式。鉴于框架性协议在签订时，框架协议内债权债务关系或者对外的债权债务关系往往尚未发生，故如上所述，不能够成为普通担保所担保的对象。但如果能够通过设计框架协议的若干条款，将框架协议内相应的债权债务关系设计为一定期间内固定对象之间连续发生的债权，则可以通过最高额担保的形式对以上债权进行担保。在设计以上条款时，应注意以下几个方面：（1）所担保的债权必须具有连续性，至少预期可以确定发生；（2）所担保的债权必须发生在固定的债权人与债务人之间，如果债权人与债务人不固定的，不能够成为最高额担保所担保的债权；（3）建议明确约定最高额担保的期限，以减少不必要的争议。

3. 签订担保合同，合同内容应尽量明确具体

《民法典》第四百条、第四百二十七条、第六百八十四条对于保证合同、抵押合同、质押合同的主要内容都作了明确规定，建议在拟定、审查合同时，对照以上条文对担保合同的主要内容进行审核，防止拟定的担保合同因主要要素缺失，成为不确定的合同。当然，为简便起见，也可在主债权合同中设置专门的担保条款，以最大限度地降低担保合同被认定为不成立的可能性。

相关法条

《中华人民共和国民法典》（2021 年 1 月 1 日施行）

第四百条　设立抵押权，当事人应当采用书面形式订立抵押合同。

抵押合同一般包括下列条款：

（一）被担保债权的种类和数额；

（二）债务人履行债务的期限；

（三）抵押财产的名称、数量等情况；

（四）担保的范围。

第四百二十七条　设立质权，当事人应当采用书面形式订立质押合同。

质押合同一般包括下列条款：

（一）被担保债权的种类和数额；

（二）债务人履行债务的期限；

（三）质押财产的名称、数量等情况；

（四）担保的范围；

（五）质押财产交付的时间、方式。

第六百八十四条 保证合同的内容一般包括被保证的主债权的种类、数额，债务人履行债务的期限，保证的方式、范围和期间等条款。

裁判意见

以下为最高法院在“本院认为”部分就此问题发表的意见：

上述约定不具备保证合同的成立要件。《担保法》第六条①规定，“本法所称保证，是指保证人和债权人约定，当债务人不履行债务时，保证人按照约定履行债务或者承担责任的行为”；第十五条②规定，“保证合同应当包括以下内容：（一）被保证的主债权种类、数额；（二）债务人履行债务的期限；（三）保证的方式；（四）保证担保的范围；（五）保证的期间；（六）双方认为需要约定的其他事项。保证合同不完全具备前款规定内容的，可以补正”。依照上述规定，保证合同是在保证人与债权人之间订立的；合同双方应就债权种类数额、担保范围等合同主要条款达成合意并予以书面确认；在保证合同不完全具备法定条款的情况下，合同双方可以也应当予以补正。其中，鉴于保证合同的类型和性质，其主要条款在有效确定保证人的保证责任方面，应当符合以下要求，如保证意思，保证人必须明确表达对某一债权债务愿意以自己的财产担保债务履行的意思表示；被担保主债权，即保证合同的标的，应当是特定化的、数额可以确定的、已经成立并合法有效的债权。《合作开发协议》有关恒某公司“以其在项目公司的全部股权对项目融资承担连带担保责任”的约定，是以签约之时尚未成立、融资数额尚未确定、债权人债务人等基本要素均不特定的项目融资作为主债权，并缺少债务人履行债务的期限、保证担保的范围、保证的期间等基本要件，明显不符合保证合同的成立要件。因此，即使葛某房地产公司关于2010年8月27日其与葛某实业公司签订《借款合同》形成涉案债权的主张属实，鉴于该债权债务关系形

① 编者按：《民法典》第681条。

② 编者按：《民法典》第684条。

成后直至本案诉讼时，葛某房地产公司与恒某公司并未对《合作开发协议》中的上述所谓的担保条款予以有效补正或者重新订立保证合同，故葛某房地产公司依据上述《合作开发协议》的约定主张恒某公司与其之间存在担保法律关系，缺乏事实和法律依据。

延伸阅读

关于担保合同因主债权尚未确定或不存在而被认定为不成立的案例

案例一：上海国某租赁有限公司与黑龙江农垦北某商贸集团有限责任公司保证合同纠纷二审民事判决书［（2017）最高法民终182号］

最高人民法院认为：根据该《担保函》中关于“我公司愿意为下属各家子公司在与贵行的业务中提供无条件担保，并愿意积极配合贵行完成各项业务”的文义表述，北某商贸公司虽然表达了愿意为其下属各家子公司在银行的业务提供担保的真实意思，也明确愿意积极配合银行完成各项业务，但对上述“业务”的具体内容、“业务”范围是否即指向高某糖业公司的案涉融资租赁债务，“并配合银行完成各项业务”是否表明双方需要另行签订担保合同等并非特别明确。而且，在该《担保函》出具的8个月前的2014年3月20日，国某公司与高某糖业公司已经签订果糖生产线《转让合同》、《融资租赁合同》，但是，《担保函》并未载明所担保的主债权为该《融资租赁合同》项下高某糖业公司应承担的债务，且直至提起本案诉讼的2016年8月8日，没有证据证明国某公司向北某商贸公司主张过保证债权。在北某商贸公司否认该《担保函》系向国某公司出具的为高某糖业公司案涉债务提供担保的保证书的情形下，国某公司依据该《担保函》主张双方之间保证合同关系成立，缺乏认定保证合同关系成立的基本要件。签订《框架协议》的主体为北某集团与高某糖业公司等，北某商贸公司并非该框架协议的签约主体，该协议出具的对象也并非国某公司。而且，北某商贸公司虽然与高某糖业公司等目标公司的股东签订《股权转让与合作协议》，但该协议并未全部履行，本案中没有证据证明高某糖业公司成为天津北某公司的子公司。综上，依据现有证据不能确定北某商贸公司就高某糖业公司的融资租赁行为与国某公司之间形成担保法意义上的保证合同关系，国某公司的上诉理由不能成立，本院不予支持。

案例二：福田雷某国际重工股份有限公司与胡某、四川福某机械有限公司等买卖合同纠纷二审民事判决书［（2013）鲁商终字第159号］

山东省高级人民法院认为："周某、金某公司于2002年1月5日和2002年1月18日分别作出书面承诺载明：'杨某湘所借给吕某平的款项，我愿承担负责到底，桂林金某商贸总公司、周某，2002年元、5号'、'本人对吕某平向杨某湘所借款项，给予无条件无限连带保证还款。桂林金某商贸总公司、周某，2002年元、18号'，由于该书面承诺并没有明确被保证的主债权种类、数额和范围等内容，双方当事人事后又不能协商补正，根据《中华人民共和国担保法》第十五条[①]的规定：'保证合同应当包括以下内容：（一）被保证的主债权种类、数额；（二）债务人履行债务的期限；（三）保证的方式；（四）保证担保的范围；（五）保证的期间；（六）双方认为需要约定的其他事项。保证合同不完全具备前款规定内容的，可以补正'，杨某湘与周某并没有就本案吕某平之个人债务成立新的保证合同关系，杨某湘据此要求周某和金某公司对吕某平的本案债务承担连带保证责任缺乏事实和法律依据，本院不予支持。"

案例三：蒋某与杨某抵押合同纠纷一案二审民事判决书［（2013）沪一中民一（民）终字第1012号］

上海市第一中级人民法院认为：抵押是担保的方式之一，抵押合同作为从合同是以主合同的存在为前提和依据；没有主合同所产生的债权债务，即无所谓担保；抵押权又是抵押合同履行的结果；抵押权的成立、消灭和处分必须以一定债权关系的存在为前提而且从属于该主债权；即有债权才有抵押权。无债权则无抵押权。本案中，杨某与赵某虽签订了借款金额为1200万元的《借款抵押协议》，也因此而设定了1200万元的抵押登记，但抵押权人杨某当时对抵押人赵某的主债权并无1200万元，仅有2497500元，因此该《借款抵押协议》属部分有效；其中为2497500元主债权设定的抵押权合法有效；杨某与赵某为其余尚未发生的债权设定抵押权，是属侵犯了赵某其他抵押权顺位在后的债权人利益，故该部分无主合同（借贷合同）生效为依据的抵押合同也不存在合法生效，由此设定的抵押权应予撤销。原审法院对本案所涉主合同，即签订抵押协议时发生于杨某与赵某之间民间借贷的债权数额认定有误，致所作判决失当，本院予以纠正。蒋某的上诉请求，有一定的理由与依据，本院依据查明的事实予以部分支持。

---

① 编者按：《民法典》第684条。

案例四：吴某勤与吴某杰、吴某福民间借贷纠纷二审民事判决书［（2015）崇民终字第58号］

崇左市中级人民法院认为：借条是借贷关系真实存在的最直接的证据，也是担保书存在的前提条件，根据《中华人民共和国担保法》第五条①第一款的规定，担保书是从合同，即担保书具有从属性，担保书的这一性质决定担保书的成立和存在必须以主合同存在为前提，主合同不存在，从合同也没有存在的基础。本案被上诉人自始至终未持有上诉人所书写的借条，其在获得《协议书》后亦未获得上诉人的追认，故被上诉人以《协议书》即从合同来向上诉人主张债权即主合同存在，没有事实和法律依据，故对被上诉人提出上诉人吴某杰偿还其借款本金31000元及利息的主张，本院不予支持。一审判决以担保协议书这份从合同来确定主债务有误，本院予以纠正。至于吴某福应否承担连带责任的问题，因担保人承担连带保证责任的前提是主合同、从合同均有效，而本案被上诉人提供的证据不能证明主合同存在。在主合同不存在更谈不上有效的情况下，被上诉人要求作为担保人的吴某福承担连带清偿责任，没有事实和法律依据。

019 债务人骗取保证人担保的，保证人能否免除担保责任？

裁判要旨②

债权人知晓债务人骗取保证人担保的，保证人可主张免责。

案情简介

一、2012年9月12日，信某公司与丰某公司签订借款合同，丰某公司向信某公司申请人民币借款1550万元，借款用途为购材料，但实际为偿还银行贷款，信某公司对此知情。合同签订后，信某公司发放了贷款。丰某公司用此款偿还其欠银行的贷款。

二、2012年11月5日，信某公司与吉林市福山某收储有限责任公司法定代

① 编者按：《民法典》第388条、第682条。

② 案件来源：吉林市某小额贷款有限责任公司与常某山、永吉县某经销有限公司企业借贷纠纷申请再审民事裁定书［（2015）民申字第2421号］

表人常某山签订了保证担保合同，合同约定：常某山就以上债权向丰某公司提供保证担保。

三、贷款到期后，丰某公司未能按合同约定偿还贷款，仅偿还了利息1337500元。信某公司向吉林中院起诉，请求判令丰某公司偿还贷款本金及利息，常某山承担连带保证责任。吉林中院一审判决丰某公司还本付息，但常某山不承担担保责任。

四、信某公司不服，上诉至吉林高院，吉林高院二审判决驳回上诉，维持原判。信某公司仍不服，向最高法院申请再审，最高法院裁定驳回再审申请。常某山的保证责任最终得以免除。

裁判思路

本案中的核心争议点在于，债务人对保证人隐瞒真实借款用途的，保证人能否免责。本案中，丰某公司向保证人常某山隐瞒了借款的真实用途，而信某公司对此知情。根据《民法典》第一百四十八条、第一百四十九条，第三人实施欺诈行为，使一方在违背真实意思的情况下实施的民事法律行为，对方知道或者应当知道该欺诈行为的，受欺诈方有权请求人民法院或者仲裁机构予以撤销。本案中，虽然借款合同中约定的借款用途为“购材料”，但实际上是债务人用以偿还其他银行的贷款，信某公司作为债权人对此事实亦属知情。但不论是丰某公司还是信某公司，均未向保证人常某山披露该事实。故最高法院根据《担保法解释》第四十条①的规定，结合《担保法》第三十条②，认定常某山可免除担保责任。信某公司因此败诉。这一判决亦符合《民法典》第一百四十三条中，违反真实意思表示的民事行为无效的规定。

经验总结

1. 债权人知晓借款的真实用途与借款合同约定不一致的，应当向保证人披露。从事商业活动，应以诚信为本，切勿心存侥幸。本案中，债务人向保证人隐瞒了借款的真实用途，已经构成对保证人的欺诈。债权人信某公司明知借款的实际用途与约定用途不一致，却并未向保证人披露。这一重大事实，将直接影响保

① 编者按：《民法典》第149条。

② 编者按：《民法典》第150条、第154条。

证人在提供担保时所作的统一担保的意思是否真实。最高法院将这一隐瞒借款用途的行为认定为对保证人的欺诈，保证人因此免责。故债权人在签订借款合同时知晓借款真实用途与约定用途不一致的，应当及时向保证人披露。切勿心存侥幸，错误地认为只要隐瞒借款用途的事实与债权人无关，债权人的担保权利即可以不受影响。

2. 债务人对保证人实施欺诈，债权人对此不知情的，保证人不得以此主张免责。根据《民法典》第一百四十九条的规定，“第三人实施欺诈行为，使一方在违背真实意思的情况下实施的民事法律行为，对方知道或者应当知道该欺诈行为的，受欺诈方有权请求人民法院或者仲裁机构予以撤销”。言外之意在于，如果对方对于第三人对于欺诈行为不知情的，表意人不得撤销该意思表示。同理，在保证关系中，保证人与债权人是合同的当事人，债务人是第三人。如果债务人对保证人实施欺诈导致保证人陷入错误认识而提供担保的，保证人不得主张免责，除非债权人对债务人的欺诈行为知情。

3. 2021 年 1 月 1 日起，《担保法》以及《担保法解释》中关于担保活动中恶意串通和欺诈的相关法规已经失效，且在《民法典担保制度解释》中未出现相关内容。法院处理当事人骗取保证的案件，将参照《民法典》总则编与合同编中关于欺诈的民事行为的相关规定处理类似案件。

相关法条

《中华人民共和国民法典》（2021 年 1 月 1 日施行）

第一百四十八条 一方以欺诈手段，使对方在违背真实意思的情况下实施的民事法律行为，受欺诈方有权请求人民法院或者仲裁机构予以撤销。

第一百四十九条 第三人实施欺诈行为，使一方在违背真实意思的情况下实施的民事法律行为，对方知道或者应当知道该欺诈行为的，受欺诈方有权请求人民法院或者仲裁机构予以撤销。

第一百五十四条 行为人与相对人恶意串通，损害他人合法权益的民事法律行为无效。

《中华人民共和国担保法》（2021 年 1 月 1 日失效）

第三十条 有下列情形之一的，保证人不承担民事责任：

（一）主合同当事人双方串通，骗取保证人提供保证的；

（二）主合同债权人采取欺诈、胁迫等手段，使保证人在违背真实意思的情况下提供保证的。

《最高人民法院关于适用〈中华人民共和国担保法〉若干问题的解释》（法释〔2000〕44号 2021年1月1日失效）

第四十条 主合同债务人采取欺诈、胁迫等手段，使保证人在违背真实意思的情况下提供保证的，债权人知道或者应当知道欺诈、胁迫事实的，按照担保法第三十条的规定处理。

裁判意见

以下为最高法院在“本院认为”部分就此问题发表的意见：

本院认为：一、关于二审判决认定的事实是否正确的问题。1. 根据本案查明的事实，丰某公司作为借款合同的债务人在签订案涉保证合同时，向保证人常某山隐瞒了贷款已经实际发放以及贷款实际用于偿还银行欠款而非生产经营需要的事实，而是向常某山作出了贷款尚未发放及贷款用途为购原料的虚假陈述，符合《最高人民法院关于适用〈中华人民共和国担保法〉若干问题的解释》第四十条①规定的“主合同债务人采取欺诈、胁迫等手段，使保证人在违背真实意思的情况下提供保证”的情形。2. 信某公司作为借款合同的债权人和保证合同的当事人，主导制作了借款合同和保证合同文本，是借款合同法律关系、保证合同法律关系的发起者和受益人。根据时任信某公司总经理陈某英对于案涉借款合同和保证合同签订过程的陈述，信某公司在制作借款合同过程中，知晓丰某公司贷款系用于偿还银行欠款以释放抵押物的实际用途，但其却在借款合同贷款用途一栏注明为“购原料”；在制作案涉保证合同过程中，知晓贷款已经实际发放的事实；在签订案涉保证合同时，明知丰某公司向常某山作出关于贷款用途和发放情况的虚假陈述，仍与常某山签订保证合同。信某公司的上述行为，符合《最高人民法院关于适用〈中华人民共和国担保法〉若干问题的解释》第四十条②规定的“债权人知道或者应当知道欺诈、胁迫事实”的情形。因此，二审法院认定丰某公司在签订保证合同时对常某山具有欺诈行为、信某公司知道或者应当知道该欺诈行为的存在，具有事实和法律依据。

---

①② 编者按：《民法典》第149条。

延伸阅读

关于保证合同欺诈的有关规定，类推适用于担保物权。

案例：某银行股份有限公司永州冷水滩支行与湖南南某大酒店有限公司金融借款合同纠纷申诉、申请民事判决书［（2015）民提字第178号］

最高法院认为：根据《最高人民法院关于适用〈中华人民共和国担保法〉若干问题的解释》第四十条[①]的规定，主合同债务人采取欺诈手段，使保证人在违背真实意思的情况下提供保证的，债权人知道或者应当知道欺诈事实的，保证人不承担民事责任。虽然南某大酒店在本案中提供的是最高额抵押担保，但是以第三人财产设定抵押的担保在主体、内容、目的、效果等方面与保证担保的特征相似，本案处理可以适用《最高人民法院关于适用〈中华人民共和国担保法〉若干问题的解释》中关于保证的相关规定。一审判决依据《最高人民法院关于适用〈中华人民共和国担保法〉若干问题的解释》第四十条[②]认定南某大酒店不承担担保责任并无不当。

020 父母代表子女签订的担保合同，是否合法有效？

裁判要旨[③]

父母代表子女签订的抵押合同有效，保证合同无效。未成年人承担连带保证责任，会对未成年人日后的生活学习造成严重影响，不利于保护未成年人的成长，故应免除未成年人的保证责任。未成年人的监护人抵押未成年人名下的房屋，损害未成年人利益的，应由监护人来承担相应责任，但并不能以此为由否认抵押合同效力。

---

①② 编者按：《民法典》第149条。

③ 案件来源：黄某妃与某银行股份有限公司深圳天安支行、昶某照明股份有限公司、上某股份有限公司、黄某燊、温某乔一般担保合同纠纷申请再审民事裁定书［（2014）民申字第308号］，黄某妃与某银行股份有限公司深圳天安支行、昶某照明股份有限公司、上某股份有限公司、黄某燊、温某乔借款担保合同纠纷二审民事判决书［（2013）粤高法民二终字第97号］

案情简介

一、2011年6月28日，某银行天安支行与昶某公司签订《流动资金借款合同》。当日，某银行天安支行又分别与上某公司、黄某燊、黄某妃（未成年，系黄某燊之女）和温某乔签订了《最高额保证合同》，约定上某公司、黄某燊、黄某妃和温某乔分别为昶某公司提供连带责任保证担保。

二、同日，某银行天安支行还与黄某燊和黄某妃签订了《个人最高额抵押合同》，黄某妃的签字由其母温某乔代签。该合同约定以黄某燊和黄某妃共同拥有的相关房产，为上述借款本息提供抵押担保。

三、2011年6月30日，某银行天安支行依约向昶某公司发放了贷款8000万元，2012年6月30日上述贷款到期。

四、经某银行天安支行催收，昶某公司未能按时归还贷款本金，其他担保人亦未履行担保责任。某银行天安支行向深圳中院起诉，要求昶某公司还本付息，保证人上某公司、黄某燊、黄某妃和温某乔承担连带责任，并主张对抵押物享有优先受偿权。深圳中院一审判决支持了某银行天安支行的诉请。

五、黄某妃不服，上诉至广东高院，要求免除其保证责任，确认最高额抵押合同无效，广东高院二审改判黄某妃不必承担连带保证责任，其他判项则维持了一审判决。

六、黄某妃仍不服，继续以最高额抵押合同无效为由，向最高法院申请再审，最高法院裁定驳回其再审申请。

裁判思路

本案的争议焦点为：监护人以未成年人名义签订的保证与抵押合同是否有效?

未成年人从事与其年龄智力不相称的民事活动，必须有法定代理人代为从事。根据《民法典》第二十三条的规定，无民事行为能力人、限制民事行为能力人的监护人是其法定代理人。在本案中，黄某妃对外签订的合同有两份，一份为最高额保证合同，一份为最高额抵押合同。对于最高额保证合同，二审法院认为："黄某妃本身尚处幼年根本没有劳动能力，其今后的生活学习等仍需父母照料，若判令黄某妃对昶某公司的债务承担连带清偿责任，则将会对黄某妃日后的生活学习造成严重影响，不利于保护未成年人的成长"，故判令免除了其保证责任。但对于最高额抵押合同，广东高院和最高法院均认为："即便监护人温某乔代黄某妃签订抵押合同的行为损害了黄某妃的利益，法律也仅规定由监护人来承担相应责任，而非由此否定合同效力并由合同相对人承担责任。"故广东高院和最高法院对于抵押合同和担保合同的效力作出了不同的认定，认定抵押合同有效，而担保合同无效。

经验总结

1. 对于父母抵押未成年子女名下的房屋是否有效，目前实务界存在不同的裁判观点。一种观点认为，法定代理人行使代理权，应以被代理人的利益为目的。父母代理子女抵押未成年子女的房屋侵害了被代理人的利益，超出了法定代理的界限，故为无权代理，抵押行为无效。另一种观点认为，未成年人的监护人抵押未成年人名下的房屋，损害未成年人利益的，应由监护人来承担相应责任，并不能以此为由否定抵押合同效力。本案中，广东高院和最高法院均采纳了第二种裁判观点。

2. 《民法典》第三十五条规定"监护人应当按照最有利于被监护人的原则履行监护职责。监护人除为维护被监护人利益外，不得处分被监护人的财产"，《民法典》的这一规定明确了监护人履行监护职责应当坚持有利于被监护人利益的原则，行使法定代理权代未成年子女从事民事活动，是监护人履行监护职责的重要内容之一。故子女虽幼，但其有独立人格和财产权利，父母不应将子女之财产认为自己的私有财产。在实务中，亦有裁判观点认为以未成年人名下的财产设定抵押的行为，系损害未成年人利益的无效行为（见"延伸阅读"部分），故这一观点存在一定争议。

3. 由于抵押合同是抵押人与抵押权人之间签订的合同，抵押权人在接受抵押担保时，并不需要对抵押人支付相应的对价。故抵押合同是单务合同、无偿合同。抵押合同以及根据抵押合同设定的抵押权，对于抵押人而言是一种纯粹意义上的负担。因此，在理论上，抵押合同及抵押负担的存在对于抵押人而言，始终是一种不利益。故如果抵押人为未成年人，不管该抵押行为是否经由其法定代理人同意或者是否由其法定代理人从事，都有可能面临被法院确认无效的风险。故在与未成年人进行交易时，应当慎之又慎，防止发生不必要的风险。

相关法条

《中华人民共和国民法典》（2021年1月1日施行）

第二十条 不满八周岁的未成年人为无民事行为能力人，由其法定代理人代理实施民事法律行为。

第二十一条 不能辨认自己行为的成年人为无民事行为能力人，由其法定代理人代理实施民事法律行为。

八周岁以上的未成年人不能辨认自己行为的，适用前款规定。

第二十二条 不能完全辨认自己行为的成年人为限制民事行为能力人，实施民事法律行为由其法定代理人代理或者经其法定代理人同意、追认；但是，可以独立实施纯获利益的民事法律行为或者与其智力、精神健康状况相适应的民事法律行为。

第二十三条 无民事行为能力人、限制民事行为能力人的监护人是其法定代理人。

第三十五条 监护人应当按照最有利于被监护人的原则履行监护职责。监护人除为维护被监护人利益外，不得处分被监护人的财产。

未成年人的监护人履行监护职责，在作出与被监护人利益有关的决定时，应当根据被监护人的年龄和智力状况，尊重被监护人的真实意愿。

成年人的监护人履行监护职责，应当最大程度地尊重被监护人的真实意愿，保障并协助被监护人实施与其智力、精神健康状况相适应的民事法律行为。对被监护人有能力独立处理的事务，监护人不得干涉。

裁判意见

以下为最高法院再审期间就抵押合同效力问题发表的意见：

本院认为，本案的争议焦点为：抵押合同中涉及以黄某妃持有的“深圳市龙岗镇植物园栖湖××号别墅”份额所设立的抵押担保效力应如何认定。首先，我国现行法律对抵押人的身份并无限制，黄某妃系限制民事行为能力人，其母亲温某乔以监护人的身份代其签订抵押合同并不违反法律禁止性规定。其次，《民法通则》第十八条①第二款规定，监护人不履行监护职责或者侵害被监护人的合法权益的，应当承担责任。即便监护人温某乔代黄某妃签订抵押合同的行为损害了

① 编者按：《民法典》第34条。

黄某妃的利益，法律也仅规定由监护人来承担相应责任，而非由此否定合同效力并由合同相对人承担责任。在此情况下，二审法院认定案涉抵押合同有效并无不当。此外，黄某妃的监护人当初为获取贷款利用未成年人黄某妃名下的财产进行抵押并出具不损害其利益的声明，在获得贷款之后又以损害未成年人利益为由主张合同无效，该抗辩理由属恶意抗辩，违背诚实信用原则，二审法院对该抗辩理由未予采纳并无不当。

以下为广东高院在二审期间就保证合同效力问题发表的意见：

关于黄某妃作为未成年人向某银行天安分行出具的《最高额保证合同》是否有效的问题。经查，黄某妃于1999年10月出生，其在2011年6月28日向某银行天安分行出具《最高额保证合同》时，尚不满十六周岁，属限制民事行为能力人。《担保法》第七条①规定："具有代为清偿债务能力的法人、其他组织或者公民，可以作保证人"。现有证据显示，黄某妃年纪尚幼，不具备劳动能力，尚不具备我国法律要求的具有代为清偿债务能力的保证人主体资格，故黄某妃向某银行天安分行出具的《最高额保证合同》应认定为无效。某银行天安分行辩称根据《最高人民法院关于适用〈中华人民共和国担保法〉若干问题的解释》第十四条②关于"不具有完全代偿能力的法人、其他组织或者自然人，以保证人身份订立保证合同后，又以自己没有代偿能力要求免除保证责任的，人民法院不予支持"的规定，黄某妃的上诉理由不能成立。对此，本院认为，黄某妃名下的别墅由其父出资购买，该别墅被抵押后，黄某妃已无其他财产，且黄某妃本身尚处幼年根本没有劳动能力，其今后的生活学习等仍需父母照料，若判令黄某妃对昶某公司的债务承担连带清偿责任，则将会对黄某妃日后的生活学习造成严重影响，不利于保护未成年人的成长，故本案应免除黄某妃对昶某公司的连带保证责任，本院对原审判决第（二）判项的相关内容予以纠正。

延伸阅读

关于父母抵押未成年子女名下房屋的判例

1. 父母以未成年子女名义为借款提供抵押，抵押合同有效。

案例一：马某1、马某2金融借款合同纠纷再审审查与审判监督民事裁定书

① 编者按：《民法典》第34条。

② 编者按：已失效。

[（2019）最高法民申1300号]

最高人民法院认为：我国现行法律并未限制未成年人成为抵押人。本案中，马某1名下的房产为商铺，马某3以法定代理人身份代马某1办理抵押时，出具了不损害马某1利益的《声明书》并办理了公证。在获得贷款之后，马某2与马某3又以损害未成年人利益为由，主张抵押无效，有违诚实信用原则。同时，根据《中华人民共和国民法总则》第三十四条[①]第三款的规定，监护人不履行监护职责或者侵害被监护人合法权益的，应当承担法律责任。即便马某3对马某1名下房产设定抵押的行为损害了马某1的利益，也应由马某3承担责任，而非否定外部法律行为的效力。综上，马某2与马某3主张对未成年人马某1单独所有两套房产设定抵押行为无效的理由也不能成立。

案例二：某银行股份有限公司常熟支行诉陈某甲、常熟市天某物资有限公司、陈某乙、龚某、陈某宇、江苏中某投资实业有限公司、江苏常某钢结构工程有限公司金融借款合同纠纷再审民事裁定书[（2017）最高法民申4061号]

最高人民法院认为：案涉最高额抵押合同订立时，陈某甲系限制民事行为能力人，龚某作为陈某甲的监护人，将案涉房产抵押事宜中监护人的相关职责全权委托其妹龚某芳代为处理，包括签署相关法律文件。陈某甲之父陈某乙及其母龚某的委托代理人龚某芳以监护人身份代陈某甲订立抵押合同并不违反法律禁止性规定。陈某甲虽为案涉房产的所有权人之一，但该房产系陈某甲父母出资购买，陈某甲亦由其父母抚养。陈某甲父母以该房产作为公司融资抵押担保，收益亦属于陈某甲父母所有，故不能当然认定该抵押担保行为损害陈某甲利益，且陈某甲亦未提供证据证实其利益受损的情形。《中华人民共和国民法通则》第十八条[②]第三款规定，监护人不履行监护职责或者侵害被监护人的合法权益的，应当承担责任。即便监护人陈某乙、龚某代陈某甲订立抵押合同的行为损害了陈某甲的利益，法律也仅规定由监护人来承担相应责任，而非由此否定抵押合同效力并由合同相对人承担责任。此外，陈某甲的监护人陈某乙、龚某为获取银行贷款，利用未成年人陈某甲名下的财产进行抵押，并出具房地产抵押承诺书，承诺房地产抵押贷款的行为也是为了陈某甲的利益，保证该房地产作为抵押不损害陈某甲的合法利益。在获得贷款之后，陈某甲的监护人又以损害未成年人利益为由，主张抵押合同无效，属恶意抗辩，有违诚实信用原则。据此，一、二审法院认定案涉抵

① 编者按：《民事诉讼法》（2021年修正）第35条。

② 编者按：《民法典》第34条。

押合同有效，某银行常熟支行取得案涉房产抵押权，并无不当。陈某甲关于案涉抵押合同涉及其财产部分无效的理由，不能成立。

案例三：南京华某实业开发股份有限公司与朱某平、朱某霞等买卖合同纠纷二审民事判决书［（2015）苏商终字第00157号］

江苏省高级人民法院认为："朱某认为案涉抵押担保合同因签订时其系限制民事行为能力人，朱某平、朱某霞作为监护人并非为被监护人朱某利益而签订抵押担保合同，故抵押担保合同无效，该观点不能成立。理由是：首先，'为被监护人利益'的认定应当根据案件具体情况予以认定。本案中，朱某认为案涉抵押担保合同的签订并非为其利益，但就此未提供充分证据，根据查明事实，尚无法得出案涉抵押担保合同并非为朱某利益而签订。第一，朱某平、朱某霞作为朱某的父母，系朱某的监护人，也是其抚养义务人，朱某作为未成年人，生活来源一般而言主要来源于父母，朱某平的股权投资等各类收入，是朱某生活来源的资金保障。第二，主债务人飞某板材公司从2009年即开始结欠华能公司货款未能清偿，飞某板材公司系飞某控股集团的全资子公司，朱某平作为飞某控股集团的股东及法定代表人，其与朱某霞共同以与朱某共有的房产为前述欠款提供抵押担保，为飞某板材公司得以持续经营提供了条件，有利于作为飞某控股集团股东的朱某平的利益。第三，案涉房屋系朱某平、朱某霞签署合同购买，并将朱某登记为共同共有人，朱某认为购房资金来源中有一千多万元是其压岁钱，但并未就此提供证据证明。其次，在缺乏证据证明朱某平、朱某霞并非为监护人利益而以与朱某共有房产提供抵押担保的情况下，亦难以认定华某公司知道或者应当知道案涉抵押担保合同损害朱某的利益，故案涉抵押担保合同亦不存在其他无效情形，在不动产登记机构依法登记后，华某公司已取得相应抵押权，原审判决关于案涉抵押担保合同无效、华某公司不享有相应优先受偿权的认定错误，华某公司就此提出的上诉理由成立，本院予以支持。"

2. 相反观点：父母以未成年子女名义为借款提供抵押，抵押合同无效。

案例四：某银行股份有限公司舟山城关支行因与郭某1、王某、郭某2确认合同无效纠纷案再审民事裁定书［（2016）浙民申393号］

浙江省高级人民法院认为："案涉《最高额抵押合同》签订时，郭某系未成年人。虽然郭某2出具了声明书，承诺抵押贷款事宜不损害郭某的利益，但是，案涉《最高额抵押合同》并非为郭某个人或其所在家庭的借款等提供担保，而是为案外人浙江升某船舶技术有限公司提供担保，难以认定该《最高额抵押合同》的签订系为'被监护人的利益'。一旦抵押权人行使抵押权处分抵押房产，未成年人的利益必然受损。《中华人民共和国民法通则》第十八条[①]第一款规定，'监护人应当履行监护职责，保护被监护人的人身、财产及其他合法权益，除为被监护人的利益外，不得处理被监护人的财产'，该规定属于禁止性规定。郭某起诉主张《最高额抵押合同》无效，一、二审法院予以支持，有相应依据。"

案例五：云南祥某农商村镇银行有限责任公司与张某萍等借款合同纠纷再审民事裁定书［（2016）云民申928号］

云南省高级人民法院认为："2013年5月29日，赵某仙、吕某德与商村镇银行签订《抵押合同》，约定用其四个家庭成员共有的房屋为张某萍的贷款作抵押担保，并于同日进行抵押登记，办理了房屋他项权证和土地他项权证。但该抵押房屋的共有人吕某辰并未授权赵某仙、吕某德签订《抵押合同》及办理抵押登记；而另一共有人吕某为未成年人，根据《中华人民共和国民法通则》第十八条[②]的规定：'监护人应当履行监护职责，保护被监护人的人身、财产及其他合法权益，除为被监护人的利益外，不得处理被监护人的财产。监护人依法履行监护的权利，受法律保护。监护人不履行监护职责或者侵害被监护人的合法权益的，应当承担责任；给被监护人造成财产损失的，应当赔偿损失。人民法院可以根据有关人员或者有关单位的申请，撤销监护人的资格。'以及《中华人民共和国合同法》第五十二条第（五）项[③]之规定：'有下列情形之一的，合同无效：（五）违反法律、行政法规的强制性规定。'本案《抵押合同》违反了《中华人民共和国民法通则》第十八条[④]的规定，损害未成年人吕某的利益，为无效合同。二审法院认定本案《抵押合同》无效，并根据双方的过错责任大小判决双方所应承担的责任并无不当。商村镇银行作为金融机构，在审查抵押物时明知抵押房产涉及未成年人的权益，仍与赵某仙、吕某德签订《抵押合同》、办理抵押登记，其应为自己审查不严的行为承担相应的民事责任。据此，商村镇银行认为其已尽到审查义务，本案《抵押合同》有效，其享有抵押权的再审申请理由均不能成立，本院均不予支持。"

---

①②④ 编者按：《民法典》第34条。

③ 编者按：《民法典》第153条。

021 当事人对债权人作出“保证负责收回贷款”承诺，是否构成保证？

裁判要旨[①]

当事人向债权人书面承诺“保证负责收回贷款”，在未明确约定其承担保证责任的情况下，不应认定为保证担保。保证合同因约定不明确而无效，保证人应当承担相应赔偿责任。

案情简介

一、2001 年 1 月 8 日以玉某信用社为甲方，康某公司为乙方，某行玉某支行为丙方签订一份借款协议书，约定：康某公司申请向玉某信用社借款 550 万元整，某行玉某支行负责监督康某公司借款使用情况，并保证负责将康某公司 550 万元借款收回付给玉某信用社。同日，玉某信用社授权其所属玉某镇分社（以下简称玉某分社）与康某公司签订农信借字第 09020019 号借款合同一份，约定康某公司向玉某分社借款 550 万元。

二、合同签订后，玉某分社于同日向康某公司发放 550 万元借款。合同到期后，康某公司未按约履行还款义务，某行玉某支行于 2001 年 12 月 31 日向玉某信用社还利息款 20 万元，2003 年 11 月 4 日还本金款 30 万元。后玉某分社多次催收，康某公司未还款。

三、2004 年 5 月 31 日，玉某信用社向甘肃高院提起诉讼，请求判令康某公司和某行玉某支行共同偿还借款本金 550 万元及利息 5237590.20 元。甘肃高院一审判决，康某公司还本付息，某行玉某支行对贷款本息损失承担 60% 的违约赔偿责任。

四、某行玉某支行不服，以其承担的保证责任已超过保证期间为由上诉至最高法院，最高法院二审未支持其该项上诉请求。

---

① 案件来源：某银行玉某市支行与玉某康某农林牧科技开发公司借款合同纠纷上诉案［（2005）民二终字第 12 号］

裁判思路

本案中某行玉某支行的裁判思路在于，其向债权人玉某信用社作出的关于“保证负责将康某公司550万元借款收回”的承诺，没有明确的关于某行玉某支行承担保证责任的意思，并不构成保证担保，而是一般的债权承诺。最高法院作出这一结论的理由有二：（1）“保证负责收回”是履行一种行为，而保证是保证人提供保证时以自身财产偿还欠债作为保证内容，二者有所不同。（2）合同中并没有明确约定某行玉某支行承担的是保证责任。在某行玉某支行关于“保证负责收回”贷款的承诺不构成担保法意义上的保证的情形下，某行玉某支行即无法援引《担保法》第二十五条、第二十六条①关于保证期间经过免责的规定主张不再承担相应的责任。某行玉某支行因此败诉。

经验总结

1. 根据《民法典》第六百八十一条的规定：“保证合同是为保障债权的实现，保证人和债权人约定，当债务人不履行到期债务或者发生当事人约定的情形时，保证人履行债务或者承担责任的合同。”因此，构成保证的意思表示必须满足以下要素：（1）保证必须是保证人与债权人之间达成的协议。当事人与债务人之间达成的关于保证担保的意思表示如果未经债权人受领，不能发生保证担保的效果。保证人也可通过单方承诺的方式向债权人作出保证担保的意思表示，但需以债权人未明确表示反对为必要。（2）保证人作出的担保承诺必须有代债务人偿还债务的明确的意思表示。如果此类意思表示不够明确，仅为“协调解决”“督促偿还”等内容，或者仅为安慰之意，均不构成担保法意义上的保证。（3）承诺的意思需以主债务人不履行债务为前提，不论债务人是不能履行还是不按期履行。如果当事人承诺的意思表示为与债务人共同偿还债务，则构成债务加入（并存的债务承担），此时债务人与当事人需向债权人承担连带责任。

2. 债权人在要求相关当事人出具有关担保承诺书、函件时，应尽量要求对方当事人意思表示明确，以防对法律关系的性质认定产生不必要的争议，造成债权脱保。在某些情况下，即使作为保证人，在作出保证的意思表示时，也应明确

① 编者按：《民法典》第692条、第693条、第694条。

相关意思表示。因为根据《民法典》第六百八十六条的规定，对担保责任行使约定不明的，推定为一般保证。在本案中，某行玉某支行“耍小聪明”，企图通过模糊用语的方式在承担保证责任与不承担保证责任之间摇摆，结果最高法院未认定其保证人的地位，导致其不能因保证期间的规定免责，进而承担了因保证合同无效而产生的违约赔偿责任。因此，不管是债权人还是保证人，明确关于担保的意思表示内容不仅是诚实信用的体现，也是维护自己利益，防控不确定风险，避免不必要争议的重要手段。在对函件、承诺、合同等内容是否明确无法准确把握时，应聘请专业律师对此作出评判，防止发生商业误判。

3. 当事人向债权人作出的“保证负责收回贷款”的承诺虽然不构成担保法意义上的保证担保，但仍不失为一项明确的义务。该项义务的约定如果不存在无效、可撤销或者效力待定的事由，仍为有效。作出承诺的当事人未履行相关承诺的，应承担违约责任。本案中，某行玉某支行向债权人玉某信用社承担的责任，一审法院认定为缔约过失责任，最高法院在二审予以纠正，将其准确地定位为违约责任，诚值赞同。

相关法条

《中华人民共和国民法典》（2021 年 1 月 1 日施行）

第五百条　当事人在订立合同过程中有下列情形之一，造成对方损失的，应当承担赔偿责任：

（一）假借订立合同，恶意进行磋商；

（二）故意隐瞒与订立合同有关的重要事实或者提供虚假情况；

（三）有其他违背诚信原则的行为。

第六百八十一条　保证合同是为保障债权的实现，保证人和债权人约定，当债务人不履行到期债务或者发生当事人约定的情形时，保证人履行债务或者承担责任的合同。

第六百八十六条　保证的方式包括一般保证和连带责任保证。

当事人在保证合同中对保证方式没有约定或者约定不明确的，按照一般保证承担保证责任。

裁判意见

以下为最高法院在“本院认为”部分就此问题发表的意见：

对于某行玉某支行的第二项承诺，本院认为，不宜按照担保法上的保证认定责任。理由为：(1) 担保法意义上的保证是保证人提供保证时，以自身财产偿还欠债作为保证内容，而本案的“保证负责收回”是履行一种行为，二者有所不同。(2) 合同中并没有明确约定某行玉某支行承担的是保证责任，在没有明确约定的情况下，要求某行玉某支行承担保证责任缺乏合同依据。因此，某行玉某支行违反了承诺义务，属于不作为的违约行为，由此给玉某信用社造成了损失，应当承担赔偿责任。某行玉某支行认为其应当承担担保责任，并以此为基础诉称已经超过担保期限应当免责，以及主张在玉某信用社放弃抵押的范围内免除保证责任的上诉理由均不能成立，本院不予支持。原审认定上述行为属于缔约过失责任不当，应予纠正。但对于原审判决某行玉某支行承担60%赔偿责任，因玉某信用社在法定期限内对该项判定没有提起上诉，本院予以维持。

延伸阅读

1. 当事人承诺“可考虑代为偿还”的，构成保证担保

案例一：青岛澳某股份有限公司与青岛澳某集团空调器物资配套有限公司、青岛澳某集团空调器厂、青岛澳某集团总公司定作合同纠纷案［(2009) 民提字第7号］

最高法院认为：“本案中，空调器物资配套公司、空调器厂对尚欠杭某公司货款21886688.14元及该笔欠款全部由空调器厂负责承付的事实均无异议。纵观本案，为解决空调器厂拖欠货款问题，杭某公司向青岛市有关部门提交了‘关于要求从速解决澳某欠我公司21886688.14元货款报告’。后该报告转至集团公司法定代表人鲁某生处，鲁某生批转至集团公司副总裁兼股份公司总经理张某起处。张某起及空调器厂总经理戚某君于2006年3月10日复函杭某公司，称经集团公司领导批示，暂定采用以下办法解决欠款问题，一是将公司部分钢板出售变现，货款支付给杭某公司，二是争取在3月20日前提供还款计划。3月21日，股份公司复函杭某公司，称欠款情况属实，表示将敦促空调器厂尽快筹措还款，并称‘请贵公司相信我公司作为上市公司的信誉，如果空调器厂确实无能力全部还欠款，对其不能归还的货款，我公司可以考虑代替其对贵公司承担还款责任’。本案的事实是，集团公司系股份公司的第一大股东，持有股份公司60.79%的股份；空调器厂系股份公司的全资子公司。本案的事实表明，张某起及股份公司分别出具复函的目的均是为了对空调器厂拖欠杭某公司货款的偿还问题做出债务安

排。股份公司作为上市公司，其出具的复函足以使杭某公司产生信赖利益，相信其会依据复函的内容承担相应责任。杭某公司主张正是基于前述情况，杭某公司信赖股份公司愿意承担还款责任。结合案件庭审情况，杭某公司始终坚持根据前述情况能够认定股份公司愿意承担还款责任。本院认为，此种理解符合本案真实情况。股份公司主张根据复函的表述不能认定其愿意承担还款责任。本院认为，此种理解脱离了本案实际情况，有失偏颇。根据股份公司出具的复函足以使杭某公司产生信赖利益，且空调器厂系股份公司全资子公司，股份公司出具复函的目的是为了对空调器厂拖欠杭某公司货款的偿还问题做出债务安排，股份公司对空调器厂不能偿还的货款，应当承担补充还款责任。浙江省杭州市中级人民法院一审判决股份公司对空调器厂所欠债务，在空调器厂不能清偿的范围内承担还款责任，浙江省高级人民法院二审判决对此予以维持并无不当，本院予以维持。”

2. 安慰函无担保意思表示，不构成法律意义上的保证

案例二：某省高速公路管理局等与某银行股份有限公司深圳分行合同纠纷上诉案二审民事判决书［（2017）最高法民终353号］

最高人民法院认为：关于《承诺函》的性质。高管局与高速公路总公司上诉主张系安慰函，不具有法律效力。某银行深圳分行认为属于单方允诺的民事法律行为，具有法律效力。对此本院认为，《承诺函》的性质应当结合文本名称、出具背景、约定内容等事实综合认定。首先，从《承诺函》的名称看，并未直接表述为“安慰函”。其次，综合《承诺函》出具的背景情况及双方当事人的陈述可知，《承诺函》签订于宜连高速公路项目开工建设之后、某银行深圳分行作为贷款人之一与借款人某公司签订《人民币资金银团贷款合同》之前。其出具原因是为了保障某银行深圳分行信贷资金安全，化解某银行深圳分行贷款风险，实质目的则为确保某公司获得贷款。再次，从《承诺函》载明内容“若该公司（指某公司）出现没有按时履行其到期债务等违反借款合同约定的行为，或者存在危及银行贷款本息偿付的情形，出于保护投资商利益，保障贵行信贷资金安全的目的，我局承诺按《特许合同》第15.6条之规定全额回购宜连高速公路经营权，以确保化解银行贷款风险，我局所支付款项均先归还贵行贷款本息。”分析，《承诺函》系针对特定的银行贷款出具，并已经清楚表明当某公司出现没有按时履行其到期债务等违反借款合同约定的行为，或者存在危及银行贷款本息偿付的情形时，高管局承诺以回购经营权的方式确保某银行深圳分行的债权实现。依照担保法第六条[①]关于“本法所称保证，是指保证人和债权人约定，当债务人不履行债务时，保证人按照约定履行债务或者承担责任的行为”及《最高人民法院关于适用〈中华人民共和国担保法〉若干问题的解释》第二十二条第一款[②]关于“第三人单方以书面形式向债权人出具担保书，债权人接受且未提出异议的，保证合同成立”的规定可知，保证人提供保证，目的是为了保证债权能够得到实现。本案中，高管局并非仅对某公司清偿债务承担道义上的义务或督促履行之责，其通过出具《承诺函》的形式为自身设定的代为清偿义务的意思表示具体明确，故《承诺函》具有保证担保性质。该《承诺函》被某银行深圳分行接受，双方成立保证合同。综上，高管局、高速公路总公司上诉主张《承诺函》仅为道义上的安慰函，缺乏事实及法律依据，不能成立。

022 保证期间经过后保证人签收催款函，是否应继续承担保证责任？

裁判要旨[③]

债权人在保证期间内未依法行使权利的，保证责任消灭。保证责任消灭后，债权人书面通知保证人要求承担保证责任，保证人在通知书上签字、盖章或者按指印，债权人请求保证人继续承担保证责任的，人民法院不予支持，但是债权人有证据证明成立了新的保证合同的除外。保证期间经过后，保证人在有重新提供担保意思的催款函上签字的，应当重新承担保证责任。

案情简介

一、2013 年 11 月 21 日，某行城西支行与巨某公司签订了《借款合同》，约定巨某公司向某行城西支行借款人民币 2000 万元整，期限为 2 年（从 2013 年 11 月 21 日起至 2015 年 11 月 20 日止）。

---

① 编者按：《民法典》第 681 条。

② 编者按：《民法典》第 685 条。

③ 案件来源：青海四某信用担保有限公司与中国某资产管理股份有限公司甘肃省分公司借款合同纠纷上诉案［（2018）最高法民终 1220 号］

二、同日，某行城西支行与四某公司签订了《保证合同》，合同约定保证范围：主合同项下本金2000万元及利息（包括复利和罚息）、违约金、赔偿金、债务人应向乙方支付的其他款项、乙方实现债权与担保权利而发生的费用，保证方式为连带责任保证。

三、2018年1月16日，某行城西支行向保证人四某公司发出《逾期贷款（垫款）催收通知书》，回执载明内容为，我方确认已收到贵行的《逾期贷款（垫款）催收通知书》，已仔细阅读且理解该通知书的全部内容，并无任何异议，同意将按上述合同/协议约定及该通知书的要求履行还款义务。四某公司在回执处盖章。

四、截至2018年2月9日，巨某公司尚有贷款本金18999940元及相应利息、罚息和复利未偿还。某行城西支行遂向青海省高级人民法院起诉，要求巨某公司还款，并要求四某公司承担保证责任。

五、青海省高级人民法院一审认为，四某公司在保证期间经过后，在《逾期贷款（垫款）催收通知书》中明确同意将按照保证合同约定履行还款义务，构成对要约达成的承诺行为，成立新的保证合同，应当对案涉债务承担保证责任。四某公司不服，上诉至最高人民法院。

六、2018年12月25日，最高人民法院判决驳回上诉，维持原判。

裁判思路

本案的争议焦点是：四某公司在保证期间经过后，在《逾期贷款（垫款）催收通知书》上签字盖章的行为，如何影响其保证责任的承担。对此，最高人民法院裁判观点如下：

原则上，保证责任消灭后，债权人书面通知保证人要求承担保证责任或者清偿债务，保证人在催款通知书上签字的，并不代表保证人承诺继续承担保证责任。但是，催款通知书内容符合合同法和担保法有关担保合同成立的规定，并经保证人签字认可，能够认定成立新的保证合同的，人民法院应当认定保证人按照新保证合同承担责任。因此，认定保证责任是否存在的核心是《逾期贷款（垫款）催收通知书》的内容应当如何认定。

对此，《担保法》第十五条[①]规定："保证合同应当包括以下内容：（一）被保证的主债权种类、数额；（二）债务人履行债务的期限；（三）保证的方式；

① 编者按：《民法典》第684条。

（四）保证担保的范围；（五）保证的期间；（六）双方认为需要约定的其他事项。”但合同内容不完整的，可以事后补正，并不必然导致担保合同无效。

本案中，《逾期贷款（垫款）催收通知书》明确载明了未偿还本金的数额，并且载明了“同意将按上述合同/协议约定及该通知书的要求履行还款义务”。通知书要求保证人承担保证责任的意思清楚，且四某公司在保证人公章处加盖公章，可认定双方对于新的保证合同内容形成合意。四某公司因此败诉。

经验总结

1. 对于债权人来说，在保证期间经过前，债权人可以通过书面方式，向保证人送达清收债权通知书，载明保证人应当履行保证责任的依据、范围，要求其履行保证责任。由于《民法典》施行后，在当事人没有约定或约定不明的情况下，保证期间推定为6个月，这一规定对债权人行使权利的条件提出了更严苛的要求。对于连带责任保证，债务人在保证期间内及时向保证人寄送清收通知书，明确要求其承担保证责任，即可以被视为向保证人行使了权利；而对于一般责任保证，债权人行使权利，必须以提起诉讼或者仲裁的方式。

2. 在保证期间经过后，原则上保证人不再承担保证责任。债权人向其发出载明有重新提供保证意思的催告函，保证人不主张保证期间抗辩且在函上表示同意并签字的，债权人可以主张催告函成立的新的保证合同，并重新计算保证期间；保证人仅是在催款通知书上签字，该通知书的内容中并不包含承诺继续承担担保责任的意思的，不能认定构成了新的保证合同。本案中，四某公司签字的《催收通知书》上，明确载明“同意将按上述合同/协议约定及该通知书的要求履行还款义务”，是四某公司最终败诉的关键。

3. 对于保证人来说，应当严防“催收函”中的债权人套路。保证期间的经过是保证人最重要的抗辩理由之一，保证人应当把握好保证期间这一有力武器，在债务中及时“抽身”。在保证期间经过后，债权人无权再要求保证人承担保证责任，也无权利要求保证人签署任何“催收函”“通知书”“债权确认书”。本案中，四某公司败诉的原因正是未能理解债权人向其寄送《催收通知书》的真正用意，未意识到保证期间已经过这一抗辩理由，进而在《催收通知书》上签字盖章。因此，保证期间经过后，保证人再签署任何与债务有关的文件一定要慎之又慎。

相关法条

《中华人民共和国民法典》（2021年1月1日施行）

第六百八十四条　保证合同的内容一般包括被保证的主债权的种类、数额，债务人履行债务的期限，保证的方式、范围和期间等条款。

《最高人民法院关于适用〈中华人民共和国民法典〉有关担保制度的解释》（法释〔2020〕28号　2021年1月1日施行）

第三十四条　人民法院在审理保证合同纠纷案件时，应当将保证期间是否届满、债权人是否在保证期间内依法行使权利等事实作为案件基本事实予以查明。

债权人在保证期间内未依法行使权利的，保证责任消灭。保证责任消灭后，债权人书面通知保证人要求承担保证责任，保证人在通知书上签字、盖章或者按指印，债权人请求保证人继续承担保证责任的，人民法院不予支持，但是债权人有证据证明成立了新的保证合同的除外。

《最高人民法院关于人民法院应当如何认定保证人在保证期间届满后又在催款通知书上签字问题的批复》（法释〔2004〕4号　2021年1月1日失效）（节录）

根据《中华人民共和国担保法》的规定，保证期间届满债权人未依法向保证人主张保证责任的，保证责任消灭。保证责任消灭后，债权人书面通知保证人要求承担保证责任或者清偿债务，保证人在催款通知书上签字的，人民法院不得认定保证人继续承担保证责任。但是，该催款通知书内容符合合同法和担保法有关担保合同成立的规定，并经保证人签字认可，能够认定成立新的保证合同的，人民法院应当认定保证人按照新保证合同承担责任。

《最高人民法院对〈关于担保期间债权人向保证人主张权利的方式及程序问题的请示〉的答复》（〔2002〕民二他字第32号　已失效）

1. 本院2002年8月1日下发的《关于处理担保法生效前发生保证行为的保证期间问题的通知》第一条规定的"向保证人主张权利"和第二条规定的"向保证人主张债权"，其主张权利的方式可以包括"提起诉讼"和"送达清收债权通知书"等。其中"送达"既可由债权人本人送达，也可以委托公证机关送达或公告送达（在全国或省级有影响的报纸上刊发清收债权公告）。

裁判意见

以下为最高法院在再审裁定书"本院认为"部分就此问题发表的意见：

《最高人民法院关于人民法院应当如何认定保证人在保证期间届满后又在催款通知书上签字问题的批复》规定："保证责任消灭后，债权人书面通知保证人要求承担保证责任或者清偿债务，保证人在催款通知书上签字的……该催款通知书内容符合合同法和担保法有关担保合同成立的规定，并经保证人签字认可，能够认定成立新的保证合同的，人民法院应当认定保证人按照新保证合同承担责任。"《最高人民法院关于适用〈中华人民共和国合同法〉若干问题的解释（二）》第一条[①]规定："当事人对合同是否成立存在争议，人民法院能够确定当事人名称或者姓名、标的和数量的，一般应当认定合同成立……"《担保法》第十五条[②]规定："保证合同应当包括以下内容：（一）被保证的主债权种类、数额；（二）债务人履行债务的期限；（三）保证的方式；（四）保证担保的范围；（五）保证的期间；（六）双方认为需要约定的其他事项。保证合同不完全具备前款规定内容的，可以补正。"第十九条[③]规定："当事人对保证方式没有约定或者约定不明确的，按照连带责任保证承担保证责任。"本案中，四某公司上诉主张双方不构成新的保证合同，主要理由是"新保证合同能够明确认定不是要求保证人履行原保证责任"，但四某公司对该理解未提出直接依据。从法律、司法解释文义看只要双方对于新的保证合同意思表示一致，达成合意，符合法律、司法解释的规定，就应当根据法律、司法解释的规定予以认定。某行城西支行于2018年1月16日向四某公司发出《逾期贷款（垫款）催收通知书》，该通知载明，2013年11月21日某行城西支行与四某公司签订的2013123005号《保证合同》项下债务，已于2015年11月20日到期。至2018年1月15日止，未偿还本金贰仟万元，利息肆佰玖拾贰万零陆拾叁元柒角贰分。四某公司立即履行还款义务，否则某行城西支行要求其承担违约责任。该通知书回执载明"同意将按上述合同/协议约定及该通知书的要求履行还款义务"。四某公司在保证人公章处加盖公章。根据上述事实，《逾期贷款（垫款）催收通知书》及回执载明内容意思表示清楚，且四某公司在回执处加盖公章，可认定双方对于新的保证合同内容形成合意，因此原审判决认定双方经要约承诺形成保证合同并无不当。

---

① 编者按：已失效。

② 编者按：《民法典》第684条。

③ 编者按：《民法典》第686条第2款。

延伸阅读

1. **发生重新提供保证效力的催收函，应当明确保证人有愿意继续提供保证的意思，并经保证人签字盖章。**

案例一：安阳市某电池有限责任公司、某香港投资有限公司金融不良债权追偿纠纷再审审查与审判监督民事裁定书［（2020）最高法民申1545号］

最高人民法院认为：关于案涉第一笔96G044号贷款是否超过保证期间的问题。《中华人民共和国民法通则》第一百四十条[①]规定，诉讼时效因提起诉讼、当事人一方提出要求或者同意履行义务而中断。从中断时起，诉讼时效期间重新计算。根据已查明事实，案涉第一笔96G044号贷款发生于1997年6月13日，借款期限一年，某电池厂保证期间为借款到期之日起两年。期间，因该笔贷款到期后仍有20万元未能偿还，债权人某行文峰支行分别于2000年5月20日、2000年7月20日、2001年1月20日向借款人安某印铁厂和保证人某电池厂送达《催还逾期贷款通知书》，安某印铁厂和某电池厂均在该三份《催还逾期贷款通知书》上签章确认，诉讼时效和保证期间由此中断，诉讼时效期间重新计算。2003年3月21日的《催收到逾期贷款通知书》，虽然此时距离2001年1月20日已超过两年诉讼时效，但是安某印铁厂和某电池厂均在《回执》上签章且未提出异议，表明其同意履行该义务，根据上述法律规定，诉讼时效由此中断并重新起算。《催收到逾期贷款通知书》和《回执》均在同一张纸上，二者属于一个整体，《催收到逾期贷款通知书》已载明保证单位在该《催收到逾期贷款通知书》签字或盖章后，视为继续提供连带责任保证，某电池厂仍然在《回执》"担保人"处加盖公章，且未就此提出任何异议，应当视为某电池厂对继续提供连带责任保证的认可。一二审判决据此认定某投资公司起诉主张案涉第一笔96G044号贷款未超过诉讼时效和保证期间，并无不当。金某公司该申请理由不能成立。

案例二：李某有、戚某国某融借款合同纠纷再审审查与审判监督民事裁定书［（2020）冀民申6588号］

河北省高级人民法院认为：在涉案贷款到期后，某农商行向李某有、戚某国、侯某送达了《贷款逾期催收通知书》，该通知书载明借款人尚欠的本金及利

---

① 编者按：《民法典》第195条。

息，担保人处列明为李某有、戚某国、侯某，要求三人按合同条款，督促借款人尽快履行还款义务或及时代为清偿。在担保人签字一栏中，注明“以上通知已收悉，将督促借款人尽快归还借款本息，并愿意依据担保合同的约定履行担保义务”，李某有、戚某国、侯某在担保人处签字、捺印。从《贷款逾期催收通知书》的内容来看，某农商行发出要求李某有、戚某国、侯某承担担保责任的要约，李某有、戚某国在担保人处签字、捺印的行为构成对某农商行担保要约的承诺。因此，二审判决认为李某有、戚某国与某农商行之间成立新的保证合同，认定事实、适用法律并无不当。经查，二审法院对双方当事人进行了询问，符合《中华人民共和国民事诉讼法》第一百六十九条[①]的规定。

案例三：攀枝花天某工贸有限责任公司、李某借款合同纠纷再审审查与审判监督民事裁定书［（2019）川民申 5387 号］

四川省高级人民法院认为：天某公司在案涉《借款合同》的担保人处盖章且在合同首部明确其法律地位为担保人，此后，其又在与《借款合同》相关的《结算单》上盖章。在此情况下，天某公司主张其系以证明人的身份或法律地位在《结算单》上盖章，却未在《结算单》中予以明确注明，其提出的没有担保的意思表示不符合逻辑推理和日常生活经验，也不符合企业法人对其加盖公章所具有的法律效力应具有的认识辨别能力。根据《最高人民法院关于人民法院应当如何认定保证人在保证期间届满后又在催收通知书上签字问题的批复》规定，保证责任消灭后原保证人在债权文书上签字认可，该债权文书内容符合合同法和担保法有关担保合同成立的规定，能够认定成立新的保证合同的，人民法院应当认定保证人按照新保证合同承担责任。在天某公司对《结算单》予以盖章认可的情况下，能够认定成立了新的保证合同，天某公司应当按照新保证合同承担保证责任。因此，二审法院认定天某公司在《结算单》上结算人栏处盖章的行为形成新的保证合同关系并无不当，天某公司主张原审判认定事实错误和适用法律错误的理由不能成立。（二）关于诉讼时效问题。根据天某公司于 2017 年 11 月 6 日还款 200000 元的事实行为，保证期间从 2017 年 11 月 7 日起算，到 2018 年 5 月 6 日止，故诉讼时效应从 2018 年 5 月 7 日起开始计算，一审法院于 2018 年 10 月立案受理，故本案未超过诉讼时效。

① 编者按：《民事诉讼法》（2021 年修正）第 176 条。

2.《催收函》明确载明了保证人重新提供担保的意思，但债权范围、数额、义务相对人不明确的，不能成立新的保证合同。

案例四：霍山县安某经济技术开发有限公司、许某宏保证合同纠纷二审民事判决书［（2019）皖民终1119号］

安徽省高级人民法院认为：霍山安某公司上诉认为《还款保证及继续承担保证责任书》虽然没有具体数额，但其与康某美公司之间发生的借款、代偿等均有合同及相应财务凭证，可以确定担保债权的数额，且各反担保人对借款代偿的过程均是明知的，其上的签字是许某宏等八人的真实意思，该责任书构成一个新的保证合同关系。本院认为，《中华人民共和国担保法》第十五条①规定：保证合同应当包括以下内容：（一）被保证的主债权种类、数额；（二）债务人履行债务的期限；（三）保证的方式；（四）保证担保的范围；（五）保证的期间；（六）双方认为需要约定的其他事项。保证合同不完全具备前款规定内容的，可以补正。本案中《还款保证及继续承担保证责任书》中只用“2004年”“多次借款”等模糊笼统地表述主债权数额或范围，而与本案相似的代偿纠纷案件还有14件，以该同一份责任书无法确定本案具体被保证的主债权的数额、种类，也无法认定这期间借款是否存在到期或被偿还的状况，且起诉前，霍山安某公司也没有就本案纠纷中各反担保人所担保的数额或范围进行过协商确认，故《还款保证及继续承担保证责任书》因欠缺担保法所规定的保证合同的基本构成要件，不构成新的保证合同关系。霍山安某公司主张《还款保证及继续承担保证责任书》是新的保证合同的上诉理由不能成立，本院不予支持。

案例五：某银行股份有限公司潞城支行、山西省黎城县金某钢铁有限公司金融借款合同纠纷再审审查与审判监督民事裁定书［（2019）最高法民申2274号］

最高人民法院认为：关于晋某建材公司在某银行潞城支行发送的《催收借款通知书》《履行担保责任通知书》签字盖章的行为能否视为晋某建材公司与某银行潞城支行成立新的保证合同的问题。本案中，某银行潞城支行与晋某水泥厂签订了《保证合同》，并未与晋某建材公司签订《保证合同》。根据合同相对性原则，晋某水泥厂应根据该《保证合同》的约定向某银行潞城支行履行相关保证义务。对晋某建材公司多次签收上诉人某银行潞城支行向其发送的《催收借款通知书》《履行担保责任通知书》签字盖章的行为，因晋某建材公司没有明确作出

---

①　编者按：《民法典》第684条。

保证的意思表示，不能视为晋某建材公司与某银行潞城支行形成新的保证合同关系。

3. 保证期间经过后，保证人签收了《催收函》，但是没有在其上签字盖章表示同意的，不构成对案涉债务重新提供保证。

案例六：某银行股份有限公司唐山分行、河北融某担保有限公司金融借款合同纠纷二审民事判决书［（2020）冀民终655号］

河北省高级人民法院认为：融某公司于2019年1月9日收到某银行、天某酒业公司、罗某平签订的《债权债务关系确认函》时保证期间已经届满，对此某银行亦无异议，此时融某公司的保证责任已消灭，不再对案涉债务承担保证责任。《债权债务关系确认函》上虽然有融某公司继续对该笔债务承担连带保证责任的内容，但融某公司并未在《债权债务关系确认函》上签字盖章，应视为融某公司没有对继续为涉案债务提供保证担保的内容予以确认，其与某银行就案涉债务没有构成新的保证合同。2019年2月20日某银行再次给融某公司发出《逾期贷款（垫款）催收通知书》，融某公司收到该通知书后，在给某银行的《回执》上亦没有对案涉债务承担保证责任的表述，依法仍未构成新的保证合同，故对于案涉债务，融某公司的保证责任已消灭，某银行主张融某公司对案涉债务承担连带保证责任没有合同依据，一审未予支持并无不当。

第二节　保证方式

023 保证合同约定债务人“不能偿还债务”与“不能按期偿还债务”是否有区别？

裁判要旨①

保证合同约定债务人“不能偿还”到期债务时保证人承担保证责任的，属于约定客观上债务人确无能力偿还债务的含义，此时可认定保证人承担一般保证

① 案件来源：中国某资产管理公司贵阳办事处与贵阳开某有限责任公司借款合同纠纷二审案［（2008）民二终字第106号　《中华人民共和国最高人民法院公报》2009年第10期（总第156期）］

责任。但是，如果保证合同约定债务人“不能按期偿还”到期债务时保证人承担保证责任的，则不能将其理解为确实无力偿还债务的客观能力的约定，仅是表明到期不能偿还即产生保证责任，此时可认定保证人承担连带保证责任。

案情简介

一、1989年10月6日，某银行黔南布依族苗族自治州中心支行（以下简称黔南中心支行）与贵州某江化肥厂签订《某银行基本建设借款合同》，贵州某江化肥厂向黔南中心支行借款800万元。约定全部贷款到期，贷款方发出逾期通知三个月后，仍未归还，贷款方可以直接从借款方或担保方的各项投资和存款中扣收。开某公司在担保单位一栏中签章。

二、1990年8月至1993年10月，黔南中心支行与贵州某江化肥厂签订四份《某银行借款合同》，贵州某江化肥厂向黔南中心支行借款共计1650万元。上述合同均约定“贷款到期，借款方如不能按期偿还，由担保单位代为偿还”。开某公司在担保单位一栏中签章。

三、上述合同签订后，黔南中心支行均如约支付了借款，贵州某江化肥厂未予偿还。1999年12月4日，黔南中心支行将上述债权转让给中国某资产管理公司重庆办事处。2001年3月27日，中国某资产管理公司重庆办事处又将上述债权转让给某公司贵阳办事处。

四、2004年12月24日，黔南中院依法裁定宣告贵州某江化肥厂破产还债，并于2006年1月17日在《人民法院报》上公告终结贵州某江化肥厂破产还债程序。2007年6月25日，某公司贵阳办事处在黔南中院领取了（2004）黔南民二破字第1-2号民事裁定书。2007年11月2日，某公司贵阳办事处向贵州高院提起诉讼，请求判令开某公司向其履行保证责任，代被保证人贵州某江化肥厂偿还借款本息合计72381616.5元。

五、贵州高院一审判决驳回了某公司贵阳办事处的诉讼请求。某公司贵阳办事处不服，向最高法院上诉。最高法院二审判决支持了原告的诉讼请求。

裁判思路

本案中，某公司贵阳办事处在二审中提出，一审法院认定案涉五个借款合同中的保证责任方式为一般保证是错误的，最高法院判决支持了某公司的观点。最高法院认为：借款合同中存在的两种表述，都表达了保证人承担保证责任的条件是借款人"不能按期"偿还债务，而非借款人"不能"偿还债务。该"不能"字样是与"按期"结合在一起使用，不能将其理解为确实无力偿还借款的客观能力的约定，仅是表明到期不能偿还即产生保证责任，应认定为连带保证责任。开某公司主张借款合同中的上述表述是一般保证的主张，未获最高法院支持。

经验总结

1. 合同的措辞何其重要，在本案中几乎被无限放大。一字之差，就是霄壤之别。本案中，最高法院认为，当保证合同中约定的保证人承担保证责任的条件为债务人"不能偿还"债务的，是将债务人客观上不能偿还债务作为保证人承担保证责任的条件。此时，为一般保证，保证人享有先诉抗辩权。但如果保证合同中约定的保证人承担保证责任的条件为债务人"不能按期偿还"债务的，不能理解为是将债务人客观上不能偿还债务作为保证人承担保证责任的条件。只是说明一旦债务人到期不能偿债，债权人即有权要求保证人承担保证责任。也即，此时的保证为连带责任保证。

由此可见，多了"按期"两个字，导致法律关系的性质发生根本性变化，对当事人的权利义务影响之巨，自不待言。因此，律师在合同审查、法律文书起草及法律意见书制作过程中，专业准确的措辞，事关当事人的是非成败，是一个律师职业水平最集中的体现，必须认真对待。

本案也再次提醒所有的市场参与主体，在从事交易时，一定要慎之又慎，务必反复研究设计包括合同文件、往来信函在内的一切文书内容。涉及重大交易时，一定要委托律师或者专业法务人员对文书内容进行审核。切莫"贪小便宜"，自己"动手"制定合同甚至照抄照搬网上的合同"模板"，导致合同内容与交易预设发生重大偏差，进而面临巨大的交易风险。

2. 本案也提醒我们，在担保合同中对于担保方式的约定，必须清楚明确。如果没有约定或者约定不明，根据《担保法》第十九条①的规定，一律认定为连带责任保证。因此，作为保证人，必须清楚签订保证合同的风险，切勿在保证责任承担方式的问题上"打马虎眼"，切莫企图通过模糊措辞来争取"有利地位"，否则将适得其反。

---

① 编者按：《民法典》第686条第2款。

相关法条

《中华人民共和国民法典》(2021 年 1 月 1 日施行)

第六百八十六条　保证的方式包括一般保证和连带责任保证。

当事人在保证合同中对保证方式没有约定或者约定不明确的，按照一般保证承担保证责任。

第六百八十七条　当事人在保证合同中约定，债务人不能履行债务时，由保证人承担保证责任的，为一般保证。

一般保证的保证人在主合同纠纷未经审判或者仲裁，并就债务人财产依法强制执行仍不能履行债务前，有权拒绝向债权人承担保证责任，但是有下列情形之一的除外:

(一) 债务人下落不明，且无财产可供执行;

(二) 人民法院已经受理债务人破产案件;

(三) 债权人有证据证明债务人的财产不足以履行全部债务或者丧失履行债务能力;

(四) 保证人书面表示放弃本款规定的权利。

第六百八十八条　当事人在保证合同中约定保证人和债务人对债务承担连带责任的，为连带责任保证。

连带责任保证的债务人不履行到期债务或者发生当事人约定的情形时，债权人可以请求债务人履行债务，也可以请求保证人在其保证范围内承担保证责任。

《最高人民法院关于适用〈中华人民共和国民法典〉有关担保制度的解释》(法释〔2020〕28 号　2021 年 1 月 1 日施行)

第二十五条　当事人在保证合同中约定了保证人在债务人不能履行债务或者无力偿还债务时才承担保证责任等类似内容，具有债务人应当先承担责任的意思表示的，人民法院应当将其认定为一般保证。

当事人在保证合同中约定了保证人在债务人不履行债务或者未偿还债务时即承担保证责任、无条件承担保证责任等类似内容，不具有债务人应当先承担责任的意思表示的，人民法院应当将其认定为连带责任保证。

裁判意见

以下为最高法院在“本院认为”部分就此问题发表的论述:

一、关于本案开某公司提供保证的方式

本案中，开某公司提供的保证在借款合同中有两种表述：一是黔信字第4号《借款合同》的表述是："全部贷款到期，贷款方发出逾期通知三个月后，仍未归还，贷款方可以直接从借款方或担保方的各项投资和存款中扣收。"二是黔信字第5号、(91)贷字第009号、(92)建贷字第2号、(93)匀建贷字第2号《借款合同》的表述是："贷款到期，借款方如不能按期偿还，由担保单位代为偿还，担保单位在接到黔南中心支行还款通知三个月后仍未归还，黔南中心支行有权从借款方或担保单位的投资或存款户中扣收，或委托其他金融机构扣收。"此外，开某公司还就(93)匀建贷字第2号《借款合同》向黔南中心支行出具《借款担保书》，承诺"当借款单位不能履行借款合同如期偿还借款本息条件时，本公司(厂)将无条件承担责任，保证按照借款合同的规定，代借款单位偿还所欠借款本息。本担保书不可撤销。本担保书作为(93)匀建贷字第2号借款合同的附属文件，其有效期直至全部还清借款单位应归还借款本息为止。"区分连带责任保证和一般保证的重要标志就是保证人是否享有先诉抗辩权，即债权人是否必须先行对主债务人主张权利并经强制执行仍不能得到清偿时，方能要求保证人承担保证责任。上述借款合同中的第一种表述，只要贷款达到约定期限仍未归还，即将担保方与借款方的责任一并对待，并未区分保证人应否在主债务人客观偿还不能，即先向主债务人主张权利不能后，方承担保证责任，因此，此处保证责任约定是清楚的，为连带责任保证。上述借款合同中的第二种表述有"不能"字样，如单纯使用"不能"字样，则具有客观上债务人确无能力偿还借款的含义，此时保证人方承担保证责任可以认定为一般保证责任。但是，该"不能"字样是与"按期"结合在一起使用，则不能将其理解为确实无力偿还借款的客观能力的约定，仅是表明到期不能偿还即产生保证责任。因此，第二种表述亦应认定为连带保证责任。至于开某公司为(93)匀建贷字第2号借款合同提供的《借款担保书》则更为明确地将保证责任界定为无条件承担，亦为约定清楚的连带责任保证。综上，本案讼争的保证责任为连带责任保证。由于本案讼争借款的主债务人贵州某江化肥厂已经破产，且破产程序已经终结，即使借款合同约定为一般保证责任，此时保证人的责任因主债务人的破产也已经产生。

延伸阅读

以下是我们在类案检索过程中发现的，有关如何认定当事人保证方式之约定的案例：

案例一：北京某信托有限公司、山西某集团阳泉有限公司债权转让合同纠纷二审民事判决书［（2017）最高法民终460号］

最高人民法院认为：根据《承诺函》第2条，阳某公司向北京某信托公司承诺："自信托计划成立之日起二十四（24）个月（或根据主合同约定延长后的期限）届满时，或者贵公司依据相关文件要求金某汇才提前履行股权收益权回购义务、支付回购价款时，若金某汇才未能向贵公司支付全部股权收益权回购价款（回购价款包括贵公司向金某汇才支付的全部股权收益权转让价款及对应的投资溢价款，具体金额根据主合同相关条款计算），则我公司在贵公司通知后立即向贵公司购买届时贵公司在主合同项下对金某汇才享有的全部债权（以下简称'标的债权'），标的债权应包括届时金某汇才根据主合同应支付但尚未支付的全部款项。"阳某公司承诺购买相关债权的条件，是金某汇才公司违约，未能向北京某信托公司支付全部股权收益权回购价款。至于"未能"是主观不愿意履行还是客观能力达不到，合同并未约定和考量。只要是金某汇才公司客观上达到了未履行的结果，北京某信托公司向阳某公司发出购买债权的通知，阳某公司即应立即购买标的债权。且《承诺函》第4条称："我公司承诺，任何事由均不能减损我公司根据本承诺函向贵公司购买标的债权及支付标的债权转让价款的义务。只要本承诺函第2条约定的条件满足，贵公司无须先行使任何担保文件项下的权利，即可要求我公司履行购买标的债权并支付标的债权转让价款的义务。"根据该条承诺，阳某公司明确表示无须北京某信托公司行使任何担保文件项下的权利即应购买标的债权并支付转让价款。更进一步印证了《承诺函》第2条所称"金某汇才公司未能向北京某信托公司支付全部股权收益权回购价款"是指金某汇才公司客观上达到了未履行的结果。综上，一审法院关于因北京某信托公司未能提供金某汇才公司在客观上没有能力履行《回购合同》项下债务的相应证据，而不能证明《承诺函》第2条所约定的条件已经成就的认定，与事实不符，本院予以纠正。

案例二：周某政诉鹤壁市金某投资管理有限公司等民间借贷纠纷案［（2017）最高法民申2406号］

最高人民法院认为：《担保法》第十七条①规定“当事人在保证合同中约定，债务人不能履行债务时，由保证人承担保证责任的，为一般保证”，指的应是当事人明确约定在债务人客观上无力偿还借款时保证人方承担保证责任的情况下，保证人承担一般保证责任，故区分一般保证与连带保证的关键在于当事人是否明确约定了保证人享有先诉抗辩权。本案中，《保证借款合同》第五条约定：陈某远不能按期向金某公司履行偿还义务的，由周某政代陈某远履行偿还本息的义务。表明双方当事人就案涉保证责任达成的合意是只要陈某远未按期偿还借款，周某政即应向金某公司承担保证责任，没有陈某远无力偿还才由周某政承担保证责任的意思表示，周某政并不享有先诉抗辩权。因此，二审法院认定周某政对《保证借款合同》项下债务承担连带保证责任，法律适用正确。

案例三：王某江与靳某华保证合同纠纷一案民事判决书［（2020）黑10民终922号］

牡丹江市中级人民法院认为：关于上诉人承担的为一般保证责任还是连带保证责任问题。上诉人王某江、靳某华上诉称借据载明“到期还不上由担保人还”，上诉人应承担一般保证责任而非连带保证责任。根据《担保法》第十七条②规定“当事人在保证合同中约定，债务人不能履行债务时，由保证人承担保证责任的，为一般保证”。这个“不能”是指债务人没有能力以其自身财产清偿债务，而借据中约定的“到期还不上”是以债务人未能按期偿付债务为前提，是一个时间期限，并不代表债务人没有能力偿还债务，因此并不能视为承诺一般保证责任的约定，而是属于未明确约定保证方式。根据《担保法》第十九条③规定“当事人对保证方式没有约定或者约定不明确的，按照连带责任保证承担保证责任”。故一审法院认定上诉人王某江、靳某华对案涉债务承担连带保证责任并无不当，上诉人关于其应当承担一般保证责任的上诉理由不能成立，本院不予支持。

---

①② 编者按：《民法典》第687条。

③ 编者按：《民法典》第686条第2款。

案例四：海拉尔农某（集团）有限责任公司、中某京诚工程技术有限公司建设工程施工合同纠纷再审审查与审判监督民事裁定书［（2019）最高法民申3600号］

最高人民法院认为：《中华人民共和国担保法》第十七条①第一款规定："当事人在保证合同中约定，债务人不能履行债务时，由保证人承担保证责任的，为一般保证。"本案海农集团公司出具的两份《担保书》均约定，在特某公司不能按照案涉建设工程施工合同约定支付工程款时，海农集团公司承担支付义务。该约定与上述法律规定的情形并不相符。二审法院以该《担保书》约定在特某公司"不能按合同约定"支付工程款时，海农集团公司承担支付义务，以及未明确约定海农集团公司的保证形式，亦未明确约定海农集团公司享有先诉抗辩权为由，认定海农集团公司的保证形式为连带保证，并在主债务人未按合同约定支付工程款的情况下，判令海农集团公司对案涉债务承担连带保证责任，并无不妥。海农集团公司关于《担保书》约定的系一般保证，其对案涉债务不应承担连带保证责任的主张缺乏事实和法律依据。

案例五：陈某明、菏泽市中某房地产开发有限公司民间借贷纠纷再审审查与审判监督民事裁定书［（2018）最高法民申2968号］

最高人民法院认为：关于中某公司提供的保证系一般保证还是连带责任保证的问题。《担保法》第十七条②规定："当事人在保证合同中约定，债务人不能履行债务时，由保证人承担保证责任的，为一般保证。"本案中，中某公司在其提供的《抵押借款互保声明书》上明确载明：在债务人华某公司对陈某明的借款"到期无法偿还"的情况下，中某公司承担为华某公司偿还所有款项的责任。本院认为，上述表述表明了中某公司保证责任承担的顺序性，中某公司仅在借款到期、且华某公司无法偿还，即客观不能偿还借款的情况下方才承担保证责任，而非债务到期、华某公司未偿还债务时，中某公司即无条件承担偿还借款的责任。因此，中某公司提供的系一般保证，而非连带责任保证，二审法院认定并无不当。

---

①② 编者按：《民法典》第687条。

024 保证担保与债务加入的区别和法律效果有何不同?

裁判要旨①

从合同文义、目的、双方当事人的后续履行事实，以及双方当事人与系列交易安排的利益关联程度等综合分析，不能确定第三人有加入债务的意思表示的，应当认定为保证。

案情简介

一、2008 年 2 月 4 日，新某公司意从瑞安中某公司手中收购 MB 公司 100% 的股权，遂与瑞安中某公司签订了《收购协议》。在股权交割之前，瑞安中某公司向 MB 公司提供了本金 11199990 美元的股东贷款。

二、2011 年 8 月 26 日，为解决股东贷款的偿还事项，新某公司、瑞安中某公司、某天公司、MB 公司等签订《五方协议》。

三、《五方协议》第 2.2.3 条约定："某天公司应当对 MB 公司向瑞安中某公司偿还第一笔股东贷款中的 11199990 美元的本金及利息承担连带保证责任"；与此同时，《五方协议》第 4.2 条又约定："若截至 2012 年 2 月 11 日，股东贷款中有任何应付未付余额尚未被偿付，新某公司、MB 公司和某天宏业应当就该等余额的偿付承担连带责任。"

四、MB 公司到期未清偿股东贷款，瑞安中某公司遂于香港高等法院单独起诉 MB 公司要求其还款。2012 年 3 月 26 日，香港高等法院判决 MB 公司向瑞安中某公司支付欠付的借款本金及利息。但 MB 公司未履行该判决。

五、2016 年 5 月 30 日，瑞安中某公司将某天公司诉至北京市高级人民法院，以某天公司加入案涉债务为由，要求某天公司承担债务清偿责任。北京市高级人民法院认为，某天公司为案涉债务保证人，并非加入债务，因保证期间已过，判决某天公司不承担任何责任。

六、瑞安中某公司不服，上诉至最高人民法院，最高人民法院二审判决驳回瑞安中某公司上诉，维持原判。

---

① 案件来源：瑞安中某地产有限公司、北京某天宏业公司合同纠纷二审民事判决书［（2019）最高法民终 1178 号］

裁判思路

本案的核心争议在于某天公司应当承担的法律责任的性质是“连带责任保证”还是“债务加入”，对此，最高人民法院认为：

首先，从相关法律适用方面分析。债务加入是指第三人承诺由其履行债务人的债务，但同时不免除债务人履行义务的并存债务承担方式。而在担保法律关系中，保证人承担的仅是从债务义务，与主债务内容不一定完全一致。第三人的债务加入不仅对债务承担本身的稳定性影响很大，而且承担的债务责任也较之连带责任保证要加重许多。因此，除非第三人明确其承担债务的方式是债务加入，否则应当认定为保证。

其次，从涉案合同约定内容分析。《五方协议》第 2.2.3 条明确约定，某天公司承担的责任是“担保”，是“连带责任保证”。虽然《五方协议》第 4.2 条将某天公司、MB 公司、新某公司对案涉债务的清偿一并表述为“承担连带责任”，但在合同第 2.2.3 条已经对债务承担方式作出了具体、明确的约定，故不能仅依据第 4.2 条认定为某天公司作出了加入债务的意思表示。

再次，从当事人履约行为分析。《五方协议》签订后，某天公司与瑞安中某公司的工作人员曾对还款事项进行了多次沟通。在还款协议的拟定稿（未实际签署）中，明确载明某天公司承担的是“连带保证责任”；瑞安中某公司亦未在任何文件中涉及对某天公司债务责任承担方式的具体约定。

最后，从交易安排的利益关联程度分析。瑞安中某公司主张某天公司从瑞安中某公司的借款中获取巨额收益，据此佐证某天公司具有加入债务的原因。瑞安中某公司出借的股东借款中，确有部分为某天公司实际使用；但是，MB 公司是某天公司的实际控股股东，瑞安中某公司是交易安排的实际受益人，而非某天公司。

综上所述，瑞安中某公司未能证明某天公司曾作出“债务加入”的明确意思表示，瑞安中天公司应当对案涉债务承担保证责任。

经验总结

1. 连带责任保证与债务加入在债务承担方式上存在重大差异。债务加入是第三人承诺由其履行债务人的债务，但同时不免除债务人履行义务的并存债务承担方式，适用《民法典》第五百五十二条的规定；保证责任则适用《民法典》第三编第十三章关于保证合同的相关规定，二者在责任承担方式上存在重大差异。保证责任适用《民法典》中关于担保从属性、先诉抗辩权、保证期间、保证人追偿权等规定，而债务加入则不适用相关规定。债务承担人并非从债务人，而是共同债务人，与原债务人无主次之分，无需待债务人迟延履行，债务承担人即具有完全清偿债务的义务。相较于保证，第三人加入债务对第三人的责任更重。因此，债权人在拟定债务增信文件时，应当明确对二者进行区分，避免产生争议。

2. 无论增信承诺文件名称为何，均应当首先通过文义判断其属于保证还是债务加入。通常情况下，明确的措辞足以显示当事人的真实意思表示。在增信承诺文件中明确适用“保证”或者“债务加入”措辞，或明确约定了保证期间、保证方式的，应当根据文义优先的原则判断法律关系的属性。

3. 在根据承诺文件难以确定是保证还是债务加入的情况下，人民法院应当认定为保证。《民法典担保制度解释》第三十六条规定：“……第三人提供的承诺文件难以确定是保证还是债务加入的，人民法院应当将其认定为保证……”实践中，在承诺文件约定不明的情况下，人民法院将根据承诺文件的文义、合同目的、合同条款内容、双方当事人的后续履行事实，以及双方当事人与系列交易安排的利益关联程度等综合分析，以判断承诺文件的性质是保证还是债务加入。如第三人并未明确表示其行为是“债务加入”，且第三人愿意承担的债务事实上具有从属性的特征，或有明确其债务应当在主债务人未清偿债务时承担，则该第三人对主债务承担的责任应当被认定为保证责任。

相关法条

《中华人民共和国民法典》（2021 **年** 1 **月** 1 **日施行**）

第五百五十二条 第三人与债务人约定加入债务并通知债权人，或者第三人向债权人表示愿意加入债务，债权人未在合理期限内明确拒绝的，债权人可以请求第三人在其愿意承担的债务范围内和债务人承担连带债务。

第六百八十一条 保证合同是为保障债权的实现，保证人和债权人约定，当债务人不履行到期债务或者发生当事人约定的情形时，保证人履行债务或者承担责任的合同。

第六百八十二条 保证合同是主债权债务合同的从合同。主债权债务合同无效的，保证合同无效，但是法律另有规定的除外。

保证合同被确认无效后，债务人、保证人、债权人有过错的，应当根据其过错各自承担相应的民事责任。

《最高人民法院关于适用〈中华人民共和国民法典〉有关担保制度的解释》（法释〔2020〕28号 2021年1月1日施行）

第三十六条 第三人向债权人提供差额补足、流动性支持等类似承诺文件作为增信措施，具有提供担保的意思表示，债权人请求第三人承担保证责任的，人民法院应当依照保证的有关规定处理。

第三人向债权人提供的承诺文件，具有加入债务或者与债务人共同承担债务等意思表示的，人民法院应当认定为民法典第五百五十二条规定的债务加入。

前两款中第三人提供的承诺文件难以确定是保证还是债务加入的，人民法院应当将其认定为保证。

第三人向债权人提供的承诺文件不符合前三款规定的情形，债权人请求第三人承担保证责任或者连带责任的，人民法院不予支持，但是不影响其依据承诺文件请求第三人履行约定的义务或者承担相应的民事责任。

裁判意见

本案双方当事人争议的主要焦点为某天公司是应当承担连带责任保证，还是应当承担"债务加入"的连带还款责任的问题。继而涉及瑞安中某公司的诉讼请求是否成立，是否应予支持的问题。对此，原审法院认为，某天公司应当承担的连带还款责任的性质应认定为连带责任保证。理由如下：

（一）从相关法律适用方面分析

债务加入是指第三人承诺由其履行债务人的债务，但同时不免除债务人履行义务的并存债务承担方式。第三人与债务人针对内容完全一致的债务承担共同偿还责任，且其作为债务偿还共同主体的地位同等。因此，债务加入中的"连带责任"没有主从责任之分，而保证责任与之截然不同。依照《担保法》第六条①："本法所称保证，是指保证人和债权人约定，当债务人不履行债务时，保证人按照约定履行债务或者承担责任的行为"之规定，当主债务人不履行债务时，保证人才按照约定履行债务或者承担责任。且主从债务责任分明，即使在连带责任保

① 编者按：《民法典》第681条。

证中，保证人承担的亦仅是从债务义务，保证债务与主债务内容不一定完全一致。由此可见，第三人的债务加入不仅对债务承担本身的稳定性影响很大，而且承担的债务责任也较之连带责任保证要加重许多。因此，债务加入必须是第三人作出明确意思表示，如明确的合同约定或者明确的单方承诺等等，否则不能认定构成债务加入。如果第三人只是愿意作为保证人为原债务关系的债务作出某种担保，则应当认定为第三人承担连带责任保证，而非承担并存债务的“连带责任”。

（二）从涉案合同约定内容分析

本案《五方协议》第二条“第一笔股东贷款的偿还”，专门是就涉案股东贷款的具体偿还及担保方式进行约定的条款。其中“2.2.3：担保”中明确约定“各方同意，以符合中国法律规定为限，某天公司应当对MB公司向瑞安中某公司偿还第一笔股东贷款中的11199990美元的本金及利息承担连带保证责任”。对于双方产生歧义的《五方协议》第4.2条，原审法院认为，第一，从合同整体结构讲，其属于第四条对“额外补偿款项”进行具体约定的条款。第二，从条款内容分析，其涉及新某公司、MB公司和某天公司三者债务责任如何承担的问题。其中，MB公司作为主债务人承担全部债务清偿责任不容置疑；按照《五方协议》“2.2.1：本金的清偿。各方同意，在某天宏业、MB或新某公司没有违反各自在其签订的银行贷款合同项下的还贷义务的情况下，当某天宏业出售目标物业（即华普中心大厦项目）之后或新某公司出售持有MB的全部股权单位交易交割同时，新某公司需保证MB向CCP（瑞安中某公司）偿清第一笔股东贷款中的11199990美元的本金及截至2010年6月28日止759882.34美元的利息”之约定，新某公司作为MB公司的全资控股股东，承担的是保证责任（保证方式另当别论）而非债务加入的共同债务责任；按照《五方协议》“2.2.3：担保”的约定，某天公司明确承担的是连带责任保证。因此，虽然第4.2条前半部分关于“若截至2012年2月11日，股东贷款中有任何应付未付余额尚未被偿付，新某公司、MB和某天宏业应当就该等余额的偿付承担连带责任”的内容，看似对新某公司、MB公司和某天公司的债务责任承担方式一并表述为“连带责任”，但是在《五方协议》上述第二条的条款中均已经对三者的债务责任承担方式作出明确约定，且在无确实充分的证据证明某天公司已作出“债务加入”的明确意思表示的情况下，不能将第4.2条前半部分内容理解为是对某天公司债务加入的约定，更不能据此认定某天公司应承担“债务加入”的并存债务责任。因此，原审法院对某天公司关于《五方协议》第4.2条的解释意见予以采纳。

（三）从合同签订后，本案双方当事人的履约行为分析

在《五方协议》签订之后，某天公司与瑞安某业签订的《谅解备忘录》“一、背景”中，明确载明“根据2011年8月26日瑞安中某公司与某天宏业、MB公司、新某公司、亿某公司签署的《五方协议》，就MB公司在被新某公司收购之前自瑞安中某公司借来的11199990美元（大约人民币7000万元）贷款（股东贷款）本金和利息，某天宏业同意以符合中国法律为限，承担连带保证责任”。时隔三年后，在张某发给曾某的电子邮件附件《款项偿付协议》（瑞安中某公司拟与某天公司签订稿）讨论稿的“鉴于”中亦载明：“根据甲方（瑞安中某公司）、乙方（某天公司）及MB与其他相关方于2011年8月26日签署的《协议》（《五方协议》）的约定，乙方同意就MB向甲方偿还未偿股东贷款的本金及利息承担连带保证责任。”虽然双方并未实际签订《款项偿付协议》，但上述《谅解备忘录》和《款项偿付协议》讨论稿等双方后续沟通协商的往来文件中，均明确了《五方协议》就某天公司债务责任承担方式约定为连带责任保证这一事实。足以佐证《五方协议》签约各方就某天公司的债务责任承担方式的真实意思表示应为连带责任保证。相反，瑞安中某公司提交的曾某发给张某的电子邮件附件《备忘录》讨论稿中，关于某天公司应确保不低于人民币6亿元但不超过人民币8亿元金额的款项，用于清偿某天公司及其关联方对瑞安某业、瑞安中某公司等相关债权人所负债务的内容，并未涉及对某天公司债务责任承担方式的具体约定，更不能佐证某天公司曾作出“债务加入”的明确意思表示。

（四）从交易安排的利益关联程度分析

瑞安中某公司主张MB公司和某天公司从第一笔股东贷款中获取了巨额利益，这也是某天公司在《五方协议》中承诺作为“债务加入”方承担共同债务连带责任的原因等。对此，原审法院认为，虽然瑞安中某公司将本案所涉11199990美元款项借给MB公司的目的，是作为某天公司取得某银行贷款的质押担保，某天公司也已将东亚银行的人民币8000万元贷款投入其名下的房地产项目中。但是，在瑞安中某公司与新某公司签订的《收购协议》中，对上述交易安排的目的均予以明确，即瑞安中某公司将其持有的MB公司100%股权转让给新某公司，从而使新某公司成为MB公司股东及其控股100%股权的全资子公司某天公司的间接股东，并间接收购某天公司名下有关华普中心大厦房地产项目的相应权益。且瑞安中某公司从上述交易安排中实际获取了巨额对价。因此，瑞安中某公司其时作为MB公司的全资控股股东和某天公司的实际控股股东，系上述

系列交易的具体安排者，亦是上述系列交易的真正受益人，而并非某天公司。故瑞安中某公司以某天公司从第一笔股东贷款中获取了巨额利益为由，主张某天公司在《五方协议》中承诺承担“债务加入”的共同债务连带责任的理由，不能成立。

综上，原审法院结合相关法律适用、合同目的、合同条款内容、双方当事人的后续履行事实，以及双方当事人与系列交易安排的利益关联程度等综合分析，认定本案某天公司承担连带还款责任的性质应为连带保证责任。故瑞安中某公司以“债务加入”为由，主张中天公司对瑞安中某公司负有“连带清偿义务”，并据此提出本案诉讼请求，无事实依据和法律依据，应予驳回。

延伸阅读

在检索大量类案的基础上，我们发现，在《民法典》适用之前，连带责任保证与债务加入进行混淆的现象普遍存在，且人民法院所适用的裁判观点不一。对此，我们总结相关裁判规则如下，供读者参考：

1. 承诺文件有共同承担债务意思的，应当认定为债务加入

案例一：庄某霖、詹某金融借款合同纠纷二审民事判决书［（2020）最高法民终10号］

本案各方当事人上诉争议的主要问题是，庄某霖、詹某出具《共同还款承诺书》的真实意思表示是否为承担连带责任保证。探寻诉争当事人签订案涉《共同还款承诺书》的真实意思表示，应当适用《合同法》第一百二十五条[①]第一款规定，即：“当事人对合同条款的理解有争议的，应当按照合同所使用的词句、合同的有关条款、合同的目的、交易习惯以及诚实信用原则，确定该条款的真实意思。”

首先，案涉《共同还款承诺书》第一段载明：“我自愿作为编号为×××流动资金借款合同项下的所有债务的共同还款人。”该承诺书词句文义清晰，庄某霖、詹某以“共同还款人”身份作出承诺。承诺书第二段载明：“如云南绿某商贸有限公司到期不能归还借款本息，我愿与其共同归还所欠贷款本息及一切相关费用，直至贷款本息结清。”该段系承诺人对债务履行条件的承诺。庄某霖、詹某作为“共同还款人”与债务人共同承担还款责任。当事人对履行顺序的约定，

① 编者按：《民法典》第510条。

不构成认定保证责任的事由。统揽该等承诺书，通篇没有使用“保证”字句，无论从字面还是从文义均不能解读出该等承诺书有“保证”的真实意思表示。

其次，庄某霖、詹某在出具《共同还款承诺书》当日，还分别与黑某铺信用社就同一份借款合同签订《保证合同》。该《保证合同》对主债权、保证方式(连带责任保证)、保证范围、保证期间等作了详细约定。如果当事人签订《共同还款承诺书》的真实意思表示也是订立保证合同，则意味着当事人为了设立保证，在同一天分别签订了两个保证合同，不具有法律意义，也与常理不符。当事人于同一天为同一债务分别签署《保证合同》《共同还款承诺书》两份内容不同、互相独立的法律文件，不能推定二者具有相同法律效果……

再次，签署案涉承诺书时，庄某霖持有闽某公司12%的股份，后退出该公司；詹某持有闽某公司15%的股份至今，且担任监事。闽某公司为案涉借款提供连带责任保证并以其权属证号为×××两块土地使用权提供抵押担保。闽某公司的股东罗某宝、黄某兴、庄某霖、詹某在股东会决议中签名同意公司以该两块土地使用权提供抵押担保。庄某霖、詹某签署《共同还款承诺书》的目的是保障案涉借款出借人实现债权，帮助债务人顺利取得案涉贷款。庄某霖、詹某是否因案涉借款获得利益，并非本案合同目的。债务加入人与债务人或其控制人是否存在利益关系，也不是认定债务加入必须考察的要件。庄某霖、詹某以其与案涉借款无利益关系为由否定债务加入，缺乏理据。

复次，庄某霖主张2014年4月23日《法定代表人共同还款承诺书》等六份承诺书虽然名为“共同还款”或“共同兑付”承诺书，但正文中均有承诺人“承担无限连带保证责任”的表述，足以证明在黑某铺信用社提供的格式文本及交易习惯中，“共同还款”就等于“连带保证责任”。经查，该六份承诺书是案涉贷款之前次贷款的法律文件，并非本案流动资金借款合同项下的法律文件。该六份“共同还款”承诺书中明确记载承诺人“承担无限连带保证责任”，但本案借款合同项下林某真、庄某霖、詹某等六人签署的案涉六份《共同还款承诺书》均无“承担无限连带保证责任”的表述，“共同还款”并未被稳定、连贯地用来指代“连带保证”，当事人亦未形成交易习惯。庄某霖、詹某不是绿某公司股东，绿某公司2015年3月18日《股东会决议》所记载的内容，与庄某霖、詹某无关。闽某公司2015年3月18日《股东会议决议》，庄某霖、詹某虽以股东身份签字，但该决议共两项内容：第一项为股东同意用该公司名下两块土地使用权为案涉借款提供抵押担保，第二项为“我公司再作为该笔贷款的共同还款人，对该笔贷款承担100%连带责任保证担保。”该决议系股东就公司对外担保事项作出的安排，与庄某霖、詹某作为个人对外作出保证或债务加入行为无关。该两份决议内容不足以证明庄某霖、詹某签署承诺书的真实意思表示系承担保证责任，亦不足以证明“共同还款”即指“连带保证”，抑或当事人在交易中形成该等交易习惯。另，在案涉贷款之前次贷款中，闽某公司于2014年4月23日签署《抵押合同》的同时，也签署了《抵押承诺书》。该两份文件意思表示清晰，均系对抵押事项的约定，但该等事实不足以推定本案《共同还款承诺书》的意思表示即为保证。本案《共同还款承诺书》文本由黑某铺信用社提供，构成黑某铺信用社分别对庄某霖、詹某的要约。黑某铺信用社主张其与庄某霖等在签订《保证合同》的同时要求庄某霖等出具《共同还款承诺书》，是为保障贷出资金安全而采取的保证和债务加入并行的“双保险”措施，是信用总社的借贷习惯做法，并非不合情理。庄某霖、詹某该等交易习惯抗辩主张不成立。

……

综上所述，庄某霖、詹某关于《共同还款承诺书》系其承担连带保证责任意思表示的上诉理由不成立，因而其关于保证期限已过、案涉借款存在“借新还旧”，庄某霖、詹某不应承担保证责任的上诉理由，也无从成立。

2. 承诺文件约定债权人无需先向原债务人主张债权，且可以直接选择由债务承担人偿还债务的，应当视为债务加入

案例二：张某良、张某双借款合同纠纷再审民事判决书［（2019）最高法民再316号］

张某双加入债务的行为是为了保证张某良债权的实现，但《还款计划保证协议书》约定的内容并非担保法意义上的保证，张某双与午某阳光公司之间亦不是保证人与债务人的关系，而是并存式债务承担中共同债务人的关系。债务加入与保证的本质区别在于债务承担人并非从债务人，而是共同债务人，与原债务人无主次之分，债权人为实现其债权，可以直接选择由债务承担人偿还债务，无需待债务人迟延履行，债务承担人即具有完全清偿债务的义务，其履行的法律效果及于债务人，而保证人则是在主债务迟延履行时方承担责任。综上，案涉《还款计划保证协议书》虽名含“保证”字样，但名不符文，根据《中华人民共和国合同法》第一百二十五条①第一款关于“当事人对合同条款的理解有争议的，应当

① 编者按：《民法典》第510条。

按照合同所使用的词句、合同的有关条款、合同的目的、交易习惯以及诚实信用原则，确定该条款的真实意思”的规定，案涉《还款计划保证协议书》的性质不是保证合同，而是债务加入协议，张某双的法律身份不是保证人，而是债务承担人，张某双应向张某良偿还《还款计划保证协议书》约定的债务，该还款承诺非经债权人张某良许可，不得撤回。

3. 增信承诺文件中，承诺人仅承诺“承担连带责任”的，可以被认定为债务加入

案例三：勋某海运有限公司、利某石油有限公司船舶物料和备品供应合同纠纷再审审查与审判监督民事裁定书［（2020）最高法民申 2145 号］

本案所涉《供油凭证》所备注的内容为：“此单上加盖船章的受油船，视为同意为本次加油款的支付承担连带责任”，该表述是勋某公司对加油款的清偿作出的明确承诺，并无对中某公司履行债务提供保证的意思表示，因此《供油凭证》上的批注内容符合债务加入的特征，原判决对此认定正确，并无不当。

勋某公司主张《供油凭证》上批注与《单次供销合同》相印证，证明勋某公司应承担连带保证责任。《单次供销合同》第五条约定“加盖实际受油船船章的船公司对本次加油承担连带责任，保证期间为应付款之日起两年”，但《单次供销合同》的签订方为利某公司与中某公司，勋某公司并非该合同当事人，因此该合同不能作为勋某公司与利某公司建立担保法律关系的依据。勋某公司与利某公司的法律关系应以勋某公司签字盖章的《供油凭证》内容为准，原判决的认定，并无不当。

案例四：金某投资控股有限公司、科某投资有限公司借款合同纠纷二审民事判决书［（2020）最高法民终 295 号］

根据《差额补足协议》约定，金某公司、朱某宁已充分知晓其在案涉《借款合同》项下的全部义务及风险，并承诺将无条件履行《借款合同》项下可能产生的科某公司所获取的固定收益及本金的差额补足义务，金某公司、朱某宁对上述义务承担无限连带责任。《差额补足协议》并未明确约定金某公司、朱某宁系为《借款合同》项下亿某公司的债务提供保证担保，且从《差额补足协议》约定看，差额补足人的差额补足义务不具有债务从属性，一审判决认定金某公司、朱某宁属于债务加入，并无不当。金某公司关于其在《差额补足协议》中提供的仅为一般保证责任的主张，缺乏事实和法律依据，本院不予支持。朱某宁为金某公司持股 90% 的股东，其作为金某公司法定代表人、大股东代表金某公司在《差额补足协议》上签字确认所作出的债务加入的意思表示，合法有效。一审判决判令金某公司承担连带责任，并无不妥。

案例五：陈某、永某煤电控股集团上海有限公司合同纠纷再审审查与审判监督民事裁定书［（2019）最高法民申1906号］

关于案涉协议书约定的无限连带责任的性质问题。永某公司作为甲方与作为乙方的南某公司签订的案涉协议书第二条约定："乙方法人代表陈某先生承诺除原定法律与经济责任外，将以个人资产就此项贸易承担无限的连带责任。"该协议书并未明确上述"无限的连带责任"是基于陈某为案涉债务提供担保产生的责任，也未体现南某公司因案涉贸易产生的债务与陈某承诺承担连带责任的债务之间存在主从关系。根据案涉协议书的约定，结合陈某为南某公司持股95%股东的实际情况，二审判决陈某就案涉南某公司的债务承担连带清偿责任，并无不当。陈某关于案涉协议书第二条约定的陈某承担的连带责任的性质为保证责任的主张，缺乏事实和法律依据，不能成立。

4. 保证人不因承诺对债务承担"第一责任"而产生债务加入的效果

案例六：龙某商联进出口有限公司、毛某敏民间借贷纠纷再审审查与审判监督民事裁定书［（2020）最高法民申763号］

商联公司与港都公司、毛某敏于2014年1月17日签订《借款合同》，该合同明确约定，毛某敏作为保证人对港都公司的借款提供保证，并约定了保证方式和保证范围，毛某敏亦在保证人处签名捺印。该合同约定的内容明确，系各方当事人真实意思表示，对各方均具有法律约束力。毛某敏系保证人而非共同借款人，其应承担的是保证责任。2014年1月17日，港都公司向商联公司出具《借据》，明确记载："兹有港都公司向商联公司借款1500万元"，即明确借款人是港都公司，并未将毛某敏变更为共同借款人，亦无毛某敏加入案涉借贷关系的意思表示。债务加入需加入债务关系人有明确承担债务的意思表示，虽然毛某敏在《借据》空白处签名捺印，但不能据此认定其是共同借款人。毛某敏于2014年1月17日出具的《责任人确认书》，载明"本人对此笔借款承担第一责任。如借款发生不良，由本人负责赔偿"，其中关于"第一责任"的表述亦不能得出毛某敏有债务加入意思表示的结论。二审判决关于"第一责任"系"毛某敏作为保证人对其承担连带责任保证的履行顺位的进一步确认，并未改变毛某敏为案涉借款提供连带责任保证的性质"的认定，并无不当。

5. 第三人的承诺或实际履行债务的行为不具有从属性、补充性特征的，应当被认定为债务加入

案例七：某腾投资（集团）有限公司、某成置业有限公司合同纠纷再审审查与审判监督民事裁定书［（2020）最高法民申1021号］

从履行情况看，据某腾集团一审中提交的支付凭证及二审查明的事实，已支付的包干费用中大部分由某腾集团支付，小部分由某成公司支付，未区分履行顺位，不符合一般保证的从属性、补充性特征；此外，某腾集团与付某华签署的《对账确认书》中，某腾集团认为有两笔伍佰万元已支付，但无法提供付款依据，表明其亦未否认其对案涉债务仍有付款义务。综上，某腾集团既未在协议中明确表达作为保证人对案涉债务承担一般保证责任的意思，又与某成公司共同实际履行，其主张对案涉债务为一般保证人的理由不能成立。原审认定某腾集团作为共同承担责任的主体，与某成公司对案涉债务承担连带责任并无不当。

案例八：中某医院、中某医疗设备技术服务有限公司合同纠纷再审审查与审判监督民事裁定书［（2019）最高法民申6420号］

2012年11月，陈某林、中某医院及其法定代表人何某时共同向赵某、王某全出具一份《承诺》，内容为："陈某林欠赵某、王某全借款，其中有贰仟万元人民币，我及江西中某医院曾多次承诺在本日之前还清。因种种原因我们没有履约，本人及江西中某医院再次承诺：我们保证在2012年12月27日之前还清贰仟万元人民币给赵某、王某全；如有逾期，江西中某医院愿意以自身所拥有的红谷滩中某医院壹万贰仟平方米房屋以每月每平方米伍元的价格出租给赵某、王某全，租期贰拾年，绝不反悔；本人承诺上述壹万贰仟平方米为中某医院高级病房楼；本人及江西中某医院在还清上述贰仟万元人民币欠款前，每月按月息四分支付利息给赵某、王某全。陈某林对本承诺承担连带清偿责任。"2015年11月6日，中某医院法定代表人何某时又在上述《承诺》上写明此款由中某医院归还并签名。2017年6月16日，中某医院、中某医疗设备公司共同向赵某、王某全出具一份《承诺书》，内容为："陈某林欠赵某、王某全借款，其中有贰仟万元欠款本金及利息江西中某医院多次承诺还清赵某、王某全，由于我们资金紧张，多次违约，承诺人保证：上述贰仟万元欠款本金及利息（自2012年9月28日起按月息2%计算，直至还清欠款之日止）在2017年12月31日前还清。"中某医院、中某医疗设备公司所作的上述承诺明确表示对陈某林所欠债务中2000万元本金及利息承担还款责任，但未明确其承担的还款责任为担保责任，亦未体现陈某林所欠债务与其所承担的还款责任之间存在主从关系。二审判决据此认定中某医院、中某医疗设备公司所作的承诺更符合债务加入的特征，并无不当。中某医院、中某医疗设备公司主张其在上述承诺中均明确注明承担担保责任，并无事实依据。中某医院、中某医疗设备公司关于二审判决以中某医院、中某医疗设备公司债务加入为由，判令其承担还款责任适用法律错误的理由不成立。

案例九：鸿某矿业有限责任公司、聚某典当有限公司典当纠纷二审民事判决书［（2021）最高法民终355号］

鸿某公司、西某公司出具《承诺书》，明确表示同意支付上述合同项下欠款的本息，该约定没有改变其债务内容，作为债权人的聚某公司对于鸿某公司、西某公司承担债务的承诺也予以认可，符合《中华人民共和国民法典》第五百五十二条关于债务加入的规定。《承诺书》签署于2014年，虽然当时的法律、司法解释没有规定债务加入，但根据《最高人民法院关于适用〈中华人民共和国民法典〉时间效力的若干规定》第三条规定，本案可以适用《中华人民共和国民法典》第五百五十二条认定构成债务加入。

案例十：某城市建设控股集团有限公司、某信托股份有限公司营业信托纠纷二审民事判决书［（2018）最高法民终867号］

保证、尤其连带保证责任，在以担保原债务人的债务为目的这一点上，与债务加入（即并存的债务承担），性质相同。尤其在债权人与承担人达成合意、成立债务加入的情形下，两者更难区分。但实践中，仍有区分的必要和标准，如，债务加入下承担人的债务，是与原债务并立的自己债务；而保证债务则为保证他人的债务，是附属于主债务的债务。再如，承担人在承担后对债权人有清偿或者其他免责行为时，对于原债务人有无求偿权及其求偿范围，依据承担人与债务人之间内部法律关系而确定；而《中华人民共和国担保法》第三十一条①规定，保证人承担保证责任后，有权向债务人追偿。故，在当事人意思表示不明时，应斟酌具体情事综合判断，如主要为原债务人的利益而为承担行为的，可以认定为保证，承担人有直接和实际的利益时，可以认定为债务加入。本案中，鉴于某城建公司基于何种目的负担回购义务、是否具有实际利益，其是否向河南某城建公司享有求偿权及求偿范围如何，均不甚清晰，难以径直认定成立连带责任保证。综上，综合判断《承诺函》的出具过程及约定内容，认定某城建公司构成债务加入更为适宜。

---

① 编者按：《民法典》第392条、第700条。

025 当事人承诺“个人资产作抵押”，是否需要承担担保责任？

裁判要旨①

抵押权为担保物权，故对抵押担保必须要求抵押物具体确定。担保人承诺以不特定的“个人资产作抵押”为债权提供担保的，不构成抵押担保的意思表示，而应认定为保证担保。

案情简介

一、2004 年至 2010 年每年北某公司与良某公司签订一份内容大致相同的合作协议书，约定北某公司向良某公司供货。良某公司法定代表人袁某以个人资产作为北某公司债权的抵押。合同签订后，北某公司履行了供货义务，截至 2011 年 10 月 20 日，双方经过对账，良某公司实际欠原告货款 1550691.54 元。

二、因被告良某公司未履行付款义务，北某公司向咸安区法院起诉，要求良某公司支付货款及违约金，袁某承担连带责任。咸安区一审判决良某公司支付货款及违约金，袁某承担连带责任。

三、袁某不服，提出上诉，咸宁中院二审判决驳回上诉，维持原判。

四、袁某仍不服，以判令其承担连带责任无法律依据为由向湖北高院申请再审。湖北高院指令咸宁中院再审。咸宁中院再审判决维持二审判决。

裁判思路

本案中的争议焦点为：袁某败诉承诺以其“个人资产作为北某公司债务的抵押”在担保法范畴下应当如何认定。本案涉及一个“牛头对上马嘴”的问题。根据《民法典》的规定，抵押和保证是两种完全不同的担保形式。袁某在本案中明确承诺以“个人资产”提供抵押担保，但却被两级法院三次判决认定为连带责任保证，明显超出了袁某承诺的“文义”范围。原因在于抵押担保作为担保物权，其抵押物必须具有特定性，抵押物不具有特定性，一般不能成立抵押担保（《民法典》第三百九十六条规定的浮动抵押除外）。而保证担保是以保证人

① 案件来源：袁某与湖北北某汽车转向系统有限公司买卖合同纠纷一案再审民事判决书［（2014）鄂咸宁中民再终字第 11 号］

的一般责任财产为债务提供担保的担保形式。袁某在本案中承诺以不具有现实性、特定性的“个人资产”抵押，应视为袁某个人财产在动态化、浮动化中，系个人资产的集合概念，包括个人的不动产、动产、权利等，构成一般责任财产意义上的担保。故咸宁中院再审认为：“虽然袁某承诺的是以个人资产作为抵押，但并未约定以何种资产进行抵押，其资产始终处于动态之中，故袁某的担保行为实质是一种信用担保，即保证担保。”故咸宁中院再审判决确认袁某应承担连带保证责任。

经验总结

1. 抵押权为担保物权，根据《民法典》第一百一十四条第二款的规定：“物权是权利人依法对特定的物享有直接支配和排他的权利，包括所有权、用益物权和担保物权。”故作为物权的担保物权，必须是抵押权人对特定的物所享有的权利。但在本案中，袁某笼统地以“个人资产”提供抵押，虽然有抵押之名，但因抵押物缺乏特定性，无法形成抵押之实。因此，当事人在处理抵押担保法律关系时，应妥善处理好《民法典》第三百九十六条规定的浮动抵押和所谓的“企业全部资产抵押”之间的关系。《民法典》第三百九十六条规定的浮动抵押的抵押物虽然处于不断的变化之中，但在任何一个特定的时间点抵押权人对抵押人提供的抵押物（生产设备、原材料、半成品、产品）都可以特定化，抵押物范围具体明确，且具有可变价性。此点与所谓的“个人资产”“企业资产”有着本质的区别，因为个人资产除了看得见的物权外，还有不可抵押的债权及在某种意义上不可评估的个人信用，不具有特定性，且无法直接对其进行变卖拍卖以实现变价受偿。故所谓的“个人资产”“企业资产”，不能成为抵押权的客体。

2. 本案最值得关注的点在于法院将以个人资产抵押的承诺解释为连带责任保证。这一解释结论背后的法理在于，所谓的保证是指以债务人以外的第三人的一般责任财产为债务提供担保的担保形式。此处的一般责任财产是指民事主体据以对外承担民事责任的财产及信用的总和，通常我们称之为全部个人财产或全部企业财产。因此，如果担保人承诺以“个人资产”“企业全部资产”为债务提供抵押担保，实际上就是以个人的一般责任财产为他人的债务提供担保，符合保证担保的本质特征。须特别注意的是，虽然以个人资产“抵押”不至于使债权脱保，但关键的问题在于债权人不能对担保人的“个人资产”行使如抵押权般的优先受偿权，这是其风险所在。

3. 本案法院运用的意思表示的解释方法也颇为值得关注。根据《民法典》第四百六十六条第二款的规定："合同文本采用两种以上文字订立并约定具有同等效力的，对各文本使用的词句推定具有相同含义。各文本使用的词句不一致的，应当根据合同的相关条款、性质、目的以及诚信原则等予以解释。"即对于合同解释，不应拘泥于文字，而应探求当事人真意。《民法典》第一百四十二条第一款规定："有相对人的意思表示的解释，应当按照所使用的词句，结合相关条款、行为的性质和目的、习惯以及诚信原则，确定意思表示的含义。"也确定了对于有相对人意思表示的解释除应遵循文义外，也应探求当事人真意。因此，对于当事人真意的探求是合同解释的根本。此处所谓的当事人真意，并非当事人纯粹主观上的意思表示，而是旨在通过法律条文与事实间的"往返流转"能够最终"锚定"的"真实意思"，既要尊重当事人意思，也要保护交易安全。在本案中，当事人文义上采用的是"抵押"，但通过意识表示的内容、目的来看，构成了《民法典》担保制度意义上的连带责任保证。这一解释方法不属于法律行为的转换制度，而纯粹属于法律行为的解释问题。

相关法条

《中华人民共和国民法典》（2021年1月1日施行）

第一百一十四条 民事主体依法享有物权。

物权是权利人依法对特定的物享有直接支配和排他的权利，包括所有权、用益物权和担保物权。

第一百一十五条 物包括不动产和动产。法律规定权利作为物权客体的，依照其规定。

第一百四十二条 有相对人的意思表示的解释，应当按照所使用的词句，结合相关条款、行为的性质和目的、习惯以及诚信原则，确定意思表示的含义。

无相对人的意思表示的解释，不能完全拘泥于所使用的词句，而应当结合相关条款、行为的性质和目的、习惯以及诚信原则，确定行为人的真实意思。

第三百九十四条 为担保债务的履行，债务人或者第三人不转移财产的占有，将该财产抵押给债权人的，债务人不履行到期债务或者发生当事人约定的实现抵押权的情形，债权人有权就该财产优先受偿。

前款规定的债务人或者第三人为抵押人，债权人为抵押权人，提供担保的财产为抵押财产。

第四百六十六条 当事人对合同条款的理解有争议的，应当依据本法第一百四十二条第一款的规定，确定争议条款的含义。

合同文本采用两种以上文字订立并约定具有同等效力的，对各文本使用的词句推定具有相同含义。各文本使用的词句不一致的，应当根据合同的相关条款、性质、目的以及诚信原则等予以解释。

第六百八十一条 保证合同是为保障债权的实现，保证人和债权人约定，当债务人不履行到期债务或者发生当事人约定的情形时，保证人履行债务或者承担责任的合同。

裁判意见

以下为咸宁中院在再审判决中就此问题发表的意见：

本院再审认为：《担保法》第六条①规定本法所称保证，是指保证人和债权人约定，当债务人不履行债务时，保证人按照约定履行债务或者承担责任的行为。本案中，北某公司与良某公司合作多年，两家公司从2005年直至2010年每年都签合作协议书，袁某为取得北某公司的信任，均在上述合作协议书中载明：以袁某个人资产作为北某公司债务的抵押。虽然袁某承诺的是以个人资产作为抵押，但并未约定以何种资产进行抵押，其资产始终处于动态之中，故袁某的担保行为实质是一种信用担保，即保证担保。《担保法》第十九条②规定，当事人对保证方式没有约定或者约定不明确的，按照连带责任保证承担保证责任。在本案中，因双方当事人保证方式约定不明，袁某应按连带责任保证承担保证责任。

延伸阅读

1. 将以个人资产作抵押认定为保证担保的判例

案例一：张家港市九某钢材贸易有限公司与刘某华、张家港市上某金属制品有限公司等买卖合同纠纷二审民事判决书［（2016）苏05民终4966号］

苏州市中级人民法院认为：“上诉人刘某华对于上某公司结欠九某公司货款92万余元的事实并无异议，本院予以确认。刘某华承诺对其中的85万余元欠款

---

① 编者按：《民法典》第681条。

② 编者按：《民法典》第686条第2款。

承担还款责任，在承诺书中，刘某华明确表示以不特定的个人资产作为抵押，直至付清，该表述应认定为提供保证担保，因未对保证责任形式作出约定，应视为连带责任保证。根据《最高人民法院关于适用〈中华人民共和国担保法〉若干问题的解释》第三十二条①第二款的规定，保证合同约定的保证人承担保证责任直至主债务本息还清时为止等类似内容的，视为约定不明，保证期间为主债务履行期届满之日起二年。故以承诺的还款期限 2015 年 4 月 30 日计算，本案原告九某公司于 2016 年 1 月 6 日起诉时并未超过保证期间，刘某华应当承担保证责任，对于其以超过保证期间不承担保证责任所作抗辩，本院不予支持。”

案例二：杨某凤与许某宏、重庆火某商贸有限公司房屋租赁合同纠纷一审民事判决书［（2015）沙法民初字第 09612 号］

重庆市沙坪坝区人民法院认为：“许某宏在《欠条》中承诺火某公司逾期未返还各项款项共计 17500 元及利息，以许某宏个人资产抵押偿还，实际是承诺承担保证责任。由于双方未明确约定保证方式，应按连带责任保证形式承担保证责任。现火某公司未返还杨某凤各项款项等共计 17500 元及利息，许某宏应当对火某公司应返还的租金等款项及应赔付的资金占用损失承担连带责任。”

案例三：上海隽某国际贸易有限公司与上海硕某五金橡塑胶制品有限公司买卖合同纠纷一审民事判决书［（2016）沪 0112 民初 11936 号］

上海市闵行区人民法院认为：“被告赖某政向原告隽某公司出具承诺书表示如上述两张支票未能及时兑付，由其本人承担一切责任，由个人资产抵押，表明被告赖某政愿意为被告硕某公司出票的两张支票款承担保证责任。因承诺书中未对保证责任承担方式作出明确约定，根据担保法规定，被告赖某政应对被告硕某公司的上述债务承担连带保证责任。被告赖某政承担保证责任后，有权向被告硕某公司追偿。”

2. 将以个人资产作抵押认定为抵押担保的判例

案例四：吉林省聚某钢铁有限公司、李某与本溪利某商贸有限公司买卖合同纠纷二审民事判决书［（2017）辽 05 民终 703 号］

本溪市中级人民法院认为：“关于李某是否应当承担连带还款责任的问题。还款合同第七条约定‘乙方承诺由乙方名下的企业及个人资产作为抵押物，抵押给甲方以保证甲方债权的实现，乙方无条件配合’，说明李某不但作为聚某

---

① 编者按：《民法典》第 692 条、《民法典担保制度解释》第 32 条。

公司的法定代表人的身份签字，还作为自然人的身份参与还款合同的签订。李某与利某公司以李某个人资产作为抵押物，未办理抵押登记，抵押权未设立，但双方的约定仍合法有效，利某公司基于抵押条款要求李某承担连带清偿责任并无不妥。”

3. 认定以个人资产作抵押，抵押合同不成立的判例

案例五：北京戎某实业有限责任公司与天津中盛久某国际贸易有限公司等抵押合同纠纷案［（2019）京01民初61号］

北京市第一中级人民法院认为：在2015年1月1日的《抵押担保协议书》中，乌海久某公司承诺以全部资产抵押，戎某公司明确全部资产没有办理抵押登记，亦无法明确具体的抵押物。本院认为，《最高人民法院关于适用〈中华人民共和国担保法〉若干问题的解释》第五十六条[①]第一款规定：“抵押合同对被担保的主债权种类、抵押财产没有约定或者约定不明，根据主合同和抵押合同不能补正或者无法推定的，抵押不成立。”因此，依照前述规定，本案中的抵押合同并不成立。故戎某公司关于其对乌海久某公司名下的全部资产享有优先受偿权的主张不能成立，本院不予支持。

第三节　保证期间与诉讼时效

026 保证期间是否适用于保证合同无效后的赔偿责任？

裁判要旨[②]

虽然保证合同无效，但是保证合同约定的或者法律规定的保证期间仍然具有法律意义，债权人在保证期间没有向保证人主张权利的，保证人不再承担无效保证的赔偿责任。

---

① 编者按：已失效。

② 案件来源：甘肃思某家居有限公司、但某奎民间借贷纠纷再审审查与审判监督民事裁定书［（2017）最高法民申3769号］

案情简介

一、2013 年 10 月 24 日，思某家居公司与但某奎、某市市政工程管理处签订借款合同，约定但某奎向思某家居公司借款 1000 万元，借款期限自 2013 年 10 月 24 日至 2014 年 4 月 23 日，6 个月。某市市政工程管理处作为保证人为但某奎的借款提供连带责任保证，保证期间二年。借款合同签订当日，但某奎向思某家居公司出具收到 1000 万元的收条。

二、2014 年 4 月 23 日，借款到期后，但某奎无法清偿到期债务，思某家居未向某市市政工程管理处主张担保责任。2015 年 7 月 30 日，但某奎向思某家居公司出具《还款承诺书》，承诺后期继续还款。

三、2016 年 4 月 27 日，思某家居公司向兰州市中级人民法院提起诉讼，要求但某奎还款，并要求某市市政工程管理处承担担保责任。

四、兰州市中级人民法院一审认为，国家机关违反法律规定提供担保的，担保合同无效，某市市政工程管理处依法不能作为保证人，该管理处与思某家居公司间的保证合同无效，管理处应当对思某家居公司承担债务人但某奎无法清偿部分二分之一的赔偿责任。某市市政工程管理处不服，上诉至甘肃省高级人民法院。

五、甘肃省高级人民法院认为，一审法院认定保证合同无效正确，但由于思某家居公司未在二年的保证期间内向某市市政工程管理处主张承担担保责任，管理处既不应当承担保证责任，也不应当承担因担保合同无效而产生的赔偿责任。

六、思某家居公司不服，申请最高人民法院再审。2017 年 8 月 31 日，最高人民法院第六巡回法庭裁定驳回思某家居公司的再审申请。

裁判思路

本案的争议焦点在于，保证合同无效，因保证合同无效而产生的赔偿责任是否受保证期间约束。对于这一问题，实践中一直存在较大争议，对此，最高人民法院与兰州市中级人民法院存在两种不同的观点。

兰州市中级人民法院认为，合同无效的法律后果是合同自始无效，保证合同无效，债权人与保证人之间不存在保证合同关系，因此债权人主张权利应当适用诉讼时效的规定。本案中，案涉债务于 2014 年 4 月 23 日到期，债务人但某奎于 2015 年 7 月承诺向思某家居公司还款，诉讼时效自承诺还款之日起计算 3 年，至起诉时，主债务的诉讼时效仍未经过，某市市政工程管理处仍应当承担因担保合同无效而产生的赔偿责任。

甘肃省高级人民法院以及最高人民法院认为，如果保证合同无效或者被撤销，保证人不能受到保证期间的保护，可能导致保证人在保证合同无效或者被撤销时的责任较之保证合同有效时更重，有失公平。因此，保证合同无效，合同约定的保证期间仍对当事人有约束力，债权人在保证期间内没有向保证人主张权利的，保证人不再承担无效保证的赔偿责任。某市市政工程管理处作为保证人的保证期间应从借款合同约定的借款期限届满之次日即 2014 年 4 月 24 日开始计算二年至 2016 年 4 月 24 日。思某家居公司于 2016 年 4 月 27 日才向一审法院提起诉讼，已经超过约定的保证期间，某市市政工程管理处既不承担保证责任，也不承担因保证合同无效而产生的赔偿责任。

经验总结

1. 保证人不适格，可能导致保证合同无效。《民法典》第六百八十三条规定："机关法人不得为保证人，但是经国务院批准为使用外国政府或者国际经济组织贷款进行转贷的除外。以公益为目的的非营利法人、非法人组织不得为保证人。"保证人不适格，可能导致保证合同无效，但保证合同无效并不代表相关主体无需承担任何责任。保证人明知自己不具有提供保证的资格仍提供保证，从而导致担保合同无效，属于"债权人与担保人均有过错的"的情况。根据《民法典担保制度解释》第十七条的规定，"债权人与担保人均有过错的，担保人承担的赔偿责任不应超过债务人不能清偿部分的二分之一"。此责任为保证合同无效而产生的损害赔偿责任，而非保证合同中约定的保证责任。

2. 因保证合同无效而产生的赔偿责任仍然受保证期间约束。按照通常理解，因保证人在保证合同无效后承担的赔偿责任应属缔约过失责任，属于债之关系，应受诉讼时效的约束而与保证期间无关，但这一理解未能准确把握合同无效后的法律后果。对于合同双方当事人而言，其基于合同能够获得的最大利益即为履行利益，即无论如何，合同一方当事人能够要求对方当事人给付的义务、承担的责任都必须以合同有效并顺利履行后获得的收益为限。具体到保证合同而言，如果保证合同无效，债权人能够要求保证人承担赔偿责任的范围也应以保证合同有效时的法律效果为限，在债权人不知道保证合同存在无效情形时，就应当在保证期间内向保证人主张保证责任。既然在保证合同有效时，债权人向保证人主张保证责任受保证期间的限制，那么在保证合同无效后转化而来的损害赔偿责任也理应受保证期间的限制。

因此，《民法典担保制度解释》第三十三条首次将这一规则确定为司法解释："保证合同无效，债权人未在约定或者法定的保证期间内依法行使权利，保证人主张不承担赔偿责任的，人民法院应予支持。"

3.《民法典担保制度解释》生效前，此类案件的裁判观点存在较大争议，具体裁判规则的适用情况仍待进一步观察。在对相关案例进行检索的过程中，我们注意到，保证合同无效或者被撤销时能否适用保证期间制度，是司法实践中争议较大的一个问题。尤其是自 2018 年之后，最高人民法院倾向于认定因保证合同无效而产生的赔偿责任应当适用诉讼时效，而非保证期间的有关规定（见"延伸阅读"案例）。《民法典》适用后，已有法院以《民法典时间效力若干规定》中"当时的法律、司法解释没有规定而民法典有规定的，可以适用民法典的规定"为依据，直接认定保证合同的赔偿责任受保证期间的限制（见"延伸阅读"案例四）。因此，对这一问题的具体裁判规则，仍有待在实践中进一步观察。

相关法条

《中华人民共和国民法典》（2021 年 1 月 1 日施行）

第六百八十三条　机关法人不得为保证人，但是经国务院批准为使用外国政府或者国际经济组织贷款进行转贷的除外。

以公益为目的的非营利法人、非法人组织不得为保证人。

第六百九十三条　一般保证的债权人未在保证期间对债务人提起诉讼或者申请仲裁的，保证人不再承担保证责任。

连带责任保证的债权人未在保证期间请求保证人承担保证责任的，保证人不再承担保证责任。

《最高人民法院关于适用〈中华人民共和国民法典〉有关担保制度的解释》（法释〔2020〕28 号　2021 年 1 月 1 日施行）

第十七条　主合同有效而第三人提供的担保合同无效，人民法院应当区分不同情形确定担保人的赔偿责任：

（一）债权人与担保人均有过错的，担保人承担的赔偿责任不应超过债务人不能清偿部分的二分之一；

（二）担保人有过错而债权人无过错的，担保人对债务人不能清偿的部分承担赔偿责任；

（三）债权人有过错而担保人无过错的，担保人不承担赔偿责任。

主合同无效导致第三人提供的担保合同无效，担保人无过错的，不承担赔偿责任；担保人有过错的，其承担的赔偿责任不应超过债务人不能清偿部分的三分之一。

第三十三条 保证合同无效，债权人未在约定或者法定的保证期间内依法行使权利，保证人主张不承担赔偿责任的，人民法院应予支持。

裁判意见

以下为最高人民法院在再审裁定中“本院认为”部分就此问题发表的意见：

某市市政工程管理处作为保证人的保证期间应从借款合同约定的借款期限届满之次日即2014年4月24日开始计算二年至2016年4月24日。思某家居公司于2016年4月27日才向一审法院提起诉讼，已经超过约定的保证期间。

《担保法》第九条①规定，学校、幼儿园、医院等以公益为目的的事业单位、社会团体不得为保证人。《最高人民法院关于适用〈中华人民共和国担保法〉若干问题的解释》第三条②规定，国家机关和以公益为目的的事业单位、社会团体违反法律规定提供担保的，担保合同无效。因此给债权人造成损失的，应当根据担保法第五条③第二款的规定处理。《担保法》第五条④第二款规定，担保合同被确认无效后，债务人、担保人、债权人有过错的，应当根据其过错各自承担相应的民事责任。根据上述法律及司法解释的规定，由于某市市政工程管理处为无经营性收益的事业单位，其为但某奎的借款提供保证担保的行为应属无效。但即使保证合同无效，合同约定的保证期间仍对当事人有约束力，债权人在保证期间内没有向保证人主张权利的，保证人不再承担无效保证的赔偿责任。由于思某家居公司并未在保证期间内向某市市政工程管理处主张权利，故某市市政工程管理处对无效保证的赔偿责任相应免除。

---

① 编者按：《民法典》第683条。

② 编者按：《民法典》第683条、《民法典担保制度解释》第17条。

③④ 编者按：《民法典》第388条、第682条。

延伸阅读

1. 保证合同无效后保证期间仍适用于赔偿责任

案例一：某银行（香港）有限公司与某市电力发展公司、某市人民政府、某市石油化工有限公司、某市财政局担保合同纠纷再审民事裁定书［（2011）民申字第1209号］

最高人民法院认为：关于某市政府是否应当承担责任。根据《中华人民共和国担保法》第八条①、最高人民法院《关于适用〈中华人民共和国担保法〉若干问题的解释》第三条②的规定，国家机关违反法律规定提供担保的，担保合同无效。因此给债权人造成损失的，应当根据担保法第五条③第二款的规定处理。据此，某市政府出具的《承诺函》属于无效担保，香港某银行只能就合同无效所引起的损害后果向某市政府主张赔偿。虽然案涉保证合同为无效合同，但是保证合同约定的或者法律规定的保证期间仍然具有法律意义，债权人在保证期间没有向保证人主张权利的，保证人不再承担无效保证的赔偿责任。因此，如果新某银行在保证期间没有向某市政府主张保证责任，则某市政府对无效保证合同的赔偿责任也相应免除。根据原审法院查明的事实，案涉透支贷款的到期日为2001年6月8日，最后一笔信用证押汇贷款的到期日为2001年3月21日。2002年5月28日，某市政府与香港某银行签订《和解协议》，2004年12月24日、2006年12月12日，香港某银行发函某市政府要求其承担付款责任。现有证据不能证明香港某银行在保证期间内向某市政府主张保证责任，故某市政府对无效担保合同应承担的赔偿责任应当免除。香港某银行要求某市政府承担损失赔偿责任的请求不应得到支持。

案例二：某龙置业有限公司、某市人民政府、某市财政局因担保合同纠纷民事判决书［（2011）民四终字第40号］

最高人民法院认为：在合同无效的情形下，债权人所获得的利益不应当超过保证合同有效时，因此保证期间应适用于无效保证合同。……本案中，某市政府和某市财政局在保证合同中没有约定保证期间，而某龙公司与某山水泥厂于1996年12月至2001年7月期间对本案主债务进行过多次核对和确认，至2002年4月

---

① 编者按：《民法典担保制度解释》第5条第1款。

② 编者按：《民法典》第683条、《民法典担保制度解释》第17条。

③ 编者按：《民法典》第388条、第682条。

18日某市人民法院裁定宣告某山水泥厂破产还债，主债务未超过两年的法定诉讼时效期间，某山水泥厂破产清算组亦受理并核定了某龙公司申报的债权。因此某龙公司可以在破产程序终结后6个月内就未受清偿部分的债权向保证人主张权利。某市人民法院于2005年4月20日裁定宣告终结破产程序，某龙公司于2005年10月19日向保证人某市政府和某市财政局提起本案诉讼，未超过破产程序终结后6个月的期限。某市政府和某市财政局以本案超过诉讼时效为由主张不应承担责任的上诉理由不能成立，本院不予支持。

案例三：上海某国际货物运输代理有限公司诉上海某服饰有限公司等买卖合同纠纷一案二审民事判决书［（2014）沪一中民四（商）终字第S786号］

上海市第一中级人民法院认为：虽然保证合同被认定无效后，保证人的责任是以过错原则来确定的赔偿责任，其性质已不同于基于保证合同有效情形下的保证责任，但是债权人与保证人在订立保证合同时一般不能预见保证合同无效，因此保证合同中双方约定的保证期间或法定保证期间是双方对各自权利义务行使期限的唯一合理预期，按照该期间确定双方的利益关系，符合双方的缔约本意。且在保证合同无效的情况下，债权人所获得的利益不应当超过保证合同有效时所获得的利益。因此，为了平衡当事人之间的利益，避免无效保证合同的保证人无期限地承担责任，在保证合同被认定无效的情况下，当事人仍应按照约定或法定的保证期间主张权利。本案中，主债务履行期限为2011年9月18日，上诉人与被上诉人未在保证合同中约定保证期间，故被上诉人应根据担保法的相应规定在2011年9月18日后的六个月内向上诉人主张权利，现被上诉人的起诉已超过上述期间，故上诉人不再承担无效保证的赔偿责任。上诉人的该项上诉理由成立，本院依法予以支持。

案例四：北京立某控股有限公司与双鸭山市某区人民政府财政局保证合同纠纷二审民事判决书［（2020）京民终402号］

北京市高级人民法院认为：《最高人民法院关于适用〈中华人民共和国民法典〉时间效力的若干规定》第三条规定，民法典施行前的法律事实引起的民事纠纷案件，当时的法律、司法解释没有规定而民法典有规定的，可以适用民法典的规定，但是明显减损当事人合法权益、增加当事人法定义务或者背离当事人合理预期的除外。因民法典施行前，法律、司法解释对于担保合同无效后，债权人向保证人主张承担赔偿责任的期间没有明确的规定，故本院依照《最高人民法院关于适用〈中华人民共和国民法典〉有关担保制度的解释》第三十三条“保证合同无效，债权人未在约定或者法定的保证期间内依法行使权利，保证人主张不承担赔偿责任的，人民法院应予支持”的规定，对立某公司主张权利是否超期进行认定。本案中，某区财政局在《担保函》中明确承诺，隋某及隋某授权代表与立某公司达成的任何补充协议、展期、对账单等，均自动对某区财政局发生法律效力。《担保函》还约定，保证期限自借款期限（展期，如有）届满之日起三个月（2013 年 2 月）。根据隋某与立某公司签订的《展期协议》的约定，借款期限延展至 2017 年 6 月 6 日止，即某区财政局的保证期限为自 2017 年 6 月 7 日起三个月。根据本院查明的事实，立某公司在 2017 年 7 月 14 日向某区财政局发送《关于隋某拖欠债务的情况反映》，函中要求某区财政局履行担保责任。虽然立某公司未能提供签收回执原件，但根据顺丰速运公司查询的业务流程和顺丰速运公司邮件发送的签收底单，本院可以认定某区财政局已于 2017 年 7 月 16 日签收该函件。因此，立某公司在约定保证期间内向某区财政局主张了权利，某区财政局应承担相应的赔偿责任。

2. 也有观点与前述观点相反，即保证期间不适用于无效的保证合同

案例五：杭州某轮工程股份有限公司、新疆阿勒泰金某铁业有限公司建设工程施工合同纠纷二审民事判决书［（2019）最高法民终 193 号］

最高人民法院认为：由于案涉《连带责任担保书》因主合同无效而归于无效，故不存在保证合同的保证期间问题，三保证人对保证合同无效承担责任的时效问题，应当适用诉讼时效的相关规定。某轮公司在金某公司未按《会议纪要》约定的时间和数额进行还款，某轮公司亦向金某公司及三保证人发出了催收案涉工程欠款及利息的函件，依法主张了权利。三保证人应当依法对因自身过错导致案涉保证合同无效承担相应的责任。

案例六：深圳市联某投资集团有限公司、某航空有限责任公司保证合同纠纷二审民事判决书［（2019）最高法民终 267 号］

最高人民法院认为：关于联某公司要求某航空公司承担赔偿责任是否超过诉讼时效的问题。鉴于双方当事人对案涉保证合同的效力一直存在分歧，双方将该争议诉诸一审法院，故保证合同是否有效应由法院予以认定。因联某公司要求某航空公司承担保证合同无效的赔偿责任系基于保证合同被认定无效后的赔偿，故联某公司关于赔偿的请求并未超过诉讼时效。

案例七：某银行股份有限公司呼和浩特武川支行与李某卿借款合同纠纷再审案［（2018）最高法民再66号］

最高人民法院认为：合同无效的法律后果是合同自始无效，保证合同无效，债权人主张权利应当适用诉讼时效的规定。本案中，债务人不能清偿的主债权数额确定是武川支行因无效保证承担责任的基础，主债权没有超过诉讼时效，李某卿要求武川支行承担无效保证的赔偿责任亦未过诉讼时效。武川支行关于李某卿在保证期间内未要求武川支行履行保证责任，保证人的责任应当依法免除的主张不能成立，本院不予支持。

027 对结算协议提供保证但最终未按期完成结算的，保证期间从何时起算？

裁判要旨[①]

对工程结算协议提供保证，承担保证责任的保证期间应当自协议约定的结算付款截止之日起算，而不能从实际完成结算之日起算，否则将导致保证期间因不归责于保证人的原因被无限延长从而加重保证人的负担，有违《民法典》担保制度及其司法解释之规定。

案情简介

一、2013年10月12日，为工程结算需要，沃某公司与金某公司签订《补充协议书》，约定：双方应当在协议签订之日起三十日内即2013年11月11日之前完成结算，沃某公司应当在结算完成之日起三日内即2013年11月14日之前支付结算值的95%工程款，并于2013年12月1日前付清全部工程款。想某公司、裕某公司对本协议中沃某公司应承担的付款等义务承担连带责任保证。

二、协议签订后，沃某公司及金某公司未按协议约定日期完成结算并开始履行。金某公司向大连中院起诉，要求沃某公司支付工程款并要求想某公司、裕某公司承担连带保证责任。金某公司、沃某公司在一审诉讼过程中（2015年1月8

① 案件来源：大连金某建设集团有限公司与大连沃某房地产开发有限公司、大连想某房地产开发有限公司等建设工程施工合同纠纷申请再审民事裁定书［（2015）民申字第3107号］

日）对工程价款数额达成一致。在一审诉讼之前，没有证据证明金某公司向想某公司、裕某公司提出过承担保证责任的要求。

三、本案历经一二审后，辽宁高院二审判决沃某公司支付工程款，但想某公司、裕某公司不承担保证责任。

四、金某公司不服，向最高法院申请再审，最高法院裁定驳回再审申请。

裁判思路

本案中的争议焦点为：连带责任保证的保证期间的起算时间点应当如何确认。金某公司认为，案涉《补充协议书》的履行期，应自“沃某公司与金某公司实际结算之日起算”，即应当自2015年1月8日起算。故金某公司在诉讼中要求想某公司、裕某公司承担保证责任，并未超过连带责任保证法定的6个月保证期间。但最高法院认为：“担保法及其司法解释将保证期间确定和限制为六个月，且除非保证人对债权债务双方变动主合同履行期限予以书面同意的，否则保证期间仍需遵从原合同约定或者法律规定，亦即不能因不归责于保证人的原因将保证期间无限期延长并加重保证人的负担。”“如按照金某公司申请再审所称自沃某公司与金某公司实际结算之日起算主债务履行期，则势必导致保证期间因不归责于保证人的原因被无限延长从而加重保证人的负担，有违担保法及其司法解释之规定。”本案中，没有证据证明金某公司在《补充协议书》约定的结算日期届满之日起六月个内向连带责任保证人主张过权利，故想某公司、裕某公司的保证责任因保证期间的经过已经免除。

经验总结

1. 对于保证人而言，结算协议中确定的付款日期是债务履行期届满日期

根据《民法典》第六百九十五条的规定，债权人和债务人变更主债权债务合同的履行期限，未经保证人书面同意的，保证期间不受影响。本案中，金某公司与沃某公司签订的《补充协议书》主要事项是对工程结算事项的约定，双方在该协议中已经明确约定了完成结算的日期和付款日期。保证是基于对协议中约定的付款完成之日的预期，才决定是否提供担保。因此，当因债权债务人的原因导致实际的结算完成日期与付款日期滞后于协议约定日期时，实际上可视为债权债务人通过具体行为对协议进行了变更。这一变更加重了保证人的担保责任，如

果未取得保证人的书面同意，保证人仅在原协议约定的范围内承担保证责任。也即，对于保证人而言，结算协议中确定的付款日期，可以认定为债务履行期届满的日期。

2. 对有保证担保的协议拖延完成结算，对于债权人而言存在一定风险

实践中，施工人等债权人为了争取更多的结算款，往往会同债务人展开旷日持久的谈判，企图通过“拖延战术”迫使债务人妥协，同意其支付更多结算款的要求。即使双方在结算开始或者进行过程中，对结算完成之日及付款之日作出了明确约定，实践中未按协议履行而出现超期结算的情况也比比皆是。债权人争取更多结算款的愿望固然可以理解，也不应当被否定。但如果结算协议或者工程施工合同存在保证人，则拖延结算对于债务人而言则存在一定风险。理由是：对于保证人而言，保证责任期限实际上已经在结算协议或者工程施工合同确定的付款之日起算。而根据《民法典》第六百九十二条的规定，保证期间为不变期间，不因任何事由而发生中断、中止或延长的法律后果。因此，如果工程结算久拖不决，一不留神就有可能导致原本有保证担保的结算协议或者工程施工合同因为保证期间（如无约定为六个月）的经过而变为无保证担保的债权。对于债权人而言，孰轻孰重，应根据具体情况认真掂量，切勿盲目地打“拖延战术”。

3. 约定了结算完成日期的债务为确定债权债务关系，可以被担保

根据《民法典》第六百八十四条的规定，保证合同应当包括被保证的主债权的种类、数额，债务人履行债务的期限，保证的方式、范围和期间等条款。因此，除最高额保证以外，债权债务关系具体确定，是担保合同成立的前提之一。但根据同条第二款的规定，上述条件可以后期补正。在本案中，《补充协议书》在结算完成前的债权额尚未确定，能否对此类债权进行担保呢？最高法院认为，金某公司与沃某公司之间的债权债务关系已确定，双方之间对于主债务的具体数额在约定的结算时间之后亦应达成合意。因此，本案中所担保的债权额，在可预期的期限内可以通过结算的完成而补正。所以，对于如结算协议之类的债权债务关系，债权债务关系是确定无疑的，具体的债权数额也可以在相应期限内确定，因此是可以被担保的。担保人不得以担保时债权债务关系不确定为由主张不承担担保责任。

4. 债权人可采用分段结算的办法在争取最大权益的同时及时向保证人主张权利

本案中金某公司在结算协议签订后，“心太大”，希望毕其功于一役，一次

性敲定债权数额。但结果是，虽然在一审中最终完成了结算，但因为结算期拖得太长，导致原本有保证人担保的结算协议脱保，可能造成金某公司相应的损失，其教训不可谓不深刻。因此，我们建议在未来结算中，如果相关协议已经确定了决算期应尽可能在结算期内完成结算。实在无法按期完成结算的，应当对不存在争议的部分先行完成结算，并据此向保证人即时主张权利。防止因保证期间经过，导致债权脱保。

相关法条

《中华人民共和国民法典》（2021 年 1 月 1 日施行）

第六百八十四条 保证合同的内容一般包括被保证的主债权的种类、数额，债务人履行债务的期限，保证的方式、范围和期间等条款。

第六百九十二条 保证期间是确定保证人承担保证责任的期间，不发生中止、中断和延长。

债权人与保证人可以约定保证期间，但是约定的保证期间早于主债务履行期限或者与主债务履行期限同时届满的，视为没有约定；没有约定或者约定不明确的，保证期间为主债务履行期限届满之日起六个月。

债权人与债务人对主债务履行期限没有约定或者约定不明确的，保证期间自债权人请求债务人履行债务的宽限期届满之日起计算。

第六百九十四条 一般保证的债权人在保证期间届满前对债务人提起诉讼或者申请仲裁的，从保证人拒绝承担保证责任的权利消灭之日起，开始计算保证债务的诉讼时效。

连带责任保证的债权人在保证期间届满前请求保证人承担保证责任的，从债权人请求保证人承担保证责任之日起，开始计算保证债务的诉讼时效。

第六百九十五条 债权人和债务人未经保证人书面同意，协商变更主债权债务合同内容，减轻债务的，保证人仍对变更后的债务承担保证责任；加重债务的，保证人对加重的部分不承担保证责任。

债权人和债务人变更主债权债务合同的履行期限，未经保证人书面同意的，保证期间不受影响。

裁判意见

以下为最高法院在“本院认为”部分就此问题发表的意见：

本院认为，《担保法》第二十六条[①]规定："连带责任保证的保证人与债权人未约定保证期间的，债权人有权自主债务履行期届满之日起六个月内要求保证人承担保证责任。在合同约定的保证期间和前款规定的保证期间，债权人未要求保证人承担保证责任的，保证人免除保证责任。"《最高人民法院关于适用〈中华人民共和国担保法〉若干问题的解释》第三十条[②]第二款规定："债权人与债务人对主合同履行期限作了变动，未经保证人书面同意的，保证期间为原合同约定的或者法律规定的期间。"担保法及其司法解释将保证期间确定和限制为六个月，且除非保证人对债权债务双方变动主合同履行期限予以书面同意的，否则保证期间仍需遵从原合同约定或者法律规定，亦即不能因不归责于保证人的原因将保证期间无限期延长并加重保证人的负担。

本案中，《补充协议书》约定：沃某公司与金某公司于本协议签订之日起三十日内完成结算，结算完成之日起三日内沃某公司支付结算值的95%，剩余工程款于本协议约定的结算完成之日起二十日内支付；想某公司、裕某公司对本协议中沃某公司应承担的付款等义务承担连带责任保证；如本协议约定的付款期限届满时沃某公司没有履行或者没有全部履行其付款义务，金某公司有权直接要求想某公司、裕某公司承担保证责任。从前述约定内容可知，首先，金某公司与沃某公司之间的债权债务关系已确定；其次，双方之间对于主债务的具体数额在约定的结算时间之后亦应达成合意；第三，双方之间已明确约定主债务开始履行的时间；第四，想某公司、裕某公司承诺予以保证的是该协议项下的已明确约定履行时间的债务；第五，该协议未约定保证期间，故金某公司有权自主债务履行期届满之日起六个月内要求想某公司、裕某公司承担保证责任。

《补充协议书》的签订日期为2013年10月12日，按照协议约定，沃某公司与金某公司应当在协议签订之日起三十日内即2013年11月11日之前完成结算，沃某公司应当在结算完成之日起三日内即2013年11月14日之前支付结算值的95%工程款，并于2013年12月1日前付清全部工程款。但是，沃某公司及金某公司未按协议约定日期完成结算并开始履行，双方系在一审诉讼过程中才对工程价款数额达成一致，即债权债务双方对原约定的履行期限以实际行动作出变动，该变动未征得想某公司、裕某公司的书面同意，故保证期间仍需遵从原合同约定或者法律规定。

---

① 编者按：《民法典》第692条、第693条。

② 编者按：《民法典》第695条。

结合前述法律规定及案涉合同约定，想某公司、裕某公司承担保证责任的保证期间应当自《补充协议书》约定的主债务履行期届满之日起算，如按照金某公司申请再审所称自沃某公司与金某公司实际结算之日起算主债务履行期，则势必导致保证期间因不归责于保证人的原因被无限延长从而加重保证人的负担，有违担保法及其司法解释之规定。同时，《补充协议书》还约定，在约定的付款期限届满时沃某公司没有履行或者没有全部履行付款义务时，金某公司有权直接要求想某公司、裕某公司承担保证责任。现金某公司没有证据证明其自合同约定的主债务履行期届满之日起六个月内向想某公司、裕某公司提出过承担保证责任的要求。因此，自《补充协议书》约定的主债务履行期届满之日起算，直至金某公司起诉时，想某公司、裕某公司所承担保证责任的保证期间已经超过六个月，原判决据此免除想某公司、裕某公司的保证责任并无不当。

028 连带责任保证中保证债务的诉讼时效从何时起算?

裁判要旨[①]

在保证期间内债权人首次向保证人主张权利后，保证期间失去意义，保证债务从或然债务转变为实然债务，连带责任保证中保证债务的诉讼时效自债权人在保证期间内首次向保证人主张权利之日起算。

案情简介

一、1996年12月16日及31日，某矿冶炼厂与某银行银川市新市区支行(以下简称新市区支行)签订三份借款合同，共借款260万元。其中第一笔还款期限为1997年6月30日，后两笔还款期限为1997年12月30日。某矿公司分别为上述三份借款合同提供连带责任保证，保证期限2年。

二、1998年12月7日，1999年1月17日、19日，新市区支行就两笔50万元和160万元到期借款向某矿公司催收。

三、1999年12月21日，新市区支行与某公司签订的《债权转让协议》，将

① 案件来源：中国某资产管理公司银川业务部与宁夏某金矿产进出口公司、宁夏银川胶某有限责任公司、银川银某化工有限公司借款担保合同纠纷上诉案［（2004）民二终字第208号］

借款本金及利息转让给某公司并通知债务人。2001 年 11 月 23 日，2002 年 12 月 11 日，2003 年 5 月 23 日、同年 11 月 12 日，某公司以公证方式向某矿公司公证送达 4 份《催收逾期贷款通知书》；2000 年 6 月 25 日、2001 年 1 月 15 日某公司直接向某矿公司送达《催收逾期贷款通知书》。

四、某公司于 2004 年 5 月 21 日以某矿公司为被告向宁夏高院提起诉讼，请求判令：某矿公司偿还借款本金 260 万元及利息 2459988.29 元（利息计算至 2001 年 12 月 20 日），本息合计 5059988.29 元。宁夏高院一审以保证债务超过诉讼时效为由，判决驳回某公司诉请。

五、某公司不服，上诉至最高法院。最高法院二审改判某矿公司应承担担保责任。

裁判思路

本案的争议焦点在于，担保债务的诉讼时效从何时起算。在一审中，宁夏高院认为，此前的债权人新区市支行虽然在保证期间内向保证债务人主张过权利，但新区市支行、某公司未在诉讼时效期间内向保证人主张过权利。故一审判决驳回了某公司诉请。但在二审中，最高法院认为，“根据《担保法解释》第三十四条[1]第二款之规定，保证期间失去意义，保证债务从或然债务转变为实然债务，应从上述通知送达之日开始计算保证合同的诉讼时效。”因此，本案中保证债务的诉讼时效应分别自 1998 年 12 月 7 日，1999 年 1 月 17 日、19 日起算。而某公司在受让上诉债权后，于 2000 年 6 月 25 日向保证人主张过权利，随后，某公司又通过多种方式多次向保证债务人某矿公司主张权利。故最高法院认定某公司对某矿公司的保证债权并未超过诉讼时效。

经验总结

1. 保证期间与保证债务的诉讼时效不能并存。债权人在保证期间内向保证债务人主张过权利后，保证债务人的或有债务即变成实然债务，保证债务的诉讼时效即应自债权人主张权利之日起算。因此，保证期间与保证债务的诉讼时效是前后相继的关系，而非彼此交叉重叠的关系。

① 编者按：《民法典》第 694 条。

2. 债权人在保证期间内未向保证人主张权利的，保证人的保证责任即行免除，保证人不必再承担任何责任。鉴于保证人的保证责任已经因保证期间的经过免除，也就无所谓保证债务诉讼时效的起算、中止、中断、经过的问题。

3. 连带责任保证人承担的保证债务的诉讼时效起算点并不是自保证合同签订之日起算，也不是自约定的保证期间届满之日起算，而是自债权人首次向保证人主张权利之日起算。本案一审的宁夏高院之所以会错误地认定某矿公司的债务已经因诉讼时效经过而消灭，就是因为其选定的保证债务诉讼时效的起算点为保证合同签订之日而非债权人首次主张权利之日。而二审的最高法院则正确认定了保证债务诉讼时效的起算点，使二审中的某公司得以“起死回生”。因此，准确认定保证债务的诉讼时效起算点，意义重大。

相关法条

《中华人民共和国民法典》（2021 年 1 月 1 日施行）

第一百八十八条　向人民法院请求保护民事权利的诉讼时效期间为三年。法律另有规定的，依照其规定。

诉讼时效期间自权利人知道或者应当知道权利受到损害以及义务人之日起计算。法律另有规定的，依照其规定。但是，自权利受到损害之日起超过二十年的，人民法院不予保护，有特殊情况的，人民法院可以根据权利人的申请决定延长。

第六百九十二条　保证期间是确定保证人承担保证责任的期间，不发生中止、中断和延长。

债权人与保证人可以约定保证期间，但是约定的保证期间早于主债务履行期限或者与主债务履行期限同时届满的，视为没有约定；没有约定或者约定不明确的，保证期间为主债务履行期限届满之日起六个月。

债权人与债务人对主债务履行期限没有约定或者约定不明确的，保证期间自债权人请求债务人履行债务的宽限期届满之日起计算。

第六百九十三条　一般保证的债权人未在保证期间对债务人提起诉讼或者申请仲裁的，保证人不再承担保证责任。

连带责任保证的债权人未在保证期间请求保证人承担保证责任的，保证人不再承担保证责任。

第六百九十四条　一般保证的债权人在保证期间届满前对债务人提起诉讼或

者申请仲裁的，从保证人拒绝承担保证责任的权利消灭之日起，开始计算保证债务的诉讼时效。

连带责任保证的债权人在保证期间届满前请求保证人承担保证责任的，从债权人请求保证人承担保证责任之日起，开始计算保证债务的诉讼时效。

《最高人民法院关于适用〈中华人民共和国担保法〉若干问题的解释》（法释〔2000〕44 号　2021 年 1 月 1 日失效）

第三十四条　一般保证的债权人在保证期间届满前对债务人提起诉讼或者申请仲裁的，从判决或者仲裁裁决生效之日起，开始计算保证合同的诉讼时效。

连带责任保证的债权人在保证期间届满前要求保证人承担保证责任的，从债权人要求保证人承担保证责任之日起，开始计算保证合同的诉讼时效。

裁判意见

以下为最高法院在二审判决“本院认为”部分就此问题发表的意见：

某矿公司为（96）050 号、051 号、052 号借款合同项下某矿冶炼厂的 260 万元借款提供连带责任担保，合同各方均无异议。上述三份合同履行期限均截至 1997 年 12 月 30 日，保证期间约定为 2 年。故上述三份合同保证期间应为 1997 年 12 月 30 日 ~1999 年 12 月 30 日。由于某矿公司对债权人分别于 1998 年 12 月 7 日，1999 年 1 月 17 日、19 日向某矿冶炼厂和某矿公司发出的《催还逾期贷款通知书》表示认可，因此，根据《担保法解释》第三十四条[①]第二款之规定，保证期间失去意义，保证债务从或然债务转变为实然债务，应从上述通知送达之日开始计算保证合同的诉讼时效。对于债权人于 1999 年 12 月 20 日向某矿冶炼厂和某矿公司发出的三份《催还逾期贷款通知书》，由于没有担保人某矿公司签章，因此不能证明债权人已经向担保人主张的事实，原审对此未予认定正确。鉴于担保人某矿公司对债权人于 2000 年 6 月 15 日、2001 年 1 月 15 日向其直接送达《催还逾期贷款通知书》的事实表示认可，故保证合同诉讼时效应分别于上述日期中断。某矿公司对债权人分别于 2001 年 11 月 23 日，2002 年 12 月 11 日，2003 年 5 月 23 日、11 月 12 日以公证方式向其送达《催还逾期贷款通知书》的真实性和所要证明的问题无异议，因此，对债权人分别于上述日期向保证人主张权利的事实应予确认，保证债务的诉讼时效应分别于上述日期再次中断。原审法

① 编者按：《民法典》第 694 条。

院关于上述三份合同所涉担保债务已超过诉讼时效的认定错误，判决某矿公司免除保证责任不当，本院予以纠正。

延伸阅读

关于连带责任保证中保证债务诉讼时效与保证期间关系的判例

1. 连带责任保证中保证债务的诉讼时效自债权人首次向保证人主张权利之日起算

案例一：唐某敏与某银行等保证合同纠纷上诉案二审民事判决书［（2019）最高法民终395号］

最高人民法院认为：已生效的9号民事判决确认2014年9月18日，某银行宣布案涉贷款2085万美元提前到期，请中某远洋公司在2014年9月22日前偿还全部贷款本息，同日，中某远洋公司在回执上盖章确认。据此，《保证合同》的保证期间自2014年9月22日开始计算，截至2016年9月21日。某银行于2014年10月14日提起本案诉讼，要求保证人徐A、徐B、李某枫承担保证责任，是在约定的保证期间内向保证人主张权利。相应地，《保证合同》的诉讼时效自2014年10月15日开始计算。因此，唐某敏关于某银行提起本案诉讼已超过了诉讼时效期间以及某银行对唐某敏已丧失胜诉权的上诉理由不能成立，应予驳回。

案例二：抚顺市某粮谷加工一厂与抚顺市某粮油工业储运公司、中国某资产管理公司沈阳办事处保证合同纠纷申请再审民事裁定书［最高人民法院（2013）民申字第1522号］

最高法院认为：《最高人民法院关于适用〈中华人民共和国担保法〉若干问题的解释》第三十四条①第二款之规定，连带责任保证的债权人在保证期间届满前要求保证人承担保证责任的，从债权人要求保证人承担保证责任之日起，开始计算保证责任的诉讼时效。本案中，保证合同约定的保证期间为二年，从2000年8月20日至2002年8月20日。2000年10月16日，原债权人抚顺某行在保证期间内向保证人某粮谷加工厂发出逾期贷款催收通知单，某粮谷加工厂在该催收单（回执）上加盖公章和法定代表人名章，并明确表示愿意为该笔借款承担连带保证责任。根据担保法以及司法解释的上述规定，应当认定原债权人抚顺某

---

① 编者按：《民法典》第694条。

行已经在保证期间内要求保证人某粮谷加工厂承担保证责任，保证责任的诉讼时效应从2000年10月16日起开始计算。

案例三：鄂尔多斯市永某煤炭有限责任公司、某银行股份有限公司温州东城支行金融借款合同纠纷再审民事判决书［（2017）最高法民再23号］

最高人民法院认为：关于2008年10月9日的3000万元贷款的保证期间与诉讼时效问题。2008年10月9日3000万元贷款展期后的保证期间截至2011年8月8日。保证期间与诉讼时效不同，不会因任何事由发生中断、中止、延长的法律后果。永某公司依据诉讼时效有关的司法解释或规范性文件，认为起诉状副本等债权人主张权利文书必须于保证期间届满前送达保证人，才能视为债权人在保证期间届满前要求保证人承担保证责任，缺乏法律依据。本案某银行温州东城支行于2011年8月8日提起诉讼，要求永某公司承担保证责任，应认定已在保证期间届满前向保证人主张了权利。而依据《最高人民法院关于适用〈中华人民共和国担保法〉若干问题的解释》第三十四条①第二款规定，“连带责任保证的债权人在保证期间届满前要求保证人承担保证责任的，从债权人要求保证人承担保证责任之日起，开始计算保证合同的诉讼时效。”因此，本案保证合同的诉讼时效应当于某银行温州东城支行向永某公司主张权利的次日即2011年8月9日起开始计算，某银行温州东城支行2011年9月16日提起本案诉讼，未超过两年的诉讼时效期间，故永某公司以保证期间或诉讼时效相关理由主张不承担保证责任的抗辩亦不能成立。

2. 保证期间内向保证人主张权利的，保证债务的诉讼时效中断②

案例四：林某源、卢某耀等民间借贷纠纷申请再审民事裁定书［（2015）民申字第1051号］

最高法院认为：据《最高人民法院关于适用〈中华人民共和国担保法〉若干问题的解释》第三十四条③第二款之规定，连带责任保证的债权人在保证期间届满前要求保证人承担保证责任的，从债权人要求保证人承担保证责任之日起，开始计算保证合同的诉讼时效。因此，只要卢某耀能证明其在保证期间届满前曾向林某源提出承担保证责任的要求，就会产生保证合同诉讼时效中断的法律后果。依据《最高人民法院关于审理民事案件适用诉讼时效制度若干问题的规定》

①③ 编者按：《民法典》第694条。
② 编者按：该观点有待商榷。

第十条第一款第二项“当事人一方以发送信件或者数据电文方式主张权利，信件或者数据电文到达或者应当到达对方当事人的”，应认定为《民法通则》第一百四十条①规定的“当事人一方提出要求”，从而产生诉讼时效中断的效力。

029 反担保的保证期间从何时起算?

裁判要旨②

反担保是为了保障保证人承担担保责任后实现债务人追偿权而设定的担保，反担保责任的履行应以保证人已履行担保责任为前提。主合同的保证期间与反担保人的保证期间二者适用的起算规则不同，反担保人的保证期间应当从担保人实际履行了担保责任之日起计算。

案情简介

一、2006 年 4 月 12 日，某信用社与龙某公司、欣某公司签订《保证担保借款合同》，约定：龙某公司向某信用社借款 200 万元。欣某公司、三某公司为龙某公司的上述借款提供连带责任保证。

二、2006 年 4 月 8 日，欣某公司与三某公司签订《反担保协议》，三某公司同意为欣某公司的担保行为提供反担保，反担保方式为连带责任保证，担保期间约定为还本付息完成之日止。2007 年 9 月 21 日，三某公司向欣某公司出具《承诺书》，申请担保展期，并承诺贷款展期后，原签订的反担保协议和承诺继续有效。后因汶川大地震，根据相关政策确定展期后的还款期限为 2009 年 12 月 31 日。

三、借款期满后，龙某公司未还本付息。某信用社起诉龙某公司和三某公司偿还该笔借款，什邡法院作出民事调解书，确认龙某公司尚欠某信用社借款本金 1909350 元，由龙某公司与三某公司于 2010 年 4 月 30 日前一次性付清。

四、龙某公司、三某公司仍未按该民事调解书约定履行还款义务，某信用社

---

① 编者按:《民法典》第 195 条。

② 案件来源：什邡市龙某投资有限责任公司、广汉市三某汽车客运服务有限责任公司与四川欣某融资性担保有限公司债务追偿纠纷申请再审民事裁定书［（2013）民申字第 1578 号］

于2011年10月28日申请强制执行未果。故某信用社要求欣某公司承担保证责任，欣某公司遂应某信用社的要求，于2011年11月17日转账2672700元，结清了龙某公司的该笔贷款本息。

五、欣某公司于2012年5月21日向德阳中院提起本案诉讼，请求判令龙某公司向欣某公司偿付为其代偿的借款本息共计2944650元，由三某公司对上述债务承担连带清偿责任。德阳中院一审判决支持了欣某公司诉请。

六、龙某公司、三某公司不服，以担保期限届满为由上诉至四川高院，四川高院二审判决驳回上诉，维持原判。龙某公司、三某公司仍不服，向最高法院申请再审，最高法院裁定驳回再审申请。

裁判思路

本案中的争议焦点为：反担保的保证期间的起算时间点如何确定。《民法典》第三百八十七条规定："第三人为债务人向债权人提供担保的，可以要求债务人提供反担保。反担保适用本法和其他法律的规定。"由此可知，反担保所担保的对象不是主债权，而主债权的担保人对主债务人的追偿权。当反担保的担保方式为保证时，则涉及保证期间的起算问题，反担保的保证期间起算点也应根据《民法典》第六百九十二条的规定确定。本案中，三某公司作为反担保中的保证人，其担保的对象为欣某公司对龙某公司的追偿权。根据《民法典》第七百条的规定："保证人承担保证责任后，除当事人另有约定外，有权在其承担保证责任的范围内向债务人追偿……"故欣某公司对龙某公司的追偿权应自其承担担保责任之日起方可成立，也从该日起欣某公司才有向反担保人三某公司主张承担反担保保证责任。所以，最高法院最终认定，本案反担保的"保证期间应当从担保人实际履行了担保责任之日起计算"，而非从主债权履行期届满之日起算。

经验总结

1. 应准确理解反担保的制度内涵。根据《民法典》第三百八十七条的规定，反担保所担保的对象并非主债权，而是主债权的担保人对债务人的追偿权。从此种意义上讲，反担保是担保的担保。准确理解此点，是正确运用反担保制度的基础，也是在诉讼中选择正确的诉讼思路的逻辑前提。本案中龙某公司、三某公司之所以选择了错误的反担保人的保证期间的起算点，表面上看是因为法律没有明确规定反担保人保证期间的起算点，但更深层次的原因是不理解反担保制度的逻辑构造和制度内涵。

2. 鉴于反担保是担保的担保，故主债权的担保人要求反担保人承担担保责任的前提是承担了主债权的担保责任。故在反担保合同签订时，反担保人所担保的债权其实尚未发生，反担保人实际上是对未来可能发生的债权所提供的一种担保。因此，与普通担保不同，反担保在担保合同签订时并不以所担保的债权（追偿权）实际发生为前提，在担保的从属性上要求较低。同时，反担保所担保的债权（追偿权）的范围、履行期限、期间等都是不确定的，需根据日后主债权的实现情况来具体确定。本案中，欣某公司至 2011 年底方代主债权人龙某公司承担了担保责任，故自此时起作为反担保人的三某公司的担保责任才真正发生。其担保的债权范围、履行期限、担保期间等才最终确定。

3. 反担保虽然具有一定的特殊性，但该特殊性最主要的体现即在于担保责任的成立上。此处所言的担保责任的成立是指担保主债权的担保人履行了担保责任，取得了对主债务人的追偿权。一旦反担保人的担保责任成立，根据《民法典》第三百八十七条的规定，其在法律适用上与其他担保方式无异。

相关法条

《中华人民共和国民法典》（2021 年 1 月 1 日施行）

第三百八十七条第二款 第三人为债务人向债权人提供担保的，可以要求债务人提供反担保。反担保适用本法和其他法律的规定。

第六百九十二条 保证期间是确定保证人承担保证责任的期间，不发生中止、中断和延长。

债权人与保证人可以约定保证期间，但是约定的保证期间早于主债务履行期限或者与主债务履行期限同时届满的，视为没有约定；没有约定或者约定不明确的，保证期间为主债务履行期限届满之日起六个月。

债权人与债务人对主债务履行期限没有约定或者约定不明确的，保证期间自债权人请求债务人履行债务的宽限期届满之日起计算。

第七百条 保证人承担保证责任后，除当事人另有约定外，有权在其承担保证责任的范围内向债务人追偿，享有债权人对债务人的权利，但是不得损害债权人的利益。

《最高人民法院关于适用〈中华人民共和国民法典〉有关担保制度的解释》(法释〔2020〕28号 2021年1月1日施行)

第十九条 担保合同无效，承担了赔偿责任的担保人按照反担保合同的约定，在其承担赔偿责任的范围内请求反担保人承担担保责任的，人民法院应予支持。

反担保合同无效的，依照本解释第十七条的有关规定处理。当事人仅以担保合同无效为由主张反担保合同无效的，人民法院不予支持。

裁判意见

以下为最高法院在再审期间就此问题发表的意见：

反担保是为了保障保证人承担担保责任后实现债务人追偿权而设定的担保，反担保责任的履行应以保证人已履行担保责任为前提。主合同的保证期间与反担保人的保证期间二者适用的起算规则不同，反担保人的保证期间应当从担保人实际履行了担保责任之日起计算。欣某公司于2011年11月17日前代偿本案所涉借款。故本案反担保责任的保证期间应从该日起计算。

根据《担保法》第四条①的规定，第三人为债务人向债权人提供担保的，可以要求债务人提供反担保。反担保适用本法和其他法律的规定。故本案中关于反担保保证期间的计算方法应适用《担保法》等法律关于保证期间的相关规定。根据欣某公司与三某公司签订的《反担保协议》的有关约定，三某公司同意为欣某公司本次担保行为提供反担保，自愿承担无限保证责任，担保期限从贷款获得之日起至全部贷款本息结清为止。根据《最高人民法院关于适用〈中华人民共和国担保法〉若干问题的解释》第三十二条②第二款的规定，保证合同约定保证人承担保证责任直至主债务本息还清时为止等内容的，视为约定不明，保证期间为主债务履行期届满之日起二年。本案《反担保协议》中关于反担保保证期间的约定应视为约定不明，保证期间为保证人实际承担保证责任之日起二年，即截至2013年11月17日。故本案中欣某公司关于要求三某公司履行反担保义务的诉讼请求并未超过保证期间。申请人三某公司关于本案诉请已超过反担保合同保证期间的再审申请理由不能成立，本院不予支持。

---

① 编者按：《民法典》第387条。

② 编者按：《民法典》第692条、《民法典担保制度解释》第32条。

延伸阅读

反担保保证期间从追偿权成立之日起算

案例一：钱某富与湖北汇某置业有限公司、十堰海某汽车专营有限公司追偿权纠纷申请再审民事裁定书［（2014）民申字第1298号］

最高法院认为："本案中，汇某公司为海某公司在十堰某行的贷款提供了抵押担保，钱某富向汇某公司提供了反担保，该反担保所对应的主债务是汇某公司为海某公司提供抵押担保所造成的实际损失。反担保人承担反担保责任应以担保人已承担保证责任为前提，担保人承担担保责任之时，就是反担保人担保期间的起算日。本案汇某公司承担抵押担保责任以其抵押物价值为限，抵押物价值虽然在拍卖后业已确定，但因汇某公司以同一抵押物为不同债务设定了抵押，本案的执行与另案关联，十堰中院曾就与该关联案件作出六份执行裁定书，其中，2011年12月19日的执行裁定书涉及汇某公司抵押物的变现和分割。后汇某公司及上述关联案件当事人提出执行异议及复议申请，直至2014年3月19日才由湖北高院最终裁定，确认了执行该案抵押物所涉及的全部费用，本案也就此执行终结。从上述过程中可以看出，2011年12月19日至2014年3月19日，本案处于持续的执行过程中，即作为担保人的汇某公司在持续地履行其担保责任，钱某富作为反担保人，其应承担的反担保责任期间如在担保人汇某公司实际承担担保责任前即结束，则反担保失去了法律意义，对担保人也显失公平。因此，钱某富提出其保证责任因保证期间届满而消灭的主张，应依法予以驳回。"

案例二：四川宏某建设工程有限公司、苍某刚与被上诉人四川鑫某融资担保有限公司、某自治州公安局担保合同纠纷二审民事判决书［（2016）川民终166号］

四川省高级人民法院认为："鑫某担保公司就追偿债权向苍某刚主张担保责任是否已过保证期间的问题。本焦点问题应重点审查苍某刚反担保的主债权及反担保的保证期间。……关于苍某刚反担保的保证期间。根据最高人民法院《关于适用〈中华人民共和国担保法〉若干问题的解释》第三十二条[①]第二款'保证合同约定保证人承担保证责任直至主债务本息还清时为止等类似内容的，视为约定不明，保证期间为主债务履行期届满之日起二年'之规定，《保证反担保合同》

① 编者按：《民法典》第692条、《民法典担保制度解释》第32条。

第三条第2项对保证期间的约定属于约定不明，苍某刚的反担保期间应从反担保债务的履行届满之日起计算2年。反担保债务80万元没有约定履行期间，考虑到保证期限的设置是为督促债权人及时行使权利，宜以反担保债务80万元债务最终确定之日确定主债务届满之日，即自2012年9月19日起算两年止。鑫某担保公司于2014年7月21日向原审法院提起诉讼，未超过2年的追偿诉讼时效。上诉人苍某刚关于鑫某担保公司追偿代偿款的诉讼时效已过的上诉理由不成立，本院不予支持。”

030 当事人未提保证期间免责抗辩，能否免除保证责任?

裁判要旨[①]

不论保证人是否抗辩，人民法院对保证期间是否已超过的事实应当依职权主动审查，进而确定是否免除保证人的保证责任。

案情简介

一、郑某章因缺乏资金，于2014年1月16日向李某庭借款300000元，借款时间是从2014年1月16日起至2014年4月16日止。赵某坤和福建永某建设工程有限公司提供担保，并向李某庭出具借款担保合同一份。担保方式为“无限连带责任担保”，未约定保证期间。借款后，郑某章按约定的月利率3.5%支付利息到2014年6月16日。

二、郑某章到期未还款，2015年4月14日，李某庭向龙海法院起诉，要求郑某章还本付息，赵某坤承担连带保证责任。一审期间，赵某坤未到庭，也未提交答辩状。龙海法院一审判决支持了李某庭的诉请。

三、赵某坤不服，上诉至漳州中院，以案涉保证担保的保证期间已经经过为由主张免责。漳州中院二审判决驳回上诉，维持原判。

四、赵某坤仍不服，以相同理由向福建高院申请再审。福建高院裁定指令漳州中院再审。

---

① 案件来源：赵某坤、李某庭民间借贷纠纷再审审查与审判监督民事裁定书［（2016）闽民申1596号］，李某庭与赵某坤、郑某章民间借贷纠纷二审民事判决书［（2015）漳民终字第1385号］

裁判思路

本案的争议焦点为，对于保证期间，人民法院应当如何进行审查。本案一二审期间，两级法院均认为赵某坤经传唤拒不到庭参加诉讼，应视为放弃了诉讼权利，法院依职权缺席判决，支持原告的诉讼请求并无不当。但福建高院认为，本案中赵某坤提供的连带责任担保，并未约定保证期间，故应适用法定六个月保证期间的规定，即保证期间应至 2014 年 10 月 15 日止。但李某庭直至 2015 年 4 月 14 日才向人民法院起诉主张要求赵某坤承担保证责任，显然超过了保证期间。福建高院认为，保证期间为除斥期间，期间经过发生保证人责任免除的法律后果，法院应当主动审查保证担保的保证期间是否经过。但本案一二审法院在未查明保证期间是否经过的情况下，直接作出了判决，为认定事实不清。故福建高院裁定发回重审。

经验总结

1. 保证期间不同于诉讼时效，不适用法院对诉讼时效不应当主动审查的规定。根据《民法典》第六百九十三条、第六百九十四条的规定，保证期间经过后，保证人免除保证责任。这与《民法典》第一百八十八条规定的“向人民法院请求保护民事权利”的诉讼时效有着根本的不同。《民法典》第六百九十二条也规定，保证期间是确定保证人承担保证责任的期间，不发生中止、中断和延长。由此更进一步印证保证期间与诉讼时效并非一物，不应当适用诉讼时效不主动审查的规定。

2. 对保证期间是否经过的事实，法院应当主动审查。2021 年生效的《民法典担保制度解释》第三十四条第一款已经明确规定：“人民法院在审理保证合同纠纷案件时，应当将保证期间是否届满、债权人是否在保证期间内依法行使权利等事实作为案件基本事实予以查明。”本案中，福建高院基于保证期间消灭本体性权利、期间不变的特征认定保证期间为除斥期间，并以此为基础认为人民法院应当依职权审查保证期间是否经过。该观点与新司法解释精神及最高人民法院的裁判规则相符合。

3. 虽然人民法院负有主动审查保证期间是否经过的法定义务，但为保万无一失，当事人在诉讼过程中切勿寄希望于法院的主动审查，而忽视提出关于保证期间经过免责的抗辩。因为人民法院审查保证期间是否经过，终究是一个事实问题，需要相应的证据材料予以支撑。如果当事人在举证方面疏忽大意，导致法院无法最终有确凿的证据证明保证期间已经经过，则保证人以此为由主张免责的诉请将会落空。故无论如何，保证人必须在诉讼中积极主张权利，以防不测。本案中赵某坤得以侥幸扳回一局是因为案情较为简单，幸运的成分远大于法院依职权审查的因素。

4. 保证期间为除斥期间，决定保证期间经过后，保证人承担的保证债务即行免除。这里所谓的“免除”是指保证债务因保证期间的经过而消灭，是债权债务本体的消灭，而非仅仅让保证人取得了一个关于拒绝履行的抗辩权。

相关法条

《中华人民共和国民法典》（2021 年 1 月 1 日施行）

第一百八十八条 向人民法院请求保护民事权利的诉讼时效期间为三年。法律另有规定的，依照其规定。

诉讼时效期间自权利人知道或者应当知道权利受到损害以及义务人之日起计算。法律另有规定的，依照其规定。但是，自权利受到损害之日起超过二十年的，人民法院不予保护，有特殊情况的，人民法院可以根据权利人的申请决定延长。

第一百九十三条 人民法院不得主动适用诉讼时效的规定。

第六百九十二条 保证期间是确定保证人承担保证责任的期间，不发生中止、中断和延长。

债权人与保证人可以约定保证期间，但是约定的保证期间早于主债务履行期限或者与主债务履行期限同时届满的，视为没有约定；没有约定或者约定不明确的，保证期间为主债务履行期限届满之日起六个月。

债权人与债务人对主债务履行期限没有约定或者约定不明确的，保证期间自债权人请求债务人履行债务的宽限期届满之日起计算。

《最高人民法院关于适用〈中华人民共和国民法典〉有关担保制度的解释》（法释〔2020〕28 号 2021 年 1 月 1 日施行）

第三十四条 人民法院在审理保证合同纠纷案件时，应当将保证期间是否届满、债权人是否在保证期间内依法行使权利等事实作为案件基本事实予以查明。

债权人在保证期间内未依法行使权利的，保证责任消灭。保证责任消灭后，债权人书面通知保证人要求承担保证责任，保证人在通知书上签字、盖章或者按指印，债权人请求保证人继续承担保证责任的，人民法院不予支持，但是债权人有证据证明成立了新的保证合同的除外。

裁判意见

以下为福建高院在再审裁定“本院认为”部分就此问题发表的意见：

本院经审查认为：本案《借款担保合同》明确约定了涉案借款时间是从2014年1月16日起至2014年4月16日止，双方在该合同中并未约定保证期间，李某庭于2015年4月24日向法院起诉，在一、二审中均未提交其在主债务履行期届满之日起六个月内向赵某坤主张过权利的证据，根据《担保法》第二十六条[①]“连带责任保证的保证人与债权人未约定保证期间的，债权人有权自主债务履行期届满之日起六个月内要求保证人承担保证责任。在合同约定的保证期间和前款规定的保证期间，债权人未要求保证人承担保证责任的，保证人免除保证责任”的规定，明显超过法律规定保证期间。同时根据最高人民法院《关于适用〈中华人民共和国担保法〉若干问题的解释》第三十一条[②]规定：“保证期间不因任何事由发生中断、中止、延长的法律后果”的规定，保证期间为除斥期间，债权人未在保证期间要求保证人承担保证责任的，保证人免除保证责任。故不论保证人是否抗辩，人民法院对保证期间是否已超过的事实应当依职权主动审查，进而确定是否免除保证人的保证责任。一、二审法院均未主动审查保证期间，一审法院以郑某章及赵某坤均未答辩及出庭应诉，判决赵某坤承担担保责任。二审法院以赵某坤在一审中放弃诉讼权利，为合法保护债权人利益为由，驳回赵某坤的上诉。依照前述法律规定，一、二审法院明显适用法律错误。

延伸阅读

关于法院是否应当依职权审查除斥期间经过的裁判观点

1. 认定法院应当依职权审查除斥期间是否经过的判例

案例一：鲁某兰、孝感天某中小企业信用担保投资有限公司企业借贷纠纷再审民事判决书［（2016）鄂民再52号］

---

① 编者按：《民法典》第692条、第693条。

② 编者按：《民法典》第692条。

湖北省高级人民法院认为："《中华人民共和国担保法》第二十六条①规定：'连带责任保证的保证人与债权人未约定保证期间的，债权人有权自主债务履行期届满之日起六个月内要求保证人承担保证责任。在合同约定的保证期间和前款规定的保证期间，债权人未要求保证人承担保证责任的，保证人免除保证责任。'《最高人民法院关于适用〈中华人民共和国担保法〉若干问题的解释》第三十一条②规定：'保证期间不因任何事由发生中断、中止、延长的法律后果。'由上述规定可见，保证期间属于除斥期间，除斥期间届满后直接发生权利消灭的效力，即保证人得以免除其保证责任。鲁某兰在一审中虽未提出有关保证期间的抗辩，法院对此仍应主动审查。天某担保投资公司抗辩称，鲁某兰的委托代理人在一审庭审中明确表示，对天某担保公司起诉的借款本金及担保没有异议，应视为鲁某兰对愿意承担保证责任的自认。《最高人民法院关于人民法院应当如何认定保证人在保证期间届满后又在催款通知书上签字问题的批复》规定，保证责任消灭后，即使保证人在催款通知书上签字，人民法院仍不能认定保证人继续承担保证责任，除非该通知书的内容能视为成立新的保证合同。根据该批复的精神，张某、志某公司、鲁某兰的委托代理人在代表三方共同发表答辩意见时称对担保事实无异议，既不能视为鲁某兰与天某担保公司就涉案债务达成了新的保证合同，也不能视为鲁某兰明确作出了愿意就涉案债务继续承担保证责任的意思表示，故对天某担保投资公司的抗辩理由，本院不予支持。"

案例二：周某珍、张某民间借贷纠纷再审审查与审判监督民事裁定书［（2016）皖民申431号］

安徽省高级人民法院认为：最高人民法院《关于审理民事案件适用诉讼时效制度若干问题的规定》第三条规定，当事人未提出诉讼时效抗辩，人民法院不应对诉讼时效问题进行释明及主动适用诉讼时效的规定进行裁判。保证期间不同于诉讼时效，周某珍依据该条款主张二审法院不应主动审查保证是否超过保证期间的理由，不能成立。依据担保法及相关司法解释的规定，保证期间自债权人要求债务人履行义务的宽限期届满之日起计算。本案中，没有证据证明周某珍曾就案涉借款给予张某宽限期，张某在2014年7月9日出具的情况说明是对债务数额的确认，周某珍主张以此日期作为宽限期届满之日缺乏法律依据。且依据周某珍提交的证据，其在2013年已多次向张某催要借款，二审法院从2014年1月1日

① 编者按：《民法典》第692条、第693条。

② 编者按：《民法典》第692条。

开始计算保证期间，已经给张某一个合理期间作为履行义务的宽限期。据此，二审法院认定至周某珍2014年9月15日提起本案诉讼已超过六个月的保证期间、保证人的保证责任已免除并无不当。

案例三：济南市某区农村信用合作联社与王某美等金融借款合同纠纷二审民事判决书［（2016）鲁01民终64号］

济南市中级人民法院认为：根据《中华人民共和国担保法》第二十六条①第二款规定，在合同约定的保证期间，债权人未要求保证人承担保证责任的，保证人免除保证责任。本案中，某农信社没有提供在保证期间内向保证人贾某荣、王某锋、王某军主张权利的证据，因此，某农信社起诉时已超过两年保证期间，保证人的保证责任应当免除。针对某农信社所主张的因贾某荣、王某锋、王某军未主张任何抗辩，法院因此不应主动审查保证期间的上诉理由。本院认为，根据法律规定，保证期间属于除斥期间，保证期间不因任何事由发生中止、中断和延长的法律后果，其届满的后果是实体权利的消灭，这源于法律的规定，因此原审法院对保证期间的主动审查并无不当。综上，原审判决认定事实清楚，适用法律正确，应予维持。

案例四：中某投资担保（深圳）有限公司与贵州某控股（集团）股份有限公司借款合同纠纷二审民事判决书［（2015）深中法商终字第1969号］

深圳市中级人民法认为：对于中某公司主张的法院不能主动审查保证期间是否完成的问题，对此本院认为，首先，保证期间不同于诉讼时效，法律及司法解释并未规定在当事人未提出抗辩的情况下法院不能主动审查保证期间是否完成；其次，本案中亿某公司虽未提出保证期间完成其保证责任免除的抗辩，但也提出了不承担保证责任的抗辩；再次，保证期间的目的在于保护保证人利益，平衡债权人和保证人间的利益关系，敦促债权人尽快行使权利，保证期间完成的法律后果是免除保证人的保证责任，关系到当事人实体权利义务的变更，应属于法院审理案件的审查范围，因此，原审法院经审查认定涉案连带责任保证的保证期间已完成，亿某公司的保证责任免除，并无不当，本院予以确认。中某公司上诉请求亿某公司承担连带保证责任，理由不成立，本院不予采纳。

---

① 编者按：《民法典》第692条、第693条。

2. 认定法院不应当依职权审查保证期间是否经过的判例（与现行司法解释不符）

案例五：蔡某南与盛某资源再生（无锡）有限公司民间借贷纠纷［（2015）民申字第418号］

最高人民法院认为：关于保证期间的问题。人民法院审理案件，是围绕双方当事人的争议进行。保证期间作为保证人对抗债权人的抗辩理由之一，是否主张为当事人对自己诉讼权利的处分。根据一审、二审判决载明的事实，盛某公司在本案一审、二审诉讼过程中并未提出关于保证期间的抗辩，双方当事人并未就此形成争议，现盛某公司却就此主张一审、二审判决错误并申请再审，其理由不能成立。

案例六：潘某荣与徐某、南京光某城南机电有限公司民间借贷纠纷再审申请民事裁定书［（2016）沪民申2781号］

上海市高级人民法院认为："本院经审查认为，原审法院根据各方当事人的诉辩主张及提交的证据对系争借款本金、利息及南京光某公司的还款责任和潘某荣的连带保证责任作出准确认定，本院予以支持。潘某荣现抗辩系争两份《借款合同》的担保期间均已超过，债权人无权要求保证人承担连带保证责任，且原审法院应当主动审查保证期间。本院认为，人民法院审理案件，是围绕双方当事人的争议进行。保证期间作为保证人对抗债权人的抗辩理由之一，是否主张为当事人对自己诉讼权利的处分。根据一审判决载明的事实，潘某荣在本案一审诉讼过程中并未提出关于保证期间的抗辩，并在一审判决其承担连带保证责任后，并未提起上诉。而在二审庭审中，潘某荣亦未就保证期间提出异议，故双方当事人并未就此形成争议。现潘某荣却就此主张一审、二审判决错误并申请再审，本院认为其有违诉讼诚信，其申请再审理由不能成立。原审法院作出的判决，合法合理，理由阐述充分。本院认可原审法院对事实的分析认定及对相关法律法规的理解与适用，潘某荣再审申请理由缺乏事实及法律依据，本院难以支持。原审法院认定事实清楚，适用法律正确，审理程序合法。"

031 借款展期未经保证人同意，保证期间是否会受影响？

裁判要旨[①]

债权人和债务人约定变更主债权债务合同的履行期限，未经保证人书面同意的，保证人承担保证责任的保证期间不受影响。

案情简介

一、2014 年 12 月 31 日，天某公司与某农商银行签订《流动资金借款合同》，约定天某公司向某农商银行借款 3000 万元，借款期限为 2014 年 12 月 31 日至 2015 年 12 月 30 日。同日，青海某担保公司与某农商银行签订《保证合同》，约定青海某担保公司为天某公司的债务承担连带保证责任，保证期间为两年。

二、2015 年 12 月 29 日，某农商银行和天某公司签订《借款展期协议书》约定《流动资金借款合同》项下的借款展期 6 个月，展期后，借款到期日为 2016 年 6 月 29 日。2016 年 8 月 1 日，某农商银行向天某公司发出贷款到期通知书。天某公司无法清偿到期债务。

三、2017 年 9 月 20 日，某农商银行向青海省高级人民法院起诉，要求天某公司还款，并要求青海某担保公司承担保证责任。

四、青海省高级人民法院认为，某农商银行与天某公司约定借款展期未取得保证人书面同意，保证人应当按照原合同中对保证期间的约定承担保证责任，某农商银行在原《保证合同》约定的保证期间内向法院起诉，故青海某担保公司应当承担相应保证责任。

五、青海某担保公司不服，上诉至最高人民法院，最高人民法院判决驳回青海某担保公司的上诉请求。

裁判思路

本案核心争议为：债权人与债务人约定借款展期，未取得保证人书面同意

① 案件来源：青海省某担保集团有限责任公司、青海某农村商业银行股份有限公司借款合同纠纷二审民事判决书［（2018）最高法民终 910 号］

的，保证人如何承担保证责任。对此，最高人民法院认为：

《担保法》第二十四条[①]规定："债权人与债务人协议变更主合同的，应当取得保证人书面同意，未经保证人书面同意的，保证人不再承担保证责任。保证合同另有约定的，按照约定。"变更还款期限是对借款合同主要条款的变更，由于保证人承担保证责任的期间应当由主债务到期未清偿时起算，因此，还款期限的延后可能加重保证人的责任：一方面，延长了保证人可能承担保证责任的期限，使得保证人的义务处于一种长期不确定的状态；另一方面，借款展期可能导致保证人承担更高额的利息。由此得出，债权人与债务人约定借款展期，未取得保证人同意的，保证人不应当按照变更后的借款期限承担保证责任。

因此，《担保法解释》第三十条第二款[②]规定："债权人与债务人对主合同履行期限作了变动，未经保证人书面同意的，保证期间为原合同约定的或者法律规定的期间。"这一规定解决了在借款展期且未取得保证人书面同意的情况下，保证人的责任范围问题。本案中，某农商银行无法证明其与天某公司的借款展期行为经过保证人青海某担保公司同意，故本案的保证期间不应当从展期后借款到期日起算。但青海某担保公司应当依据《保证合同》中的约定，在主债权第一次到期后的两年内对主债务承担保证责任，某农商银行在原《保证合同》约定的保证期间内向法院起诉，要求青海某担保公司承担保证责任，未超过保证期间。

经验总结

借款展期后的保证人责任范围问题，是近年来在实务中十分常见的一类问题，我们提示当事人在处理类似业务时，注意以下两个重点问题：

一、注意借款展期后，保证人责任的原则性裁判观点。

《民法典》第六百九十五条规定："债权人和债务人未经保证人书面同意，协商变更主债权债务合同内容，减轻债务的，保证人仍对变更后的债务承担保证责任；加重债务的，保证人对加重的部分不承担保证责任。债权人和债务人变更主债权债务合同的履行期限，未经保证人书面同意的，保证期间不受影响。"《民法典》对于借款展期后保证人责任的认定与《担保法》《担保法解释》保持

---

①② 编者按：《民法典》第695条。

一致。借款展期未通知保证人，保证合同的保证期间不受影响这一裁判观点，已经成为几无争议的裁判原则。

因此，作为债权人，在对有担保的债权进行借款展期时，应当格外注意因借款展期而导致保证期间经过的风险，切勿认为有了《展期合同》就万事俱备。

二、关于“未经保证人书面同意”的认定。

立法者认为，变更主债务合同的还款期限，实际上加重了保证人的责任，使得保证人的责任实际超过了其所承诺的范围。因此，如果保证人知道主借款合同展期，并对自身将要继续承担保证责任的事项有清楚的认知，则在实务中一般会被认定为同意为展期后的借款提供担保。

在实务中，保证人对于借款展期的书面同意可通过多种方式体现。例如，《展期合同》虽未明确记载保证人对展期后的借款承担保证责任，但保证人在展期合同上签字捺印的，视为保证人书面同意展期；《保证合同》在签订时业已明确保证人对展期后的借款承担保证责任的，视为保证人书面同意展期；公司股东为公司经营借款提供担保，并决议同意公司借款展期的，亦应当视为该股东同意为展期后的借款提供保证。

相关法条

《中华人民共和国民法典》（2021 年 1 月 1 日施行）

第六百九十五条　债权人和债务人未经保证人书面同意，协商变更主债权债务合同内容，减轻债务的，保证人仍对变更后的债务承担保证责任；加重债务的，保证人对加重的部分不承担保证责任。

债权人和债务人变更主债权债务合同的履行期限，未经保证人书面同意的，保证期间不受影响。

《最高人民法院关于适用〈中华人民共和国民法典〉有关担保制度的解释》（法释〔2020〕28 号　2021 年 1 月 1 日施行）

第十六条　主合同当事人协议以新贷偿还旧贷，债权人请求旧贷的担保人承担担保责任的，人民法院不予支持；债权人请求新贷的担保人承担担保责任的，按照下列情形处理：

（一）新贷与旧贷的担保人相同的，人民法院应予支持；

（二）新贷与旧贷的担保人不同，或者旧贷无担保新贷有担保的，人民法院不予支持，但是债权人有证据证明新贷的担保人提供担保时对以新贷偿还旧贷的事实知道或者应当知道的除外。

主合同当事人协议以新贷偿还旧贷，旧贷的物的担保人在登记尚未注销的情形下同意继续为新贷提供担保，在订立新的贷款合同前又以该担保财产为其他债权人设立担保物权，其他债权人主张其担保物权顺位优先于新贷债权人的，人民法院不予支持。

裁判意见

以下为最高法院在二审“本院认为”部分就此问题发表的意见：

本案中，天某公司作为借款人与出借人农商银行于2014年12月31日签订涉案《流动资金借款合同》，约定了借款本金为3000万元，借款期限为2014年12月31日至2015年12月30日。在此之前，担保公司于2014年11月17日向农商银行出具《担保意向函》，载明担保期限为24个月。但具有法律效力的担保文件以担保合同为准，且载明为了防范风险，待其出具《放款通知书》后，请农商银行再给天某公司办理贷款发放手续。次日，担保公司向农商银行发出《放款通知书》，并且作为保证人与出借人农商银行签订《保证合同》，其中约定，担保公司为涉案债务提供连带责任保证。第四条明确约定，保证期间为主债权履行期限届满之日起两年。并不存在担保公司上诉主张的文义模糊应作出不利于合同提供方农商银行的解释。天某公司在《流动资金借款合同》约定的借款期限内没有主动履行还款义务。其与农商银行在2015年12月29日又签订了《借款展期协议书》，约定展期6个月，借款到期日为2016年6月29日。担保公司主张其并未同意延长债务履行期，因此不承担保证责任。本案中，确实没有证据证明担保公司同意对展期后的债务承担保证责任。但农商银行在一审庭审中明确表示，其是依据与担保公司签订的《保证合同》，要求担保公司承担保证责任。本案中，农商银行于2017年9月20日向一审法院提交民事起诉状，担保公司对此事实予以认可，因此，农商银行的起诉并未超过双方之间《保证合同》约定的保证期间。一审判决认定担保公司应承担保证责任是正确的。

延伸阅读

以下是我们在写作过程中整理的关于借款展期未经保证人书面同意，保证期间受何影响的相关裁判观点。

1. 债权人与债务人约定借款展期，未通知保证人的，保证人仍需在原合同约定的保证期间内承担责任。

案例一：某银行股份有限公司成都分行、陕西龙某钢铁有限责任公司金融借款合同纠纷再审民事判决书［（2019）最高法民再308号］

最高人民法院认为：根据《最高额保证合同》“某银行成都分行与成都钟某公司协议变更主合同的，除展期或增加债权金额外，其他变更事项无须取得陕西龙某公司同意，陕西龙某公司不因此免除其承担的本合同项下的保证责任”的约定，贷款展期应当取得保证人陕西龙某公司同意。不过，根据担保法解释第三十条[①]第二款“债权人与债务人对主合同履行期限作了变动，未经保证人书面同意的，保证期间为原合同约定的或者法律规定的期间”之规定，陕西龙某公司仍需在合同约定的保证期间内承担责任。陕西龙某公司的此项理由也不能成立。

2. 保证人在展期合同上进行签字捺印，视为知道并同意借款展期。

案例二：唐山市博某房地产开发有限公司、刘某义民间借贷纠纷再审审查与审判监督民事裁定书［（2020）最高法民申493号］

最高人民法院认为：《借款合同》约定的借款期限届满后，姜某未能按期清偿债务，刘某义与姜某又签订《借款补充协议书》对借款情况进行了核算对账并对双方的债权债务关系进行了确认。同时，《借款补充协议书》约定博某公司继续为姜某提供担保，姜某作为博某公司法定代表人在《借款补充协议书》上签字、捺印。因《借款补充协议书》对《借款合同》进行展期，根据前后两份借款合同的文本内容和签章形式，可以判断出由博某公司为案涉债务继续提供担保的意思表达连贯、清晰、明确，姜某作为博某公司法定代表人在《借款补充协议书》上签字、捺印，应视为其代表博某公司作出的意思表示。

案例三：富民某龙凯易房地产开发有限公司、云南鼎某房地产开发有限责任公司民间借贷纠纷二审民事判决书［（2019）最高法民终1562号］

最高人民法院认为：《借款展期合同（兼做前期借款结算）》并非针对2013年6月22日签订的《借款合同》，而是针对三份《借款合同》约定的借款期限进行的展期。按《借款展期合同（兼做前期借款结算）》约定2017年2月28日

---

① 编者按：《民法典》第695条。

前归还借款本金1亿元，2017年5月31日归还借款本金1亿元，2017年10月31日前归还借款本金1亿元，鼎某公司同意为张某平、张某仙向吴某借款继续提供连带责任担保，直至本息收益全部清偿完毕为止。之后，因张某平、张某仙未按约定归还款项，双方及鼎某公司再次签订《借款展期协议》，约定2017年12月31日前归还借款本金1.5亿元，2018年6月30日归还借款本金1.5亿元，2019年6月30日前结清上述未还款项及借款利息，鼎某公司作为担保方在该展期协议上盖章。因张某平、张某仙仍未按约定归还款项，鼎某公司的担保期限依约为本息收益全部清偿完毕为止，故鼎某公司应对张某平、张某仙尚欠吴某借款本金292180738.8元及利息284361799.5元和实现债权费339400元承担连带清偿责任，其承担责任后有权向张某平、张某仙追偿。

3.《保证合同》中包含有保证人对展期借款提供保证承诺的，保证人不能主张因借款展期而不承担保证责任。

案例四：杨某与李某耀等民间借贷纠纷再审审查与审判监督民事裁定书［（2018）最高法民申704号］

最高人民法院认为：虽然其后杨某与曹某光签订的两份《借款展期协议书》中仅某某物资公司和永昌钢铁公司以担保人身份签字，李某耀未在展期协议上签字，但根据《担保借款合同》第九条第2项的内容可知，李某耀事先已明确认可贷款人与借款人协商一致同意将借款展期的，无需征得其同意，其应继续承担担保责任。该约定符合《中华人民共和国担保法》第二十四条①的规定，与《最高人民法院关于适用〈中华人民共和国担保法〉若干问题的解释》第三十条②第二款关于“债权人与债务人对主合同履行期限作了变动，未经保证人书面同意的，保证期间为原合同约定的或者法律规定的期间”的规定并不冲突。其次，《担保借款合同》中约定的借款期限为2013年4月25日至2013年10月24日，保证期间为自借款期限届满之日起两年。杨某与曹某光签订的两份《借款展期协议书》中，展期期限分别为2013年10月24日起至2014年4月23日止、2014年10月24日起至2015年10月23日止，案涉借款展期的期限并未明显超出正常合理的范围。

---

①② 编者按：《民法典》第695条。

4. 为建筑工程施工合同等其他类型合同保证，债权人与债务人约定义务履行期限延后，但未告知保证人的，保证人的保证期间不受影响。

案例五：大连金某建设集团有限公司与大连沃某房地产开发有限公司等建设工程施工合同纠纷再审申请案［（2015）民申字第3107号］

最高人民法院认为：《补充协议书》的签订日期为2013年10月12日，按照协议约定，沃某公司与金某公司应当在协议签订之日起三十日内即2013年11月11日之前完成结算，沃某公司应当在结算完成之日起三日内即2013年11月14日之前支付结算值的95%工程款，并于2013年12月1日前付清全部工程款。但是，沃某公司及金某公司未按协议约定日期完成结算并开始履行，双方系在一审诉讼过程中才对工程价款数额达成一致，即债权债务双方对原约定的履行期限以实际行动作出变动，该变动未征得想某公司、裕某公司的书面同意，故保证期间仍需遵从原合同约定或者法律规定。

结合前述法律规定及案涉合同约定，想某公司、裕某公司承担保证责任的保证期间应当自《补充协议书》约定的主债务履行期届满之日起算，如按照金某公司申请再审所称自沃某公司与金某公司实际结算之日起算主债务履行期，则势必导致保证期间因不归责于保证人的原因被无限延长从而加重保证人的负担，有违担保法及其司法解释之规定。同时，《补充协议书》还约定，在约定的付款期限届满时沃某公司没有履行或者没有全部履行付款义务时，金某公司有权直接要求想某公司、裕某公司承担保证责任。现金某公司没有证据证明其自合同约定的主债务履行期届满之日起六个月内向想某公司、裕某公司提出过承担保证责任的要求。因此，自《补充协议书》约定的主债务履行期届满之日起算，直至金某公司起诉时，想某公司、裕某公司所承担保证责任的保证期间已经超过六个月，原判决据此免除想某公司、裕某公司的保证责任并无不当。

5. 公司股东为公司借款提供担保，后经公司决议向债权人申请借款展期的，公司股东应当为展期后的债务承担保证责任。①

案例六：上海津某投资有限公司、左某霞金融借款合同纠纷再审审查与审判监督民事裁定书［（2019）最高法民申5257号］

最高人民法院认为：根据《担保法解释》第三十条②第二款规定："债权人

① 编者按：该观点尚有争议。

② 编者按：《民法典》第695条。

与债务人对主合同履行期限作了变动，未经保证人书面同意的，保证期间为原合同约定的或者法律规定的期间。”本案中，虽然津某公司未在《贷款展期协议》上签字，但津某公司作为持有天某公司股份的股东，参与了向某农商行申请借款展期的决议，表明其对案涉贷款展期一事是明知的。且《流动资金借款合同》中约定的贷款期限为一年，即主债务履行期间届满日为2016年3月31日，津某公司保证期间为主债务履行期间到期后两年，而某农商行在2016年12月19日起诉要求津某公司等保证人承担保证责任，并未超过原合同约定的保证期间。故，津某公司该项再审申请理由不能成立。

6. 与前述观点相反的判例。

案例七：泉州市丰泽区清某房地产开发有限公司等诉某银行股份有限公司泉州洛江支行借款合同纠纷案［（2014）民申字第629号］

最高人民法院认为：《委托贷款展期协议》变更了主合同的履行期限，对该变更，王某瑞、王某利作为保证人，未作出书面同意。虽然二人作为清某公司股东，在履行股东职责时同意清某公司向某行洛江支行申请贷款展期，并明确知晓贷款已获展期的事实，但不应因此认为二人同意对展期后的贷款，按照展期后的履行期限承担保证责任。

032 主债务人对诉讼时效届满的债权重新确认，保证人是否应当继续承担担保责任?

裁判要旨[①]

主债权诉讼时效届满后，主债权人放弃诉讼时效抗辩的行为，效力不及于保证人。保证人仍可向主债权人主张诉讼时效抗辩。

案情简介

一、1993年5月28日，某行纺建路办事处与某冶金工业公司签订借款合同，

① 案件来源：中国某资产管理公司西安办事处与西安市某冶金公司、西安某焦化厂、西安某带钢厂、西安某电机厂、某钢铁厂借款担保合同纠纷上诉案［（2005）民二终字第50号］

约定：借款金额200万元，担保单位为某焦化厂。还款期限为1995年5月。借款到期后，某冶金工业公司未偿还借款，某焦化厂亦未承担担保责任。

二、1998年8月25日，某行纺建路办事处经西安市新城区公证处向某焦化厂送达《催还逾期贷款通知书》，要求该厂承担（93）第016号合同的担保责任。

三、后某行纺建路办事处将上述债权转让给某公司，2002年12月28日，某公司在陕西日报上发布公告，要求债务人清偿债务、担保人履行担保责任。2000年6月29日、2001年9月4日、2004年2月18日，某公司向某冶金工业公司发出《催收贷款通知书》，某冶金工业公司对借款本息计算均无异议，并签字确认。

四、2004年5月26日，某公司向陕西高院提起诉讼，诉请判决某冶金工业公司还本付息，某焦化厂承担连带清偿责任。陕西高院一审判决某冶金工业公司还本付息，某焦化厂不必承担担保责任。

五、某公司不服，上诉至最高法院。最高法院二审判决驳回了该部分的上诉请求。

裁判思路

本案的核心观点在于，主债务人对于已超过诉讼时效期间的债权重新确认，效力并不及于保证人，保证人仍可向主债权人主张诉讼时效抗辩。从本案的基本情况来看，主债权的履行期限为1995年5月，而迟至1998年8月该债权的原债权人某行纺建路办事处才向主债务人某冶金工业公司主张权利。但某冶金工业公司并未就该笔债权向某行纺建路办事处提出诉讼时效抗辩，而且在此后也多次就该笔债权向新的债权人某公司进行确认。因此，对于某公司而言，其可根据《最高人民法院关于超过诉讼时效期间借款人在催款通知单上签字或者盖章的法律效力问题的批复》的规定，继续对主债务人某冶金工业公司享有债权。但对于这一债权的重新确认，却并无作为担保人的某焦化厂的确认。故根据《担保法》第二十条①的规定，即使主债务人放弃对债权人的抗辩，作为从债务人的保证人仍可主张，关于诉讼时效的抗辩亦不例外。同时，因本案的主债权已超过诉讼时效，故本案也不适用《最高人民法院关于处理担保法生效前发生保证行为的保证期间问题的通知》第一条的规定。故最高法院最终认定："冶金工业公司对该笔债务进行了重新确认，但焦化厂并无对重新确认后的债务进行担保的意思表示，

---

① 编者按：《民法典》第701条。

因该笔债务不符合〔2002〕144 号文规定的情形，故焦化厂对该笔债务不承担保证责任。”某公司因此败诉。①

经验总结

1. 对于已超过诉讼时效但仍有保证担保的债权，债权人在进行催收时，应注意以下技巧：（1）在催款函中切勿注明债权原定的还款期限，防止债务人非常轻松地计算出债权的诉讼时效是否已经经过；（2）催款函的内容应当尽量简洁明了，防止债务人轻松找到相关基础资料核对有关信息，确认有关催收债权是否已经过诉讼时效；（3）在对债务人进行催收时，一定要一并向保证人进行催收。如此，不仅可以大大增强超过诉讼时效的债权被债务人重新确认的可能性，也可增强保证人继续对超过诉讼时效的债权提供担保的可能性。

2. 不论是债务人，还是保证人，在接到债权人的催款通知时，应当在认真检视相关材料的基础上，对债权债务涉及的期间问题进行认真核实确认。需核实确认的期间包括主债权的还款期限、此前的催款时间点、诉讼时效期间、保证期间等。切勿对往来函件盲目进行签收、确认，防止对已经超过诉讼时效期间、保证期间的债权进行了重新确认，导致债务重生或者重新提供担保。特别是保证人，如果不注意检视主债权的诉讼时效，而对超过诉讼时效的债权承担担保责任，不仅无法要求债权人返还已偿还的债务，而且也不能向主债务人追偿，风险极大。

3. 保证人在对债权人提出抗辩时，不仅要关注《民法典》及担保合同约定的可以对债权人行使的一般抗辩，还要注意行使债务人根据主合同可以向保证人主张的抗辩。这也要求债权人应当改变一种错误的认识，认为只要主债务人认账了，保证人肯定就跑不掉了，殊不知“一山方出一山拦”，主债务人不主张的抗辩，保证人也可主张。故在诉讼中，对于主债权债务关系的成立，既要关注债务人，也要关注保证人。“两线作战”，方才周全。

① 编者按：《担保法》《保证期间问题的通知》《在催款单上签字或者盖章的效力批复》已经于 2021 年 1 月 1 日起失效。案例中相关规则已被《民法典》及《民法典担保制度解释》吸收。

相关法条

《中华人民共和国民法典》（2021 年 1 月 1 日施行）

第七百零一条 保证人可以主张债务人对债权人的抗辩。债务人放弃抗辩的，保证人仍有权向债权人主张抗辩。

《最高人民法院关于适用〈中华人民共和国民法典〉有关担保制度的解释》（法释〔2020〕28 号 2021 年 1 月 1 日施行）

第三十五条 保证人知道或者应当知道主债权诉讼时效期间届满仍然提供保证或者承担保证责任，又以诉讼时效期间届满为由拒绝承担保证责任或者请求返还财产的，人民法院不予支持；保证人承担保证责任后向债务人追偿的，人民法院不予支持，但是债务人放弃诉讼时效抗辩的除外。

《最高人民法院关于超过诉讼时效期间借款人在催款通知单上签字或者盖章的法律效力问题的批复》（法释〔1999〕7 号）（节录）

根据《中华人民共和国民法通则》第四条、第九十条规定的精神，对于超过诉讼时效期间，信用社向借款人发出催收到期贷款通知单，债务人在该通知单上签字或者盖章的，应当视为对原债务的重新确认，该债权债务关系应受法律保护。

《最高人民法院关于审理民事案件适用诉讼时效制度若干问题的规定》（法释〔2020〕17 号 2020 年修正）

第十八条 主债务诉讼时效期间届满，保证人享有主债务人的诉讼时效抗辩权。

保证人未主张前述诉讼时效抗辩权，承担保证责任后向主债务人行使追偿权的，人民法院不予支持，但主债务人同意给付的情形除外。

第十九条 诉讼时效期间届满，当事人一方向对方当事人作出同意履行义务的意思表示或者自愿履行义务后，又以诉讼时效期间届满为由进行抗辩的，人民法院不予支持。

当事人双方就原债务达成新的协议，债权人主张义务人放弃诉讼时效抗辩权的，人民法院应予支持。

超过诉讼时效期间，贷款人向借款人发出催收到期贷款通知单，债务人在通知单上签字或者盖章，能够认定借款人同意履行诉讼时效期间已经届满的义务的，对于贷款人关于借款人放弃诉讼时效抗辩权的主张，人民法院应予支持。

裁判意见

以下为最高法院在二审判决"本院认为"部分就此问题发表的意见：

焦化厂是否应承担保证责任问题。焦化厂为（93）第016号借款担保合同项下的200万元借款本息提供担保。保证合同未约定保证期限。1998年8月17日，某行纺建路办事处对该笔债权催收时，该笔债权已过诉讼时效期间。冶金工业公司对该笔债务进行了重新确认，但焦化厂并无对重新确认后的债务进行担保的意思表示，因该笔债务不符合〔2002〕144号文规定的情形，故焦化厂对该笔债务不承担保证责任。原审判决关于焦化厂对该笔债务不承担保证责任的认定正确，本院予以维持。

延伸阅读

1. 担保人可主张主债务人未主张的诉讼时效抗辩

案例一：某资产管理公司大连办事处诉辽宁华某集团公司等借款担保纠纷上诉案［（2003）民二终字第93号　《中华人民共和国最高人民法院公报》2003年第6期（总第86期）］

最高法院认为："担保人时某公司在《不可撤销担保书》中明确承诺：'本保证书在某银行同意延期还款时继续有效'，但因无证据证明省某银行与畜产公司之间存在约定延期还款的事实，主债权已经超过诉讼时效，根据《中华人民共和国担保法》第二十条①第一款的规定，依法取得了主债务人享有的主债权诉讼时效届满产生的抗辩权。虽然嗣后畜产公司在催收通知书上盖章，放弃了原债权诉讼时效届满的抗辩权，但依照担保法第二十条②第一款的规定，对于债务人放弃的抗辩权，担保人仍然可以行使，畜产公司放弃时效届满抗辩权的行为，对时某公司不发生法律效力。另，本院（2002）144号通知第一条规定债权人对保证人的权利，应以主债务没有超过诉讼时效期间为条件。故上诉人东某公司关于担保人时某公司应当承担担保责任的上诉理由不能成立，原审裁判正确，本院予以维持。"

---

①② 编者按：《民法典》第701条。

案例二：某银行股份有限公司南部县支行与岳某德、岳某席、岳某东金融借款合同纠纷一案二审民事判决书［（2014）南中法民终字第664号］

南充市中级人民法院认为：岳某德于2009年9月21日向某行南部支行借款30000元，约定借款到期日为2010年9月20日。2010年12月29日，岳某德向某行南部支行偿还部分借款后，某行南部支行于2013年7月22日才主张权利，原审以某行南部支行向主债务人主张权利超过诉讼时效，向保证人主张权利超过保证期间为由判决驳回某行南部支行的诉讼请求后，某行南部支行向岳某德发出债务逾期催收通知书，该债务逾期催收通知书反映出向岳某德催收债权的意思表示，岳某德自愿在该债务逾期催收通知书签字，应视为岳某德对原债务的重新确认，因此，岳某德应从重新确认债务之日起对该债务逾期催收通知书确认的债务承担清偿责任。岳某席、岳某东在原审中以某行南部支行主张权利超过诉讼时效进行了抗辩，根据《最高人民法院关于审理民事案件适用诉讼时效制度若干问题的规定》第二十一条第一款“主债务诉讼时效期间届满，保证人享有主债务人的诉讼时效抗辩权”的规定，原审判决岳某席、岳某东不承担保证责任并无不当。岳某德在原审判决后自愿对原债务重新确认，岳某席、岳某东无新的担保意思表示，因此，某行南部支行要求岳某席、岳某东承担保证责任，本院不予支持。

2. 保证人对超过诉讼时效的债权承担担保责任后，无权向主债务人追偿

案例三：李某元与何某有追偿权纠纷一案二审民事判决书［（2016）甘11民终169号］

定西市中级人民法院认为：“本案的争议焦点是上诉人李某元能否行使追偿权？本案中，借条上对保证人的保证方式和保证期限未约定，根据法律规定，保证方式应为连带责任保证，保证期间应为主债务履行期届满之日起6个月，即该笔借款的保证期间自2012年1月8日起至7月8日止。债权人要求债务人履行债务的诉讼时效于2014年1月8日届满。上诉人没有证据证明，主债权人包某在保证期间内向作为保证人的上诉人主张过权利，根据法律规定，上诉人的保证责任已免除，其不再有为债权人承担保证责任的法定义务。《最高人民法院关于审理民事案件适用诉讼时效制度若干问题的规定》第二十一条规定：主债务诉讼时效期间届满，保证人享有主债务人的诉讼时效抗辩权。保证人未主张前述诉讼时效抗辩权，承担保证责任后向主债务人行使追偿权的，人民法院不予支持。据此，上诉人在主债务诉讼时效期间届满后，未主张诉讼时效抗辩权，其承担保证责任后向被上诉人行使追偿权无法律依据。”

033 如何计算最高额保证的保证期间?

裁判要旨[①]

《最高额保证合同》对保证期间的起算时间没有约定或者约定不明的，自保证范围的债务发生的最后到期日（债权确定之日）起，开始计算保证期间。

案情简介

一、2013年5月30日、9月10日，祥某公司、恒某公司和某土地公司签订《最高额保证合同》，约定祥某公司在14000万元范围内，为某土地公司（债务人）与恒某公司（债权人）于2013年5月25日至2014年8月31日之间签订的《购销合同》及其他合同提供最高额保证。《最高额保证合同》约定保证期间与所有主债权期限一致。

二、2013年5月29日至9月，某土地公司与恒某公司签订多份《购销合同》，2014年1月，某土地公司确认，因前期购销行为，其尚欠恒某公司本金16400万元，承诺于2014年6月30日前偿还本息，但截至2014年6月30日，某土地公司仍欠恒某公司14000万元。

三、恒某公司于2016年2月22日起诉，要求某土地公司偿还本息，并要求祥某公司承担保证责任。

四、河南省高级人民法院一审认为，祥某公司应当承担保证责任，故支持了恒某公司的诉讼请求，祥某公司不服，向最高人民法院提出上诉。

五、2018年12月29日，最高人民法院判决驳回上诉，维持原判。

裁判思路

本案的争议焦点在于，当事人对最高额保证的保证期间约定不明，保证期间应当如何计算。本案《最高额保证合同》约定“保证期间与所有主债权期限一致”，但“主债权期限”明显不是“主债务履行期限”，故本案属于当事人对保

① 案件来源：河南省祥某投资担保有限公司、河南某酒店管理有限公司企业借贷纠纷二审民事判决书［（2018）最高法民终892号］

证期间约定不明的情况。根据《担保法解释》第三十七条[①]，最高额保证合同对保证期间没有约定或者约定不明，且没有约定债务清偿期限的，保证期间自最高额保证终止之日或自债权人收到保证人终止保证合同的书面通知到达之日起六个月。因此祥某公司主张，因保证期间约定不明，2014 年 6 月 30 日为主债权的最后到期日，应当从 2014 年 6 月 30 日后开始计算六个月的保证期间。

法院认为，最高额保证的“终止日”指最高额保证合同约定的属于保证范围的债务发生的最后到期日。而本案中，《最高额保证合同》约定，祥某公司为某土地公司于 2013 年 5 月 25 日至 2014 年 8 月 31 日之间签订的所有合同提供保证，而 2014 年 6 月 30 日属于保证范围内的合同签订期间的截止日，而非属于保证范围的债务发生的最后到期日，故该日期并非最高额保证的终止日。故保证期间不应当自 2014 年 6 月 30 日起算，祥某公司因此败诉。

经验总结

1.《最高额保证合同》约定了保证期间的计算方式、起算时间的，按照其约定。《民法典担保制度解释》第三十条规定，最高额保证合同对保证期间的计算方式、起算时间等有约定的，按照其约定。最高额保证与其他保证形式的特殊性在于，在债权确定期届满以前，其担保的债务不确定。因此，当事人之间不仅能对保证期间的时间长度进行约定，也可以对保证期间的起算点进行约定。为避免因保证期间约定不明而产生的争议，我们建议债权人与保证人在签订《最高额保证合同》时，对保证的起止时间、保证期间的起算点进行全面的约定，尽可能明确地划定保证债权的范围。

2.《最高额保证合同》项下被担保债权的履行期限均已届满，保证期间自债权确定之日起开始计算。《民法典担保制度解释》改变了《担保法解释》中有关于“终止之日”的含糊措辞，规定：“被担保债权的履行期限均已届满的，保证期间自债权确定之日起开始计算。”债权确定之日，是指约定的债权确定期间届满，或者新的债权不可能发生之日（依照《民法典》第四百二十三条规定）。本案中，祥某公司始终未在《最高额保证合同》中确认保证范围的债务发生的最后到期日，故法院认定《最高额保证合同》的保证期间并未开始计算。

---

① 编者按：《民法典担保制度解释》第 30 条。

3.《最高额保证合同》项下被担保债权的履行期限尚未届满的，保证期间自最后到期债权的履行期限届满之日起开始计算。债权在《最高额保证合同》担保的范围内，但在《最高额保证合同》约定的期间范围内未届履行期限，则保证期间应当自最后到期债权的履行期届满之日起计算。

相关法条

《中华人民共和国民法典》（2021年1月1日施行）

第四百二十三条 有下列情形之一的，抵押权人的债权确定：

（一）约定的债权确定期间届满；

（二）没有约定债权确定期间或者约定不明确，抵押权人或者抵押人自最高额抵押权设立之日起满二年后请求确定债权；

（三）新的债权不可能发生；

（四）抵押权人知道或者应当知道抵押财产被查封、扣押；

（五）债务人、抵押人被宣告破产或者解散；

（六）法律规定债权确定的其他情形。

第六百九十条 保证人与债权人可以协商订立最高额保证的合同，约定在最高债权额限度内就一定期间连续发生的债权提供保证。

最高额保证除适用本章规定外，参照适用本法第二编最高额抵押权的有关规定。

《最高人民法院关于适用〈中华人民共和国民法典〉有关担保制度的解释》（法释〔2020〕28号 2021年1月1日施行）

第三十条 最高额保证合同对保证期间的计算方式、起算时间等有约定的，按照其约定。

最高额保证合同对保证期间的计算方式、起算时间等没有约定或者约定不明，被担保债权的履行期限均已届满的，保证期间自债权确定之日起开始计算；被担保债权的履行期限尚未届满的，保证期间自最后到期债权的履行期限届满之日起开始计算。

前款所称债权确定之日，依照民法典第四百二十三条的规定认定。

《最高人民法院关于适用〈中华人民共和国担保法〉若干问题的解释》（法释〔2000〕44号 2021年1月1日失效）

第三十七条 最高额保证合同对保证期间没有约定或者约定不明的，如最高额保证合同约定有保证人清偿债务期限的，保证期间为清偿期限届满之日起六个月。没有约定债务清偿期限的，保证期间自最高额保证终止之日或自债权人收到保证人终止保证合同的书面通知到达之日起六个月。

法院判决

祥某公司签订的两份《最高额保证合同》上保证期间均约定为“保证期间与所有主债权期限一致”，“主债权期限”明显不是“主债务履行期限”，故祥某公司关于《最高额保证合同》约定的保证期间等于主债务履行期限的主张缺乏事实依据，该约定属于对保证期间约定不明。《担保法解释》第三十七条①规定：“最高额保证合同对保证期间没有约定或者约定不明的，如最高额保证合同约定有保证人清偿债务期限的，保证期间为清偿期限届满之日起六个月。没有约定债务清偿期限的，保证期间自最高额保证终止之日或自债权人收到保证人终止保证合同的书面通知到达之日起六个月。”本案《最高额保证合同》没有约定债务清偿期限。最高额保证的终止日是指最高额保证合同约定的属于保证范围的债务发生的最后到期日，祥某公司主张的2014年6月30日是属于保证范围内的合同签订期间的截止日，而非属于保证范围的债务发生的最后到期日，故该日期并非最高额保证的终止日。案涉《最高额保证合同》并未约定最高额保证的终止日，依据《担保法解释》第三十七条②的规定，上述情形下，保证期间应以债权人收到保证人终止保证合同的书面通知到达之日起算。本院二审查明，祥某公司未向恒某公司发出书面通知终止保证合同。因此，至2016年2月22日恒某公司提起诉讼要求祥某公司承担保证责任时，案涉《最高额保证合同》的保证期间还未起算，祥某公司应依照《最高额保证合同》的约定承担保证责任。一审法院关于“本案所涉主债权为借款，因而债权期限应从诉讼时效的规定”的认定有误，本院予以纠正。但一审法院认为祥某公司应对14000万元借款本金及利息承担连带清偿责任的判定正确，本院予以确认。

延伸阅读

1.《最高额保证合同》约定了保证期间的，按照其约定。

案例一：某银行股份有限公司沈阳和平支行、沈阳市建某有限公司与沈阳和

---

①② 编者按：《民法典担保制度解释》第30条。

某集团股份有限公司、沈阳建某资产经营有限公司借款担保合同纠纷二审民事判决书［（2010）民二终字第11号］

最高人民法院认为：本案《最高额保证合同》第6.1条明确约定：本合同担保的每笔借款合同的保证期间单独计算，自每笔借款合同确定的借款到期之次日起两年。按此计算，本案两笔借款合同所涉的保证人保证期间分别至2006年4月16日和17日。某行和平支行经公证于2005年8月29日向建某公司送达了督促履行保证责任通知书，从而在保证期间向保证人主张了权利，开始计算保证合同的诉讼时效。某行和平支行于2006年7月24日向一审法院提起诉讼，符合保证责任的保证期间及诉讼时效的规定。建某公司应当为本案和某集团借款债务承担其承诺的保证责任。原审判决对此认定正确。建某公司上诉所称本案有关合同对保证期间约定不明，应当适用《担保法解释》第三十七条①关于最高额保证合同对保证期间没有约定或者约定不明的，应当推定保证期间为清偿期限届满之日起6个月的规定，以及某行和平支行没有在本案保证期间向建某公司主张权利以及超过诉讼时效提起诉讼，建某公司不应承担本案债务保证责任的请求和理由，与事实不符，本院不予支持。

案例二：某银行股份有限公司杭州分行与某县经济技术担保有限公司、某玻璃股份有限公司等金融借款合同纠纷案［（2013）民提字第141号］

最高人民法院认为：某银行与担保公司签订《最高额保证合同》是双方真实意思表示，合法有效。《最高额保证合同》对于被担保债权的发生期间、被担保债权的确定事由、效力以及保证期间等内容均作了明确约定。因此，担保公司是否应对案涉贷款在2.75亿元范围内承担保证责任，应当按照《最高额保证合同》的约定来分析判定。

本案中，某银行于2010年8月19日至8月26日先后向某玻璃公司发放贷款6亿元，期限均为一年，即债务履行期限届满日在2011年8月19日至8月26日之间。《最高额保证合同》第3条约定“被担保主债权的发生期限为2008年12月22日至2010年12月22日”，依此约定，本案债权发生期间均在该条约定期限之内。但同时《最高额保证合同》第19条还约定“担保公司所担保的任何一笔债务履行期限届满之日均不得超过2010年12月25日”，而本案债务依主合同约定履行期限届满之日均在2011年8月19日至8月26日之间，该期间超过了

① 编者按：《民法典担保制度解释》第30条。

《最高额保证合同》第 19 条约定的期限。如果在 2010 年 12 月 25 日之前未发生《最高额保证合同》约定的或者法律规定的导致被担保债权确定的情形，则按照《最高额保证合同》第 19 条约定，案涉债权将被排除于被担保债权的范围。但本案特殊情况在于，2010 年 12 月 8 日，某银行依据《综合授信合同》的约定宣布本案贷款提前到期。此情况下，案涉贷款是否属于《最高额保证合同》的担保范围，是本案需要解决的关键问题。

最高额保证作为一种特殊的担保形式，其本质特征在于所担保债权的不特定性。被担保债权未经决算不能确定，债权人就无法实现其担保权。而对于被担保债权得以确定的事由，《最高额保证合同》第 8 条作了明确约定："有下列情形之一时，本合同项下被担保的债权确定：1. 本合同约定的主债权的发生期间届满；2. 依据法律规定或主合同约定主债权人宣布主合同项下全部债务提前到期；3. 法律规定的被担保的债权确定的其他情形。"依照该条约定，某银行依据主合同约定宣布贷款提前到期的行为导致了《最高额保证合同》被担保债权的确定。对于被担保债权确定的效力问题，《最高额保证合同》第 9 条明确约定："被担保的债权确定时未清偿的主合同项下的债权，不论该债权履行期限是否已经届满或者是否附加有条件，均属于被担保的债权的范围。"由此，在某银行宣布本案贷款提前到期之时，未清偿的主合同项下的不特定债权已确定，均被纳入《最高额保证合同》约定的被担保债权范围。

案例三：山西某融资担保股份有限公司、陕西某科技有限公司金融借款合同纠纷二审民事判决书［（2019）最高法民终 1791 号］

最高人民法院认为：本案中某银行太原分行与某融担保公司签订的《最高额保证合同》约定保证期间为两年，保证期间自每笔债务的履行期限届满日起算。本案中六笔借款的保证期间届满日分别为 2018 年 1 月 20 日、2018 年 6 月 16 日、2018 年 6 月 17 日、2018 年 6 月 17 日、2018 年 6 月 18 日、2018 年 6 月 21 日，某银行太原分行于 2018 年 6 月 13 日向法院提起本案诉讼，后五笔借款均在保证期间内。

2.《最高额保证合同》保证期间约定不明的，以债权决算日开始计算保证期间。

案例四：郭某梅、四川央某企业发展有限公司借款合同纠纷再审审查与审判监督民事裁定书［（2017）最高法民申 2599 号］

最高人民法院认为：根据《担保法解释》第三十七条①的规定，最高额保证合同对保证期间约定不明的，如最高额保证合同约定有保证人清偿债务期限的，保证期间为清偿期限届满之日起六个月。没有约定债务清偿期限的，保证期间自最高额保证终止之日或自债权人收到保证人终止保证合同的书面通知到达之日起六个月。本案中，央某公司与郭某梅、科某公司在《借款协议》中，约定了科某公司“每次借款期限不超过180天，协议有效期限自2013年1月4日至2014年1月3日”，但未约定保证人央某公司清偿保证债务的期限，亦不存在债权人收到保证人终止保证合同书面通知的情形，故保证期间应自最高额保证终止之日起六个月。郭某梅主张只有在主合同没有约定债务履行期限，保证合同也没有约定保证履行期限的情况下，才能适用《担保法解释》第三十七条②。但该主张欠缺法律依据。从《担保法解释》第三十七条③条文的文意解释看，在最高额保证合同中保证期间约定不明的情况下，针对“约定有保证人清偿债务期限的”与“没有约定债务清偿期限的”两种情形作出了规定，并未涉及主合同是否约定债务履行期限的问题，郭某梅作出扩大解释的依据不足。故二审认定本案应适用《担保法解释》第三十七条④，适用法律正确。

关于对“保证终止之日”的确定，最高额保证较之普通保证具有一定的特殊性，是保证人为债权人在一定期间内连续发生的借款合同提供的保证，只要债权人和债务人在保证合同约定的债权额限度内进行交易，保证人则依法承担保证责任。本案中，双方约定《借款协议》的有效期限自2013年1月4日至2014年1月3日，同时约定每次借款不超过180天，据此，2014年1月3日为最后借款日，此日期之后的180天即2014年7月3日应为债权额的决算日。因债权人与保证人没有约定保证期间，也未在最高额保证存续期间协议终止保证合同，那么债权决算日即为保证终止之日。

3.《最高额保证合同》保证期间约定不明的，以最高额保证终止日开始计算保证期间。

案例五：某银行股份有限公司崇义支行、曾某华金融借款合同纠纷再审审查与审判监督民事裁定书［（2019）赣民申810号］

江西省高级人民法院认为：《最高额保证合同》没有约定保证人清偿债务期限，债权人某银行崇义支行也没有收到保证人终止保证合同的书面通知，故本案

①②③④ 编者按：《民法典担保制度解释》第30条。

保证期间为自最高额保证终止之日起六个月。案涉借款合同约定的借款期限为2014年9月1日至2015年8月31日、还款日为借款到期日的当日，在《最高额保证合同》对保证期间没有约定或者约定不明的情形下，原审判决认定2015年8月31日为最高额保证终止之日，保证期间自2015年8月31日起六个月，即本案保证期间至2016年2月29日届满，并不缺乏证据证明，适用法律没有错误。

034 保证期间经过后保证人在“还款承诺函”上签字与在“催款通知书”上签字有何区别？

裁判要旨①

《最高人民法院关于人民法院应当如何认定保证人在保证期间届满后又在催款通知书上签字问题的批复》适用对象是债权人的催款通知书，目的在于防止将保证人单纯的签字收到催款通知书的行为认定为新的承诺。本案《还款承诺书》不同于催款通知书，不适用上述批复，不能以该批复否定《还款承诺书》所确定的法律责任。保证期间经过后保证人又在“还款承诺函”上签字的，应承担还款责任。

案情简介

一、颜某军、兰某芬系夫妻关系。2011年4月19日，颜某军、兰某芬立下借条两份，分别向董某新、高某各借款人民币2000万元。对于两份借条，瑞某公司、健某公司、诚某公司在担保一栏处加盖公章，上述三公司的法定代表人签名。永某公司的股东刘某花、蒋某珍、余某铨在担保人一栏处签名确认。上述两笔款项还款期限为2011年7月18日。借款期限届满后，除偿还部分利息外，被告颜某军、兰某芬未能按期全额还本付息。

二、经董某新、高某多次催讨，颜某军、兰某芬于2012年3月5日向原告出具还款承诺书。瑞某公司（未加盖公章）、余某铨（签名）、诚某公司（加盖公章）在“承诺人”一栏签字。

① 案件来源：高某、董某新与三明市瑞某房地产开发有限公司、永安市永某金属制品有限公司等民间借贷纠纷申诉、申请民事裁定书［（2016）最高法民申621号］

三、2013 年 5 月，高某、董某新向泉州中院起诉，要求颜某军、兰某芬、瑞某公司、健某公司、诚某公司共同偿还本金及利息。泉州中院一审判决支持了高某、董某新的诉请。

四、瑞某公司不服，上诉至福建高院，福建高院二审判决驳回上诉，维持原判。瑞某公司仍不服，以其在“还款承诺书”上签字时保证期间业已经过为由，向最高法院申请再审。最高法院裁定驳回再审申请。

裁判思路

本案中瑞某公司的裁判思路在于其在保证期间经过后仍旧在“还款承诺书”上签字。根据《最高人民法院关于人民法院应当如何认定保证人在保证期间届满后又在催款通知书上签字问题的批复》的规定，在保证期间经过后保证人即使又在“催款通知书”上签字的，保证人仍不必承担担保责任。但最高法院认为，在法律性质上“还款承诺书”不同于“催款通知书”，“《还款承诺书》直接确认了承诺人的还款义务，且并未区分主债务人和保证人的责任，应当认定各‘承诺人’共同与债权人形成了新的债务履行协议，从而在各保证人原本所承担的连带保证责任的基础上，再次确认了保证人的还款责任。”因此，尽管案涉的保证债务在出具“还款承诺书”时已经超过保证期间，但因为“还款承诺书”使保证人与债权人之间达成了新的还款合意，故保证人不能因此免责。瑞某公司因此败诉。

经验总结

1. 在交易相对人送达的文书上签字时，一定要对文书内容进行反复的研读核实。根据《诉讼时效制度若干问题的规定》（2020 年修正）第八条的规定，在债权人主张权利的催款通知书上签字的，可以达到诉讼时效中断的法律效果。《最高人民法院关于超过诉讼时效期间借款人在催款通知单上签字或者盖章的法律效力问题的批复》规定，诉讼时效经过后，债务人在债权人主张权利的催款通知单上签字的，构成对债务的重新确认，不得再以诉讼时效经过为由主张免责。在本案中，瑞某公司在“还款承诺书”上签字，导致本已根据《最高人民法院关于人民法院应当如何认定保证人在保证上期间届满后又在催款通知书上签字问题的批复》的规定可免责的保证责任需瑞某公司继续承担。由此可见，在交易相对人的往来函件上签字、回复，绝非礼节性的“礼尚往来”，而是必须慎之又慎，稍有不慎就可能落入对方的“圈套”。

2. 根据民法典担保制度及解释的规定，债权人在保证期间内未依法行使权力的，保证责任消灭。保证责任消灭后，债权人书面通知保证人要求承担保证责任或者清偿债务，保证人在催款通知书上签字的，人民法院不得认定保证人继续承担保证责任。但是，该催款通知书内容符合合同法和担保法有关担保合同成立的规定，并经保证人签字认可，能够认定成立新的保证合同的，人民法院应当认定保证人按照新保证合同承担责任。因此，在保证期间经过后，在催款通知书上签字的性质，仍不能一概而论，而需根据催款通知书所载具体内容进行判断。如果催款通知书上含有类似“保证人承诺继续承担保证人”“保证人承诺对债务继续承担连带清偿责任”“保证人承诺与债务人共同还本付息”等用语的，应慎重签字。因为此时保证人签字，即意味着其已与债权人达成新的还款协议或保证承诺。

3. 对于往来函件文书性质的判断，应结合文书的内容、双方当事人的约定、交易习惯等因素进行综合考量。在此，我们建议，如果对重要的商务往来函件内容、性质判断不准时，应委托专业律师进行审查并提出合理妥当的回复意见。切勿在未判断清楚文书性质的前提下，盲目回复对方或置之不理。

相关法条

《最高人民法院关于适用〈中华人民共和国民法典〉有关担保制度的解释》（法释〔2020〕28 号　2021 年 1 月 1 日施行）

第三十四条　人民法院在审理保证合同纠纷案件时，应当将保证期间是否届满、债权人是否在保证期间内依法行使权利等事实作为案件基本事实予以查明。

债权人在保证期间内未依法行使权利的，保证责任消灭。保证责任消灭后，债权人书面通知保证人要求承担保证责任，保证人在通知书上签字、盖章或者按指印，债权人请求保证人继续承担保证责任的，人民法院不予支持，但是债权人有证据证明成立了新的保证合同的除外。

《最高人民法院关于超过诉讼时效期间借款人在催款通知单上签字或者盖章的法律效力问题的批复》（法释〔1999〕7 号）（节录）

根据《中华人民共和国民法通则》第四条、第九十条规定的精神，对于超过诉讼时效期间，信用社向借款人发出催收到期贷款通知单，债务人在该通知单上签字或者盖章的，应当视为对原债务的重新确认，该债权债务关系应受法律保护。

《最高人民法院关于审理民事案件适用诉讼时效制度若干问题的规定》（法释〔2008〕11号 2020年已修正）

第十条 具有下列情形之一的，应当认定为民法通则第一百四十条规定的“当事人一方提出要求”，产生诉讼时效中断的效力：

（一）当事人一方直接向对方当事人送交主张权利文书，对方当事人在文书上签字、盖章或者虽未签字、盖章但能够以其他方式证明该文书到达对方当事人的；

（二）当事人一方以发送信件或者数据电文方式主张权利，信件或者数据电文到达或者应当到达对方当事人的；

（三）当事人一方为金融机构，依照法律规定或者当事人约定从对方当事人账户中扣收欠款本息的；

（四）当事人一方下落不明，对方当事人在国家级或者下落不明的当事人一方住所地的省级有影响的媒体上刊登具有主张权利内容的公告的，但法律和司法解释另有特别规定的，适用其规定。

前款第（一）项情形中，对方当事人为法人或者其他组织的，签收人可以是其法定代表人、主要负责人、负责收发信件的部门或者被授权主体；对方当事人为自然人的，签收人可以是自然人本人、同住的具有完全行为能力的亲属或者被授权主体。

裁判意见

以下为最高法院在再审期间就此问题发表的意见：

本案《还款承诺书》不同于一般的催款通知书。合同的订立需要经过邀约和承诺，承诺是针对要约内容的确认。本案《还款承诺书》直接确认了承诺人的还款义务，且并未区分主债务人和保证人的责任，应当认定各“承诺人”共同与债权人形成了新的债务履行协议，从而在各保证人原本所承担的连带保证责任的基础上，再次确认了保证人的还款责任。《最高人民法院关于人民法院应当如何认定保证人在保证期间届满后又在催款通知书上签字问题的批复》适用对象是债权人的催款通知书，目的在于防止将保证人单纯的签字收到催款通知书的行为认定为新的承诺。本案《还款承诺书》不同于催款通知书，不适用上述批复，不能以该批复否定《还款承诺书》所确定的法律责任。

延伸阅读

1. 保证期间经过后，保证人在催款通知书上签字能否免责，应根据催款通知书所载具体内容判断

案例一：蓝某有限公司与江苏金某集团有限公司等借款合同纠纷上诉案［（2007）苏民三终字第0124号］

江苏省高级人民法院认为："金某集团在《逾期贷款催收通知书》上签字的行为不能认定成立新的保证合同。《最高人民法院关于人民法院应当如何认定保证人在保证期间届满后又在催款通知书上签字问题的批复》［法释（2004）4号］规定：……根据该批复精神，保证人在保证期间届满后又在催款通知书上签字的行为能否成立新的保证合同，需要通过对催款通知书的内容以及保证人的签字行为进行具体分析后才能得出结论。经查，扬州某银行历次催款通知书的内容大致相同，主要内容是：贷款已全部到期，自贷款到期日起，其不断向借款方及担保方催收，但至今本息未能偿还，为敦促早日还款，特再次催收。而金某集团法定代表人陈某明仅是在《逾期贷款催收通知书》上签名，同时其在2003年8月2日催款通知书上特别注明'金某集团已多年停摆，无任何经营活动，无代偿能力'。据此，本院认为，无论从扬州某银行催款通知书的内容看，还是从保证人金某集团法定代表人陈某明的签名及注明内容看，本院均无法得出保证人金某集团对涉案债权有重新提供担保的意思表示，故不能认定本案已成立新的保证合同，金某集团主张保证期间已过，保证人应当免除保证责任的抗辩理由成立，本院予以采纳。债权人要求保证人金某集团承担连带保证责任以及要求扬某公司、中某公司应当在接收金某集团资产范围内承担连带清偿责任的上诉请求及理由缺乏事实和法律依据，本院不予支持。"

2. 保证期间经过后保证人又向债权人出具《保证承诺书》的，不得主张免责

案例二：上诉人某农村信用合作联社与被上诉人杨某杰、王某峰及原审被告郑某菲借款合同纠纷二审民事判决书［（2014）郑民三终字第313号］

郑州市中级人民法院认为："本案二审的争议焦点在于杨某杰、王某峰是否应对涉案债务承担连带清偿责任。根据《最高人民法院关于人民法院应当如何认定保证人在保证期间届满后又在催款通知书上签字问题的批复》所规定……本案中，杨某杰作为连带责任保证人为郑某菲向某七信用社的借款提供担保，在双方约定的保证期间届满后，杨某杰又于2013年7月12日向某七信用社出具《保证承诺书》，其意思表示真实，且承诺书对被保证的主债权数额、债务人履行债务的期限、保证方式、保证担保的范围、保证期间等均有明确约定，符合法律规定的保证合同内容要件，应当认定在某七信用社与杨某杰之间又成立了新的保证合同关系。因此，某七信用社有权要求杨某杰对涉案债务承担连带清偿责任，其此项上诉理由成立，本院予以支持。”

案例三：中国某资产管理公司昆明办事处诉某建材实业有限责任公司等借款合同纠纷案一审民事判决书［（2004）昆民四初字第329号］

昆明市中级人民法院认为：“2002年11月20日原告再次向电力公司发出《履行担保义务通知书》，电力公司于2002年11月26日签收。在此通知上，原告要求电力公司继续承担连带保证责任，保证期间为该通知签收之日起两年，电力公司在《履行担保义务通知书》回执上确认，继续承担连带保证责任，保证期间为该通知签收之日起两年。根据最高人民法院《关于人民法院应当如何认定保证人在保证期间届满后又在催款通知书上签字问题的批复》，本院认为《履行担保义务通知书》的内容符合合同法和担保法有关担保合同成立的规定，并经保证人签字认可，能够认定成立新的保证合同，保证期间自2002年11月26日起至2004年11月26日止，原告在此期间提起诉讼主张权利，保证人电力公司应对该笔借款承担连带清偿责任。”

035 债权人在保证期间内的催收公证被撤销，是否影响催收效果？

裁判要旨[①]

催收公证因程序瑕疵被撤销，不影响催收事实的客观存在。

---

① 案件来源：某银行银川市西城支行与宁夏回族自治区二某工业供销总公司借款担保合同纠纷上诉案［（2005）民二终字第145号］

案情简介

一、1999年6月14日，二某公司向某行西城支行借款人民币200万元，2000年5月展期至2001年3月13日。某物资公司（现更名为大世界公司）为该笔展期借款提供连带责任保证，保证期限两年。2000年6月8日，二某公司向某行西城支行借款人民币500万元，还款期限为2001年6月7日。某物资公司为该笔借款提供连带责任保证，保证期限两年。

二、2002年6月7日、2003年12月8日，某行西城支行向主债务人二某公司发送了《逾期贷款催收通知书》催收债务，二某公司签收。

三、2003年3月10日、2004年4月26日，某行西城支行委托银川市金凤区公证处就某物资公司为二某公司提供担保的700万元借款本息向某物资公司进行公证催收，公证机关分别制作了715号、2078号《公证书》。后715号公证书于2005年4月因程序瑕疵被撤销。

四、2004年11月25日，某行西城支行向宁夏高院提起诉讼，请求判令二某公司还款；大世界公司对上述借款中的700万元承担连带清偿责任。宁夏高院一审判决二某公司还款，大世界公司免除担保责任。

五、某行西城支行不服，上诉至最高法院，最高法院二审改判大某界公司不能免除担保责任。

裁判思路

本案的争议焦点在于，催收公证因程序性瑕疵被撤销，能否因此否定催收事实的客观存在。根据《担保法》第二十五条、第二十六条①的规定，债权人未在保证期间内向保证人主张权利的，保证责任免除。因此，在保证期间内向保证人主张权利，是保全担保债权必不可少的动作。主张权利的方法多种多样，既可以当面主张，也可以直接向法院起诉或申请仲裁，还可以通过邮件的方式催收。但只要存在主张权利的事实，保证人即不能以债权人未在保证期间内主张权利为由主张免除保证责任。本案中，一审法院认为既然催收公证被撤销，就不具有证明债权人在保证期间内主张权利的效力。但最高法院却认为，本案中催收公证被撤销的原因是程序性瑕疵，但债权人在保证期间内主张过权利的客观事实不容否

---

① 编者按：《民法典》第692条、第693条、第694条。

定。因此最高法院二审认定某行西城支行在保证期间内向大世界公司主张过权利，大世界公司因此败诉。

经验总结

1. 权利人通过能够充分保存有关证据的方式向义务人主张权利是保障权利得以实现的重要手段。保存证据的方式多种多样，但建议不要采用录音等可能因此产生较大争议的方式保存相关证据。权利人可采用挂号信、快递、电子邮件等方式主张权利。以快递方式主张权利时，应在权利单备注部分简要写明函件内容。如“催收欠款”“请求偿还债务的函”等。防止发生对方当事人虽认可收到函件，但对函件具体内容不予认可的尴尬情况。如确需采用录音方式主张权利的，在电话录音过程中，应首先在电话中确定对方当事人身份，录音时间等内容，防止对方当事人主张录音内容非其所述。

2. 债权人应当在保证期间内向保证人主张权利，如未在保证期间内主张权利的，保证人保证责任免除。此处所谓的“保证责任免除”不同于诉讼时效经过以后，债权人的债权“不受人民法院保护”。“保证责任免除”意味着债权人对保证人的权利本体终局性地消灭，没有起死回生的可能。但对于超过诉讼时效的债权，如果债务人自愿履行或对欠债的事实重新予以确认，则超过诉讼时效的债权可以达到起死回生的效果。故债权人应注意诉讼时效与保证期间法律效果上的不同，采取合理有效的措施及时保全债权。

3. 本案传递的另外一个重要事实在于，在处理公证业务时也要注意区分实体和程序。公证的目的在于证明公证内容的客观存在。如果申请公证的内容本身存在问题，如造假、不合法等，则属于公证实体上的瑕疵，即使公证书没有被撤销，该公证也不能达到当事人所预期的法律效果。如果公证书仅因公证程序方面的原因存在瑕疵而最终被撤销，则不仅不能否定要求公证的内容的客观存在，相反，撤销公证的事实本身即从反面反映了要求公证的内容的客观存在。结合本案来看，催收公证因程序瑕疵被撤销，不仅不能因此否定催收的存在，相反更进一步印证了催收事实的客观存在。正是基于这一点，最高法院才最终判决大世界公司败诉。宁夏高院以公证被撤销而否认催收事实客观存在的裁判思路，实际上是本末倒置。

相关法条

《中华人民共和国民法典》（2021 年 1 月 1 日施行）

第六百九十二条　保证期间是确定保证人承担保证责任的期间，不发生中止、中断和延长。

债权人与保证人可以约定保证期间，但是约定的保证期间早于主债务履行期限或者与主债务履行期限同时届满的，视为没有约定；没有约定或者约定不明确的，保证期间为主债务履行期限届满之日起六个月。

债权人与债务人对主债务履行期限没有约定或者约定不明确的，保证期间自债权人请求债务人履行债务的宽限期届满之日起计算。

第六百九十三条　一般保证的债权人未在保证期间对债务人提起诉讼或者申请仲裁的，保证人不再承担保证责任。

连带责任保证的债权人未在保证期间请求保证人承担保证责任的，保证人不再承担保证责任。

《最高人民法院关于适用〈中华人民共和国民法典〉有关担保制度的解释》（法释〔2020〕28 号　2021 年 1 月 1 日施行）

第三十四条　人民法院在审理保证合同纠纷案件时，应当将保证期间是否届满、债权人是否在保证期间内依法行使权利等事实作为案件基本事实予以查明。

债权人在保证期间内未依法行使权利的，保证责任消灭。保证责任消灭后，债权人书面通知保证人要求承担保证责任，保证人在通知书上签字、盖章或者按指印，债权人请求保证人继续承担保证责任的，人民法院不予支持，但是债权人有证据证明成立了新的保证合同的除外。

《中华人民共和国担保法》（2021 年 1 月 1 日失效）

第二十五条　一般保证的保证人与债权人未约定保证期间的，保证期间为主债务履行期届满之日起六个月。

在合同约定的保证期间和前款规定的保证期间，债权人未对债务人提起诉讼或者申请仲裁的，保证人免除保证责任；债权人已提起诉讼或者申请仲裁的，保证期间适用诉讼时效中断的规定。

第二十六条　连带责任保证的保证人与债权人未约定保证期间的，债权人有权自主债务履行期届满之日起六个月内要求保证人承担保证责任。

在合同约定的保证期间和前款规定的保证期间，债权人未要求保证人承担保证责任的，保证人免除保证责任。

裁判意见

以下为最高法院在二审判决“本院认为”部分就此问题发表的意见：

关于某行西城支行提出的公证书虽然被撤销，但其在保证期间向大某界公司、共某公司进行债务催收的事实存在的上诉理由，本院认为，根据本案查明的事实，某行西城支行在保证期间内向银川市金凤区公证处提出申请，对保证人大某界公司、共某公司公证送达《逾期贷款催收通知书》。银川市金凤区公证处为该送达行为分别制作了568号、715号公证书，但由于公证书在程序上存在不当之处，银川市金凤区司法局将上述两份公证书予以撤销。从银川市金凤区司法局的撤销公证决定中可以看出，其撤销上述两份公证书的理由，系公证处在办理公证的程序上存在不当之处，而并非否定公证书中所记载的送达《逾期贷款催收通知书》这一事实。某行西城支行在向本院提起的上诉中，认可银川市金凤区司法局撤销公证书决定中送达事实存在的认定，用以证明自己已经实际送达的这一主张。因此，从举证责任方面，在一审法院已经查证的银川市金凤区司法局的文件、公证处的卷宗材料以及当时实际监送人的调查笔录等证据材料，一致表明当时是由署名公证员委派其他工作人员监送《逾期贷款催收通知书》这一事实的情况下，应当由否定上述证据的大某界公司、共某公司再行举证。本案二审中，大某界公司、共某公司并未向本院提供相应的证据。故本院对一审法院查证的证据予以采信。依照《民法通则》第一百四十条[①]和最高人民法院《关于贯彻执行〈中华人民共和国民法通则〉若干问题的意见（试行）》的通知》第173条、第174条[②]的规定，当事人一方提出要求、权利人主张权利、向有关单位提出保护民事权利的请求，均引起诉讼时效的中断。本案中某行西城支行向公证处提出了公证送达《逾期贷款催收通知书》的请求，如果仅因公证处在送达程序上存在的问题，即否定某行西城支行送达《逾期贷款催收通知书》这一事实，从而否定其在保证期间内向保证人主张了权利，对某行西城支行显属不公。故应当认定某行西城支行在保证期间内向大某界公司、共某公司进行债务催收的事实存在，大某界公司、共某公司不能因

---

① 编者按：《民法典》第195条。

② 编者按：已失效，被《民法典》吸收。

此免除保证责任。某行西城支行的该项上诉主张成立，本院予以支持。

延伸阅读

保证人是否已收到公证的催收函，不影响催收事实的客观存在

案例：中国某资产管理公司上海办事处与上海万某城市有限公司、上海市普陀区某建设投资有限公司借款合同纠纷案［（2010）民提字第30号］

最高人民法院认为：关于原债权人某银行上海市分行是否已在保证期间内向投资公司主张了相应权利问题。某银行上海市分行与投资公司签订的《保证合同》约定，保证期间为1999年9月30日至2002年9月30日止，投资公司的通讯地址为上海市中山北路2981号，《保证合同》项下的任何通知、付款要求或各种通讯联系均按该地址送达对方，《保证合同》任何一方的通讯地址发生变化应立即通知对方。本案中，某公司上海办事处提供的（2002）沪闵证经字第3568号《公证书》载明，2002年9月19日下午，某银行上海市分行的委托代理人朱某华来到上海市邮电局闵行区局莘庄邮政支局，以挂号的方式向投资公司办公室邮寄信函一封，该信函中包括给投资公司的《敦促履行担保责任的函》一份，收信地址为上海市中山北路2981号。某公司上海办事处提供的第111号《国内挂号函件收据》载明，上海市邮电局闵行区局莘庄邮政支局于2002年9月19日18时收寄了该挂号信函。一、二审法院对于上述事实已予以确认。上述事实表明，本案原债权人某银行上海市分行已在保证期间内向投资公司主张了相应权利。现有证据虽不能证明投资公司收到了该挂号信函，但不能因此而否认原债权人某银行上海市分行已向其主张了相应权利这一事实。二审法院认定没有充分的证据证明原债权人某银行上海市分行在合同约定的保证期间要求保证人投资公司承担保证责任不当，应当予以纠正。某公司上海办事处关于其在保证责任期间内向保证人行使了要求保证人承担保证责任的权利的主张成立。本院予以支持。

036 分期履行的债务，保证期间从何时起算？

裁判要旨①

无论最高人民法院《关于借款合同中约定借款分期偿还应如何计算诉讼时效期间的答复》还是2004年4月6日最高人民法院《关于分期履行的合同中诉讼时效应如何计算问题的答复》，均是最高法院针对个别案件的不同情况所作出的个别答复，没有普遍适用的效力。分期履行的债务，保证期间应自最后一期债务履行期届满之日起算。

案情简介

一、1995年12月19日，郸城某化肥厂与某银行某行郸城支行签订借款合同，约定：郸城某化肥厂向某银行借款2000万元，期限6年，分笔分期还款时间为：1998年12月前400万元，1999年12月500万元，2000年12月500万元，2001年12月600万元。郸城某热电厂为上述贷款提供担保，保证期间自主合同生效开始至主合同失效时止。

二、1996年10月11日，郸城某化肥厂与某银行和某行郸城支行又签订一份借款合同，郸城某化肥厂向某银行借款1250万元，借款期限5年3个月，分期还款，即1999年12月前400万元，2000年12月前400万元，2001年12月前450万元。郸城某热电厂为上述贷款提供担保，保证期间自主合同生效开始至主合同失效时止。

三、1999年12月19日，某银行郑州分行与某郑州办事处签订了债权转让协议，将郸城某化肥厂在某银行借款本金3250万元及利息11360227.42元转让给某郑州办事处，并通知债务人。

四、2001年4月10日，某郑州办事处向郸城某化肥厂催收。2003年1月14日，某郑州办事处发布催收公告，对主债务人郸城某化肥厂及担保人郸城某热电厂进行催告。2002年12月4日，某郑州办事处分别向郸城某热电厂和郸城生化

---

① 案件来源：中国某资产管理公司郑州办事处与河南省郸城县某生物化工厂、某乳酸实业有限公司、郸城县某开发中心、河南某乳酸有限公司、河南省郸城县某化肥厂借款担保合同纠纷上诉案［(2005)民二终字第185号］

厂公证留置送达了主张权利通知书。

五、某郑州办事处于2004年6月28日向河南高院提起诉讼，请求判令郸城某化肥厂偿还借款本金、利息、违约金；郸城某热电厂对本金1625万元及相应利息、违约金承担连带清偿责任。河南高院一审判决：郸城某化肥厂还本付息，支付违约金；郸城某热电厂对本金975万元及相应利息承担连带责任。

六、某郑州办事处不服，上诉至最高法院，最高法院二审改判郸城某热电厂对本金1625万元及相应利息、违约金承担连带清偿责任。

裁判思路

本案的核心争议点在于担保分期履行的债务，保证期间应当自何时起算。本案中郸城某热电厂提供的两个保证担保的保证期间均属于约定不明的情形，根据《民法典》第六百九十二条的规定，应为债务履行期届满之日起两年。但本案的特殊之处在于，郸城某热电厂所担保的两笔债务均属于分期履行的债务，应如何起算保证期间是本案判决结果的关键所在。

对于此问题，一审法院认为："由于本案中两笔借款合同中约定的主债务，均是分期分笔偿还借款本息的，根据最高人民法院《关于分期履行合同诉讼时效应如何计算问题的答复》的规定，诉讼时效和保证期间应分别起算。"故一审法院最终认定郸城某热电厂对于第一笔贷款，应承担550万元［（500+600）万元/2］的担保责任，对于第二笔贷款，应承担425万元［（400+450）万元/2］的担保责任。

某郑州办事处则根据《关于借款合同中约定借款分期偿还应如何计算诉讼时效期间的答复》提出上诉，认为诉讼时效应从最后一期债务履行期届满之日起算，郸城某热电厂担保的债务均未超过诉讼时效，应承担全部担保责任。但最高法院在判决上却另辟蹊径，首先提出一审判决和某郑州办事处上诉状中援引的最高法院的答复意见作为判决依据，再根据保证合同中约定的"保证期间自主合同生效开始至主合同失效时止"，认为保证人对保证期间作出了"概括性承诺"，继而提出本案保证期间应自最后一期债务履行期届满之日起算。然后以此为基础，得出郸城某热电厂的担保债务未超过保证期间，保证人应承担全部的担保责任。郸城某热电厂因此败诉。

经验总结

1. 本案涉及了一个看似为“神仙打架”的问题。根据《关于借款合同中约定借款分期偿还应如何计算诉讼时效期间的答复》，对于分期履行的债务，诉讼时效应自最后一期债务履行期届满之日起算。但根据《关于分期履行合同诉讼时效应如何计算问题的答复》，对分期履行合同的每一期债务发生争议的，诉讼时效期间自该期债务履行期届满之日的次日起算。对应这一起算点，可类推适用于保证期间双方均无异议。但问题在于，到底以哪一种意见为准，原被告双方则各执一词。最高法院则“快刀斩乱麻”，直接提出以上两个“答复”均是个案答复，不具有普遍效力。这一结论对于当事人和司法实务工作者而言，尤为重要。因为其直接涉及处理案件时法源（能够作为法院作出裁判依据的相关材料）的选择问题。本案中，最高法院明确排除了“答复”作为普遍适用的法源的可能性，且两个答复均涉及诉讼时效起算这个十分重要的实务问题，尤为值得重视。

2. 对于分期履行的债务要区分一次性债务和继续性债务，并分别确定诉讼时效、保证期间的起算点。所谓的一次性债务，是指债权债务关系自始即已经确定只是分期进行履行的债权，如借款500万元，分三期偿还。此时债权债务关系的内容已经十分确定，故虽然分期履行，但保证期间和诉讼时效应自最后一期债务履行期届满之日起算。所谓的继续性债务，是指债权债务关系会随时间的推移而逐步变化的债务，如长期供货协议、附有任意解除权的租赁合同等，这些债务也分为不同的期数进行结算或履行，但最终债权债务总额在合同签订时并不能最终确定，而是处在不断的变化之中。对于这样的债务，其诉讼时效和保证期间应分别计算。这也是最高法院针对诉讼时效的司法解释得出两个看似不同结论的内在原因。因此，区分继续性债务和一次性债务意义重大。本案中，两笔贷款都是自始已确定的贷款合同，属于一次性债务，应自最后一期债务履行期届满之日起计算保证期间和诉讼时效。最高法院虽未揭示其背后的法理，但其裁判观点中所谓的保证人对“债务期限作出了概括性承诺”的观点间接体现了这一裁判思路，诚值赞同。

3. 虽然本案中最高法院裁判观点正确，但因为上述两个答复的存在，且各地法院对于继续性债务和一次性债务的理解不够透彻，可能会导致各地裁判观点并不统一。因此，对于债权人而言，不论是分期履行的一次性债务还是继续性债务，都应该积极主张权利；对于债务人而言，也切勿心存侥幸，认为所有的分期履行的债务都可以分别计算诉讼时效。这样的一概认知，可能会因为不统一的裁判观点诱发不可预测的诉讼结果。

相关法条

《最高人民法院关于借款合同中约定借款分期偿还应如何计算诉讼时效期间的答复》（法经〔2000〕244 号）（节录）

在借款、买卖合同中，当事人约定分期履行合同债务的，诉讼时效应当从最后一笔债务履行期届满之次日开始计算。

《最高人民法院关于分期履行的合同中诉讼时效应如何计算问题的答复》（法函〔2004〕23 号）（节录）

对分期履行合同的每一期债务发生争议的，诉讼时效期间自该期债务履行期届满之日的次日起算。

裁判意见

以下为最高法院在二审判决“本院认为”部分就此问题发表的意见：

原审对两份借款合同、两份担保函和两份担保合同效力以及借款合同的履行情况，保证合同的保证方式、保证份额、保证期间等案件基本事实认定清楚，适用法律正确，程序合法，本院予以维持。关于分期偿还借款本息的诉讼时效期间如何计算的问题，本案两份借款合同均约定分期偿还借款本息，无论最高人民法院《关于借款合同中约定借款分期偿还应如何计算诉讼时效期间的答复》还是2004 年 4 月 6 日最高人民法院《关于分期履行的合同中诉讼时效应如何计算问题的答复》，均是最高法院针对个别案件的不同情况所作出的个别答复，没有普遍适用的效力。在本案所涉担保合同中，担保人承诺“保证期限自主合同生效开始至主合同失效时止。”对本案债务期限作出了概括性承诺，因此，本案分期偿还的债务的保证期间应当从合同债务最后到期日开始起算。原审判决适用最高法院个案答复处理本案，属于适用法律不当，本院予以纠正。根据本案上诉人某郑州办事处的催收情况，郸城生化厂、郸城某热电厂所担保的全部担保债务均未超过诉讼时效。某郑州办事处关于本案债务未超过诉讼时效上诉主张于法有据，本院予以支持。郸城某热电厂对郸城某化肥厂借款本金 1625 万元及其利息应当承担连带清偿责任。至于郸城生化厂承担责任范围，上诉人郑州办事处服从原审判决，对原审判决第三项没有提出上诉请求，本院不予审理。

延伸阅读

关于分期履行债务的保证期间起算的三个裁判观点

1. 分期偿还的借款，保证期间自最后一期债务履行期届满之日起算

案例一：王某维与兴化市某塑胶有限公司、江苏金某石油化工有限公司等民间借贷纠纷一审民事判决书［（2014）泰中民初字第0034号］

泰州市中级人民法院认为："当事人对保证方式没有约定或者约定不明确的，按照连带责任保证承担保证责任。连带责任保证的保证人与债权人未约定保证期间的，债权人有权自主债务履行期届满之日起六个月内要求保证人承担保证责任。主合同对主债务履行期限没有约定或者约定不明的，保证期间自债权人要求债务人履行义务的宽限期届满之日起计算。欠款明细中，咸某元、咸某勇为借款提供担保，但未约定保证方式，应当按照连带责任保证承担保证责任；未约定保证担保的范围，应当对全部债务承担责任；未约定主债务履行期限及保证期限，但在其后出具的还款计划书中，约定借款分期偿还，最后一期为2015年6月，故可认定主债务履行期届满之日为2015年6月。王某维于2014年4月起诉，未超过保证期间，咸某元和咸某勇应当承担保证责任。"

2. 担保分期结算支付租金应分别计算每一期租金的保证期间

案例二：上海秋某工贸有限公司与程某佐、周某高租赁合同纠纷二审民事判决书［（2016）苏13民终252号］

宿迁市中级人民法院认为："债权人在法律规定或合同约定的保证期间内向保证人主张权利的，保证人应当承担保证责任，债权人未在保证期间向保证人主张权利的，保证人免除保证责任。保证期间由当事人约定，没有约定的按法律规定。保证期间的起算点是主债务履行期届满之日。本案中，租赁合同明确约定：'担保期限为合同约定乙方履行支付各项费用届满之日起二年'，即，本案保证期间为二年。同时约定：'租、运费等每月月底结算一次，乙方必须到月底后三天内送到甲方付清'，即本案租金按月结算确定，每月租金的履行期限届满之日为下月三日，因此，本案租金的保证期间应当按月分别计算，每月租金的保证期间为下月四日起二年。本案中，双方于2013年8月31日结算8月份租金为2482.6元，2013年9月30日结算9月份租金为18645.8元，2013年10月31日结算10月份租金为21520.3元……则程某佐在本案中保证期间起算至早从2013年9月4日起算，至2015年9月3日届满。而秋某公司所举证据仅能够证明其于2015年9月7日向程某佐邮寄《催告通知书》主张过权利，因此对于2013年8月的租金2482.6元，秋某公司并未在2015年9月3日前主张权利，该笔租金已经超出了程某佐的保证期间，程某佐的保证责任因此免除，该月租金应当在程某佐的保证数额中予以扣除。对于之后的租金，均未超出约定的保证期间，程某佐均应当承担保证责任。"

3. 借款分期偿还并不能将借款分割为单个独立的债权债务关系

案例三：某银行武汉市国通支行诉严某骅、李某珊、武汉华某房地产开发有限公司借款抵押担保合同纠纷一案民事判决书［（2004）武民商外初字第16号］

武汉市中级人民法院认为："关于诉讼时效问题。本案所涉借款合同约定按揭贷款分期偿还，属于分期履行的合同；债权人将合同项下全部款项贷给借款人之后，每期应还款项并非因为分期偿还而变成债权人多项独立之债权；分期偿还是根据债务人还款能力而设定的一种履行债务的方法，债务履行上的可分性，不应产生债权被分割的后果；尽管债权人在每期债权到期时有权主张，但并不能因此排除债权人对于合同项下的全部债权享有完整性的请求权；在债权人于各期债权到期时未主张权利的情况下，且借款合同期限届满时，其主张权利的诉讼时效应从借款合同履行期届满时开始计算；国通支行在借款合同到期后的两年内向法院提起诉讼，其主张权利未超过诉讼时效。据此，华某公司关于国某支行主张的部分权利超过诉讼时效的意见，本院不予采纳。"

037 债务到期后主债务人破产，连带保证的保证期间如何计算？

裁判要旨[①]

主债务到期后，连带保证的保证期间开始计算；债权人向保证人主张权利后，开始计算诉讼时效。债权人在主债务到期后、债务人破产要求保证人承担保

① 案件来源：四川东某资产管理有限公司、成都红某电子进出口公司保证合同纠纷再审民事判决书［（2018）最高法民再323号］

证责任的，自债权人向保证人主张权利之日起，开始计算保证债务的诉讼时效，该期间的计算不受债务人破产这一事件的影响。

案情简介

一、1997 年 12 月 24 日，红某集团向某银行蜀都支行借款 110 万美元并签订借款合同一份。2000 年 7 月 12 日，红某进出口公司与某银行蜀都支行签订了《保证合同》，约定红某进出口公司对红某集团该笔债务进行担保，并承担连带责任。

二、2001 年 2 月 12 日，某银行蜀都支行向红某集团发出催收通知，要求其偿还借款本金及利息，担保人红某进出口公司承担担保责任。红某集团、红某进出口公司均盖章、签字。2003 年 2 月 2 日，红某进出口公司盖章确认了某银行蜀都支行发出的担保借款本金和利息的通知。

三、2003 年 6 月 18 日，成都中院裁定宣告红某集团破产，后经破产清算，某银行蜀都支行的该笔债权未获清偿。2003 年 8 月 15 日，成都中院以（2001）成经破字第 16 -4 号民事裁定终结破产程序。

四、2004 年 9 月 7 日至 2010 年 5 月，某银行蜀都支行对红某集团的该项债权几经转让，最终转让至东某资产公司。在此期间，某银行蜀都支行以及其后受让债权的其他债权人每年均以登报公告或者向红某公司发送催收公告的方式，要求红某进出口公司承担保证责任。

五、2012 年，东某资产公司向四川省成都市中级人民法院起诉，要求红某进出口公司承担保证责任，成都市中级人民法院一审支持了东某资产公司的诉讼请求，红某进出口公司不服，向四川省高级人民法院提出上诉。

六、四川省高级人民法院二审认为，根据《担保法解释》第四十四条①的有关规定，债权人要求保证人承担保证责任的，应当在主债务人破产程序终结后六个月内提出，东某资产公司未在此期限内向保证人主张权利，故保证人红某进出口公司不再承担保证责任。东某资产公司不服，申请最高人民法院再审。

七、2020 年，最高人民法院裁定再审本案，并认为，东某资产公司向保证人主张权利，既未超过保证期间，也未超过诉讼时效期间，红某进出口公司应当承担保证责任。

---

① 编者按：《民法典担保制度解释》第 23 条。

裁判思路

本案争议焦点为，债务到期后主债务人破产，连带保证的保证期间应当如何计算？对此争议焦点，最高人民法院认定如下：

第一，关于连带责任保证的保证期间与诉讼时效的一般规定。《担保法解释》第三十四条[①]第二款规定，连带责任保证的债权人在保证期间届满前要求保证人承担保证责任的，从债权人要求保证人承担保证责任之日起，开始计算保证合同的诉讼时效。本案中，案涉债务于 2001 年到期，债权人在保证期间内向保证人发送了行使担保权利通知书，这一事实已经过保证人确认。因此，应当认定债权人已经在保证期间内要求保证人承担保证责任，开始计算诉讼时效。

第二，关于债务人破产，《担保法解释》第四十四条[②]规定：“保证期间，人民法院受理债务人破产案件的，债权人既可以向人民法院申报债权，也可以向保证人主张权利。债权人申报债权后在破产程序中未受清偿的部分，保证人仍应当承担保证责任。债权人要求保证人承担保证责任的，应当在破产程序终结后六个月内提出。”该条中规定的六个月期间并非保证期间。

第三，关于债务人破产与保证期间及诉讼时效之间的关系。《担保法解释》第四十四条[③]应适用于债务人在破产程序开始时保证期间尚未届满，且债权人并未在此期间内要求保证人承担保证责任的情形。然而，本案中债权人已经在保证期间内、债务人破产程序开始前要求保证人承担保证责任的，则应在最后一次向保证人主张权利之日起，计算保证合同的诉讼时效，而不应再计算保证期间。

经验总结

1. 连带责任保证中，债权人向保证人主张权利后，开始计算诉讼时效。《民法典》第六百九十四条规定：“一般保证的债权人在保证期间届满前对债务人提起诉讼或者申请仲裁的，从保证人拒绝承担保证责任的权利消灭之日起，开始计算保证债务的诉讼时效。连带责任保证的债权人在保证期间届满前请求保证人承担保证责任的，从债权人请求保证人承担保证责任之日起，开始计算保证债务的诉讼时效。”因此，连带责任保证中，如果债权人只向债务人主张履行债务，而

---

① 编者按：《民法典》第 694 条。

②③ 编者按：《民法典担保制度解释》第 23 条。

从未向保证人主张要求承担保证责任，则此时，主债务的诉讼时效已经开始计算，而保证债务仍在计算保证期间，其诉讼时效并不开始计算。

2. 新法生效后，债权人在破产程序终结后，再向担保人（包括一般保证人、担保物权人）行使权利，将不再受到6个月除斥期间的限制。《担保法解释》第四十四条①规定："保证期间，人民法院受理债务人破产案件的，债权人既可以向人民法院申报债权，也可以向保证人主张权利。债权人申报债权后在破产程序中未受清偿的部分，保证人仍应当承担保证责任。债权人要求保证人承担保证责任的，应当在破产程序终结后六个月内提出。"本案中，最高人民法院认为，本条仅适用于债务人在破产程序开始时保证期间尚未届满的情形，如在保证期间内、债务人破产程序开始前，债权人已经要求保证人承担保证责任的，则应开始计算保证合同的诉讼时效，而不应再计算保证期间。《民法典》与《民法典担保制度解释》修改了《担保法解释》中，债权人应当在破产程序终结后六个月内，要求保证人承担担保责任的规定，仅保留了"债权人在债务人破产程序中未获全部清偿，请求担保人继续承担担保责任的，人民法院应予支持"的规定。并未明确该请求权的行使是否存在其他期限上的限制。因此，我们建议债权人在保证合同中约定的保证期间内，及时要求保证人承担责任，切勿被债务人漫长的破产程序拖延。

3. 在连带责任保证中，如果主债务到期后，债务人破产。则保证期间的起算点为主债务到期之日，保证期间的计算不受债务人破产程序相关事实的影响。作为债权人，应当在约定的保证期间内，单独要求保证人承担保证责任。即使债权人在破产程序申报了债权，但未在保证期间内主张保证人承担保证责任，保证人也可以主张不承担保证责任。

4. 在连带责任保证中，如果主债务到期前，债务人即破产。《企业破产法》第四十六条规定："未到期的债权，在破产申请受理时视为到期。"因此，在该种情况下，保证期间的起算点为主债务人破产申请被受理之日。此时。债权人可以在破产程序中申报债权，同时要求保证人承担保证责任。但是，如果债权人仅在破产程序中申报债权，未要求保证人承担保证责任，则其在破产程序终结后，保证期间已经过的情况下再行向保证人主张保证责任，可能存在一定的风险。

---

① 编者按：《民法典担保制度解释》第23条。

相关法条

《中华人民共和国民法典》(2021年1月1日施行)

第六百九十四条 一般保证的债权人在保证期间届满前对债务人提起诉讼或者申请仲裁的，从保证人拒绝承担保证责任的权利消灭之日起，开始计算保证债务的诉讼时效。

连带责任保证的债权人在保证期间届满前请求保证人承担保证责任的，从债权人请求保证人承担保证责任之日起，开始计算保证债务的诉讼时效。

《最高人民法院关于适用〈中华人民共和国民法典〉有关担保制度的解释》(法释〔2020〕28号 2021年1月1日施行)

第二十三条 人民法院受理债务人破产案件，债权人在破产程序中申报债权后又向人民法院提起诉讼，请求担保人承担担保责任的，人民法院依法予以支持。

担保人清偿债权人的全部债权后，可以代替债权人在破产程序中受偿；在债权人的债权未获全部清偿前，担保人不得代替债权人在破产程序中受偿，但是有权就债权人通过破产分配和实现担保债权等方式获得清偿总额中超出债权的部分，在其承担担保责任的范围内请求债权人返还。

债权人在债务人破产程序中未获全部清偿，请求担保人继续承担担保责任的，人民法院应予支持；担保人承担担保责任后，向和解协议或者重整计划执行完毕后的债务人追偿的，人民法院不予支持。

《中华人民共和国担保法》(2021年1月1日失效)

第二十五条 一般保证的保证人与债权人未约定保证期间的，保证期间为主债务履行期届满之日起六个月。

在合同约定的保证期间和前款规定的保证期间，债权人未对债务人提起诉讼或者申请仲裁的，保证人免除保证责任；债权人已提起诉讼或者申请仲裁的，保证期间适用诉讼时效中断的规定。

第二十六条 连带责任保证的保证人与债权人未约定保证期间的，债权人有权自主债务履行期届满之日起六个月内要求保证人承担保证责任。

在合同约定的保证期间和前款规定的保证期间，债权人未要求保证人承担保证责任的，保证人免除保证责任。

《最高人民法院关于适用〈中华人民共和国担保法〉若干问题的解释》(法释〔2000〕44号 2021年1月1日失效)

第三十四条 一般保证的债权人在保证期间届满前对债务人提起诉讼或者申请仲裁的，从判决或者仲裁裁决生效之日起，开始计算保证合同的诉讼时效。

连带责任保证的债权人在保证期间届满前要求保证人承担保证责任的，从债权人要求保证人承担保证责任之日起，开始计算保证合同的诉讼时效。

第三十六条 一般保证中，主债务诉讼时效中断，保证债务诉讼时效中断；连带责任保证中，主债务诉讼时效中断，保证债务诉讼时效不中断。

一般保证和连带责任保证中，主债务诉讼时效中止的，保证债务的诉讼时效同时中止。

第四十四条 保证期间，人民法院受理债务人破产案件的，债权人既可以向人民法院申报债权，也可以向保证人主张权利。

债权人申报债权后在破产程序中未受清偿的部分，保证人仍应当承担保证责任。债权人要求保证人承担保证责任的，应当在破产程序终结后六个月内提出。

裁判思路

以下为最高法院在本案再审民事判决书中，“本院认为”部分就此问题发表的意见：

关于东某资产公司向红某进出口公司主张权利是否超过法定保证期间的问题。《最高人民法院关于适用〈中华人民共和国担保法〉若干问题的解释》第三十四条[1]第二款规定，连带责任保证的债权人在保证期间届满前要求保证人承担保证责任的，从债权人要求保证人承担保证责任之日起，开始计算保证合同的诉讼时效。本案中，根据2000年7月12日某银行蜀都支行与红某实业公司签订的《债务分担协议》及原《借款合同》第二条第一项约定，红某集团承担债务后，其主债务履行期为2000年7月12日至2001年6月12日。红某进出口公司与某银行蜀都支行于同日签订的《保证合同》第五条约定，保证期间为借款合同约定的债务履行期届满（含展期到期）后两年为止。故案涉债务的保证期间应为2001年6月13日至2003年6月13日。在该保证期间届满前，2003年2月2日，红某进出口公司盖章确认了某银行蜀都支行发出的担保借款本金和利息的通知，

① 编者按：《民法典》第694条。

应当认定债权人某银行蜀都支行在保证期间届满前已经要求保证人红某进出口公司承担保证责任，从该日起，即开始计算保证合同的诉讼时效而非保证期间。红某进出口公司辩称，其盖章确认仅是对欠款数额的确认，并未同意对欠款进行清偿。因双方对欠款数额并无异议，且债权人向保证人发出通知仅是为了确认欠款数额而不主张权利不符合日常认知，红某进出口公司该项主张无事实和法律依据，本院不予支持。《担保法解释》第四十四条①第二款虽为主债务人破产情形的特别规定，但该条规定并非适用于任何主债务人破产情形。首先，从保证期间的制度目的看，法律规定保证期间的目的有二：一是督促债权人及时行使权利，避免其怠于行使权利使保证人长期处于可能履行担保债务的不确定状态；二是保障保证人及时向主债务人行使追偿权。本案中，如上所述，债权人某银行蜀都支行已经在保证期间要求保证人红某进出口公司承担保证责任，保证期间的制度目的已经实现。其次，从保护债权人利益的角度看，要求保证人承担保证责任系债权人的权利而非义务，主债务人破产已经使债权人的债权产生不能清偿之虞，不能因主债务人的破产反而加重债权人的负担。因此，《担保法解释》第四十四条②第二款应适用于债务人在破产程序开始时保证期间尚未届满的情形，如在保证期间内、债务人破产程序开始前，债权人已经要求保证人承担保证责任的，则应开始计算保证合同的诉讼时效，而不应再计算保证期间。本案中，某银行蜀都支行已经在保证期间届满前要求保证人红某进出口公司承担保证责任，自其主张保证责任之日起应当开始计算案涉《保证合同》的诉讼时效，本案无《担保法解释》第四十四条③第二款之适用余地。二审判决适用法律错误，本院予以纠正。

延伸阅读

裁判观点：《担保法解释》第四十四条④第二款，是债权人行使保证权利的额外“宽限期”，不适用于债权人在保证期间内已经向保证人主张权利的情况。

案例一：河北辛某化工集团有限责任公司、浙江某投资管理有限公司保证合同纠纷案［（2014）民提字第220号］

最高人民法院认为：……（二）债权人是否在《担保法解释》规定的宽限期内未向保证人主张权利，保证人是否应据此免责。《担保法解释》第四十四

①②③④ 编者按：《民法典担保制度解释》第23条。

条[①]第二款规定，“债权人申报债权后在破产程序中未受清偿的部分，保证人仍应当承担保证责任。债权人要求保证人承担保证责任的，应当在破产程序终结后六个月内提出。”本案中，2002 年 8 月 30 日，法院裁定汽缸盖厂破产终结，但破产公告的送达时间为 2003 年 10 月 29 日。汽缸盖厂破产后，债权人最近一次主张权利的日期是 2004 年 3 月 18 日，距离送达时间并未超过六个月，故辛某化工公司关于债权人主张保证权利的时间超过宽限期的理由不能成立，本院不予支持。

案例二：吉林华某电子集团有限公司等诉中国某资产管理公司长春办事处保证合同纠纷案［（2014）民二终字第 99 号］

最高人民法院认为：《担保法解释》第四十四条[②]规定，“保证期间，人民法院受理债务人破产案件的，债权人既可以向人民法院申报债权，也可以向保证人主张权利。债权人申报债权后在破产程序中未受清偿的部分，保证人仍应当承担保证责任。债权人要求保证人承担保证责任的，应当在破产程序终结后六个月内提出。”此系对债权人在保证期间届满前在破产程序中向保证人主张权利，但破产程序终结后保证期间已过情形下对债权人给予保证期间宽限期的规定。而本案中，如前所述，对除应免除保证责任的五笔债务之外的其余债务的保证权利，债权人均在保证期间内、诉讼时效期间内向保证人华某公司进行了主张，因此，其不适用《担保法解释》第四十四条[③]规定，华某公司应对其余债务承担保证责任。华某公司关于对剩余债务免责的上诉理由不能成立。

案例三：河北巴某木业有限公司、衡水巴某木业有限公司金融借款合同纠纷再审审查与审判监督民事裁定书［（2020）最高法民申 3578 号］

最高人民法院认为：《最高人民法院关于适用〈中华人民共和国担保法〉若干问题的解释》第四十四条[④]规定，“保证期间，人民法院受理债务人破产案件的，债权人既可以向人民法院申报债权，也可以向保证人主张权利。债权人申报债权后在破产程序中未受清偿的部分，保证人仍应当承担保证责任。债权人要求保证人承担保证责任的，应当在破产程序终结后六个月内提出”。该条规定适用于债务人在破产程序开始时保证期间尚未届满，而在债权人申报债权参加破产财产清偿程序期间保证期间届满的情形。在上述情形下，考虑到债权人在债务人破产期间不便对保证人行使权利，债权人可以在债务人破产终结后六个月内要求保

①②③④ 编者按：《民法典担保制度解释》第 23 条。

证人承担保证责任。该六个月的期间实质具有延长保证期间的作用，有利于对债权人的保护。本案中，根据原审查明的事实，昊某化工公司于2018年2月6日被河北省馆陶县人民法院裁定受理破产清算申请。某银行石家庄分行于2018年5月10日向昊某化工公司的破产管理人申报债权，2018年5月29日提起本案诉讼。在昊某化工公司被裁定破产时，保证期间尚未届满。根据《担保法解释》第四十四条①第二款的规定，某银行石家庄分行有权于破产程序终结后六个月内向保证人主张权利。举重以明轻，某银行石家庄分行在破产程序终结前即向河北巴某公司、衡水巴某公司主张权利，应认定未过保证期间。河北巴某公司、衡水巴某公司申请再审主张，法院受理昊某化工公司破产申请的日期为2018年8月4日，经审查，原审法院认定昊某化工公司于2018年2月6日被河北省馆陶县人民法院裁定受理破产清算申请并无错误。河北巴某公司、衡水巴某公司提交的相关证据不足以推翻原审法院关于河北省馆陶县人民法院受理债务人破产清算案件时间的认定，其关于保证期间已经经过的再审申请理由不能成立，本院不予支持。

案例四：赵某栓、李某平金融借款合同纠纷再审审查与审判监督民事裁定书［（2020）最高法民申1041号］

最高人民法院认为：《担保法解释》第四十四条②第二款规定，“债权人申报债权后在破产程序中未受清偿的部分，保证人仍应当承担保证责任。债权人要求保证人承担保证责任的，应当在破产程序终结后六个月内提出”，这里“应当在破产程序终结后六个月内提出”是指债权人向保证人主张权利的最后期限，亦即债权人在超过破产程序终结六个月后提出权利主张的将不予支持，该条规定并未规定债权人在破产程序终结前不得向保证人主张权利。

038 债权人仅向保证人主张权利，主债权的诉讼时效是否中断？

裁判要旨③

连带责任保证中，主债权的诉讼时效因债权人向保证人主张权利而中断。

---

①② 编者按：《民法典担保制度解释》第23条。

③ 案件来源：李某华、李某芳船舶营运借款合同纠纷再审审查与审判监督民事裁定书［最高人民法院（2019）最高法民申5979号］

案情简介

一、2011年至2012年，李某华与黄某签订四份借款合同，约定李某华向黄某借款共计273.9万元。胡某红作为保证人，分别在四份借款合同上签字。

二、2011年5月至2014年1月，李某华实际向黄某归还165万元，借款剩余本金及利息未清偿。黄某于2012年至2016年，每年均向胡某红发出书面“催款函”，胡某红在催款函上签字，并转催李某华还款。但黄某始终未直接向李某华催要款项。

三、2017年10月11日，黄某向武汉海事法院起诉，请求李某华归还借款，并要求胡某红承担保证责任。李某华以黄某案涉债权已经超过诉讼时效为由，拒绝偿还借款。

四、武汉海事法院一审认为，黄某在保证期间内向保证人胡某红主张权利，且每年均向胡某红催要借款，其向保证人主张权利行为的效力及于主债务人李某华，因此案涉债权未过诉讼时效，李某华应当向黄某偿还借款。

五、李某华不服，上诉至湖北省高级人民法院，湖北省高级人民法院认为，一审法院认定债权未超过诉讼时效正确，判决驳回李某华的上诉请求。

六、二审判决后，李某华向最高人民法院申请再审，最高人民法院裁定驳回李某华的再审申请。

裁判思路

本案的核心争议在于，黄某主张债权是否已过诉讼时效。对此，最高人民法院认为：

首先，关于诉讼时效的起算时间。《最高人民法院关于审理民事案件适用诉讼时效制度若干问题的规定》第十六条规定：义务人作出分期履行、部分履行行为的，应当视为“义务人同意履行义务”，诉讼时效应当自义务人同意履行义务之日起算。本案中，李某华针对案涉四份合同的最后还款日是2014年1月4日，故本案诉讼时效应自该日起算。

其次，关于债权人向保证人后续催款的有关事实。根据本案查明的事实，债权人黄某曾于2012年至2016年，每年例行向保证人胡某红催缴款项。2016年12月7日，黄某向胡某红发送《催款函》，胡某红签字确认已收到。从最后一封《催款函》发出的时间起算，黄某于2017年10月11日向法院起诉，未经过2年的诉讼时效期间。

结合上述事实，根据《最高人民法院关于贯彻执行〈中华人民共和国民法通则〉若干问题的意见》第一百七十三条第二款关于"权利人向债务保证人、债务人的代理人或者财产代管人主张权利的，可以认定诉讼时效中断"的规定，认定黄某向胡某红主张债权构成诉讼时效中断，本案三份借款合同项下借款的诉讼时效应从黄某最后一次向胡某红发出《催款函》的次日即2016年12月8日重新起算，黄某的起诉未超过诉讼时效。

经验总结

1. 连带责任保证中，债权人向保证人主张权利的，主债权诉讼时效中断。《民法典》明确，主债权诉讼时效经过，保证人可以主张不承担保证责任。诉讼时效制度设立的初衷是为了维护市场交易环境的稳定，避免权利人"躺在权利上睡觉"。实践中，保证人常常作为债权人与债务人二者介绍人，促成借款关系达成；债务发生无法清偿的情形时，债务人"玩消失"、保证人"背锅"还款的情形亦并不少见。在该种情况下，大多数债权人具有积极主张权利的意识，但因客观原因确实无法联系到债务人，故仅能向保证人主张债权，如果仅仅因为债权人未向主债务人本人催告，而导致主债权与保证债权双双落空，显然不符合诉讼时效制度设立的目的。因此，实践中普遍认为，连带责任保证中，债权人向保证人主张权利的，主债权诉讼时效中断。

2. 连带责任保证中，债权人仅向债务人主张权利的，不能视为已经向保证人主张了权利。根据担保从属性原则，债务人为主债务偿还的首要义务人，而担保人所承担的责任为具有从属性的补充责任。与真正的共同连带债务关系不同，连带责任保证人所承担的是一种"不真正连带责任"，保证人与主债务人承担还款责任的条件有明显的区别。因此，我国《民法典》明确规定，债权人应当在保证期间内单独向保证人主张权利。

3. 连带责任保证中，债权人仅向部分保证人主张权利的，不能视为向其他保证人主张了权利。《民法典担保制度解释》第二十九条对连带保证中，债权人仅向部分保证人主张权利的法律后果予以明确："同一债务有两个以上保证人，债权人以其已经在保证期间内依法向部分保证人行使权利为由，主张已经在保证期间内向其他保证人行使权利的，人民法院不予支持。"该规定与《民法典》生效前一贯的司法实践相反。因此，作为债权人，应当留意这一重大司法变化。在催收债务时，切勿以部分保证人暂时偿债能力不足而怠于向其主张权利，切勿以“想当然”的心态，认为仅向部分保证人主张过权利即“万事大吉”，从而错过实现债权的时机。

相关法条

《中华人民共和国民法典》（2021 年 1 月 1 日施行）

第一百九十二条 诉讼时效期间届满的，义务人可以提出不履行义务的抗辩。

诉讼时效期间届满后，义务人同意履行的，不得以诉讼时效期间届满为由抗辩；义务人已经自愿履行的，不得请求返还。

第一百九十五条 有下列情形之一的，诉讼时效中断，从中断、有关程序终结时起，诉讼时效期间重新计算：

（一）权利人向义务人提出履行请求；

（二）义务人同意履行义务；

（三）权利人提起诉讼或者申请仲裁；

（四）与提起诉讼或者申请仲裁具有同等效力的其他情形。

《最高人民法院关于适用〈中华人民共和国民法典〉有关担保制度的解释》（法释〔2020〕28 号 2021 年 1 月 1 日施行）

第三十五条 保证人知道或者应当知道主债权诉讼时效期间届满仍然提供保证或者承担保证责任，又以诉讼时效期间届满为由拒绝承担保证责任或者请求返还财产的，人民法院不予支持；保证人承担保证责任后向债务人追偿的，人民法院不予支持，但是债务人放弃诉讼时效抗辩的除外。

《最高人民法院关于审理民事案件适用诉讼时效制度若干问题的规定》（法释〔2020〕17 号 2020 年修正）

第十四条 义务人作出分期履行、部分履行、提供担保、请求延期履行、制定清偿债务计划等承诺或者行为的，应当认定为民法典第一百九十五条规定的“义务人同意履行义务”。

第十五条 对于连带债权人中的一人发生诉讼时效中断效力的事由，应当认定对其他连带债权人也发生诉讼时效中断的效力。

对于连带债务人中的一人发生诉讼时效中断效力的事由，应当认定对其他连带债务人也发生诉讼时效中断的效力。

第十八条 主债务诉讼时效期间届满，保证人享有主债务人的诉讼时效抗辩权。

保证人未主张前述诉讼时效抗辩权，承担保证责任后向主债务人行使追偿权的，人民法院不予支持，但主债务人同意给付的情形除外。

《关于贯彻执行〈中华人民共和国民法通则〉若干问题的意见（试行）》（法（办）发〔1988〕6号 2021年1月1日失效）

173. 诉讼时效因权利人主张权利或者义务人同意履行义务而中断后，权利人在新的诉讼时效期间内，再次主张权利或者义务人再次同意履行义务的，可以认定为诉讼时效再次中断。

权利人向债务保证人、债务人的代理人或者财产代管人主张权利的，可以认定诉讼时效中断。

裁判意见

以下为最高人民法院在本案“本院认为”部分，对债权人的主张是否已过诉讼时效问题的论述：

关于黄某主张债权是否已过诉讼时效的问题。首先，原审查明，四份借款合同中除了2011年4月2日合同未实际履行以外，黄某向李某华实际出借2739320元，李某华至2014年1月4日陆续向黄某还款。基于此，原审判决根据《民法通则》第一百四十条①、《最高人民法院关于审理民事案件适用诉讼时效制度若干问题的规定》第十六条规定，认定实际履行的三份《借款合同》项下借款的诉讼时效均因李某华的履行行为而中断，应从李某华最后一次还款的次日即2014年1月5日重新起算，具有事实和法律依据。其次，根据原审查明的事实，胡某红为案涉实际履行的三份借款合同项下连带保证人。黄某于2012年12月18日、2013年12月9日、2014年12月13日、2015年12月11日、2016年12月7日向胡某红发出《催款函》，胡某红均签字确认“已收到”，并提交《情况说明》确认黄某自2011年下半年开始每隔一、两个月持续向其催款的事实。上述《催款函》和《情况说明》系由黄某在一审中提交，李某华、李某芳对此均发表过质证意见。对上述两份证据一审法院虽未予采信，二审法院认为黄某的委托诉讼

① 编者按：《民法典》第195条。

代理人同时代理另案当事人胡某红，并未否认该两份证据的真实性，《情况说明》系对已发生事实的陈述，是否存在落款时间不影响内容的真伪，故予以采信。对于一审未采信的证据，二审法院经审查予以采信，程序并不违法。李某华、李某芳虽然对该两份证据的真实性持有异议，但未能提交充分证据证明系虚假，其主张原审认定案件事实的主要证据系伪造，缺乏事实依据。另外，黄某一审提交2015年12月8日、2016年2月1日胡某红出具的催款短信作为其主张诉讼时效未过的依据，李某华、李某芳经质证对其真实性无异议，但对关联性有异议。原审确认一审认定的此部分事实，但并未将此作为本案诉讼时效是否中断的判断依据。李某华、李某芳以二审对此未作评述为由主张认定事实的主要证据不足，理由不能成立。综上，原审鉴于黄某在包括2014年1月4日诉讼时效重新起算以后，持续向连带保证责任人胡某红主张了债权，根据《最高人民法院关于贯彻执行〈中华人民共和国民法通则〉若干问题的意见》第一百七十三条[①]第二款关于“权利人向债务保证人、债务人的代理人或者财产代管人主张权利的，可以认定诉讼时效中断”的规定，认定黄某向胡某红主张债权构成诉讼时效中断，本案三份借款合同项下借款的诉讼时效应从黄某最后一次向胡某红发出《催款函》的次日即2016年12月8日重新起算，从而认定至2017年10月11日黄某向一审法院提起诉讼未超过诉讼时效，具有事实和法律依据。李某华、李某芳关于原审判决认定事实缺乏证据证明、适用法律错误，以及认定事实的主要证据是伪造的再审申请理由均不能成立。

延伸阅读

在检索大量类案的基础上，我们发现，尽管《关于贯彻执行〈中华人民共和国民法通则〉若干问题的意见（试行）》已于2021年1月1日起失效，但向保证人主张权利可引起主债权诉讼时效中断的裁判思路依旧。

案例一：大连高某投资有限公司等与大连德某房地产开发有限公司企业借贷纠纷二审民事判决书［（2017）最高法民终647号］

最高人民法院认为：某银行星海支行上诉主张戴某还款只能作为2000万元借款的还款，不应构成1500万元诉讼时效的中断，但是未能提供充分有效的证据证明其主张，不能推翻一审判决关于该两笔还款系分别对应给付上述两笔

① 编者按：已失效，被《民法典》吸收。

《借款合同》项下的债权的认定。2012 年 12 月 24 日，高某公司向某银行星海支行发出《催告函》，要求某银行星海支行在收到《催告函》之日起 7 日内付清本案所涉两笔款项的剩余欠款，即高某公司在主债权的诉讼时效期间内向保证人某银行星海支行主张了权利。依据最高人民法院《关于贯彻执行〈中华人民共和国民法通则〉若干问题的意见（试行）》第 173 条[①]第 2 款关于"权利人向债务保证人、债务人的代理人或者财产代管人主张权利的，可以认定诉讼时效中断"的规定，诉讼时效期间因高某公司向其保证人某银行星海支行主张权利而中断。高某公司于 2014 年 11 月 22 日提起诉讼，本案主债权没有超过诉讼时效期间。

案例二：宁夏远某矿业有限公司、宁夏河某综合工业园区华某投资置业有限公司合同纠纷二审民事判决书［（2019）最高法民终 694 号］

最高人民法院认为：根据远某公司与金某公司签订的《关于有关债权债务处理的协议》，远某公司承诺在三个月内还清上述欠款，故诉讼时效应从 2012 年 4 月 13 日起算至 2014 年 4 月 12 日届满。金某公司于 2013 年 10 月 24 日与王某玲签订了《股权转让合同》处理有关金某公司债务问题，该合同约定以王某玲持有的远某公司 30% 股权转让给金某公司结清金某公司的债权。合同签订时王某玲仍是远某公司股东，对于金某公司来讲其作为债权人，面对存在内部纠纷的远某公司，其与作为远某公司股东的王某玲协商解决债务问题，应当认定其积极主张权利。而且，在远某公司与金某公司签订的《关于有关债权债务处理的协议》中也有远某公司不能付清欠款则将王某玲所持股份转让给金某公司的约定，从该约定来看，金某公司主张权利亦存在事实上的关联性和延续性。故而可认定金某公司该行为主张了债权，可以引起时效中断。2015 年 7 月 13 日，华某公司向金某公司出具《关于对投资宁某能源化工基地灵州综合工业园区基础设施开发土地补偿合同所具备法律效力的说明》，再次引起诉讼时效中断。2016 年 7 月 11 日，金某公司提起本案诉讼，未超过二年的诉讼时效。因华某公司对远某公司的债务承担的是连带保证责任，根据法律规定，金某公司向华某公司主张权利的事实亦能引起本案主债务诉讼时效中断。

---

① 编者按：已失效，被《民法典》吸收。

第四节　债务人“借新还旧”时的担保责任

039 “借新还旧”时保证人能否免除保证责任?

裁判要旨[①]

《民法典担保制度解释》第十六条规定：“主合同当事人协议以新贷偿还旧贷，新贷与旧贷的担保人相同的，人民法院应予支持；新贷与旧贷的担保人不同，或者旧贷无担保新贷有担保的，人民法院不予支持，但是债权人有证据证明新贷的担保人提供担保时对以新贷偿还旧贷的事实知道或者应当知道的除外。”据此，借贷合同双方当事人基于以新贷偿还旧贷的合意，先后订立多个借贷合同，同一担保人在应当知道的情况下在该多个借贷合同上盖章同意担保的，应当依法承担担保责任。担保人以上述多个借贷合同之间没有形式及内在联系为由，否认以新贷偿还旧贷的合同性质，进而拒绝履行担保责任的，人民法院不予支持。

案情简介

一、1996年1月10日至1998年4月6日，某国投与某交易所共签订5份委托贷款合同，借款金额均为人民币2000万元，月利率分别为7.89‰、6.9‰和6.435‰。借款用途为用于物资购销保证金或流动资金周转，保证人均为三某公司。某国投按约向交易所发放了贷款。

二、案外委托人上海市上某投资管理公司仅在后两份委托贷款合同上加盖了公章。该5份委托贷款合同之间均系“借新还旧”。最后一份300263号合同项下贷款期限届满后，某交易所除偿还借款本金人民币227.8万元及逾期贷款利息人民币60万元，尚欠本金人民币1772.2万元、期内利息人民币789454.95元及相应的逾期利息。

三、某国投请求上海二中院判令其交易所偿还贷款本息，三某公司对交易所

---

① 案件来源：某国际信托投资有限公司与上海市综合信息交易所、上海三某房地产公司委托贷款合同纠纷再审案［（2005）民二提字第8号　《中华人民共和国最高人民法院公报》2008年第10期（总第144期）］

的还款义务承担连带清偿责任。上海二中院一审判决支持某国投的诉请。三某公司不服，上诉至上海高院，上海高院二审改判交易所还本付息，三某公司不承担连带清偿责任。

四、某国投不服，向上海高院申请再审，上海高院再审改判撤销二审判决，维持原一审判决。

五、三某公司不服，向最高法院申请再审，最高法院判决维持上海高院再审判决。即其交易所偿还贷款本息，三某公司对交易所的还款义务承担连带清偿责任。

裁判思路

本案中三某公司的裁判思路在于，虽然案涉五份借款协议之间存在“借新还旧”的关系，根据《担保法解释》第三十九条[①]关于“主合同当事人双方协议以新贷偿还旧贷，除保证人知道或者应当知道的外，保证人不承担民事责任”的规定，作为保证人的三某公司有可能免责。但因为五份借款协议的保证人均为三某公司，即三某公司既是旧贷的保证人，也是新贷的保证人。故根据《担保法解释》第三十九条[②]第二款但书关于“新贷与旧贷系同一保证人的，不适用前款的规定”的规定，保证人三某公司不能主张免除责任。故最高法院最终认定：“借贷合同双方当事人基于以新贷偿还旧贷的合意，先后订立多个借贷合同，同一担保人在应当知道的情况下在该多个借贷合同上盖章同意担保的，应当依法承担担保责任。”三某公司因此败诉。

经验总结

1. “借新还旧”对于债权人而言，存在一定的风险，可能导致债权脱保。根据《担保法解释》第三十九条[③]第一款的规定，除保证人知道或者应当知道主合同双方当事人协议“借新还旧”外，保证人对新贷不承担保证责任。鉴于保证人并非旧贷的当事人，也非新贷的当事人，故证明保证人对主合同当事人达成借新还旧协议知晓，存在一定的困难。因此，对于有担保的债权而言，债权人应当慎重选择与债务人达成借新还旧协议，防止主债权脱保。

2. 如确需通过“借新还旧”的方式处理旧贷的，可通过以下方式保证新贷

①②③ 编者按：《民法典担保制度解释》第16条。

不脱保。(1) 在签订借新还旧协议之前书面通知保证人，征得保证人同意或者要求保证人答复，如果保证人在接到相关通知后同意或者未作否定答复的，可推定保证人已知晓主合同当事人达成了借新还旧协议，此时债权人可根据《担保法解释》第三十九条①第一款的例外性规定，主张“保证人知道或者应当知道主合同双方当事人协议借新还旧”，进而要求保证人继续承担担保责任。(2) 可以要求原保证人对新贷继续承担担保责任。此时，债权人可根据《担保法解释》第三十九条②第二款关于“新贷与旧贷系同一保证人的，不适用前款的规定”的规定主张保证人承担担保责任。

3. 作为保证人，在知晓主合同当事人意欲达成借新还旧协议或者已经达成借新还旧协议时，应尽快对“借新还旧”事宜表示反对，并明确告知不再继续承担保证责任。切勿以为“借新还旧”保证人当然免责，进而对相关事项听之任之，最终导致需继续承担更重的担保责任。同时，在对同一债权债务人之间的债权债务关系提供担保时，也应要求主合同当事人明确各债权债务之间的关系，防止出现为借新还旧协议的“新贷”提供担保的情况。

相关法条

《最高人民法院关于适用〈中华人民共和国民法典〉有关担保制度的解释》(法释〔2020〕28 号 2021 年 1 月 1 日施行)

第十六条 主合同当事人协议以新贷偿还旧贷，债权人请求旧贷的担保人承担担保责任的，人民法院不予支持；债权人请求新贷的担保人承担担保责任的，按照下列情形处理：

(一) 新贷与旧贷的担保人相同的，人民法院应予支持；

(二) 新贷与旧贷的担保人不同，或者旧贷无担保新贷有担保的，人民法院不予支持，但是债权人有证据证明新贷的担保人提供担保时对以新贷偿还旧贷的事实知道或者应当知道的除外。

主合同当事人协议以新贷偿还旧贷，旧贷的物的担保人在登记尚未注销的情形下同意继续为新贷提供担保，在订立新的贷款合同前又以该担保财产为其他债权人设立担保物权，其他债权人主张其担保物权顺位优先于新贷债权人的，人民法院不予支持。

---

①② 编者按：《民法典担保制度解释》第 16 条。

裁判意见

以下为最高法院在“本院认为”部分就此问题发表的意见：

上海市高级人民法院再审对本案合同效力及交易所违约责任的认定正确，本院再审予以支持；涉案合同名为委托贷款合同，但本案当事人未主张委托贷款的事实，故案件性质应为借款担保合同。本案五份合同中确实存在无实际放款的情况，但此种情况的产生缘于借贷双方在合同第六条的约定。从该约定内容，以及新旧贷款金额相同、贷款期限基本衔接的情况可以看出，借贷双方在旧贷到期尚未清偿时，签订新借款合同的目的就是为了以该新贷偿还旧贷，消灭借款方在旧贷下的债务，该条内容可以视为借贷双方对以贷还贷的约定。而某国投当天贷款当天扣划或仅更换贷款凭证、没有实际放款的做法是基于合同中以贷还贷的约定而为的履行行为，亦是以贷还贷的基本履行方式。三某公司连续在几份借款合同上盖章同意为交易所担保，其应当知道此为签约各方以该种方式履行合同第六条的约定，即以贷还贷。本案合同的约定没有违反法律禁止性规定，三某公司已盖章确认，因此，本案应当适用最高人民法院《关于适用〈中华人民共和国担保法〉若干问题的解释》第三十九条①关于以贷还贷的规定。如若按照三某公司所称本案不属以贷还贷，五个合同之间没有形式及内在联系的理由予以推论，三某公司承担的将不再是一个合同而是五份合同累计金额一亿元的担保责任。三某公司以贷款用途缺乏“借新还旧”的形式及内在联系，中间三份合同无实际放贷，进而否认以贷还贷的理由不能成立。况且，三某公司在本案合同签订前后，曾作为借款人向某国投多次贷款，而担保人则是交易所。三某公司与某国投所签的那些借款合同的基本格式与本案完全相同，而履行时短期扣划或更换凭证的方式亦与本案履行方式相同。因此，三某公司以不应知道本案此种约定属于以贷还贷予以抗辩的理由缺乏合理性。

延伸阅读

1. 不能证明保证人知晓“借新还旧”的，保证人对新贷不承担保证责任

案例一：抚宁县新某包装材料厂、抚宁某资产经营有限公司与某农村信用合作联社、秦皇岛远某石油炼化有限公司、秦皇岛骊某淀粉股份有限公司借款担保

---

①　编者按：《民法典担保制度解释》第16条。

合同纠纷二审案［最高人民法院（2006）民二终字第236号　《中华人民共和国最高人民法院公报》2007年第9期（总第131期）］

最高法院认为：关于新某材料厂是否应承担保证责任问题，该院认为，如前所述，从某农信联社提交的借款申请书看，并不足以证明葡萄糖厂在贷款发放前，知道大部分借款用于“借新还旧”的事实。根据合同约定，借款用途为“购原油”，且“专款专用，封闭进行”，炼油厂主动偿还2001年旧资本金2500万元，某农信联社扣收2001年旧贷利息53.4625万元、下属各信用社利息233.942175万元，保证人葡萄糖厂并不知情。最高人民法院《关于适用〈中华人民共和国担保法〉若干问题的解释》第三十九条①规定：“主合同当事人双方协议以新贷偿还旧贷，除保证人知道或者应当知道的外，保证人不承担民事责任。新贷与旧贷系同一保证人的，不适用前款的规定。”根据该规定，虽然本案3100万元借款中的2553.4625万元，用于偿还了炼油厂2001年在某农信联社的旧贷款，且亦无证据证明葡萄糖厂对此知道或应当知道，但因2001年旧贷保证人同为葡萄糖厂，保证方式同为连带责任保证，故不能因此免除葡萄糖厂对该部分借款的保证责任。某农信联社扣收的某炼油厂所欠下属各信用社利息233.942175万元，既无证据证明葡萄糖厂对此知道或者应当知道，又无证据证明下属各信用社旧贷由葡萄糖厂提供保证，故葡萄糖厂对该部分借款不应承担保证责任。2002年3月25日从2011051792活期账户转出的60.2875万元，因无证据证明与本案借款的关联性，不能免除葡萄糖厂对60.2875万元的保证责任。因此，葡萄糖厂应对远某石油公司2891.092175万元欠款中的2657.15万元承担保证责任。

案例二：十堰利某丰商贸有限公司、某银行股份有限公司十堰市张湾支行与十堰环某工贸有限公司等金融借款合同纠纷申请再审民事裁定书［最高人民法院（2015）民申字第2592号］

最高法院认为：“本院《关于适用〈中华人民共和国担保法〉若干问题的解释》第三十九条②第一款规定：‘主合同当事人双方协议以新贷偿还旧贷，除保证人知道或者应当知道的外，保证人不承担民事责任。’本案中，没有证据证明百某公司在与某行张湾支行签订《保证合同》时，对环某公司将该笔新借贷款用于偿还其在某行张湾支行到期贷款知道或者应当知道。因此，根据上述规定，百某公司对该笔1000万元的贷款不应承担保证责任。”

---

①② 编者按：《民法典担保制度解释》第16条。

案例三：中国工商银行股份有限公司成都锦江支行与四川汇源光通信股份有限公司借款担保合同纠纷上诉案［（2006）民二终字第211号］

最高法院认为："通常情形下，汇某光通信公司有理由相信借款合同和相关票据载明的'购原材料'、'流动资金周转'的贷款用途，除非有证据证明债权人某行锦江支行在签订担保合同时已经明确告知以贷还贷的事实，在以新贷还旧贷而新增加担保人或前后两份贷款合同不是同一个保证人的情况下，实际增加了担保人的负担。因此除非担保人完全出于自愿，否则不承担相应的民事责任。因此，贷款银行应当举证证明对以贷还贷已经作出了说明，或担保人知道或应当知道以贷还贷仍提供担保，否则，其应承担举证不利之后果。本案中，在借款合同签订时隔八个月之后，汇某光通信公司与某行锦江支行就同某华塑公司的3000万元贷款签订担保合同，与担保人是否知道以贷还贷没有必然因果关系。同某华塑公司与担保人汇某光通信公司存在互保关系属于正常的商业交易行为，亦不足以因此推定保证人明知以贷还贷仍提供担保的事实。上诉人某行锦江支行关于担保人汇某光通信公司知道或应当知道以贷还贷没有证据支持，其要求判令担保人承担担保责任的上诉理由不能成立，本院不予支持。"

2. 抵押担保可类推适用《担保法解释》第三十九条①

案例四：某银行长沙市先锋支行与湖南金某投资管理有限公司、长沙某霞开发建设有限公司借款担保合同纠纷上诉案［（2007）民二终字第33号　《中华人民共和国最高人民法院公报》2009年第1期（总第147期）］

最高法院认为："最高人民法院《关于适用〈中华人民共和国担保法〉若干问题的解释》第三十九条②的规定，主合同当事人双方协议以新贷偿还旧贷，除保证人知道或者应当知道外，保证人不承担民事责任。新贷与旧贷系同一保证人的，不适用前款的规定。本案中金霞公司就同一抵押物先后为金某公司的新旧贷款提供抵押担保，金某公司以新贷偿还旧贷，并未加重金某公司的担保责任，金某公司要求免除其担保责任的上诉主张与上述规定不符。金某公司关于本案利息计算有误的上诉主张，亦没有相应的事实和法律依据，本院不予支持。"

3. 对于担保人是否知晓主合同当事人"借新还旧"，应综合多种因素判断

案例五：某能源发展有限公司、福建万新房地产开发有限公司、漳浦县黄龙

---

①② 编者按：《民法典担保制度解释》第16条。

建设投资有限公司、刘某东、刘某贵与某银行股份有限公司东山县支行借款合同纠纷案［（2015）民申字第1309号］

最高法院认为：关于万某公司和刘某贵的担保责任。根据原审查明，能源公司先拆借资金偿还了万某公司和刘某贵担保的旧贷，又由万某公司和刘某贵提供担保借出新贷，并以新贷偿还其他旧贷，循环往复。因此应整体看待“借新还旧”对担保责任的影响。能源公司等没有充分证据证明存在加重有关担保人责任的情形。原审法院依照《最高人民法院关于适用〈中华人民共和国担保法〉若干问题的解释》第三十九条[①]之规定并结合能源公司借贷事实、担保人的担保情况以及借款人与担保人之间的亲属关系等事实，认定担保人承担担保责任并无不当。

040 偿还旧贷后立刻再借新贷，是否可认定为“借新还旧”？

裁判要旨[②]

债权人与债务人在刚还完旧贷款，又向该债权人借款，即使新贷的借款数额与旧贷款的借款数额相同，也不能认定为“借新还旧”，保证人不能据此主张免责。

案情简介

一、2003年12月25日，万某公司向某行河北支行借款人民币4000万元；2004年1月8日，万某公司向某行河北支行偿还人民币4000万元。2004年1月13日，某行河北支行与万某公司签订《借款合同》，约定：某行河北支行向万某公司提供借款本金人民币4000万元。迎某公司等保证人为上述债权提供连带责任保证。

二、借款合同签订后，某行河北支行依约发放了贷款，但万某公司一直未能履行偿还本金及2004年12月21日之后的利息的义务，各保证人亦未能履行保证义务。

---

① 编者按：《民法典担保制度解释》第16条。

② 案件来源：天津迎某有限公司与天津市万某钢结构工程有限公司、天津某投资发展有限公司等借款合同纠纷上诉案［（2005）民二终字第162号］

三、2005年3月9日，某行河北支行向天津高院提起诉讼，请求判令：1. 万某公司偿还借款本金4000万元及自2004年12月21日到实际给付之日的利息。2. 迎某公司等保证人对上述债务承担连带保证责任。天津高院一审判决支持了原告的诉请。

四、迎某公司不服，上诉至最高法院，以其担保的债权系万某公司“借新还旧”为由主张免责。最高法院判决驳回上诉，维持原判。

裁判思路

本案中迎某公司的裁判思路在于万某公司刚还旧贷又借新贷的行为不属于“借新还旧”。迎某公司认为，万某公司曾于本案借款之前的2004年1月8日向某行河北支行偿还过原有欠款4000万元，而新贷的金额也为4000万元，万某公司该还款行为是为了能够获取本案借款，故本案借款属于“借新还旧”。但最高法院认为：“迎某公司提出本案贷款是贷新还旧的上诉理由，属于其对贷新还旧概念的理解错误，没有事实依据。”迎某公司因此败诉。

经验总结

1. 本案中最值得关注的一点在于最高法院通过判例的形式对“借新还旧”进行了准确的界定。虽然最高法院在判例中没有直接以定义的方式对何为“借新还旧”作出界定，但其否定了本案中万某公司的行为属于“借新还旧”。所谓的“借新还旧”是指以新贷偿还旧贷，因此新贷在先，偿还旧贷在后。但在本案中，万某公司的行为刚好相反，即本偿还旧贷的行为发生在再借新贷的行为之前，是一种还旧贷新的行为。因此，从时间点上来看，万某公司在本案中的行为无法认定为“借新还旧”。这也是本案迎某公司败诉的根本原因。

2. 保证人在主张免责抗辩或提供担保时，应注意区分“借新还旧”与“还旧贷新”，两者在偿还旧贷的时间点上存在重大不同。虽然两者都未实际增加债务人的可支配现金，都有可能害及担保人的利益，但因为偿还旧贷时间点的不同，导致了迥然不同的法律后果。对保证人的而言，影响甚巨。作为债务人可利用这一“漏洞”，有效地盘活存量贷款，增强履约偿债能力。

相关法条

《最高人民法院关于适用〈中华人民共和国民法典〉有关担保制度的解释》（法释〔2020〕28 号 2021 年 1 月 1 日施行）

第十六条 主合同当事人协议以新贷偿还旧贷，债权人请求旧贷的担保人承担担保责任的，人民法院不予支持；债权人请求新贷的担保人承担担保责任的，按照下列情形处理：

（一）新贷与旧贷的担保人相同的，人民法院应予支持；

（二）新贷与旧贷的担保人不同，或者旧贷无担保新贷有担保的，人民法院不予支持，但是债权人有证据证明新贷的担保人提供担保时对以新贷偿还旧贷的事实知道或者应当知道的除外。

主合同当事人协议以新贷偿还旧贷，旧贷的物的担保人在登记尚未注销的情形下同意继续为新贷提供担保，在订立新的贷款合同前又以该担保财产为其他债权人设立担保物权，其他债权人主张其担保物权顺位优先于新贷债权人的，人民法院不予支持。

裁判意见

以下为最高法院在二审判决“本院认为”部分就此问题发表的意见：

本院认为，某行河北支行与万某公司 2004 年 1 月 13 日签订的《借款合同》以及与被告迎某公司、祥某公司、飞某公司、游某港公司在同日签订的《保证合同》，与盛某公司 2004 年 12 月 7 日签订的《保证合同》，魏某明 2004 年 1 月 10 日签署的承诺函，是各方当事人的真实意思表示，不违反法律规定，应当认定有效。《借款合同》签订后，某行河北支行如约履行了放款 4000 万元义务。借款期限届满，万某公司没有履行偿还本息的义务，各担保人也未履行担保义务，均属于违约行为，应当承担还本付息的违约责任。迎某公司提出本案贷款是贷新还旧的上诉理由，属于其对贷新还旧概念的理解错误，没有事实依据，本院不予支持。其上诉还认为本案借款属于借款双方恶意串通的诈骗行为，没有证据支持，虽经本院调查取证，也未发现有关证据，故本院不予支持。原审判决认定事实清楚、适用法律得当，判决正确，应予维持。

延伸阅读

1. 新贷与旧贷债权债务人均不具有对应关系的，不能认定为“借新还旧”

案例一：某银行股份有限公司济南分行与华某置业集团有限公司、山东某温泉酒店集团有限公司等金融借款合同纠纷一审民事判决书［（2014）鲁商初字第22号］

山东省高级人民法院认为：所谓“借新还旧”，是指债权人与债务人在旧的贷款尚未清偿的情况下，再次签订贷款合同，以新贷出的款项清偿部分或者全部旧的贷款。本案中，涉案委托贷款的委托人是某证券，某银行济南分行是受托人及贷款行，华某置业公司是借款人；特定资产收益权转让合同转让方是华某信托，华某置业公司是受让方。本案委托贷款的资金来源是中某证券，而归还了华某信托的信托贷款本息。该两笔业务中，不存在债权人及债务人对应关系，本院已查明某银行济南分行依约将17000万元贷款划入了华某置业公司账户，且不违反合同关于贷款用途的约定。本院认为，本案贷款不属于“借新还旧”。

2. 还旧贷新，保证人不能主张免责

案例二：某银行股份有限公司扬州江都支行与黄某、扬州爱某家用化学品有限公司等金融借款合同纠纷二审民事判决书［（2016）苏民终195号］

江苏省高级人民法院认为：爱某公司2013年12月10日归还江都某行400万元是针对2012年12月20日的400万元贷款，该笔贷款于当日偿还后江都某行才向爱某公司发放案涉400万元贷款，此并不属于“借新还旧”，并未损害黄某的合法权益。

案例三：宋某、某银行股份有限公司郑州分行金融借款合同纠纷再审审查与审判监督民事裁定书［（2018）最高法民申1325号］

最高法院认为，“以新贷偿还旧贷”是指借款人向出借人所借的前一笔借款期限届满未还的情况下，双方达成协议，由借款人再次向出借人申请借款用于偿还之前尚欠的款项。经本院组织询问，宋某认可某银行郑州分行是先偿还旧贷然后再放新贷，不具有“借新还旧”的法律特征。另外，根据宋某在本院询问时的陈述“某银行给我们说先帮我们借高利贷偿还后，再给我们贷出来”，即使贷款用途有变更，宋某对此亦是明知，其保证责任不能因此免除。

3. 借贷双方无借新还旧的意思联络的，不能认定为“借新还旧”

案例四：湖北省某小额贷款股份有限公司与武汉双某贸易有限公司、湖北茂某置业有限公司、湖北禅某旅游运营有限公司借款合同纠纷案［（2016）鄂民终581号］

法院认为：判定借贷行为是否构成借新还旧法律要件的关键在于审查新旧借贷主体间是否具有同一性和借贷双方是否存在以贷还贷的意思联络，以及发生前后贷款在时间和金额上是否具备连续性与一致性。本案中，2011年间的借款主体为龙某公司和华某公司，不是本案的借款方禅某公司，其前期每笔借贷金额也无法对应禅某公司本次借款的金额700万元。虽然其间，先前的借款方龙某公司及华某公司就以贷还贷的方式与作为前后贷款的共同出借人联某公司进行过协商，但华某公司未能签约的行为，导致该种方式因缺乏借贷双方的共同意思表示而未能实施。再者，从前后贷款的实际操作上来看，龙某公司及双某公司于2012年4月24日收到某联公司所汇付的3300万元后，分别将该款偿还了龙某公司和华某公司与联某公司间的贷款本息及服务费，而联某公司于次日所发放的新贷款，由双某公司支付给了某联公司。嗣后，新旧借款方共同确认上述双某公司所汇付款项系偿还龙某公司、华某公司对联某公司的旧贷。且联某公司向双某公司汇付借款的行为系受借款人禅某公司委托而为。据此，本案借款人禅某公司以其从第三方某联公司处所拆借资金来消灭他方旧贷的行为，并不导致以贷还贷法律要件的形成，故，本案所涉贷款不属于“借新还旧”的交易方式。

041 为已经“借新还旧”的贷款提供担保，保证人能否免责？

裁判要旨①

虽然保证人在签订保证合同时不知晓“借新还旧”，但根据其明知借款的不断延期及逾期情况，无论其所担保的贷款是否已用于偿还旧贷款，均与其提供担保的真实意思无关且并未在其真实意思之外加重其担保的风险与责任负担。此

① 案件来源：某银行青海分行营业部诉青海某农牧公司担保合同纠纷二审案［（2003）民二终字第83号 《中华人民共和国最高人民法院公报》2004年第8期（总第94期）］

时，保证人不得以贷款系用于偿还旧贷款为由主张免责。

案情简介

一、1996 年 9 月 27 日，某银行营业部与某羊毛公司签订 96 第 008 号借款合同，金额 1400 万元，青海省某副食品总公司提供连带责任保证。借款到期后，延期至 1998 年 2 月 27 日，担保人青海省某副食品总公司未签章。

二、1997 年 9 月 29 日，某银行营业部与某羊毛公司又签订了一份 13397031 号借款合同，金额 1100 万元，借款当日即归还以上 96 第 008 号借款合同项下的款项。青海省某肉食品集团公司提供连带责任保证。后某羊毛公司未能按期还款，延期至 1999 年 9 月 29 日，担保人青海省某肉食品集团公司未签章。

三、1998 年 12 月 28 日，某农牧公司对以上两笔借款合同出具了不可撤销的连带责任保证书。

四、2000 年 5 月 8 日，法院裁定宣告某羊毛公司破产还债，2002 年 5 月破产程序终结，某银行营业部仅获 4.9 万元的实物清偿。2002 年 11 月 14 日，某银行营业部向青海高院起诉，请求判令某农牧公司对债务人某羊毛公司项下的 1400 万元贷款及利息 282 万元承担保证责任。青海高院一审判决驳回某银行营业部诉请。

五、某银行营业部不服，上诉至最高法院，最高法院二审改判支持某银行营业部诉请。

裁判思路

本案中某农牧公司败诉的原因在于其为已经用于“借新还旧”的贷款提供担保，不得再以不知贷款“借新还旧”为由主张免责。根据《担保法解释》第三十九条①第一款的规定，主合同当事人“借新还旧”的，除保证人知道或者应当知道外，保证人可主张免责。本案中，农牧公司担保的 13397031 号借款合同一二审法院均认定属于“借新还旧”。如果严格按照《担保法解释》第三十九条②的规定，保证人农牧公司完全可主张免责。但我们应正确理解该条的立法用意：之所以允许保证人对“借新还旧”的贷款主张免责，是因为“借新还旧”实际上导致保证人对债务人的陈账呆账承担担保责任。“借新还旧”时债务人并

①② 编者按：《民法典担保制度解释》第 16 条。

没有因此增加任何的可流动性资金，债务人不能偿还贷款的风险仍旧持续存在。因此，对“借新还旧”的新贷提供担保对于保证人而言面临巨大风险。但本案略有不同，本案中的13397031号借款合同虽属于“借新还旧”，但农牧公司的担保行为却发生在“借新还旧”之后。因此，农牧公司在提供担保时，就是基于羊毛公司“借新还旧”后的资产负债状况为已存在的债务提供担保，并未加重农牧公司的负担。故最高法院运用目的性限缩的方法将本案排除在《担保法解释》第三十九条[1]的适用范围之外，认为农牧公司不能以新贷为“借新还旧”为由主张免责。农牧公司因此败诉。

经验总结

1. 对于《担保法解释》第三十九条[2]的适用范围应作准确理解。该条仅适用于新贷未用于偿还旧贷之前对新贷提供担保的行为，对于已经实际用于偿还旧贷的新贷提供担保并不属于该条规定的保证人可主张免责的情形。因此，从本案中最高法院的裁判思路来看，《担保法解释》第三十九条[3]实际上存在一个隐藏的法律漏洞，需要通过目的性限缩的方法予以填补。

2. 担保人同意提供担保的行为既可以发生在债权债务关系成立之前，也可以发生在债权债务关系成立之后。通常情况下，区分二者并无实际意义。但在“借新还旧”的场合，则可能存在天壤之别。因此，对于债权人而言，可以适当利用这一时间差进一步提高债权获得实现的可能性。具体而言，在“借新还旧”时，可先以无担保的方式实现“借新还旧”，然后再要求债务人以外的第三人对新贷提供保证担保。这一操作模式应谨慎使用，建议仅在旧贷没有担保的情形下予以运用。因为这一方法虽然可以规避因“借新还旧”导致担保无效的风险，但也可能存在债务人在“借新还旧”后无法找到第三人担保的风险。

3. “借新还旧”在银行信贷业务中广泛存在，也是极易发生争议的业务模式。债权人在同意“借新还旧”时，不要错误地认为新贷有第三人提供担保即可以真实地获得相应担保，因为担保人可根据《担保法解释》第三十九条[4]的规定主张免责。因为“借新还旧”本质上是一种以隐瞒重要事实真相骗取保证人提供担保为基本方法的欺诈行为。因此，债权人在第三人为新贷提供担保时，应

---

①②③④ 编者按：《民法典担保制度解释》第16条。

以书面的形式将“借新还旧”的事实告知担保人，让担保人自行决定是否继续提供担保。因为如果第三人在提供担保时已经确切地知晓贷款为“借新还旧”，则不能依据《担保法解释》第三十九条[①]的规定主张免责。

相关法条

《最高人民法院关于适用〈中华人民共和国担保法〉若干问题的解释》（法释〔2000〕44号　2021年1月1日失效）

第三十九条　主合同当事人双方协议以新贷偿还旧贷，除保证人知道或者应当知道的外，保证人不承担民事责任。

新贷与旧贷系同一保证人的，不适用前款的规定。

裁判意见

以下为最高法院在二审判决“本院认为”部分就此问题发表的意见：

虽然农牧公司因原审判定其不承担保证责任而未提起上诉，但其在一、二审答辩中均作为主要抗辩理由提出了其因主债务双方未经其同意以贷还贷而应免责的主张，某银行营业部关于以贷还贷问题不属于二审审理范围的诉讼主张不能成立。农牧公司所担保的贷款确系用于偿还旧贷，而农牧公司对该旧贷未曾提供过保证，对此事实不但业已经原审法院查明认定，而且双方当事人亦无异议。农牧公司在出具担保时，本案96第008号借款合同已经逾期10个月，13397031号借款合同已经逾期3个月，根据农牧公司在本院质证过程中的陈述以及其出具担保的时间，农牧公司的本意并不是为将来的新贷款而是为此前已经发生的既有债务的延期履行而提供担保，其对该项担保的风险与责任是明知的，虽然农牧公司未曾为本案中所涉旧贷提供过保证以及其在诉讼中否认其明知“借新还旧”的情况，但根据其明知本案借款的不断延期及逾期情况，无论其所担保的贷款是否已用于偿还旧贷款，均与其提供担保的真实意思无关且并未在其真实意思之外加重其担保的风险与责任负担。该公司以本案所涉贷款系用于偿还旧贷款为由提出的应免除其保证责任的主张不能成立，本院不予支持。

---

① 编者按：《民法典担保制度解释》第16条。

042 部分借款用于“借新还旧”，担保人能否主张全部免责?

裁判要旨[①]

主债权的当事人在部分贷款用于“借新还旧”而担保人对此并不知情的，担保人对用于“借新还旧”贷款部分不承担担保责任，但担保人仍需对未用于“借新还旧”的剩余贷款承担担保责任。

案情简介

一、2004年12月30日，百某公司与某行冷水滩支行签订《借款合同》，借款2733万元，南某大酒店提供最高额抵押担保。2005年1月28日，百某公司向南某大酒店承诺一年内用百某公司新建厂房及土地将南某大酒店的抵押担保置换出来，后实际未完成。

二、2005年3月8日，某行冷水滩支行与百某公司签订《抵押合同》。抵押担保的主债权为2733万元项目贷款。2005年6月2日，某行冷水滩支行与百某公司又签订《抵押合同》。抵押担保的主债权为2733万元项目贷款。

三、2004年12月30日，某行冷水滩支行将2733万元的贷款转入百某公司账户。百某公司将前述贷款中的1370万元用于偿还旧贷款本金，将734929.91元用于偿还旧贷款的利息。某行冷水滩支行对此知情。百某公司后仅偿还部分利息，剩余本金及利息均未偿还。

四、某行冷水滩支行向湘潭中院起诉，请求判令百某公司还本付息，百某公司、南某大酒店承担抵押担保责任。南某大酒店提起反诉，请求确认最高额抵押合同无效并解除抵押。一审法院判决百某公司还本付息，百某公司承担抵押担保责任，解除南某大酒店的抵押。某行冷水滩支行不服，上诉至湖南高院。湖南高院二审判决驳回上诉，维持原判。

五、某行冷水滩支行向最高法院申请再审，最高法院改判南某大酒店对未用于“借新还旧”的贷款承担抵押担保责任。

---

① 案件来源：某银行股份有限公司永州冷水滩支行与湖南南某大酒店有限公司金融借款合同纠纷申诉、申请民事判决书［（2015）民提字第178号］

裁判思路

本案的争议焦点在于，案涉贷款仅部分用于“借新还旧”，担保人是否能够主张全部免责。根据《民法典担保制度解释》第十六条的规定，主合同当事人协议“借新还旧”，当事人对此并不知情的，保证人可主张免责。根据最高法院的裁判观点，该条不仅可适用于保证担保，也可适用于抵押等其他由第三人提供担保的情况。但无论是《担保法解释》第三十九条①的规定，还是《民法典担保制度解释》第十六条的规定，对于贷款部分用于“借新还旧”，担保人是否可主张免责并未予以说明。如果严格从字面上来解释，似乎可认为只要主合同当事人存在“借新还旧”的事实，则担保人即可主张免责。不论贷款是部分用于“借新还旧”还是全部用于“借新还旧”。但本条的立法目的在于防止担保人事实上对债务人的旧贷承担担保责任，进而加重担保人的交易风险。因此，如果在此过程中，担保人的交易风险并未增加，则不可主张免责。正是基于此点，最高法院对该条的适用范围进行了目的性限缩，从公平的角度认定如果贷款仅部分用于“借新还旧”的，担保人仍需对剩余部分承担担保责任。

经验总结

1. 关于《民法典担保制度解释》第十六条关于“借新还旧”的规定，本书作者已先后写过多篇案例分析对其理解与适用进行阐述。其中既包括该条类推适用抵押等担保形式的案例，也包括限缩该条适用范围的案例。该案即属于另一个从立法目的出发限缩“借新还旧”适用范围的判例，对于仅部分用于“借新还旧”的贷款，未全部免除担保人的担保责任。最高法院在本案中运用的解释学方法仍为目的性限缩。对于债权人而言，运用好本条的目的性限缩解释方法，可以起到“起死回生”的效果。

2. 虽然本案中某行冷水滩支行最终部分赢得了诉讼，但无论如何仅是两败俱伤的“惨胜”。因此，对于债权人而言，对于预备用于“借新还旧”的贷款必须以书面的形式通知担保人，由担保人作出是否继续提供担保的决定，防止发生“新贷”脱保的恶果。同时，虽然贷款部分用于“借新还旧”，担保人不能主张

---

① 编者按：《民法典担保制度解释》第 16 条。

全部免责这一观点已被最高院采纳，但无论是旧的《担保法解释》第三十九条[①]，还是自2021年起适用的《民法典担保制度解释》第十六条，都未对这一观点进行确认。故较低层级的法院是否敢于突破文义范文适用法律存在较大的不确定因素。因此，律师在运用本案例的裁判要旨时，应预见到法院可能不予采信的法律后果，适当降低当事人的心理预期。同时，加强对法院的说服工作，力争法院积极采纳相关意见。

3. 本案的另一个启示在于，目的解释在法律的理解与适用过程中发挥着巨大作用。对于法律规定作字面上的理解固然重要，但理解法律背后的立法目的对于律师和当事人而言则更为重要。对优秀的律师而言，应在把握法律条文立法目的的基础上对法律作出理解与适用。如此，不仅可以更加高效地说服法官和当事人，还可以在极端案件中起到化腐朽为神奇的法律效果。同时，目的解释也可以在律师应对案件的过程中发现当事人或普通律师无法看到的法律风险，并适当提出风险化解的方案，更好地服务于当事人的利益。

相关法条

《最高人民法院关于适用〈中华人民共和国民法典〉有关担保制度的解释》（法释〔2020〕28号　2021年1月1日施行）

第十六条　主合同当事人协议以新贷偿还旧贷，债权人请求旧贷的担保人承担担保责任的，人民法院不予支持；债权人请求新贷的担保人承担担保责任的，按照下列情形处理：

（一）新贷与旧贷的担保人相同的，人民法院应予支持；

（二）新贷与旧贷的担保人不同，或者旧贷无担保新贷有担保的，人民法院不予支持，但是债权人有证据证明新贷的担保人提供担保时对以新贷偿还旧贷的事实知道或者应当知道的除外。

主合同当事人协议以新贷偿还旧贷，旧贷的物的担保人在登记尚未注销的情形下同意继续为新贷提供担保，在订立新的贷款合同前又以该担保财产为其他债权人设立担保物权，其他债权人主张其担保物权顺位优先于新贷债权人的，人民法院不予支持。

---

① 编者按：《民法典担保制度解释》第16条。

裁判意见

以下为最高法院在再审判决中"本院认为"部分就此问题发表的意见：

本院再审认为，一、二审判决认为本案第三人提供抵押物的问题可以参照适用《最高人民法院关于适用〈中华人民共和国担保法〉若干问题的解释》关于保证人部分的规定，该认定并无不当。《最高人民法院关于适用〈中华人民共和国担保法〉若干问题的解释》第三十九条①第一款规定："主合同当事人双方协议以新贷偿还旧贷，除保证人知道或者应当知道的外，保证人不承担民事责任。"本案中，结合百某公司原法定代表人刘某泉在公安机关的陈述、涉案借款的流向及使用情况、南某大酒店提供的录音等证据，可以认定涉案借款中，大部分借款系百某公司与某行冷水滩支行合意"借新还旧"并已经履行，只有少部分为新建项目借款。而该事实百某公司、某行冷水滩支行并未告知南某大酒店。因此，对于百某公司与某行冷水滩支行约定"借新还旧"的部分，即 14434929. 91 元，南某大酒店不应就此承担抵押担保责任。但是，涉案借款并非全部用于"借新还旧"，对未用于借新还旧的部分，即 12895070. 09 元，应当在本金及利息（计算至本金清偿之日止）范围内承担担保责任。结合案外人已经取得抵押、涉案房产价值以及担保债权的情况等因素，某行冷水滩支行应就涉案查封房产（即原抵押房产），在本金 12895070. 09 元及利息范围内，享有优先受偿权，顺位在涉案房产已经设定的抵押权之后。在实际承担担保责任后，南某大酒店可以向百某公司追偿。

延伸阅读

案例：卞某祥与许某、徐州某木业有限公司等民间借贷纠纷案［（2018）苏民再 291 号 《最高人民法院公报》2021 年第 1 期（总第 291 期）］

《担保法》第三十条②规定，主合同当事人双方串通，骗取保证人提供保证的，保证人不承担民事责任。借款合同当事人如果事先不将旧贷款尚未偿还，并且将以新贷款偿还旧贷款的情况告知后一保证人，则属于债务人向保证人隐瞒其不能清偿到期债务的事实，与债权人恶意串通通过发放新贷偿还旧贷，骗取保证人对该变相延长了贷款期限的贷款提供保证的行为。卞某祥虽主张保证人对借款

① 编者按：《民法典担保制度解释》第 16 条。

② 编者按：《民法典》第 150 条、第 154 条。

用于偿还旧贷应当知情，但未提交充分证据予以证明，法院不予采信。该恶意串通行为不因出借人身份而区别，保证人不应对此承担保证责任。最后，《担保法解释》第三十九条[①]的规定作为《担保法》第三十条[②]在具体情形的解释，表明只要符合该规定的要件事实即属于恶意串通的情形，借新还旧范围内的担保合同无效，对该解释不能再继续作出限缩解释。借款当事人是否以偿还旧贷作为新贷的主要目的，不影响该规定的适用。故二审法院认为当事人约定借款金额是600万元，而用于偿还的旧存借款的金额是150万元，此后借款不是专门为了针对消灭前面的债务而签订，且案涉借款是分期分批陆续支付给债务人，债务人在获取款项后，由自己从银行取现交给债权人的，债权人不能全程控制资金流向，不能认定卞某祥与许某存在恶意串通的说法明显不当，法院予以纠正。

043 最高额保证的保证人，能否主张因债务人“借新还旧”而免除保证责任？

裁判要旨[③]

鉴于《最高额保证合同》中具体每笔被担保债权的发生无需经过保证人同意，故即使主债务合同中明确债务系“借新还旧”，最高额保证人仍可主张其不知道债务为“借新还旧”，从而免除其担保责任。

案情简介

一、2013年5月30日，某银行山西省分行与邦某公司签订《贸易融资额度合同》，某银行山西省分行同意为邦某公司提供贸易融资2.6亿元。基于该《贸易融资额度合同》，某银行山西省分行先后向邦某公司发放2笔流动资金贷款、1笔国内信用证垫付款、4笔国际信用证垫付款。

二、2013年7月10日，圣某集团、圣某房产公司与某银行山西省分行签订

① 编者按：《民法典担保制度解释》第16条。

② 编者按：《民法典》第150条、第154条。

③ 案件来源：宁夏圣某国际企业集团有限公司、宁夏圣某房地产开发有限公司借款合同纠纷再审审查与审判监督民事裁定书［（2018）最高法民申6172号］

《最高额保证合同》，约定两公司为邦某公司于2013年7月19日至2015年7月19日期间在某银行山西省分行处的贷款提供连带责任保证担保，担保责任最高限额为人民币3850万元。

三、2014年5月30日，某银行山西省分行与邦某公司签订《人民币流动资金贷款合同》。合同约定，邦某公司向某银行山西省分行借款5100万元，借款期限为一年。合同载明，借出的资金用于偿还邦某公司于2013年7月前，因开立远期信用证所欠某银行山西省分行的债务。

四、2015年，因邦某公司无法偿还到期债务，某银行山西省分行向太原市中级人民法院起诉，要求邦某公司还款，并要求圣某集团、圣某房产公司承担保证责任。

五、太原市中级人民法院一审认为，邦某公司应向某银行山西省分行还款4600万元，债务发生在最高额保证存续期间，圣某集团、圣某房产公司应当对该债务承担担保责任。圣某集团、圣某房产公司不服，上诉至山西省高级人民法院。

六、山西省高级人民法院认为，某银行山西省分行与邦某公司的《人民币流动资金贷款合同》签订于圣某集团承担最高额保证责任的期间，且贷款合同中明确写明，该款项用于"借新还旧"，圣某集团应对该款项用于"借新还旧"的情况明知，故圣某集团应当承担保证责任。

七、圣某集团、圣某房产公司不服，向最高人民法院申请再审，最高人民法院裁定山西省高院再审本案。

裁判思路

本案的核心争议在于，圣某集团和圣某房产公司对案涉主合同贷款系"借新还旧"的事实是否知道或应当知道，是否应当承担案涉债务的最高额保证责任，对此，最高人民法院认为：

首先，本案的主债务——两笔流动资金贷款均形成于2014年5月30日，均在最高额保证期间，两笔贷款的《人民币流动资金贷款合同》中均载明其项下贷款用途为偿还邦某公司于2013年5月因开立银行远期信用证所欠债务，本案确系"借新还旧"。且圣某集团、圣某房地产公司系新贷的保证人，并非旧贷的保证人。

其次，根据《担保法解释》第三十九条①规定："主合同当事人双方协议以新贷偿还旧贷，除保证人知道或者应当知道的外，保证人不承担民事责任。"如圣某集团主张不承担保证责任，仍需证明其不知道相关债务是"借新还旧"。虽然《人民币流动资金贷款合同》中，债权人与债务人明确约定了该项债务属于"借新还旧"，但鉴于本案的保证为最高额保证，其履行方式的特殊性导致除非相关主体主动告知，否则保证人难以及时知晓被担保债权的发生、用途、数额等情况。故圣某集团主张其不知道案涉贷款为"借新还旧"，于法有据。

最后，《最高额保证合同》也没有相关约定，使保证人圣某集团和圣某房产公司有途径了解到包括案涉主债权在内的被担保债权的用途。担保人是否知道或应当知道所担保的债权属于"借新还旧"，该事实应有直接证据证明，且举证责任在债权人。本案中，债权人在原审和再审申请期间均没有提供证据证明"担保人知道或应当知道所担保的债权属于借新还旧"的事实存在。

故最高人民法院认为，原审判决仅基于主合同列明贷款用途为"借新还旧"，就认定保证人圣某集团和圣某房产公司应当知道该事实缺乏事实和法律依据。

经验总结

1. 最高额担保中，担保人仍然可以主张"借新还旧"的抗辩。债权人与债务人约定"借新还旧"，并使不知情的担保人提供担保，极有可能使担保人对债务人的信用状况产生错误的估计。出于对担保人的保护，《民法典担保制度解释》第十六条规定："主合同当事人协议以新贷偿还旧贷，债权人请求旧贷的担保人承担担保责任的，人民法院不予支持……新贷与旧贷的担保人不同，或者旧贷无担保新贷有担保的，人民法院不予支持，但是债权人有证据证明新贷的担保人提供担保时对以新贷偿还旧贷的事实知道或者应当知道的除外"。担保人主张"借新还旧"抗辩的重要依据即为其"不知道且不应当知道"相关债务属于"借新还旧"。最高额保证中，保证人在最高债权额限度内就一定期间连续发生的借款向债权人提供保证，具体每笔被担保债权的内容无需通知担保人，因此，担保人仍可就最高额担保期间的债务主张"借新还旧"的抗辩。

---

① 编者按：《民法典担保制度解释》第16条。

2. 旧贷与新贷均在最高额保证期间发生的，担保人主张“借新还旧”抗辩，可能不被法院支持。《民法典担保制度解释》规定，新贷与旧贷的担保人相同，债权人请求新贷的担保人承担担保责任的，人民法院应予支持；新贷与旧贷均发生在最高额担保期间，担保人既应当对旧贷承担担保责任，也应当对新贷承担担保责任。在此情况下，债权人与债务人的“借新还旧”行为，并未加重担保人的担保责任，未超越担保人的“同意”，且担保人对这一行为有明确的预期。因此，担保人主张“借新还旧”抗辩，可能不被法院支持。

3. 最高额担保合同中约定项下贷款可以用于“借新还旧”的，担保人不能再主张“借新还旧”抗辩。如果最高额担保人在担保合同中明确，其担保的债务可以被用于“借新还旧”，则法院应当尊重其对自身权利的处分，认定担保人对新贷承担担保责任。在司法实践中，债权人需要对担保人知道或应当知道担保债务用于“借新还旧”承担举证责任，因此，在“借新还旧”的法律关系中，作为债权人，如欲使自身的债权得到最大化实现，不仅应当在新贷的主合同中明确指出该贷款的目的是偿还旧债，还应当在担保合同中明确担保人对款项用于偿还借款的知情与同意，或者在签订每笔“借新还旧”的贷款合同时，就贷款涉及“借新还旧”的问题通知最高额担保人，并取得其同意。

相关法条

《中华人民共和国民法典》（2021 年 1 月 1 日施行）

第一百五十四条　行为人与相对人恶意串通，损害他人合法权益的民事法律行为无效。

第四百二十条　为担保债务的履行，债务人或者第三人对一定期间内将要连续发生的债权提供担保财产的，债务人不履行到期债务或者发生当事人约定的实现抵押权的情形，抵押权人有权在最高债权额限度内就该担保财产优先受偿。

最高额抵押权设立前已经存在的债权，经当事人同意，可以转入最高额抵押担保的债权范围。

第六百九十条　保证人与债权人可以协商订立最高额保证的合同，约定在最高债权额限度内就一定期间连续发生的债权提供保证。

最高额保证除适用本章规定外，参照适用本法第二编最高额抵押权的有关规定。

《最高人民法院关于适用〈中华人民共和国民法典〉有关担保制度的解释》（法释〔2020〕28号 2021年1月1日施行）

第十六条 主合同当事人协议以新贷偿还旧贷，债权人请求旧贷的担保人承担担保责任的，人民法院不予支持；债权人请求新贷的担保人承担担保责任的，按照下列情形处理：

（一）新贷与旧贷的担保人相同的，人民法院应予支持；

（二）新贷与旧贷的担保人不同，或者旧贷无担保新贷有担保的，人民法院不予支持，但是债权人有证据证明新贷的担保人提供担保时对以新贷偿还旧贷的事实知道或者应当知道的除外。

主合同当事人协议以新贷偿还旧贷，旧贷的物的担保人在登记尚未注销的情形下同意继续为新贷提供担保，在订立新的贷款合同前又以该担保财产为其他债权人设立担保物权，其他债权人主张其担保物权顺位优先于新贷债权人的，人民法院不予支持。

裁判意见

再审申请人系新贷的保证人，并非旧贷的保证人，因此，判断其是否知道或者应当知道案涉借款系“借新还旧”的事实是本案的焦点问题。本案中，没有证据证明案涉32号主合同、36号主合同债权人、债务人或其他人将所借款项用于偿还旧贷告知了保证人圣某企业集团公司和圣某房地产公司。本院认为，虽然32号主合同、36号主合同均列明借款用途为偿还旧贷，但仅凭主合同上列明借款用途不能认定保证人应当对“借新还旧”的事实是知情的。理由是：1. 案涉保证合同为《最高额保证合同》，即保证人在最高债权额限度内就一定期间连续发生的借款向债权人提供保证，但具体每笔被担保债权的发生则无需经过保证人的同意。《最高额保证合同》履行方式的特殊性导致除非相关主体主动告知，否则保证人难以及时知晓被担保债权的发生、用途、数额等情况。2. 案涉两份《最高额保证合同》订立时间为2013年5月30日，早于32号主合同、36号主合同订立的时间，圣某企业集团公司和圣某房地产公司在订立《最高额保证合同》时，客观上无法知道案涉主债权的发生和用途。3. 案涉《最高额保证合同》也没有相关约定，使保证人圣某企业集团公司和圣某房地产公司有途径了解到包括案涉主债权在内的被担保债权的用途。4. 担保人是否知道或应当知道所担保的债权属于“借新还旧”，该事实应有直接证据证明，且举证责任在债权人。本案中，债权人在原审和再审申请期间均没有提供证据证明“担保人知道或应当知道所担保的债权属于借新还旧”的事实存在。故，原审判决仅基于主合同列明贷款用途为“借新还旧”，就认定保证人圣某企业集团公司和圣某房地产公司应当知道该事实缺乏事实和法律依据。

延伸阅读

1. 旧贷与新贷均在最高额保证期间发生的，担保人主张借新还旧抗辩，人民法院不予支持。

案例一：厦门某城建集团有限公司、某银行股份有限公司泉州分行金融借款合同纠纷再审审查与审判监督民事裁定书［（2018）最高法民申3023号］

最高人民法院认为，《最高人民法院关于适用〈中华人民共和国担保法〉若干问题的解释》第三十九条①规定：“主合同当事人双方协议以新贷偿还旧贷，除保证人知道或者应当知道的外，保证人不承担民事责任。新贷与旧贷系同一保证人的，不适用前款的规定。”聚某公司在先负有的债务与2013年6月、7月新产生的债务均由源某公司提供担保，某银行泉州支行新发放的贷款及新提供的承兑汇票业务未增加聚某公司主债务的额度，亦未超过最高额保证所约定的期间，并未加重源某公司的保证责任，参照该规定，源某公司应当对新债务承担保证责任，源某公司主张聚某公司与某银行泉州分行恶意串通损害其利益并无依据，本院不予支持。

案例二：鄂尔多斯市永某煤炭有限责任公司、某银行股份有限公司温州东城支行金融借款合同纠纷再审民事判决书［（2017）最高法民再23号］

最高人民法院认为，根据浙江省高级人民法院调取的证据，光某公司在某银行温州东城支行仅有三笔贷款业务，时间均在案涉《委托贷款最高额保证合同》约定的2008年9月12日之后，不存在所谓的以永某公司提供担保的三笔贷款归还之前贷款的问题。而即便依据永某公司的主张，某银行温州东城支行变相以2009年3月18日贷款归还2008年9月16日贷款，因永某公司均为两笔贷款的保证人，而依据《最高人民法院关于适用〈中华人民共和国担保法〉若干问题的解释》第三十九条②规定，“主合同当事人双方协议以新贷偿还旧贷，除保证人知道或者应当知道的外，保证人不承担民事责任。新贷与旧贷系同一保证人

---

①② 编者按：《民法典担保制度解释》第16条。

的，不适用前款的规定。”永某公司的保证责任也不能免除。故永某公司据此主张不承担担保责任的理由亦不能成立。

2. 最高额担保合同中约定项下贷款可以用于“借新还旧”的，担保人不能再主张借新还旧抗辩。

案例三：某国际能源集团华南有限公司、某银行股份有限公司广州分行金融借款合同纠纷二审民事判决书［（2019）最高法民终837号］

最高人民法院认为：（三）关于涉案款项是否存在“借新还旧”情形致使合同因违反约定而无效的问题

一方面，根据上述第一个问题的分析，某银行广州分行通过某煤炭公司的申请，已经按照委托支付的方式，通过贷款发放账户将款项分别支付给了山某集团华南公司和晋某公司，现山某集团华南公司主张某煤炭公司改变《流动资金贷款借款合同》第1条确定的借款用途“借新还旧”，没有事实依据，本院不予采信。另一方面，88319－3号《最高额保证合同》第11条甲方的权利和义务第11.11款约定，主合同项下借款可用于“借新还旧”，甲方自愿承担保证责任。因此即便本案确实存在“借新还旧”情形，也不违反合同约定。山某集团华南公司以此主张某银行广州分行与某煤炭公司恶意串通，其不应承担保证责任，没有事实和法律依据，本院不予支持。

案例四：偃师某耐火材料有限公司与某银行股份有限公司洛阳分行保证合同纠纷再审案［（2018）最高法民申6063号］

最高人民法院认为：关于“借新还旧”的事实如何认定。再审申请人主张“二审法院对借新还旧问题未予回应”。经查，二审法院对此进行了判决认定。二审判决在关于“某公司应否承担本案保证责任问题”一节中，就“借新还旧”事实作出了如下认定：“在《最高额保证合同》中，对借款用途并未加限制，且保证人在该合同中主合同变更如未加重保证人责任的，无需经保证人同意，保证人的担保责任不因此而减免，故无论所涉债务是否“借新还旧”，对保证人的责任没有影响。”再审申请人该项主张没有事实依据。且本案再审审查中，经法庭询问，某公司称其主张的“借新还旧”中的旧贷最早发生于2015年，而本案中，根据《最高额保证合同》约定担保的主债权为“债权人在自2014年2月27日至2017年2月27日止的期间内与债务人办理各类融资业务所发生的债权”。即旧贷发生于某公司需要承担保证责任的期间内。综上，由于在《最高额保证合同》中，对借款用途并未加限制，且从现有证据看，嵩某电缆公司与某银行洛阳分行之间存在“借新还旧”的行为，但不能明确“借新还旧”包括案涉的全部五笔贷款。即使存在“借新还旧”事实，该旧贷发生于某公司需要承担保证责任的期间内，某公司也不能免除担保责任。

第五节 变更借款用途与保证责任

044 债权人明知借款用途变更而仍放款的，保证人能否主张免责？

裁判要旨[①]

保证人在其出具的《不可撤销保证书》中明确表示，其根据贷款合同的规定而同意提供担保，故贷款合同中关于“贷款用途”的约定亦应属于保证合同的内容，对贷款人具有法律约束力。债权人明知债务人变更借款用途而仍放款的，保证人可主张免责。

案情简介

一、1993年11月至1994年4月，京某公司与高某公司签订八份贷款合同。约定借款用途为购买原材料聚乙烯，累计金额为美元本金3380万元、港币本金2000万元。其中后五份贷款变更了借款用途，京某公司对此知情但仍放款。在上述每份贷款合同签订后，光某公司均向京某公司出具了不可撤销的担保书，均约定：“根据本案贷款合同的规定，经充分研究，其同意就上述合同进行担保。”

二、高某公司收到京某公司的贷款后，一直未还款，京某公司多次向高某公司及光某公司发函索要欠款，二被告均收到书面索款通知，但未还款。京某公司诉至北京一中院，请求判令高某公司、光某公司偿还所欠美元本金3380万元、港币本金2000万元及利息。北京一中院于1996年12月判决高某公司还本付息，光某公司承担连带保证责任。

三、高某公司、光某公司均不服，上诉至北京高院，北京高院于2000年12

---

① 案件来源：中国光某（集团）总公司与北京京华某投资公司清算组、北京高某企业有限公司借款合同纠纷案［（2010）民提字第87号］

月判决驳回上诉，维持原判。2006 年，光某公司不服，向最高法院申请再审，最高法院将该案转送北京高院处理，北京高院于 2008 年 6 月以超过申诉期为由裁定驳回再审申请。

四、光某公司仍不服，向最高法院继续申请再审，最高法院裁定提审本案，并于 2011 年 3 月作出判决改判光某公司对后五份贷款合同产生的债权不必承担担保责任。

裁判思路

本案的争议焦点在于，明知债务人变更借款用途的情况下仍向债务人放款，保证人与债权人之间的权利义务关系应当如何确定。本案中，最高人民法院认为，如果保证人在保证合同中约定了提供担保的前提条件，而债权人明知该条件不成就而仍与债务人建立债权债务关系，则保证人即可基于保证合同的约定而主张免责。在本案中，虽然光某公司是通过不可撤销的担保书向债权人承诺其愿意承担保证，但仍不妨碍光某公司与京某公司之间成立担保合同关系。光某公司同意提供担保的前提是基于担保合同的相关约定，当然包括贷款用途的约定。且最高法院认为，关于贷款用途的约定“构成了光某公司向京某公司提供担保的条件，亦是本案担保合同内容的组成部分，对京某公司和光某公司均具有法律约束力”。高某公司变更借款用途的行为，导致“市场风险明显超出了保证人的预先设定，亦违背了光某公司提供保证时的真实意思，对光某公司构成了欺诈”。故此，最高法院认定担保合同无效，京某公司因此败诉。

经验总结

1. 保证合同虽然是债权人与保证人之间订立的合同，但如果保证人在订立合同的过程中明确约定其所担保的债权为某一具体的主合同，则该主合同中的主要内容即可认定为保证人提供担保的条件之一。如果主合同的相关内容存在不真实或未按照合同的约定进行落实，导致主债权被履行的风险显著增加，担保人的义务被明显加重，而债权人又对此知情或应当知情，则担保人可根据《民法典》第六百九十五条的规定，主张免责。

2. 贷款合同中约定的贷款用途是判断贷款合同风险的重要指标之一，如果贷款合同的贷款用途发生根本性变更，不仅可能增加债权无法被实现的风险，也有可能进而增加担保人的担保责任。银行等债权人如果在履行贷款合同的过程中，明知债务人变更了借款用途，应及时停止发放贷款并告知包括担保人在内的相关人。如此不仅可以有效降低债权违约风险，也可以有效防止已发生的债权因用途变更而“脱保”。

3. 根据《担保法》第三十条第二项①的规定，“主合同债权人采取欺诈、胁迫等手段，使保证人在违背真实意思的情况下提供保证的”，保证人可主张免责。《民法典》删除了这一规定，将该立法精神确定在民法总则第一百四十八条中，此处所谓的“欺诈”不仅包括债权人通过虚构事实的方式欺骗保证人提供担保，还包括债权人通过隐瞒真相的方式骗取保证人担保。具体而言，当债权人知晓或者应当知晓保证人提供担保的前提发生重大变化或者根本不存在，可能加重保证人责任，但债权人不告知保证人的，也可构成对保证人的欺诈。保证人可根据该规定主张免责。

4. 本案中，虽然光某公司最终胜诉，但此时距离案件一审已逾十五年，这可谓“迟来的正义”，而京某公司也在十五年之后输掉了一场早该输掉的官司。京某公司输掉官司，表面上看是因为对贷款变更用途的情况知情而仍放款，但实际上是因为对变更借款用途的行为心存侥幸，认为有担保合同存在便可以高枕无忧，不必担心债务人违约。这是极不诚信的表现，不值得提倡。本案的京某公司也在十五年之后接到了他早该接到的败诉判决。因此，诚信经营不仅是树立良好企业形象的前提，更是防范和化解企业经营风险的必要前提。

相关法条

《中华人民共和国民法典》（2021 年 1 月 1 日施行）

第一百四十九条 第三人实施欺诈行为，使一方在违背真实意思的情况下实施的民事法律行为，对方知道或者应当知道该欺诈行为的，受欺诈方有权请求人民法院或者仲裁机构予以撤销。

第一百四十八条 一方以欺诈手段，使对方在违背真实意思的情况下实施的民事法律行为，受欺诈方有权请求人民法院或者仲裁机构予以撤销。

第六百九十五条 债权人和债务人未经保证人书面同意，协商变更主债权债务合同内容，减轻债务的，保证人仍对变更后的债务承担保证责任；加重债务

---

① 编者按：《民法典》第 148 条。

的，保证人对加重的部分不承担保证责任。

债权人和债务人变更主债权债务合同的履行期限，未经保证人书面同意的，保证期间不受影响。

裁判意见

以下为最高法院在再审判决中就此问题发表的意见：

本院再审认为，本案争议的焦点问题是：光某公司向京某公司出具的《不可撤销保证书》是否有效；光某公司应否对本案高某公司的债务承担保证责任。

京某公司与高某公司签订的八份《外汇贷款合同》系双方当事人的真实意思表示，未违反法律规定，应认定有效。光某公司再审主张该合同系京某公司与高某公司恶意串通，证据不足。双方在《外汇贷款合同》中约定该贷款“只限使用在购买原材料聚乙烯”。同时还约定：高某公司如不按借款用途使用贷款，京某公司有权提出警告并限制纠正或停止发放贷款，并将已发放的贷款追回。光某公司在其出具的《不可撤销的担保书》中明确表示，根据本案贷款合同的规定，经充分研究，其同意就上述合同进行担保。故《外汇贷款合同》中的上述内容构成了光某公司向京某公司提供担保的条件，亦是本案担保合同内容的组成部分，对京某公司和光某公司均具有法律约束力。光某公司再审时所提交的三份补充协议，表明京某公司在向高某公司提供贷款时具有获取高额利息的商业动机，但其以此证据主张京某公司与高某公司在签订贷款合同时即存在恶意串通行为，证据并不充分，本院不予采纳。

在本案八份《外汇贷款合同》的实际履行中，京某公司依据第一、二、三份贷款合同约定，分别将其项下的300万美元、100万美元、480万美元贷款如约付给了高某公司，而高某公司没有按照合同约定用于购买原材料聚乙烯。但在本案中没有证据证明京某公司在发放上述三笔贷款时即知道或应当知道高某公司已经或将改变该贷款的用途，故认定债权人京某公司就此欺诈了保证人光某公司证据不足。此外，在2007年3月7日北京市高级人民法院的《质证笔录》中，记载了京某公司原法定代表人王某光陈述其与高某公司当时的法定代表人吕某签订贷款合同的过程，亦不能证明本案借贷双方在缔约过程中及发放该三笔贷款时即存在恶意串通、损害保证人光某公司利益的事实。因此，光某公司关于其为上述三笔贷款提供的保证无效的诉讼主张，因证据不足，不予支持。对于高某公司未清偿的上述三笔贷款共计880万美元的本金及利息，光某公司应向债权人京某公司承担连带清偿责任。关于该三笔贷款的利息计算问题，合同期内利息应按照约定的年利率9.5%计算，逾期罚息按照一审判决第一项确定的“逾期加收20%罚息”执行较为合理，本院予以采纳。

在履行本案第四、五、六、七、八份《外汇贷款合同》时，借款人高某公司向京某公司发出了划款《委托书》，指示京某公司将上述合同项下的款项分别付给澳门新某利有限公司港币1250万元、首都实某公司港币750万元、北京成某房地产发展有限公司500万美元、某银行北京分行国际业务部500万美元（受益人为上海利某行房地产顾问有限公司北京分公司）、某银行北京分行国际业务部700万美元（高某公司在1994年4月1日的《委托书》中，指示京某公司将该笔700万美元付给北京某别墅有限公司，开户银行：中国某行北京分行东四支行）、香港某有限公司280万美元、某银行北京分行国际业务部520万美元（上海某房地产顾问有限公司北京分公司）。上述《委托书》的“付款指示”表明，高某公司请求将上述款项直接付给房地产公司及境外，显然与《外汇贷款合同》约定的“只限使用在购买原材料聚乙烯”不符，京某公司本应秉承诚实信用原则和按合同约定履行尽职调查，进而知道或应当知道高某公司改变了贷款用途，但其并没有停止发放上述贷款，事后亦未向高某公司提出异议。对上述改变贷款用途的行为，京某公司亦没有告知保证人光某公司并征得其同意，其市场风险明显超出了保证人的预先设定，亦违背了光某公司提供保证时的真实意思，对光某公司构成了欺诈。本院依据1994年4月15日颁布实施的《关于审理经济合同纠纷案件有关保证的若干问题的规定》第十九条的规定，应认定光某公司为上述五份《外汇贷款合同》提供的担保无效。申请人光某公司关于其不应对该部分贷款资金的清偿承担保证责任的诉讼请求，理由充分，本院予以支持。

延伸阅读

1. 主债权未约定借款用途的，保证人不得以隐瞒借款用途为由主张免责

案例一：王某娟、鄂某伟等民间借贷纠纷申请再审民事裁定书［（2015）民申字第3365号］

最高法院认为：“关于胡某、王某财是否存在恶意串通骗取王某娟、鄂某伟提供担保的问题。本案中，王某娟、鄂某伟虽主张胡某与王某财双方恶意串通，隐瞒借款用途，骗取王某娟、鄂某伟提供担保，但其并没有提供充分的证据予以证明。王某娟、鄂某伟在没有明确约定借款用途的《借款合同》担保人处签字、

捺指印，并于2012年2月13日单独为胡某出具《担保书》，承诺为王某财的案涉借款承担连带保证责任，应系其真实意思表示。一、二审判决王某娟、鄂某伟对本案王某财尚未偿还的借款本息承担连带清偿责任，具有事实和法律依据。”

2. 隐瞒借款用途并未加重保证人责任的，保证人不得主张免责

案例二：临沂某源钢铁有限公司与某银行股份有限公司河东支行保证合同纠纷再审审查民事裁定书［（2013）民申字第1542号］

最高法院认为：“《中华人民共和国担保法》第三十条[①]第一款第（一）项规定，主合同当事人双方串通，骗取保证人提供保证的，保证人不承担民事责任。而判断主合同当事人双方是否串通，关键应看主合同债权人与债务人是否具有隐瞒主合同有关内容、恶意设立债权债务关系、加重保证人责任等情形。本案中，某银行与某源公司先是签订旧保证合同，约定某源公司为旧借款合同提供保证。而某银行与某鹏公司签订的旧借款合同，明确约定某鹏公司借款系用于偿还双某公司欠某银行的债务。对此，某源公司应当知道，可见某银行与某鹏公司并未隐瞒旧借款用途。退一步说，即使某源公司不知道旧借款用途，但某鹏公司原本就是双某公司债务的保证人，其将旧借款偿还给某银行，系履行自己的保证义务，不属于借新还旧，更非某银行与某鹏公司恶意转承双某公司债务。旧借款合同到期后，某银行与某鹏公司签订的新借款合同，明确约定借新还旧。这种情况下，某银行与某源公司签订新保证合同，约定某源公司为新借款合同继续提供保证，并未加重某源公司保证责任。”

3. 保证人不能证明债权人知晓债务人变更借款用途的，不能主张免责

案例三：河南雅某香精香料股份有限公司与某县农村信用合作联社等抵押合同纠纷申请再审民事裁定书［（2015）民申字第2328号］

最高法院认为：“关于某信用社是否存在与汇某公司恶意串通，骗取雅某公司担保的问题。首先，从漯河市公安局经济开发区分局刑侦大队对某信用社工作人员杨某的询问笔录看，杨某并未承认某信用社在签订抵押担保借款合同之时即明知该笔借款的真实用途是还贷款，而是称该笔借款用途为购买原料，对于该笔贷款后续汇款情况其亦表示不知情。故依据上述询问笔录并不能得出某信用社对案涉600万元借款真实用途知道或者应当知道的结论。其次，雅某公司提交了一

---

① 编者按：《民法典》第150条、第154条。

份河南省高级人民法院（2014）豫法刑三终字第00078号刑事裁定，借以证明高某温公司、汇某公司以及运作本案抵押贷款的贾某亭等人员均已因骗取贷款罪被刑事处罚，从侧面印证了本案中存在恶意串通、骗取担保的事实。该申请理由不能成立。因为在该刑事裁定关于骗取贷款的事实认定部分，并没有涉及本案这一笔借款，也没有某信用社工作人员与汇某公司及其关联公司串通骗取贷款的相关认定，故该刑事裁定不能作为认定本案是否存在恶意串通行为的依据。再次，《担保法》第三十条①规定：'有下列情形之一的，保证人不承担民事责任：（一）主合同当事人双方串通，骗取保证人提供保证的；…'根据《最高人民法院关于适用〈中华人民共和国民事诉讼法〉的解释》第一百零九条'当事人对欺诈、胁迫、恶意串通事实的证明，以及对口头遗嘱或者赠与事实的证明，人民法院确信该待证事实存在的可能性能够排除合理怀疑的，应当认定该事实存在'之规定，当事人主张存在欺诈、恶意串通的，须适用排除合理怀疑这一证明标准。案涉600万元借款转入同日即被汇某公司转走偿还其关联公司在某县信用社的借款，且电汇凭证上明确注明汇款用途为还贷款，该事实确能引起对某信用社在缔约时是否知道案涉借款系用于偿还某县信用社旧贷的怀疑，但该证据并没有达到上述司法解释规定的排除合理怀疑的证明标准。因为汇某公司的汇款行为系发生在案涉借款发放之后，此时账户资金的支配权属于汇某公司，故不能仅依据上述事实来推定某信用社和汇某公司之间存在恶意串通骗取担保的行为。综上，雅某公司关于某信用社与汇某公司恶意串通骗取其担保，依照《担保法》第三十条②的规定，应当免除其担保责任等再审申请理由不能成立。"

案例四：白山市某担保有限公司、白山某银行股份有限公司等金融借款合同纠纷申请再审民事裁定书［（2016）最高法民申113号］

最高法院认为："《担保法》第三十条③规定，'有下列情形之一的，保证人不承担民事责任：（一）主合同当事人双方串通，骗取保证人提供保证的；（二）主合同债权人采取欺诈、胁迫等手段，使保证人在违背真实意思的情况下提供保证的。《担保法解释》第四十条④规定，'主合同债务人采取欺诈、胁迫等手段，使保证人在违背真实意思的情况下提供保证的，债权人知道或者应当知道欺诈、胁迫事实的，按照担保法第三十条⑤的规定处理。'据此，保证人保证责任免除的前提，是保证人有证据证明存在前述规定情形。《民事诉讼法》第六十四条第

①②③⑤　编者按：《民法典》第150条、第154条。

④　编者按：《民法典》第149条。

一款规定：‘当事人对自己提出的主张，有责任提供证据’；《民诉法解释》第九十条规定：‘当事人对自己提出的诉讼请求所依据的事实或者反驳对方诉讼请求所依据的事实，应当提供证据加以证明，但法律另有规定的除外。在作出判决前，当事人未能提供证据或者证据不足以证明其事实主张的，由负有举证证明责任的当事人承担不利的后果’。本案中，担保公司主张某银行在与其签订保证合同时明知案涉借款用途，某银行与生某公司及某银行对2000万元借款的真实用途事先已达成合意，其有责任对自己的主张提供证据证明。因生某公司系本案当事人，范某升系该公司的法定代表人，且同时作为另一担保人某窑公司的法定代表人，如其陈述成立将同时免除某窑公司的担保责任，故范某升所做《情况说明》属于与本案诉争结论具有直接利害关系的当事人陈述，其证明力显然较弱。范某升亦不属于《民事诉讼法》第一百零九条[①]规定的必须到庭的被告，二审法院未予传唤其到庭陈述，不违反法定程序。除该《情况说明》外，担保公司未能提供其他证据，证明某银行、生某公司具有前述规定的保证人保证责任免除的情形，而仅以事后发生之部分事实，推定某银行发放案涉借款时系明知，缺乏证据支持，应当承担举证不利的法律后果。”

案例五：倪某星、何某芳金融借款合同纠纷再审审查与审判监督民事裁定书［（2019）最高法民申6725号］

最高法院认为：案涉《委托贷款授信合同》《委托贷款协议书》《委托贷款委托合同》《委托贷款借款合同》系双方当事人真实意思表示，且内容不违反法律、行政法规的强制性规定，应认定有效。倪某星、何某芳、包某华、张某滨、某建材城公司称中某资产公司与某银行成都金沙支行、大港某置业公司恶意串通，虚构房地产开发的贷款用途，但未提供证据证明。上述合同不存在《最高人民法院关于审理民间借贷案件适用法律若干问题的规定》第十四条规定的借款合同无效的情形，原审认定案涉借款合同有效并无不当，该项再审申请理由不能成立，不予支持。

案例六：董某杰、某银行股份有限公司赣州分行金融借款合同纠纷再审审查与审判监督民事裁定书［（2019）最高法民申6785号］

最高法院认为：2015年6月19日，董某杰等与某银行赣州分行签订《最高额保证合同》，约定董某杰等为某银行赣州分行案涉债权提供最高额保证担保，

① 编者按：《民事诉讼法》（2021年修正）第112条。

董某杰在合同落款保证人处签字确认。董某杰在本案二审中主张其不应承担担保责任，但其并未对一审判决提起上诉。根据董某杰提交的某银行业监督管理委员会赣州监管分局《信访事项答复意见书》核查的“……2015 年 6 月 19 日，赣州鸿某实业有限公司、你（董某杰）和罗某健向某银行赣州分行签署担保承诺函，已经声明知悉借款实际用途为多头归并”事实，其在签署保证合同当日即已明知案涉借款的真实用途。其以受某电器公司、某银行赣州分行共同欺诈为由，提出不应承担保证责任的主张不成立。

4. 保证合同关于“债务人变更借款用途保证人仍承担保证责任的”格式条款约定有效。

案例七：阜新富某融资担保有限公司、彰武县禾某物资有限公司金融借款合同纠纷再审审查与审判监督民事裁定书［（2020）最高法民申 3066 号］

最高法院认为：首先，富某公司与某行阜新分行签订的《保证合同》，明确约定了主合同为建阜办流 2013 – D01 号《人民币流动资金贷款合同》，保证范围是主合同项下本金 500 万元及利息。该《人民币流动资金贷款合同》约定的借款用途为“鉴于彰武县禾某物资有限公司流动资金周转需要”“甲方应将借款用于日常生产经营周转”，该借款用途表述较为宽泛，并未明确将借款资金置换排除在外。并且，第一笔 500 万元用于置换并解除抵押的房产亦用于担保禾某某物资公司 1900 万元债务的一部分，符合资金周转用途，并未减少债务人偿债能力，加重富某公司负担。其次，《保证合同》第五条约定：“如果乙方与债务人协议变更主合同条款（包括但不限于变更偿还币种、还款方式、贷款账号、还款账号、用款计划、还款计划、起息日、结息日、在债务履行期限不延长的情况下债务履行期限的起始日或截止日），甲方（富某公司）同意对变更后的主合同项下债务承担连带保证责任。但未经甲方事先同意，乙方与债务人协议延长债务履行期限或者债权本金金额的，甲方仅依照本合同的约定对变更前的主合同项下债务承担连带保证责任。”该条款以列举性方式将出借人与借款人协议变更主合同的情形具体化，约定了除债务履行期限延长、债权本金数额变化外，包括在本案争议的借款用途变化的情况下，保证人均承担保证责任。因此，本案案情并不符合富某公司主张的“未经保证人同意”情况。在富某公司对借款用途变化自始无异议的情况下，亦不能得出《人民币流动资金贷款合同》附件 3 系某行阜新分行与禾某某物资公司串通、欺诈手段的结论。再次，富某公司主张前述《保证合同》第五条属于格式条款，应为无效。但是，富某公司是与某行阜新分行合作多次的专业担保机构，其作为商业主体，具有商业自主选择权和商业认知能力，不存在普通民事主体在缔约能力、合同条款理解上可能存在的劣势地位。并且，《保证合同》已经载明“甲方（富某公司）已阅读本合同及主合同所有条款，应甲方（富某公司）要求，乙方（某行阜新分行）已经就本合同及主合同做了相应的条款说明，甲方（富某公司）对本合同及主合同条款的含义及相应的法律后果已全部通晓并充分理解”。现富某公司再以某行阜新分行未以合理方式对该约定进行提示、说明为由进行抗辩，于法无据。最后，《保证合同》第八条约定：某行阜新分行有权以从富某公司账户直接扣款的方式行使担保权利。

045 保证人关于变更贷款用途后仍承担连带责任的承诺，是否可包含“借新还旧”？

裁判要旨[①]

保证人承诺对借款人转移贷款用途的行为承担连带责任，应预见到借款人转移贷款用途包括以贷还贷等担保风险。故保证人关于变更借款用途后仍承担连带责任的承诺包括“借新还旧”。

案情简介

一、阜某公司向某信用社借款1200万元，华某公司提供保证担保，约定华某公司“对借款方转移贷款用途等违反本合同的行为承担连带责任”。阜某公司将贷款用于偿还其他关联企业欠某信用社的贷款。华某公司法定代表人亦系阜某公司实际控制人，华某公司一直替阜某公司支付借款利息。

二、阜某公司到期未还款，某信用社向法院起诉，经一、二审，四川高院终审判决华某公司承担担保责任。

三、华某公司不服，以阜某公司“借新还旧”其不应承担担保责任为由向最高法院申请再审，最高法院裁定驳回再审申请。

---

① 案件来源：某农村信用合作联社与西藏华某药业集团有限公司保证合同纠纷案［（2011）民申字第429号 《中华人民共和国最高人民法院公报》2012年第4期（总第186期）］

裁判思路

本案的争议焦点在于，华某公司向债权人承诺即使债务人变更借款用途亦承担连带责任，能否继续主张“借新还旧”的免责事由。主合同当事人“借新还旧”，除保证人知道或者应当知道外，保证人可免除保证责任。在本案中，阜某公司与信用社之间的贷款合同实际上是为了“借新还旧”，作为保证人的华某公司本可在债权人无法证明其知晓“借新还旧”的情形下免责。但作为保证人的华某公司在合同中约定了“对借款方转移贷款用途等违反本合同的行为承担连带责任”，最高法院据此认为，华某公司应当预见到阜某公司转移贷款用途带来的各种担保风险。以贷还贷系转移贷款用途的一种，即使本案存在以贷还贷的情形，因华某药业承诺在先，其主张阜某公司与信用社恶意串通改变贷款用途的理由也不成立，华某公司仍应依据合同承担担保责任。华某公司因此败诉。

经验总结

1. 虽然根据《民法典担保制度解释》第十六条的规定，主合同当事人“借新还旧”，除保证人知道或者应当知道外，保证人可免除保证责任。但如果担保人向债权人作出了关于贷款用途变更后仍承担担保责任的承诺，则不能据此主张免责，因为“借新还旧”属于贷款用途变更的一种。因此，保证人在向债权人作出承诺时，应当慎重，明确担保责任的范围，切勿盲目“大包大揽”，防止发生不必要的风险。

2. 保证人在不知晓主债权当事人“借新还旧”时，才可主张免责。故如果债权人或者债务人在合同中明确约定贷款用途为“借新还旧”，或债权人、债务人在贷款完成后通知保证人贷款用途变更为“借新还旧”，则保证人应尽快对此表示反对，并明确告知不再继续承担保证责任。切勿以为“借新还旧”保证人当然免责，进而对相关事项听之任之，最终导致需继续承担更重的担保责任。

3. 本案中华某公司败诉的另一个原因在于，华某公司与阜某公司为关联企业，故作为保证人的华某公司应当知道阜某公司与某信用社变更借款用途用以“借新还旧”的事实。故保证人知晓主债权当事人“借新还旧”不能免责，不仅包括明确知道主债权当事人“借新还旧”的情形，也包括应当知道主债权当事人“借新还旧”的情形。

相关法条

《最高人民法院关于适用〈中华人民共和国民法典〉有关担保制度的解释》（法释〔2020〕28 号 2021 年 1 月 1 日施行）

第十六条 主合同当事人协议以新贷偿还旧贷，债权人请求旧贷的担保人承担担保责任的，人民法院不予支持；债权人请求新贷的担保人承担担保责任的，按照下列情形处理：

（一）新贷与旧贷的担保人相同的，人民法院应予支持；

（二）新贷与旧贷的担保人不同，或者旧贷无担保新贷有担保的，人民法院不予支持，但是债权人有证据证明新贷的担保人提供担保时对以新贷偿还旧贷的事实知道或者应当知道的除外。

主合同当事人协议以新贷偿还旧贷，旧贷的物的担保人在登记尚未注销的情形下同意继续为新贷提供担保，在订立新的贷款合同前又以该担保财产为其他债权人设立担保物权，其他债权人主张其担保物权顺位优先于新贷债权人的，人民法院不予支持。

裁判意见

以下为最高法院在再审裁定“本院认为”部分就此问题发表意见：

《保证担保借款合同》第四条约定关于华某药业对借款方转移贷款用途等违反本合同的行为承担连带责任的意思表示并不违反法律规定。华某公司承诺对阜某公司转移贷款用途等行为仍然承担连带责任，应当预见到阜某公司转移贷款用途带来的各种担保风险。以贷还贷系转移贷款用途的一种，即使本案存在以贷还贷的情形，因华某药业承诺在先，其主张阜某公司与某信用联社恶意串通改变贷款用途的理由也不成立，华某公司仍应依据合同承担担保责任。阜某公司的工商登记材料与达市某行（2000）306 号文件中涉及的阜某公司股东情况等内容一致，华某药业作为阜某公司的担保人在本案原一、二审中对阜某公司的工商登记材料均无异议，即对陈某彬的阜某公司股东和监事身份没有异议，构成其对这一事实的自认，因此，上述证据与华某药业在诉讼中的自认行为相印证，可以认定陈某彬系阜某公司持有 50% 股份的股东及阜某公司的监事，本案中阜某公司工商登记材料里陈某彬的签名是否真实不影响其对外的公示公信效力。故即使本案存在以贷还贷的情况，根据陈某彬系华某药业法定代表人、阜某公司监事及两名股东之一的特殊身份以及华某药业及其关联公司代阜某公司偿还贷款利息的行为，华某药业亦应当知晓贷款的实际用途，则依据最高人民法院《关于适用〈中华人民共和国担保法〉若干问题的解释》第三十九条①的规定，华某药业仍应当承担本案担保责任。

延伸阅读

“改变资金用途”包括“借新还旧”

案例一：上海瑞某（集团）有限公司、河南新乡某农村商业银行股份有限公司借款合同纠纷再审审查与审判监督民事裁定书［（2020）最高法民申1920号］

法院认为：上海瑞某公司认为，环某公司变更贷款用途，实际贷款使用人为华某公司，案涉贷款属于“借新还旧”，保证人据此可免除保证责任。经审查，在案涉《流动资金借款合同》签订后，某农商行将贷款划入环某公司账户，环某公司将该笔款项划入华某公司账户。华某公司与环某公司系关联公司，上海瑞某公司提交的新证据《某农村信用社账户历史交易明细清单》显示华某公司将该笔款项用于偿还旧贷款，与《流动资金借款合同》《保证函》承诺的用于购买原材料不符。但是，上海瑞某公司提交的新证据并不能直接显示某农商行对环某公司和华某公司的行为是明知的，亦无法得出某农商行与环某公司存在恶意串通，骗取上海瑞某公司提供担保的结论。根据《担保法司法解释》第三十九条②第一款“主合同当事人双方协议以新贷偿还旧贷，除保证人知道或者应当知道的外，保证人不承担民事责任”的规定，以及《担保法司法解释》第四十条③“主合同债务人采取欺诈、胁迫等手段，使保证人在违背真实意思的情况下提供保证的，债权人知道或者应当知道欺诈、胁迫事实的，按照担保法第三十条④的规定处理”的规定，在上海瑞某公司未举证证明某农商行与环某公司之间达成贷款用途变更合意或者存在恶意串通的情况下，其主张案涉贷款属于以新贷偿还旧贷，应免除保证人保证责任，缺乏事实和法律依据。其次，根据保证合同约定，上海瑞某公司的保证责任不因环某公司改变贷款用途而免除。某农商行与上海瑞某公司签订的《保证合同》第五条约定：“债权人在本合同项下的权利和利益，

---

①② 编者按：《民法典担保制度解释》第16条。

③ 编者按：《民法典》第149条。

④ 编者按：《民法典》第150条、第154条。

不因保证人给予债务人任何宽限、任何延期还款、债权人与债务人对主合同任何条款进行修改、变更或替换等情形而受任何影响。如发生上述情形，视为已征得保证人的事先同意，保证人的担保责任不因此而免除。”据此，即使环某公司变更贷款用途，上海瑞某公司也应当对变更后的主合同承担保证责任。不能以推定的方式确定保证人关于变更借款用途后仍承担担保责任的承诺。

案例二：中国某城资产管理公司沈阳办事处与辽宁宝某集团有限公司借款合同纠纷申请案［（2013）民申字第331号］

最高法院认为：“根据一、二审查明的事实，案涉《流动资金借款合同》系格式合同，其借款用途一栏在已手写填满‘购买原材料及包装物’的情况下，在该栏外侧边又手写‘用于偿还2000年（大东）字0198号借款合同项下的贷款’，不符合正常的行文习惯，且一审期间经法院委托辽宁大学司法鉴定中心进行鉴定，该中心认为‘用于偿还2000年（大东）字0198号借款合同项下的贷款’字迹墨水较深，从文字布局上看与该栏内前面书写的‘购买原材料及包装物’字迹书写不连贯、首尾不相衔接，表明其是后添写的。结论为‘不是同时书写，也不是一人书写’。一、二审判决据此认定在无其他证据证明保证人宝某集团知道或应当知道主合同当事人双方协议以新贷还旧贷的情况下，保证人免责，并无不当。至于《保证合同》第7.5条约定的‘贷款人与借款人协议变更主合同的，除展期或增加贷款金额外，无须经宝某集团同意，宝某集团仍在原保证范围内承担连带保证责任’，该约定不能对抗因主合同变更导致担保人法定免责的情形。借贷双方对于借款用途的约定，是担保人判断其风险责任的重要因素。况且，借贷双方“借新还旧”的真实用途，使担保人承担的可能是为巨额死账担保的风险，明显超越了担保人提供担保时的风险预期，加重了担保责任，导致不公平的后果。因此，担保人放弃变更借款用途知情权应有明确表示，仅以‘展期或增加贷款金额’推定担保人放弃权利，缺乏事实和法律依据。本案某资产公司认为该约定视为保证人同意借贷双方任意变更借款用途，保证人仍应承担保证责任的主张不能成立。”

第六节　债权债务变更与保证责任

046 因企业改制发生债务人主体变更，保证人能否主张免责？

裁判要旨[①]

因政策性改制导致债务人主体变更，应当依照《最高人民法院关于审理与企业改制相关的民事纠纷案件若干问题的规定》（以下简称《改制司法解释》）第二十六条的规定认定两者之间的债务承继关系。此种因主体变更而发生的债务承继不同于一般意义上的债务转移，即使未经担保人同意，保证人也不得据此主张免责。

案情简介

一、中某冶金公司的前身冶金股份公司于1994年12月28日、1995年12月31日与源汇某行分别签订了9404号、9502号借款合同，分别借900万元和1000万元。某市热电厂提供保证担保。

二、1999年12月1日，源汇某行与某公司郑州办签订一份债权转让协议，将冶金股份公司9404、9502两份借款合同约定的截止1999年9月20日的贷款本金合计1900万元及利息转让给某公司郑州办。某公司郑州办登报公告主张权利。

三、漯河市经济贸易委员会于1998年8月27日发文［漯经贸企（1998）87号］将冶金股份公司列为停产企业，同意香港中某投资开发有限公司“设立中某冶金公司对漯河机械总厂以承担全部债权债务、接收安置全部员工的形式进行一次性零价整体收购，并承担全体员工的各种法定社会保险费用”。

四、2004年9月24日，某公司郑州办以中某冶金公司和某市热电厂为被告向河南高院提起诉讼，请求判令：中某冶金公司还本付息；某市热电厂对1000万元承担连带责任。河南高院一审判决支持了某公司郑州办的诉请。

五、某市热电厂不服，上诉至最高法院，以冶金股份有限公司未经同意转让债务给中某冶金公司为由主张免责。最高法院判决驳回上诉，维持原判。

---

① 案件来源：中国某资产管理公司郑州办事处与漯河中某冶金机械有限公司保证合同纠纷二审案［（2006）民二终字第33号］

裁判思路

本案中某市热电厂的裁判思路在于因企业改制发生的债权债务转移不同于一般的债权债务转让，而是属于债权债务承继，即使未经保证人同意，保证人也不能因此免责。债务人未经保证人同意转让债务的，保证人可主张免责。之所以如此，是因为不同的主体清偿债务的能力并不相同，如果任由债务人自由转让债务，则可能加重保证人责任。但在企业改制过程中，改制前的企业和改制后的企业实际上是前后相继的法律关系，改制前的企业的债权债务关系由改制后的企业概括承继。这一承继，实际上并未害及保证人利益。最高法院最终认定："此种因主体变更而发生的债务承继不同于一般意义上的债务转移。"故某市热电厂不得以此主张免责。

经验总结

1. 有担保的债务的债务人转让债务时，不仅需征得债权人同意，还需要征得担保人同意。根据《民法典》第六百九十六条规定，债权人转让全部或者部分债权，未通知保证人的，该转让对保证人不发生效力。保证人与债权人约定禁止债权转让，债权人未经保证人书面同意转让债权的，保证人对受让人不再承担保证责任。因此，债权人在同意债务人转让债务时，需特别注意，务必征得担保人同意，防止债权"脱保"。建议在未征得担保人同意之前，审慎同意债务人转让债务的请求。征得担保人同意债务转让的方式，最好以书面形式为之，以保存相关证据。

2. 以企业出售的形式进行的企业改制发生的债务人主体变更具有一定的特殊性。因为改制的新旧企业之间发生的债权债务关系的转移，是一种概括式的转移，改制后的企业不仅承继了改制前企业全部的债权债务，而且也取得了改制前企业全部的资产。故以企业出售方式进行的企业改制，并不损害债权人及担保人的利益，故无需经债权人、担保人同意。

3. 企业改制的情况较为复杂，分为合并、分立、企业出售、股份制改造、公司制改造等多种不同的形式。因区分不同的企业改制形式对企业债权债务承担可能产生的影响，并非所有的企业改制形式发生的债务转移都无需经担保人、债权人同意。

相关法条

《中华人民共和国民法典》（2021 年 1 月 1 日施行）

第六百九十六条　债权人转让全部或者部分债权，未通知保证人的，该转让对保证人不发生效力。

保证人与债权人约定禁止债权转让，债权人未经保证人书面同意转让债权的，保证人对受让人不再承担保证责任。

《最高人民法院关于审理与企业改制相关的民事纠纷案件若干问题的规定》（法释〔2020〕18 号　2020 年修正）

第二十六条　企业售出后，买受人将所购企业重新注册为新的企业法人，所购企业法人被注销的，所购企业出售前的债务，应当由新注册的企业法人承担。但买卖双方另有约定，并经债权人认可的除外。

裁判意见

以下为最高法院在“本院认为”部分就此问题发表的意见：

关于原贷款合同借款人冶金股份公司的全部债务由原审被告中某冶金公司承继如何认定的问题。漯河市企业转机建制工作领导小组办公室于 1998 年 11 月 13 日发文［漯转建办（1998）26 号］，同意香港中某投资开发有限公司“设立中某冶金公司对漯河机械总厂以承担全部债权债务、接收安置全部员工的形式进行一次性零价整体收购，并承担全体员工的各种法定社会保险费用”。该文件表明冶金股份公司是因政策性改制而变更为中某冶金公司，应当依照《关于审理与企业改制相关的民事纠纷案件若干问题的规定》第二十六条的规定认定两者之间的债务承继关系。此种因主体变更而发生的债务承继不同于一般意义上的债务转移，上诉人某市热电厂关于本案债务转移应属于《担保法》第二十三条①所规定的情形，未经担保人同意，因而应当免除担保责任的上诉主张没有事实依据，应予驳回。

---

①　编者按：《民法典》第 696 条。

延伸阅读

因企业合并分立发生的债权债务转移，未经担保人同意，担保人可主张免责

案例：通化市某房屋开发有限公司与某银行股份有限公司通化分行、通化市金某药业有限公司、吉林通化东某药业股份有限公司与王某借款合同纠纷审判监督民事判决书［（2015）民提字第28号］

最高法院认为：担保人是基于对于债务人偿债能力的信任才做出担保，因此，《最高人民法院关于适用〈中华人民共和国担保法〉若干问题的解释》第七十二条①规定，第三人提供抵押的，债权人许可债务人转让债务未经抵押人书面同意的，抵押人对未经其同意转让的债务，不再承担担保责任。本案中债务人东某药业发生了企业重组。依据一审查明的事实，2005年8月2日，威某药业与金某药业法人代表王某签订企业产权转让合同，其中约定欠某银行的900万元贷款及利息由王某负责偿还。不论最终该笔债务是由王某负责偿还，还是金某药业负责偿还，在企业重组过程中，涉案债务的责任承担主体发生了变化，构成债务转让。债务人的偿债能力发生了变化，这严重影响山某公司作出担保责任时的判断。而从2006年6月5日，通化市某城市信用社向通化市中某资产评估有限责任公司作出的《关于同意东某药业向金某药业投资函》的内容看，某银行作为债权人对于所发生的债务转让是知情并同意的，依据《最高人民法院关于适用〈中华人民共和国担保法〉若干问题的解释》第七十二条②的规定，涉案债务的转让并未取得抵押人的书面同意，抵押人应不再承担担保责任。现某银行与金某药业均未提供证据证明山某公司书面同意债务转让，应当认定山某公司不再承担担保责任。

---

①② 编者按：《民法典担保制度解释》第39条。

047 保证合同约定禁止债权变更而债权人转让债权的，保证人能否免责？

裁判要旨①

债权转让和债权变更将产生不同的法律效果，债权转让不同于债权变更。故当保证合同中约定债权变更保证人免责而债权人转让债权的，保证人不得主张免责。

案情简介

一、某银行与某造纸厂签订《借款合同》，借款1000万元。同日，某银行与某造纸厂、某电力总公司签订《保证合同》，约定由某电力总公司为贷款提供连带责任保证。《保证合同》第五条约定本合同生效后，贷款方和借款方如需变更主合同的有关条款，应征得保证人同意。

二、三年后，某银行济南分行与某济南办签订《债权转让协议》，将该笔贷款转让给某济南办并通知某造纸厂。某银行济南分行在省级报刊《大众日报》上发布债权转让公告。

三、某济南办向济南中院提起诉讼，请求判令某造纸厂还本付息，某电力总公司承担连带清偿责任。济南中院一审判决某造纸厂还本付息，某电力总公司免责。某济南办不服，上诉至山东高院，山东高院二审判决驳回上诉，维持原判。

四、某济南办仍不服，向最高法院申请再审，最高法院再审改判某造纸厂还本付息，某电力总公司承担连带担保责任。

裁判思路

本案中某电力总公司败诉的原因在于，债权转让不同于债权变更。债权转让是债权人发生了变更，原债权人被新的债权人所取代，但债权的内容并未因此发生变化。因此，转让前的债权和转让后的债权具有同一性，债权效力并不因债权转让而发生变化。因此，对于债权转让，仅需通知债务人即可发生效力，而无需

---

① 案件来源：中国某资产管理股份有限公司山东省分公司与某供电公司借款合同纠纷案［（2012）民提字第151号］

经债务人同意，债权转让的，保证人在原担保责任范围内继续承担担保责任。但债权变更则不同，债权变更是在债权人债务人均不发生变化的前提下，对债权债务的内容作出改变，这一改变直接影响了债权的效力，可能导致债务人和保证人负担增加。因此，对于债权变更，必须债权人与债务人协商一致；主合同当事人变更主合同未经保证人同意的，保证人可主张免责。由此可见，法律对债权转让、债权变更后保证人的责任作出了不同的规定。最高法院也据此认为，债权转让不同于债权变更。债权转让未经保证人同意转让债权的，保证人不得主张免责。某电力总公司因此败诉。

经验总结

1. 债权转让不同于债权变更。债权转让是指在债权不丧失其同一性的前提下，原债权人将债权转移给新的债权人，在此过程中债权的效力并未发生变化。债务人、保证人可以向原债权人主张的一切抗辩均可向新的债权人主张。故多数情况下，债权转让并不会增加债务人、保证人的负担，也不必征得债务人、保证人的同意。但债权变更与此不同，债权变更是在债权债务当事人不变更的前提下，对债权的内容作出改变，债权因债权变更丧失了同一性，可能因此增加债务人、保证人的负担。故债权变更非债权人单方所能实现，而必须征得债务人、保证人同意，否则对于债务人而言不能发生债权变更的效果，保证人亦可据此主张免责。

2. 保证人应当区分债权转让与债权变更，切不可将二者混淆。特别是如果将债权变更混淆为债权转让，进而盲目同意债权变更，则可能面临承担更重的担保责任的风险。另外，对于相关文书究竟属于债权转让还是债权变更，不应仅拘泥于文书的标题，而应认真审查文书的内容。防止债权人浑水摸鱼，将债权变更伪装成债权转让或在债权转让中“夹带”债权变更的内容，进而加重保证人负担。

3. 对于债权人而言，也应准确区分债权转让与债权变更。如果将债权变更混淆为债权转让，而变更后又未经保证人同意，则根据《民法典》第六百九十五条的规定，保证人可主张免责，本有担保的债权将会面临“脱保”的风险。

4. 在区分债权转让与债权变更的同时，也要区分债权转让与债务转让。因不同主体的偿债能力并不相同，债务转让有增强债权人实现债权的可能，也有降低债权人实现债权的可能。故根据《民法典》第六百九十七条的规定，债务人未经保证人同意转让债务的，保证人可主张免责。根据《民法典》第五百五十一条的规定，转让债务必须经债权人同意。

相关法条

《中华人民共和国民法典》（2021 年 1 月 1 日施行）

第五百五十一条 债务人将债务的全部或者部分转移给第三人的，应当经债权人同意。

债务人或者第三人可以催告债权人在合理期限内予以同意，债权人未作表示的，视为不同意。

第六百九十五条 债权人和债务人未经保证人书面同意，协商变更主债权债务合同内容，减轻债务的，保证人仍对变更后的债务承担保证责任；加重债务的，保证人对加重的部分不承担保证责任。

债权人和债务人变更主债权债务合同的履行期限，未经保证人书面同意的，保证期间不受影响。

第六百九十六条 债权人转让全部或者部分债权，未通知保证人的，该转让对保证人不发生效力。

保证人与债权人约定禁止债权转让，债权人未经保证人书面同意转让债权的，保证人对受让人不再承担保证责任。

第六百九十七条 债权人未经保证人书面同意，允许债务人转移全部或者部分债务，保证人对未经其同意转移的债务不再承担保证责任，但是债权人和保证人另有约定的除外。

第三人加入债务的，保证人的保证责任不受影响。

裁判意见

以下为最高法院在再审判决“本院认为”部分就此问题发表的意见：

《保证合同》约定：“本合同生效后乙方（某银行）和甲方（造纸厂）需变更主合同有关内容，应征得丙方（电力总公司）同意，由甲、乙、丙三方签订书面协议。”“有关本合同的任何补充、修改、变更等，均需丙乙甲三方协商同意，并由三方书面补充该协议。”关于供电公司提出的关于某济南办受让债权的行为变更了主合同《借款合同》的主要条款且未经保证人书面同意违反了《保证合同》的上述约定，因此保证人不应再承担保证责任的主张，本院认为，首先，债权变更与债权转让是不同的法律概念。《担保法》第二十二条①规定："保证期间，债权人依法将主债权转让给第三人的，保证人在原保证担保的范围内继续承担保证责任。保证合同另有约定的，按照约定。"即《担保法》对债权转让的情形明确要求保证人在原保证范围内继续承担保证责任；对于债权变更，《担保法》第二十四条②规定："债权人与债务人协议变更主合同的，应当取得保证人书面同意，未经保证人书面同意的，保证人不再承担保证责任。保证合同另有约定的，按照约定。"故《担保法》已明确债权转让与债权变更属于不同的法律概念。本案《保证合同》中的相关约定属于对债权变更的禁止性约定，而非对债权转让的禁止性约定。某银行将债权转让给某济南办的行为属于债权转让而不属于《保证合同》中约定的对主合同的变更。其次，某银行与某济南办签订《债权转让协议》既没有改变原合同的内容，也没有加重保证人电力总公司的保证责任，且电力总公司在《保证合同》中并未约定仅对某银行承担保证责任或者禁止债权转让，即不存在符合《担保法》第二十二条③中规定的"保证合同另有约定的，按照约定"的情形。因此，供电公司以债权转让未经保证人同意，债权转让违背了《保证合同》的约定，供电公司不再承担保证责任的抗辩理由无事实和法律依据，本院不予支持。至于本案所涉债权的性质是否属于不良债权，该债权的转让是否属于政策性转让，不影响保证人应按照《保证合同》的约定承担保证责任的认定。

延伸阅读

1. 债权转让未变更主债权的，保证人不得主张免责

案例一：范某鸿与山西智某汽车营销服务有限公司、大同市大昌风华汽车服务有限公司民间借贷纠纷二审民事判决书［（2015）冀民一终字第447号］

河北省高级人民法院认为："关于上诉人智某公司是否应承担连带保证责任。上诉人智某公司主张免责的理由有三个，一是债权已转让，二是未经保证人同意主合同已变更……首先，根据《中华人民共和国担保法》第二十二条④和《最高人民法院关于适用〈中华人民共和国担保法〉若干问题的解释》第二十八条⑤之

①③④ 编者按：已失效，被《民法典》吸收。
② 编者按：《民法典》第695条。
⑤ 编者按：《民法典》第696条。

规定，除保证合同有特别约定外，债权人依法将主债权转让给第三人的，保证人在原保证担保的范围内继续承担保证责任。同时，相关法律和司法解释中也没有‘债权转让不通知保证人，保证人即免责’的规定，故上诉人智某公司第一个免责理由缺乏法律依据，不能成立。其次，虽然《中华人民共和国担保法》第二十四条①有关于未经保证人书面同意，债权人和债务人协议变更主合同后保证人免责的规定，但本案中的《债权确认书》系对两笔借款的共同确认，本案中被上诉人范某鸿主张的是其中的500万元借款，要求上诉人智某公司承担的保证责任也是针对该笔借款，没有债权人和债务人协议变更主合同的事实，故上诉人智某公司第二个免责理由亦缺乏事实依据，不能成立。”

2. 未经保证人同意转让债权，保证人不得免责

案例二：某光伏有限公司与包头市某晟新能源有限责任公司、内蒙古山某能源集团有限责任公司买卖合同纠纷二审民事判决书［（2016）最高法民终663号］

最高人民法院认为：光伏公司的债权转让是否导致山路公司保证责任的免除。山某公司认为，根据《购销合同》附件D《保证书》第四条第1项的约定，担保权人（光伏公司）在未经保证人（山某公司）的书面同意情况下将债权转让给第三方，保证人不再承担保证责任，因此山某公司不再对光伏公司承担保证责任。本案中，《购销合同》附件D《保证书》第四条第1项的约定是，保证期间，未经保证人书面同意，担保权人许可被担保人转让合同项下债务的，保证人不再向担保人承担任何保证义务。该条是保证人对于未经保证人同意的债务转让不承担责任的约定。本案涉及的是光伏公司的债权转让，不属于该条约定的范畴，不能以此免除山某公司的保证责任。《担保法》第二十二条②规定，保证期间，债权人依法将主债权转让给第三人的，保证人在原保证担保的范围内继续承担保证责任。保证合同另有约定的，按照约定。按照该条规定，光伏公司转让债权，不影响山某公司保证责任的承担。据此，山某公司的主张不成立。

---

① 编者按：《民法典》第695条。

② 编者按：已失效，被《民法典》吸收。

048 债务人向保证人承诺以抵押置换保证，保证人能否主张免责？

裁判要旨①

无证据证明债权人同意以相关抵押物置换保证担保，保证人仅以债务人的单方置换承诺主张免责的，应不予支持。

案情简介

一、2003年5月22日，甘井子某行与冰某公司签订借款合同，约定甘井子某行向冰某公司出借1800万元，础某公司为上述贷款提供连带责任保证。2003年9月3日，甘井子某行与冰某公司签订借款合同，约定甘井子某行向冰某公司出借1000万元，础某公司为上述贷款提供连带责任保证。

二、2003年5月16日，冰某公司向础某公司、大连某行出具承诺书，该承诺书载明：础某公司给冰某公司担保的贷款，待冰某公司进口的设备安装投产后，以设备做抵押从某行撤出础某公司的担保。

三、2009年1月，甘井子某行起诉至大连中院，请求判令：冰某公司偿还本金及利息，础某公司对上述款项承担连带清偿责任。大连中院一审判决冰某公司还本付息，但未要求础某公司承担连带保证责任。

四、甘井子某行不服，以免除础某公司担保责任于法无据为由上诉至辽宁高院，辽宁高院二审判决驳回上诉，维持原判。

五、甘井子某行仍不服，向最高法院申请再审，最高法院改判冰某公司还本付息，础某公司承担连带保证责任。

裁判思路

本案中的争议焦点在于，冰某公司向保证人作出的关于以抵押置换保证的承诺在未经债权人同意的情形下，不能对债权人产生约束力。所有的担保虽然都涉及三方法律关系：担保人、债权人、债务人。但需特别注意的是，担保合同并非

---

① 案件来源：某银行股份有限公司大连甘井子支行与大连础某集团有限公司、大连冰某天然食品有限公司借款合同纠纷案［（2013）民提字第51号］

一个三方合同，而是担保人与债权人之间的合同。根据合同的相对性原理，担保合同仅在债权人和担保人之间发生效力，任何第三方包括债务人在内都无权变更、解除担保合同。因此，确定担保的权利义务关系，应重点着眼于担保人和债权人之间。在本案中，作为债务人的冰某公司向保证人、债权人分别出具承诺函，承诺在一定条件下以抵押置换保证。但这一承诺仅为冰某公司的一方意志，并未取得作为债权人的甘井子某行的同意。故该承诺虽然内容涉及担保合同，但并不能因此改变担保合同约定的担保形式，并不能使此前的连带责任保证失效。故最高法院最终认定，础某公司不能免除连带保证责任。础某公司因此败诉。

经验总结

1. 担保关系是三方法律关系，但是担保合同是双方法律关系。因此，在处理担保纠纷时，虽然在大多情形下需统筹考虑三方法律关系，即只有在债务人未履行债务时或者发生各方约定的实现担保的情形时，担保人才需要向债权人承担相应的担保责任。但同时更需要注意的是，担保合同是担保人与债权人之间的法律关系，债务人并不能以自己的单方意志改变担保合同的内容，更无法单方变更担保形式。

2. 鉴于担保合同是担保人与债权人之间的合同关系，因此担保人在提供担保时及在提供担保后，都应当谨慎相信债务人对其所作的承诺，尤其是与担保的形式、合同内容相关的承诺。因为这些承诺都无法对抗债权人，债权人仍然可以根据担保合同的约定向担保人主张权利。至于相关承诺，担保人只能在承担担保责任后向债务人主张相应的权利。

3. 债权人在接到债务人出具的关于担保的相关承诺时，应当区别对待。（1）如果承诺的内容为债务人自己提供物的担保，则构成债权人新增担保的意思表示，债权人可据此要求债务人落实承诺书的内容；（2）如承诺书的内容为由第三人提供担保的，在具体落实第三人担保并与之签订担保合同之前，应谨慎对待承诺的可行性；（3）如果承诺书内容涉及已有的第三人提供担保的合同变更、解除及担保形式变更的，则不必过分紧张，因为此类承诺对于担保合同的效力不会产生任何影响。

相关法条

《中华人民共和国民法典》（2021 年 1 月 1 日施行）

第三百九十四条 为担保债务的履行，债务人或者第三人不转移财产的占有，将该财产抵押给债权人的，债务人不履行到期债务或者发生当事人约定的实现抵押权的情形，债权人有权就该财产优先受偿。

前款规定的债务人或者第三人为抵押人，债权人为抵押权人，提供担保的财产为抵押财产。

第四百二十五条 为担保债务的履行，债务人或者第三人将其动产出质给债权人占有的，债务人不履行到期债务或者发生当事人约定的实现质权的情形，债权人有权就该动产优先受偿。

前款规定的债务人或者第三人为出质人，债权人为质权人，交付的动产为质押财产。

第五百二十三条 当事人约定由第三人向债权人履行债务，第三人不履行债务或者履行债务不符合约定的，债务人应当向债权人承担违约责任。

第六百八十一条 保证合同是为保障债权的实现，保证人和债权人约定，当债务人不履行到期债务或者发生当事人约定的情形时，保证人履行债务或者承担责任的合同。

裁判意见

以下为最高法院在再审判决中“本院认为”部分就此问题发表的意见：

关于础某公司是否应当对冰某公司案涉第一笔 1800 万元贷款及利息向甘井子某行承担保证责任。首先，甘井子某行与础某公司签订的（大连市甘井子）农银保字（2003）第 100008 号保证合同系双方当事人的真实意思表示，不违反法律和行政法规的强制性规定，合同有效，双方当事人应依约履行各自合同义务。第二，冰某公司单方向础某公司出具的明示待冰某公司进口的设备安装投产后，以设备做抵押从甘井子某行处撤出础某公司担保的承诺，在甘井子某行明确同意以对相关设备的抵押撤回础某公司的保证担保，且冰某公司实际将相关设备进行抵押之前，对甘井子某行不产生任何约束力。大连某行批复给甘井子某行的大农银复（2003）62 号文件中，关于项目竣工后将项目用地、地上建筑物和生产设备一并抵押的要求，并不包含以设备等抵押来置换础某公司保证担保的意思表示。础某公司未提供证据证明大连某行或甘井子某行向础某公司或冰某公司作出过以设备抵押担保置换础某公司保证担保的意思表示，且事实上冰某公司也未进口相关设备并进行抵押。据此，础某公司仍应按照保证合同的约定，履行连带责任保证义务。

第七节 保证关系中的当事人地位

049 债务人未主张主合同抗辩的，保证人能否主张免责?

裁判要旨①

一般保证和连带责任保证的保证人享有债务人的抗辩权。债务人放弃对债务的抗辩权的，保证人仍有权抗辩。债务人和保证人的利益并不完全一致，债务人即使认可债权人的主张，保证人仍然享有抗辩权。

案情简介

一、李某星与王某琪签订民间借贷合同，约定王某琪向李某星借款1300万元，李某作为保证人为债权提供担保。

二、李某星以王某琪到期未还款为由，向太原中院起诉。诉讼中债务人王某琪认可已经收到1300万元借款。后经山西高院二审判决王某琪还本付息，李某承担担保责任。

三、李某不服，以以上借款未实际交付为由向最高法院申请再审。最高法院裁定提审该案，并作出裁定，以认定事实不清为由将本案发回重审。

裁判思路

本案中李某星的裁判思路在于虽然债务人王某琪承认其已经收到了1300万元的贷款，但保证人李某对此不予认可。在有保证人担保的民间借贷诉讼中，保证人与债务人的利益并不一致。故《担保法》第二十条②第一款规定，即使债务

---

① 案件来源：李某星与李某、王某琪借款合同纠纷申诉、申请民事裁定书［（2016）最高法民再224号］

② 编者按：《民法典》第701条。

人放弃对债务的抗辩，保证人亦可主张该抗辩。在本案中，债务人王某琪虽承认已收到相关借款，但作为保证人李某却主张借款并未实际交付，即此时保证人李某行使了本该由王某琪主张的债权未实际发生的抗辩。李某星在未能举证证明相关款项已实际交付的情况下，最高法院以认定事实不清为由将本案发回重审。因此，李某星在再审阶段败诉。

经验总结

1. 保证人可享有债务人对债权人的一切抗辩

根据《民法典》第七百零一条规定："保证人可以主张债务人对债权人的抗辩。债务人放弃抗辩的，保证人仍有权向债权人主张抗辩。"其背后的法理在于，债权人在要求保证人承担保证责任时，实际上是在要求保证人替代不履行债务的债务人履行债务，因此保证人承担的保证责任实际上是基于主合同而发生的合同上的责任。换言之，保证人承担保证责任实际上是"替人受过"，既然是替人受过，那么其"所受之罪"自无超过所替之人的道理。因此，当然可以向债权人主张债务人对债权人享有的一切抗辩。此处的"抗辩权"，不仅指法律明确规定的实体上"抗辩权"（如时效抗辩），也包括程序上"抗辩"（如管辖抗辩）。同时，也不仅仅限于主合同本身所体现的抗辩，甚至还可以主张债务人未主张的债务抵销权。

2. 债务人未向债权人主张的抗辩，保证人仍可主张

在有保证担保的债权债务关系中，保证人与债务人的利益往往并不一致。保证人与债务人对债权人的负债比例实际上是处于"此消彼长"之中。因此，有些债务人为了逃避债务，甚至与债权人恶意串通，故意不行使应当行使的抗辩权，意图使保证人承担更重的保证责任。因此，为了保护保证人利益，《民法典》第七百零一条第二句规定："债务人放弃抗辩的，保证人仍有权向债权人主张抗辩。"这一规定在最大程度上保护了保证人免因债务人的原因承担本不应该承担的保证责任。因此，债权人应当改变一种错误的认识，认为只要主债务人认账了，保证人肯定就跑不掉了，殊不知"一山方出一山拦"，主债务人不主张的抗辩，保证人也可主张。故，在诉讼中，对于主债权债务关系的成立，既要防债务人，也要防保证人。

3. 民间借贷的债权人应注意收集和保留借款已交付的证据

本案一个颇为有意思的点在于，作为债务人的王某琪已经承认其收到了1300万元的借款，但因为保证人不予认可，导致债权人李某星在再审中失利，导致本已经胜诉的案件可能面临被“翻盘逆袭”的风险。而这其中一个最为重要的原因，即在于债权人李某星未能提供足够的证据证明其已经交付借款。由此可见，借款交付的证据的收集、保存、举示、质证对于民间借贷的债权人而言何其重要。

相关法条

《中华人民共和国民法典》（2021 年 1 月 1 日施行）

第七百零一条 保证人可以主张债务人对债权人的抗辩。债务人放弃抗辩的，保证人仍有权向债权人主张抗辩。

裁判意见

以下为最高法院在“本院认为”部分就此问题发表的意见：

本院再审认为，根据《合同法》第二百一十条①关于“自然人之间的借款合同，自贷款人提供借款时生效”的规定，1300 万元借款是否实际交付为本案的基本事实。本案中，虽然王某琪认可已经收到1300 万元借款，但根据《担保法》第二十条②规定“一般保证和连带责任保证的保证人享有债务人的抗辩权。债务人放弃对债务的抗辩权的，保证人仍有权抗辩”，在李某对1300 万元的借款有无实际发生提出抗辩的情形下，李某星仍应对1300 万元借款的交付承担举证责任。李某星虽然提供了《借款协议》《借款合同》《借据》作为证据，但根据其在诉讼时的陈述，1300 万元是在《借款合同》《借款协议》《借据》形成后一周之内交付的，单凭《借款协议》《借款合同》《借据》不足以证明借款已经交付。因一、二审法院对于这一基本事实没有进行过审理或认定不清，依据《最高人民法院关于民事审判监督程序严格依法适用指令再审和发回重审若干问题的规定》第四条规定，本案应发回重审。

---

① 编者按：《民法典》第 679 条。

② 编者按：《民法典》第 701 条。

延伸阅读

1. 保证人通过上诉主张对债权金额的抗辩，获法院支持

案例一：曹某与陈某江、朱某勋民间借贷纠纷申诉、申请民事裁定书［（2016）最高法民申118号］

最高法院认为："关于二审判决对于借款金额存在两种表述的问题。债务人和保证人的利益并不完全一致，债务人即使认可债权人的主张，保证人仍然享有抗辩权。对此，《中华人民共和国担保法》第二十条①明确规定，一般保证和连带责任保证的保证人享有债务人的抗辩权，债务人放弃对债务的抗辩权的，保证人仍有权抗辩。一审判决认定曹某实际出借576万元，债务人朱某勋对此未提起上诉，故该认定对朱某勋有约束力。陈某江则对借款金额提起上诉，故二审判决根据债权人提供的证据认定陈某江只需在曹某实际出借的360万元范围内承担保证责任符合法律规定，亦保护了陈某江的合法权益。陈某江以此作为申请再审事由无理。"

案例二：某银行乾安县支行与江苏索某（集团）有限公司、上海儒某实业有限公司保证合同纠纷二审民事判决书［（2016）最高法民终40号］

最高法院认为："一审判决认为，索某公司、儒某公司虽然主张本案《流动资金借款合同》项下原债务范围及债务金额核定有误，并提供证据证明原债务部分合同的部分款项已经偿还，但却未能逐笔提供证据证明原债务范围及债务金额不足17670.7万元，所以，其据此主张债务金额为5610.3万元依据不足。本院认为，《担保法》第二十条②规定：'一般保证和连带责任保证的保证人享有债务人的抗辩权。债务人放弃对债务的抗辩权的，保证人仍有权抗辩。抗辩权是指债权人行使债权时，债务人根据法定事由，对抗债权人行使请求权的权利。'据此，作为保证人的索某公司、儒某公司有权对其担保主债权的金额或余额提出抗辩，尤其在债务人天某公司未参加本案诉讼情形下，乾安支行却以债务人天某公司已经认可本案债权金额为由主张其债权金额属实，不能支持。"

2. 保证人主张主债务已经清偿的抗辩，获法院支持

案例三：唐某平与南京星某温泉休闲有限责任公司、宁某平民间借贷纠纷申

---

①② 编者按：《民法典》第701条。

诉、申请民事裁定书［（2016）最高法民申100号］

最高法院认为："宁某平出具的《借款说明》，其内容与唐某平报案陈述以及宁某平接受公安机关询问时的陈述内容相冲突。由于担保纠纷中担保人和债务人的诉讼利益并不一致，星某公司作为保证人，有权依据《中华人民共和国担保法》第二十条①的规定，主张债务已经偿还的抗辩事由。在《借款说明》复印件存在无法合理解释的疑点且没有其他证据予以佐证，星某公司又对《借款说明》真实性不予确认的情况下，二审判决对《借款说明》复印件的证明力不予认定，符合证据认证规则。"

3. 保证人主张民间借贷利率过高的抗辩，获法院支持

案例四：楼某富与朱某峰、项城市福某置业有限公司等民间借贷纠纷申诉、申请民事裁定书［（2017）最高法民申25号］

最高法院认为："关于原审判决将8000万元借款中超过年利率36%部分的利息抵扣本案本息适用法律是否错误的问题。依据原审查明的事实，楼某富依据2014年3月10日各方签署的《协议书》提起本案诉讼，各方关于8000万元借款本息的结算在《协议书》事实基础部分和附件四中均有记载。因此，原审判决认定该8000万元借款与本案《协议书》的形成具有关联性，并不缺乏证据证明。《中华人民共和国担保法》第二十条②规定：'一般保证和连带责任保证的保证人享有债务人的抗辩权。债务人放弃对债务的抗辩权的，保证人仍有权抗辩。'最高人民法院《关于审理民间借贷案件适用法律若干问题的规定》③第二十六条第二款规定：'借贷双方约定的利率超过年利率36%，超过部分的利息约定无效。借款人请求出借人返还已支付的超过年利率36%部分的利息的，人民法院应予支持。'第二十八条第二款规定：'按前款计算，借款人在借款期间届满后应当支付的本息之和，不能超过最初借款本金与以最初借款本金为基数，以年利率24%计算的整个借款期间的利息之和。出借人请求借款人支付超过部分的，人民法院不予支持。'依照上述法律规定，原审判决认定案涉8000万元借款的利率超过年利率36%部分的约定无效，虞某松作为保证人可以请求扣减该笔借款已支付的超过年利率36%部分的808.6812万元利息以及其余尚欠借款以最初借款本金为基数按年利率24%计算整个借款期间的利息，适用法律并无不当。因

---

①② 编者按：《民法典》第701条。

③ 编者按：2020年修正，正文提及的两个条款被新法第25条、第27条吸收。

此，楼某富关于已归还的8000万元的借款本息并非本案所争议的内容、原审判决不应认定虞某松提出利息过高的抗辩理由成立从而扣减808.6812万元利息适用法律错误的申请再审理由不能成立。”

4. 保证人主张主合同的管辖权抗辩，获法院支持

案例五：中某惠德风电工程有限公司与辽宁高某能源集团有限公司保证合同纠纷二审民事判决书［（2015）民二终字第125号］

最高法院认为：“中某公司的诉讼请求是主张保证人高某公司承担保证责任，代瑞某公司履行未支付货款的义务，但是，《中华人民共和国担保法》第二十条[①]规定，‘一般保证和连带责任保证的保证人享有债务人的抗辩权。债务人放弃对债务的抗辩权的，保证人仍有权抗辩。抗辩权是指债权人行使债权时，债务人根据法定事由，对抗债权人行使请求权的权利。’高某公司出具的《担保函》虽然承诺在瑞某公司未支付货款余额时承担保证责任，但是，依照法律规定，该公司依法应享有债务人瑞某公司的抗辩权。中某公司的实体权利来源于其与瑞某公司签订的《供货合同》和《补充协议》，作为保证人的高某公司在行使债务人的抗辩权时，同样可以依照《供货合同》、《补充协议》的约定以及合同履行情况，包括中某公司是否按照合同约定数量、品质履行了供货义务，瑞某公司是否履行了付款义务，应否继续支付货款以及欠款数额等，进行实体抗辩。而根据中某公司和瑞某公司《供货合同》和《补充协议》的约定，上述问题均系履行《供货合同》和《补充协议》中产生的争议，属于仲裁管辖的范围。人民法院如果对上述争议进行实体审理，势必侵害中某公司和瑞某公司基于仲裁条款约定而享有的选择仲裁解决纠纷的权利，违背当事人意思自治原则。因此，当主合同约定了仲裁管辖，而保证合同没有约定仲裁管辖的情况下，原则上应当先行通过当事人协商一致或者经仲裁对主债务的范围作出确认，如果债权人只对保证人提起诉讼，保证人以主合同的约定和履行情况进行抗辩，必然会涉及到法院对于已经约定仲裁裁决的争议事项能否进行审理和裁判的问题，这既涉及到约定仲裁管辖当事人的仲裁程序选择权，也涉及到人民法院审判权的行使范围。在本案中，原审第三人瑞某公司并未放弃其与中某公司的仲裁管辖约定，认为主债务应当通过仲裁来确定。因此，对于高某公司关于因主债务的范围不能确定，保证责任的范围也不能确定，在主债务未经过仲裁裁决确定的情况下，中某公司直接要求其承担保证责任，属于证据不足的主张，依法应予支持。”

① 编者按：《民法典》第701条。

050 债权人放弃对部分保证人主张权利，其他保证人能否主张免责？

裁判要旨①

对于同一债务有两个以上连带保证人的，债权人可以要求任何一个保证人承担全部保证责任，保证人都负有担保全部债权实现的义务。债权人放弃对部分保证人主张权利的，是对自身权利的处分，在实体上并未加重其他保证人的保证责任，其他连带共同保证人不能主张免责。

案情简介

一、2013年3月14日，孔某才（出借人）与李某春（借款人）、保证人宁夏龙某实业股份有限公司、宁夏龙某房地产开发有限公司、金某公司、青某贸易公司、青某地产、姜某生、朱某华签订《借款合同》，约定：李某春向孔某才借款2000万元整。金某公司以面积1277.29平方米营业房做抵押提供担保，并对抵押合同进行了公证，赋予了强制执行效力。

二、李某春逾期未还款，孔某才向甘肃高院提起诉讼，请求：1. 判令李某春还本付息，各保证人承担连带责任。2. 确认孔某才对本案担保物享有抵押权。本案在审理过程中，孔某才于2014年2月28日向甘肃高院提出撤诉申请，申请撤回对保证人宁夏龙某实业股份有限公司、宁夏龙某房地产开发有限公司、姜某生、朱某华的起诉。

三、甘肃高院一审判决李某春还本付息，青某贸易公司、青某地产承担连带清偿责任，孔某才对本案担保物享有抵押权。

四、青某地产不服，以孔某才放弃对部分保证人主张权利加重其担保责任为由向最高法院上诉，最高法院二审判决驳回该上诉请求。

① 案件来源：孔某才与宁夏青某房地产开发有限公司、李某春民间借贷纠纷二审民事判决书［最高人民法院（2014）民一终字第278号］

裁判思路

本案中青某地产败诉的原因在于债权人放弃对部分保证人主张权利，并未加重其担保责任。结合本案的具体事实，担保本案债权履行的担保为六个主体的共同保证和第三人提供的抵押担保。而在六个主体提供的共同保证中，因未约定具体的担保份额，也未约定担保的方式，因此六个主体担保债权的方式应被认定为连带共同保证，保证方式为连带责任保证。连带共同保证的基本特征为，每一个保证人都不分份额地对全部主债权提供担保。因此，在连带共同保证中，每一个保证人都应当预见到其提供担保时即有可能承担全部的担保责任。正是基于以上理由，最高法院才最终认定债权人在一审中撤回对部分保证人的起诉，其债权人对自己权利的处分，并未加重青某地产的担保责任。青某地产以此主张部分免责没有法律依据。青某地产因此败诉。

经验总结

1. 在存在多个保证人的场合，如果各保证人未与债权人就担保的份额进行约定，应认定为连带共同保证。连带共同保证的任何一个保证人都负有承担全部保证责任的义务。连带共同保证的保证人如果仅是内部约定了各自分担保证责任的份额，不能以该约定对抗债权人。因此，连带共同保证是一个责任极重的保证形式。

2. 由于连带共同保证的每一个保证人都负有担保全部债权的义务，因此债权人既可以选择向全部保证人主张权利，也可以向部分保证人主张权利，甚至可以放弃对部分保证人主张权利。其他连带共同保证人不能以此为由主张免责。

3. 虽然在连带共同保证中，各保证人不分份额地对全部债权承担担保责任，但单个或者部分保证人承担保证责任后，可以向其他未承担或者未足额承担保证责任的人追偿。

相关法条

《中华人民共和国民法典》（2021 年 1 月 1 日施行）

第六百九十九条 同一债务有两个以上保证人的，保证人应当按照保证合同约定的保证份额，承担保证责任；没有约定保证份额的，债权人可以请求任何一个保证人在其保证范围内承担保证责任。

第七百条 保证人承担保证责任后，除当事人另有约定外，有权在其承担保证责任的范围内向债务人追偿，享有债权人对债务人的权利，但是不得损害债权人的利益。

《最高人民法院关于适用〈中华人民共和国民法典〉有关担保制度的解释》（法释〔2020〕28号 2021年1月1日施行）

第十三条 同一债务有两个以上第三人提供担保，担保人之间约定相互追偿及分担份额，承担了担保责任的担保人请求其他担保人按照约定分担份额的，人民法院应予支持；担保人之间约定承担连带共同担保，或者约定相互追偿但是未约定分担份额的，各担保人按照比例分担向债务人不能追偿的部分。

同一债务有两个以上第三人提供担保，担保人之间未对相互追偿作出约定且未约定承担连带共同担保，但是各担保人在同一份合同书上签字、盖章或者按指印，承担了担保责任的担保人请求其他担保人按照比例分担向债务人不能追偿部分的，人民法院应予支持。

除前两款规定的情形外，承担了担保责任的担保人请求其他担保人分担向债务人不能追偿部分的，人民法院不予支持。

裁判意见

以下为最高法院在该案二审"本院认为"部分就此问题发表的意见：

本案《借款合同》对保证方式没有作出约定，依据《担保法》第十九条[①]关于"当事人对保证方式没有约定或者约定不明确的，按照连带责任保证承担保证责任"的规定，应认定青某地产等八个保证人对诉争借款应承担连带保证责任。对于同一债务有两个以上连带保证人的，债权人可以要求任何一个保证人承担全部保证责任，保证人都负有担保全部债权实现的义务。孔某才作为债权人，有权选择向哪个保证人主张权利，其在本案一审中撤回对其中四个担保人的起诉，是对自身权利的处分，一审法院准许孔某才撤回起诉符合法律规定，程序上并无不当，实体上并未加重青某地产的保证责任。因《抵押借款合同》是经依法公证赋予强制执行效力的债权文书，孔某才可依据《民事诉讼法》第二百三十八条的规定直接向有管辖权的人民法院申请执行，故一审法院未确认金某公司的担保

---

① 编者按：《民法典》第686条第2款。

责任并无明显不当；再加之孔某才已申请通过非诉程序执行《抵押借款合同》，兰州铁路运输中级人民法院已向李某春发出（2014）兰铁中执字第8号执行通知书，在李某春清偿债务或者金某公司履行抵押担保责任后青某地产相应的保证责任应予免除，故一审判决结果并不加重青某地产的保证责任。

延伸阅读

关于免除部分连带共同保证人责任后其他保证人责任承担问题的判例

1. 债权人明确表示放弃部分保证人的保证责任的，其他保证人相应减免责任

案例一：梁某强与唐某琰民间借贷纠纷再审民事判决书［（2013）泰兴民一再初字第0002号］

兴化市人民法院认为："《最高人民法院关于适用〈中华人民共和国担保法〉若干问题的解释》第一百二十三条[①]规定：'同一债上数个担保物权并存时，债权人放弃债务人提供的物的担保的，其他担保人在其放弃权利的范围内减轻或者免除担保责任。'虽然本案为保证责任，但参照上述规定，原告放弃第三人杨某的保证责任，应视为其放弃杨某最终应承担的保证份额，被告唐某琰仅应承担一半的担保责任7.5万元。借条约定借期两个月，被告还应承担利息，原告主张利息从逾期之日起按银行同期贷款利率计算不违反法律规定，本院依法予以支持。"

2. 债权人有权选择仅起诉部分保证人

案例二：某银行股份有限公司郑州农业路支行与安阳某铁合金有限责任公司、河南玉某医药集团有限公司金融借款合同纠纷二审民事判决书［（2016）豫民终337号］

河南省高级人民法院认为："关于上诉人所称某银行农业路支行放弃对杨某清的主张是否损害其他保证人利益问题，因本案某银行农业路支行与玉某公司、某合金公司、杨某清、段某瑞签订的是《最高额保证合同》，各保证人均为玉某公司提供连带责任保证，根据《最高人民法院关于适用〈中华人民共和国担保法〉若干问题的解释》第二十条[②]的规定，连带共同保证的债务人在主合同规定的债务履行期届满没有履行共同债务的，债权人可以要求债务人履行债务，也可

---

① 编者按：已失效，被《民法典》吸收。

② 编者按：《民法典》第688条、第699条，《民法典担保制度解释》第13条。

以要求任何一个保证人承担全部保证责任。某银行农业路支行不主张杨某清及其继承人承担保证责任并不违反法律规定。”

案例三：丁某军与王某文、王某民间借贷纠纷一审民事判决书［（2014）莲民一初字第957号］

五莲县人民法院认为：“被告王某文对原告只起诉担保人王某，而未起诉担保人王某伟、陶某文提出异议，本院认为，本案中，各担保人系连带责任保证，原告作为债权人，有权选择追偿的对象，其放弃对王某伟、陶某文的起诉，系对其诉讼权利的正当行使，应予认可。”

051 第三人出具还款保证承诺后，保证人能否主张免责？

裁判要旨①

保证合同是当事人之间意思表示一致的结果，保证人的变更必须经债权人同意。若债权人和保证人之间没有形成消灭保证责任的合意，即使债务人或第三人为债权人另外提供了相应的担保，债权人亦表示接受，也不能因此免除保证人的保证责任。

案情简介

一、冀州中某公司与某银行河北省分行（以下简称省某行）签订外汇借款合同，借款金额182万美元。中A公司为该笔贷款向省某行出具《不可撤销现汇担保书》。两年后，河北中某公司另外向省某行出具《承诺书》，对归还该笔贷款本息承担连带还款责任，并放弃一切抗辩权。

二、借款到期后，借款人和担保人均未偿还。省某行进行了催收。省某行后将债权转让给某石办。某石办多次向借款人冀州中某和河北中某进行了催收。

三、因催收无果，某石办提起诉讼，请求判令冀州中某归还借款本息，中A公司承担担保责任。河北高院一审判决冀州中某偿还借款本息，河北中某承担担保责任，而中A公司不必承担担保责任。

① 案件来源：某公司石家庄办事处与中A公司等借款担保合同纠纷二审案［最高人民法院（2005）民二终字第200号　《中华人民共和国最高人民法院公报》2006年第3期（总第113期）］

四、某石办不服，上诉至最高法院。最高法院二审改判中A公司应承担担保责任。

裁判思路

本案中中A公司败诉的原因在于河北中某出具的《承诺书》并不能发生变更担保人的法律效果。保证法律关系虽涉及债权人、债务人、保证人三方法律关系，但对于保证合同而言仅为债权人与保证人之间的合同关系。保证人是根据担保合同的约定向债权人承担担保责任，保证合同同其他合同一样，具有相对性。故非经双方当事人协商一致或法律明确规定，不能发生变更、解除的法律效果。本案中，一审河北高院认为："省某行和某石办在河北中某出具承诺书后仅对河北中某主张了权利，据此可以认定该笔贷款的担保人已经变更为河北中某。"这一推断实际并没有坚持担保合同在变更、解除上的相对性原则，在法律适用上存在重大瑕疵。最高法院在二审中正确地指出："保证合同是当事人之间合意的结果，保证人的变更需要建立在债权人同意的基础上，即使债务人或第三人为债权人另外提供相应的担保，而债权人表示接受担保的，除债权人和保证人之间有消灭保证责任的意思表示外，保证责任并不免除。"本案中，中A公司与某石办并未形成关于放弃中A公司担保的意思表示，中A公司主张免责没有法律依据，因此败诉。

经验总结

1. 保证合同也是合同，《民法典》将保证合同放在合同编中，意味着除特别规定外，关于担保合同的法律适用应适用《民法典》合同编及总则部分的一般规定。根据《民法典》第一百一十九条的规定，依法成立的合同，对当事人具有法律约束力。当事人应当按照约定履行自己的义务，不得擅自变更或者解除合同。担保合同亦不例外。本案中，中A公司败诉最为关键的原因就在于作为债权人的省某行（后为某石办）并没有与中A公司达成关于变更担保人的合意，也没有免除中A公司担保责任的意思表示。故即使河北中某同意为该笔债权提供连带责任担保，也仅仅是并存的债务承担，并不能发生免除中A公司担保责任的法律效果。

2. 不论是当事人还是律师，在处理担保法律关系时，既要认识到担保法律关系所涉及的债权人、债务人和担保人三方的法律关系，也要认识到主合同形成的债权债务关系与担保合同形成的担保合同关系彼此之间并非毫无界限，而是因合同的相对性原则，存在泾渭分明的界限。债权人债务人二者的合意不能变更、解除担保合同；债权人与担保人的合意，不能变更、解除主合同；债务人与担保人的合意，既不能变更解除主合同，也不能变更解除担保合同。因此，处于担保法律关系中的各方，应当认识到合同的相对性，慎重应对对主合同、担保合同的变更、解除事宜，防止因当事人错误无法发生预期的法律效果。

3. 应区分并存的债务承担和免责的债务承担。所谓并存的债务承担，是指新的债务人主动加入到债权债务关系中，与原债务人共同向债权人承担债务，又称债务加入。免责的债务承担，是指新的债务人完全承担原债务人向债权人承担的债务，原债务人退出原有的债权债务关系，又称债务转让。对于并存的债务承担，无需经债权人同意，只需通知债权人即可。对于免责的债务承担，必须经债权人同意。本案中，河北中某的《承诺函》即属于并存的债务承担，因此无法免除包括中A公司在内的其他债务人债务及保证人责任。

相关法条

《中华人民共和国民法典》（2021年1月1日施行）

第一百一十九条 依法成立的合同，对当事人具有法律约束力。

第四百六十五条 依法成立的合同，受法律保护。

依法成立的合同，仅对当事人具有法律约束力，但是法律另有规定的除外。

第五百五十一条 债务人将债务的全部或者部分转移给第三人的，应当经债权人同意。

债务人或者第三人可以催告债权人在合理期限内予以同意，债权人未作表示的，视为不同意。

第六百八十一条 保证合同是为保障债权的实现，保证人和债权人约定，当债务人不履行到期债务或者发生当事人约定的情形时，保证人履行债务或者承担责任的合同。

裁判意见

以下为最高法院在二审判决“本院认为”部分就此问题发表的意见：

本案中，河北中某在省某行出具的《承诺书》中承诺，对归还该笔贷款本息承担连带还款责任，并放弃一切抗辩权，该承诺书与 93008 号《外汇借款合同》具有同等的法律效力。一审判决基于该承诺书，认定该笔贷款的担保人已经变更为河北中某，省某行和某石办已经放弃了对中 A 公司的担保债权，中 A 公司不应再承担本案的担保责任。但是，根据《民法通则》第八十五条与第九十一条[①]的规定，保证合同是当事人之间合意的结果，保证人的变更需要建立在债权人同意的基础上，即使债务人或第三人为债权人另外提供相应的担保，而债权人表示接受担保的，除债权人和保证人之间有消灭保证责任的意思表示外，保证责任并不免除。而本案并无债权人省某行或某石办同意变更或解除中 A 公司保证责任的明确意思表示，因此，一审判决的这一认定显属认定事实不当，适用法律错误，应予纠正。并且，双方当事人均未主张保证人变更，一审法院也未将保证人是否变更列为法庭调查的重点，双方在庭审时均未就此问题进行举证和质证，一审法院以此作为认定案件事实的关键，显属不妥。对于上诉人的该项上诉理由，本院予以支持。

根据该《承诺书》的内容，河北中某愿意承担债务并无疑问，问题的关键在于：河北中某出具该承诺书的行为是被上诉人中 A 公司主张的债务人变更，还是上诉人某石办主张的增加保证人，抑或是新债务人的加入。根据《合同法》第八十四条[②]的规定："债务人将合同的义务全部或部分转移给第三人的，应当经债权人同意。"在本案中，河北中某表示愿意承担连带还款责任，债权人省某行在接受的同时，并无明确的意思表示同意债务人由冀州中某变更为河北中某，因而河北中某的承诺行为不能构成债务转移，即不能构成债务人的变更。对被上诉人中 A 公司以债务转移未经其同意为由拒绝承担保证责任的抗辩理由，本院不予支持。至于河北中某的行为应当定性为上诉人某石办所主张的保证人增加，还是定性为债务人的增加，本院认为，二者在案件的实质处理上并无不同，只是在性质上有所不同：保证系从合同，保证人是从债务人，是为他人债务负责；并存的债务承担系独立的合同，承担人是主债务人之一，是为自己的债务负责，也是单一债务人增加为二人以上的共同债务人。判断一个行为究竟是保证，还是并存的债务承担，应根据具体情况确定。如承担人承担债务的意思表示中有较为明显的保证含义，可以认定为保证；如果没有，则应当从保护债权人利益的立法目的出发，认定为并存的债务承担。因此本案中，根据承诺书的具体内容以及向河北

① 编者按：已失效，被《民法典》吸收。
② 编者按：《民法典》第 551 条。

中某的催收通知中的担保人身份的注明，对河北中某的保证人身份有较为明确的表示与认可，上诉人某石办主张的此行为系保证人增加的上诉理由，于法有据，本院予以支持。

延伸阅读

案例：江某俭与清远市南某投资有限公司借款合同纠纷申诉、申请民事裁定书［（2016）最高法民申 1692 号］

最高法院认为："根据《中华人民共和国担保法》第六条[①]'本法所称保证，是指保证人和债权人约定，当债务人不履行债务时，保证人按照约定履行债务或者承担责任的行为'的规定，保证究其本质仍为保证人与债权人之间的合同之债，基于合同相对性的基本原则和前述法律规定，应根据保证人和债权人之间的约定确定其保证关系，故南某投资公司关于可以林某轩、潘某波以及南某投资公司所签《借据》来约束江某俭的主张缺乏法律依据而不能成立。根据《债权转让协议》关于'签订本协议后，乙方（林某轩）与丙方（潘某波）在本协议第1条中互相享有的债权债务已全部结清……即签订本协议后，丙方实欠甲方（江某俭）借款本息 5634 万元……同时，继续由清远市南某投资有限公司对借款承担担保责任'的约定，可以认定林某轩和潘某波之间 5634 万元的债权债务关系已经消灭，江某俭与潘某波之间另行产生新的 5634 万元债权债务关系，南某投资公司应就此债务向江某俭承担新的保证责任。"

第八节 其他问题

052 债务人破产的，保证人能否主张保证债务停止计息？

裁判要旨[②]

人民法院裁定受理主债务人破产申请后，主债务停止计息。根据担保从属性

① 编者按：《民法典》第 681 条。

② 案件来源：赵某栓、李某平金融借款合同纠纷再审审查与审判监督民事裁定书［（2020）最高法民申 1041 号］

的原则，担保人的担保责任应以主债务为限，故保证人应承担的保证债务亦应停止计息。

案情简介

一、2015年3月26日至30日，某银行与恒某公司签订多份《借款合同》约定：恒某公司向某银行借款人民币共计3750万元整，借款期限一年，年利率6.95%。

二、同时，某银行分别与李某平、赵某栓签订《保证担保合同》，合同约定：李某平、赵某栓自愿为恒某公司的《借款合同》提供连带责任保证，保证期间为三年。合同签订后，某银行依约发放贷款。

三、2015年12月30日，许昌市中级人民法院裁定受理了恒某公司破产重整申请。因某银行的借款本金始终未获清偿，故其在对破产企业申报债权后，以李某平、赵某栓为被告，向郑州市中级人民法院起诉，请求二人承担保证责任。

四、郑州市中级人民法院一审认为，赵某栓、李某平应向某银行偿还借款本金3750万元及相应的利息、罚息、复利计付至实际还完贷款本息之日止。赵某栓、李某平不服，上诉至河南省高级人民法院。

五、河南省高院认为，一审法院判决赵某栓、李某平支付2015年12月30日（债务人破产之日）之后的利息、罚息、复利不当，故撤销了郑州中院关于偿还利息、罚息、复利部分的判决，某银行因此向最高人民法院申请再审。

六、2020年7月24日，最高人民法院裁定驳回某银行的再审申请。

裁判思路

在司法实践中，关于“债务人破产，保证债务是否应当停止计息”这一问题，实践中存在两种不同的观点。第一种观点认为，破产债务停止计息的规定基于《破产法》的特殊安排，其效力并不应当及于保证债务；第二种观点基于对保证债务从属性的认识，认为保证人对于主债务人破产后停止计算的利息不承担保证责任。本案中，正是因为郑州中院与最高人民法院存在不同的观点，才导致了截然不同的裁判结果。

郑州中院持第一种观点，即担保制度设定的最初即是为了在债务人不能清偿债务之时，让保证人代为清偿全部债务。《破产法》第四十六条规定：“未到期的债权，在破产申请受理时视为到期。附利息的债权自破产申请受理时起停止计息。”该规定的立法本意是保护各债权人在破产程序中公平受偿，并非否定在破产申请受理后利息的存在，亦不意味着消灭了部分利息债权。此外，保证人在提供保证时，预期的保证责任范围即包括全部本金，以及计算至实际清偿之日的利息。破产债权停止计息规则是《破产法》的特殊规则，规范的是破产债务人和债权人之间的破产法律关系，仅适用于破产债务人，对保证人没有约束力。如果认为保证债务自债务人破产之日起停止计息，实际上是让保证人从债务人破产的事实中获利。因此，保证人对破产受理后停止计算的利息，应当承担保证责任。

河南省高院、最高人民法院持第二种观点，认为，保证责任具有范围上的从属性，即保证人承担的责任范围只能小于或者等于主债务的范围，不能大于主债务的范围。在主债务因破产程序已经停止计息的情况下，保证人承担的债务范围当然不能超过主债务范围，否则将有违担保债务的从属性原则。

在债务人的破产申请被法院受理之后，主债务停止计息，故破产后产生的利息，实际上不能从债务人处得到清偿，已经处于事实上的消灭状态，保证人承担了相应利息后，无权就该部分利息向主债务人申报债权，无权向债务人行使追偿权，而这与保证人在提供保证时所期待的对债务人的追偿权不符。综上，保证人对破产受理后停止计算的利息，不承担保证责任。

2021年1月1日起适用的《民法典担保制度解释》第二十二条已经明确规定：“人民法院受理债务人破产案件后，债权人请求担保人承担担保责任，担保人主张担保债务自人民法院受理破产申请之日起停止计息的，人民法院对担保人的主张应予支持。”故在未来的司法实践中，法院将依据司法解释的规则，以第二种裁判观点为原则开展审判工作。

经验总结

1. 对债权人来说，一旦出现债务人破产的情况，应当及时主张实现担保物权或向债务的保证人主张权利。债务人资不抵债，无法清偿到期债务时，债权人可能面临较大的坏账风险，及时向管理人申报债权，同时及时向保证人主张实现担保权利，有利于债权人的债权得到最大化的清偿。债务人破产被受理之日起，无论是主债务，还是保证人应当代主债务人清偿的债务都已经停止计算利息，债权人不再因债务的进一步拖延享有利息收益，因此，及时就自己的债务向破产债务人和保证人主张权利至关重要。

之前，最高人民法院一直就该问题的裁判原则存在争论（见“延伸阅读”部分），《民法典担保制度解释》自2021年1月1日起施行，对在此之前发生的债务人破产，债权人亦可以主张法院参照先前的裁判观点，要求保证人对全部主债务、利息承担连带清偿责任。

2. 对于保证人来说，要善于利用新规则对保证债务的利息计算规则。债务人破产是担保法实务中经常出现的问题，《民法典担保制度解释》关于债务人破产，保证债务停止计息的新规则是对保证人利益的进一步保护。保证人应当牢记这一利息计算原则，合理地向法院提出相应主张。

相关法条

《最高人民法院关于适用〈中华人民共和国民法典〉有关担保制度的解释》（法释〔2020〕28号 2021年1月1日施行）

第二十二条 人民法院受理债务人破产案件后，债权人请求担保人承担担保责任，担保人主张担保债务自人民法院受理破产申请之日起停止计息的，人民法院对担保人的主张应予支持。

第二十三条 人民法院受理债务人破产案件，债权人在破产程序中申报债权后又向人民法院提起诉讼，请求担保人承担担保责任的，人民法院依法予以支持。

担保人清偿债权人的全部债权后，可以代替债权人在破产程序中受偿；在债权人的债权未获全部清偿前，担保人不得代替债权人在破产程序中受偿，但是有权就债权人通过破产分配和实现担保债权等方式获得清偿总额中超出债权的部分，在其承担担保责任的范围内请求债权人返还。

债权人在债务人破产程序中未获全部清偿，请求担保人继续承担担保责任的，人民法院应予支持；担保人承担担保责任后，向和解协议或者重整计划执行完毕后的债务人追偿的，人民法院不予支持。

《中华人民共和国企业破产法》（2007年6月1日施行）

第四十六条 未到期的债权，在破产申请受理时视为到期。

附利息的债权自破产申请受理时起停止计息。

裁判意见

某银行申请再审认为，法院受理恒某公司破产案后案涉债务所产生利息、罚息、复利等担保责任，不应当免除。本院认为，根据《中华人民共和国企业破产法》第四十六条“未到期的债权，在破产申请受理时视为到期。附利息的债权自破产申请受理时起停止计息”的规定，附利息的债权自破产申请受理时起停止计息，即主债务人无需再承担债务利息。因担保合同是从合同，目的是保障所担保的债务即主合同确定的债务的履行，具有从属性，二审判决认定保证人承担保证责任的范围不应超过主债务的范围，改判赵某栓、李某平无需承担法院受理恒某公司破产申请之日后的利息，并无不当。某银行该项再审申请理由不能成立，本院不予支持。

延伸阅读

1. **债务人破产，保证债务应当停止计算利息。**

案例一：某银行股份有限公司嘉兴分行、上海华某能源有限公司保证合同纠纷再审审查与审判监督民事裁定书［（2019）最高法民申 6453 号］

最高人民法院认为：首先，担保债务具有从属性。根据《中华人民共和国担保法》第五条[①]第一款规定，担保合同是主合同的从合同。担保人承担的担保责任范围不应当大于主债务是担保从属性的必然要求。《中华人民共和国企业破产法》第四十六条第二款规定，人民法院裁定受理主债务人破产申请后，主债务停止计息。根据担保从属性的原则，担保人的担保责任应以主债务为限，故担保债务亦应停止计息。其次，从担保制度体系来看，其不仅规定了保证人的代偿义务，保障债权人的合法权益，同时也规定了保证人的追偿权，兼顾保证人的合法权益。破产案件受理后对主债权停止计息，债权人受损的仅是利息损失。如果对保证债务不停止计息，将影响保证人的追偿权，对保证人较为不公。因此，二审判决认定主债务人进入破产程序后，保证债务停止计息并不属于法律适用确有错误。

案例二：某省粮食集团米业有限公司、海南屯某颐和酒店投资有限公司金融借款合同纠纷二审民事判决书［（2018）最高法民终 673 号］

最高人民法院认为：关于某粮集团公司与某粮米业公司进入破产程序对本案裁判结果的影响。2018 年 7 月 26 日，长春中院受理了某粮米业公司的破产重整申请，根据《中华人民共和国企业破产法》第四十六条第二款“附利息的债权

---

① 编者按：《民法典》第 388 条、第 682 条。

自破产申请受理时起停止计息”的规定，韩某对某粮米业公司享有的债权应于2018年7月26日停止计息。担保债务具有从属性，依法亦应当停止计息。因长春中院已于2018年5月22日受理了案外人王某对某粮集团公司的破产清算申请，故韩某对某粮集团公司享有的担保债权应于2018年5月22日停止计息。

案例三：亿某集团股份有限公司、亿某信通股份有限公司合同纠纷二审民事判决书［（2019）最高法民终1603号］

最高人民法院认为：2019年3月21日，哈尔滨市中级人民法院已经裁定受理了亿某集团的破产申请，一审判决关于包括案涉借款本金、利息产生的复利及罚息计算至实际给付之日的认定应予调整，亿某集团关于案涉借款本金、利息应当于2019年3月21日停止计算复利、罚息的上诉请求，应当予以支持。

案例四：安徽省某文化发展有限公司、安徽某置业有限公司合资、合作开发房地产合同纠纷二审民事判决书［（2019）最高法民终102号］

最高人民法院认为，《破产法》第四十六条规定：“未到期的债权，在破产申请受理时视为到期。附利息的债权自破产申请受理时起停止计息。”根据该条规定，阳某半岛公司承担连带责任的利息部分，应计算至某文化发展公司破产申请受理日前一日即2014年7月2日止。

2. **债务人破产，保证债务不应当停止计算利息。**[①]

案例五：江西天某生态股份有限公司、江西天某航空股份有限公司金融借款合同纠纷再审审查与审判监督民事裁定书［（2020）最高法民申1054号］

最高人民法院认为：天某公司申请再审称，其系天某生态公司的担保人，因天某生态公司已被裁定进入破产清算程序，依据企业破产法第四十六条规定，某银行深圳分行对天某生态公司所享有的债权总额已固定。基于担保责任的从属性，天某公司所承担的担保责任应以主债务为限，故某银行深圳分行对天某公司的担保债权亦应于天某生态公司破产申请受理时停止计息。对此，本院认为，首先，企业破产法第四十六条规定旨在尽快确定债务人破产债权总额以推进破产程序的顺利进行，实现破产程序概括式集体清偿立法目的，故规定附利息的债权自破产申请受理时停止计息。本条立法目的并非免除保证人的保证债务。其次，债务因清偿、抵销、提存、免除、混同而消灭，主债务人破产并非保证债务消灭的原因。债务人破产申请受理后，付利息的债权停止计息系基于法律的特别规定，

---

① 编者按：《民法典担保制度解释》适用前，最高人民法院在审判工作中形成的相反裁判观点。

并非债权人自愿免除该部分利息。故天某公司关于在人民法院受理对主债务人的破产申请后对保证债务继续计息将会使保证债务大于主债务的主张，缺乏法律依据。第三，虽然从属性系担保的基本属性，担保人承担的担保责任范围不应当大于主债务。但是，承前所述，某银行深圳分行对天某生态公司的债权基于法律的特别规定予以停息，但是，该债权并未实质消灭，故自天某生态公司停止计息后的期间内所产生的利息，天某公司仍应承担保证责任并未违背担保债务从属性的基本原则。第四，保证人签订保证合同的目的即在于承担债务人不能清偿债务时替代债务人向债权人履行清偿责任的义务，本质在于保障债权人的债权能够全部得到有效清偿，此系合同当事人订立保证合同的本意。本案中，某银行深圳分行请求天某公司就其因天某生态公司已进入破产程序而未能受偿部分的债权承担保证责任符合双方签订《保证担保合同》的真意，亦未超出天某公司签订《保证担保合同》时的预期。虽然保证人承担保证责任后将因主债务人已破产丧失清偿能力而无法进行有效追偿，但该风险理应由保证人自行承担。综上，天某公司关于原判决对其应承担罚息、复利的截止日期的认定属适用法律错误的主张，缺乏事实根据和法律依据，同样不能成立。

案例六：深圳品某实业集团有限公司、某银行股份有限公司哈尔滨分行金融借款合同纠纷二审民事判决书［（2019）最高法民终1710号］

最高人民法院认为：债务人进入破产程序后，主债务停止计息的效力不应及于保证人。理由如下：首先，《中华人民共和国企业破产法》第四十六条第二款规定："附利息的债权自破产受理时起停止计息"，该条是债务人进入破产程序后，债权利息如何止付所作的特别规定，但仅规定破产债务人与其债权人之间如何在该程序中计息问题，并未涉及担保人。其次，《最高人民法院关于适用〈中华人民共和国担保法〉若干问题的解释》第四十四条①规定："保证期间，人民法院受理债务人破产案件的，债权人既可以向人民法院申报债权，也可以向保证人主张权利。债权人申报债权后在破产程序中未受清偿部分，保证人仍应当承担保证责任。债权人要求保证人承担保证责任的，应当在破产程序终结后六个月内提出。"当事人之间约定担保就是为了保障在债务人破产等不能完全清偿约定债务的情况下，债权人仍可通过请求担保人承担担保责任来如期实现约定债权（含类似本案的正常利息）。保证人按照约定的范围和方式承担保证责

① 编者按：《民法典担保制度解释》第23条。

任，也未超出保证人订立保证合同的预期，亦不违反民法公平原则。深圳品某公司请求依据《中华人民共和国企业破产法》第四十六条第二款主债务停止计息的效力及于保证人，缺乏事实和法律依据，一审法院不予支持并无不当，本院予以维持。

053 在保证期间内以公告方式向保证人主张权利是否有效?

裁判要旨①

保证期间内债权人向保证人主张权利的方式应参照诉讼时效的规定，只有在保证人下落不明的情况下才可采用公告方式主张权利，且公告应当在国家级或者保证人住所地省级有影响的媒体上进行。

案情简介

1. 胡某娟与浩某公司向陈某借款450万元，借款期限自2013年4月18日至2013年4月28日。张某全、鼎某科技公司为借款提供连带责任保证。陈某海向陈某出具担保函，为该借款本金承担连带责任保证，担保函未约定保证期间。

2. 借款到期后，陈某于2013年10月28日在《淮海商报》上向陈某海公告，内容为“你为浩某公司胡某娟向陈某借款450万元予以担保，现该借款逾期未还，请你履行担保责任，代为偿还借款”。

3. 2015年4月，陈某向淮安市中级人民法院起诉，要求胡某娟、浩某公司承担450万元本息的还款责任，张某全、鼎某科技有限公司、陈某海承担连带给付责任。

4. 淮安市中级人民法院一审认为，陈某在借款到期的6个月内，以公告方式向陈某海主张还款，应认定其在保证期间内向被告陈某海主张还款，故陈某海应当承担保证责任。陈某海不服，上诉至江苏省高级人民法院，江苏省高级人民法院二审驳回上诉，维持原判。

5. 陈某海向最高人民法院申请再审。最高人民法院认为，陈某的公告不符

① 案件来源：陈某海诉陈某等公司民间借贷纠纷再审民事判决书［（2017）最高法民再178号］

合法律规定，依法不能产生主张权利的法律效果。故改判陈某海不承担保证责任。

裁判思路

本案的争议焦点在于债权人在保证期间以公告方式向保证人陈某海主张权利是否符合法律规定。对此，最高人民法院认为：

首先，《担保法》第二十六条[①]中“要求保证人承担保证责任”的表述与《民法通则》第一百四十条[②]规定诉讼时效中断情形所使用的“当事人一方提出要求”的意义相若，可以相互参照。故债权人向保证人主张权利的方式、方法，可以参照诉讼时效的有关规定。

另外，根据《最高人民法院关于审理民事案件适用诉讼时效制度若干问题的规定》第十条第一款第四项的规定，只有在保证人下落不明的情况下才可采用公告方式主张权利，且公告应当在国家级或者保证人住所地省级有影响的媒体上进行。

然而，本案中，保证人陈某海一直在其任职的单位正常上班和履职，故本案中并不存在因陈某海下落不明导致债权人无法在保证期间内向其主张权利的情形，且从陈某选择的公告媒体来看，《淮海商报》亦并非省级有影响力的媒体。陈某的公告不符合法律规定，依法不能产生主张权利的法律效果。

经验总结

实务中，在保证期间内以公告方式向保证人主张权利应当符合以下三个条件：

一、保证人下落不明，债权人无法采用其他直接送达的方式向其主张权利。这一前提要件表明，债权人要求保证人承担责任的意思表示，原则上必须由保证人实际受领或能够实际受领方能发生法律效力，只有在因保证人下落不明等原因导致无法受领的情况下，才能以公告送达这一拟制受领的方式主张权利。债权人对“保证人下落不明”应当提供证据证明，包括联系地址未投妥的送达回证、电话无法联系到本人的记录等等，以达到“高度可能性”的证明标准（见“延

---

① 编者按：《民法典》第692条、第693条。

② 编者按：《民法典》第195条。

伸阅读”案例三）。

二、公告的内容需有主张权利的意思表示。《民法典》第六百九十三条第二款规定：“连带责任保证的债权人未在保证期间请求保证人承担保证责任的，保证人不再承担保证责任。”保证人下落不明不意味着债权人面对即将经过的保证期间无计可施，其仍然可以通过公告送达的方式主张权利。但是，无论以何种形式通知保证人，通知的内容中必须含有要求连带责任保证人履行保证义务的意思表示，该种意思表示必须明确。

三、公告的媒体应当是国家级或者保证人住所地省级有影响的媒体。在实务中，通过公告方式主张权利的要件参考《诉讼时效制度若干问题的规定》中关于诉讼时效中断的有关规定，公告应当被发布在国家级或者下落不明的当事人一方住所地的省级有影响的媒体上。如公告不满足该条件，则仍有可能造成权利主张无效的后果。

相关法条

《中华人民共和国民法典》（2021 年 1 月 1 日施行）

第六百九十三条 一般保证的债权人未在保证期间对债务人提起诉讼或者申请仲裁的，保证人不再承担保证责任。

连带责任保证的债权人未在保证期间请求保证人承担保证责任的，保证人不再承担保证责任。

《最高人民法院关于审理民事案件适用诉讼时效制度若干问题的规定》［法释〔2020〕17 号 （2020 年修正）］

第八条 具有下列情形之一的，应当认定为民法典第一百九十五条规定的“权利人向义务人提出履行请求”，产生诉讼时效中断的效力：

（一）当事人一方直接向对方当事人送交主张权利文书，对方当事人在文书上签名、盖章、按指印或者虽未签名、盖章、按指印但能够以其他方式证明该文书到达对方当事人的；

（二）当事人一方以发送信件或者数据电文方式主张权利，信件或者数据电文到达或者应当到达对方当事人的；

（三）当事人一方为金融机构，依照法律规定或者当事人约定从对方当事人账户中扣收欠款本息的；

（四）当事人一方下落不明，对方当事人在国家级或者下落不明的当事人一方住所地的省级有影响的媒体上刊登具有主张权利内容的公告的，但法律和司法解释另有特别规定的，适用其规定。

前款第（一）项情形中，对方当事人为法人或者其他组织的，签收人可以是其法定代表人、主要负责人、负责收发信件的部门或者被授权主体；对方当事人为自然人的，签收人可以是自然人本人、同住的具有完全行为能力的亲属或者被授权主体。

裁判意见

法院认为，关于保证期间内债权人向保证人主张权利的方式，根据《担保法》第二十五条第二款和第二十六条第二款[①]之规定：在一般保证，债权人必须以对主债务人提起诉讼或申请仲裁的方式要求主债务人承担责任；在连带责任保证，债权人必须"要求保证人承担保证责任"。就债权人应当以何种方式"要求保证人承担保证责任"这一问题，学说上一般认为，《担保法》第二十六条[②]中"要求保证人承担保证责任"的表述与《民法通则》第一百四十条[③]规定诉讼时效中断情形所使用的"当事人一方提出要求"的意义相若，可以相互参照。在既往的司法实践中，最高人民法院民事审判第二庭于 2002 年 11 月 22 日在《对关于担保期间债权人向保证人主张权利的方式及程序问题的请示的答复》（〔2002〕民二他字第 32 号）中就这一问题统一过司法尺度。该答复函明确，债权人向保证人主张权利的方式包括"提起诉讼"和"送达清收通知书"等，其中"送达"既可由债权人本人送达，也可以委托公证机关送达或公告送达（在全国或省级有影响的报纸上刊发清收债权公告）。根据上述学说和我院一贯的司法尺度，在连带责任保证中，债权人向保证人主张权利的方式，可以参照《民法通则》第一百四十条[④]关于"诉讼时效因提起诉讼、当事人一方提出要求或者同意履行义务而中断。从中断时起，诉讼时效期间重新计算"之规定，认定债权人在保证期间内以提起诉讼，申请仲裁，采用直接、委托或公告送达清收通知书等方式向保证人主张权利，或者保证人自行认诺愿意承担保证责任的，都可以产生解除保证期间、开始计算诉讼时效的法律效果。就公告送达方式的适用条件，《最高人民法院关于审理民事案件适用诉讼时效制度若干问题的规定》（法释

① 编者按：《民法典》第 692 条、第 693 条、第 694 条。

② 编者按：《民法典》第 692 条、第 693 条。

③④ 编者按：《民法典》第 195 条。

〔2008〕11 号）第十条第一款第四项规定："当事人一方下落不明，对方当事人在国家级或者下落不明的当事人一方住所地的省级有影响的媒体上刊登具有主张权利内容的公告的，但法律和司法解释另有特别规定的，适用其规定。"据此，债权人在保证期间内以公告方式向保证人主张权利应当符合以下三个条件：第一，保证人下落不明，债权人无法采用其他直接送达的方式向其主张权利。这一前提要件表明，债权人要求保证人承担责任的意思表示，原则上必须由保证人实际受领或能够实际受领方能发生法律效力，只有在因保证人下落不明的原因导致无法受领的情况下，才能以公告送达这一拟制受领的方式主张权利。第二，公告的内容需有主张权利的意思表示。第三，公告的媒体应当是国家级或者保证人住所地省级有影响的媒体。本案中，被申请人陈某和申请人陈某海均一致认可，在保证期间内，保证人陈某海一直在其任职的单位正常上班和履职，故本案中并不存在因陈某海下落不明导致债权人无法在保证期间内向其主张权利的情形，且从陈某选择的公告媒体来看，《淮海商报》亦并非省级有影响力的媒体。故本案中被申请人陈某以在《淮海商报》上刊登公告的方式向保证人主张权利，不符合法律规定，依法不能产生主张权利的法律效果。被申请人陈某关于其在保证期间内亲自、委托他人到陈某海处要求其承担责任的诉讼主张，事实依据不足，本院不予采信。原审判决关于《最高人民法院关于审理民事案件适用诉讼时效制度若干问题的规定》中关于公告送达的规定不适用于保证期间的认定，系对法律和司法解释规定的错误理解，本院予以纠正。申请人陈某海关于其并未处于下落不明、导致陈某无法向其主张权利的状态，陈某所发公告不具有法律效力，其不应承担保证责任的申请理由成立，本院予以支持。

延伸阅读

案例一：张某伟、江西某农村商业银行股份有限公司金融借款合同纠纷再审审查与审判监督民事裁定书［（2020）最高法民申 2849 号］

最高人民法院认为：在当事人一方下落不明时，在国家级或者下落不明的当事人一方住所地的省级有影响的媒体上刊登具有主张权利内容的公告，可以视为当事人一方提出要求。张某伟称其常年在江西上饶工作，农商行可以通过电话、短信等方式联系张某伟。但在 2017 年 7 月 5 日至 2019 年 8 月 20 日期间，张某伟在多起涉诉案件中，存在人民法院因无法通过直接送达等方式向张某伟送达诉讼文书，进而多次采用公告送达的方式向其送达的情形，张某伟对人民法院向其多次公告送达诉讼文书未作出合理解释。一审法院在通过邮政EMS向张某伟送达本案一审相关送达诉讼文书未妥投的情形下，采用公告送达方式送达，但在公告送达后，张某伟又委托诉讼代理人参加诉讼。原判决据此认定张某伟有故意隐藏去向嫌疑并无不当。因现行法律未明确规定保证期间采用公告方式向保证人催收债务是否产生债权人向保证人主张权利的法律后果，在此情形下，原判决参照前述诉讼时效中断的法律规定认定农商行于2018年2月9日在张某伟住所地的省级有影响力的《信息日报》上刊登具有催收债务内容的公告，农商行构成在保证期间向张某伟主张保证责任，并进而判决张某伟承担保证责任并无不当。

案例二：某资产管理股份有限公司江西省分公司与共青城赛某通信技术有限责任公司、共青城凯某房地产开发有限公司金融借款合同纠纷一审民事判决书［（2017）赣民初95号］

江西省高级人民法院认为：被告认为代某权和梁某并非下落不明的个人，以公告形式送达相关债权债务文书不符合法律规定。审查认为本案债权转让通过EMS单已告知本案借款人及担保人，邮寄到赛某公司是因为代某权是该公司法定代表人，该地址是合法有效的。同时，转让人与受让人在江西日报予以公告催收债权，符合《最高人民法院关于审理涉及金融资产管理公司收购、管理、处置国有银行不良贷款形成的资产的案件适用法律若干问题的规定》第六条的规定"金融资产管理公司受让国有银行债权后，原债权银行在全国或者省级有影响的报纸上发布债权转让公告或通知的，人民法院可以认定债权人履行了《中华人民共和国合同法》第八十条第一款规定的通知义务。"原告和某银行江西省分行在江西日报上刊登债权转让并催收债务的公告符合最高人民法院的司法解释，合法有效，该债务催收公告的证明效力应予认定。

案例三：童某雄、唐某清金融借款合同纠纷二审民事判决书［（2019）赣民终586号］

江西省高级人民法院认为：就保证期间公告要求保证人承担保证责任的适用条件，担保法及其司法解释没有明确，但理论界及司法实践均准用《最高人民法院关于审理民事案件适用诉讼时效制度若干问题的规定》第十条第一款第四项之规定，其中"当事人一方下落不明"是适用条件之一。当事人一方下落不明既包括主观上债权人不知道保证人所在的情况，也包括客观上保证人更换住所未告知债权人或保证人为逃避民事责任故意隐藏去向的情况。本案中，对三上诉人是否具有下落不明的情形，某农商行与三上诉人各执一词。对该事实，虽然某农商行没有提供其直接送达不能的直接证据，但结合本案相关事实，依照《最高人民法院关于适用〈中华人民共和国民事诉讼法〉的解释》第一百零八条“对负有举证证明责任的当事人提供的证据，人民法院经审查并结合相关事实，确信待证事实的存在具有高度可能性的，应当认定该事实存在。对一方当事人为反驳负有举证证明责任的当事人所主张事实而提供的证据，人民法院经审查并结合相关事实，认为待证事实真伪不明的，应当认定该事实不存在”的规定，本院认定三上诉人下落不明的事实具有高度可能性，理由如下：一是三上诉人为葛某公司的股东，虽然与葛某公司属于不同的民事主体，但其自身利益与公司利益紧密相关，知悉公司的经营情况包括案涉借款是否清偿等情况，在某农商行 2017 年 5 月 24 日向公司催收贷款时，对自身承担案涉借款连带清偿责任的可能性应当明知，其对自己是否需要承担保证责任的不确定状态与公司无关的第三人为公司无偿提供保证的情形有着显著的区别；二是自 2017 年 7 月 5 日至 2019 年 8 月 20 日期间，在相关民事纠纷涉诉的情况，法院无法向三上诉人直接送达诉讼文书，童某雄被公告送达多达 21 次，张某伟被公告送达 10 次，公告送达次数最少的唐某清也达 9 次，本案一审的诉讼文书对童某雄、唐某清也是以公告方式送达，向三上诉人直接送达不能属于常态；三是三上诉人主张其常年在上饶，但对法院多次公告送达的情形无法作出合理和令人信服的解释，同时在多个案件中经公告送达后其又委托诉讼代理人参加诉讼，三上诉人在面临债权人主张时具有故意隐藏去向之嫌；四是诚信原则是民事主体从事民事活动的基本原则，设立保证期间制度，固然有督促债权人及时行使权利避免“躺在权利上睡觉”的意旨，但并不排除债务人依约履行义务，更不应成为债务人明知债务存续且债权人并未放弃主张债权情形下不履行债务的理由。衡诸法律规定之意旨，结合本案三上诉人直接送达不能的常态，本院对某农商行主张的事实形成了更有力的确信。因此，某农商行 2018 年 2 月 9 日以公告方式向三上诉人主张保证责任，符合公告的法定条件。三上诉人提出某农商行以在《信息日报》上刊登公告的方式向保证人主张权利，不符合法律规定，依法不能产生主张权利的法律效果的理由，与本案事实不符，不予采纳。

054 银行未尽贷款资金封闭运行管理义务，保证人是否可以主张免责？

裁判要旨[①]

债务人是否如约履行合同义务，是保证人是否承担保证责任的关键。银行对发放的贷款封闭运行管理仅是债权人对贷款风险进行防范和控制的手段，如债权人不履行封闭管理义务，则导致其贷款不能收回的风险加大，使债权人处于一种不利益状态，但并不影响债务人的利益，也不超出保证人承担责任的预期，保证人不能以此为由拒绝承担保证责任。

案情简介

一、2007 年 8 月至 2007 年 12 月 10 日，罕某公司与某银行灯塔支行签订五份《流动资金借款合同》，借款总额为 11940 万元，贷款用途均为粮食收购资金，后贷款用途被改变。辽某宾馆与某银行灯塔支行签订五份《保证合同》，同意为上述借款提供保证担保。截至 2014 年 5 月，罕某公司尚欠某银行灯塔支行贷款本金 10377 万元，欠利息 2341 万元（截至 2011 年 7 月 30 日）。

二、某银行灯塔支行向辽宁高院起诉，请求法院判令：罕某公司还本付息，辽某宾馆对上述欠款本息承担连带偿还责任。一审法院判决罕某公司还本付息，但以某银行灯塔支行未按照有关规定对粮食收购资金进行封闭运行管理为由判决辽某宾馆对罕某公司到期不能偿还的债务承担三分之一的责任。

三、某银行灯塔支行不服，上诉至最高法院，最高法院二审改判辽某宾馆对全部债务承担连带保证责任。

裁判思路

本案中辽某宾馆的裁判思路在于银行对贷款资金封闭运行的监管义务，为不真正义务，银行未履行该义务时仅使银行的资金安全风险增加，但并不能影响债权债务关系及担保关系。《国务院关于进一步深化粮食流通体制改革的意见》

---

① 案件来源：某银行灯塔市支行与辽某宾馆有限责任公司、辽阳罕某农业集团有限公司金融借款合同纠纷二审民事判决书［最高人民法院（2015）民二终字第 251 号］

《某银行粮食收购贷款办法》均要求银行对于粮食收购资金应当专款专用，银行对用于粮食收购的贷款资金负有封闭运行管理的义务，以确保资金安全。本案中也确实存在某银行灯塔支行未尽贷款资金封闭运行管理义务导致贷款资金被挪作他用的情况。一审法院在“本院认为”部分花了大量的篇幅论证某银行灯塔支行负有资金封闭运行的管理义务且最终未尽到相关义务，故最终判决作为连带责任保证人的辽某宾馆仅需承担部分的担保责任。但最高法院却认为：“封闭运行管理仅是债权人对贷款风险进行防范和控制的手段，如债权人不履行封闭管理义务，则导致其贷款不能收回的风险加大，使债权人处于一种不利益状态，但并不影响债务人的利益，也不超出保证人承担责任的预期。”即封闭运行管理义务对于银行而言是为维护自身利益而非债务人利益而设定的义务，为不真正义务。故最高法院认定虽然某银行灯塔支行违反了该义务，但不影响担保人承担担保责任。辽某宾馆因此败诉。

经验总结

1. 在银行信贷业务中，银行为确保资金安全，各方往往会存在各种类型的义务。这些义务有的是针对债务人提出的，义务人违反相应的义务即构成违约；有些是银行向自己提出的，银行违反此类义务不会导致债务人不利益，而仅会增加信贷风险。本案中银行根据自己的管理规定所负有的资金封闭管理的义务就是一项为确保信贷安全的对己义务，该义务的违反不会造成债务人的不利益。故最高法院认定银行违反该义务不构成债务人、保证人免责的事由。

2. 违反资金封闭运行管理或者资金专款专用义务的法律后果并不能一概而论，而应先行确定谁对谁负有此类义务，并以此为基础判断此类义务的违反是否构成了违约。如果约定债务人有资金封闭运行的义务或者资金专款专用的义务而债务人违反此类义务时，即构成违约，应承担相应的违约责任。

3. 保证人应当审慎选择免除担保责任事由。衡量保证人能否免责，有以下两个重要指标：（1）保证人提供担保的意思表示是否真实，即是否存在欺诈、胁迫的情形；（2）债权人的行为是否加重了保证人的担保责任。对于第二点，一定要准确理解，此处加重的是保证人的担保责任而非保证人承担担保责任的可能性。如果债务人的行为仅为增加了保证人承担担保责任的可能性，则该可能性仍属于保证人签订担保合同时可预期的范围之内，保证人不得以此为由主张免责。

相关法条

《中华人民共和国民法典》（2021 年 1 月 1 日施行）

第一百五十四条 行为人与相对人恶意串通，损害他人合法权益的民事法律行为无效。

第六百九十五条 债权人和债务人未经保证人书面同意，协商变更主债权债务合同内容，减轻债务的，保证人仍对变更后的债务承担保证责任；加重债务的，保证人对加重的部分不承担保证责任。

债权人和债务人变更主债权债务合同的履行期限，未经保证人书面同意的，保证期间不受影响。

裁判意见

以下为最高法院在二审判决“本院认为”部分就此问题发表的意见：

一审判决认定对粮食收购贷款承担封闭运行管理系某银行灯塔支行的法定义务，并据此减轻了保证人辽某宾馆的保证责任。诚然，某银行灯塔支行作为政策性银行的分支机构，应当按照国务院及银行的相关文件，对粮食收购贷款进行封闭运行管理，以实现对贷款风险的防范和控制，否则即应按照相关文件规定承担相应责任。但法定义务是直接依据法律规定产生的义务，国务院规范性文件及某银行行业规定，均非法律范畴，在法律无明确规定之情形下，不能将之涉及事项直接认定为法定义务。

综上所述，辽某宾馆作为保证人，与某银行灯塔支行签订多份《保证合同》，为某银行灯塔支行与罕某公司之间的金融借款合同提供连带责任保证。上述《保证合同》为各方当事人真实意思表示，内容不违反法律、行政法规的强制性规定，合法有效。某银行灯塔支行是否对案涉贷款进行封闭运行管理并履行资金监管义务，不影响保证人辽某宾馆基于其对罕某公司履约能力的信任所作出的保证承诺。辽某宾馆应当按照其与某银行灯塔支行的合同约定，对于罕某公司对某银行灯塔支行所负的全部债务履行连带保证义务。一审判决适用法律不当，应予纠正。

延伸阅读

案例一：南京某投资担保有限公司与某银行股份有限公司南京江宁支行保证

合同纠纷再审复查与审判监督民事裁定书［（2015）苏审三商申字第00241号］

江苏省高级人民法院认为：（一）申请人主张某银行江宁支行资金监管不当应承担相应责任的主张不能成立。第一，申请人虽主张某银行江宁支行监管不当，但根据贷款合同的约定，某银行江宁支行并不具有实时监控账户资金流动的合同义务，实时监控也非法定义务，申请人也不能证明某银行江宁支行具有实时监控资金流动的能力。且银行资金监管义务履行不当也非免除安某公司保证责任的事由。第二，申请人虽主张案涉贷款资金曾经某银行其他支行流动，申请人未能截留资金存在过错，但申请人并不能证明某银行江宁支行在资金流入其他银行后仍具有监控资金流动进程的能力。因此，申请人主张某银行江宁支行未能及时监管资金流动并截留资金存在过错，应当对此承担责任的主张不能成立。

案例二：敦煌市凌某房地产开发有限责任公司与某银行股份有限公司敦煌支行金融借款合同纠纷一案二审民事判决书［（2011）甘民二终字第103号］

甘肃省高级人民法院认为：根据本案查明的事实，本案保证合同约定的贷款用途为流动资金，贷款期限届满后，凌某公司于2010年8月6日在某行敦煌支行发出的《担保人履行责任通知书》上的签名盖章行为，已表明其对所载恒某公司欠款本金、利息及担保责任的确认。凌某公司上诉所提某行敦煌支行擅自改变贷款用途、没有履行贷款监管义务，其不应继续承担保证责任的主张，缺乏事实及法律依据。

案例三：某银行股份有限公司宁波镇海支行与宁波鑫某混凝土构件有限公司、梁某华等金融借款合同纠纷一审民事判决书［（2014）甬镇商初字第1402号］

宁波市镇海区人民法院认为：本案《流动性资金借款合同》仅约定对于可循环流动资金借款方式的借款人提款时必须向贷款人提交书面提款申请并提供与用款相应的商务合同、发票及其他凭证等相关材料，对于一般流动资金借款方式却并无此约定。而《流动性资金借款合同》已明确约定本案的借款方式为一般流动资金借款方式。本院认为，上述相关约定仅系借款人的义务，而非贷款人的义务，在本案一般流动资金借款方式中，银行审贷和贷款监管义务的规定，性质上属于管理性风险控制条款，不影响借款合同及担保合同效力。从原告提供的借款凭证中记载内容可知本案借款也并没有采用受托支付方式。因此，对于被告胡某珍认为原告未按可循环流动资金借款方式的提取条件及受托支付方式的支付条件进行审查放贷，属于违法放贷，据此主张其免除抵押担保责任，该主张无事实和法律依据，本院不予采纳。

055 贷款展期不符合《贷款通则》规定，保证人对延期后的还款义务能否免责?

裁判要旨[①]

因借款人没有按照《贷款通则》规定在贷款到期之前向贷款人申请展期，且该展期期限也有违《贷款通则》的规定，故本案展期不成立。虽保证人承诺“如贷款展期后，保证人继续承担保证责任”，但在展期不成立的情况下该保证期间应自借款之日起至借款到期后两年。

案情简介

一、1999 年 8 月 28 日和 1999 年 8 月 30 日，某信用社（后改制为某农商行）向某伟公司分两次发放“收购资金”贷款各 200 万元。到期日为 2000 年 4 月 20 日和 2000 年 5 月 20 日。该两笔贷款性质仍是“借新还旧”。某镇政府财政所为上述贷款提供了担保，并在《保证担保借款合同》中承诺：“保证期间自借款之日起至借款到期后两年，如贷款展期后，保证人继续承担保证责任，保证期限延至展期借款到期日之后两年。”

二、鉴于某伟公司未按约履行还款义务，2003 年 12 月 12 日，某信用社与某伟公司签订一份《协议书》，某信用社与某伟公司双方同意将上述借款本金及利息延期两年支付。某镇政府在该《协议书》的双方签字盖章的中间处加盖了公章。

三、《协议书》签订后，某伟公司未按约支付本金及利息，某信用社遂以某伟公司未归还 1999 年 8 月 28 日和 8 月 30 日的贷款本金 400 万元及利息 110 万元为由诉至徐州中院，同时要求某镇政府承担连带保证责任。徐州中院一审判决某伟公司还本付息，但驳回了其要求某镇政府承担连带保证责任的诉请。

四、某信用社不服，上诉至江苏高院，江苏高院判决驳回上诉，维持原判。某信用社仍不服，向最高法院申请再审，最高法院指令江苏高院再审。江苏高院再审判决维持二审判决。

---

① 案件来源：江苏某农村商业银行股份有限公司与某伟生化制品有限公司、某市某镇人民政府金融借款合同纠纷再审民事判决书［（2012）苏商再终字第 008 号］

裁判思路

本案中某信用社的裁判思路在于其与债务人达成的贷款展期的协议不符合《贷款通则》的规定，导致贷款展期不成立。根据《贷款通则》第十二条的规定，债务人申请贷款展期的，应当在贷款到期之前向债权人提出，而本案中某伟公司与某信用社达成的关于贷款展期《协议书》是在贷款到期之后签订的，不符合《贷款通则》关于办理贷款展期的规定。故江苏法院在再审判决中认为："根据上述规定，本案情形不构成贷款展期。"即本案中的贷款展期不成立。因贷款展期不成立导致作为保证人的某镇政府仅需在原借款合同的责任范围内承担担保责任，即保证期间应自2000年4月20日和2000年5月20日开始起算。本案中某信用社要求某镇政府承担保证责任的时间为2008年，已经远远超过了两年的保证期间。某信用社因此败诉。

经验总结

1. 根据《民法典》第六百九十五条的规定，债权人和债务人未经保证人书面同意，协商变更主债权债务合同内容，减轻债务的，保证人仍对变更后的债务承担保证责任；加重债务的，保证人对加重的部分不承担保证责任。债权人和债务人变更主债权债务合同的履行期限，未经保证人书面同意的，保证期间不受影响。本案中，作为担保人的某镇政府同意在贷款展期后继续提供担保，如果贷款展期成立，则某镇政府必然要承担担保责任。因此，银行在办理贷款展期时，应事先要求征得保证人同意展期后继续提供担保的书面材料，防止盲目展期导致贷款脱保。

2. 银行等金融机构为贷款人办理展期时，应严格按照《贷款通则》的规定为贷款人办理展期。对于已经到期的贷款，不得为其办理贷款展期手续，即使已经办理了展期，也有可能被法院认定为展期无效。债权的担保人仅需在原债权履行期限的范围内承担担保责任。银行如确需为已经到期的贷款延长贷款期限的，应当办理转贷或者"借新还旧"手续，并要求担保人同意对转贷或"借新还旧"继续提供担保，否则将直接导致债权脱保。

3. 银行等金融机构作为专业的服务机构，不仅要着眼于债权本身的实现，而且要严格按照法律法规及行业规定办理相关业务。本案中，某信用社败诉的关键点就在于其没有按照《贷款通则》的规定为债务人办理展期手续，也没有认识到展期不符合《贷款通则》规定的法律后果，进而导致债权脱保的悲剧发生。因此，银行在办理业务时，必须合法合规，对于重大业务的处理，应当委托专业律师进行风险评估，防止产生不必要的损失。

相关法条

《中华人民共和国民法典》（2021 年 1 月 1 日施行）

第六百七十八条 借款人可以在还款期限届满前向贷款人申请展期；贷款人同意的，可以展期。

第六百九十五条 债权人和债务人未经保证人书面同意，协商变更主债权债务合同内容，减轻债务的，保证人仍对变更后的债务承担保证责任；加重债务的，保证人对加重的部分不承担保证责任。

债权人和债务人变更主债权债务合同的履行期限，未经保证人书面同意的，保证期间不受影响。

《贷款通则》（中国人民银行令［1996 年 2 号］1996 年 8 月 1 日施行）

第十二条 贷款展期：不能按期归还贷款的，借款人应当在贷款到期日之前，向贷款人申请贷款展期。是否展期由贷款人决定。申请保证贷款、抵押贷款、质押贷款展期的，还应当由保证人、抵押人、出质人出具同意的书面证明。已有约定的，按照约定执行。

短期贷款展期期限累计不得超过原贷款期限；中期贷款展期期限累计不得超过原贷款期限的一半；长期贷款展期期限累计不得超过 3 年。国家另有规定者除外。借款人未申请展期或申请展期未得到批准，其贷款从到期日次日起，转入逾期贷款账户。

裁判意见

以下为江苏高院在再审判决“本院认为”部分就此问题发表的意见：

第一，财政所为某伟公司向某信用社的贷款提供的保证行为无效。《担保法》第八条[①]规定“国家机关不得为保证人，但经国务院批准为使用外国政府或者国际经济组织贷款进行转贷的除外”。本案中，为某伟公司向某信用社的贷款

---

① 编者按：《民法典担保制度解释》第 5 条第 1 款。

提供保证的财政所，是某镇政府的下属部门，是代表国家行使行政管理权的国家行政机关的行政职能部门，因此，其提供保证的行为，违反《担保法》禁止性规定[①]，应属无效。

第二，本案情形不构成贷款展期。在本案《保证担保借款合同》第五条中，保证人承诺：如贷款展期后，保证人继续承担保证责任，保证期限延至展期借款到期日之后二年。当事人在 2003 年 12 月 12 日的《协议书》中将本案贷款本金及利息延期两年支付。自 1996 年 8 月 1 日起施行的中国人民银行《贷款通则》第十二条规定，贷款展期：不能按期归还贷款的，借款人应当在贷款到期日之前，向贷款人申请贷款展期。是否展期由贷款人决定。申请保证贷款、抵押贷款、质押贷款展期的，还应当由保证人、抵押人、出质人出具同意的书面证明。短期贷款展期期限累计不得超过原贷款期限。自 1999 年 10 月 1 日起施行的《合同法》第二百零九条[②]亦规定，借款人可以在还款期限届满之前向贷款人申请展期。贷款人同意的，可以展期。因为借款人某伟公司没有在贷款到期之前向贷款人某信用社申请贷款展期，保证人也没有出具同意保证贷款展期的书面证明。而且，本案贷款期限在 1 年以内，属于短期贷款，其展期期限累计不得超过原贷款期限。因此，根据上述规定，本案情形不构成贷款展期。

第三，本案保证已超出保证期间。本案中，1999 年 8 月 28 日和 1999 年 8 月 30 日，某信用社向某伟公司分两次发放两笔贷款各 200 万元，到期日为 2000 年 4 月 20 日和 2000 年 5 月 20 日。财政所为该贷款提供了担保，并在《保证担保借款合同》中承诺："保证期间自借款之日起至借款到期后二年，如贷款展期后，保证人继续承担保证责任，保证期限延至展期借款到期日之后二年。"如前所述，本案情形不构成贷款展期，故本案保证期间按约定应为自借款之日起至借款到期后二年，即自 1999 年 8 月 28 日至 2002 年 4 月 20 日和自 1999 年 8 月 30 日至 2002 年 5 月 20 日。某信用社未能举证证明在上述保证期间内向保证人主张权利，保证人的保证责任消灭，其于 2008 年 11 月向一审法院提起诉讼，要求某镇政府对某伟公司的债务承担连带保证责任，已经超出保证期间。

---

① 编者按：已失效，被《民法典》吸收。

② 编者按：《民法典》第 698 条。

056 最高额保证的主合同无效，保证人能否主张免除担保责任?

裁判要旨①

最高额保证，通常是为将来一定期间连续发生的债务提供保证，其中某一笔交易的效力并不影响最高额保证合同的效力，而普通保证则因主合同无效而无效。因此，最高额保证较之普通保证最大的区别，即在于最高额保证与主债务的关系具有更强的独立性。最高额保证人的责任是在订立合同时确立的，通过最高额保证期间和最高限额限定保证责任，即只要是发生在最高额保证期间内、不超过最高限额的债务余额，最高额保证人均应承担保证责任。在最高额保证的情形下，即使主债务无效，基于主债务无效而确定的债务额也要作为最高额保证计算债务余额的基数。

案情简介

一、2005 年 5 月至 2005 年 10 月间，某银行与宝某公司之间发生四笔融资业务，合计 7000 万元。其中第四笔为：2005 年 10 月 25 日，某银行与宝某公司签署《银行承兑汇票承兑协议》，后某银行即对票号为××、××、××共计金额为 3000 万元的银行承兑汇款予以承兑，后根据《银行承兑汇票承兑协议》，形成本金为人民币 2100 万元的逾期贷款。该承兑协议后因不存在真实的交易关系，违反双方约定而无效。

二、某银行与风某公司于 2005 年 5 月签署了银保字第××号《最高额保证合同》。风某公司向某银行承诺，为宝某公司自 2005 年 5 月 16 日至 2006 年 5 月 16 日期间发生的最高额度为人民币 7000 万元的授信提供担保。保证方式为连带责任担保。

三、由于宝某公司和风某公司未能履行还款及担保责任，某银行遂诉至天津市高级人民法院，请求判令宝某公司和风某公司偿付所欠贷款本金 7000 万元及

---

① 案件来源：风某股份有限公司与某银行股份有限公司天津分行、河北宝某股份有限公司借款担保合同纠纷二审案［最高人民法院（2007）民二终字第 36 号 《中华人民共和国最高人民法院公报》2008 年第 2 期（总第 136 期）］

相应利息。天津高院一审判决支持某银行的诉请。

四、风某公司不服，上诉至最高法院，最高法院二审判决，驳回上诉，维持原判。

裁判思路

本案值得关注的点在于，虽然案涉的《银行承兑汇票承兑协议》因为不存在真实的交易关系，违反协议约定，而被认定为无效，而该承兑协议为最高额抵押保证担保的主合同之一。但最高法院仍判令风某公司承担对该笔贷款的担保责任。理由即在于：最高额保证不同于普通保证，其与主合同之间具有相对的独立性，最高额保证项下的某一笔产生担保债权的主合同无效，并不导致最高额担保合同无效。同时，更为重要的是，最高法院还认为："在最高额保证的情形下，即使主债务无效，基于主债务无效而确定的债务额也要作为最高额保证计算债务余额的基数。"故风某公司即使能够成功举证证明最高额保证期内产生债权的主合同无效，也不能免除其担保责任。风某公司因此败诉。

经验总结

1. 最高额担保相较于普通担保具有相对的独立性

根据《民法典》的规定，最高额担保是指担保人对债权人与债务人之间在一定期间内连续发生的债权在一定的最高限额内提供担保的法律制度。具体包括最高额保证、最高额抵押和最高额质押。留置权的发生具有法定性，故无法设定最高额担保。最高额担保相较于普通担保而言，具有更强的独立性。所谓的更强的独立性主要体现在以下几个方面：（1）效力上的独立性，即最高额担保可以设立于主合同成立生效之前；最高额担保不因最高额担保范围的某一项或数项主合同无效而无效。（2）存续上的独立性，在最高额担保的范围最终确定之前，不因某一个主合同债权的转让而转让。（3）消灭上的独立性，最高额担保不因担保期间内某一项主合同债权获得清偿而消灭。正是基于最高额担保的以上优势，最高额担保有相较于普通担保而言更强的担保功能，大大地降低了交易成本，广泛为银行等金融机构所采用。故最高额担保纠纷成为担保合同纠纷的主要形式之一。因此，作为债权人应当充分利用最高额担保的优势，以维护债权人利益和交易安全，降低交易成本。担保人应当慎重考虑向他人提供最高额担保，防止承担更重的担保责任。

2. 最高额担保项下的主合同无效，并不能免除担保人的担保责任

鉴于最高额担保的相对独立性，最高法院认为：“在最高额保证的情形下，即使主债务无效，基于主债务无效而确定的债务额也要作为最高额保证计算债务余额的基数。”这一裁判要旨，不仅适用于最高额保证，也同样适用于最高额抵押和最高额质押。所谓的“主债务无效而确定的债务额”是指根据《民法典》第一百五十七条所规定因合同无效、被撤销而承担的“返还财产”“折价补偿”“赔偿损失”等责任所确定的债务额，而非《民法典担保制度解释》第十七条中因主合同无效导致担保合同无效而确定的损害赔偿的债务额。换言之，对于主合同无效后担保人责任的承担，最高额担保与普通担保存在一定的差异。不论担保人对于主债务无效是否存在过错，最高额担保的担保人不得主张免除担保责任，仍需对主债务无效后产生的相关债务承担担保责任。但普通担保的担保人则是根据相应的过错程度对主债权的无效承担相应的损害赔偿责任，在担保人对主债务无效不存在过错时，担保人免除担保责任。

相关法条

《中华人民共和国民法典》（2021 年 1 月 1 日施行）

第一百五十七条 民事法律行为无效、被撤销或者确定不发生效力后，行为人因该行为取得的财产，应当予以返还；不能返还或者没有必要返还的，应当折价补偿。有过错的一方应当赔偿对方由此所受到的损失；各方都有过错的，应当各自承担相应的责任。法律另有规定的，依照其规定。

第四百二十条 为担保债务的履行，债务人或者第三人对一定期间内将要连续发生的债权提供担保财产的，债务人不履行到期债务或者发生当事人约定的实现抵押权的情形，抵押权人有权在最高债权额限度内就该担保财产优先受偿。

最高额抵押权设立前已经存在的债权，经当事人同意，可以转入最高额抵押担保的债权范围。

第四百二十一条 最高额抵押担保的债权确定前，部分债权转让的，最高额抵押权不得转让，但是当事人另有约定的除外。

第四百二十二条 最高额抵押担保的债权确定前，抵押权人与抵押人可以通过协议变更债权确定的期间、债权范围以及最高债权额。但是，变更的内容不得对其他抵押权人产生不利影响。

裁判意见

以下为最高法院在“本院认为”部分就此问题发表的意见：

最高额保证较之普通保证最大的区别就在于其与主债务的关系具有更强的独立性。《担保法》第十四条①规定：“保证人与债权人可以就单个主合同分别订立保证合同，也可以协议在最高债权额限度内就一定期间连续发生的借款合同或者某项商品交易合同订立一个保证合同。”最高额保证通常是为将来一定期间连续发生的债务提供保证，其中某一笔交易的效力并不影响最高额保证合同的效力。而普通保证则因主合同无效而无效。在最高额保证的情形下，即使主债务无效，基于主债务无效而确定的债务额也要作为最高额保证计算债务余额的基数。最高额保证人的责任是在订立合同时确立的，通过最高额保证期间和最高限额限定保证责任，不因为最高额保证期间发生的债务余额之增加而加重最高额保证人的保证责任。因此，只要是发生在最高额保证期间内，不超过最高限额的债务的余额，最高额保证人均应承担保证责任。虽然据此可不再考察本案最高额保证期间发生债权债务关系的效力，但是上诉人风某公司强调在最高额保证期间某银行违规发放贷款和开立银行承兑汇票，加重了该公司的责任，有必要对其主张的每笔业务进行分析。

……即便某银行与宝某公司之间的汇票承兑协议因不具有真实交易背景，违反××号《银行承兑汇票承兑协议》第四条约定“……其申请的承兑汇票是以真实交易为基础，所签订的相关交易合同合法有效”，汇票承兑协议无效，某银行仍有权对其因有效票据关系而进行的承兑所产生的债务，对宝某公司主张损害赔偿，即对宝某公司仍享有债权。而《最高额保证合同》中风某公司向某银行承诺，对2005年5月16日至2006年5月16日期间某银行向宝某公司授信而形成的一系列债权提供最高额7000万元的最高额保证。该合同并未排除因某银行与宝某公司合同无效而形成的债权提供保证。上诉人风某公司关于某银行违反审查真实交易背景的法定义务、该笔承兑协议无效，风某公司就相应的债务应免予承担保证责任的主张不能成立，本院不予支持。

① 编者按：《民法典》第690条。

延伸阅读

主债务无效导致最高额担保合同无效的判例

案例：杭州宝某实业有限公司与某农村商业银行股份有限公司兰里支行保证合同纠纷再审复查与审判监督民事裁定书［（2016）浙民申 407 号］

浙江省高级人民法院认为：关于《最高额保证合同》的效力，担保合同是借款合同的从合同，具有从属性，不具有独立性，虽然《最高额保证合同》中约定“本合同不因主合同无效而无效，且保证人对债权人在主合同无效情形下的一切债权仍按本合同承担连带保证责任”，但独立担保目前仅适用于国际商事交易中，在本案中不适用独立担保方式，案涉合同中该独立担保的约定无效。如上所述主合同《银行承兑汇票承兑协议》无效，故从合同《最高额保证合同》因主合同无效而依法也应认定为无效。

第三章　抵押担保

第一节　抵押合同的效力

057 如何认定恶意串通进行抵押？恶意抵押合同的效力如何确定？

裁判要旨[①]

判断抵押人（即债务人）与抵押权人（债务人的多个债权人之一）是否存在恶意串通损害其他债权人利益情形，要考虑到该债权人是否知悉债务人已陷入支付危机且该债权人知悉债务人陷入支付危机后串通设定抵押为债务人逃废其他债务，进而导致其他债权人无法以相应财产实现债权等因素加以认定。资不抵债时债务人与部分债权人恶意串通抵押财产逃避债务的，抵押合同无效。

案情简介

一、东某半导体公司与东某财务公司系同一集团公司控制下的关联企业，系中国东某电气集团有限公司控股的子公司。东某财务公司系东某电气集团的全资子公司。

二、2011 年 5 月至 2012 年 4 月，某行绵竹支行共向东某半导体公司发放贷款 80000 万元。东某半导体公司此前承诺不将公司财产抵押给其他债权人。其

① 案件来源：某银行股份有限公司绵竹市支行与东某电气集团峨嵋半导体材料有限公司债权人撤销权纠纷二审民事判决书［最高人民法院（2014）民二终字第 70 号］，东某电气集团财务有限公司、某银行股份有限公司绵竹市支行与东某电气集团峨嵋半导体材料有限公司债权人撤销权纠纷申请再审民事裁定书［最高人民法院（2015）民申字第 250 号］

间，某行绵竹支行认为东某半导体公司的经营状况开始恶化，遂于2011年至2012年多次发函要求其偿还逾期贷款或增加担保。2012年7月3日，东某半导体公司告知某行绵竹支行停止支付一切贷款本息。

三、2011年11月25日，经股东会和董事会决议后，东某半导体公司与东某财务公司签订《最高额抵押合同》，将东某半导体公司55.4%的资产抵押给东某财务公司，并办理抵押登记。东某半导体公司与东某财务公司在《最高额抵押合同》签订前后，共计签订了40份《借款合同》及《委托借款合同》。其中包括《最高额抵押合同》签订前未设定抵押担保的共计116000万元的贷款。截至一审，东某半导体公司尚欠东某财务公司贷款余额为93360.2万元。

四、受光伏产品市场需求下降、价格持续大幅下跌等因素影响，东某半导体公司2009年度、2010年度、2011年度《审计报告》显示，该公司连续三年亏损，且亏损不断扩大，截至2011年度，累计亏损达83157.39578万元。

五、2012年10月28日，某行绵竹支行向四川高院起诉，以东某半导体公司恶意抵押为由，请求撤销《最高额抵押合同》。四川高院一审判决驳回了某行绵竹支行的诉请。

六、某行绵竹支行不服，上诉至最高法院，最高法院二审改判确认《最高额抵押合同》无效。东某财务公司向最高法院申请再审，最高法院裁定驳回再审申请。

裁判思路

本案中东某半导体公司、东某财务公司败诉的原因在于在其已经严重资不抵债且丧失偿债能力的情况下，将公司资产以恶意串通的方式抵押给部分债权人，属于恶意串通损害第三人利益的法律行为，应属无效。

本案中值得关注的一点在于，某行绵竹支行的诉请是请求法院，以债务人恶意串通事后抵押为由，撤销《最高额抵押合同》，但最高法院在判决中却没有直接判决是否支持某行绵竹支行的这一诉请，而是依据合同法中的规则，直接认定《最高额抵押合同》无效。最高法院认为“最高额抵押合同作为一种民事法律行为，对于其效力的审查和确认，属法律赋予人民法院的依职权审查范畴，不受当事人诉讼请求和上诉范围的限制”。最高法院结合抵押人与抵押权人之间的关联关系，抵押人的资产负债状况等因素认为，东某半导体公司在与东某财务公司签订《最高额抵押合同》时存在恶意串通损害其他债权人利益的情形，故直接认定该合同无效。虽然确认抵押合同无效与撤销抵押合同存在一定差异，但其在最终法律效果上是一致的，即抵押合同视为当然无效、自始无效、确定无效。东某半导体公司因此败诉。

经验总结

1. 其他债权人根据《民法典》第五百三十九条的规定，行使撤销权撤销债务人事后抵押的行为的，应首先根据《民法典》第五十二条等法律规定判断抵押行为是否存在无效的情形。如果债务人的抵押行为存在无效的情形，法院即可直接认定抵押行为无效，而不必撤销该抵押行为。

2. 认定事后恶意抵押是否无效应综合多种因素考虑。但主要的考量点有三：（1）债务人是否存在资不抵债的情形；（2）受抵押的债权人对于债务人资不抵债的情形是否知悉；（3）债权人在知晓债务人资不抵债后是否存在通过设定抵押的形式帮助债务人逃避债务的可能。

3. 人民法院具有依职权审查合同效力的职责和权限。在民事案件的审理中，人民法院对于合同效力的认定，不能仅局限于当事人诉请和抗辩，而应主动依职权对合同的效力进行审查，确认合同是否存在无效的情形。如果合同存在无效的情形，法院应当依职权直接认定合同无效。如果合同存在其他效力瑕疵（可撤销、效力待定），而当事人的诉请又与效力瑕疵类型不符的，可向当事人释明变更诉请或直接判决驳回诉请。

相关法条

《中华人民共和国民法典》（2021 年 1 月 1 日施行）

第一百四十四条 无民事行为能力人实施的民事法律行为无效。

第一百四十六条 行为人与相对人以虚假的意思表示实施的民事法律行为无效。

以虚假的意思表示隐藏的民事法律行为的效力，依照有关法律规定处理。

第一百四十八条 一方以欺诈手段，使对方在违背真实意思的情况下实施的民事法律行为，受欺诈方有权请求人民法院或者仲裁机构予以撤销。

第一百四十九条 第三人实施欺诈行为，使一方在违背真实意思的情况下实施的民事法律行为，对方知道或者应当知道该欺诈行为的，受欺诈方有权请求人民法院或者仲裁机构予以撤销。

第一百五十三条 违反法律、行政法规的强制性规定的民事法律行为无效。但是，该强制性规定不导致该民事法律行为无效的除外。

违背公序良俗的民事法律行为无效。

第一百五十四条 行为人与相对人恶意串通，损害他人合法权益的民事法律行为无效。

第五百三十九条 债务人以明显不合理的低价转让财产、以明显不合理的高价受让他人财产或者为他人的债务提供担保，影响债权人的债权实现，债务人的相对人知道或者应当知道该情形的，债权人可以请求人民法院撤销债务人的行为。

裁判意见

以下为最高法院在“本院认为”部分就此问题发表的意见：

本院认为，某行绵竹支行提出的诉讼请求是撤销案涉最高额抵押行为，而案涉《最高额抵押合同》是东某半导体公司与东某财务公司设立案涉最高额抵押的依据。最高额抵押合同作为一种民事法律行为，对于其效力的审查和确认，属法律赋予人民法院的依职权审查范畴，不受当事人诉讼请求和上诉范围的限制，且某行绵竹支行在上诉主张中亦请求人民法院确认案涉《最高额抵押合同》无效。因此，解决本案二审争议的前提是认定案涉《最高额抵押合同》是否无效，进而才能认定案涉最高额抵押行为是否属符合《担保法解释》第六十九条①的规定而应予撤销的恶意抵押行为。

结合本案事实，判断案涉《最高额抵押合同》是否无效问题，核心在于东某半导体公司与东某财务公司在订立合同时是否存在《合同法》第五十二条第二项②所规定的恶意串通损害第三人利益情形。恶意串通，是以损害他人利益为目的而相互通谋作出的意思表示。具体到恶意抵押行为上，判断抵押人（即债务人）与抵押权人（债务人的多个债权人之一）是否存在恶意串通损害其他债权人利益情形，要考虑到该债权人是否知悉债务人已陷入支付危机且该债权人知悉债务人陷入支付危机后串通设定抵押为债务人逃废其他债务，进而导致其他债权人无法以相应财产实现债权等因素加以认定。

---

① 编者按：已失效，被《民法典》吸收。

② 编者按：《民法典》第154条。

根据本案查明的事实，某行绵竹支行于2008年开始向东某半导体公司发放信用贷款，东某财务公司晚于某行绵竹支行于2010年12月开始向东某半导体公司发放信用贷款。2009年10月14日，东某半导体公司向某行绵竹支行作出了在还清该行信用贷款前不将财产（光伏项目除外）抵押担保他行贷款的书面承诺。截至2011年11月25日东某半导体公司违反上述承诺擅自与东某财务公司签订《最高额抵押合同》时，东某半导体公司欠某行绵竹支行信用贷款本金共计8亿元，欠东某财务公司信用贷款本金共计9.6亿元，以上贷款均未设立担保。

同期，东某半导体公司生产经营状况持续恶化，出现巨额亏损，并于2011年下半年开始停产至今，主要依靠东某财务公司的贷款支付职工工资、到款贷款本息等费用，企业已实际陷入支付危机。东某半导体公司在2012年6月14日将上述《最高额抵押合同》涵盖的抵押财产全部办理完抵押登记后不久，即致函某行绵竹支行，表示该公司已无偿付贷款本息的能力，决定向该行停止支付一切贷款本息。东某半导体公司虽向某行绵竹支行停止偿付信用贷款本息，但却还清了其所欠其他银行所有贷款（均为担保贷款）。由此可见，东某半导体公司违背向某行绵竹支行作出的不得将财产抵押给他人的承诺，在暗自与东某半导体公司订立《最高额抵押合同》时，不仅自身已陷入支付危机，而且逃废某行绵竹支行金融债权的恶意明显。

东某财务公司在二审答辩中认可，其与东某半导体公司作为同一集团控制下的关联企业，两者具有关联关系。东某财务公司向东某半导体公司提供贷款融资，虽然利用的是市场化方式和手段，但在东某半导体公司严重亏损的情况下仍提供巨额贷款，更多是基于关联关系的特殊考虑，两者的利益也更趋同一性。因此，相较于某行绵竹支行等东某半导体公司的外部债权人，东某财务公司对东某半导体公司的生产经营情况、财务状况等公司各项实际情况应当更加了解。在订立案涉《最高额抵押合同》时，东某财务公司对东某半导体公司尚欠某行绵竹支行8亿元信用贷款本金且已处于财务困境、陷入支付危机状态的客观实际应属明知。东某财务公司在设立案涉最高限额为12亿元的最高额抵押后，截至2012年9月29日，虽仍向东某半导体公司提供新增贷款共计143360.2万元，但其通过将《最高额抵押合同》项下的系列债权担保期间设立为2010年12月1日至2014年12月31日的方式，将2011年11月25日《最高额抵押合同》签订之前对东某半导体公司的9.6亿元信用贷款余额纳入到该《最高额抵押合同》项下的抵押贷款。且至本案一审时，东某财务公司对东某半导体公司贷款余额为

93360.2万元，相比《最高额抵押合同》订立时96000万元信用贷款余额反而减少了2639.8万元，且该93360.2万元债务全为抵押贷款。至此，东某财务公司对东某半导体公司的所有债务均有了抵押财产保障。东某半导体公司在东某财务公司的贷款支持下，还将所欠其他银行的数亿元贷款全部偿还完毕。而作为东某半导体公司外部债权人的某行绵竹支行，其8亿债权因无任何财产担保、东某半导体公司拒不偿还，至今无法收回，即使另案经人民法院强制执行，也因案涉抵押的设立而无财产可执行。从上述事实可知，东某财务公司作为东某半导体公司的关联公司，通过事后抵押，将东某半导体公司有价值的资产全部为自身信用贷款设立抵押以保全资产，与东某半导体公司具有损害某行绵竹支行债权的共同故意，导致某行绵竹支行的债权无法实现。基于上述事实，可以认定东某财务公司、东某半导体公司在订立案涉《最高额抵押合同》时存在恶意串通损害第三人利益的情形。依照《合同法》第五十二条第二项①之规定，应确认东某财务公司与东某半导体公司订立的《最高额抵押合同》无效。

鉴于本案所涉《最高额抵押合同》应属无效，不存在依申请撤销的问题，一审法院未先行审查案涉合同效力而径行判决的做法不当，本院依法予以纠正。某行绵竹支行所提请求判令由东某半导体公司和东某财务公司承担其行使撤销权所支付的律师费、差旅费、查询费等上诉主张，亦因此不应支持。因抵押登记机关依申请登记物权抵押行为时，依法只负形式审查义务，某行绵竹支行可依本判决依法定程序向案涉抵押行为登记机关申请涂销案涉抵押行为的登记。

058 在空白抵押合同上签字盖章的，抵押人能否主张免责？

裁判要旨②

抵押人在空白的抵押合同上签字盖章，且提供抵押担保的意思明确的，抵押人不得仅以此为由主张不承担抵押责任。

---

① 编者按：《民法典》第154条。

② 案件来源：某民族用品厂、西宁三某工业有限公司与青海省绿某实业集团有限公司借款担保纠纷上诉案［最高人民法院（2006）民二终字第7号］

案情简介

一、绿某公司向某银行省分行借款800万元。同日，为担保以上债权：某银行省分行与三某公司签订《抵押合同》，三某公司分别在担保范围、抵押期间、合同生效条款处及抵押财产清单上加盖公司印章；某银行省分行与某民族用品厂签订了《抵押合同》，某民族用品厂法定代表人张某河在空白的抵押合同、抵押财产清单上签名并加盖公章。抵押清单载明抵押物为某民族用品厂拥有的坐落于西宁市某路94号面积为24000平方米的土地使用权和坐落于该土地上面积为8497.35平方米的房产。以上不动产抵押后均办理了抵押登记。合同签订后，某银行省分行按照合同约定履行了贷款义务，向绿某公司发放贷款800万元。

二、贷款到期后，绿某公司未能按照合同约定按期偿还本息，某民族用品厂、三某公司亦未承担担保责任。后某民族用品厂提起行政诉讼，请求撤销抵押登记被终审驳回。

三、某银行省分行向青海高院提起诉讼，请求判令绿某公司还本付息，某民族用品厂、三某公司以抵押物连带清偿贷款本息。青海高院一审判决支持了某银行省分行的诉请。

四、某民族用品厂、三某公司均不服，上诉至最高法院，最高法院二审判决驳回上诉维持原判。

裁判思路

本案中某民族用品厂、三某公司败诉的原因在于，在空白的抵押合同上签字，视为有提供抵押的意思，不得仅以此为由主张不承担担保责任。在本案审理过程中，某民族用品厂、三某公司上诉的共同理由认为抵押合同的签订是借贷双方当事人利用他们分别出具的已加盖其公章的空白抵押合同及抵押物清单所为，对于出具空白合同不能认为是无限授权，在最终确定抵押内容时还应当与抵押人具体协商，否则抵押合同无效。虽然这一说法没有证据可以支持，但最高法院认为，即使在空白抵押合同上签字的说法成立，但“两抵押人对于其出具的空白合同、抵押物清单的目的是用于签订抵押合同是清楚的，其交付抵押物权利凭证的目的也是明确的。抵押人并没有声明出具空白合同后至签订抵押合同尚需再行商讨。相反，如果需要，提前盖章的行为就没有了意义。再者，抵押担保的特殊性在于抵押物是特定的，这就决定了抵押所担保的数额不会无限扩大。”因此，最高法院最终认定，两抵押人提供抵押担保的意思表示明确真实，抵押合同成立且有效。某民族用品厂、三某公司因此败诉。

经验总结

1. 对于交易文件的解释理解，不应仅局限于文件所载的内容本身，而应结合交易的具体背景、后续的相关行为，秉持诚实信用的原则加以解释，以最终确定双方当事人的权利义务关系。根据《民法典》第一百四十二条第一款的规定：“有相对人的意思表示的解释，应当按照所使用的词句，结合相关条款、行为的性质和目的、习惯以及诚信原则，确定意思表示的含义。”合同即为有相对人的意思表示，因此在合同解释时应遵循以上原则。本案中，两抵押人主张在空白的抵押合同上签字，抵押合同无效，但最高法院认为，结合抵押合同签订时的具体情况、后续办理抵押登记的实际情况及抵押物清单，可以确定抵押人在签订空白的抵押合同时有明确提供抵押担保的意思。故最高法院最终认定抵押合同成立且有效，两抵押人不得主张免责。

2. 在空白的合同上签字，并不当然导致合同不成立或者无效。《民法典》第四百七十条详细规定了合同一般具备的八项要素。但根据《民法典》第五百一十条的规定，即使合同中缺乏质量、价款或者报酬、履行地点等内容，也不必然导致合同不成立，而是可以根据以上条文依法加以补充完善。因此，判断空白合同是否不成立或者无效，不仅要看合同是否空白，更重要的是要判断空白合同所缺失的内容是否为合同成立的基本要素，即当事人、确定合同类型的意思表示及标的。如果以上三种要素缺失，则可能合同不成立。但如果包含以上三种要素，则不能盲目认定合同不成立，而是应当从鼓励交易的原则出发对缺失部分依法予以补充。

3. 在空白合同上签字，可能面临不确定的法律风险。最高法院在本案中认为，义务人在空白合同上签字如果未申明有再磋商的权利的，即视为授权权利人补充完善合同空白部分的权利。因此，在签订合同时，应反复核对合同的空白部分是否已经补充完整，未补充完整或不需要填写的空白部分，应当划线标记，防止一方当事人事后添补不利于己方的内容。

4. 合同签订并补充完善后，一方当事人意欲证明抵押合同为空白合同相当困难。因此，在签订合同时，切勿心存侥幸，认为合同为空白，本身既不成立也无约束力而盲目签字。

相关法条

《中华人民共和国民法典》（2021 年 1 月 1 日施行）

第一百四十二条 有相对人的意思表示的解释，应当按照所使用的词句，结合相关条款、行为的性质和目的、习惯以及诚信原则，确定意思表示的含义。

无相对人的意思表示的解释，不能完全拘泥于所使用的词句，而应当结合相关条款、行为的性质和目的、习惯以及诚信原则，确定行为人的真实意思。

第四百七十条 合同的内容由当事人约定，一般包括下列条款：

（一）当事人的姓名或者名称和住所；

（二）标的；

（三）数量；

（四）质量；

（五）价款或者报酬；

（六）履行期限、地点和方式；

（七）违约责任；

（八）解决争议的方法。

当事人可以参照各类合同的示范文本订立合同。

第五百一十条 合同生效后，当事人就质量、价款或者报酬、履行地点等内容没有约定或者约定不明确的，可以协议补充；不能达成补充协议的，按照合同相关条款或者交易习惯确定。

第五百一十一条 当事人就有关合同内容约定不明确，依据前条规定仍不能确定的，适用下列规定：

（一）质量要求不明确的，按照强制性国家标准履行；没有强制性国家标准的，按照推荐性国家标准履行；没有推荐性国家标准的，按照行业标准履行；没有国家标准、行业标准的，按照通常标准或者符合合同目的的特定标准履行。

（二）价款或者报酬不明确的，按照订立合同时履行地的市场价格履行；依法应当执行政府定价或者政府指导价的，依照规定履行。

（三）履行地点不明确，给付货币的，在接受货币一方所在地履行；交付不动产的，在不动产所在地履行；其他标的，在履行义务一方所在地履行。

（四）履行期限不明确的，债务人可以随时履行，债权人也可以随时请求履行，但是应当给对方必要的准备时间。

（五）履行方式不明确的，按照有利于实现合同目的的方式履行。

（六）履行费用的负担不明确的，由履行义务一方负担；因债权人原因增加的履行费用，由债权人负担。

裁判意见

以下为最高法院在二审“本院认为”部分就此问题发表的意见：

本案的争议焦点在于某银行省分行与某民族用品厂、三某公司分别签订的抵押合同的效力问题。从两份抵押合同的形式要件看，抵押担保人的盖章及其法定代表人的签字真实，两上诉人也没有异议，本院予以确认。某民族用品厂和三某公司上诉的共同理由认为抵押合同的签订是借贷双方当事人利用他们分别出具的已加盖其公章的空白抵押合同及抵押物清单所为，对于出具空白合同不能认为是无限授权，在最终确定抵押内容时还应当与抵押人具体协商，否则抵押合同无效。对此，本院认为，即使两抵押人上述出具空白合同的说法成立，两抵押人对于其出具的空白合同、抵押物清单的目的是用于签订抵押合同是清楚的，其交付抵押物权利凭证的目的也是明确的。抵押人并没有声明出具空白合同后至签订抵押合同尚需再行商讨。相反，如果需要，提前盖章的行为就没有了意义。再者，抵押担保的特殊性在于抵押物是特定的，这就决定了抵押所担保的数额不会无限扩大。而事实上，两抵押人所称的出具空白合同的说法没有证据支持。由此可见，两上诉人认为本案所涉抵押合同违背其真实意思表示、借款双方当事人串通欺骗抵押人的上诉理由缺乏证据支持，该上诉主张不能成立，本院不予支持。

延伸阅读

认定即使在空白抵押合同上签字，也应承担担保责任的案例

案例一：重庆市某小额贷款有限责任公司与汪某、蔡某等借款合同纠纷二审民事判决书［（2016）渝01民终6475号］

重庆市第一中级人民法院认为：汪某、蔡某、张某称其签署的是空白抵押合同，本案所涉抵押合同不是其真实表示。本院认为，其一，汪某、蔡某、张某无证据证明其签署的是空白抵押合同；其二，即使汪某、蔡某、张某签署的确系空白抵押合同，但其在明知是空白合同的情况下仍然签字，应视为其对自身权利的放任，并不能仅凭此就认定合同内容不是其真实意思表示。

案例二：原告某银行股份有限公司南京雨花支行与被告顾某、南京某餐饮管理有限公司、严某正金融借款合同纠纷一审民事判决书［（2016）苏0104民初3480号］

南京市秦淮区人民法院认为：被告严某正并未举证证明其系在空白的抵押合同上签名；庭审中被告严某正陈述其知晓签署抵押合同系为被告开启餐饮公司提供担保，故即使被告严某正的确系在空白抵押合同上签名，其作为完全民事行为能力人，在明知签署抵押合同系以其名下房产为他人提供抵押担保的情况下仍在空白抵押合同上签名，应当知晓在空白抵押合同上签名的法律后果，故被告严某正提出的该项抗辩意见，无事实和法律依据，本院不予支持。

案例三：某银行股份有限公司张家港支行与袁某栋、吴某等金融借款合同纠纷一审民事判决书［（2016）苏0582民初1442号］

张家港市人民法院认为：被告许某兴、王某军认为其在空白抵押合同上签字后，原告对两份抵押合同的内容进行了裁剪、更换，对被告袁某栋、吴某与被告许某兴、王某军的抵押金额进行了交换，对此，本院认为，首先，虽然存在原告提供的抵押合同与房管所存档的抵押合同中的截止日期不同，被告袁某栋的抵押合同抬头写的是被告许某兴，以及被告袁某栋、吴某的抵押合同与被告许某兴、王某军的抵押合同中房屋地址不同、面积不同，但评估购置价和评估价相同这些瑕疵，但这些瑕疵并不足以证实原告某银行张家港支行对抵押合同进行更换；其次，虽然被告许某兴、王某军对原告某银行张家港支行提供的《房地产抵押估价报告》、《预评估咨询函》提出异议，但根据上述房屋状况、本市商品房价格等因素可以看出，《房地产抵押估价报告》、《预评估咨询函》中对本案抵押的二套商品房的估价还是合理的，而且抵押合同均反映银行接受抵押时均在房屋价值基础上进行打折，说明被告袁某栋、吴某的房产事实上不可能抵押到104万元；再次，即便如被告许某兴、王某军所述，当时签的是空白合同，但其作为完全民事行为能人，完全可以预见其所承担的抵押金额在合同没有明确写明时具有不确定性，应当承担对此产生的不利后果。

059 夫妻一方私自抵押共有房产，债权人能否取得抵押权？

裁判要旨[①]

夫妻一方未经另一方允许，以名义上登记在自己名下实则为夫妻共同财产的房屋为他人提供抵押，债权人符合“善意第三人”条件的，取得该财产抵押权。

案情简介

一、程某与周某于1996年1月2日登记结婚。2009年，二人婚姻存续期间，周某购买了位于重庆市沧白路的两套房屋，并登记在其个人名下。

二、2014年12月4日，周某与某融资担保公司签订《反抵押担保合同》，约定周某以其名下位于沧白路的两套房屋为某融资担保公司提供反担保抵押。《反抵押担保合同》中附有“配偶声明”，其中约定“乙方（周某）保证合法拥有抵押物的处分权，抵押物如系共有财产，乙方须出具其他共有人同意抵押的书面证明。”合同签订后，双方就抵押房屋办理了抵押登记。

三、2015年4月28日，因某融资担保公司按照约定向周某的债权人履行了担保责任，某融资担保公司诉至法院，请求周某承担反担保责任，并请求对周某所有的位于沧白路的两套房屋实现抵押权。法院判决支持了某融资担保公司的该诉讼请求。

四、周某之妻程某在上述判决生效后，以其为房屋共有人为由，向重庆市第一中级人民法院提起第三人撤销之诉，要求法院改判某融资担保公司仅对周某个人所有之份额享有抵押权。重庆市第一中级人民法院、重庆市高级人民法院认为，虽然案涉房产为夫妻共同财产，但该财产登记在周某一人名下，某融资担保公司善意取得涉案房屋抵押权，故判决驳回程某的诉讼请求。

五、程某不服，向最高人民法院申请再审，最高人民法院裁定驳回其再审申请。

裁判思路

本案的核心争议在于，某融资担保公司是否对涉案房屋中属于程某共同共有

---

① 案件来源：程某与重庆某融资担保有限责任公司合同纠纷再审案［（2019）最高法民申4188号］

的部分享有抵押权。对此，人民法院认为：

首先，涉案抵押房屋购置于周某与程某婚姻关系存续期间，应属于夫妻共有财产，周某和程某共同对该抵押房屋享有所有权。共同共有人以其共有财产设定抵押，一般应经其他共有人同意，否则抵押无效。周某虽无权处置房屋，但是其与某融资担保公司签订的《反抵押担保合同》基于双方真实的意思表示，应当被认定为有效。

其次，根据《物权法》第一百零六条①规定，无处分权人将不动产转让给受让人，所有权人有权追回；但受让人受让该不动产时符合善意、以合理价格受让以及应该登记的不动产依法已经登记等情形的，由受让人取得不动产的所有权。举重以明轻，如果某融资担保公司不知道或者不应当知道周某不具有房屋的处分权，且依法办理了抵押登记，应当被认定为善意依法取得该不动产的抵押权。

最后，本案的涉案房产登记在周某一人名下，且始终由周某个人进行管理，无相关法律法规要求抵押权人签订合同时必须对担保人婚姻状况及配偶声明尽到审查义务。综上，某融资担保公司通过签订《反抵押担保合同》并办理了抵押登记，主观上不存在重大过失，善意地获得了案涉房产的抵押权，程某的主张不能成立。

经验总结

1. 抵押权适用善意取得的有关规定。《民法典》第三百一十一条就不动产和动产所有权的善意取得制度作出了规定：无处分权人将不动产或者动产转让给受让人的，受让人取得该财产需要满足三项条件，即善意、以合理的价格转让、登记或交付。本案中，法院判决在抵押制度中适用所有权善意取得标准时，使用了“举轻以明重”的裁判思路。这一观点在2021年后，被《民法典担保制度解释》正式确立。对善意取得制度在担保法律关系中的应用，《民法典担保制度解释》第三十七条明确指出：“当事人以所有权、使用权不明或者有争议的财产抵押，经审查构成无权处分的，人民法院应当依照民法典第三百一十一条的规定处理。”

2. 夫妻共同财产管理的一项重要工作即在重大不动产产权证上明确列明共

① 编者按：《民法典》第311条。

有人。根据《民法典》婚姻编及相关司法解释的有关规定，婚后用共同财产购买的房屋，登记在一方名下的，应当认定为夫妻共同财产。可见，《民法典》婚姻编并不以房产登记在夫妻哪方名下作为确定该房产归属的依据，但这并不代表不动产登记对夫妻共有财产的产权保护毫无意义。恰恰相反，在夫妻一方与他人的财产所有权、担保物权纠纷中，登记机关登记簿上对于相关财产权利的记载经常能成为案件的"制胜点"。

不动产登记簿是物权归属和内容的根据。本案中，如果程某、周某二人在初次办理产权登记时就在不动产登记簿上明确了其二人的财产共有关系，某融资担保公司就无权主张其不知道房屋系夫妻共有的事实，也就无法仅凭周某一人的签字获得房屋的抵押权。正是程某对于产权登记"无所谓"的态度，最终导致了其败诉。

3. 债权人接受自然人担保时，应当按照登记簿上记载的内容，获得所有共有人的同意。在担保物权纠纷中，抵押物共有是相关权利人主张抵押无效的重要抗辩。登记簿上载明房屋为共有的，债权人在接受该房屋抵押时，应当征得全部所有权人分别书面同意，否则将面临较大的法律风险。

相关法条

《中华人民共和国民法典》（2021 年 1 月 1 日施行）

第二百一十六条 不动产登记簿是物权归属和内容的根据。

不动产登记簿由登记机构管理。

第三百一十一条 无处分权人将不动产或者动产转让给受让人的，所有权人有权追回；除法律另有规定外，符合下列情形的，受让人取得该不动产或者动产的所有权：

（一）受让人受让该不动产或者动产时是善意；

（二）以合理的价格转让；

（三）转让的不动产或者动产依照法律规定应当登记的已经登记，不需要登记的已经交付给受让人。

受让人依据前款规定取得不动产或者动产的所有权的，原所有权人有权向无处分权人请求损害赔偿。

当事人善意取得其他物权的，参照适用前两款规定。

《最高人民法院关于适用〈中华人民共和国民法典〉婚姻家庭编的解释（一）》（法释〔2020〕22号 2021年1月1日施行）

第二十八条第一款 一方未经另一方同意出售夫妻共同所有的房屋，第三人善意购买、支付合理对价并已办理不动产登记，另一方主张追回该房屋的，人民法院不予支持。

《最高人民法院关于适用〈中华人民共和国民法典〉有关担保制度的解释》（法释〔2020〕28号 2021年1月1日施行）

第三十七条 当事人以所有权、使用权不明或者有争议的财产抵押，经审查构成无权处分的，人民法院应当依照民法典第三百一十一条的规定处理。

当事人以依法被查封或者扣押的财产抵押，抵押权人请求行使抵押权，经审查查封或者扣押措施已经解除的，人民法院应予支持。抵押人以抵押权设立时财产被查封或者扣押为由主张抵押合同无效的，人民法院不予支持。

以依法被监管的财产抵押的，适用前款规定。

裁判意见

以下为最高人民法院在再审期间就此问题发表的意见：

《物权法》第一百零六条[①]规定，无处分权人将不动产转让给受让人，所有权人有权追回；但受让人受让该不动产时符合善意、以合理价格受让以及应该登记的不动产依法已经登记等情形的，由受让人取得不动产的所有权。《最高人民法院关于适用〈中华人民共和国婚姻法〉若干问题的解释（三）》第十一条[②]规定，一方未经另一方同意出售夫妻共同共有的房屋，第三人善意购买、支付合理对价并办理产权登记手续，另一方主张追回房屋的，人民法院不予支持。举重以明轻，周某作为夫妻一方，以登记在其一人名下的共有房产对外抵押，某融资担保公司基于对不动产登记簿的记载所产生的物权公示效力产生的信赖利益应予保护，符合物权法、婚姻法的立法精神和保证市场交易秩序稳定和交易安全之原则。虽然《反抵押担保合同》上附有“配偶声明”，但该担保合同亦明确约定，乙方（周某）保证合法拥有抵押物的处分权，抵押物如系共有财产，乙方须出具其他共有人同意抵押的书面证明。本案中，案涉房产为周某、程某夫妻共同财产，但无证据证明周某按照该条款约定，如实陈述其不具备抵押物的处分权，故

---

① 编者按：《民法典》第311条。

② 编者按：《民法典婚姻司法解释》第28条。

而，虽《反抵押担保合同》中附有“配偶声明”，但此条款不应理解为对某融资担保公司必须尽到的合同审查义务，亦无相关法律法规要求抵押权人签订合同时必须对担保人婚姻状况及配偶声明尽到审查义务。综上，程某关于某融资担保公司签订抵押合同时未尽到审查义务，主观上存在重大过失，不符合善意取得的主张，缺乏事实和法律依据。

延伸阅读

1. 抵押权人根据登记簿记载接受抵押担保，无需查明房屋是否存在实际的共有人。

案例一：陈某强与重庆鼎某信用担保有限公司担保合同纠纷再审案［（2017）最高法民申823号］

最高人民法院认为：从一、二审查明的事实看，陈某强委托王某与鼎某担保公司签订《反担保抵押合同》及《重庆市房地产抵押合同》的事实存在，合同内容不违反法律、行政法规的强制性规定，合同依法成立并生效，对当事人具有法律约束力。郑某明即使确系涉案房屋的共有权人，也不影响涉案合同的效力。本案中，涉案房屋已经办理了抵押登记，根据《中华人民共和国物权法》第九条①“不动产物权的设立、变更、转让和消灭，经依法登记，发生效力；……”的规定，物权登记具有公示公信效力。鼎某担保公司依据涉案房屋的物权登记，有理由相信陈某强有权以该房屋提供抵押担保。

案例二：韩某龙、兰州市公某旅小额贷款股份有限公司企业借贷纠纷再审审查与审判监督民事裁定书［（2017）最高法民申1078号］

最高人民法院认为：第一，涉案房产虽属于夫妻共同财产，但一直登记于韩某龙个人名下，且房产一直处于出租等经营状态，吕某对韩某龙个人对外进行出租获利（包含涉案房屋，一年租金达360万元）并未提出异议；同时，从涉案房屋的他项权证登记情况看，该房屋自2007年至2009年曾多次进行抵押，吕某作为共有人也一直未提出异议。本次再审申请中，对上述出租、抵押等权利行使或权利处分行为，韩某龙亦未提供证据证明经过吕某同意，换言之，吕某对涉案房屋在韩某龙名下并由韩某龙予以控制、支配和使用采取了默认态度，否则即应办理共有权利登记，但其一直未予办理之事实，依法应该推定其对韩某龙对涉案房

① 编者按：《民法典》第208条。

屋抵押知道或应该知道。第二，《中华人民共和国物权法》第一百零六条[①]规定，无处分权人将不动产转让给受让人，所有权人有权追回；但受让人受让该不动产时符合善意、以合理价格受让以及应该登记的不动产依法已经登记等情形的，由受让人取得不动产的所有权。《最高人民法院关于适用婚姻法若干问题的解释（三）》第十一条[②]规定，一方未经另一方同意出售夫妻共同共有的房屋，第三人善意购买、支付合理对价并办理产权登记手续，另一方主张追回房屋的，人民法院不予支持。举重以明轻，韩某龙作为夫妻一方以共有房产予以抵押，认定有效，符合物权法、婚姻法的立法精神和保证市场交易秩序稳定和交易安全之原则。据此，韩某龙以涉案房屋抵押时未经吕某同意主张抵押担保合同无效，事实和法律依据不足，本院不予支持。

案例三：安某芳、白某再审审查与审判监督民事裁定书［（2020）最高法民申4628号］

最高人民法院认为：案涉定西市安定区某号土地及房产，系孟某、厚某通过竞拍获得并登记在自己名下。后在定西市陇某乳品有限责任公司（以下简称陇某公司）与某银行股份有限公司定西安定支行（以下简称某行安定支行）借款法律关系中，孟某、厚某将已登记在自己名下的土地和房屋为陇某公司的借款提供抵押担保，并办理了抵押登记。在陇某公司未履行还款义务时，经过诉讼程序，某行安定支行获得对案涉土地及房产拍卖变卖以清偿借款的优先受偿权。由于孟某、厚某在其与某行安定支行签订的《抵押合同》中明确承诺："抵押人已就本合同项下抵押事宜征得抵押物共有人同意"，债权人完全有理由相信案涉抵押财产已经夫妻双方同意，尽到了审慎注意义务，安某芳、白某在《抵押合同》签订后约九年，称对抵押事项不知情的理由不成立。原审法院认定案涉抵押财产已经共同共有人同意作为抵押财产，安某芳、白某作为夫妻共同财产的共有人，不享有排除债权人申请强制执行案涉土地及房屋的民事权益，并无不当。

2. 抵押权人明知抵押房产为夫妻共有，但未取得双方同意的，抵押无效。

案例四：某银行股份有限公司、崔某金融借款合同纠纷再审审查与审判监督民事裁定书［（2019）最高法民申5907号］

---

① 编者按：《民法典》第311条。
② 编者按：《民法典婚姻司法解释》第28条。

最高人民法院认为：首先，《中华人民共和国婚姻法》第十七条[①]规定夫妻在婚姻关系存续期间所得的财产归夫妻共同所有，涉案房产在崔某与樊某梅的婚姻关系存续期间取得，按照法律规定，属于夫妻共同所有，原审认定并无不当。其次，虽然《中华人民共和国物权法》第六条、第九条[②]规定分别确立了物权公示、登记原则，但不动产登记不具有绝对的公信力，这一公信力受到《中华人民共和国物权法》第一百零六条[③]善意取得制度的限制，因此某商行以涉案房产登记在崔某个人名下为由来否定共同共有不能成立，其也不能直接根据不动产登记的公信力获得保护，而只能适用善意取得制度。再次，结合本案查明的事实分析，《抵押合同》中"抵押人"栏有"崔某"、"樊某梅"字样的签字、按印，说明某商行作为专业的金融机构，在审查贷款发放时，已经知道或者应当知道案涉房产系夫妻共同财产，主观上并非善意，故某商行不能依据善意取得制度获得保护，原判依据《最高人民法院关于适用〈中华人民共和国担保法〉若干问题的解释》第五十四条[④]第二款规定认定抵押无效并无不当。

案例五：昆明市某信用社、王某玉金融借款合同纠纷再审审查与审判监督民事裁定书［（2018）最高法民申 2636 号］

法院认为：首先，王某玉、裴某悱取得案涉房产的所有权是源于夏某龙的无权处分行为，且确认该行为的民事调解书已经被生效判决予以撤销。其次，某信用社一审提交的其与辰某公司之间 3200 万元借款所涉的抵押合同中明确载明，案涉房产的共有人是王某燕。某信用社在明知案涉房产系夫妻共同财产的情况下，对夏某龙向王某玉、裴某悱转让案涉房产的处分行为是否系有权处分，应当谨慎审查，因为该处分行为的后果会直接影响之后其设立的抵押权是否存在瑕疵。某信用社没有尽到相应的注意义务，不是善意第三人。

3. 推断共有人是否有同意提供抵押的意思，应当采用综合标准，能够明确共有人对财产抵押知情并配合履行的，应当认定共有人同意担保。

案例六：徐某、某银行股份有限公司玉溪红塔支行金融借款合同纠纷再审审查与审判监督民事裁定书［（2018）最高法民申 3736 号］

法院认为：徐某是房产证和建设用地使用权证的登记权利人，其主张实际所

---

① 编者按：《民法典》第 1062 条。
② 编者按：《民法典》第 208 条。
③ 编者按：《民法典》第 311 条。
④ 编者按：已失效，被《民法典》吸收。

有权归其父母所有，意图否定该房屋系夫妻共同财产，明显与登记不符，也与徐某与胡某双方在《离婚协议书》中的约定相悖。原审认定案涉房屋属于夫妻共同财产，并无不当。《最高人民法院关于适用〈中华人民共和国婚姻法〉若干问题的解释（一）》第十七条①规定："婚姻法第十七条②关于'夫或妻对夫妻共同所有的财产，有平等的处理权'的规定，应当理解为：（一）夫或妻在处理夫妻共同财产上的权利是平等的。因日常生活需要而处理夫妻共同财产的，任何一方均有权决定。（二）夫或妻非因日常生活需要对夫妻共同财产做重要处理决定，夫妻双方应当平等协商，取得一致意见。他人有理由相信其为夫妻双方共同意思表示的，另一方不得以不同意或不知道为由对抗善意第三人。"本案抵押合同和抵押登记中，"徐某"的签名及指印虽非徐某本人的签名和指印，但合同签订和抵押登记办理时胡某与徐某尚为夫妻，胡某也认可徐某的签名系由其代签，办理抵押登记所需房屋产权证及土地使用权证原件均由胡某提供，结合徐某申请再审时陈述其在某行红塔支行有多笔贷款，该行工作人员因其他贷款接触过并认识徐某，且互有联系方式，原审认定某行红塔支行有理由相信该行为为夫妻双方共同的意思表示并无不当。

060 抵押的土地使用权上存在他人房屋，抵押效力如何确定？

裁判要旨③

虽然当事人仅抵押其自有的土地使用权，但根据"地随房走，房随地走"的原则，应视为土地使用权与地面建筑物所有权一并抵押。如在抵押时地上建筑物已属他人所有，抵押人抵押土地使用权的行为构成无权处分。

案情简介

一、2003年3月16日，某粮油公司与陕西某银行签订《人民币借款合同》

---

① 编者按：已失效。

② 编者按：《民法典》第1062条。

③ 案件来源：中国某资产管理公司西安办事处与陕西省某公司西安中转冷库、陕西省某公司借款担保合同纠纷案［最高人民法院（2007）民二终字第222号 《中华人民共和国最高人民法院公报》2009年第12期（总第158期）］

一份，约定粮油公司向陕西某银行借款2560万元，由某中转冷库提供抵押担保。同日，某中转冷库与陕西某银行签订《抵押合同》，某中转冷库以其44.466亩土地使用权为某粮油公司提供抵押担保。某中转冷库提供的44.466亩国有划拨土地使用权抵押中，有13.265亩为某中转冷库的福利区，即职工住宅区，该建筑物在不动产登记簿中已经标明。

二、2003年3月28日，某市国土资源和房屋管理局就某中转冷库同意继续用土地及地面建筑物进行贷款抵押的致函作了批复，同意其抵押。

三、2004年6月25日，陕西某银行与某西安办签订《债权转让协议》，陕西某银行将其对某粮油公司享有的2560万元债权及从权利转让给了某西安办。

四、某粮油公司与某中转冷库未履行还款义务，某西安办向陕西高院提起诉讼，请求判令粮油公司还本付息，某西安办对某中转冷库提供的抵押物享有优先受偿权。陕西高院判决：某粮油公司还本付息，陕西某银行与某中转冷库签订《抵押合同》中职工住宅区占用的13.265亩土地使用权抵押无效，其余部分有效，某西安办对剩余31.201亩土地使用权享有优先受偿权。

五、某西安办不服，上诉至最高法院，请求确认抵押全部有效。最高法院二审判决未支持上诉请求。

裁判思路

本案争议点在于，抵押的土地使用权上存在他人房屋，抵押效力如何。根据《城市房地产管理法》（2019年修订）第三十二条规定："房地产转让、抵押时，房屋的所有权和该房屋占用范围内的土地使用权同时转让、抵押。"这是我国房地产物权变动中关于"地随房走，房随地走"最明确的法律规定。

在通常情况下，为避免权利冲突，地上建筑物的所有权人与土地使用权人是一致的，但不排除在某些情况下地上建筑物的所有权人与土地使用权人不一致的情形。此时，建筑物的所有权人根据《城市房地产管理法》第三十二条的规定，取得了其占用土地的法定的土地使用权，即使该土地使用权未登记在建筑物所有人名下。本案中，某西安办虽然在名义上对案涉44.466亩土地享有抵押权，但实际上某中转冷库在为债权人陕西某银行设定抵押权时，该土地上存在着第三人（职工）所有的建筑物。根据《城市房地产管理法》第三十二条的规定，建筑物的所有权人已经取得了其占用土地的法定土地使用权。某中转冷库已非该建筑物占用土地的土地使用权人。故抵押该土地使用权的行为构成无权处分。抵押权人的抵押权在未经权利人追认且不符合善意取得的情况下不能设立。

经验总结

1. "地随房走，房随地走"的原则，不仅适用于抵押权，也适用于建设用地使用权。当事人通过约定转让或抵押房地中的任何一项，另一项也视为一并转让和抵押。受让人或者抵押权人对未意定抵押的一项成立法定建设用地使用权或者法定抵押权。因此，当事人在接受土地使用权进行抵押时，应当查明地上是否存在第三人所有的地上建筑物，防止部分土地使用权已成立为他人所有的法定土地使用权，从而影响担保物的价值。

2. 抵押权人对不动产抵押物的权属审查，应当有房地一体主义的观念。具体而言，审查土地使用权作为抵押物时，应同时关注地上建筑物的权属状况；审查建筑物作为抵押物时，应同时关注占用土地使用权的权属状况。任何一项审查遗漏，都有可能对自身权利产生不利影响。

3. 抵押人以不属于自身所有的抵押物进行担保时，构成无权处分，抵押权不能有效设立。但根据《买卖合同司法解释》第三条的规定，无权处分的合同并非无效。故本案中认定抵押合同无效的裁判观点在新的司法解释条件下应作相应调整。即无权处分的抵押合同有效，但抵押权人对抵押物的抵押权不能有效设立。

相关法条

《中华人民共和国民法典》（2021 年 1 月 1 日施行）

第三百一十一条 无处分权人将不动产或者动产转让给受让人的，所有权人有权追回；除法律另有规定外，符合下列情形的，受让人取得该不动产或者动产的所有权：

（一）受让人受让该不动产或者动产时是善意；

（二）以合理的价格转让；

（三）转让的不动产或者动产依照法律规定应当登记的已经登记，不需要登记的已经交付给受让人。

受让人依据前款规定取得不动产或者动产的所有权的，原所有权人有权向无处分权人请求损害赔偿。

当事人善意取得其他物权的，参照适用前两款规定。

第三百九十七条　以建筑物抵押的，该建筑物占用范围内的建设用地使用权一并抵押。以建设用地使用权抵押的，该土地上的建筑物一并抵押。

抵押人未依据前款规定一并抵押的，未抵押的财产视为一并抵押。

第四百一十七条　建设用地使用权抵押后，该土地上新增的建筑物不属于抵押财产。该建设用地使用权实现抵押权时，应当将该土地上新增的建筑物与建设用地使用权一并处分。但是，新增建筑物所得的价款，抵押权人无权优先受偿。

《最高人民法院关于适用〈中华人民共和国民法典〉有关担保制度的解释》(法释〔2020〕28号　2021年1月1日施行)

第五十一条　当事人仅以建设用地使用权抵押，债权人主张抵押权的效力及于土地上已有的建筑物以及正在建造的建筑物已完成部分的，人民法院应予支持。债权人主张抵押权的效力及于正在建造的建筑物的续建部分以及新增建筑物的，人民法院不予支持。

当事人以正在建造的建筑物抵押，抵押权的效力范围限于已办理抵押登记的部分。当事人按照担保合同的约定，主张抵押权的效力及于续建部分、新增建筑物以及规划中尚未建造的建筑物的，人民法院不予支持。

抵押人将建设用地使用权、土地上的建筑物或者正在建造的建筑物分别抵押给不同债权人的，人民法院应当根据抵押登记的时间先后确定清偿顺序。

《中华人民共和国城市房地产管理法》(2019年修正)

第三十二条　房地产转让、抵押时，房屋的所有权和该房屋占用范围内的土地使用权同时转让、抵押。

《划拨土地使用权管理暂行办法》　(中华人民共和国国家土地管理局令〔1992〕第1号　已失效)

第十一条　转让、抵押土地使用权，其地上建筑物、其他附着物所有权随之转让、抵押；转让、抵押地上建筑物、其他附着物所有权，其使用范围内的土地使用权随之转让、抵押。但地上建筑物、其他附着物作为动产转让的除外。

出租土地使用权，其地上建筑物、其他附着物使用权随之出租；出租地上建筑物、其他附着物使用权，其使用范围内的土地使用权随之出租。

裁判意见

以下为最高法院在“本院认为”部分就此问题发表的意见：

《城市房地产管理法》第三十二条规定：“房地产转让、抵押时，房屋的所有权和该房屋占用范围内的土地使用权同时转让、抵押”，中华人民共和国建设部 1997 年 10 月 27 日颁布的《城市房屋权属登记管理办法》第六条规定：“房屋权属登记应当遵循房屋的所有权和该房屋占用范围内的土地使用权权利主体一致的原则”，中华人民共和国土地管理局 1992 年 3 月 8 日颁布的《划拨土地使用权管理暂行办法》第十一条规定：“转让、抵押土地使用权，其地上建筑物、其他附着物所有权随之转让、抵押；转让、抵押地上建筑物、其他附着物所有权，其使用范围内的土地使用权随之转让、抵押。但地上建筑物、其他附着物作为动产转让的除外”。“地随房走，房随地走”的权利合一原则是我国房地产权属的一贯原则。房产转让人负有将所售房屋占用范围内的土地使用权移转给受让人的义务，受让人享有要求将所购房屋占用范围内土地使用权移转给自己的权利。在土地使用权变更登记完成之前，转让人为登记的名义权利人，但受让人为实质权利人，可以请求将土地使用权变更至自己名下。

陕中营抵字×××号《抵押合同》中约定了抵押物名称为“土地、房产”，中转冷库 2003 年向西安市国土资源和房屋管理局报送的也为《关于同意继续用土地及地面建筑物进行贷款抵押的函》。因此，虽然抵押登记只针对西未国用（2000）字第×××号国有土地使用权，但应视为当事人约定土地使用权与地面建筑物所有权一并抵押。然而地上建筑物中职工住宅楼的所有权已经移转给购房职工所有，中转冷库并无权利处分。根据《合同法》第五十一条①之规定：“无处分权的人处分他人财产，经权利人追认或者无处分权的人订立合同后取得处分权的，该合同有效”，该抵押合同未经地上建筑物所有权人购房职工追认；且西未国用（2000）字第 979 号土地使用权证书中已经标明该宗土地上存有地上建筑物，并标明为中转冷库的福利区，地上建筑物中职工住宅楼所有权已经登记移转至购房职工名下，而原债权银行却未查明地上建筑物实际权属即接受抵押，也存在过错，因此抵押合同无效，依据该合同设立的抵押权也相应无效。

① 编者按：已失效。

061 对不能抵押的财产设定抵押导致抵押无效的，金融机构是否需要承担责任？

裁判要旨[①]

银行金融机构对外开展贷款业务，在对贷款的发放及抵押物的审查上有专业的判断，其在接受他人的抵押时应充分地认识到集体土地上的房地产作为抵押物违反法律、行政法规的强制性规定所带来的抵押无效的法律后果。故银行接受集体土地上的房屋作为抵押导致抵押无效的，应认定为银行存在过错。

案情简介

一、2007年6月30日，达某电子公司因资金不足向某区农村信用合作联社（后更名为某农商行）申请流动资金周转续贷63万元。关某祥自愿以位于某区江口镇园下村白露洋的房地产（集体土地上的房屋）作抵押担保。同日，关某祥、达某电子公司在抵押借款合同上签字确认。

二、贷款到期后，达某电子公司未还本付息，故某农商行诉至莆田中院，请求判令：达某电子公司还本付息；关某祥承担连带清偿责任；某农商行对抵押物享有优先受偿权。一审法院认定抵押无效，判决达某电子公司还本付息；关某祥承担连带清偿责任。

三、关某祥不服，以某农商行对抵押无效存在过错为由上诉至福建高院，福建高院二审改判达某电子公司还本付息；关某祥对达某电子公司应偿还的债务不能清偿部分承担二分之一连带赔偿责任。

裁判思路

本案中某农商行的裁判思路在于其对抵押合同无效存在过错。本案的抵押物为集体土地上的房屋，根据关于耕地、宅基地、自留地、自留山等集体所有的土地使用权不得抵押的规定，该抵押合同无效。一审法院认为，某农商行对于抵押合同无效不存在过错，故判令关某祥承担连带责任。但福建高院认为某农商行作

---

① 案件来源：关某祥与某农村商业银行股份有限公司抵押合同纠纷二审民事判决书［（2013）闽民终字第126号］

为专业的金融机构，在接受他人提供抵押担保时，具有判断抵押物是否为法律允许的可供抵押的财产的能力和义务，其在接受他人的抵押时应充分地认识到集体土地上的房地产作为抵押物违反法律、行政法规的强制性规定所带来的抵押无效的法律后果。故福建高院最终认为某农商行对于案涉抵押合同无效存在过错，改判关某祥仅需对达某电子公司应偿还债务不能清偿部分承担二分之一连带赔偿责任。某农商行因此败诉。

经验总结

1.《民法典》第三百九十九条对不能抵押的财产作了明确规定，其中即包括耕地、宅基地、自留地、自留山等集体所有的土地使用权，本案中虽然抵押的是集体土地上的房屋，但根据“地随房走，房随地走”的原则，抵押地上房屋，房屋所占用土地使用权视为一并抵押。故接受集体土地上的房屋作为抵押物，可能被法院最终认定抵押合同无效。

2. 银行对金融机构在接受他人提供的抵押物作为担保时，负有审查抵押物是否为可供抵押的财产的义务。银行作为以从事信贷业务为核心的营利机构，具有判断其交易是否合法有效的专业能力，对于担保合同有效性的判断即是其中之一。因此，银行在接受抵押物作担保时，应根据《民法典》第三百九十九条的规定，对抵押物是否能够抵押进行审查，防止抵押无效。如果因抵押物为禁止抵押的财产导致抵押无效的，法院可认定银行等金融机构对抵押无效存在过错。

3. 根据《民法典担保制度解释》第十七条的规定，主合同有效而担保合同无效，债权人、担保人有过错的，担保人承担民事责任的部分不应超过债务人不能清偿部分的二分之一。因此，如果债权人对于抵押合同无效存在过错，则面临着自担债务不能清偿部分二分之一风险的可能。故银行等金融机构，作为专业部门在接受担保时必须慎之又慎，确保担保合同的有效性。

相关法条

《中华人民共和国民法典》（2021 年 1 月 1 日施行）

第三百九十九条 下列财产不得抵押：

（一）土地所有权；

（二）宅基地、自留地、自留山等集体所有土地的使用权，但是法律规定可以抵押的除外；

（三）学校、幼儿园、医疗机构等为公益目的成立的非营利法人的教育设施、医疗卫生设施和其他公益设施；

（四）所有权、使用权不明或者有争议的财产；

（五）依法被查封、扣押、监管的财产；

（六）法律、行政法规规定不得抵押的其他财产。

《最高人民法院关于适用〈中华人民共和国民法典〉有关担保制度的解释》（法释〔2020〕28号 2021年1月1日施行）

第十七条 主合同有效而第三人提供的担保合同无效，人民法院应当区分不同情形确定担保人的赔偿责任：

（一）债权人与担保人均有过错的，担保人承担的赔偿责任不应超过债务人不能清偿部分的二分之一；

（二）担保人有过错而债权人无过错的，担保人对债务人不能清偿的部分承担赔偿责任；

（三）债权人有过错而担保人无过错的，担保人不承担赔偿责任。

主合同无效导致第三人提供的担保合同无效，担保人无过错的，不承担赔偿责任；担保人有过错的，其承担的赔偿责任不应超过债务人不能清偿部分的三分之一。

裁判意见

以下为福建高院在本案二审期间就此问题发表的意见：

上诉人关某祥以集体所有土地上的房地产设定抵押导致担保合同无效，其明显有过错，本案双方对此亦无异议。本案的关键是某农商行对担保合同无效是否有过错。本院认为，某农商行作为银行金融机构对外开展贷款业务，在对贷款的发放及抵押物的审查上有专业的判断，其在接受关某祥的抵押时，也应充分地认识到集体土地上的房地产作为抵押物违反法律、行政法规的强制性规定所带来的抵押无效的法律后果，对此风险某农商行应是明知的，换言之，某农商行对本案抵押无效亦负有一定的过错。因此，本案属于主合同有效而担保合同无效，债权人、担保人均有过错的情形，根据《最高人民法院关于适用〈中华人民共和国担保法〉若干问题的解释》第七条[1]“债权人、担保人有过错的，担保人承担民事责任的部分，不应超过债务人不能清偿部分的二分之一”之规定。某农商行以关某祥保证办妥抵押手续的《承诺书》作为支持其在接受抵押时并无过错的依据，本院认为，关某祥的承诺不足以排除某农商行对抵押物审查不严的客观过错，故对某农商行的抗辩理由，本院不予采纳。综上，原审关于上诉人关某祥所承担的连带责任性质及份额的认定有误，本院予以纠正，关某祥应承担达某电子公司不能清偿部分债务二分之一的连带赔偿责任。

延伸阅读

银行对担保合同有效性负有审查义务的判例

案例一：某农村信用合作联社、某银行周口西城支行与被上诉人周口市某食品实业有限公司借款担保合同纠纷一案［（2008）豫法民二终字第157号］

河南省高级人民法院认为：“市区农信社与某行西城支行同属金融机构，其应该知道某行西城支行作为金融企业法人的分支机构，对外提供保证应经过上级部门的授权授信，故其对本案合同保证条款无效负有一定的过错；而某行西城支行明知其不具备对外提供保证的资格，仍对某食品公司的借款提供担保，同样对造成合同中保证条款无效具有过错，依照《最高人民法院关于适用〈中华人民共和国担保法〉若干问题的解释》第七条[2]关于‘主合同有效而担保合同无效，……债权人、担保人有过错的，担保人承担民事责任的部分，不应超过债务人不能清偿部分的二分之一’的规定，某行西城支行对本案借款应承担某食品公司不能履行部分的二分之一的赔偿责任，原审判令其承担30%赔偿责任，适用法律不当，本院对此予以纠正。”

案例二：某银行某市支行与某市供销合作社联合社、某市农业生产资料总公司金融借款合同纠纷二审民事判决书［（2011）鲁商终字第149号］

山东省高级人民法院认为：“根据《中华人民共和国担保法》第三十七条[3]第（三）项‘学校、幼儿园、医院等以公益为目的的事业单位、社会团体的教育设施、医疗卫生设施和其他社会公益设施不得抵押’的规定。鉴于本案所抵押的栖城房字第××号房屋产权人系某市供销学校，故被上诉人某银行某市支行与上诉人某市供销社签订的抵押担保合同无效。一审法院认定抵押担保合同有效，

---

①② 编者按：《民法典担保制度解释》第17条。

③ 编者按：《民法典》第399条。

判决被上诉人某银行某市支行对上诉人某市供销社所抵押的栖城房字第××号房屋享有优先受偿权不当，应予以纠正。根据《中华人民共和国物权法》第一百七十二条①第二款规定：担保合同被确认无效后，债务人、担保人、债权人有过错的，应当根据其过错各自承担相应的民事责任；《最高人民法院关于适用〈中华人民共和国担保法〉若干问题的解释》第七条②规定，主合同有效而担保合同无效，债权人、担保人有过错的，担保人承担民事责任的部分，不应超过债务人不能清偿部分的二分之一。被上诉人某银行某市支行在与上诉人某市供销社签订抵押合同及办理抵押登记时，未能谨慎核实所抵押的栖城房字第××号房屋产权人为某市供销学校，对导致抵押合同无效有一定的过错。上诉人某市供销社违反法律规定，以某市供销学校的房屋为他人债务签订抵押担保合同是明知的，对导致抵押合同无效也有一定的过错，给被上诉人某银行某市支行造成的损失，应当承担债务人某市农资公司不能清偿部分二分之一的赔偿责任。”

案例三：某银行股份有限公司孝感天仙支行与湖北远某建设集团有限公司贵州分公司、孝感市久某有限公司金融借款合同纠纷二审民事判决书［（2016）鄂民终1336号］

湖北省高级人民法院认为：“因远某公司贵州分公司系企业法人分支机构，且其未取得企业法人书面授权，依据《最高人民法院关于适用〈中华人民共和国担保法〉若干问题的解释》第十七条③第一款‘企业法人的分支机构未经法人书面授权提供保证的，保证合同无效’的规定，《权利质押合同》第十条以及《应收账款质押协议》第四条均无效。一审法院依据两个合同条文认定远某公司贵州分公司承担连带责任属适用法律错误，本院予以纠正。远某公司贵州分公司作为法人分支机构，在未取得法人书面授权的情况下，擅自对外提供保证并导致保证条款无效具有过错。天仙支行作为金融机构，对远某公司贵州分公司未取得法人书面授权的事实未尽到审查义务，亦具有过错。依据《最高人民法院关于适用〈中华人民共和国担保法〉若干问题的解释》第七条④‘主合同有效而担保合同无效，债权人无过错的，担保人与债务人对主合同债权人的经济损失，承担连带赔偿责任；债权人、担保人有过错的，担保人承担民事责任的部分，不应超过债务人不能清偿部分的二分之一’的规定，远某公司贵州分公司所应承担的责任为天仙支行债权未获清偿部分的二分之一。”

---

① 编者按：已失效，被《民法典》吸收。

②④ 编者按：《民法典担保制度解释》第17条。

③ 编者按：已失效。

第二节 抵押登记

062 抵押合同签署后未办理抵押登记的，抵押人是否需要承担责任?

裁判要旨[①]

抵押合同成立，抵押权因未办理抵押登记而未设立，债权人可以主张抵押人在抵押物价值的范围内对债务承担连带清偿责任，但债权人不能就抵押物主张优先受偿。

案情简介

一、2012年12月24日，侯某阳（甲方）与怀某新材料有限公司的法定代表人韩某全、股东李某华（乙方）签订《借款协议》，约定：乙方因业务需要，急需流动资金，特向甲方借款人民币550万元。乙方愿提供怀某新材料有限公司和商都县众某能源材料有限责任公司固定资产、产品及原材料和该公司位于商都县商张公路北侧（工业园区）的80004平方米的工业用地的国有土地使用证作为抵押。后侯某阳委托张某东通过某银行网上银行汇入韩某全账户511.5万元，其余38.5万元作为利息预先扣除。随后，韩某全将商都县国用（土）第2012-×××号《国有土地使用证》交付侯某阳和李某龙（另案原告）的委托人张某东持有。

二、韩某全因涉嫌刑事犯罪，被河北省石家庄市公安局经侦支队立案侦查并转捕。经张家口中院与韩某全核实，其对《借款协议》《借条》中本人的签字和侯某阳511.5万元打入其卡内，以及以众某公司《国有土地使用证》作为抵押担保的事实无异议，但称上述款项为李某华所借，其银行卡也为李某华持有。

三、侯某阳向张家口中院起诉请求：1. 韩某全、李某华偿还借款550万元及利息；2. 众某公司在抵押财产范围内承担连带清偿责任，侯某阳对该财产享有

---

① 案件来源：侯某阳与商都县众某能源材料有限责任公司、韩某全等民间借贷纠纷申诉、申请民事裁定书［最高人民法院（2015）民申字第3299号］

优先受偿权。

四、张家口中院一审判决支持了侯某阳的部分诉讼请求，但未支持其主张对抵押财产优先受偿的权利。众某公司不服，向河北高院上诉，河北高院二审判决驳回上诉，维持原判。

五、众某公司仍不服，向最高法院申请再审。最高法院裁定驳回其再审申请。

裁判思路

本案的核心争议在于，抵押合同签订后，未办理抵押登记，抵押人是否承担担保责任。众某公司主张一二审法院判决其在抵押财产范围内对债务向侯某阳承担连带清偿责任，没有法律依据，是适用法律错误。但最高法院认为：以土地使用权进行抵押的，应当办理抵押登记，抵押权自抵押登记时设立。原审认为抵押合同成立，抵押权并未设立，侯某阳可以主张众某公司在土地使用权范围内对债务承担连带清偿责任，但不能就土地使用权主张优先受偿，适用法律并无不当。

经验总结

1. 未办理抵押登记的抵押合同并非废纸一张，而是可以转换为要求抵押人在抵押物价值的范围内对债务承担连带清偿责任的有限担保责任。根据《民法典》第二百一十五条的规定："当事人之间订立有关设立、变更、转让和消灭不动产物权的合同，除法律另有规定或者当事人另有约定外，自合同成立时生效；未办理物权登记的，不影响合同效力。"也即，抵押未登记仅为抵押权未有效设立，但并不影响抵押合同的效力，抵押合同仍然有效。在抵押合同仍然有效的情况下，债权人可基于抵押合同向抵押人主张承担相应的责任。因此，抵押人不要以为只要未办理抵押权登记，自己就可以免于承担担保责任；抵押权人也不要因为抵押未登记就觉得抵押合同是"废纸一张"。通过抵押合同主张合同上的权利，也可以达到近似于抵押权被设立的法律效果。

2. 抵押合同签订后，不论是抵押人还是抵押权人，都应当及时办理抵押权登记。于抵押权人而言，未办理登记就不能取得抵押权，也就不能就抵押物优先受偿。虽然债权人可以基于抵押合同，在抵押物的范围内要求抵押人对债务承担连带责任，但在抵押人资不抵债时，债权人还是极有可能会面临债务不能被全部清偿的风险。于抵押人而言，其未办理抵押权登记，并不能当然免除其承担责任的义务和可能性，其必须在抵押物的价值范围内对债务承担连带清偿责任。因此，迟延办理抵押登记，对于双方当事人而言均无太大意义，至少不能从根本上改变双方当事人的权利义务关系。

3. 在抵押未登记但已满足抵押合同约定的或者法定的实现抵押权的条件时，抵押权人应当在请求保全债务人相关财产的同时，申请保全抵押物。在抵押物已经被抵押人转让时，可申请在抵押物价值的范围内保全抵押人的其他财产。以此来确保未来申请执行时的优先顺位，间接达到近似于有抵押权存在的法律效果。

4. 本案的另一个重要启示在于：一项法律行为（如合同、承诺书等）无效或者不能发生当事人预设的法律效果，并不当然就是“废纸一张”，而是可以转换为与之相似相近的法律行为，并以此为基础确定双方当事人的权利义务关系。本案中虽然抵押权未有效设立，但最高法院依据抵押合同有效，通过转换，要求抵押人在抵押物价值的范围内对债务承担连带清偿责任，诚值赞同！这一裁判方法被称为法律行为的转换制度，并已经被最高法院的相关判例所采纳（详见“延伸阅读”）。因此，运用好法律行为转换制度，可以在某些看似已经毫无可能胜诉的案件中起到“化腐朽为神奇”的效果。

相关法条

《中华人民共和国民法典》（2021 年 1 月 1 日施行）

第二百一十四条 不动产物权的设立、变更、转让和消灭，依照法律规定应当登记的，自记载于不动产登记簿时发生效力。

第二百一十五条 当事人之间订立有关设立、变更、转让和消灭不动产物权的合同，除法律另有规定或者当事人另有约定外，自合同成立时生效；未办理物权登记的，不影响合同效力。

第五百零九条 当事人应当按照约定全面履行自己的义务。

当事人应当遵循诚信原则，根据合同的性质、目的和交易习惯履行通知、协助、保密等义务。

当事人在履行合同过程中，应当避免浪费资源、污染环境和破坏生态。

裁判意见

以下为最高法院在“本院认为”部分就众某公司应承担连带清偿责任的论述：

二、关于众某公司是否应在抵押担保的土地使用权范围内承担连带清偿责任的问题。原判决认定，案涉《借款协议》《借条》签订之时，韩某全为众某公司法定代表人，众某公司对此并未提出异议。韩某全在《借款协议》《借条》上签字。《借款协议》《借条》均约定以众某公司所有的商都县商张公路北侧（工业园区）80004 平方米工业用地的国有土地使用证作为抵押，应视为众某公司与侯某阳达成了以上述土地使用权作为借款抵押担保的合意。当事人之间签订的抵押合同已经成立并生效，原审法院判令众某公司在其担保的土地使用权范围内对案涉债务承担连带清偿责任并无不当。

至于众某公司主张土地使用证交付情况未查清，其在二审中另行提交一份土地使用证，以证明债权人持有的土地使用证存在真假不明的问题。如前所述，抵押合同于《借款协议》和《借条》签订之时已经成立并生效，土地使用证是否交付，如何交付，并不能影响抵押合同的效力。

三、关于原审适用法律是否错误的问题。根据《物权法》第十五条[①]之规定，当事人之间订立有关设立、变更、转让和消灭不动产物权的合同，除法律另有规定或者合同另有约定外，自合同成立时生效；未办理物权登记的，不影响合同效力。同时，根据《物权法》第一百八十七条[②]的规定，以土地使用权进行抵押的，应当办理抵押登记，抵押权自抵押登记时设立。原审认为抵押合同成立，抵押权并未设立，侯某阳可以主张众某公司在土地使用权范围内对债务承担连带清偿责任，但不能就土地使用权主张优先受偿，适用法律并无不当。众某公司主张原审存在适用法律错误的情形，缺乏依据，本院不予支持。

延伸阅读

案例：某农村合作银行与刘某瑞、步某华借款合同纠纷申诉、申请民事裁定书［最高人民法院（2015）民申字第 2354 号］

最高法院认为："关于刘某瑞是否应当承担其中的 20 万元贷款的担保责任问题。1998 年 8 月 19 日合作银行与步某华、刘某瑞三方签订的《贷款合同书》中约定：贷款 20 万元，期限 6 个月，步某华以房产作为借款抵押，刘某瑞在合同中注明房产抵押证号 31××36、32××31。对于该抵押未办理登记的原因，合作银行称是为了减少刘某瑞的房产抵押登记费用，故同意刘某瑞提出的继续以房产

①② 编者按：《民法典》第 214 条、第 215 条。

抵押担保、不解除该房产抵押登记的要求。刘某瑞在申请再审理由中亦自陈其31××36、32××31号房产是为此前步某华向合作银行的贷款提供抵押并办理了抵押登记，结合本案中刘某瑞在步某华此前贷款还清之后并未申请注销抵押登记，以及在一审诉讼的早期阶段刘某瑞一直承认其为案涉贷款提供了房产抵押等案件事实，应当认定合作银行的陈述符合本案的实际情况。故应认定本案当事人之所以未办理抵押登记手续，是因为合作银行已经因步某华的此前贷款而成为该房产的抵押权人，双方存在此前贷款还清后不办理注销登记，以31××36、32××31号房产继续为该20万元贷款的抵押担保的口头约定。《中华人民共和国担保法》第四十一条①规定：当事人以该法第四十二条规定的城市房产、土地使用权等财产抵押的，应当办理抵押物登记，抵押合同自登记之日起生效。据此，刘某瑞与合作银行之间关于先前的贷款还清后不办理注销登记，抵押房产继续为20万元贷款提供担保的约定尽管是双方的真实意思表示，但并不能发生双方所希望的法律后果，案涉抵押合同并不能为该20万元贷款依法设定抵押权。《中华人民共和国担保法》关于不动产担保物权的设定必须履行登记手续的规定②，系为贯彻公示原则以保护善意第三人的利益和交易安全，对公示原则的违反尚不构成为法律秩序和法律的基本价值所不容的行为，故对于未履行登记手续的抵押合同，其法律效力并非确定无效。为救济其法律效力的瑕疵，除可以通过补办登记手续这种方式加以补正使其发生法律效力外，还可以通过解释上的转换这一方式，将其转换为有效的担保行为，以节约交易成本，促进交易发展。根据民法基本原理，法律行为的转换是指原有行为如果具备替代行为的要件，并且可以认为当事人如果知道原有行为不生效力或无效将希望替代行为生效的，可以将原有行为转换为替代行为而生效。其制度趣旨在于不拘泥于法律行为的外观，而是在尊重当事人的真实意思的基础上，对交易做出新的评价，用一种适当的行为去替换当事人所选择的不适当的行为，以平衡当事人之间的利益。就本案而言，以此前的抵押登记继续为案涉20万元贷款提供担保，是刘某瑞和合作银行缔约时的真实意思表示，且在案涉贷款的催收环节和本案诉讼的初期阶段，刘某瑞亦未以其提供的房产担保不生效力为由进行过抗辩。由此不难得出结论，如果合作银行和刘某瑞在案涉20万元借款合同和担保合同签订之时，就知道这种以在先的抵押登记担保在后发生的另一笔债权并不能产生法律效力，在不办理登记以节

① 编者按：《民法典》第214条、第215条。

② 编者按：已失效，被《民法典》吸收。

约抵押登记费用的情况下，双方会选择由刘某瑞提供保证这一合法有效的担保方式，以保证贷款合同的顺利履行。相反，若仅机械适用法律认定本案房产抵押因未登记就不发生任何法律效力，则刘某瑞不承担担保责任的结果将会明显背离一般社会大众的公平认知，亦显然有违诚实信用原则。因此，根据本案的实际情况，本院将案涉20万元的抵押担保合同转换为连带责任保证合同。由于抵押担保是以物的价值为限承担有限责任，而保证则是以保证人的全部责任财产承担无限责任，故在理论上存在着将抵押担保转化为保证担保会增加刘某瑞责任范围的可能性，但在本案中，该31××36、32××31号房产原先是作为1998年4月9日的25万元贷款的抵押担保，依经验法则判断，该房产的价值显然应该大于25万元，在担保方式转换后刘某瑞所应承担的20万元本息的保证责任并未超出其所提供的担保物的价值，故本院对担保方式转换后刘某瑞的保证责任范围不再予以限定。根据《贷款合同书》的约定，担保到贷款还完方可解除，刘某瑞应当承担责任的保证期间依法应确定为主债务履行期届满之日起二年。因合作银行、步某华和刘某瑞三方协议该20万元贷款于1999年8月19日归还，合作银行于2000年5月19日向保证人刘某瑞催收，系在合同约定的保证期间要求刘某瑞承担保证责任，并应当自2000年5月19日之日起计算该30万元贷款的诉讼时效，合作银行于2000年5月30日提起本案诉讼，并未超过诉讼时效期间，刘某瑞应当为该20万元承担相应的保证责任。尽管一、二审判决关于刘某瑞应当承担该20万元担保责任的论理逻辑并不正确，但其关于刘某瑞应当对上述贷款及利息承担担保责任的处理结果并无不当。故对刘某瑞关于其不应承担案涉20万元贷款的担保责任的申请理由，本院不予支持。”

063 登记记载的抵押权设定时间与实际时间不一致的，如何确定抵押成立的时间？

裁判要旨[①]

权利证书上记载的抵押权设定时间早于抵押登记实际完成时间的，应以抵押

① 案件来源：和某房地产开发有限责任公司与某银行股份有限公司济宁分行、山东省济宁丰某房地产开发有限公司合资、合作开发房地产合同纠纷再审复查与审判监督民事判决书［最高人民法院（2013）民提字第97号］

权实际记载于不动产登记簿上的时间作为确定抵押登记完成的时间，并以此为基础来确定第三人是否知晓不动产登记权利状况。

案情简介

一、2009年12月9日，济宁中院作出（2009）济民一初字第16号民事调解书（以下简称第16号调解书），确认和某公司与丰某公司双方达成协议的内容为：丰某公司欠和某公司本金2438万元及利息4733463.55元，共计29113463.55元。丰某公司以其案涉房屋抵付欠款21774720元。

二、某行济宁分行与丰某公司2008年4月14日签订借款合同，2009年1月19日，某行济宁分行与丰某公司签订抵押合同，丰某公司案涉房屋未预售在建工程为上述贷款提供抵押担保。2009年6月11日申请房产抵押登记，2010年1月11日出具济宁市房他字第1000×××号他项权利证书，记载的抵押权设定时间为2009年6月11日。

三、因丰某公司贷款到期后，仅归还银行22万元，某行济宁分行起诉要求还款。济宁中院于2010年12月8日作出（2010）济商初字第47号民事判决，其中第二项判决某行济宁分行对案涉房屋享有抵押权。

四、某行济宁分行向济宁中院申请再审，以第16号调解书损害其法定抵押权为由，要求撤销第16号调解书。济宁中院再审一审判决支持其诉请。

五、和某公司不服，上诉至山东高院，山东高院再审二审判决驳回上诉维持再审一审判决。

六、和某公司仍不服，向最高法院申请再审，最高法院再审判决撤销山东两审法院的再审判决，改判支持和某公司的诉请。

裁判思路

本案中和某公司最终的胜诉，绝对可以用“惊心动魄，绝地反击”来形容，某行济宁分行的败诉也可以用“扼腕长叹，功亏一篑”来总结。本案中，某行济宁分行的裁判思路在于虽然案涉房屋申请抵押登记的时间在2009年6月11日，权利证书上记载的抵押权设定时间也为该时间，但实际上该抵押权完成登记的时间却远在该时间之后的2010年1月11日，前后相差七个月之久。而就在这七个月内，作为债务人的丰某公司与和某公司达成以物抵债协议，并作成了本案的第16号调解书。本案的争议点即在于第16号调解书所涉及的以物抵债协议是否侵害了某行济宁分行的抵押权，而要确定这一点需要确定某行济宁分行的抵押权是否设定于第16号调解书之前。在本案的再审一二审判决中，山东两级法院均以权利证书上记载的抵押权设定时间认定某行济宁分行的抵押权设定在先，进而支持了某行济宁分行的诉请。但最高法院却以本案的抵押权实际记载于不动产登记簿上的时间来确定抵押权设定的时间，并以此为基础确定该抵押权登记是否具有对抗后续权利人的效力。据此，最高法院最终认定，和某公司在与丰某公司签订以物抵债协议、作成第16号调解书时，某行济宁分行的抵押权并未设定，故第16号调解书不存在侵害其抵押权的可能性，最终判决驳回了某行济宁分行的诉请。某行济宁分行因此败诉。

经验总结

1. 除法律明确规定外，以不动产设定抵押的，应当办抵押登记。

《民法典》第二百一十四条规定："不动产物权的设立、变更、转让和消灭，依照法律规定应当登记的，自记载于不动产登记簿时发生效力。"该法第四百零二条也规定，以不动产或正在建造的建筑物抵押的，应当办理抵押登记。抵押权自登记时设立。并以此为基础确定抵押权顺位、不动产善意取得等问题。未办理登记的，抵押权即未设立，不仅不能取得对抗后续权利人的效力，也不能取得优先受偿的效力。结合本案而言，虽然某行济宁分行于2009年6月11日已经申请了抵押权登记，但完成抵押权登记的时间却是2010年1月11日。因此，最高法院认定在2010年1月11日之前，某行济宁分行的抵押权并未设定，将2009年6月11日认定为抵押权设定的时间，"缺乏事实基础和法律依据"。

2. 进行不动产登记，应注意申请查阅不动产登记簿。

不动产登记簿是物权归属和内容的根据。不动产登记簿由登记机构管理。《民法典》第二百一十七条规定："不动产权属证书是权利人享有该不动产物权的证明。不动产权属证书记载的事项，应当与不动产登记簿一致；记载不一致的，除有证据证明不动产登记簿确有错误外，以不动产登记簿为准。"确定权利人是否享有不动产物权（包括不动产抵押权），应以不动产登记簿为准，不动产权属证书仅为证明不动产权利的证据之一，不具有绝对效力，不动产权属证书与不动产登记簿记载不一致的，原则上以不动产登记簿为准。因此，在进行不动产交易时，查看当事人的权属证书固然重要，但更为重要的是要向不动产登记机关申请查阅不动产的权属状况，防止不动产登记簿上记载的情况与不动产权属证书不一致。

3. 不动产登记机关在不动产权属证书上注明的不动产权利的设定时间与登记簿不一致的，以登记簿为准。

本案中，济宁的不动产登记机关在2010年1月11日完成抵押登记并作成他项权利证书（不动产权属证书）时，在不动产权属证书上注明抵押权设定的时间为2009年6月11日。某行济宁分行及山东两审法院均以此为依据，认定某行济宁分行抵押权设定的时间点为2009年6月11日。但这一认定其实是没有法律依据的。根据《民法典》第二百一十七条的规定："不动产权属证书是权利人享有该不动产物权的证明。不动产权属证书记载的事项，应当与不动产登记簿一致；记载不一致的，除有证据证明不动产登记簿确有错误外，以不动产登记簿为准。"对于本条的理解，应注意以下两点：（1）未记载于不动产登记簿之前，不动产权利不发生法律效力；（2）不动产权利设立、变更、转让和消灭的时间起点应为权利记载于不动产登记簿之日。具体到本案，某行济宁分行的抵押权于2010年1月11日才记载于不动产登记簿，此前仅为登记的审批阶段。因此，最高法院最终将2010年1月11日作为本案抵押权的时间点，不仅有法律依据，也有事实基础。济宁不动产登记机关将所谓的抵押权设定时间注明在不动产权属证书上并未产生《民法典》上物权变动的法律效果，更不能作为确定不动产权利变动与否的依据。

相关法条

《中华人民共和国民法典》（2021年1月1日施行）

第二百一十四条 不动产物权的设立、变更、转让和消灭，依照法律规定应当登记的，自记载于不动产登记簿时发生效力。

第二百一十五条 当事人之间订立有关设立、变更、转让和消灭不动产物权的合同，除法律另有规定或者当事人另有约定外，自合同成立时生效；未办理物权登记的，不影响合同效力。

第二百一十六条 不动产登记簿是物权归属和内容的根据。

不动产登记簿由登记机构管理。

第二百一十七条 不动产权属证书是权利人享有该不动产物权的证明。不动产权属证书记载的事项，应当与不动产登记簿一致；记载不一致的，除有证据证明不动产登记簿确有错误外，以不动产登记簿为准。

第二百一十八条 权利人、利害关系人可以申请查询、复制不动产登记资料，登记机构应当提供。

第三百九十五条 债务人或者第三人有权处分的下列财产可以抵押：

（一）建筑物和其他土地附着物；

（二）建设用地使用权；

（三）海域使用权；

（四）生产设备、原材料、半成品、产品；

（五）正在建造的建筑物、船舶、航空器；

（六）交通运输工具；

（七）法律、行政法规未禁止抵押的其他财产。

抵押人可以将前款所列财产一并抵押。

第四百零二条 以本法第三百九十五条第一款第一项至第三项规定的财产或者第五项规定的正在建造的建筑物抵押的，应当办理抵押登记。抵押权自登记时设立。

裁判意见

以下为最高法院在“本院认为”部分就此问题发表的意见：

本院认为，本案的焦点问题是和某公司与丰某公司达成的以房抵债协议是否侵害了某行济宁分行的在建工程抵押权。分析认定如下：第一，关于第16号调解书生效时间以及某行济宁分行在建工程抵押权设定成立时间。1. 某行济宁分行与丰某公司于2009年6月11日共同向济宁市房产管理局申请房产抵押登记，但是其实际取得房屋他项权利证书的时间是2010年1月11日，前后相差数月。某行济宁分行也承认在此期间内，当地尚未实施不动产登记簿制度；而且，在2009年6月11日至济宁市房产管理局实际颁发证书的2010年1月11日期间内，该申请设定抵押登记行为并不能起到对外公示效力。因此，对在此期间内无从知晓该权利设定内容的不特定第三人而言，某行济宁分行与丰某公司的申请行为并不能产生设定抵押权登记的他物权效力。一审、二审法院以权利证书中记载的抵押权“设定日期”是“2009年6月11日”为由，将该日期作为抵押权设定成立时间，既对无从知晓该权利存在的人而言是不公平的，也缺乏事实基础和法律依据。和某公司认为某行济宁分行关于在建工程抵押权的确认时间，最早也只能从其实际领取权利证书的2010年1月11日起算的观点，有事实基础，本院予以采信。2. 根据已经查明的事实，和某公司与丰某公司之间的纠纷于2009年6月涉诉至一审法院，同年12月9日出具第16号调解书，在某行济宁分行取得案涉房屋他项权利证书之前，该调解书已经生效。由此可见，第16号调解书生效时间在先，一审、二审法院认定某行济宁分行关于在建工程抵押权设定时间先于第16号调解书，并据此得出调解书侵害了某行济宁分行合法抵押权的结论，属于认定事实错误，应予纠正。

延伸阅读

1. 抵押权自登记完成之日起设立

案例一：大连某东方投资有限公司与某银行股份有限公司大连天津街支行、大连某东方置地有限公司、大连某房地产开发有限公司、朱某明、西某国其他撤销权纠纷二审民事判决书［（2014）民一终字第34号］

最高法院认为："本院认为，依据《物权法》第一百八十七条①规定，以正在建造的建筑物抵押的，应当办理抵押登记。抵押权自登记时设立。依据(2012)辽民二初字第32号民事判决和本案查明的事实，置地公司已经以包括涉案578套在建工程在内的1740套在建工程作为抵押物，与某银行签订了抵押合同，并于2009年12月31日在房产部门办理了抵押登记。对此事实，各方当事人均无异议。因此，自2009年12月31日办理抵押登记时，某银行就取得了对涉案578套在建工程的抵押权。"

2. 未办理抵押权登记的，抵押权未设立

案例二：李某龙与商都县众某能源材料有限责任公司、韩某全等民间借贷纠纷申诉、申请民事裁定书［（2015）民申字第3256号］

最高法院认为："关于原审适用法律是否错误的问题。根据《中华人民共和国物权法》第十五条②之规定，当事人之间订立有关设立、变更、转让和消灭不动产物权的合同，除法律另有规定或者合同另有约定外，自合同成立时生效；未办理物权登记的，不影响合同效力。同时，根据《中华人民共和国物权法》第一百八十七条③的规定，以土地使用权进行抵押的，应当办理抵押登记，抵押权

---

①②③ 编者按：《民法典》第214条、第215条。

自抵押登记时设立。原审认为抵押合同成立，抵押权并未设立，李某龙可以主张众某公司在土地使用权范围内对债务承担连带清偿责任，但不能就土地使用权主张优先受偿，适用法律并无不当。众某公司主张原审存在适用法律错误的情形，缺乏依据，本院不予支持。”

案例三：某银行股份有限公司哈尔滨道外支行与哈尔滨某房地产开发有限公司金融借款合同纠纷申请再审民事裁定书［（2016）最高法民申886号］

最高法院认为：“本案抵押权是否有效设立的问题。《中华人民共和国担保法》第四十一条①规定，‘应当办理抵押物登记的，抵押合同自登记之日起生效’。《中华人民共和国物权法》第一百八十七条②规定，用正在建造的建筑物抵押的，应当办理抵押登记，抵押权自登记时设立。本案中，虽然双方当事人均同意用×××0号抵押合同的抵押物继续为本案×××1号借款合同3500万元进行担保，但双方当事人未对×××1号借款合同约定的抵押财产重新登记或变更登记，故原判决认定本案抵押权未有效设立，认定事实清楚，适用法律正确。”

案例四：卞某华与张家港市永某金属结构件制造有限公司、张家港市蓝某通用机械有限公司民间借贷纠纷再审民事判决书［江苏省高级人民法院（2016）苏民再383号］

该院认为：“关于抵押权是否设立的问题。根据《中华人民共和国物权法》第一百八十七条③的规定，以建筑物抵押的，应当办理抵押登记，抵押权自登记时设立。虽然蓝某公司与卞某华就案涉房屋签订了《抵押合同》，该合同成立并生效，并且也向当地房管部门递交了申请抵押登记的相关文件，但最终因卞某华未能取得案涉房屋的他项权证书，故抵押权未设立。卞某华主张抵押权已设立，并主张对抵押房屋享有优先受偿权，于法无据，本院不予支持。”

3. 抵押权登记机关为不动产登记部门，向公证机关申请抵押权登记不能发生设定抵押权的法律效果

案例五：某银行股份有限责任公司郴州香雪路支行与黄某红、盘某才等金融借款合同纠纷二审民事判决书［（2015）湘高法民一终字第7号］

湖南省高级人民法院认为：“关于黄某红和东某水电开发公司是否应对金某民族水电公司本案债务承担抵押担保责任的问题。黄某红和东某水电开发公司均为金某民族水电公司本案借款提供了抵押担保、签订了抵押合同，抵押物分别是

①②③　编者按：《民法典》第214条、第215条。

苏仙区某电站和郴州某水电站，该抵押合同是当事人的真实意思表示，内容不违反法律法规的禁止性规定，抵押合同依法成立、合法有效，但上述抵押物均是在郴州市苏仙区公证处办理的抵押登记，而我国相关法律法规并未赋予公证处办理抵押登记的效力，故该抵押登记应属无效。根据《中华人民共和国物权法》第一百八十七条[①]的规定，以在建工程抵押的，应当办理抵押登记，抵押权自登记时设立，虽然黄某红和东某水电开发公司与某行郴州香雪路支行签订的《抵押合同》成立，但因抵押登记不当，某行郴州香雪路支行的抵押权不能成立，上诉人主张对黄某红和郴州东某水电开发有限公司的抵押物享有优先受偿权的请求本院不予支持。”

064 抵押登记记载的债权数额，是否都是抵押人承担担保责任的最高限额？

裁判要旨[②]

关于“抵押物登记记载的内容与抵押合同约定的内容不一致的，以登记记载的内容为准”的规定，是对抵押登记内容的规定，而非对抵押担保范围的规定。故抵押登记记载的抵押权利价值并非抵押人承担担保责任的限额，对抵押权的效力不产生任何影响。

案情简介

一、中某公司与成某公司于2011年3月31日签订信托贷款合同，中某公司向成某公司发放贷款2亿元。隆某公司以其所有的天津市南开区铜锣湾广场X区6、7、8层的房产设定抵押为上述贷款承担担保责任。抵押房产的他项权证及房管部门登记备案均载明：抵押权利价值共计2.255亿元。2011年4月7日，各方对上述信托贷款合同、抵押合同进行了公证并赋予强制执行效力。

二、后因成某公司未还本付息，经中某公司申请，公证处出具执行证书，载

① 编者按：《民法典》第214条、第215条。

② 案件来源：天津隆某商贸有限公司与中某信托股份有限公司其他申请复议执行裁定书［最高人民法院（2015）执复字第38号］

明：被申请执行人为隆某公司，执行标的贷款本金200000000元、贷款利息6473972.6元、违约金200000000元、罚息3353424.65元，申请执行期限为两年。

三、中某公司于2013年7月12日向天津高院申请强制执行，天津高院于2013年7月22日立案执行。因被执行人未按期履行义务，天津高院查封了隆某公司抵押的坐落于天津市南开区铜锣湾广场X区6、7、8层的房产。

四、隆某公司向天津高院提出执行异议，被裁定驳回。隆某公司不服，以执行债权数额超过登记的抵押权利价值为由，向最高法院申请复议，最高法院裁定驳回复议申请。

裁判思路

本案中隆某公司的裁判思路在于错误地认为抵押登记记载的抵押权利价值为抵押人承担担保责任的最高限额。隆某公司在向最高法院申请复议的过程中提出，抵押登记的抵押权利价值共计2.255亿元。根据《担保法解释》第六十一条①关于“抵押物登记记载的内容与抵押合同约定的内容不一致的，以登记记载的内容为准”的规定，中某公司可实现的抵押权数额应为抵押物登记记载的2.255亿元，而执行证书确定的执行标的数额却高达4亿余元。因此认为，“执行证书确定的执行标的数额超出了抵押物他项权证及房管部门登记备案的数额，与事实不符，应不予执行。”但最高法院认为，“该理由是对法律的错误理解，该条文是对抵押登记内容的规定，而非是对抵押担保范围的规定。”隆某公司承担担保责任的范围仍应根据抵押合同来确定，隆某公司因此败诉。

经验总结

1.《民法典担保制度解释》生效前，登记记载的抵押权利价值对抵押权的效力范围不产生影响。应准确理解“抵押物登记记载的内容与抵押合同约定的内容不一致”的规定。抵押登记是抵押权的权利登记，因此只有能够对抵押权效力产生影响的登记方能被视为抵押登记的内容。而能够对抵押权效力产生影响的内容具体可包括以下几个方面：主债权的种类及数额、抵押权人、抵押人、抵押物的数量及范围、抵押权顺位、抵押权担保的最高债权额、债务履行期等。只有以

① 编者按：已失效。

上登记记载的内容与抵押合同的约定不一致时，方能够认定为《担保法解释》第六十一条[①]规定的情形。关于抵押物的估价、抵押权利价值、抵押期限的登记不属于抵押权的法定内容。登记记载与抵押合同不一致时，不能发生否定抵押合同约定的效力，而且以上内容的登记记载对于抵押权效力不会产生任何影响。对此《九民纪要》规定，鉴于部分省份在进行担保物权的登记时，仅能登记“债权数额”，且仅能填写固定数字，导致登记的抵押权范围不符合当事人抵押合同的约定，故人民法院以合同约定认定担保物权的担保范围，是符合实际的妥当选择。

2.《民法典担保制度解释》明确规定：“不动产登记簿就抵押财产、被担保的债权范围等所作的记载与抵押合同约定不一致的，人民法院应当根据登记簿的记载确定抵押财产、被担保的债权范围等事项。”可见，随着不动产登记系统的升级和完善，《民法典担保制度解释》认为，登记簿上对于抵押权范围的记载对抵押人与抵押权人外的其他人有公示效力，抵押权的范围一律以登记簿记载为准有利于抵押权人外的其他债权人正确估计抵押人的财产状况，有利于多个债权人公平受偿。《民法典担保制度解释》与以往司法实践中对该问题的不同处理方式，在实务中应当根据《民法典》时间效力的有关规定进行适用。

3. 抵押权人在接受不动产抵押时，应重点关注不动产抵押登记的内容记载。不动产抵押权是以登记为对外公示手段的不动产物权，非经登记抵押权不能设立。因此，抵押权人在接受不动产抵押时，不仅要关注抵押合同的约定是否能够有效保障自身权益，还要合理利用不动产抵押登记可登记记载的内容，有效保障自身权利的实现。具体而言，应重点关注主债权的种类及数额、抵押权顺位、抵押物范围、债务履行期、抵押物权利归属等内容。

相关法条

《中华人民共和国民法典》（2021 年 1 月 1 日施行）

第三百八十九条 担保物权的担保范围包括主债权及其利息、违约金、损害赔偿金、保管担保财产和实现担保物权的费用。当事人另有约定的，按照其约定。

第四百二十条 为担保债务的履行，债务人或者第三人对一定期间内将要连

---

① 编者按：已失效。

续发生的债权提供担保财产的，债务人不履行到期债务或者发生当事人约定的实现抵押权的情形，抵押权人有权在最高债权额限度内就该担保财产优先受偿。

最高额抵押权设立前已经存在的债权，经当事人同意，可以转入最高额抵押担保的债权范围。

《全国法院民商事审判工作会议纪要》（法〔2019〕254号）

58.［担保债权的范围］以登记作为公示方式的不动产担保物权的担保范围，一般应当以登记的范围为准。但是，我国目前不动产担保物权登记，不同地区的系统设置及登记规则并不一致，人民法院在审理案件时应当充分注意制度设计上的差别，作出符合实际的判断：一是多数省区市的登记系统未设置“担保范围”栏目，仅有“被担保主债权数额（最高债权数额）”的表述，且只能填写固定数字。而当事人在合同中又往往约定担保物权的担保范围包括主债权及其利息、违约金等附属债权，致使合同约定的担保范围与登记不一致。显然，这种不一致是由于该地区登记系统设置及登记规则造成的该地区的普遍现象。人民法院以合同约定认定担保物权的担保范围，是符合实际的妥当选择。二是一些省区市不动产登记系统设置与登记规则比较规范，担保物权登记范围与合同约定一致在该地区是常态或者普遍现象，人民法院在审理案件时，应当以登记的担保范围为准。

《最高人民法院关于适用〈中华人民共和国民法典〉有关担保制度的解释》（法释〔2020〕28号 2021年1月1日施行）

第十五条 最高额担保中的最高债权额，是指包括主债权及其利息、违约金、损害赔偿金、保管担保财产的费用、实现债权或者实现担保物权的费用等在内的全部债权，但是当事人另有约定的除外。

登记的最高债权额与当事人约定的最高债权额不一致的，人民法院应当依据登记的最高债权额确定债权人优先受偿的范围。

第四十七条 不动产登记簿就抵押财产、被担保的债权范围等所作的记载与抵押合同约定不一致的，人民法院应当根据登记簿的记载确定抵押财产、被担保的债权范围等事项。

《最高人民法院关于适用〈中华人民共和国担保法〉若干问题的解释》（法释〔2000〕44号 2021年1月1日失效）

第六十一条 抵押物登记记载的内容与抵押合同约定的内容不一致的，以登记记载的内容为准。

裁判意见

以下为最高法院在复议审查裁定中就此问题发表的意见：

案涉抵押合同第四条关于抵押担保的范围的约定是主合同项下的全部债务，据此，（2012）洪青经证字第×××号执行证书按照《联合通知》第六条的规定，并根据当事人抵押合同的约定，签发执行证书，注明了隆某公司基于抵押合同的抵押人身份，并注明执行标的包括债务本金、利息、违约金、罚息等，并无不妥。隆某公司还提出，依据《最高人民法院关于适用〈中华人民共和国担保法〉若干问题的解释》第六十一条①规定“抵押物登记记载的内容与抵押合同约定的内容不一致的，以登记记载的内容为准”。执行证书认定的执行标的数额与抵押登记不一致的应以登记内容为准，该公司承担担保责任的范围为抵押登记的2.255亿元。该理由是对法律的错误理解，该条文是对抵押登记内容的规定，而非是对抵押担保范围的规定，执行证书根据抵押合同的约定，认定执行标的为全部债务，并无不妥。

延伸阅读

1. 抵押登记的抵押权利价值不能作为抵押担保的债权最高限额

案例一：某银行股份有限公司厦门同安支行与吴某丽等金融借款合同纠纷申诉、申请民事裁定书［（2016）最高法民申2895号］

最高法院认为：“涉案担保范围的条款则明确廖某安的抵押担保范围包括借款本金、利息、罚息等，而他项权利证书记载权利价值为280万元，并不能否定当事人之间有关担保范围的约定，亦不能直接证明抵押双方当事人约定了最高抵押限额。《最高人民法院关于适用〈中华人民共和国担保法〉若干问题的解释》第六十一条②是针对抵押物登记与约定不一致时作出的规定，本案并不符合该种情形。综合上述情况，可以认定抵押双方当事人并没有达成280万元为最高抵押限额的一致意思表示，廖某安主张原判决没有认定其仅应在280万元限额内承担抵押担保责任，属于认定事实和适用法律错误的申请再审理由，不能成立，本院不予支持。”

案例二：湖北某银行股份有限公司与十堰五某商场百货有限公司金融借款合

①② 编者按：已失效。

同纠纷再审案［（2019）最高法民申 662 号］

最高人民法院认为：本院经审查认为，五某商场与农商行就《最高额抵押合同》中抵押物清单所载房产及土地分别办理了抵押登记手续，登记的抵押债权合计数额与《最高额抵押合同》约定的抵押数额不一致。但抵押登记是对抵押合同义务的履行，在没有其他证据证明五某商场和农商行在签订《最高额抵押合同》之后另行签订其他抵押合同以变更原合同内容的情况下，应以双方在《最高额抵押合同》中的合意为准。因此，对于五某商场和农商行办理抵押登记数额与《最高额抵押合同》不一致的部分，因双方没有签订新的抵押合同对原合同予以变更，二审判决认定农商行应在 7000 万元限额内优先受偿适用法律并无不当。

案例三：东港市嘉某小额贷款有限责任公司、某农村商业银行股份有限公司金融借款合同纠纷再审民事判决书［（2019）辽民再 14 号］

辽宁省高级人民法院认为：首先，华某公司与某农商银行同兴支行在借款合同中关于担保方式条款虽然约定为最高额抵押担保，但是抵押双方没有在合同中明确约定 3200 万元为最高抵押限额，而在合同中却明确约定了抵押担保的范围既包括借款本金，又包括利息、罚息等。其次，他项权利证书虽然登记的债权数额分别为 1600 万元、500 万元、1100 万元，但从他项权利证书上设置的栏目看，仅有填写固定数字的“债权数额”的表述，没有设置“担保范围”栏目。而且在借款的当时，合同双方除借款本金可以明确外，其他费用的具体数额并不确定。故某农商银行主张合同双方约定的最高贷款余额 3200 万元为贷款本金数额，双方在抵押登记时仅针对抵押担保的本金数额登记，符合抵押合同签订时的实际情况。最后，《房地产抵押清单》载明案涉抵押物之一的所有权证号为 200911190××××的房屋价值既为 3208 万元，抵押物的价值总和远远大于借款数额，可见抵押双方对于华某公司应当承担的抵押担保责任是有预期的，即不限于 3200 万元范围内。因此，一审法院再审判决认定某农商银行在借款本金 3200 万元及利息、罚息、实现抵押权的费用范围内对涉案抵押物享有优先受偿权是符合实际的妥当选择，本院予以支持。

案例四：郑某与甲银行金融借款合同纠纷案［（2013）沪一中民六（商）终字第 164 号］

法院认为：郑某作为借款人、郑某及肖某作为共同抵押人，与甲银行所签订的个人购房担保借款合同，系各方当事人的真实意思表示，应为合法有效，各方当事人均应恪守。甲银行按约放贷，郑某未能如期归还贷款，已构成违约。甲银行宣布系争贷款提前到期，符合涉案借款合同的约定，应当予以支持。根据法律规定，抵押担保的范围包括主债权及利息、违约金、损害赔偿金和实现抵押权的费用等，当事人另有约定的，按照约定。本案抵押合同对抵押担保范围已作约定，抵押登记权利证书上记载的“债权数额172万元”并非双方在合同中约定的抵押债权的全部，仅是设定抵押时担保的债权本金数额。

2. 抵押登记的债权额可以作为抵押权行使的最高限额

案例五：某银行股份有限公司鞍山分行与科某消防工程集团有限公司等金融借款合同纠纷二审民事判决书［（2018）最高法民终352号］

最高人民法院认为：案涉土地使用权他项权证载明，抵押金额为1890万元，案涉抵押房屋他项权证载明，债权数额为38906652元。《最高人民法院关于适用〈中华人民共和国担保法〉若干问题的解释》第六十一条①规定，“抵押物登记记载的内容与抵押合同约定的内容不一致的，以登记记载的内容为准。”非因某银行鞍山分行的原因，案涉土地使用权和房屋分别办理他项权证，土地使用权和房屋均有财产价值，没有证据证明案涉土地使用权他项权证载明的债权数额包含在案涉房屋他项权证的债权数额之内，故应以上述两他项权证记载抵押金额之和以及合同约定、诉讼请求为依据，认定某银行鞍山分行享有抵押权的债权最高额。一审仅依据房屋他项权证载明的担保债权数额认定某银行鞍山分行享有抵押权数额，事实及法律依据不足。某银行鞍山分行就科某房地产提供的营口国用（2009）×××××号土地使用权、房他证西字第××号－T20151100240号他项权利证项下除营房权证西字第××号、第××号、第××号房产外的53套房产，在本金4500万元及其相应的利息、复利、罚息等债权范围内享有优先受偿权，但不得超出案涉土地使用权及房屋他项权证载明的债权金额之和。综上所述，某银行鞍山分行的上诉请求部分成立。

案例六：某信托有限责任公司与温州顺某大酒店有限公司、陈某华金融借款合同纠纷一审民事判决书［（2015）鄂民二初字第00054号］

本案中，顺某公司抵押登记的债权数额为2亿元，陈某华抵押登记的债权数额为7500万元。湖北省高级人民法院认为：“顺某公司、陈某华分别为某信托公司的上述债权提供抵押担保，并已办理抵押登记，某信托公司的抵押权依法设

---

① 编者按：已失效。

立。但抵押登记记载的内容与抵押合同约定的内容不一致，依据《最高人民法院关于适用〈中华人民共和国担保法〉若干问题的解释》第六十一条①关于‘抵押物登记记载的内容与抵押合同约定的内容不一致的，以登记记载的内容为准’的规定，本院以温州市房产管理局温房他证鹿城区字第×××75号他项权证、温房他证鹿城区字第×××33号他项权证记载的内容为准，某信托公司有权以顺某公司提供抵押担保的温房他证鹿城区字第×××75号他项权证所记载的抵押物在2亿元范围内行使抵押权，以陈某华提供抵押担保的温房他证鹿城区字第×××33号他项权证记载的抵押物在7500万元范围内行使抵押权。”

案例七：重庆某信用担保有限公司与河北某纺织服装有限公司、郭某勇等追偿权纠纷一审民事案件判决书［（2014）渝高法民初字第00064号］

重庆市高级人民法院认为：“根据《房屋登记办法》（建设部第168号令）第四十四条之规定，对符合规定条件的抵押权设立登记，房屋登记机构应将下列事项记载于房屋登记簿：（一）抵押当事人、债务人的姓名或者名称；（二）被担保债权的数额；（三）登记时间。本案《房屋他项权证》上载明的‘债权数额’为7455.89万元，《土地他项权证》上载明的‘抵押贷款金额’为35574378元，因此，上述两项记载内容应当认定为‘被担保的主债权数额’，即《房屋他项权证》的被担保主债权数额为7455.89万元；《土地他项权证》的被担保主债权数额为35574378元。上述主债权记载金额与《房地产抵押合同》载明的主债权金额1.7亿元不一致。《最高人民法院关于适用〈中华人民共和国担保法〉若干问题的解释》第六十一条②规定：抵押物登记记载的内容与抵押合同约定的内容不一致的，以登记记载的内容为准。因此，应当认定抵押房屋所担保的主债权金额为7455.86万元，抵押的国有土地使用权所担保的主债权金额为35574378元。”

3. 抵押物登记的面积与抵押合同约定不一致的，以抵押登记为准

案例八：某市信托贸易服务公司与薛某友金融不良债权追偿纠纷二审判决书［（2012）川民终字第624号］

四川省高级人民法院认为：“某信托公司的抵押财产为其位于某市人民南路20号的房屋，但《房屋他项权证》中记载抵押房屋建筑面积为1785.26平方米，《抵押合同》约定抵押房屋面积为商场综合楼1263.6平方米、仓库楼394平方米、简易仓库308平方米，二者关于抵押面积的内容不一致。最高人民法院《关

①② 编者按：已失效。

于适用〈中华人民共和国担保法〉若干问题的解释》第六十一条规定，抵押物登记记载的内容与抵押合同约定的内容不一致的，以登记记载的内容为准。因此，薛某友对其取得的债权，应当以某信托公司抵押的商场综合楼、仓库楼、简易仓库等房产在《房屋他项权证》登记记载的面积范围内享有抵押权。某信托公司虽未专门针对抵押物范围的确定问题提起上诉，但其不认可原审法院关于薛某友享有优先受偿权的判决，且抵押物范围的确定可能会对第三人的权益造成影响，因此，对于抵押物范围的审查，属于本案二审审理范围。原审判决根据《抵押合同》约定内容确定薛某友享有抵押权范围不当，应予以纠正。”

065 抵押物地址登记错误的，抵押人能否主张免责？

裁判要旨①

尽管房地产抵押合同中所附的房地产抵押清单与他项权利证书中土地地址登记不符，但有证据证明两块土地具有同一性的，抵押人不得主张抵押无效。

案情简介

一、天某公司与某行中山路支行签订《借款合同》。合同约定：某行中山路支行向天某公司提供金额为23750000元的贷款。同日，某行中山路支行又与博某公司签订《抵押合同》，约定：博某公司以拥有的成某大厦房地产为上述贷款提供抵押担保。该合同所附的抵押物清单载明，抵押房产及土地坐落在乌鲁木齐市建设路x号。新疆维吾尔自治区公证处针对上述《借款合同》《抵押合同》作出《具有强制执行效力的债权文书公证书》。

二、随后，双方对抵押物进行了抵押登记，乌鲁木齐市国土资源局发放的他项权利证书上载明的抵押物地址为天山区建设路，地号为×××号。

三、借款到期后，天某公司仅归还贷款本金980000元，并支付部分利息，其余贷款本息未予偿还。某行中山路支行遂向新疆高院提起诉讼，请求判令天某公司还本付息，博某公司以抵押房地产对以上欠款本息承担抵押担保偿还责任。

① 案件来源：新疆博某房地产开发有限公司与新疆某汽车销售服务有限责任公司借款担保合同纠纷上诉案［最高人民法院（2007）民二终字第120号］

新疆高院一审判决支持了某行中山路支行的诉请。

四、博某公司不服，上诉至最高法院，以抵押物清单与他项权利证书上记载的抵押物地址不一致为由主张免责，最高法院判决驳回上诉，维持原判。

裁判思路

本案中博某公司的裁判思路在于，虽然抵押物地址登记错误，但并不影响抵押登记的效力。本案的争议点在于，抵押合同所附的抵押物清单所记载的抵押物地址与他项权利证上登记记载的抵押物地址存在一定程度的不一致。博某公司据此认为，他项权利证上显示的抵押物与抵押物清单上所附的抵押物并不具有关联性，无法证明抵押物清单上所列的抵押物与他项权利上记载的抵押物为同一物。但最高法院认为："博某公司认可在乌鲁木齐市天山区建设路上，该公司只有X号一宗地产，故应当认定抵押合同所附房地产抵押清单中所列的土地与土地他项权利证书标明的土地具有同一性。"从这一裁判观点中可以看出，最高法院的裁判思路是：只要能够确定抵押物具有同一性，则即使抵押物的地址登记错误，也不影响抵押登记的效力。博某公司据此主张免责，难获支持，因此败诉。

经验总结

1. 根据《民法典》第四百零二条的规定，以房屋、土地使用权等不动产进行抵押的，非经登记抵押权不能设立。抵押权为担保物权，为物权的一种，物权是权利人依法对特定的物享有直接支配和排他的权利。因此，抵押权的成立除需登记以外，尚存在一个隐性的前提，即抵押物具有特定性。此处所谓的特定性，是指抵押物是唯一、不变且可确定的现实存在。如果抵押物不具有特定性，则抵押权人作为物权人支配的对象即不复存在，也无从享有所谓的抵押权。因此，抵押权人在接受他人提供抵押时，应当对抵押物的特定性进行核实，如果抵押物并非现实存在，或者为不特定的物，则即使办理了抵押登记，也无法实现抵押权。但根据《民法典》第三百九十六条设定的浮动抵押除外。

2. 抵押登记为不动产登记的一种类型，也会出现登记错误。在抵押登记中，如果当事人约定以A物进行抵押，但实际登记时却登记为B物。此时，抵押权人既不能对A物享有抵押权，也不能对B物享有抵押权，存在极大的交易风险。因此，不仅在签订抵押合同时需认真核实抵押物的坐落，在抵押登记时也要确保登记的坐落与抵押合同记载的抵押物坐落相一致。最为保险的做法是：在抵押合同签订之前查询抵押物登记记载的地址，并根据登记记载的地址约定抵押合同中抵押物的地址。本案中，虽然某行中山路支行赢得了诉讼，但在某种意义上讲，具有一定的侥幸色彩。如果不是博某公司在乌鲁木齐市天山区建设路上只有一处建设用地，则某行中山路支行必输无疑。因为法院无法确定抵押物的同一性。

3. 本案中另一个值得关注的问题在于，为什么抵押物地址在登记时出现登记错误，不会影响抵押权的效力。理由在于，不动产登记根据不同的登记内容可以分为权利事项的登记和非权利事项的登记，相应的登记错误也就可分为权利事项的登记错误和非权利事项的登记错误，而能够影响不动产物权效力的登记错误仅限于权利事项的登记错误。其中非权利事项包括不动产的地址、四至、面积、朝向等反映不动产物权自然状况的内容，权利事项主要包括不动产的主体、类型、内容、来源、期限、权利变化、权利顺位等反映不动产上权利存在状况的内容。本案中出现登记错误的内容为抵押物的地址，为非权利事项错误，故不影响抵押权的效力。博某公司以此为由主张免责，当然无法获得法院支持。

相关法条

《中华人民共和国民法典》（2021 年 1 月 1 日施行）

第一百一十五条 物包括不动产和动产。法律规定权利作为物权客体的，依照其规定。

第三百九十六条 企业、个体工商户、农业生产经营者可以将现有的以及将有的生产设备、原材料、半成品、产品抵押，债务人不履行到期债务或者发生当事人约定的实现抵押权的情形，债权人有权就抵押财产确定时的动产优先受偿。

第四百零二条 以本法第三百九十五条第一款第一项至第三项规定的财产或者第五项规定的正在建造的建筑物抵押的，应当办理抵押登记。抵押权自登记时设立。

第四百零三条 以动产抵押的，抵押权自抵押合同生效时设立；未经登记，不得对抗善意第三人。

裁判意见

以下为最高法院在二审判决“本院认为”部分就此问题发表的意见：

博某公司与某行中山路支行签订的抵押合同以其所有的成某大厦6400.67平方米房产及相应的土地使用权为天某公司本案贷款提供抵押担保，双方办理了抵押登记手续，某行中山路支行依法取得了房产他项权利证书和土地他项权利证书，应当认定某行中山路支行对本案抵押物的抵押权合法有效。尽管抵押合同所附房地产抵押清单中标注的抵押土地位于乌鲁木齐市建设路×号，而土地他项权利证书中显示该宗土地座落于天山区建设路，并注明了地号和图号，但博某公司认可在乌鲁木齐市天山区建设路上，该公司只有×号一宗地产，故应当认定抵押合同所附房地产抵押清单中所列的土地与土地他项权利证书标明的土地具有同一性。博某公司关于抵押合同所附的房地产抵押清单中注明的土地与本案土地他项权利证书中注明的土地之间没有关联性，某行中山路支行对本案抵押房产及土地使用权不享有抵押权的上诉请求与事实不符，本院不予支持。

第三节 抵押权的效力

066 在建工程抵押权范围是否包括尚未建造的建筑物?

裁判要旨①

在建工程抵押权作为一种单独的抵押权类型，除当事人在抵押合同中另有约定外，其抵押物范围不仅包括建设用地使用权，还包括规划许可范围内已经建造的和尚未建造的建筑物。

案情简介

一、2014年3月10日，金某信托公司与三某集团公司签订《信托贷款合同》，约定金某信托公司向三某集团公司提供1.95亿元的贷款。

二、后双方签署了编号分别为浙金信（抵）字HY－2014－×××号－1、浙金信（抵）字HY－2014－×××号－3的《抵押合同》，约定将三某集团公司开发建设的某项目（二期）在建工程以及该部分在建工程所对应的土地使用权

---

① 案件来源：浙商金某信托股份有限公司、浙江三某集团有限公司金融借款合同纠纷再审民事判决书［（2018）最高法民再19号］

[（2014）第103－×××××号《国有土地使用权证》]抵押给金某信托公司。《抵押合同》中约定，本合同项下的抵押物具体信息见合同附件之“抵押物清单”。“抵押物清单”中分别列明了99套房产和17套房产。

三、嗣后，双方共同向登记机关申请办理“在建工程抵押”的抵押登记手续，登记机关为“抵押物清单”上记载的99套房产和17套房产分别颁发了《在建工程抵押登记证明》。

四、三某集团公司分别于2014年3月至5月期间，向金某信托公司提交《解除抵押申请》，以销售合同需要去房管局进行备案等为由，申请金某信托公司对桂某山居二期项目中179套房屋（不局限于已经列入抵押物清单中的房屋）出具解押证明。金某信托公司向金华市房地产交易办证中心出具解押证明，据此金华市房地产交易办证中心允许上述179套房屋进行销售。

五、2015年1月15日，金某信托公司向杭州中院提起诉讼，请求判令三某集团公司归还借款本息，金某信托公司有权就抵押物优先受偿。

六、本案的一个争议焦点为，金某信托公司的抵押权范围，是仅限于已经发放《在建工程抵押登记证明》的“抵押物清单”中所记载的部分，还是包括抵押合同所约定的土地使用权及其上已经建造和尚未建造的部分。

七、本案经杭州中院一审，浙江高院二审，均认定金某信托公司的抵押权范围仅限于“抵押物清单”中载明的房屋。

八、金某信托公司不服，向最高人民法院申请再审。再审期间，金某信托公司作出书面确认，对2014年3月12日办理抵押登记前已经售出的23套房屋及办理抵押登记后经其同意解封的179套房屋不再主张优先受偿权。因其中一套房屋同时列在登记前已售出和嗣后同意解封的179套房屋之中，故金某信托公司放弃优先受偿权的房屋共计201套。

九、最高人民法院再审认为，金某信托公司的抵押权范围包括案涉《国有土地使用权证》项下的全部国有土地使用权及其上在建工程，改判确认金某信托股份有限公司在254867898.2元债务范围内对三某集团有限公司提供的案涉《建设工程规划许可证》项下已经建造和将要建造的建筑物以及案涉《国有土地使用权证》项下的国有土地使用权，扣除201套房屋及对应的土地使用权后的剩余部分折价或以拍卖、变卖该财产的价款享有优先受偿权。

裁判思路

本案中，最高人民法院认定金某信托公司的在建工程抵押权所支配的抵押物范围，应当以抵押合同约定内容作为确定权利范围的依据，而非以《在建工程抵押登记证明》的内容作为确定权利范围的依据，其原因是：

首先，完成不动产物权公示的是不动产登记，登记机关为案涉116套房产分别颁发《在建工程抵押登记证明》的法律效果，是使得金某信托公司取得了证明其权利状况的权属证。因此，不能以颁发的《在建工程抵押登记证明》作为判断案涉在建工程抵押办理抵押登记手续的依据。

其次，在建工程抵押权作为一种单独的抵押权类型，除当事人在抵押合同中另有约定外，其抵押物范围不仅包括建设用地使用权，还包括规划许可范围内已经建造的和尚未建造的建筑物。在登记机关未设立房屋登记簿，亦未明确在抵押合同上记载在建工程抵押登记方法的情况下，因前述抵押合同及相关登记申请材料和登记机关出具的收件单等文件均已载明登记类型为在建工程抵押登记，这些资料是登记机关存档备查的登记资料，利害关系人可通过查询档案资料的内容来获悉抵押物上的权利负担，故应当认定登记机关在收件、审核时将此项业务作为在建工程抵押登记业务加以办理的行为，即完成了“记载”在建工程抵押登记的工作，在建工程抵押权即已依法设立。

经验总结

1. 在建工程抵押权的抵押物范围原则上不仅包括建设用地使用权，还包括规划许可范围内已经建造的和尚未建造的建筑物。如当事人同意抵押权的范围不包括尚未建造的建筑物，必须要在抵押合同中另行作出约定。

2. 不动产权属证书记载的事项，与不动产登记簿记载不一致的，除有证据证明不动产登记簿确有错误外，以不动产登记簿为准。据此，当事人不仅应关注不动产权属证书的内容更应关注不动产登记簿的记载内容。

相关法条

《中华人民共和国民法典》（2021年1月1日施行）

第四百零二条　以本法第三百九十五条第一款第一项至第三项规定的财产或者第五项规定的正在建造的建筑物抵押的，应当办理抵押登记。抵押权自登记时设立。

《城市房地产抵押管理办法》（中华人民共和国建设部令第98号）

第三条第五款 本办法所称在建工程抵押，是指抵押人为取得在建工程继续建造资金的贷款，以其合法方式取得的土地使用权连同在建工程的投入资产，以不转移占有的方式抵押给贷款银行作为偿还贷款履行担保的行为。

第三十四条第二款 以预售商品房或者在建工程抵押的，登记机关应当在抵押合同上作记载。抵押的房地产在抵押期间竣工的，当事人应当在抵押人领取房地产权属证书后，重新办理房地产抵押登记。

《房屋登记办法》（中华人民共和国建设部令第168号 已失效）

第六十条 申请在建工程抵押权设立登记的，应当提交下列材料：

（一）登记申请书；

（二）申请人的身份证明；

（三）抵押合同；

（四）主债权合同；

（五）建设用地使用权证书或者记载土地使用权状况的房地产权证书；

（六）建设工程规划许可证；

（七）其他必要材料。

《中华人民共和国合同法》（2021年1月1日失效）

第五十二条 有下列情形之一的，合同无效：

（一）一方以欺诈、胁迫的手段订立合同，损害国家利益；

（二）恶意串通，损害国家、集体或者第三人利益；

（三）以合法形式掩盖非法目的；

（四）损害社会公共利益；

（五）违反法律、行政法规的强制性规定。

裁判意见

以下是最高法院在“本院认为”部分就此问题发表的意见：

关于案涉在建工程抵押权是否依法设立及其抵押物范围的问题。

本案中，金某信托公司与三某集团公司签订的浙金信（抵）字HY－2014－×××号－1、－3《抵押合同》中均明确约定，本合同项下的抵押物是指目标项目项下位于金华安某镇安某村地块的土地使用权及其上在建工程，抵押物具体信息见合同附件之“抵押物清单”。前述《抵押合同》后附的“抵押物清单”中分别列明了99套房产和17套房产。嗣后，双方共同向登记机关申请办理“在建工程抵押”的抵押登记手续，并提交了国有土地使用权证、土地未抵押未查封证明、建设工程规划许可证、建设用地规划许可证、施工许可证等办理在建工程抵押所需要的文件资料。登记机关受理后，为“抵押物清单”上记载的99套房产和17套房产分别颁发了《在建工程抵押登记证明》。《物权法》第一百八十七条①规定，以正在建造的建筑物抵押的，应当办理抵押登记，抵押权自登记时设立。由此，登记机关为案涉在建工程抵押权所办理的抵押登记手续，是仅限于其已经发放《在建工程抵押登记证明》的“抵押物清单”中所记载的部分，还是包括抵押合同所约定的土地使用权及其上已经建造和尚未建造的部分，成为本案中认定抵押物范围所必须解决的关键问题。

……

本院注意到，在案涉在建工程抵押登记办理之时，作为登记机关的浙江省金华市房地产交易办证中心并未实行房屋登记簿制度，且对在建工程抵押应当采用何种方法在抵押合同上记载亦不明确。本案中，浙江省金华市房地产交易办证中心在受理金某信托公司和三某集团公司的在建工程抵押登记申请后，是根据浙江省住房和城乡建设厅、中国人民银行杭州中心支行、某银行业监督管理委员会浙江监管局下发的《关于进一步做好在建工程抵押权登记工作的若干意见》（浙建房〔2012〕28号）的要求，采用“抵押物清单”的方式，将在建工程抵押物的范围限定在已完工部分或可售部分，并为在建工程中已完工部分或可售部分的每套房屋单独办理《在建工程抵押登记证明》。但这种登记方法并不能得出登记机关认为在建工程抵押物的范围仅限于已完工部分或可售部分这一结论。从登记机关对案涉179套房屋销售的解押登记手续办理情况来看，无论三某集团公司销售的房屋是否已经列入抵押物清单中，登记机关均要求三某集团公司取得金某信托公司的同意证明。由此可见，本案中登记机关对在建工程抵押权的标的物范围的认识在逻辑上并不能一以贯之，其所理解的抵押物限定为在建工程完工部分或者可售部分，更多的是出于登记手段或技术的考量，随着工程建设阶段的发展，在建工程抵押权的抵押物范围随着完工部分或可售部分的增加而得到扩张。

本院认为，《物权法》第五条②规定：“物权的种类和内容，由法律规定。”在建工程抵押权作为《物权法》所规定的民事权利，属于《立法法》第八条第

① 编者按：《民法典》第214条、第215条。
② 编者按：《民法典》第116条。

八项所规定的法律保留事项，其民事权利的内容不因任何他人的不当限制或错误理解而减损。从立法沿革的角度，在《物权法》第一百八十条[①]第一款第五项、第一百八十七条[②]对“正在建造的建筑物”没有做出相反定义的情况下，应当遵从此前规范性文件中对“在建工程抵押”的理解。在《物权法》颁行之前，《最高人民法院关于适用〈中华人民共和国担保法〉若干问题的解释》第四十七条[③]规定：“以依法获准尚未建造的或者正在建造中的房屋或者其他建筑物抵押的，当事人办理了抵押物登记，人民法院可以认定抵押有效”。《城市房地产抵押管理办法》第三条第五款亦规定：“本办法所称在建工程抵押，是指抵押人为取得在建工程继续建造资金的贷款，以其合法方式取得的土地使用权连同在建工程的投入资产，以不转移占有的方式抵押给贷款银行作为偿还贷款履行担保的行为。”据此，在建工程抵押权作为一种单独的抵押权类型，除当事人在抵押合同中另有约定外，其抵押物范围不仅包括建设用地使用权，还包括规划许可范围内已经建造的和尚未建造的建筑物。

本案中，浙金信（抵）字HY-2014-×××号-1《抵押合同》第1.2条约定，本合同项下的抵押物是指目标项目项下位于金华安某镇安某村地块的土地使用权及其上在建工程。第1.5条约定，除法律另有明确规定外，抵押期间抵押物上新增建筑物应列入本合同项下抵押物范围。前述抵押合同的约定内容，符合司法解释和行政规章的规定。在登记机关未设立房屋登记簿、亦未明确在抵押合同上记载在建工程抵押登记方法的情况下，因前述抵押合同及相关登记申请材料和登记机关出具的收件单等文件均已载明登记类型为在建工程抵押登记，这些资料是登记机关存档备查的登记资料，利害关系人可通过查询档案资料的内容来获悉抵押物上的权利负担，故应当认定登记机关在收件、审核时将此项业务作为在建工程抵押登记业务加以办理的行为，即完成了“记载”在建工程抵押登记的工作，在建工程抵押权即已依法设立。

至于登记机关嗣后是否向抵押权人发放权利证明，以及发放权利证明的时间、方式等事实，均不能成为判断抵押权人的权利是否依法成立的依据。且在本案中，三某集团公司作为抵押人，本身并非不动产物权公示制度的保护对象。不动产登记制度的规范趣旨，是为了保护以该不动产为交易客体的第三人的信赖利

---

① 编者按：《民法典》第395条。
② 编者按：《民法典》第214条、第215条。
③ 编者按：《民法典担保制度解释》第51条。

益和交易安全。三某集团公司破产管理人在接管之后，试图利用登记实务中的不同理解否定三某集团公司此前在自身财产上所设定的权利负担，明显有违诚信原则。

综上，本院认定，本案中金某信托公司的在建工程抵押权已经依法设立，该抵押权所支配的抵押物范围，应当以抵押合同约定内容作为确定权利范围的依据。申请人金某信托公司关于其在建工程抵押权的范围除在办理抵押登记前已经出售的房屋和办理抵押登记后经其同意出售的179套房屋及相应的土地使用权外，应当包括金市国用（2014）第103－×××××号《国有土地使用权证》项下的其余国有土地使用权及其上在建工程，包括未完工的部分的申请理由成立，本院予以支持。被申请人三某集团公司关于案涉在建工程抵押权仅限于办理了《在建工程抵押登记证明》的50套房屋及其相应的土地使用权的诉讼理由，并无相应的事实和法律依据，本院不予支持。三某集团公司关于金某信托公司的在建工程抵押权与其他购房户的权利相冲突，以及破产管理人接管后新增的建筑物不属于抵押权范围的诉讼主张，因不属于本案的审理范围，本院在本案中不予理涉。

顺予指出，根据本案的实际情况，案涉浙金信（抵）字HY－2014－×××号－3《抵押合同》将担保范围限于1.95亿元中的17172900元并列明17套房屋作为抵押财产的做法，是基于该17套房屋已经符合登记实务中的抵押物能够特定化的要求而为，在本院已经认定金某信托公司根据浙金信（抵）字HY－2014－×××号－1《抵押合同》的约定，有权就信托贷款合同项下全部债权对案涉土地上规划许可建设的全部工程享有优先受偿权的情况下，该项登记构成重复抵押，不影响本案中对金某信托公司的在建工程抵押权的标的物范围、优先受偿的主债权范围的认定。

067 在建工程抵押权在工程竣工后，是否能继续存续？

裁判要旨[①]

抵押权仅因抵押权的实现、抵押关系的解除和抵押物灭失等法定事由而消

① 案件来源：某银行乌鲁木齐市河南路支行与新疆龙某实业有限公司上诉案民事判决书［最高人民法院（2007）民二终字第61号］

灭。工程竣工并完成房地产初始登记后，抵押人和抵押权人未按照《城市房地产抵押管理办法》第三十四条第二款规定重新办理房产抵押登记，并不必然导致在建工程抵押权消灭，抵押延续，且具有对抗第三人的效力。

案情简介

一、1992 年 12 月 25 日，新疆某联合公司等多方以股份制形式筹备资金建设新疆某联合大厦（后改为“龙某大厦”），签订了集资建房协议。1994 年 10 月，新疆某联合公司将大厦产权整体转让给龙某公司。

二、1998 年 7 月至 2001 年 12 月，龙某公司与某行河南路支行先后签订了 14 份《抵押担保借款合同》，贷款总金额 9440 万元，以在建工程龙某大厦进行抵押担保。双方于 1997 年 11 月至 2000 年 9 月间，先后三次向乌鲁木齐高新技术开发区土地管理局和土地房产局申请在建工程抵押登记，但行政机关仅在申请书上的“审批意见”“审核意见”处加盖公章，未发放他项权利证书。相关土地使用权证上也未显示存在抵押登记的内容。

三、大厦竣工后，2000 年 12 月 19 日，龙某公司取得了编号为乌政房字（2000）第 0070×××号的“公房产权证”。龙某公司通知其他各集资户等办理房屋所有权过户手续。但在办理过程中，龙某公司因涉案债务过多，大厦整体被法院查封，相关过户手续无法继续办理，处于停滞状态。

四、截至 2004 年 3 月 21 日，龙某公司共欠某行河南路支行贷款本金 9440 万元，利息 17315718.36 元。某行河南路支行向新疆维吾尔自治区高级人民法院提起诉讼，请求：1. 确认贷款本金及利息总计 111715718.36 元债权，对设定抵押的财产和权益所享有的抵押权合法有效；2. 依法判令某行河南路支行对龙某公司设定抵押的财产和权益优先受偿。

五、一审判决龙某公司向某行河南路支行还本付息，但并未支持某行河南路支行主张对抵押财产优先受偿的权利。某行河南路支行不服，向最高法院上诉，最高法院二审改判支持某行河南路支行对抵押财产优先受偿的权利。

裁判思路

本案中龙某公司的裁判思路在于：龙某公司认为，案涉在建工程在取得公房产权证后，某行河南路支行未按照建设部《城市房地产抵押管理办法》第三十四条第二款的规定办理房地产抵押登记，因此，河南路支行对龙某公司的抵押物不享有优先受偿的权利。但最高法院认为:“抵押权仅因抵押权的实现、抵押关系的解除和抵押物灭失等法定事由而消灭。因此,在土地使用权抵押和在建工程抵押并未解除,且抵押物没有灭失情况下,应视为抵押延续。”最高法院据此认定某行河南路支行对于案涉龙某大厦享有优先受偿权,龙某公司因此败诉。

经验总结

1. 本案涉及一个非常重大的理论问题,即在建工程抵押的效力究竟为何。工程竣工后,在建工程抵押权是否继续存续?有判决观点认为:“在建工程抵押实质上是期待性权益的抵押,不同于真正的物权抵押。”[最高人民法院(2005)民四终字第8号]但我们认为,在建工程在法律上本身即构成独立的物,其具有通过拍卖变卖而实现其价值的可能性,因此在建工程抵押本身就是物权抵押。只是在建工程抵押的抵押物随着工程建设的推进,价值处于不断变动的过程之中。从设定在建工程抵押权时始至抵押权消灭的法定事由出现之前,在建工程抵押权并不会因为工程竣工、停工、复工而受影响,抵押权人的抵押权并不会因为以上事由当然消灭。

2. 本案中涉及的另一个重要法律问题即如何认定不动产登记的完成。新疆高院认为,“某行河南路支行未能提供该宗土地使用权已经抵押的他项权利登记的证据”,因此,认为涉案的在建工程并未完成抵押登记。但最高法院认为,抵押权“在该抵押登记机关的登记文件中记载,应认为登记管理机关对在建工程和相应的土地使用权进行抵押登记的行为已经完成,设定了他项权利,具有公信力”。其理由在于不动产物权的设立、变更、转让等并非以发放不动产权利证明书为依据,而是以记载于不动产登记簿为依据。根据《物权法》第十四条①的规定:“不动产物权的设立、变更、转让和消灭,依照法律规定应当登记的,自记载于不动产登记簿时发生效力。”《物权法》第十七条②也规定:“不动产权属证书是权利人享有该不动产物权的证明。不动产权属证书记载的事项,应当与不动产登记簿一致;记载不一致的,除有证据证明不动产登记簿确有错误外,以不动产登记簿为准。”本案中,最高法院通过调查发现,案涉在建工程抵押时,当地行政机关并无他项权利证书,只有“房地产抵押登记表”,而上述在建工程抵押

① 编者按:《民法典》第214条。
② 编者按:《民法典》第217条。

及土地抵押已经记载于“房地产抵押登记表”上。最高法院据此认为，案涉在建工程及所占土地虽然未发放他项权利证，但已经完成了抵押权登记，具有对抗第三人的效力。

3. 本案涉及的第三个重要法律问题在于参与交易的人，信赖房屋等不动产是否存在抵押权等物权的依据究竟为何。一般人可能会认为，应以是否持有所有权证、他项权利证作为判断依据。但根据《物权法》第十七条①的规定，不动产登记簿的记载才是信赖不动产权利是否存在的依据。因此，在诉讼及交易过程中，查验对方是否持有权利证书其实并不重要，重要的是必须到当地的不动产登记部门申请查阅、复制所交易或诉讼的不动产在不动产登记簿上的记载情况。此前，不动产登记簿的表现形式并不统一，包括土地登记簿、房屋登记簿、他项权利登记簿等。根据2014年国务院颁布的《不动产登记暂行条例》，各地应建立统一的不动产登记簿，查阅相关不动产权利状况将更为便捷。

4. 本案涉及的第四个重要法律问题在于在建工程抵押权人应当如何确保自身权益。本案中，某行河南路支行在一审中败诉的重要原因是新疆高院认为其在工程竣工完成初始登记后，未及时申请办理房地产抵押登记。这也提醒我们，虽然工程竣工并不必然导致在建工程抵押权消灭，但在建工程抵押权人在房屋竣工后未办理房地产抵押登记仍存在一定的风险。为进一步降低这一风险，建议在办理在建工程抵押登记的同时，办理房地产抵押的预告登记，以更为全面地对抗后续的权利人，包括房屋买受人。同时，在工程竣工后，及时办理房地产抵押登记。

相关法条

《中华人民共和国民法典》（2021年1月1日施行）

第二百零九条 不动产物权的设立、变更、转让和消灭，经依法登记，发生效力；未经登记，不发生效力，但是法律另有规定的除外。

依法属于国家所有的自然资源，所有权可以不登记。

第二百一十五条 当事人之间订立有关设立、变更、转让和消灭不动产物权的合同，除法律另有规定或者合同另有约定外，自合同成立时生效；未办理物权登记的，不影响合同效力。

---

① 编者按：《民法典》第217条。

第二百一十六条 不动产登记簿是物权归属和内容的根据。

不动产登记簿由登记机构管理。

第二百一十七条 不动产权属证书是权利人享有该不动产物权的证明。不动产权属证书记载的事项，应当与不动产登记簿一致；记载不一致的，除有证据证明不动产登记簿确有错误外，以不动产登记簿为准。

第二百二十一条 当事人签订买卖房屋的协议或者签订其他不动产物权的协议，为保障将来实现物权，按照约定可以向登记机构申请预告登记。预告登记后，未经预告登记的权利人同意，处分该不动产的，不发生物权效力。

预告登记后，债权消灭或者自能够进行不动产登记之日起九十日内未申请登记的，预告登记失效。

《不动产登记暂行条例》（中华人民共和国国务院令第710号 2019年修订）

第二十一条 登记事项自记载于不动产登记簿时完成登记。

不动产登记机构完成登记，应当依法向申请人核发不动产权属证书或者登记证明。

《城市房地产抵押管理办法》（中华人民共和国建设部令第98号）

第三十四条 以依法取得的房屋所有权证书的房地产抵押的，登记机关应当在原《房屋所有权证》上作他项权利记载后，由抵押人收执。并向抵押权人颁发《房屋他项权证》。

以预售商品房或者在建工程抵押的，登记机关应当在抵押合同上作记载。抵押的房地产在抵押期间竣工的，当事人应当在抵押人领取房地产权属证书后，重新办理房地产抵押登记。

裁判意见

以下是最高法院在“本院认为”部分就此问题发表的意见：

本院认为：某行河南路支行对龙某公司抵押的财产和权益所享有的抵押权是否真实有效，以及某行河南路支行对该财产和权益或对其进行拍卖所获的价款是否享有优先受偿权取决于双方签订的担保合同是否真实有效和双方是否就该财产在抵押登记机关进行了有效的抵押登记。本案涉及的三次抵押登记，均有抵押登记机关颁发的“房地产抵押登记表”，且该登记表中分别加盖有“土地房产局国有土地抵押权专用章”“土地管理局国有土地使用权专用章”，并在该抵押登记机关的登记文件中记载，应认为登记管理机关对在建工程和相应的土地使用权进行抵押登记的行为已经完成，设定了他项权利，具有公信力，并产生公示的效果。根据一审查明的事实，该登记至今没有撤销。某行河南路支行与龙某公司的抵押合同中也已明确约定以在建工程已完工部分进行抵押，根据一审法院的调查笔录显示，该院曾经在2006年6月29日到开发区土地规划房产局，对本案涉及的龙某大厦抵押手续问题向抵押登记的经办人张某、林某齐进行调查，被调查人均表示当时开发区没有他项权利证书，只要在抵押登记表上盖章即为办理了抵押登记。另据一审法院从乌鲁木齐市城乡建设档案馆调取的档案资料显示，“房地产抵押登记表”始终在档案中，并未作废或者注销。上述事实表明，在建工程抵押手续完备，唯一瑕疵是基于当时新疆维吾尔自治区乌鲁木齐市开发区的特殊情况，没有办理他项权利证书，但该瑕疵不足以影响在建工程抵押的效力，应认定抵押成立并生效。一审法院在认定抵押合同生效的同时，根据建设部《城市房地产抵押管理办法》第三十四条第二款即“以预售商品房或者在建工程抵押的，登记机关应当在抵押合同上作记载。抵押的房地产在抵押期间竣工的，当事人应当在抵押人领取房地产权属证书后，重新办理房地产抵押登记”，并根据《担保法》的规定①，认为在龙某公司取得的公房产权证上未见有该房屋已经抵押的他项权利登记，因双方办理的抵押登记存在瑕疵，与建设部的规定不符，因此该抵押登记的效力不能对抗其他第三人，某行河南路支行对龙某公司的抵押物不享有优先受偿权的认定错误，应予纠正。《城市房地产抵押管理办法》属于部门规章，《担保法》②的法律位阶高于该部门规章，应当优先适用。本案所涉三次抵押，均包括在建工程已完工部分以及土地使用权的抵押，根据《最高人民法院关于适用〈中华人民共和国担保法〉若干问题的解释》第四十七条③的规定，以依法获准尚未建造的或者正在建造中的房屋或者其他建筑物抵押的，当事人办理了抵押物登记，人民法院可以认定抵押有效。根据《担保法》第三十六条④第二款规定，以出让方式取得的国有土地使用权抵押的，应当将抵押时该国有土地上的房屋同时抵押。龙某公司在乌鲁木齐市房产登记机关办理了龙某大厦的房产证以后，抵押人和抵押权人未按照《城市房地产抵押管理办法》第三十四条第二款规定重新办理房产抵押登记，并不必然导致抵押权消灭。抵押权仅因抵押权的实现、抵押关系的解除和抵押物灭失等法定事由而消灭。因此，在土地使用权抵押

①② 编者按：已失效，被《民法典》吸收。

③ 编者按：《民法典担保制度解释》第51条。

④ 编者按：《民法典》第397条。

和在建工程抵押并未解除，且抵押物没有灭失情况下，应视为抵押延续，具有对抗第三人的效力。根据《担保法》第三十三条①规定，抵押人对龙某大厦拍卖所得价款，依法享有优先受偿的权利。抵押权人在抵押人将在建竣工项目于2000年12月19日在市房产部门办理该房产证前的三个月即9月29日，还在开发区房地产部门办理了续押登记。该房产被法院查封后，抵押人客观上也无法继续重新办理房产抵押登记。因此，对在建工程完工后未按照《城市房地产抵押管理办法》规定继续办理房产抵押登记，抵押人不存在主观过错。

延伸阅读

关于工程竣工后，在建工程抵押权人未办理房地产抵押登记，是否继续享有在建工程抵押权，各地裁判观点并不统一。

1. 支持在建工程抵押权继续存续的判例

案例一：蒋某峰、某银行股份有限公司绍兴袍江支行等案外人执行异议之诉民事裁定书［（2015）浙民申字第2258号］

浙江省高级人民法院认为：即使蒋某峰基于《房屋租赁协议书》和占有事实享有租赁权，该权利也不能对抗某银行绍兴袍江支行的在建工程抵押权。本案所涉在建工程车间办理抵押登记的时间为2012年8月20日，早于蒋某峰与福某公司2013年8月1日签订的《房屋租赁协议书》。《中华人民共和国物权法》第一百八十七条②、第一百九十条③规定，以正在建造的建筑物抵押的，应当办理抵押登记，抵押权自登记时设立；抵押权设立后抵押财产出租的，该租赁关系不得对抗已登记的抵押权。故蒋某峰主张的租赁关系不得对抗某银行绍兴袍江支行已经登记的抵押权。《房屋登记办法》第六十二条规定，在建工程竣工并经房屋所有权初始登记后，当事人应当申请将在建工程抵押权登记转为房屋抵押权登记。本案中，某银行绍兴袍江支行虽未申请将在建工程抵押权转为房屋抵押权登记，但《房屋登记办法》是部门规章中的管理性规定，当事人未办理转登记不影响原有抵押登记的物权效力。

---

① 编者按：《民法典》第394条。
② 编者按：《民法典》第214条、第215条。
③ 编者按：《民法典》第405条。

2. 不支持在建工程抵押权继续存续的判例

案例二：某市住房公积金管理中心与王某、王某江房屋买卖合同纠纷一案的民事裁定书［（2015）黑高民申一字第66号］

黑龙江省高级人民法院认为：《房屋登记办法》第六十二条‘在建工程竣工并经房屋所有权人初始登记后，当事人应当申请将在建工程抵押权登记转为房屋抵押权登记’的规定，目的在于督促抵押合同的当事人在房屋所有权人初始登记后，变更原在建工程抵押权登记为房屋抵押权登记，以保护抵押权人的合法权益。虽然公积金管理中心主张本案所争议房屋系二建公司1999年7月向其贷款15万元的抵押物，于1999年8月2日就办理了在建工程抵押登记，但蒋某林于2000年9月22日取得该争议房屋所有权后，公积金管理中心并未依照上述规定将在建工程抵押权登记转为房屋抵押权登记；根据二审判决认定的事实，蒋某林于2002年9月5日将该争议房屋为某银行富裕支行办理了抵押登记，抵押期限至2004年5月25日；直至王某提起本案诉讼时，本案所争议的房屋所有权证书中并无公积金管理中心所主张的抵押登记的记载。因此，二审判决认定公积金管理中心对该争议房屋不享有抵押权并无不当，公积金管理中心据此主张王某与王某江签订的争议房屋买卖协议无效的理由不成立。

案例三：侯某某与某地产公司商品房销售合同纠纷一案民事再审判决书［（2016）辽01民再42号］

沈阳市中级人民法院认为：关于侯某某要求某地产公司协助办理房屋产权证的问题。根据《房屋登记办法》第三十四条第二款规定，以在建工程抵押的，登记机关应当在抵押合同上记载。抵押的房地产在抵押期间竣工的，当事人应当在抵押人领取房地产权属证书后，重新办理房地产抵押登记；第六十二条规定，在建工程竣工并经房屋所有权初始登记后，当事人应当申请将在建工程抵押权登记转为房屋抵押权登记。且不动产的权属应以不动产的权属登记证明来确定，由于在建工程的特点，即没有产权证，所以在建工程抵押登记属于一种预告登记的性质，其并不意味着建筑物建成后，抵押权人对已经建成的建筑物自动享有抵押权，所以，在建工程抵押还必须到有关部门办理房地产抵押登记。

068 抵押土地但未抵押地上房屋，房屋承租人能否对抗抵押权人？

裁判要旨[①]

建设用地使用权抵押的，其地上建筑物视为一并抵押。此时，抵押权人取得地上建筑物抵押权与取得建设用地使用权的时间相同，该抵押权为法定抵押权。因此，即使建筑物未作抵押权登记，成立在法定抵押权之后的对建筑物的租赁关系也不得对抗抵押权人对建筑物的抵押权。

案情简介

一、2003 年 4 月 18 日第三人伟某电力公司向某银行武城县支行借款 500 万元，并以其土地使用权作为抵押。此后，伟某电力公司又多次向某银行武城县支行借款，并在其所有的土地使用权、机械设备等财产上设定多项最高额抵押。2010 年 3 月 24 日，伟某电力公司未能支付上述到期借款。某银行武城县支行行使抵押权，经拍卖后流拍，伟某电力公司将抵押的财产用于抵偿在该行的借款。2011 年 6 月 30 日，原告某路桥公司通过拍卖的方式取得上述抵押物。

二、被告由某机械公司与伟某电力公司分别于 2004 年 2 月 20 日、8 月 16 日先后签订了《租赁协议》《增加场地、车间、设备租赁补充协议》，约定由某机械公司承租伟某电力公司已抵押房屋，租赁期限为 16 年。由某机械公司依约支付了相应租金，并在承租期间对租赁物进行了维修和整改。

三、某路桥公司向德州中院起诉，要求由某机械公司停止侵权，从涉案土地上迁出。德州中院判决支持了某路桥公司的诉讼请求。由某机械公司不服，向山东高院申请再审，山东高院二审判决驳回上诉，维持原判。

四、由某机械公司仍不服，向最高法院申请再审，最高法院裁定驳回其再审申请。

---

① 案件来源：山东由某机械电力设备有限公司与德州某路桥工程材料有限公司侵权责任纠纷申请再审民事裁定书［最高人民法院（2014）民申字第 1170 号］

裁判思路

本案中由某机械公司的裁判思路有二：一为抵押权设定中“地随房走，房随地走”的原则；二为其对涉案厂房的租赁关系成立于抵押权设定之后。

以建设用地使用权抵押的，该土地上的建筑物一并抵押，未一并抵押的，视为一并抵押。“建筑物”必须是在设定土地抵押权时已经现实存在的建筑物。建设用地抵押权设定后新增的建筑物，不属于抵押财产。本案中，某银行武城县支行虽然仅取得了案涉建设用地使用权的抵押权，但其地上的厂房（即后来出租给由某机械公司的厂房）也被视为一并抵押，也即某银行武城县支行在2003年即已经取得案涉厂房的法定抵押权。而迟至2004年，由某机械公司才取得案涉厂房的租赁权。故最高法院认定，由某机械公司对厂房的租赁关系设定在后，不能对抗成立在先的某银行武城县支行的抵押权。某银行武城支行以以物抵债的方式取得了案涉的建设用地使用权后，又通过拍卖的方式将其转让给某路桥公司。在此过程中，某路桥公司继受了某银行武城县支行排除案涉厂房租赁权的权利。由某机械公司因此败诉。

经验总结

1. 对于不动产承租人而言，在签订租赁合同尤其是长期租赁合同之前，应到不动产登记机关查询拟租赁的不动产的权属情况，其核实内容不仅包括该不动产是否属于出租人所有，还应包括拟租赁的不动产是否存在已在先的抵押权。对于是否存在抵押权的核实，不仅应包括租赁物本身，还应包括对租赁物占有的土地或者其上的房屋。虽然租赁物上是否设定抵押权不会影响租赁合同的效力，但可能导致承租人的租赁权无法对抗已在先设定的抵押权。在抵押权人主张实现抵押权时，不能继续对租赁物占有使用，而只能向出租人主张承担违约责任。在出租人资不抵债的情况下，可能会面临不必要的损失。

2. 对于不动产的抵押权人而言，其接受不动产抵押之前，不仅应到不动产登记机关核实抵押物的权属情况，更应到抵押物的现场核实抵押物的占有使用情况。如果不动产非由抵押人占有使用，必须认真核实占有使用人占有使用不动产的基础法律关系，包括但不限于租赁、借用等。如果核实确定为租赁关系，应根据租赁剩余期限的长短对抵押物能够担保的债权的价值进行重新评估，防止在实现抵押权时，因租赁关系的存在影响抵押物的变现能力，最终导致债权不能够被全部清偿。

3. 对于承租人而言，如果取得不动产的租赁权在抵押权设定之后，抵押权人实现抵押权时，可主张以下两项权利。第一，主张适用“买卖不破租赁”原则。详言之：主张即使抵押财产上的租赁关系继续存在，转让抵押财产的所得价款仍足够清偿债务人的债务。因此抵押权人实现抵押权时，没有必要终止租赁关系，租赁关系可以在抵押物被拍卖、变卖或者折价后继续存续。第二，主张“优先购买权”。具体为：在抵押权人实现抵押权时，积极参与抵押物的变价程序，通过行使优先购买权取得继续使用租赁物的权利。

4. 租赁关系设立在抵押权之后的抵押物的承租人主张“买卖不破租赁”，有一定的前提，即抵押权人实现抵押权时，抵押物的变现能力降低并没有影响到债权的实现。如果租赁关系继续存在，影响抵押物变现能力进而导致债权不能全部实现，则承租人不能主张“买卖不破租赁”，也即此时承租人必须从租赁物中迁出。本案中，案涉建设用地使用权在实现抵押权时出现流拍，说明租赁关系的存在影响了抵押物价值的实现并且害及债权人利益，债权人可以主张解除租赁合同。因此，由某机械公司必须从案涉土地上迁出，而不能主张“买卖不破租赁”。

相关法条

《中华人民共和国民法典》（2021 年 1 月 1 日施行）

第三百九十七条 以建筑物抵押的，该建筑物占用范围内的建设用地使用权一并抵押。以建设用地使用权抵押的，该土地上的建筑物一并抵押。

抵押人未依据前款规定一并抵押的，未抵押的财产视为一并抵押。

第三百九十八条 乡镇、村企业的建设用地使用权不得单独抵押。以乡镇、村企业的厂房等建筑物抵押的，其占用范围内的建设用地使用权一并抵押。

第四百零五条 抵押权设立前，抵押财产已经出租并转移占有的，原租赁关系不受该抵押权的影响。

第四百一十七条 建设用地使用权抵押后，该土地上新增的建筑物不属于抵押财产。该建设用地使用权实现抵押权时，应当将该土地上新增的建筑物与建设用地使用权一并处分。但是，新增建筑物所得的价款，抵押权人无权优先受偿。

第七百二十五条 租赁物在承租人按照租赁合同占有期限内发生所有权变动的，不影响租赁合同的效力。

裁判意见

《物权法》第一百八十二条[①]第一款规定："以建筑物抵押的，该建筑物占用范围内的建设用地使用权一并抵押。以建设用地使用权抵押的，该土地上的建筑物一并抵押。"第二款规定："抵押人未依照前款规定一并抵押的，未抵押的财产视为一并抵押。"上述第一款规定的实质是在我国目前房屋抵押登记和土地抵押登记分属不同部门办理的情况下，对房地产设定抵押权时的倡导性规范。第二款则是针对当事人未按照上述第一款规定一并抵押时的处理，即由法律直接规定为"视为一并抵押"。《物权法》第一百八十二条[②]第二款的文义解释应是，只要在房地产之一的房屋（或者该房屋所占用的土地使用权）上已设立了抵押权，则与该房屋（或者土地使用权）相对应的土地使用权（或者土地使用权之上所附着的房屋）也一并设立了抵押权，而不论该抵押权是否已经办理了抵押登记手续。对于此种虽未依法登记但依据法律规定"视为一并抵押"的抵押权，其设立时间应与该房屋上设立抵押权的时间一致，即在该房屋上登记设立抵押权的同时，该房屋所占用的土地使用权上同时设立了法律规定的抵押权。

《物权法》第一百九十条[③]规定："订立抵押合同前抵押财产已出租的，原租赁关系不受该抵押权的影响。抵押权设立后抵押财产出租的，该租赁关系不得对抗已登记的抵押权。"按照该条规定，虽然该条规定的租赁关系不得对抗"已登记的抵押权"，但是从法律规定的目的来看，该条规定的"已登记的抵押权"也应包括该法第一百八十二条[④]第二款规定的"视为一并抵押"的房屋或者土地使用权。

尽管案涉房屋抵押时其占用的土地使用权并未设定抵押权，但是按照《物权法》第一百八十二条[⑤]第二款的规定，该房屋所占用的土地使用权也于该房屋设定抵押权同时即一并设立了法律规定的抵押权。在案涉土地租赁关系晚于房屋抵押权设立的情况下，则该土地使用权租赁关系亦晚于该"视为一并抵押"的土地使用权抵押权关系，故根据《物权法》第一百九十条[⑥]的规定，案涉在后成立的土地租赁关系不得对抗在先已视为"一并抵押"的土地使用权抵押权关系。因此，本案可以参考适用《物权法》第一百九十条[⑦]第二句的内容，而不能适用

---

①②④⑤ 编者按：《民法典》第 397 条。

③⑥⑦ 编者按：《民法典》第 405 条。

该条第一句的内容，故由某机械公司关于本案应适用《物权法》第一百九十条[①]第一句的再审申请理由，理据不足，本院不予采信。而《最高人民法院关于适用〈中华人民共和国担保法〉若干问题的解释》第六十五条[②]规定同上述《物权法》第一百九十条[③]规定在处理原则和精神上是一致的，在上述《物权法》第一百九十条[④]第一句的规定不能作为本案法律适用依据的情况下，由某机械公司关于本案应适用《最高人民法院关于适用〈中华人民共和国担保法〉若干问题的解释》第六十五条[⑤]规定的理由亦不能成立，不予采信。

本案房屋抵押法律关系和土地使用权租赁合同关系虽然均系在《物权法》出台之前确立，但是，一方面，鉴于上述《物权法》相关规定所体现的法理在该法出台之前即已经存在。比如，《城市房地产管理法》第三十一条中关于“房地产抵押时，该房屋占用范围内的土地使用权同时抵押”规定中所体现的法理即同《物权法》的前述相关规定一致。另一方面，本案当事人之间的争议系在《物权法》出台之后发生，在《物权法》中已经将土地使用权同设定抵押权的房屋规定为“视为一并抵押”的情况下，《物权法》的规定可以作为当事人之间纠纷的处理依据。故参考《物权法》第一百八十二条[⑥]的规定对本案处理，既是贯彻《物权法》出台之前相关法律、法理的结果，也是审判实践解决实际纠纷的通常做法。

《最高人民法院关于审理城镇房屋租赁合同纠纷案件具体应用法律若干问题的解释》第二十条第一项规定所适用的法律关系客体系房屋，而本案由某机械公司所主张的对抗房屋抵押权的客体是土地使用权，故该土地使用权并不属于上述司法解释第二十条第一项法律关系客体的适用范围。但是该司法解释规定所体现的法理恰是本案处理的理论基础，同《物权法》第一百九十条[⑦]规定的理论基础一致，且本案的处理结果是正确的，故由某机械公司关于本案山东高院适用法律错误的理由在语言逻辑上虽然能够成立，但在本案判决结果及判决结果所体现的法理基础均正确的情况下，由某机械公司的该申请理由不能作为提起本案再审的理由，不予采信。

另外，从经济生活的风险防范角度来看，我国房地产实践中所确立的房地一体原则早已存在，故在案涉房屋已经设立抵押权的情况下，在实现抵押权处分该

---

①③④⑦ 编者按：《民法典》第 405 条。

②⑤ 编者按：《民法典》第 405 条、第 725 条。

⑥ 编者按：《民法典》第 397 条。

房屋时，依据《城市房地产管理法》第三十一条的规定，该房屋所占用的土地使用权也应一并予以处分，此规定对于经济生活的参与者来说都是应该知悉的。对于租赁案涉抵押房屋所占用土地使用权的由某机械公司来说，其对于该房屋上是否已经设立抵押权具有审慎调查义务，并且此种调查义务由其来承担，相较于抵押权人通过禁止该房屋所占用的土地使用权的对外租赁来说，交易成本更低，即此种禁止租赁会造成该房屋的使用利益得不到发挥，这不利于物的利用。在承租人由某机械公司未对所租赁标的物之上的房屋是否已经设定抵押权进行调查的情况下，其应承担所租赁标的物被一体处分给其造成的不利法律后果，故其租赁土地使用权的合同关系不得对抗在先成立的房屋抵押权。因此，在本案由某机械公司所主张的土地租赁权系案涉抵押房屋所占用土地使用权的情况下，由某机械公司要求保护其继续租赁土地的权利，理据不足；山东高院未支持由某机械公司的该主张，并无不当。

延伸阅读

案例一：某银行股份有限公司大连甘井子支行、大连国某企业发展总公司与大连舒某门业有限公司案外人执行异议之诉申请再审民事裁定书［（2015）民申字第16号］

最高法院认为：舒某门业就案涉执行标的物是否享有合法权利且该权利是否可以阻却人民法院的执行。根据《最高人民法院关于适用〈中华人民共和国担保法〉若干问题的解释》第六十六条①的规定，抵押人将已抵押的财产出租的，抵押权实现后，租赁合同对受让人不具有约束力。抵押人将已抵押的财产出租时，如果抵押人未书面告知承租人该财产已抵押的，抵押人对出租抵押物造成承租人的损失承担赔偿责任；如果抵押人已书面告知承租人该财产已抵押的，抵押权实现造成承租人的损失，由承租人自己承担。根据一审、二审判决载明的事实，本案某银行的抵押权设定在先，舒某门业所持租赁合同签订在后，因此无论该租赁合同是否合法有效，舒某门业的承租权是否合法存在，都不能产生阻却人民法院对案涉土地使用权及房屋予以执行的法律效果。舒某门业以其享有合法承租权为由，要求停止人民法院对抵押物执行的申请再审理由不能成立。

---

① 编者按：《民法典》第405条、第725条。

案例二：郭某群与陈某希、吴某豪、吴某璋、唐某执行复议案件执行裁定书［（2015）粤高法执复字第82号］

广东省高级人民法院认为：《中华人民共和国物权法》第一百九十条①规定，订立抵押合同前抵押财产已出租的，原租赁关系不受该抵押权的影响。抵押权设立后抵押财产出租的，该租赁关系不得对抗已登记的抵押权。经查，本案中，郭某群与被执行人唐某之间订立的租赁合同发生在涉案房产抵押权设立之后，依照上述法律规定，该租赁关系不得对抗抵押权的行使，不得影响抵押权人实现本案债权。佛山中院强制拍卖涉案房产，正是保护申请执行人抵押权的执行行为，符合上述法律规定，并无不当。申请复议人谢某请求撤销佛山中院（2015）佛中法执异字第12号执行裁定，请求撤销责令其从涉案房地产迁出的命令，保护其继续租赁涉案房产，没有法律依据，本院不予支持。

案例三：何某录与王某红、张某东买卖合同纠纷申请再审一案民事裁定书［（2014）甘民申字第62号］

甘肃省高级人民法院认为："本案涉案房屋上虽存在抵押权与租赁权两种权利，但抵押权在先，租赁权在后，且抵押权予以了登记。《中华人民共和国物权法》第一百九十条②规定：'订立抵押合同前财产已出租的，原租赁关系不受该抵押权的影响。抵押权设立后抵押财产出租的，该租赁关系不得对抗已登记的抵押权'。由此可见，在租赁关系成立于抵押关系之前的情形下，抵押权不能击破租赁，抵押权人不得单方解除租赁关系。但是在抵押权设立之后才形成的租赁关系，则抵押权可以击破租赁关系，也就不适用'买卖不破租赁'之规则。抵押权不要求移转抵押财产的占有，租赁权要求转移标的物的占有。由于设定抵押权的出租人对标的物仍然享有所有权，其自然有权处分，因此只要租赁期限短于或等于抵押权实现的期限，抵押权和租赁权就可以并存且不发生冲突。但如租赁期限大于抵押期限时，当抵押权实现时，抵押权就会与租赁权产生冲突。本案申请人何某录与张某东建立租赁关系时，由于房屋上设定的抵押权经过了登记，具有公示效力，其对该房屋上存在抵押权的事实知道或应当知道，对因抵押权实现而使租赁权终止的风险应自愿接受和承担。"

---

①② 编者按：《民法典》第405条。

案例四：潘某与杭州某眼镜有限公司一案再审民事裁定书［（2013）浙民申字第374号］

浙江省高级人民法院认为："关于世纪某公司的诉讼主体资格及租赁合同的约束力问题。世纪某公司为案涉房屋的承租人，实际占有并使用该房屋，郑某、潘某作为该房屋的所有人有权要求世纪某公司返还原物，世纪某公司作为被告主体适格。世纪某公司虽与王某强签订过《房屋租赁意向书》，但其与某泰公司签订正式租赁协议的时间在案涉房产抵押登记之后。根据《中华人民共和国物权法》第一百九十条[①]的规定'抵押权设立后抵押财产出租的，该租赁关系不得对抗已登记的抵押权。'世纪某公司的承租权不能对抗已登记的抵押权。同时，根据《最高人民法院关于适用〈中华人民共和国担保法〉若干问题的解释》第六十六条[②]第一款的规定'抵押人将已抵押的财产出租的，抵押权实现后，租赁合同对受让人不具有约束力。'故世纪某公司与某泰公司的房屋租赁合同对郑某、潘某不具有约束力。"

案例五：无锡市某教育科技有限公司、无锡市某国际语言专修学校等与袁某峰、曹某等金融借款合同纠纷、申请承认与执行法院判决、仲裁裁决案件执行裁定书［（2015）苏执复字第00129号］

江苏省高级人民法院认为：《物权法》第一百九十条[③]规定，抵押权设立后抵押财产出租的，该租赁关系不得对抗已登记的抵押权。本案承租房屋上设有抵押，设定抵押权的时间为2012年8月14日。申请复议人主张的租赁合同签订时间在设定抵押权之后，该租赁关系不得对抗本案申请执行人（抵押权人）某银行南京分行。《最高人民法院关于人民法院办理执行异议和复议案件若干问题的规定》第三十一条第一款规定，承租人请求在租赁期内阻止向受让人移交占有被执行的不动产，在人民法院查封之前已签订合法有效的书面租赁合同并占有使用该不动产的，人民法院应予支持。南京中院系于2014年6月13日查封涉案房屋，申请复议人主张从2014年8月占有使用涉案房屋，该时间也在法院的查封时间之后，该租赁行为不得对抗人民法院对涉案房屋的执行。《最高人民法院关于人民法院民事执行中拍卖、变卖财产的规定》第三十一条[④]第二款规定，拍卖财产上原有的租赁权及其他用益物权，不因拍卖而消灭，但该权利继续存在于拍

---

①③ 编者按：《民法典》第405条。

② 编者按：已失效。

④ 编者按：2020年修正后，改为第28条。

卖财产上，对在先的担保物权或者其他优先受偿权的实现有影响的，人民法院应当依法将其除去后进行拍卖。故无锡中院作出（2015）锡执委字第00001号通知书限新某高公司在收到本通知书之日起三十日内主动将人员和设备搬离现场并无不当。

069 建设工程价款优先受偿权能否排除抵押权人的权利？

裁判要旨[①]

在建设工程价款优先受偿权与抵押权指向同一标的物，且该标的物拍卖、变卖所得价款不足以清偿工程欠款和抵押权所担保的主债权时，抵押权人的权益必然会因为建设工程价款优先受偿权的有无以及范围大小而受到影响。因此，抵押权人可对债务人与施工人之间的内容涉及实现建设工程价款优先受偿权的民事调解书提出第三人撤销之诉。

案情简介

一、2010年12月20日，顺某公司作为甲方，永某公司作为乙方，签订《建设工程施工总承包协议》，工程完工后，顺某公司未支付工程款。永某公司向贵州高院提起诉讼，请求：1. 判令顺某公司支付工程款及违约金共计35350981.50元；2. 请求依法将顺某公司位于赫章县城关镇原老二中处赫章县某小区1号楼、2号楼、4号楼、5号楼商场拍卖变现支付所欠工程款。

二、2015年4月17日，顺某公司、永某公司双方自愿达成调解协议，贵州高院作出57号调解书予以确认永某公司有权申请人民法院对位于赫章县城关镇原老二中处赫章县某小区1号楼、2号楼、4号楼、5号楼商场拍卖变现支付所欠工程款。后由于顺某公司没有按照永某公司、顺某公司双方在57号调解书中约定的时间支付工程款，永某公司向贵州高院申请执行。

三、某农商行是上述建筑物的抵押权人，某农商行认为57号调解书侵害了自己的合法权益，于2016年4月25日向一审法院提起第三人撤销之诉，请求撤

① 案件来源：某商业银行股份有限公司小河支行、泸州市永某建筑工程有限公司第三人撤销之诉二审民事裁定书［（2017）最高法民终38号］

销 57 号调解书。贵州高院一审认为某农商行不具有第三人撤销之诉的主体资格，裁定驳回了某农商行的起诉。

四、某农商行不服，上诉至最高法院，最高法院二审改判某农商行具有第三人撤销之诉的主体资格。

裁判思路

本案中永某公司的裁判思路在于建设工程价款优先受偿权人实现优先权时，可能损害对建筑物享有抵押权的第三人的利益，故抵押权人可以对债务人与施工人之间的内容涉及实现建设工程价款优先受偿权的民事调解书提出第三人撤销之诉。建设工程价款优先受偿权是法定优先权，该权利一旦成立，即优先于抵押权。因此，在一般的诉讼中，施工人实现建设工程价款优先受偿权，抵押人并无对抗该权利实现的权利。但当施工人与债务人就实现建设工程价款优先受偿权达成和解协议时，则可能害及抵押权人的利益。因为施工人享有的建设工程价款优先受偿权有无及大小，均有可能对抵押权人利益的实现产生重大影响。在建筑物拍卖变卖价格不足以清偿全部债务时，更是如此。故最高法院据此裁定某农商行具有提起第三人撤销之诉的原告资格。

经验总结

1. 实践中开发商将在建工程抵押给金融机构用以融资的情况普遍存在，而根据《民法典》第八百零七条的规定，施工人对于建设工程享有建设工程价款优先受偿权。建设工程价款优先受偿权为法定优先权，其权利顺位优先于抵押权。因此，银行在接受在建工程抵押时，可要求债务人协调施工人出具放弃建设工程价款优先受偿权的承诺，以维护自身利益。

2. 虽然在同一标的物上同时存在抵押权和建设工程价款优先受偿权时，享有建设工程价款优先受偿权的施工人的债权可优先于抵押权人受偿。但并不代表抵押权人在施工人实现建设工程价款优先受偿权时只能够坐以待毙，不能有任何作为。如果施工人的建设工程价款优先受偿权并未成立或以不合理的价格拍卖、变卖建设工程，则是对抵押权人享有的抵押权的侵害。抵押权人则可主张撤销施工人的上述行为或要求施工人赔偿损失。

相关法条

《中华人民共和国民法典》（2021年1月1日施行）

第二百三十八条 侵害物权，造成权利人损害的，权利人可以依法请求损害赔偿，也可以依法请求承担其他民事责任。

第三百八十六条 担保物权人在债务人不履行到期债务或者发生当事人约定的实现担保物权的情形，依法享有就担保财产优先受偿的权利，但是法律另有规定的除外。

第三百九十四条 为担保债务的履行，债务人或者第三人不转移财产的占有，将该财产抵押给债权人的，债务人不履行到期债务或者发生当事人约定的实现抵押权的情形，债权人有权就该财产优先受偿。

前款规定的债务人或者第三人为抵押人，债权人为抵押权人，提供担保的财产为抵押财产。

第八百零七条 发包人未按照约定支付价款的，承包人可以催告发包人在合理期限内支付价款。发包人逾期不支付的，除根据建设工程的性质不宜折价、拍卖外，承包人可以与发包人协议将该工程折价，也可以请求人民法院将该工程依法拍卖。建设工程的价款就该工程折价或者拍卖的价款优先受偿。

《中华人民共和国民事诉讼法》（2021年修正）

第五十九条 对当事人双方的诉讼标的，第三人认为有独立请求权的，有权提起诉讼。

对当事人双方的诉讼标的，第三人虽然没有独立请求权，但案件处理结果同他有法律上的利害关系的，可以申请参加诉讼，或者由人民法院通知他参加诉讼。人民法院判决承担民事责任的第三人，有当事人的诉讼权利义务。

前两款规定的第三人，因不能归责于本人的事由未参加诉讼，但有证据证明发生法律效力的判决、裁定、调解书的部分或者全部内容错误，损害其民事权益的，可以自知道或者应当知道其民事权益受到损害之日起六个月内，向作出该判决、裁定、调解书的人民法院提起诉讼。人民法院经审理，诉讼请求成立的，应当改变或者撤销原判决、裁定、调解书；诉讼请求不成立的，驳回诉讼请求。

《最高人民法院关于适用〈中华人民共和国民事诉讼法〉的解释》（法释〔2020〕20 号 2020 年修正）

第二百九十五条 民事诉讼法第五十六条[①]第三款规定的因不能归责于本人的事由未参加诉讼，是指没有被列为生效判决、裁定、调解书当事人，且无过错或者无明显过错的情形。包括：

（一）不知道诉讼而未参加的；

（二）申请参加未获准许的；

（三）知道诉讼，但因客观原因无法参加的；

（四）因其他不能归责于本人的事由未参加诉讼的。

裁判意见

以下为最高法院在“本院认为”部分就此问题发表的意见：

对某农商行是否具有第三人撤销之诉的原告主体资格……57 号调解书内容错误将直接损害某农商行的抵押权。建设工程价款优先受偿权是法定优先权，该权利一旦确定，当然优先于银行的抵押权，在建设工程价款优先受偿权与抵押权指向同一标的物，且该标的物拍卖、变卖所得价款不足以清偿工程欠款和抵押权所担保的主债权时，抵押权人的权益必然会因为建设工程价款优先受偿权的有无以及范围大小而受到影响。从现有的证据材料看，57 号调解书的执行标的物有三套房屋，其中，在两套房屋上某农商行设有抵押权，该三套房屋在 57 号调解书执行过程中三次流拍，后某农商行设有抵押权的两套房屋一套被变卖，一套直接作价抵偿给永某公司，而从剩余抵押物的评估价来看，尚不足以清偿某农商行的全部债权，因此，某农商行对于 57 号案件的处理结果，有法律上的利害关系。如果 57 号调解书存在错误，通过当事人约定的方式随意扩大法定优先受偿权的范围，将直接损害某农商行的抵押权。

延伸阅读

1. 不能在案件受理阶段即排除抵押权人对抗建设工程价款优先受偿权人的权利

案例一：某银行股份有限公司广西壮族自治区分行与广西越某房地产开发有

① 编者按：《民事诉讼法》（2021 年修正）第 59 条。

限公司、福建省闽某建设工程有限公司建设工程施工合同纠纷二审民事裁定书［（2016）最高法民终193号］

最高法院认为：因工程款优先受偿权与抵押权之间的顺位是法定的，工程款优先受偿权一旦确定，则当然优先于抵押权，从而使抵押权人的权益在法律上受到影响，因此抵押权人对于工程款债权人与债务人之前确认工程款优先受偿权的诉讼，具有法律上的利害关系，属于民事诉讼法第五十六条所规定的第三人。本案某行广西分行作为抵押权人，对于闽某公司与越某公司之间确认闽某公司具有工程款优先受偿权的诉讼，具有法律上的利害关系，可以以第三人的身份参加诉讼。因其可以信赖闽某公司向其出具的放弃优先受偿权的《承诺函》，故其未参加闽某公司与越某公司之间的诉讼，不应属于阻却第三人撤销之诉的可归责于本人的事由。某行广西分行提供的闽某公司表示放弃工程款优先受偿权的《承诺函》，已经初步表明生效调解书确定闽某公司仍享有优先受偿权的内容，极有可能存在错误并损害某行广西分行的抵押权。闽某公司提出某行广西分行不具有第三人撤销之诉的主体资格，但其所提理由是认为其工程款优先受偿权属于法定的权利，抵押权人无权对抗。对于确定无疑的工程款优先受偿权，此观点无疑是正确的。但其工程款债权是否符合取得优先受偿权的法定条件并非不可争议，同时因本案还涉及闽某公司曾向某行广西分行承诺放弃该项权利，而目前并无法律、法规和司法解释规定工程款债权人放弃优先受偿权无效，故不能在案件受理审查阶段即当然排除抵押权人通过诉讼对工程款优先受偿权的存在与否提出对抗的主张。闽某公司该放弃优先受偿权的承诺行为是否有效及其是否能达到使某行广西分行的抵押权取得优先地位的效果，应当经审理根据案件具体情况作出最终认定。

2. 抵押权人可主张撤销施工人与债务人之间的关于建设工程价款优先受偿权的判决

案例二：某银行股份有限公司广州天河支行与广州房某工程总承包有限公司、广州洪某置业有限公司金融借款合同纠纷二审民事判决书［（2016）最高法民终174号］

最高法院认为："本案中，根据已经发生法律效力的（2008）天法民二初字第2615号民事判决，某行天河支行对洪某公司名下的广州某花园二期X栋部分建筑享有抵押权，该抵押权系担保物权，应属民事权益自无疑义。（2010）粤高法民一终字第169号民事判决判令房某公司对不属于优先受偿范围的利息也享有优先受偿权，从而改变了涉案工程款优先受偿权、抵押权及普通债权的受偿顺序。而这一受偿顺序的改变，客观上减损了某行天河支行实现抵押权的责任财产，对将来某行天河支行实现抵押权构成不利益，使得某行天河支行的抵押权陷入不能充分实现之虞，亦即损害了某行天河支行的民事权益，该损害事实的认定，不以已然造成某行天河支行实际受偿金额的减少为必要条件，只需存在此种不当损害的客观危险性即为已足。原审判决以某行天河支行、房某公司的债权实现情况尚未明晰，某行天河支行不能证明其实际受偿的金额减少为由，否定某行天河支行合法权利实际受到损害，系对《中华人民共和国民事诉讼法》第五十六条中'损害其民事权益'理解错误，本院予以纠正。"本案最高法院最终判决撤销了（2010）粤高法民一终字第169号民事判决书。

案例三：某银行股份有限公司宜丰支行建设工程施工合同纠纷二审民事裁定书［（2017）赣民终71号］

江西省高级人民法院认为：某行宜丰支行提起第三人撤销之诉，申请撤销天某公司与志某公司建设工程施工合同纠纷一案的民事判决书，该民事判决书第二项确定天某公司对其承建的工程即志某公司的厂房享有优先受偿权。因工程款优先受偿权与抵押权之间的顺位是法定的，工程款优先受偿权一旦确定，则当然优先于抵押权，从而使抵押权人的权益在法律上受到影响，因此，某行宜丰支行作为涉案工程的抵押权人，与工程款债权人和债务人之间确认工程款优先受偿权的诉讼判决处理结果具有法律上的利害关系，属于民事诉讼法第五十六条所规定的第三人，具备提起第三人撤销之诉的原告主体资格。某行宜丰支行于2016年2月得知（2015）宜中民四初字第23号民事判决书内容后，于当月提起本案第三人撤销之诉，符合法律规定的六个月起诉期间。本案一审某行宜丰支行起诉时，已提供涉案厂房系列房产证（宜丰房权证权字第××－××号，产权登记时间均为2012年4月26日；宜丰房权证权字第××、××号，产权登记时间均为2012年11月9日）等证据，可以初步表明生效判决书关于竣工日期为2014年4月23日的认定可能存在错误，而该认定影响到对天某公司是否仍应享有涉案厂房优先受偿权的认定。判决书确定天某公司对涉案厂房享有优先受偿权的内容可能损害某行宜丰支行的权益。据此，本案某行宜丰支行提起第三人撤销之诉，符合民事诉讼法及其解释中规定的第三人撤销之诉应具备的条件。至于天某公司对其承建的工程是否享有优先受偿权，应当经实体审理根据案件具体情况作出最终认定。

070 以划拨土地使用权抵押的，未经审批是否合法有效?

裁判要旨①

以划拨建设用地使用权抵押无需办理审批手续。已经依法办理抵押登记的，抵押权设立；未办理抵押登记的，不影响抵押合同的效力。

案情简介

一、2002 年 9 月 26 日，某银行与某合作社签订《流动资金借款合同》一份，约定某银行向某合作社借款 504 万元，借款期限自 2002 年 9 月 26 日至 2003 年 3 月 25 日。

二、2002 年 9 月 26 日、28 日，某银行与某合作社分别签订了《抵押合同》一份，某合作社以其名下房产及土地为该笔借款提供抵押担保，并为某银行办理了房屋他项权证及土地他项权证，经查，该土地为国有划拨土地。

三、借款到期后，某合作社未清偿全部借款本息，某银行向某合作社多次催收未果。2019 年 4 月 22 日，该项债权被转让至炳某公司，炳某公司遂诉至法院，请求就某合作社抵押的土地实现抵押权。

四、一审法院认为，某合作社与某银行间的金融借款合同关系事实清楚，判决某合作社向炳某公司还款，并确认炳某公司就案涉土地拍卖变卖后的价款享有优先受偿权。

五、某合作社不服，上诉至河南省高级人民法院。某合作社主张本案土地性质为国有划拨土地，未经审批不得抵押，故《抵押合同》无效，河南省高院二审驳回其诉讼请求。

裁判思路

本案的核心争议为案涉土地使用权抵押担保的效力问题，对此，河南省高级人民法院认为：

国土资源部、最高人民法院均已明确，以国有划拨土地使用权为标的物设定

---

① 案件来源：巩义市某供销合作社、炳某合伙企业金融借款合同纠纷二审民事判决书［（2019）豫民终 1674 号］

抵押，土地行政管理部门依法办理抵押登记手续，即视同已经具有审批权限的土地行政管理部门批准，不必再另行办理土地使用权抵押的审批手续。划拨建设用地抵押的审批已经被取消，不宜再将抵押权的设立是否经过审批作为认定抵押权效力的要件。且抵押人已就案涉土地使用权抵押在国土资源局办理了土地他项权证，即该抵押已经过有审批权限的土地行政管理部门依法办理抵押登记手续，本案土地使用权抵押担保应为有效。

经验总结

1. 审批不再是划拨建设用地抵押权设立的前提条件。2003 年，最高人民法院发布《关于破产企业国有划拨土地使用权应否列入破产财产等问题的批复》（以下简称《批复》），规定划拨土地使用权的抵押需履行法定的审批手续，否则，应认定抵押无效。尽管随后我国已经取消了划拨土地抵押这一审批事项，但《批复》的效力一直持续至《民法典》生效之日，为司法实践带来诸多争议。《民法典担保制度解释》第五十条明确：以划拨方式取得的建设用地使用权抵押，适用不动产抵押的一般规则，即以抵押登记为生效要件，未办理抵押登记的，不影响抵押合同的效力。审批手续的办理不再影响划拨建设用地抵押权的设立。

2. 对于《民法典》生效前的划拨土地抵押权效力争议，可借用“地随房走、房随地走”的原则主张抵押有效。《物权法》第一百八十二条[①]规定了不动产抵押中“地随房走、房随地走”的原则。房地中的任何一项抵押时，另一项都必须一并抵押，此为法定抵押权，而非意定抵押权。以往司法实践中，抵押权人只办理了房屋抵押登记，或者仅办理了土地抵押登记，均可以通过“地随房走、房随地走”的方式主张全面实现自己的抵押权，争取债权人利益的最大化。

3. 划拨的建设用地被拍卖、变卖所得的价款，应当优先用于补缴建设用地使用权出让金。《城市房地产管理法》第五十一条规定：“设定房地产抵押权的土地使用权是以划拨方式取得的，依法拍卖该房地产后，应当从拍卖所得的价款中缴纳相当于应缴纳的土地使用权出让金的款额后，抵押权人方可优先受偿。”划拨的土地使用权通常是权利人无偿取得的，故该土地使用权被变现后，应当先

---

① 编者按：《民法典》第 397 条。

行用于缴纳该土地使用权出让金，这样，既维护了建设用地使用权的流通性、保障了建设用地使用权人和抵押人的合法权益，又保障了国家土地所有权的实现。

相关法条

《中华人民共和国城市房地产管理法》（2019 年修正）

第二十三条　土地使用权划拨，是指县级以上人民政府依法批准，在土地使用者缴纳补偿、安置等费用后将该幅土地交付其使用，或者将土地使用权无偿交付给土地使用者使用的行为。

依照本法规定以划拨方式取得土地使用权的，除法律、行政法规另有规定外，没有使用期限的限制。

第五十一条　设定房地产抵押权的土地使用权是以划拨方式取得的，依法拍卖该房地产后，应当从拍卖所得的价款中缴纳相当于应缴纳的土地使用权出让金的款额后，抵押权人方可优先受偿。

《最高人民法院关于适用〈中华人民共和国民法典〉有关担保制度的解释》（法释〔2020〕28 号　2021 年 1 月 1 日施行）

第五十条　抵押人以划拨建设用地上的建筑物抵押，当事人以该建设用地使用权不能抵押或者未办理批准手续为由主张抵押合同无效或者不生效的，人民法院不予支持。抵押权依法实现时，拍卖、变卖建筑物所得的价款，应当优先用于补缴建设用地使用权出让金。

当事人以划拨方式取得的建设用地使用权抵押，抵押人以未办理批准手续为由主张抵押合同无效或者不生效的，人民法院不予支持。已经依法办理抵押登记，抵押权人主张行使抵押权的，人民法院应予支持。抵押权依法实现时所得的价款，参照前款有关规定处理。

《最高人民法院关于破产企业国有划拨土地使用权应否列入破产财产等问题的批复》（法释〔2003〕6 号　2020 年修改）

二、企业对其以划拨方式取得的国有土地使用权无处分权，以该土地使用权设定抵押，未经有审批权限的人民政府或土地行政管理部门批准的，不影响抵押合同效力；履行了法定的审批手续，并依法办理抵押登记的，抵押权自登记时设立。根据《中华人民共和国城市房地产管理法》第五十一条的规定，抵押权人只有在以抵押标的物折价或拍卖、变卖所得价款缴纳相当于土地使用权出让金的款项后，对剩余部分方可享有优先受偿权。但纳入国家兼并破产计划的国有企业，其用以划拨方式取得的国有土地使用权设定抵押的，应依据国务院有关文件规定办理。

《国土资源部关于国有划拨土地使用权抵押登记有关问题的通知》（国土资发〔2004〕9号 2016年5月27日失效）（节录）

以国有划拨土地使用权为标的物设定抵押，土地行政管理部门依法办理抵押登记手续，即视同已经具有审批权限的土地行政管理部门批准，不必再另行办理土地使用权抵押的审批手续。

裁判意见

关于案涉土地使用权抵押担保的效力问题。国土资源部《关于国有划拨土地使用权抵押登记有关问题的通知》中规定“以国有划拨土地使用权为标的物设定抵押，土地行政管理部门依法办理抵押登记手续，即视同已经具有审批权限的土地行政管理部门批准，不必再另行办理土地使用权抵押的审批手续”。最高人民法院《关于转发国土资源部〈关于国有划拨土地使用权抵押登记有关问题的通知〉的通知》中亦明确“人民法院尚未审结的涉及国有划拨土地使用权抵押经过有审批权限的土地行政管理部门依法办理抵押登记手续的案件，不以国有划拨土地使用权抵押未经批准而认定抵押无效”。本案中某合作社已就案涉土地使用权抵押在巩义市国土资源局办理了土地他项权证，即该抵押已经过有审批权限的土地行政管理部门依法办理抵押登记手续，参照国土资源部和最高人民法院上述通知中的规定，本案土地使用权抵押担保应为有效。

延伸阅读

1. 划拨土地抵押权未进行抵押登记但土地上建筑已进行抵押登记的，抵押权人可因“地随房走、房随地走”原则取得抵押权

案例一：某银行赣州分行等与宗某铝业有限公司等金融借款合同纠纷上诉案［（2017）赣民终107号］

江西省高级人民法院认为：关于张某达、刘某青上诉提出抵押房屋下的土地是划拨土地，未经批准抵押无效的主张，本院认为该上诉主张违反了《物权法》第一百八十二条[①]“以建筑物抵押的，该建筑物占用范围内的建设用地使用权一

① 编者按：《民法典》第397条。

并抵押……抵押人未依照前款规定一并抵押的，未抵押的财产视为一并抵押”的规定，也不符合“地随房走”的原则。本案抵押房产已签订抵押合同并办理抵押登记，一审法院判决某银行赣州分行对抵押房产享有优先受偿权，符合法律规定和当事人的约定。张某达、刘某青的上诉主张缺乏事实和法律依据，本院不予支持。

案例二：陕西省农某良种场与吴某、呼某宁、云某工贸有限公司等金融借款合同纠纷二审民事判决书［（2018）陕民终913号］

陕西省高级人民法院认为：《物权法》第一百八十二条[①]规定“以建筑物抵押的，该建筑物占用范围内的建设用地使用权一并抵押”，据此，本案2016年10月19日良某某与扶风支行关于涉案房产的抵押依法及于房产占用范围的土地。第三，关于涉案房产占用范围内土地抵押的效力问题。虽然2003年4月8日颁布的《最高人民法院关于破产企业国有划拨土地使用权应否列入破产财产等问题的批复》（以下简称《批复》）第三条规定“如果建筑物附着于以划拨方式取得的国有土地使用权之上，将该建筑物与土地使用权一并设定抵押的，对土地使用权的抵押需履行法定的审批手续，否则，应认定抵押无效”。但该《批复》系针对破产企业，且批复中所规定的“将该建筑物与土地一并设定抵押的”系指当事人约定将建筑物与土地一并设定抵押的情形，即当事人在订立合同时如果约定将建筑物与以划拨方式取得的国有土地使用权一并设定抵押的，则抵押人应对抵押国有土地使用权履行法定审批手续。本案当事人签订合同仅约定以良某某所有的位于扶风县××镇××村的房产设定抵押，并未约定土地使用权一并抵押，该事实与上述《批复》规定的情形不符，不能据此认定涉案抵押合同无效。2004年3月23日最高人民法院《关于转发国土资源部〈关于国有划拨土地使用权抵押登记有关问题的通知〉的通知》（法发〔2004〕11号）规定，不以国有划拨土地使用权未经批准而认定抵押无效。2007年《中华人民共和国物权法》[②]实施，按照“新法优于旧法”的原则，本案依法应当优先适用《中华人民共和国物权法》[③]。依照《物权法》第一百七十九条[④]规定，涉案抵押担保合同依法有效。

---

① 编者按：《民法典》第397条。

②③ 编者按：已失效，被《民法典》吸收。

④ 编者按：《民法典》第394条。

2. 以划拨土地上的房屋抵押，划拨土地抵押未经审批的，抵押权效力不及于土地使用权①

案例三：万某资产管理有限公司诉某技工学校实习工厂借款合同纠纷案［（2017）最高法民申3247号］

最高人民法院认为：宛开土国用（2001）字第0042号国有土地使用证记载，案涉土地使用权类型为国有划拨。虽然办理宛市房抵押权字第95×××号南阳市房地产抵押权证时，本案所涉土地的土地使用权证未发放，但土地性质未曾发生变化。根据《中华人民共和国城镇国有土地使用权出让和转让暂行条例》第四十四条"划拨土地使用权，除本条例第四十五条规定的情况外，不得转让、出租、抵押"和第四十五条"符合下列条件的，经市、县人民政府土地管理部门和房产管理部门批准，其划拨土地使用权和地上建筑物、其他附着物所有权可以转让、出租、抵押：（一）土地使用者为公司、企业、其他经济组织和个人；（二）领有国有土地使用证；（三）具有地上建筑物、其他附着物合法的产权证明；（四）依照本条例第二章的规定签订土地使用权出让合同，向当地市、县人民政府补交土地使用权出让金或者以转让、出租、抵押所获效益抵交土地使用权出让金"的规定，案涉土地使用权的抵押并未经市、县人民政府土地管理部门批准，亦未补足土地使用权出让金，不属于可以转让、出租、抵押的范围。故二审法院认定昌某公司不享有国有划拨土地的处分权，本案所涉土地办理抵押登记时未办理土地使用权证亦未经当地土地管理部门批准，在校工厂取得土地使用权证后，亦未办理抵押登记手续，该抵押无效，适用法律正确。

案例四：博某信诚投资有限公司、某拖拉机站债权转让合同纠纷再审审查与审判监督民事裁定书［（2020）鲁民申2539号］

山东省高级人民法院认为：本院经审查认为，根据原审在卷证据和已查明事实，被申请人借款时将涉案房产及土地一并抵押，办理了抵押登记，但涉案土地的使用权性质为国有划拨，依据《中华人民共和国城镇国有土地使用权出让和转让暂行条例》第四十四条、第四十五条，《中华人民共和国划拨土地使用权管理暂行办法》第五条、第六条及《最高人民法院关于破产企业国有划拨土地使用权应否列入破产财产等问题的批复》，建筑物附着于以划拨方式取得的国有土地使用权之上，将该建筑物与土地使用权一并设定抵押的，对土地使用权的抵押需

① 编者按：该观点与前述裁判意见相反。

履行法定的审批手续，否则抵押无效。涉案房地产仅在工商行政管理部门办理了抵押物登记，对土地使用权的抵押未履行法定的审批手续，原审据此认定抵押无效，申请人对涉案房地产不享有优先受偿权并无不当。

案例五：某县农村信用合作联社与安某仁、某县房地产业管理局行政登记再审审查与审判监督行政裁定书［（2020）甘行申41号］

甘肃省高级人民法院认为：关于再审申请人认为应适用原国土资源部《关于划拨国有土地使用权抵押登记有关问题的通知》（以下简称《通知》）的问题。《通知》规定："以国有划拨土地使用权为标的物设定抵押，土地行政管理部门依法办理抵押登记手续，即视同已经具有审批权限的土地行政管理部门批准，不必再另行办理土地使用权抵押的审批手续。"本案中，案涉抵押登记的标的物是划拨土地上的房屋，而非划拨土地。故，该《通知》所规定的办理划拨土地使用权抵押登记的部门本就是土地行政主管部门，故无须再经土地行政主管部门批准。但本案所涉抵押标的物是划拨土地上的房屋的情形下，尚须土地行政主管部门批准应是办理案涉抵押登记的法定程序。

071 抵押权人能否通过案外人执行异议排除对抵押物的强制执行？

裁判要旨[①]

《民事诉讼法》第二百二十七条[②]所指的案外人对执行标的提出的异议，其目的是排除对执行标的的强制执行。抵押权人可以从执行标的的变价款中优先受偿，并不需要排除对抵押物的执行，强制执行程序可以保障抵押权人优先受偿权的实现。

案情简介

一、2013年8月26日，鸿某公司与泉州某银行签订《最高额抵押合同》，

---

① 案件来源：福建长某船务有限公司与泉州市长某集装箱发展有限公司、泉州市鸿某机械制造有限公司等企业借贷纠纷、金融借款合同纠纷等执行裁定书［（2016）最高法执监204号］

② 编者按：《民事诉讼法》（2021年修正）第234条。

约定鸿某公司以案涉土地使用权及房产作为抵押物，为泉州某银行与泉州环某物流有限公司间的债权提供抵押担保，并办理了抵押登记。

二、2014 年 8 月 18 日，长某船务公司因与鸿某公司等的债权债务纠纷，申请财产保全，厦门海事法院作出（2014）厦海法保字第 35－2 号民事裁定书，查封了案涉房产及土地使用权。

三、2014 年 10 月 29 日，泉州中院作出（2014）泉民初字第 1481 号《民事调解书》，确认泉州某银行对抵押物享有抵押权。2014 年 11 月 7 日，泉州中院受理了该案的执行申请，并定于 2015 年 1 月 9 日拍卖案涉土地使用权及房产。2015 年 1 月 6 日长某船务公司向泉州中院提出执行异议。2015 年 5 月 8 日泉州中院函告厦门海事法院，已将拍卖土地使用权所得款提存。

四、2015 年 5 月 29 日，长某船务公司与鸿某公司等诉讼的判决生效后，长某船务公司向厦门海事法院申请执行。厦门海事法院作出（2015）厦海法执字第 222 号执行裁定书，裁定被执行人逾期履行义务的，厦门海事法院将依法拍卖或变卖所查封、扣押的财产。同日，厦门海事法院向泉州中院发出《协助执行通知书》，要求将案涉土地使用权拍卖款中的 328 万元汇至厦门海事法院。

五、泉州某银行向厦门海事法院提出执行异议，请求：确认其对抵押物享有优先受偿权；抵押物拍卖所得应由泉州中院主持分配；撤销厦门海事法院要求泉州中院将案涉土地使用权拍卖款划拨给厦门海事法院处置的执行行为。厦门海事法院一审裁定驳回了泉州某银行异议。泉州某银行不服，向福建高院申请复议，福建高院复议裁定撤销一审裁定，抵押物拍卖所得应由泉州中院主持分配。

六、长某船务公司不服，向最高法院申诉，最高法院裁定驳回其申诉请求。

裁判思路

本案中长某船务公司的裁判思路有二：一为最高法院最终确认泉州中院为首封法院；二为泉州某银行并未以抵押权人的身份排除对抵押物的强制执行。本案需重点探讨的是败诉的第二点原因，即抵押权人能否通过执行异议的方式排除其他债权人对抵押物申请的强制执行。根据《物权法》第一百七十九条[①]对于抵押权的定义，抵押权人具有优先受偿权。此处所谓的优先受偿权是指抵押权人的债权可优先于其他普通债权人的债权从抵押物的变价所得中获得清偿。因此，抵押

① 编者按：《民法典》第 394 条。

权人对抵押物享有的抵押权，并非对抵押物本身的实际支配权，而是对抵押物价值（变价所得）的支配权。故而抵押权人不能通过执行异议的方式排除对抵押物的强制执行，而只能参与强制执行分配程序，以抵押权人的身份优先从抵押物变价所得中受偿。最高法院在本案中也认为："抵押权人可以从执行标的的变价款中优先受偿，并不需要排除对抵押物的执行，强制执行程序可以保障抵押权人优先受偿权的实现。"诉讼中，泉州某银行准确地选择了诉讼请求，没有直接要求排除厦门海事法院对抵押物拍卖的执行行为，而是要求排除厦门海事法院要求支配抵押物变价所得的权利，该权利直接侵害了抵押权人的抵押权。因此，最高法院认定厦门海事法院要求泉州中院将抵押物拍卖所得汇至厦门海事法院的执行行为违法。长某船务公司因此败诉。

经验总结

1. 抵押权人的优先受偿权实际上是抵押权人对抵押物变价所得的优先分配权。因此，《担保法解释》第五十五条[①]规定："已经设定抵押的财产被采取查封、扣押等财产保全或者执行措施的，不影响抵押权的效力。"此处所言的不影响抵押权的效力，是指不影响抵押权人对抵押物变价所得的优先分配权。抵押权人不必通过排除对抵押物强制执行行为来维护自己的权益，而只需通过参与执行分配即可以实现自己的权益。

2. 抵押权人对抵押物的支配仅指对抵押物变价所得的支配，而非对抵押物本身的直接支配。因此，抵押权人无法对涉及抵押物本身的强制执行行为提出执行异议，而只能就分配、处置抵押物变价所得的执行行为提出执行异议。结合本案来看，泉州某银行提出执行异议的对象正是针对厦门海事法院对抵押物变价所得处置的执行行为，故而福建高院、最高法院都支持了其执行异议。所以，抵押权人在抵押物被强制执行时，应注意准确地选择执行异议的对象，而非盲目地要求排除对抵押物的强制执行行为。

3. 抵押权人等担保物权人，在担保物被采取执行强制措施时，不必过分紧张，而应积极向执行法院申请参与执行分配，直接通过执行程序实现自己的权利。当执行法院对于担保物的强制执行行为已经进入执行分配程序时，如果担保

① 编者按：《民法典担保制度解释》第37条。

物权人的债权尚未到期，可要求执行法院对抵押物拍卖所得进行提存或者要求债务人提前清偿债务。如果债权债务关系存在争议，可另案提起诉讼同时要求法院中止对抵押物拍卖所得进行分配的执行行为。

相关法条

《中华人民共和国民法典》（2021 年 1 月 1 日施行）

第三百九十四条 为担保债务的履行，债务人或者第三人不转移财产的占有，将该财产抵押给债权人的，债务人不履行到期债务或者发生当事人约定的实现抵押权的情形，债权人有权就该财产优先受偿。

前款规定的债务人或者第三人为抵押人，债权人为抵押权人，提供担保的财产为抵押财产。

《最高人民法院关于适用〈中华人民共和国民法典〉有关担保制度的解释》（法释〔2020〕28 号 2021 年 1 月 1 日施行）

第三十七条 当事人以所有权、使用权不明或者有争议的财产抵押，经审查构成无权处分的，人民法院应当依照民法典第三百一十一条的规定处理。

当事人以依法被查封或者扣押的财产抵押，抵押权人请求行使抵押权，经审查查封或者扣押措施已经解除的，人民法院应予支持。抵押人以抵押权设立时财产被查封或者扣押为由主张抵押合同无效的，人民法院不予支持。

以依法被监管的财产抵押的，适用前款规定。

《中华人民共和国民事诉讼法》（2021 年修正）

第二百三十二条 当事人、利害关系人认为执行行为违反法律规定的，可以向负责执行的人民法院提出书面异议。当事人、利害关系人提出书面异议的，人民法院应当自收到书面异议之日起十五日内审查，理由成立的，裁定撤销或者改正；理由不成立的，裁定驳回。当事人、利害关系人对裁定不服的，可以自裁定送达之日起十日内向上一级人民法院申请复议。

第二百三十四条 执行过程中，案外人对执行标的提出书面异议的，人民法院应当自收到书面异议之日起十五日内审查，理由成立的，裁定中止对该标的的执行；理由不成立的，裁定驳回。案外人、当事人对裁定不服，认为原判决、裁定错误的，依照审判监督程序办理；与原判决、裁定无关的，可以自裁定送达之日起十五日内向人民法院提起诉讼。

《最高人民法院关于适用〈中华人民共和国民事诉讼法〉的解释》（法释〔2020〕20号 2020年修正）

第四百六十五条 案外人对执行标的提出的异议，经审查，按照下列情形分别处理：

（一）案外人对执行标的不享有足以排除强制执行的权益的，裁定驳回其异议；

（二）案外人对执行标的享有足以排除强制执行的权益的，裁定中止执行。

驳回案外人执行异议裁定送达案外人之日起十五日内，人民法院不得对执行标的进行处分。

裁判意见

以下为最高法院在本案申诉阶段就此问题发表的意见：

首先，从泉州某银行的异议申请书中可以看出，其请求厦门海事法院撤销将拍卖款划拨给该院处置的执行行为，是对厦门海事法院的具体执行行为提出异议，符合民事诉讼法第二百二十五条的规定。其次，《最高人民法院关于适用〈中华人民共和国民事诉讼法〉的解释》第四百六十五条规定："案外人对执行标的提出的异议，经审查，按照下列情形分别处理：（一）案外人对执行标的不享有足以排除强制执行的权益的，裁定驳回其异议；（二）案外人对执行标的享有足以排除强制执行的权益的，裁定中止执行。驳回案外人执行异议裁定送达案外人之日起十五日内，人民法院不得对执行标的进行处分。"根据该规定精神，民事诉讼法第二百二十七条所指的案外人对执行标的提出的异议，其目的是排除对执行标的的强制执行。抵押权人可以从执行标的的变价款中优先受偿，并不需要排除对抵押物的执行，强制执行程序可以保障抵押权人优先受偿权的实现。本案中，泉州某银行提出异议的目的亦非排除对土地使用权的强制执行，故本案不应当适用民事诉讼法第二百二十七条的规定。

延伸阅读

案例：某银行股份有限公司广西壮族自治区分行与广西越某房地产开发有限公司、福建省闽某建设工程有限公司建设工程施工合同纠纷二审民事裁定书［（2016）最高法民终193号］

最高法院认为："民事诉讼法第二百二十七条规定的案外人异议，与其字面所显示的意思有一定差别，并非案件当事人以外的人提出的涉及实体权利的异议都属于该条规定的异议。民事诉讼法解释第四百六十五条的规定表明，民事诉讼法第二百二十七条规定的案外人异议适用于‘案外人对执行标的享有足以排除强制执行的权益’的情况。《最高人民法院关于适用〈中华人民共和国民事诉讼法〉执行程序若干问题的解释》第十五条则更明确解释为：案外人异议是指其‘对执行标的主张所有权或者有其他足以阻止执行标的转让、交付的实体权利’的情况。按照上述司法解释的规定，抵押权人对执行标的物的权利，虽然属于实体权利，但该权利是就标的物变价款优先受偿的权利，并不能阻止标的物的转让或者向受让人交付。抵押权人请求保护其优先受偿权，因未得到保护而提出执行异议的，不属于阻止或排除强制执行的异议。尽管对于抵押权人异议究竟按照第二百二十五条还是第二百二十七条的规定处理仍不无进一步研究的余地，但如将其归属于案外人异议，则需要扩大目前司法解释对案外人异议界定的范围。在有明确司法解释要求按照民事诉讼法第二百二十七条审查处理抵押权的异议之前，仍应按照现行司法解释理解为通过第二百二十五条处理（当然在参与分配情况下可以通过分配方案异议程序解决)。”

072 抵押物被拆迁时，抵押权人应如何主张权利？

裁判要旨①

抵押权是抵押权人对抵押物变卖、拍卖后享有优先受偿的权利，而非对抵押物的实际占有。在抵押权人未向补偿款给付人主张优先受偿的情况下，该补偿款给付人不存在将补偿款给付抵押权人的义务。抵押权人对抵押物代位物优先受偿权的基础为抵押物，因此该权利应根据代位物的实际归属情况向相对人提出。

案情简介

一、2004 年 3 月 31 日，某信用社与雪某公司签订借款合同四份，借款金额

① 案件来源：青岛北某投资顾问有限公司与某市城市建设综合开发公司、滕州市某房地产开发有限公司抵押权纠纷民事裁定书［（2016）最高法民申 2915 号］

共计220万元。雪某公司以自有的房产为以上借款提供抵押担保，并办理了抵押登记。借款到期后，雪某公司未能归还借款本息。某信用社遂于2009年2月25日向滕州法院起诉，请求判令雪某公司清偿本金及利息，并对抵押物享有优先受偿权。

二、2009年7月23日，某城建公司取得了房屋拆迁许可证，雪某公司提供的抵押房产在拆迁范围之内，后本案抵押物被拆除，案涉土地使用权被滕州市国土局以9800万元的价格依法出让给东方某石公司。2011年7月13日，某城建公司与雪某公司签订《房屋拆迁货币补偿合同》，某城建公司将600万元拆迁补偿款支付给雪某公司。

三、2011年3月10日滕州法院判决：雪某公司对某信用社还本付息，但对于某信用社主张的对抵押物享有优先受偿的诉讼请求未予判决。某信用社于2011年改制农商行某支行。2012年5月21日某支行向滕州法院申请执行。2012年12月27日某支行与兰某公司签订《债权转让合同》，将案涉贷款债权转让给兰某公司，并登报公告。

四、兰某公司向枣庄中院起诉，请求判令东方某石公司、某城建公司向兰某公司支付雪某公司的房地产价款510万元。枣庄中院一审判决驳回兰某公司诉请。

五、兰某公司不服，上诉至山东高院，山东高院二审判决驳回上诉、维持原判。兰某公司仍不服，向最高法院申请再审，最高法院裁定驳回再审申请。

裁判思路

本案中兰某公司败诉的原因在于其行使抵押权人的物上代位权的对象错误。抵押权是以不转移抵押物占有为必要的担保物权。因此，抵押权人并不能对抵押物进行直接的占有和支配，而只能就抵押物变价所得进行优先受偿。故抵押物为价值权，在抵押物被毁损、灭失或征收时，担保物权人可以就获得的保险金、赔偿金或者补偿金等优先受偿。但如何对所谓的“保险金、赔偿金或者补偿金等”优先受偿，《物权法》[1] 并未予以明确。最高法院认为，“抵押权人对抵押物代位物优先受偿权的基础为抵押物”，既然抵押权人不能直接占有抵押物，也就不能直接占有作为抵押物变形物的“保险金、赔偿金或者补偿金等”，而只能向抵押

[1] 编者按：已失效，被《民法典》吸收。

人请求对“保险金、赔偿金或者补偿金等”优先受偿。本案中兰某公司向拆迁补偿义务人某城建公司请求向其直接支付拆迁补偿金的诉请，实际上是要求直接占有抵押物的变形物，与抵押权人的权利内容和性质有违。故最高法院认定抵押权人的物上代位权“应根据代位物的实际归属情况向相对人提出”。北某公司主张权利的义务主体错误，因此败诉。

经验总结

1. 抵押权是不以占有抵押物为权利内容之一的担保物权，故抵押权人不论在任何时候都不能要求直接对抵押物的占有。此处的抵押物不仅包括抵押物本身，也包括抵押物的物上代位物，如保险金、赔偿金或者补偿金等。但抵押权为担保物权，具有追及效力，不论抵押物辗转落入何人之手，抵押权人均可依据抵押权要求对抵押物进行变价优先受偿。

2. 抵押权人依据《民法典》第三百九十条的规定行使物上代位权时，应注意选择正确的义务主体。对此，2021 年起施行的《民法典担保制度解释》第四十二条填补了此前的立法空白，该条规定：“给付义务人已经向抵押人给付了保险金、赔偿金或者补偿金，抵押权人请求给付义务人向其给付保险金、赔偿金或者补偿金的，人民法院不予支持，但是给付义务人接到抵押权人要求向其给付的通知后仍然向抵押人给付的除外。”除此之外，该条还明确抵押权人应当按照原抵押权的顺位就保险金、赔偿金或者补偿金等优先受偿。在现行法律已经明确规定相关义务人后，抵押权人行使物上代位权应当注意选择正确的义务主体。

3. 抵押权人在抵押物被毁损、灭失或者征收时，应当及时行使自己的权利。因为抵押物的物上代位物与抵押物不同，往往没有对外公示的手段。如果抵押人将抵押物的代位物进行了处分，则抵押权人即丧失对已处分部分的优先受偿权。因此，抵押权人在抵押物被毁损、灭失或者征收时应及时行使物上代位权，切莫以为有物上代位权存在即可以高枕无忧。

相关法条

《中华人民共和国民法典》（2021 年 1 月 1 日施行）

第三百九十条 担保期间，担保财产毁损、灭失或者被征收等，担保物权人可以就获得的保险金、赔偿金或者补偿金等优先受偿。被担保债权的履行期限未届满的，也可以提存该保险金、赔偿金或者补偿金等。

第五百三十五条 因债务人怠于行使其债权或者与该债权有关的从权利，影响债权人的到期债权实现的，债权人可以向人民法院请求以自己的名义代位行使债务人对相对人的权利，但是该权利专属于债务人自身的除外。

代位权的行使范围以债权人的到期债权为限。债权人行使代位权的必要费用，由债务人负担。

相对人对债务人的抗辩，可以向债权人主张。

《最高人民法院关于适用〈中华人民共和国民法典〉有关担保制度的解释》（法释〔2020〕28号 2021年1月1日施行）

第四十二条 抵押权依法设立后，抵押财产毁损、灭失或者被征收等，抵押权人请求按照原抵押权的顺位就保险金、赔偿金或者补偿金等优先受偿的，人民法院应予支持。

给付义务人已经向抵押人给付了保险金、赔偿金或者补偿金，抵押权人请求给付义务人向其给付保险金、赔偿金或者补偿金的，人民法院不予支持，但是给付义务人接到抵押权人要求向其给付的通知后仍然向抵押人给付的除外。

抵押权人请求给付义务人向其给付保险金、赔偿金或者补偿金的，人民法院可以通知抵押人作为第三人参加诉讼。

裁判意见

以下为最高法院在再审期间就此问题发表的意见：

2012年12月27日某支行（甲方）与兰某公司（乙方）签订《债权转让合同》，将121062665.29元贷款债权转让给兰某公司，其中包括（2009）滕商初字第522号民事判决确认的债权本金及相应利息。因无法通知到债务人雪某公司，某支行于2013年1月10日在山东法制报发布债权转让公告。可见，在滕州市人民法院（2009）滕商初字第522号民事判决生效数月之后，兰某公司受让本案债权一年多之前，城建公司作为拆迁人依据2011年7月13日签订的《房屋拆迁货币补偿合同》已将案涉抵押物的拆迁补偿款支付给了被拆迁人（即抵押物的所有权人）雪某公司。也就是说，在兰某公司提起本案诉讼之时，抵押物的代位物（即拆迁补偿款）早已于一年多之前由拆迁人城建公司支付给被拆迁人雪某公司，而兰某公司直到2012年12月27日才成为雪某公司的债权人。抵押权是抵押权人对抵押物变卖、拍卖后享有优先受偿的权利，而非对抵押物的实际占有。在抵押权人未向补偿款给付人主张优先受偿的情况下，该补偿款给付人不存在将补偿款给付抵押权人的义务。即便如兰某公司所主张的其享有代位物的优先受偿权，也并不意味着兰某公司对该拆迁补偿款自动获得给付方任何时候优先支付的权利。代位物优先受偿权的基础为抵押物，因此该权利应根据代位物的实际归属情况向相对人提出。依据本案已查明事实，该拆迁补偿款于2011年7月13日由城建公司支付于雪某公司，代位物权属已发生转移。兰某公司不积极申请执行生效判决，从雪某公司实现自己的债权，却主张城建公司应向其优先支付拆迁补偿款，缺乏法律依据和事实依据。二审法院驳回兰某公司的诉讼请求并无不当。本案不存在适用法律错误的问题。

延伸阅读

1. 物上代位权的行使必须以实际代位物支付给抵押人为前提

案例一：中国某资产管理股份有限公司云南省分公司、云南五某绿化有限公司金融借款合同纠纷二审民事判决书［（2016）云民终707号］

云南省高级人民法院认为，《物权法》第一百七十四条①规定，担保期间，担保财产毁损、灭失或者被征收等，担保物权人可以就获得的保险金、赔偿金或者补偿金等优先受偿。《四方协议》及《补充协议》约定，官某公司、五某公司承诺收到官渡绿化广某苗木基地补偿款后，向某行官渡支行归还贷款本息。根据一审法院向官渡区矣六街道城中村改造指挥部塔密分指挥部所做《询问笔录》，涉案广卫基地苗木所涉拆迁补偿款尚未发放，补偿标准、补偿金额等均未明确，二审中，某云南分公司也未举证证实官某公司或五某公司已经收到了补偿款。某云南分公司要求在本案中就广某基地苗木所涉拆迁补偿款优先受偿尚不具备实现权利的前提条件，对于某云南分公司的该项上诉请求，不予支持。待补偿款发放后，某云南分公司可另案主张。

2. 抵押物被拆迁后所得补偿款由案外人领取的，应以案外人为物上代位权行使的被告

案例二：某银行股份有限公司雅安分行与罗某芬、雅安市颖某车业有限责任

① 编者按：《民法典》第390条。

公司保证合同纠纷案二审民事判决书［（2015）川民终字第902号］

四川省高级人民法院认为："在抵押关系存续期间，该抵押房屋因拆迁而灭失，其置换的房屋在本案审理过程中尚未修建。《中华人民共和国物权法》第一百七十四条[①]规定'担保期间，担保财产毁损、灭失或者被征收等，担保物权人可以就获得的保险金、赔偿金或者补偿金等优先受偿'。根据该规定，在担保物权的实体发生灭失时，如果存在担保物的价值变形物或代表物，则担保物权仍然可以于其上而存在，这是法律对担保物物上代位权的规定。因此，在抵押物被征收后，某行雅安分行依法享有抵押房产的物上代位权。但是，在本案实际履行中，由于罗某芬将其所享有的征收房屋安置补偿权益转让于其子女。由其子郭某、其女罗某溪与雨城区征收办签订《雅安市雨城区国有土地房屋征收安置补偿协议书》。而某行雅安分行在本案中对涉案抵押物主张优先受偿，涉及到案外人郭某、罗某溪的民事权益。在本案中，某行雅安分行未将郭某、罗某溪等列为当事人，故本案在郭某、罗某溪等当事人缺位的情况下，对某行雅安分行请求的涉及案外人权益的抵押物优先受偿的主张不能直接进行审理，故对某行雅安分行在本案中的这一请求不予支持。原审判决虽然对某行雅安分行诉讼中涉及的此项请求予以驳回，但其依据的理由不当，本院对此进行纠正。另某行雅安分行已对郭某、罗某溪是否应当获得征收安置补偿及其获得的补偿是否应当由某行雅安分行根据本案《最高额抵押合同》享有优先受偿权的纠纷，已另案起诉并由相关法院受理。因此，本院依据一事不再理的民事诉讼原则，对某行雅安分行在本案二审中关于案涉抵押物灭失后，原被抵押人罗某芬以产权调换方式尚未获得的商业用房及附属土地和相关补偿费享有优先受偿权的上诉请求亦不再审理。对其在本案中的重复请求予以驳回。"

① 编者按：《民法典》第390条。

第四节 抵押物转让

073 抵押物因调解书而发生所有权变动，新的所有权人能否对抗抵押权？

裁判要旨[①]

导致抵押物物权变动的调解书只能在抵押人和新的物权人之间产生确定的拘束力，而不能产生对抗债权人依据现有抵押登记状况申请执行抵押财产并优先受偿的效力，不能产生以此对抗执行法院对抵押物强制执行的效力。

案情简介

一、2004 年 12 月 14 日，徐某亮与某行新华支行以及康某公司签订《个人购房担保借款合同》，约定由徐某亮将已购买的康某公司出售的案涉房产抵押，向某行新华支行借款 2460 万元，并办理抵押登记。

二、徐某亮未依约还款，某行新华支行提起诉讼。贵州高院一审作出（2007）黔高民二初字第 31 号民事判决后，徐某亮提出上诉。法院于 2009 年 11 月 23 日作出（2009）民二终字第 93 号民事判决，判令：由徐某亮偿还某行新华支行借款本金 2089.25 万元及利息，某行新华支行在上述债权范围内对案涉抵押物享有优先受偿权。

三、在本案二审审理期间，康某公司与徐某亮房屋买卖合同纠纷一案诉至法院。2009 年 1 月 19 日，贵阳市云岩区人民法院作出（2008）云民一初字第 597 号民事调解书确认：解除康某公司与徐某亮之间关于案涉房屋的房屋买卖合同，康某公司享有案涉房产所有权。

四、经某行新华支行申请，贵州高院于 2010 年 1 月 28 日立案执行。康某公司提出异议称抵押物归其所有，贵州高院应停止对案涉房产的拍卖。贵州高院一审裁定驳回康某公司的异议。

---

① 案件来源：贵州康某房地产有限责任公司与某银行贵阳市新华支行、徐某亮、刘某梅执行案复议裁定书［最高人民法院（2012）执复字第 11 号］

五、康某公司不服，向最高法院申请复议，最高法院二审裁定驳回其复议申请。

裁判思路

本案中康某公司的裁判思路在于，其通过解约收回案涉房屋所有权时，该房屋已经抵押给某行新华支行。抵押人以不动产作为抵押物提供抵押担保不以转移占有为必要，但应按照规定办理抵押登记，故抵押登记是抵押权的公示手段之一。不动产登记簿上记载的不动产抵押权登记是判断抵押权权利归属及内容的根据。本案中，虽然案涉抵押物经法院调解书确认，在抵押期间发生了权利变动，但因为抵押登记并未因此而改变，故某行新华支行根据抵押登记享有的抵押权也未发生改变，且具有对抗后续物权人的效力。故最高法院最终认为："即使依据贵阳市云岩区人民法院（2008）云民一初字第 597 号民事调解书确认康某公司享有中某大厦第二层房产所有权，并不影响本案抵押合同的效力和抵押物的性质，只能在徐某亮与康某公司之间产生确定的拘束力，而不能产生对抗债权人依据现有抵押登记状况申请执行抵押财产包括中某大厦第二层房产并优先受偿的效力，不能产生以此对抗执行法院对抵押物强制执行的效力。"康某公司因此败诉。

经验总结

1. 不动产抵押权为担保物权，不以转移对抵押物的占有为必要，但必须办理不动产抵押登记。不动产抵押登记不仅是抵押权设立的标志之一，更是抵押权人确定权利顺位的重要依据。此处所谓的权利顺位，不仅是指登记在先的抵押权人优先于登记在后的抵押权人，也指登记在先的抵押权人的抵押权优先于其后对抵押物取得物权的人。本案中，康某公司虽然通过法院调解书取得了对抵押物的所有权，但因其所有权的取得在抵押权人办理抵押登记之后，故其对抵押财产的所有权劣后于某行新华支行的抵押权，提出的执行异议也因此并未获得最高法院支持。

2. 因法律文书导致的物权变动，不经登记即可发生物权变动的效力。本案中，贵阳云岩区法院通过法院调解书的方式确认在房屋买卖合同解除后，案涉房产归康某公司所有。在该调解书关于物权变动的内容生效之日，康某公司即取得案涉房产的所有权。关于法律文书的范围，《民法典》并未予以明确，但《民法典物权编解释一》第七条对此进行了明确。

3. 抵押权人并不能排除抵押物非基于法律行为的物权变动。《物权法》第一百九十一条[①]对抵押期间抵押人转让抵押物的权利进行了限制。但《物权法》第一百九十一条[②]所陈述的转让仅为基于法律行为（如买卖、赠与、互易等）发生的抵押物所有权变动，而不包括《物权法》第二十八条至第三十条[③]规定的非基于法律行为的物权变动。虽然抵押人不能排除或者限制抵押期间抵押物非基于法律行为的物权变动，但在抵押物非基于法律行为而发生物权变动后，抵押权并不因此消灭，而是由抵押物新的所有权人继续承担抵押责任。

相关法条

《中华人民共和国民法典》（2021 年 1 月 1 日施行）

第二百一十六条 不动产登记簿是物权归属和内容的根据。

不动产登记簿由登记机构管理。

第二百二十九条 因人民法院、仲裁机构的法律文书或者人民政府的征收决定等，导致物权设立、变更、转让或者消灭的，自法律文书或者征收决定等生效时发生效力。

第二百三十条 因继承取得物权的，自继承开始时发生效力。

第二百三十一条 因合法建造、拆除房屋等事实行为设立或者消灭物权的，自事实行为成就时发生效力。

第二百三十二条 处分依照本节规定享有的不动产物权，依照法律规定需要办理登记的，未经登记，不发生物权效力。

第四百零六条 抵押期间，抵押人可以转让抵押财产。当事人另有约定的，按照其约定。抵押财产转让的，抵押权不受影响。

抵押人转让抵押财产的，应当及时通知抵押权人。抵押权人能够证明抵押财产转让可能损害抵押权的，可以请求抵押人将转让所得的价款向抵押权人提前清偿债务或者提存。转让的价款超过债权数额的部分归抵押人所有，不足部分由债务人清偿。

---

①② 编者按：《民法典》第 406 条。

③ 编者按：已失效，被《民法典》吸收。

《最高人民法院关于适用〈中华人民共和国民法典〉物权编的解释（一）》（法释〔2020〕24号）

第七条 人民法院、仲裁机构在分割共有不动产或者动产等案件中作出并依法生效的改变原有物权关系的判决书、裁决书、调解书，以及人民法院在执行程序中作出的拍卖成交裁定书、变卖成交裁定书、以物抵债裁定书，应当认定为民法典第二百二十九条所称导致物权设立、变更、转让或者消灭的人民法院、仲裁机构的法律文书。

《中华人民共和国民事诉讼法》（2021年修正）

第二百三十二条 当事人、利害关系人认为执行行为违反法律规定的，可以向负责执行的人民法院提出书面异议。当事人、利害关系人提出书面异议的，人民法院应当自收到书面异议之日起十五日内审查，理由成立的，裁定撤销或者改正；理由不成立的，裁定驳回。当事人、利害关系人对裁定不服的，可以自裁定送达之日起十日内向上一级人民法院申请复议。

第二百三十四条 执行过程中，案外人对执行标的提出书面异议的，人民法院应当自收到书面异议之日起十五日内审查，理由成立的，裁定中止对该标的的执行；理由不成立的，裁定驳回。案外人、当事人对裁定不服，认为原判决、裁定错误的，依照审判监督程序办理；与原判决、裁定无关的，可以自裁定送达之日起十五日内向人民法院提起诉讼。

《最高人民法院关于适用〈中华人民共和国民事诉讼法〉的解释》（法释〔2020〕20号 2020年修正）

第四百六十五条 案外人对执行标的提出的异议，经审查，按照下列情形分别处理：

（一）案外人对执行标的不享有足以排除强制执行的权益的，裁定驳回其异议；

（二）案外人对执行标的享有足以排除强制执行的权益的，裁定中止执行。

驳回案外人执行异议裁定送达案外人之日起十五日内，人民法院不得对执行标的进行处分。

裁判意见

以下为最高法院在复议期间就此问题发表的意见：

关于抵押物中某大厦第二层房产的权属确认能否产生阻止执行的效力问题，

依据担保法的规定，抵押是指债务人或者第三人不转移财产的占有，将该财产作为债权的担保，在债务人不履行债务时，债权人以该财产折价或者以拍卖、变卖该财产的价款优先受偿。债务人或者第三人为抵押人。本案康某公司自愿作为徐某亮银行贷款的担保人，与徐某亮共同办理了中某大厦第二、三、四层房产的贷款抵押登记，经本院（2009）民二终字第93号民事判决确认，本案抵押合同有效。徐某亮与康某公司为抵押房产的共同抵押人，某行新华支行为抵押权人。在抵押权尚未解除的情况下，即使依据贵阳市云岩区人民法院（2008）云民一初字第597号民事调解书确认康某公司享有中某大厦第二层房产所有权，也并不影响本案抵押合同的效力和抵押物的性质，只能在徐某亮与康某公司之间产生确定的拘束力，而不能产生对抗债权人依据现有抵押登记状况申请执行抵押财产包括中某大厦第二层房产并优先受偿的效力，不能产生以此对抗执行法院对抵押物强制执行的效力。

074 法院拍卖抵押物未通知顺位在后的抵押权人，拍卖行为应否被撤销？

裁判要旨[①]

在评估、拍卖抵押物的过程中，未以书面或者其他能够确认收悉的适当方式通知作为顺位在后的抵押权人的，不足以构成严重违反拍卖程序，在没有证据证明损害了当事人或者竞买人的利益的情形下，不属于应当撤销拍卖行为的法定情形。

案情简介

一、2013年9月27日，王某付、张某算将王某付名下案涉房地产为欣华某公司向某银行提供最高额1亿元的抵押。该抵押为第一顺位抵押权。2014年9月15日，北京铁路中院作出民事判决，判决某银行对已办理抵押登记的抵押房屋折价、拍卖、变卖所得享有优先受偿权。

---

① 案件来源：某银行股份有限公司厦门分行等与王某付执行裁定书［北京市高级人民法院（2016）京执复36号］

二、2015 年 3 月 5 日，厦门中院作出民事判决，确认某银行厦门分行对案涉房地产享有第二顺位和第三顺位抵押权。

三、2015 年 5 月 20 日，依某银行的申请，北京四中院立案执行。2015 年 6 月 1 日，依法在淘宝网公开拍卖案涉抵押物。经两次拍卖后，以 6520 万元成交。四中院在评估、拍卖过程中，未通知第二、第三顺位抵押权人某银行厦门分行，拍卖公告中也未说明该两套房产存在抵押权。

四、2016 年 2 月 7 日，某银行厦门分行向北京四中院提出执行异议，请求解除对上述涉案房产的查封，终止案件执行，撤销该两套房产的拍卖。北京四中院一审判决驳回其执行异议。

五、某银行厦门分行不服，向北京高院申请复议，北京高院裁定驳回复议申请。

裁判思路

本案的争议焦点在于，顺位在先的抵押权人申请拍卖抵押物是否构成对顺位在后的抵押权人权利的侵害。根据《关于人民法院民事执行中拍卖、变卖财产的规定》第十四条[①]第一款规定："人民法院应当在拍卖五日前以书面或者其他能够确认收悉的适当方式，通知当事人和已知的担保物权人、优先购买权人或者其他优先权人于拍卖日到场。"从本条的文义来看，只要涉及拍卖财产，即应通知担保物权人。但不容忽视的是，该款的后段在设置兜底性条件时，使用了"其他优先权人"这一用语，且与此前列举的几类处于并列地位。由此可知，拍卖财产时，并非所有的担保物权人都属于应被通知的对象，而是仅对执行申请人而言具有"优先权"的人才属于被通知的对象。其立法目的在于保护优先权人的优先受偿的利益不因不知拍卖行为而受损。抵押权为担保物权，抵押权人对抵押物享有优先受偿权。但抵押权人对抵押物的优先受偿权并不是绝对的，在同一抵押物上并存多个抵押权时，抵押权人内部也存在着谁得优先受偿的问题，此即抵押权顺位，顺位在先的抵押权优先于顺位在后的抵押权。本案中，作为第一顺位抵押权人的某银行申请拍卖抵押物，即可优先于顺位在后的某银行厦门分行优先受偿。因此，对于第一顺位的抵押权人某银行而言，某银行厦门分行并不是"优先权人"，故法院在拍卖过程中不通知某银行厦门分行，不属于严重违反拍卖程序，

① 编者按：2020 年修正后，改为第 11 条。

在某种意义上讲也不存在程序性瑕疵。某银行厦门分行因此败诉。

经验总结

1. 抵押权为担保物权，其所担保的债权对于抵押物享有优先于其他普通债权受偿的效力，因此抵押权属于广义上的“优先权”的一种。但不容忽视的是，抵押权人享有的优先受偿权并非绝对，而是具有一定的相对性。如《海商法》第二十一条规定的船舶优先权即优先于船舶抵押权，此时对于船舶优先权人而言，船舶抵押权人即不享有优先受偿权。同时，在抵押权内部，也存在抵押权人优先受偿权顺位的问题，顺位在先的抵押权人可优先于顺位在后的抵押权人而受偿，此时对于顺位在先的抵押权人而言，后位抵押权人即不享有优先受偿权。因此，对于由抵押担保的债权，不仅要关注抵押担保之有无，更要关注抵押担保的权利顺位。因为当顺位在先的抵押权人享有的债权大于或等于抵押物价值时，顺位在后的抵押权人的债权实际上处于“脱保”状态。但这并不代表，只要抵押物上存在在先顺位的抵押权，即不能接受其作为抵押物。在顺位在先的抵押权为不足额抵押或债务人信用状况较好时，接受已存在在先顺位抵押物的抵押物作为担保可以起到一定的担保效果。即使抵押物对于顺位在先的抵押权人而言已经属于超额抵押，接受该抵押物作为抵押担保也比让债权“裸奔”更为有利，因为债务人的清偿能力处于不断变化之中，后位抵押权人有“捡漏”的可能。

2. 对于后位抵押权人而言，顺位在先的抵押权人申请拍卖抵押物以实现抵押权时，其不能提出执行异议，也不能以法院拍卖抵押物未通知其为由主张撤销拍卖行为。但法院为实现顺位在先的抵押权而拍卖抵押物后，抵押物上的抵押负担并非当然的全部清除，而是应根据具体情况分别判断。如果顺位在先的抵押权人拍卖抵押物不足以清偿全部债权或刚好清偿完毕全部时，抵押物上的抵押负担因拍卖行为全部消灭。如果抵押物在实现在先顺位的债权后仍有结余，法院应对结余款项进行提存，再根据后位的抵押权顺位，逐一按顺序进行分配，此时抵押物上的抵押负担也消灭。但如果顺位在先的抵押权人与抵押人达成以物抵债的协议，而以物抵债协议又属于低价处置抵押物时，则顺位在后的抵押权人可主张对抵押物进行拍卖，并以实际拍卖所得确定各债权人的清偿份额。因此，抵押权的权利顺位与抵押物的处理是一个专业技术性非常强的业务问题，当事人在处理该问题时经常可能落入陷阱或者提出错误主张，因此必须委托专业律师进行综合处理。

3. 对于法律条文的解释，在注重文义的同时，也要注重从体系中反观文义的“射程范围”。本案中，所涉及的法律条文为《关于人民法院民事执行中拍卖、变卖财产的规定》第十四条①第一款关于“人民法院应当在拍卖五日前以书面或者其他能够确认收悉的适当方式，通知当事人和已知的担保物权人、优先购买权人或者其他优先权人于拍卖日到场”的规定。从文义上看，似乎可得出所有的担保权人都应当被通知的结论。但结合该条的体系来看，则可将顺位在后的担保物权人排除在受通知的范围之外。这就是体系解释在法律解释中的神奇所在。体系解释不仅可以为法律条文的理解提供更为清晰可辨的总体框架，也可以降低解释某一法律条文时的论证负担，发挥“居高临下，醍醐灌顶”的神奇效果，更容易说服法官或当事人。

相关法条

《中华人民共和国民法典》（2021 年 1 月 1 日施行）

第四百一十四条　同一财产向两个以上债权人抵押的，拍卖、变卖抵押财产所得的价款依照下列规定清偿：

（一）抵押权已经登记的，按照登记的时间先后确定清偿顺序；

（二）抵押权已经登记的先于未登记的受偿；

（三）抵押权未登记的，按照债权比例清偿。

其他可以登记的担保物权，清偿顺序参照适用前款规定。

第四百一十六条　动产抵押担保的主债权是抵押物的价款，标的物交付后十日内办理抵押登记的，该抵押权人优先于抵押物买受人的其他担保物权人受偿，但是留置权人除外。

《中华人民共和国海商法》（1993 年 7 月 1 日施行）

第二十五条　船舶优先权先于船舶留置权受偿，船舶抵押权后于船舶留置权受偿。

前款所称船舶留置权，是指造船人、修船人在合同另一方未履行合同时，可以留置所占有的船舶，以保证造船费用或者修船费用得以偿还的权利。船舶留置权在造船人、修船人不再占有所造或者所修的船舶时消灭。

① 编者按：2020 年修正后，改为第 11 条。

《最高人民法院关于人民法院民事执行中拍卖、变卖财产的规定》（法释〔2020〕21号 2020年修正）

第十一条 人民法院应当在拍卖五日前以书面或者其他能够确认收悉的适当方式，通知当事人和已知的担保物权人、优先购买权人或者其他优先权人于拍卖日到场。

优先购买权人经通知未到场的，视为放弃优先购买权。

裁判意见

以下为北京高院在复议审查阶段就此问题发表的意见：

本院认为，利害关系人提出异议请求撤销拍卖，符合《最高人民法院关于人民法院办理执行异议和复议案件若干问题的规定》第二十一条第一款规定的情形之一的，人民法院应予支持。本案中，四中院在拍卖公告中未说明涉案房屋存在抵押权的情况，未违反法律、司法解释的禁止性规定，也没有证据证明对某银行厦门分行的权益造成了损害。四中院在评估、拍卖中，未以书面或者其他能够确认收悉的适当方式通知作为第二、第三顺位抵押权人的复议申请人，程序存在瑕疵，但不足以构成严重违反拍卖程序，也没有证据证明损害了当事人或者竞买人的利益。因此，四中院对涉案房屋的拍卖行为，不存在应当撤销的法定情形。

延伸阅读

与前述裁判意见相反的裁判观点

案例：刘某元、某银行股份有限公司扬州分行与扬州某旅游用品有限公司、张某清等金融借款合同纠纷执行裁定书［（2015）苏执复字第00026号］

江苏省高级人民法院认为：“刘某元系拍卖房产第二顺位的抵押权人，扬州中院处置该房产时应当通知刘某元，扬州中院以执行程序终结为由驳回刘某元执行异议，没有事实和法律依据。刘某元于2012年6月7日对某清公司六套房产设定400万元抵押权，扬州中院于2013年6月25日立案执行，并评估拍卖该房产，扬州中院应当知晓刘某元系第二顺位抵押权人。《最高人民法院关于人民法院民事执行中拍卖、变卖财产的规定》第十四条[①]第一款规定：‘人民法院应当在拍卖五日前以书面或者其他能够确认收悉的适当方式，通知当事人和已知的担

① 编者按：2020年修正后，改为第11条。

保物权人、优先购买权人或者其他优先权人于拍卖日到场’，但扬州中院并未依法通知抵押权人刘某元于拍卖当日到场。故因扬州中院怠于履行通知义务，导致刘某元超过期限向扬州中院申请执行异议，扬州中院仍应依法审查该异议申请。”

075 抵押财产已被另案强制执行，抵押权人是否丧失抵押权?

裁判要旨①

已办理抵押登记的抵押房产虽被法院执行，但法院对抵押物的执行行为并不影响抵押权人依法对抵押物行使优先受偿权，且法院的执行行为并不能导致优先受偿权丧失。

案情简介

一、1998 年 3 月 25 日，锦州市某土杂总公司陶瓷分公司与某银行锦州市分行签订《人民币短期借款合同》一份，借款 30 万元。土某总公司以其名下的位于锦州市古塔区汉口街××号两处房产进行抵押，并办理了抵押登记。

二、2001 年 4 月 20 日，某土杂总公司日杂分公司向某银行锦州市分行出具了《承诺函》：原债务人锦州市某土杂总公司陶瓷分公司所欠某银行锦州市分行的贷款本息改由土杂总公司日杂分公司承担。

三、2002 年 6 月 18 日，锦州中院就某银行锦州市分行诉某土杂总公司借款合同纠纷一案作出了（2002）锦经初字第 36 号民事判决书。为执行该判决，2007 年 6 月 1 日，锦州中院做出了（2002）锦执字第 126 号民事裁定书，该裁定书裁定内容如下：被执行人土杂总公司所有的位于锦州市古塔区汉口街××号锦古国用（1998）字第 9801×××号土地使用权面积 35047.41 平方米土地及地上建筑物 12795 平方米房产的所有权（含案涉两处抵押的房屋所有权）归买受人中国石某天然气集团公司锦州石油化工公司所有。

四、2005 年 7 月 15 日，某银行锦州市分行与中国某资产管理公司沈阳办事处就上述《人民币短期借款合同》中所涉债权签订了《债权转让协议》。后中国

① 案件来源：辽宁某物资有限公司与锦州市某土产杂品总公司日用杂品分公司、锦州市某土产杂品总公司借款合同纠纷二审民事判决书［（2014）辽民二终字第 00066 号］

某资产管理公司沈阳办事处又将上述债权转让给军丰某物资公司。

五、军丰某物资公司向锦州中院起诉，请求法院判令某土杂总公司和土某总公司日杂分公司还本付息；军丰某物资公司对抵押房产享有优先受偿权。锦州中院一审判决：某土杂总公司还本付息。但未支持军丰某物资公司主张对抵押房产享有优先受偿权的诉请。

六、军丰某物资公司不服，上诉至辽宁高院。辽宁高院二审改判：某土杂总公司还本付息，军丰某物资公司对抵押房产享有优先受偿权。

裁判思路

在本案中，军丰某物资公司上演了一场“虎口夺食”的好戏。本案中某土杂总公司败诉的原因在于，法院的强制执行行为并不能影响抵押权人对抵押物的优先受偿权。本案争议的焦点在于，案涉两处抵押的房产已经被锦州中院在另案中被强制执行，抵押权人对抵押物的优先受偿权是否就此消灭。锦州中院在一审中认为，抵押物因被另案强制执行，已经“不复存在”，故认定军丰某物资公司对抵押物不再享有优先受偿权。但辽宁高院认为，抵押物被另案强制执行并不表示抵押物已经不复存在，且即使抵押物已经不复存在，抵押权人仍可对抵押物毁损、灭失后所得的保险金、赔偿金或补偿金等优先受偿。同时，抵押物被法院采取强制措施的，不影响抵押权的效力。故辽宁高院认为：“已办理抵押登记的抵押房产虽被法院执行，但法院对抵押物的执行行为并不影响抵押权人依法对抵押物行使优先受偿权，且法院的执行行为并不能导致优先受偿权丧失。”所以，辽宁高院最终认定军丰某物资公司对抵押物享有优先受偿权，某土杂总公司因此败诉。

经验总结

1. 抵押权是价值权，具有物上代位性，抵押权不因抵押财产的灭失而当然灭失。根据《民法典》第三百九十条、《民法典担保制度解释》第四十二条的规定，抵押物毁损灭失的，抵押权人可就抵押物毁损灭失后所得的“保险金、赔偿金或者补偿金等”优先受偿。此处的优先受偿的范围不以保险金、赔偿金或补偿金等金钱为限，其他因抵押物灭失所得的替代物，如拆迁补偿房、赔偿的替代物等，抵押权人均可以主张对其享有优先受偿权。

2. 法院对抵押物的执行行为并不影响抵押权人对抵押物的优先受偿权。根据《最高人民法院关于人民法院执行工作若干问题的规定（试行）》第三十一条的规定，法院对抵押财产采取的执行强制措施，不影响抵押权的效力。此处不影响抵押权的效力，不仅是指在采取强制措施阶段不影响抵押权的效力，而且也包括在抵押财产被最终执行时，也不影响抵押权的效力。如果抵押物在最终执行时未通知抵押权人或者未先行实现顺位在先的抵押权的，即使在抵押物最终被强制执行完毕，抵押权人仍可主张对抵押物享有优先受偿权。

3. 通过司法拍卖等方式取得不动产时，不仅需关注法院的执行行为是否存在瑕疵，也要关注意欲取得的不动产上是否存在顺位在先的权利，具体包括租赁权、抵押权等。如果存在上述权利，应要求义务人对上述权利进行涤除，防止在取得不动产后，顺位在先的权利人对不动产主张权利。本案中，另案通过执行程序取得案涉抵押房产的中国石某天然气集团公司锦州石油化工公司就将面临所得房产被军丰某物资公司主张抵押权的窘境。

相关法条

《中华人民共和国民法典》（2021 年 1 月 1 日施行）

第三百九十条 担保期间，担保财产毁损、灭失或者被征收等，担保物权人可以就获得的保险金、赔偿金或者补偿金等优先受偿。被担保债权的履行期限未届满的，也可以提存该保险金、赔偿金或者补偿金等。

《最高人民法院关于适用〈中华人民共和国民事诉讼法〉的解释》（法释〔2020〕20 号 2020 年修正）

第一百五十七条 人民法院对抵押物、质押物、留置物可以采取财产保全措施，但不影响抵押权人、质权人、留置权人的优先受偿权。

《最高人民法院关于人民法院执行工作若干问题的规定（试行）》（法释〔2020〕21 号 2020 年修正）

31. 人民法院对被执行人所有的其他人享有抵押权、质押权或留置权的财产，可以采取查封、扣押措施。财产拍卖、变卖后所得价款，应当在抵押权人、质押权人或留置权人优先受偿后，其余额部分用于清偿申请执行人的债权。

裁判意见

以下为辽宁高院在“本院认为”部分就此问题发表的意见：

原审中，土某总公司虽提供证据证明已办理抵押登记的抵押物被法院执行，但并没有提供证据证明该抵押物已经灭失，其提供的民事判决书、执行裁定及资产评估报告，均不能证明抵押物已经灭失，且抵押物灭失亦不影响军丰某物资公司对该抵押物享有优先受偿权。军丰某物资公司对设定抵押的房产依法办理了抵押登记，根据《最高人民法院关于适用〈中华人民共和国担保法〉若干问题的解释》第五十五条[①]规定：已经设定抵押的财产被采取查封、扣押等财产保全或者执行措施的，不影响抵押权的效力。第八十条[②]：在抵押物灭失、毁损或者被征用的情况下，抵押权人可以就该抵押物的保险金、赔偿金或者补偿金优先受偿。抵押物灭失、毁损或者被征用的情况下，抵押权所担保的债权未届清偿期的，抵押权人可以请求人民法院对保险金、赔偿金或补偿金等采取保全措施。《物权法》第一百七十四条[③]规定：担保期间，担保财产毁损、灭失或者被征收等，担保物权人可以就获得的保险金、赔偿金或者补偿金等优先受偿。本案中，已办理抵押登记的抵押房产虽被法院执行，但法院对抵押物的执行行为并不影响抵押权人依法对抵押物行使优先受偿权，且法院的执行行为并不能导致优先受偿权丧失。

第五节　抵押权与房地一致原则

076 仅办理土地使用权抵押登记，对于地上房屋是否也享有优先受偿权？

裁判要旨[④]

只要土地使用权或地上建筑物之一项办理抵押登记，即使另外一项没有办理抵押登记，亦依法推定为两者一并抵押，抵押权人对二者均享有优先受偿权。

---

① 编者按：《民法典担保制度解释》第37条。

②③ 编者按：《民法典》第390条。

④ 案件来源：某银行股份有限公司海口龙珠支行与国某科技有限公司、美某房地产开发有限公司等金融借款合同纠纷二审民事判决书［（2015）民二终字第269号］

案情简介

一、2007 年 11 月 15 日，某银行股份有限公司海口龙珠支行（以下简称某银行龙珠支行）与海南国某科技有限公司（以下简称国某公司）签订《人民币借款合同（中期）》，贷款金额 2.1 亿元。后又于 2008 年 12 月签订补充协议对贷款期限、利率等作出变更。

二、2007 年 12 月 10 日，某银行龙珠支行与国某公司签订一份《抵押合同》，约定：国某公司以其名下 36414.02 平方米土地为上述借款提供抵押担保，并办理了抵押权登记。后因贷款协议的变更，双方又就抵押问题签订补充协议，约定将上述土地使用权及地上建筑物全部抵押给某银行龙珠支行。双方于 2009 年 3 月 2 日办理了土地使用权抵押权登记并取得他项权利证明书。但因地上建筑物为在建项目，未到房产管理部门办理抵押登记手续。

三、国某公司贷款到期后未全部还款，某银行龙珠支行向海南省高院起诉，要求国某公司还本付息，并主张在债权范围内对土地使用权及其地上建筑物均具有优先受偿权。

四、海南省高院判决某银行龙珠支行对国某公司名下 36414.02 平方米土地使用权在债权范围内享有优先受偿权。

五、某银行龙珠支行不服，上诉至最高院。最高院判决某银行龙珠支行对国某公司名下 36414.02 平方米土地使用权及其地上建筑物在债权范围内享有优先受偿权。

裁判思路

本案败诉的原因在于根据房地产抵押中的“地随房走，房随地走”原则。即：以建筑物抵押的，该建筑物占用范围内的建设用地使用权一并抵押。以建设用地使用权抵押的，该土地上的建筑物一并抵押。本案中，虽然国某公司仅就土地使用权与某银行龙珠支行办理抵押登记，但因“地随房走，房随地走”原则的存在，该土地使用权上的房屋，即使未办理抵押登记，也被视为一并抵押。故某银行龙珠支行取得地上房屋法定抵押权，对地上房屋享有优先受偿权。

经验总结

1. 作为土地与房屋的不动产往往因价值大而成为银行乐于接受的抵押物。

但抵押人在提供房屋或土地使用权作为抵押物时，应充分考虑土地及房屋价值，防止因“地随房走，房随地走”原则导致抵押率过低，影响了土地及房屋作为优良资产的融资能力。

2. 为防止房地被一并抵押导致优良资产融资能力下降，建议可与抵押权人作如下特约：在先行抵押土地时，允许后续债权人对建筑物（包括在建工程）的抵押权顺位在先；在先行抵押建筑物时，允许后续债权人对土地的抵押权顺位在先，以此确保房地产项目的再融资能力。

3. 银行在接受土地使用权为抵押物时，不仅要查阅该地使用权上是否存在顺位在先的抵押权或其他物权，也要查阅其地上建筑物是否存在顺位在先的抵押权或其他物权；反之，亦然。

4. 银行在接受在建工程抵押时，应充分考虑在建工程可能因土地已被抵押而存在隐在的在先顺位抵押权。此时，可在接受在建工程抵押时，与抵押人同时签订建筑物抵押合同被办理预告登记，以确保建筑物建设完成后对建筑物第一顺位的抵押权。

相关法条

《中华人民共和国民法典》（2021 年 1 月 1 日施行）

第三百九十七条 以建筑物抵押的，该建筑物占用范围内的建设用地使用权一并抵押。以建设用地使用权抵押的，该土地上的建筑物一并抵押。

抵押人未依据前款规定一并抵押的，未抵押的财产视为一并抵押。

裁判意见

以下为最高人民法院在“本院认为”部分关于房地一并抵押问题的论述：

本院认为，在房地产抵押权设立的实践中，如何协调土地使用权抵押和地上建筑物之间的关系，我国物权法施行前的相关法律规定并不明确。为此，物权法第一百八十二条①第一款规定：“以建筑物抵押的，该建筑物占用范围内的建设用地使用权一并抵押。以建设用地使用权抵押的，该土地上的建筑物一并抵押。”该条第二款进一步明确规定：“抵押人未依照前款规定一并抵押的，未抵押的财产视为一并抵押。”该规定遵循了房地产交易中“房随地走”和“地随房走”的

① 编者按：《民法典》第 397 条。

双向统一原则，其立法旨意在于重申房地一体的原则，防止引发抵押权实现时的困境，使债权人的利益受到损害。依据该规定，当事人应对土地使用权及其地上建筑物一并抵押，如果当事人未按照该条第一款规定一并抵押时，则法律直接规定“视为一并抵押”。即只要土地使用权或地上建筑物之一项办理抵押登记，即使另外一项没有办理抵押登记，亦依法推定为两者一并抵押。另外，从市场交易的风险防范角度来看，物权法已经确立了房地应一并抵押的原则，并明确规定土地或者地上建筑物未一并抵押的也视为一并抵押，参与或从事房地产抵押实践的市场主体应当知悉该规定。其在设立土地抵押权时，对该土地上的建筑物是否已设定抵押权负有注意义务，并应积极向登记机关进行查询，以避免出现风险，反之亦然。市场主体如果因未尽到上述注意义务而遭受风险，则该损失应由其自行负担。

延伸阅读

关于房地一并抵押的问题，本书又梳理了最高院的六个案例及江苏、福建两省高院的案例，其裁判观点较为统一，均遵循了“地随房走，房随地走”原则。除此之外，最高院有判例认为，对“房”或“地”抵押构成无处分权的，无处分权的部分抵押权不成立。

案例一：山东由某机械电力设备有限公司与圣某公司侵权责任纠纷申请再审民事裁定书［（2014）民申字第1170号］

最高院认为：“《物权法》第一百八十二条①……第一款规定的实质是在我国目前房屋抵押登记和土地抵押登记分属不同部门办理的情况下，对房地产设定抵押权时的倡导性规范。第二款则是针对当事人未按照上述第一款规定一并抵押时的处理，即由法律直接规定为‘视为一并抵押’。《物权法》第一百八十二条②第二款的文义解释应是，只要在房地产之一的房屋（或者该房屋所占用的土地使用权）上已设立了抵押权，则与该房屋（或者土地使用权）相对应的土地使用权（或者土地使用权之上所附着的房屋）也一并设立了抵押权，而不论该抵押权是否已经办理了抵押登记手续。对于此种虽未依法登记但依据法律规定‘视为一并抵押’的抵押权，其设立时间应与该房屋上设立抵押权的时间一致，即在该房屋上登记设立抵押权的同时，该房屋所占用的土地使用权上同时设立了法律规定的

①② 编者按：《民法典》第397条。

抵押权。”

案例二：蒙阴某有限公司、冯某芝等与星某机械有限公司建设用地使用权纠纷申请再审民事裁定书［最高人民法院（2015）民申字第126号］

最高院认为：“依据《中华人民共和国物权法》第一百八十二条[①]关于‘以建筑物抵押的，该建筑物占用范围内的建设用地使用权一并抵押。以建设用地使用权抵押的，该土地上的建筑物一并抵押。抵押人未依照前款规定一并抵押的，未抵押的财产视为一并抵押’的规定，鲁某商贸公司向二审法院及本院提交的2014年3月29日蒙阴县国土资源局出具的《证明材料》，仅说明在某银行股份有限公司杭州滨江支行的抵押不是单独以土地使用权抵押的，但不能由此认定星某机械公司的土地没有进行抵押，《证明材料》无法推翻二审判决认定的事实。”

案例三：某银行股份有限公司海口海秀支行与海南鸿某实业集团有限公司民事一案执行裁定书［（2012）执复字第29号］

最高人民法院认为：“根据《物权法》第一百八十二条[②]关于‘以建设用地使用权抵押的，该土地上的建筑物一并抵押’的规定，新疆高院所拍卖的其中六套房屋虽不是海秀支行的抵押物，但该房屋是建筑在所抵押的土地上，故对该部分房屋应视为海秀支行有优先受偿权。因此，异议裁定关于海秀支行对涉案财产享有优先受偿权的结论是正确的，某海南分公司的复议理由不能成立。”

案例四：某银行股份有限公司呼和浩特分行与王某祥、王某玉案外人执行异议之诉申请再审民事裁定书［（2015）民申字第3429号］

最高人民法院认为：“根据一审、二审法院查明的事实，某银行呼市分行虽然与润某公司、王某祥等人签订《还款协议书》，约定以证号为蒙房权证磴口县字第10401110××××号房屋一套，及证号为磴国用（2011）第10×××号国有土地使用权作为抵押担保，但鄂尔多斯银行呼市分行只办理了上述房屋的抵押登记，而未办理土地使用权的抵押登记。故二审判决认定鄂尔多斯银行呼市分行对磴国用（2011）第×××××号国有土地使用权，在巴彦淖尔市房他证字第10404130××××号《房屋他项权证》记载的房屋抵押权7416.45平方米占用范围内的土地使用权享有优先受偿权，符合《中华人民共和国物权法》第一百八十二条[③]、第一百八十七条[④]之规定。”

---

①②③ 编者按：《民法典》第397条。

④ 编者按：《民法典》第214条、第215条。

案例五：中国某资产管理公司西安办事处与某粮油食品进出口公司西安中转冷库、某粮油食品进出口公司借款担保合同纠纷案［（2007）民二终字第222号］

最高院认为：虽然抵押登记只针对西未国用（2000）字第×××号国有土地使用权，但应视为当事人约定土地使用权与地面建筑物所有权一并抵押。然而地上建筑物中职工住宅楼的所有权已经移转给购房职工所有，中转冷库并无权利处分。根据《中华人民共和国合同法》第五十一条之规定："无处分权的人处分他人财产，经权利人追认或者无处分权的人订立合同后取得处分权的，该合同有效"，该抵押合同未经地上建筑物所有权人购房职工追认；且西未国用（2000）字第×××号土地使用权证书中已经标明该宗土地上存有地上建筑物，并标明为中转冷库的福利区，地上建筑物中职工住宅楼所有权已经登记移转至购房职工名下，而原债权银行却未查明地上建筑物实际权属即接受抵押，也存在过错，因此抵押合同无效，依据该合同设立的抵押权也相应无效。

案例六：某银行股份有限公司常州分行与中某科技有限公司、江苏弘某新材料有限公司等金融借款合同纠纷二审民事判决书［（2015）苏商终字第00078号］

江苏省高级人民法院认为："《中华人民共和国物权法》第一百八十二条①……该规定系基于建筑物与所占土地的不可分性而禁止抵押人分别抵押，'视为一并抵押'的涵义为推定建筑物及其所占用范围内的建设用地使用权构成一个统一的抵押标的物，只要其中的建筑物或建设用地使用权一项通过抵押登记的方式设立抵押权，即应认定已设立土地及其上建筑物的一体抵押权。单独抵押设立的公示及公信效力及于一体抵押物中的其他部分。在债务人不能清偿被担保的债权时，抵押权人可一并要求拍卖或变卖抵押的地上建筑物及其占用范围内的建设用地使用权，并以拍卖或变卖金额担保债权的受偿。"

案例七：某农村商业银行股份有限公司台江支行与三某针纺织品有限公司、三某贸易有限公司等金融借款合同纠纷二审民事判决书［（2014）闽民终字第812号］

福建省高级人民法院认为："根据《中华人民共和国物权法》第一百八十二

---

① 编者按：《民法典》第397条。

条①、第一百八十三条②之规定，以建筑物抵押的，该建筑物占用范围内的建设用地使用权一并抵押，抵押人未一并抵押的，未抵押的财产视为一并抵押。以乡镇、村企业的厂房等建筑物抵押的，其占用范围内的建设用地使用权一并抵押。本案中，三某被服厂所有的梅坂房字第××号、第××号房产已依法办理了抵押登记，该两处房产系定着于梅坂集建1997字第××××号土地上，故梅坂集建1997字第××××号土地在上述两处房产占用范围内（具体界限及确定标准，根据土地适用规则确定）的使用权亦一并抵押。”

077 将房地先后分别抵押给同一债权人，抵押权范围应如何确定?

裁判要旨③

“房随地走，地随房走”的原则并非法律的禁止性规定，只是法律倡导的通常规则，目的是避免因分别抵押所导致的权利冲突，在不存在权利冲突的情况下，以建设用地使用权抵押的，只有在地上建筑物未专门设立抵押的情况下，未抵押的建筑物才视为与建设用地使用权一并抵押，如果就地上建筑物专门签订抵押合同设立了抵押，那么，应视为地上建筑物与建设用地使用权分别抵押。房地的抵押权设定时间应分别确定。

案情简介

一、2013年2月4日，某农信联社、某农商银行、某某农信联社（以下简称三金融机构）与兆某公司签订《固定资产社团贷款合同》。兆某公司向三金融机构借款人民币2000万元。同日，三金融机构与兆某公司、案外人佳某公司签订《抵押合同》。兆某公司将案涉房地占用的建设用地抵押用以担保上述债权，于同日办理抵押登记。

---

① 编者按：《民法典》第397条。

② 编者按：《民法典》第398条。

③ 案件来源：定某县农村信用合作联社、某亚农村商业银行股份有限公司等与执行案外人申请执行人执行异议之诉特殊程序民事判决书［（2016）琼民终219号］

二、2013 年 5 月 23 日，夏某琴与兆某公司签订《商品房买卖合同》。夏某琴购买位于定安县塔岭新区富民大道西侧公园一号 C 幢 1 单元 2 层×××房。夏某琴依约支付房款，兆某公司依约将涉案房屋交付给夏某琴。

三、2013 年 7 月 17 日，三金融机构与兆某公司签订《社团抵押合同》。兆某公司以在建工程为上述 2000 万元贷款提供抵押担保。该在建工程中包含夏某琴购买的房屋，于次日办理了抵押登记。

四、因兆某公司未履行《固定资产社团贷款合同》约定的义务，三金融机构向海南一中院起诉并提出诉前财产保全申请，查封了案涉抵押物。海南一中院判决：兆某公司还本付息并对抵押物享有优先受偿权。兆某公司未履行义务，海南一中院依法立案执行。夏某琴以一审法院查封的公园一号 C 幢 2 层 1 单元×××房为其所有提出异议。一审法院经审查认为，夏某琴具有《最高人民法院关于办理执行异议和复议案件若干问题的规定》中规定的排除执行之情形，故作出（2015）海南一中执异字第 63 号执行裁定中止对案涉房屋的执行。

五、三金融机构遂向海南一中院提起执行异议之诉，理由是其对该房屋的抵押权设定在先。海南一中院判决驳回了其诉请。三金融机构不服，上诉至海南高院，海南高院二审判决驳回上诉，维持原判。

裁判思路

本案的裁判思路在于，三金融机构在案涉房屋上设定的抵押权晚于夏某琴签订房屋买卖合同的时间。本案是一个典型的弄巧成拙的案例。根据《民法典》第三百九十七条的规定，不动产抵押采取“房随地走，地随房走”的原则，即抵押房地中的任何一项，另一项即视为一并抵押，且二者抵押权成立的时间均为其中任何一项办理完毕抵押登记的时间。在本案中，三金融机构本来已于 2013 年 2 月 4 日取得了对涉案房屋及土地的抵押权。但三金融机构为确保借款万无一失，采取了一种表面上看似更为保险的“双保险”模式来为自己的债权设定担保。先是于 2013 年 2 月 4 日就案涉土地使用权签订了抵押合同并办理了抵押登记，后又于 2013 年 7 月 17 日就地上的在建工程另行签订了抵押合同并于次日办理了抵押登记。但这种看似是“双保险”的抵押担保模式，不仅没有增加对债权的担保，反而弄巧成拙，将原本成立在先的抵押权变成了成立在后的抵押权。因为海南高院在二审中认为，“房随地走，地随房走”原则的目的是为避免因分别抵押所导致的权利冲突，在不存在权利冲突的情况下，如果就房地分别签订抵押合同，应视为地上建筑物与建设用地使用权分别抵押，并分别认定抵押权的设定时间。基于此，海南高院二审认定三金融机构对案涉房屋的抵押权后于夏某琴对房屋的物权期待权。三金融机构因此败诉。

经验总结

1. 根据《民法典》第三百九十七条的规定，我国的不动产抵押采用的是“地随房走，房随地走”的原则，抵押房地中的任何一项，另一项也视为一并抵押。此处的“视为一并抵押”是法律上的拟制，不允许通过反证推翻，视为一并抵押的房或地上成立的抵押权为法定抵押权。二者抵押权设定的时间相同。该条款设定的目的是防止房地分别抵押给不同的债权人时造成权利冲突，抵押权实现是出现房地各异其主的情形。但如果房地分别抵押不存在权利冲突时，则没有必要禁止抵押物房地分别抵押，在实现抵押权时债权人不存在不能将房地一并处分的障碍。故海南高院通过目的性限缩的方式，将房地分别抵押于同一人的情形排除在《民法典》第三百九十七条之外。

2. 担保是保障债权实现的重要手段之一，但因担保往往涉及三方法律关系，因此法律关系较为复杂，且存在着多种变形，各种担保手段也往往交叉重叠。因此为债权设定担保在某些情形下可能是一件非常复杂的专业技术性活动，必须委托专门的律师对相关交易结构进行审核，才能确保万无一失，否则可能弄巧成拙。在本案中，三金融机构的初衷是为了谋求一个“双保险”，但最终结果让人嗟叹不已。因此，笔者建议，为重大的交易活动设定担保应委托专业律师对交易结构进行评审，防控法律风险。

3. 与动产不同，不动产上的权利义务关系往往极为复杂，多种权利同时存在于同一不动产上且相互冲突的情况大量存在。故不动产物权上的权利顺位则显得尤为重要，顺位在先的权利能够对抗顺位在后的权利。一般情况下，确定不动产上的权利顺位以不动产登记簿为准。因此，在进行不动产交易时，必须事先查阅不动产登记簿，并以此为基础对交易结构作出安排，防范相应的法律风险。

相关法条

《中华人民共和国民法典》（2021 年 1 月 1 日施行）

第三百九十七条 以建筑物抵押的，该建筑物占用范围内的建设用地使用权一并抵押。以建设用地使用权抵押的，该土地上的建筑物一并抵押。

抵押人未依据前款规定一并抵押的，未抵押的财产视为一并抵押。

《最高人民法院关于人民法院办理执行异议和复议案件若干问题的规定》（法释〔2020〕21号　2020年修正）

第二十九条　金钱债权执行中，买受人对登记在被执行的房地产开发企业名下的商品房提出异议，符合下列情形且其权利能够排除执行的，人民法院应予支持：

（一）在人民法院查封之前已签订合法有效的书面买卖合同；

（二）所购商品房系用于居住且买受人名下无其他用于居住的房屋；

（三）已支付的价款超过合同约定总价款的百分之五十。

裁判意见

以下为海南高院在二审期间就此问题发表的意见：

关于涉案房屋抵押给上诉人某农信联社、某农商银行、某某农信联社的时间问题。上诉人某农信联社、某农商银行、某某农信联社主张其于2013年2月4日与兆某公司签订了关于涉案房屋所在土地的《抵押合同》，并于当天办理了抵押登记。根据《物权法》第一百八十二条①关于“以建设用地使用权抵押的，该土地上的建筑物一并抵押……未抵押的财产视为一并抵押”的规定，涉案房屋的抵押时间应为2013年2月4日。但是物权法第一百八十二条②关于“房随地走，地随房走”的原则并非法律的禁止性规定，只是法律倡导的通常规则，目的是避免因分别抵押所导致的权利冲突，在不存在权利冲突的情况下，以建设用地使用权抵押的，只有在地上建筑物未专门设立抵押的情况下，未抵押的建筑物才视为与建设用地使用权一并抵押，如果就地上建筑物专门签订抵押合同设立了抵押，那么，应视为地上建筑物与建设用地使用权分别抵押。这也属于当事人意思自治的表现。本案中，2013年7月17日，兆某公司又与上诉人签订《社团抵押合同》，以包含涉案房屋在内的公园一号A、C栋130套住宅及8套商铺在建工程进行抵押，且同年7月18日，定安县住房保障与房产管理局为上述在建工程办理了抵押登记手续。因此，上诉人既是建设用地使用权的抵押权人又是地上在建工程所有权的抵押权人，不存在权利冲突。在此情形下，上诉人与兆某公司不仅

---

①② 编者按：《民法典》第397条。

具有将建设用地使用权和在建工程所有权分别抵押的合意，而且已通过登记的方式予以公示，因此，建设用地使用权的抵押与在建工程所有权的抵押分别成立。根据《物权法》第一百八十七条[①]关于“以本法第一百八十条第一款第一项至第三项规定的财产或者第五项规定的正在建造的建筑物抵押的，应当办理抵押登记。抵押权自登记时设立”的规定，以不动产抵押的，抵押权自登记时设立。本案中，2013 年 7 月 18 日，定安县住房保障与房产管理局为包含涉案房屋在内的公园一号 A、C 栋 130 套住宅及 8 套商铺在建工程办理了抵押登记手续，所以上述在建工程所有权抵押成立的时间为 2013 年 7 月 18 日，即涉案房屋抵押给上诉人的时间应为 2013 年 7 月 18 日，该时间晚于夏某琴与兆某公司签订《房屋买卖合同》的时间。上诉人主张涉案房屋抵押给其的时间为 2013 年 2 月 4 日没有事实及法律依据，本院不予支持。

延伸阅读

1. 房地分别抵押的视为一并抵押，抵押登记公示公信及于未登记的部分

案例一：某银行股份有限公司常州分行与江苏中某科技有限公司、弘某新材料有限公司等金融借款合同纠纷二审民事判决书［（2015）苏商终字第 00078 号］

江苏省高级人民法院认为：“某银行行使抵押权的范围及于溧阳市团结路 68 号房屋占用范围内的土地使用权。《中华人民共和国物权法》第一百八十二条[②]规定：‘以建筑物抵押的，该建筑物占用范围内的建设用地使用权一并抵押。以建设用地使用权抵押的，该土地上的建筑物一并抵押。抵押人未依照前款规定一并抵押的，未抵押的财产视为一并抵押。’该规定系基于建筑物与所占土地的不可分性而禁止抵押人分别抵押，‘视为一并抵押’的涵义为推定建筑物及其所占用范围内的建设用地使用权构成一个统一的抵押标的物，只要其中的建筑物或建设用地使用权一项通过抵押登记的方式设立抵押权，即应认定已设立土地及其上建筑物的一体抵押权。单独抵押设立的公示及公信效力及于一体抵押物中的其他部分。在债务人不能清偿被担保的债权时，抵押权人可一并要求拍卖或变卖抵押的地上建筑物及其占用范围内的建设用地使用权，并以拍卖或变卖金额担保债权的受偿。”

---

① 编者按：《民法典》第 214 条、第 215 条。

② 编者按：《民法典》第 397 条。

2. 房地先后分别抵押给不同主体，各抵押权人对房地一体的抵押权顺位根据抵押登记时间确定

案例二：甘肃秦某农村商业银行股份有限公司与天水冠某果业有限公司金融借款合同纠纷一审民事判决书［（2016）甘05民初48号］

天水市中级人民法院认为："本案中，当事人之间抵押担保合同所涉抵押房产与对应的土地使用权虽然被分别抵押给原告及案外其他主体，但冠某公司与原告之间签订的抵押担保合同是双方真实意思表示，并已办理他项权证，依据前款法律规定，秦某商业银行对本案所涉抵押财产享有抵押权。证据显示冠某公司将其名下秦房产所字10999－×号房产分别抵押给了秦某商业银行及案外加其他主体，并分别办理了他项权证，且秦某商业银行抵押登记时间晚于案外人，依据《中华人民共和国物权法》第一百九十九条[①]第一项'同一财产向两个以上债权人抵押的，拍卖、变卖抵押财产所得的价款依照下列规定清偿：（一）抵押权已登记的，按照登记的先后顺序清偿；顺序相同的，按照债权比例清偿'的规定，秦某商业银行对于秦房产所字10999－×号房产的抵押权需依法按照登记先后顺序清偿。庭审中原、被告均称秦房产所字10999－×号房产不存在重复抵押的情况，但未提交相应证据，如秦房产所字10999－×号房产确实不存在重复抵押问题，则由抵押权人依法实现抵押权。"

第六节 抵押权的担保范围

078 债权人仅履行部分借款义务时，其享有的抵押权是否应该被"打折"？

裁判要旨[②]

抵押权具有不可分性，即使债权人未能根据借款合同的约定全额履行借款义务，作为抵押权人的债权人仍可就抵押物的全部行使优先受偿权。

---

① 编者按：《民法典》第414条。

② 案件来源：郭某等与李某清民间借贷纠纷再审申请民事裁定书［上海市高级人民法院（2016）沪民申1909号］

案情简介

一、2013年12月13日，李某清与借款人郭某签订《借款协议》。约定：郭某向李某清借款21000万元。郭某以其12间商铺抵押及其所持有的第三方100%的股权质押为上述债权提供担保；某业房产公司、某运商贸公司提供连带责任保证，另有某业物业公司、郭某灿作为抵押人。

二、2013年12月16日，上述各方又签订《〈借款协议〉的补充协议一》，再次明确主合同项下约定的首期借款8600万元，并对应修改了关于抵押的补充协议。2013年12月至2014年1月，李某清向郭某个人账户分六次转账支付借款4800万元。

三、2014年4月3日，李某清向郭某、某业房产公司、某运商贸公司、某业物业公司、郭某灿共同发送《催款函》，向郭某催付利息。2014年7月7日，郭某向李某清寄送了《商函》，要求李某清按照《借款协议》及补充协议的约定尽快履行借款款项的支付义务。2014年7月11日，李某清向郭某寄送《通知书》，以郭某未按期支付利息为由要求解除合同。

四、后双方就此协商未果，李某清向上海浦东新区法院起诉，要求郭某还本付息，某业房产公司、某运商贸公司承担连带清偿责任，李某清对全部抵押物享有优先受偿权。上海一中院判决支持李某清诉请。郭某等不服，上诉至上海一中院，上海一中院二审判决驳回上诉，维持原判。

五、郭某等仍不服，向上海高院申请再审，再审理由为李某清仅履行借款合同项下的部分借款义务，故仅应对抵押物享有相应比例的抵押权。上海高院裁定驳回再审申请。

裁判思路

本案再审中郭某等败诉的原因在于，其主张抵押权人应当“打折”行使抵押权诉请与抵押权的不可分性有违，故未获法院支持。抵押权为担保物权，具有不可分性。即使抵押所担保的债权仅部分实际发生，抵押权人仍可就抵押物的全部行使抵押权。在本案中，抵押物所担保的债权额本为2.1亿元，但最后实际发生的债权本金数额仅为4800万元。故郭某等认为，在李某清债权仅部分成立的情况下，应仅能对抵押物主张对应比例的抵押权。但上海高院根据抵押权的不可分性，认为：“李某清作为抵押权人，其有权为实现债权就抵押物的全部行使优先受偿权，因此郭某以李某清占用抵押物及应在提供借款的范围内按比例行使抵押权的再审理由没有事实与法律依据。”郭某因此败诉。

经验总结

1. 担保物权具有不可分性，担保物权的不可分性主要体现在以下几个方面：（1）抵押权所担保的债权被部分清偿时，抵押权人仍可对抵押物的全部行使抵押权；（2）抵押权所担保的债权仅部分发生时，抵押权人仍可对抵押物的全部行使抵押权；（3）抵押权所担保的债权被分割转让给多人时，任何享有部分债权的债权受让人均可对抵押物的全部行使抵押权；（4）担保物被分割或者分别转让时，担保物权人可就分割或分别转让后的担保物行使担保物权。鉴于担保物权的不可分性，担保物权人在行使担保物权时，没有“打折”行使的可能。

2. 担保物权具有不可分性，仅代表担保物权人有权对担保物的全部行使担保物权，但并不代表担保物权人必须就所有的担保物行使担保物权。因此，在担保物可分且担保率较低的情况下，担保物权人可就选择容易变现的担保物行使担保物权以实现债权。但担保物权人选择对部分担保物行使担保物权时，并不代表其放弃了对其他担保物行使担保物权的权利。

3. 担保物权人应善于利用担保物权的不可分性保障自身权益，在担保人分割转让担保物时，可要求对担保物分割后的各个部分都享有担保物权。提供物的担保的担保人不要企图通过分割担保物的方式逃避担保责任，也不要以债权仅部分发生、债权已部分清偿、债权已分割转让为由，主张担保物权人对担保物仅享有相应比例的担保物权。

相关法条

《最高人民法院关于适用〈中华人民共和国民法典〉有关担保制度的解释》（法释〔2020〕28 号　2021 年 1 月 1 日施行）

第三十八条　主债权未受全部清偿，担保物权人主张就担保财产的全部行使担保物权的，人民法院应予支持，但是留置权人行使留置权的，应当依照民法典第四百五十条的规定处理。

担保财产被分割或者部分转让，担保物权人主张就分割或者转让后的担保财产行使担保物权的，人民法院应予支持，但是法律或者司法解释另有规定的除外。

第三十九条 主债权被分割或者部分转让，各债权人主张就其享有的债权份额行使担保物权的，人民法院应予支持，但是法律另有规定或者当事人另有约定的除外。

主债务被分割或者部分转移，债务人自己提供物的担保，债权人请求以该担保财产担保全部债务履行的，人民法院应予支持；第三人提供物的担保，主张对未经其书面同意转移的债务不再承担担保责任的，人民法院应予支持。

裁判意见

以下为上海高院在再审期间就此问题发表的意见：

本院经审查认为，本案争议焦点有二。第一，李某清是否存在违反合同先履行义务的事实。第二，李某清是否存在占用抵押物的事实及是否应在4800万元借款范围内按比例享受抵押物的优先受偿权。关于李某清是否存在违反合同先履行义务的事实。首先，借款合同约定借款可以分批发放，李某清在借款合同签订后，向郭某履行了发放第一批借款的义务；其次，郭某收款后，未按借款合同约定的用途使用借款，也未设立监管账户，其行为构成违约，因此李某清有权基于借款人的违约事实停止或终止向其发放其余款项，故李某清不构成违反先履行合同义务，本院对郭某等的该申请再审理由不予支持。关于李某清是否存在占用抵押物及是否应在发放借款范围按比例行使抵押权问题。抵押权作为担保物权具有不可分性。鉴于郭某存在违约行为，故李某清作为抵押权人，其有权为实现债权就抵押物的全部行使优先受偿权，因此郭某以李某清占用抵押物及应在提供借款的范围内按比例行使抵押权的再审理由没有事实与法律依据。郭某非抵押物的所有人，其不能基于实际控制人或授权取得诉讼实施权，故郭某具有主张抵押物被占用损害赔偿的主体资格没有法律依据，本院无法支持。综上，再审申请人郭某、某业房产公司、某运商贸公司的再审申请不符合《民事诉讼法》第二百条[①]第二项、第六项规定的情形。

---

① 编者按：《民事诉讼法》（2021年修正）第207条。

延伸阅读

1. 受让部分债权的受让人可以主张对全部抵押物行使抵押权

案例一：丛某置业有限公司与益某灯芯绒有限公司企业借贷纠纷一审民事判决书［（2016）鲁06民初11号］

烟台市中级人民法院认为："鉴于抵押权的不可分性，在抵押权所担保的债权未全部受偿前，抵押权人有权就抵押物全部行使权利。由于本案某行西大街支行转让的债权仅是担保债权中的部分债权，依据《最高人民法院关于适用〈中华人民共和国担保法〉若干问题的解释》第七十二条①第一款关于'主债权被分割或者部分转让的，各债权人可以就其享有的债权份额行使抵押权'、第七十一条②第一款关于'主债权未受全部清偿的，抵押权人可以就抵押物的全部行使其抵押权'的规定，原告可以就其享有的债权份额对本案所涉抵押物的全部行使抵押权。"

2. 作为抵押物的房地产被部分转让时，抵押权人可对转让的部分行使抵押权

案例二：周某强与王某海、某鹏科技发展有限公司等民间借贷纠纷二审民事判决书［（2015）锡民终字第1149号］

无锡市中级人民法院认为："《中华人民共和国物权法》第一百九十一条③第二款规定，'抵押期间，抵押人未经抵押权人同意，不得转让抵押财产，但受让人代为清偿债务消灭抵押权的除外。'本案中，在土地使用权和房屋受让人为同一方即金某公司的情况下，金某公司在办理不动产过户中有条件知悉抵押事实，应知其受让的土地使用权和房屋上有抵押权。在金某公司未代为清偿债务的情况下，涉案抵押权不消灭。且根据《最高人民法院关于适用〈中华人民共和国担保法〉若干问题的解释》第七十一条④第二款规定，'抵押物被分割或者部分转让的，抵押权人可以就分割或者转让后的抵押物行使抵押权。'因此，涉案不动产抵押物部分转让为第三人所有的，抵押权的行使不受影响，抵押权人仍可以就全部债权，对全部抵押物行使权利。综上，抵押权人周某强有权就全部抵押财

---

① 编者按：《民法典担保制度解释》第39条。

②④ 编者按：《民法典担保制度解释》第38条。

③ 编者按：《民法典》第406条。

产，包括现登记在金某公司名下的部分涉案土地使用权及其上的办公楼（商业综合楼）等行使抵押权。金某公司对受到的损失，可以向出卖人主张违约责任。”

3. 抵押物被分割时，抵押权人可就分割后的各个部分行使抵押权

案例三：某开投资担保有限公司对本院（2014）郑执一字第116号不予中止执行通知不服异议案件执行裁定书［（2014）郑执异字第70号］

郑州市中级人民法院认为：“《最高人民法院关于适用〈中华人民共和国担保法〉若干问题的解释》第七十一条①规定：‘主债权未受全部清偿的，抵押权人可以就抵押物的全部行使其抵押权。抵押物被分割或者部分转让的，抵押权人可以就分割或者转让后的抵押物行使抵押权。’本案中，抵押物国用（2007）第××××号一块土地已经分割为国用（2012）第××××号、××××号、××××号三块土地，如果异议人抵押权成立或有效，依法不影响其行使抵押权，也就是优先受偿权，可以就分割后的抵押物行使抵押权，行政诉讼的结果从根本上当然也不影响行使抵押权。”

079 债权人拖延行使抵押权，对增加的利息能否主张优先受偿？

裁判要旨②

贷款到期后，债权人迟延行使抵押权，造成债务人违约损失包括利息损失等的扩大部分，其无权要求债务人赔偿。

案情简介

一、2007年7月至2008年3月间，某锦兴支行与玥某公司再次签订五份总计8250万元短期流动资金借款合同。2007年12月7日，某锦兴支行与玥某公司签订128号最高额抵押合同，为上述借款提供担保。抵押物为190005平方米土

---

① 编者按：《民法典担保制度解释》第38条。

② 案件来源：某银行股份有限公司锦州锦兴支行与玥某公司金融借款合同纠纷二审民事判决书［最高人民法院（2013）民二终字第57号］

地使用权及合计41158.272平方米的在建工程。

二、2008年6月29日，玥某公司向某锦兴支行发送了《关于锦州玥某塑业有限公司用抵押物偿还某行贷款本息的意见》，主张愿以原抵押物一次性偿还某行8250万元贷款本金及利息。同年7月2日，某锦兴支行认定该企业信贷资产的风险性极大，控制化解风险已迫在眉睫，故特向市某行提交《关于锦州玥某塑业有限公司8250万元贷款的风险预警报告》。

三、上述借款合同到期后，玥某公司除于2008年7月偿还本金102200元外，其余欠款均未予偿还。2011年2月11日，某锦兴支行诉至辽宁高院，请求判令：1. 玥某公司依照合同约定偿还贷款本金82397797.25元及利息29595725.69元；2. 该行对抵押物行使优先受偿权。辽宁高院一审判决玥某公司向某锦兴支行给付所欠借款本金82397797.25元，不必支付利息，并对抵押物享有优先受偿权。

四、一审判决作出后，玥某公司、某锦兴支行均不服，上诉至最高法院。最高法院改判玥某公司向某锦兴支行给付所欠借款本金82397797.25元及利息，并对抵押物享有优先受偿权。玥某公司向最高法院申请再审，最高法院裁定驳回再审申请。

裁判思路

本案中虽然某锦兴支行看似赢了官司，但实际输了官司。因为不论是辽宁高院还是最高法院均认为某锦兴支行对其未能及时行使抵押权而致违约损失扩大的部分，不能要求赔偿。根据《合同法》第一百一十九条[①]的规定，当事人一方违约后，对方应当采取适当措施防止损失的扩大；没有采取适当措施致使损失扩大的，不得就扩大的损失要求赔偿。本案中，玥某公司在2008年6月底已经表示要求以抵押物抵债，但某锦兴支行直至2011年才起诉要求债务人偿本付息并行使抵押权，存在明显的以拖延行使抵押权的方式意图收取额外逾期利息的情形。故两审法院均认为通常情况下，某锦兴支行对其未能及时行使抵押权而致违约损失扩大的部分，不能要求赔偿。只是鉴于抵押物价值在不断上涨，某锦兴支行迟延行使抵押权在增加玥某公司利息损失的同时也使玥某公司因抵押物增值而受益。故最高法院根据损益相抵规则，通过利益衡量认为，对于8250万元到

① 编者按：《民法典》第591条。

期后的利息，玥某公司仍应承担给付责任。因此，如果不是抵押物价值存在上涨这一客观事实的存在，某锦兴支行二审要求赔偿迟延利息的请求也不会得到法院支持。因此，笔者认为，虽然二审某锦兴支行看似赢了官司，但实际输了官司。

经验总结

1. 债权人在债权到期后积极向债务人主张债权不仅是债权人的权利，在某种意义上而言也是债权人的义务。债权人如果故意采取拖延战术，意图收取额外的逾期利息有违诚实信用原则。同时，根据《民法典》第五百九十一条的规定，对于拖延后的利息损失，债权人有可能并不能从债务人处获得赔偿。

2. 债权人在债权到期后积极行使权利，不仅仅包括积极对债务人主张权利，也包括积极对担保人主张权利。债权人怠于行使担保权利导致债权损失（逾期利息）扩大的，对于扩大的部分也不能从债务人处获得赔偿。本案中，作为债权人的某锦兴支行仗着抵押物行情看涨的趋势，拖延近三年才行使抵押权。如果不是最高法院采用利益衡量的方法，法外开恩，某锦兴支行这个如意算盘最终的结局必然是“赔了夫人又折兵”。

3. 抵押权人在债务人拒不履行债务或者发生抵押权实现的情形时，应当积极要求债权人行使抵押权。这样不仅可以使抵押人尽早地从抵押的负担中解脱出来，提高抵押人的信用度，同时也可以起到遏制债权人通过拖延战术收取额外利息的作用。本案中的抵押人玥某公司就是通过积极要求债权人实现抵押权的方式，实现免除利息损失扩大部分责任的目标。

相关法条

《中华人民共和国民法典》（2021 年 1 月 1 日施行）

第五百九十一条 当事人一方违约后，对方应当采取适当措施防止损失的扩大；没有采取适当措施致使损失扩大的，不得就扩大的损失请求赔偿。

当事人因防止损失扩大而支出的合理费用，由违约方负担。

裁判意见

以下为最高法院在二审判决“本院认为”部分就此问题发表的意见：

关于玥某公司应否承担给付某锦兴支行所欠借款本金 82397797.25 元以及利

息责任的问题。本案中，当事人双方于2007年7月至2008年3月间签订的五份借款合同，是双方当事人真实意思表示，且不违反法律、行政法规的禁止性规定，应认定有效。上述五份借款合同中约定的利率为在中国人民银行公布的同期人民币贷款利率基础上上浮30%。中国人民银行发布的银发（2004）251号《中国人民银行关于调整金融机构存贷款利率的通知》规定：商业银行贷款利率上限放开。因此，商业银行有权自主决定贷款利息的上限。如前所述，锦兴支行向市某行报送的《关于锦州玥某塑业有限公司9000万元建筑墙板项目贷款申请的调查报告》载明的内容表明，即使发放本案所涉国债贴息项目贷款9000万元，锦兴支行也拟按照长期贷款利率五年以上年息上浮30%的标准计收利息，而非按照中国人民银行同期基准利率收取。因此，锦兴支行按照合同约定利率收取合同期内利息符合法律、行政法规的规定和当事人约定，而且，锦兴支行不发放9000万元项目贷款并不构成违约，故玥某公司并非因为不发放项目贷款造成额外的利息损失。原审判决关于该部分利息系属于玥某公司因锦兴支行违约而承担的高息的认定没有事实依据，应予纠正。在本案所涉8250万元贷款到期前，玥某公司于2008年6月29日向锦兴支行递交了《关于玥某公司用抵押物尽快清偿贷款本息的意见》。同年7月2日，锦兴支行向市某行报送的《关于锦州玥某塑业有限公司8250万元贷款的风险预警报告》载明，该行会同市行业务处于6月27日（周五）对企业进行现场调查，周日紧急约见该企业法人代表，该企业将来只能处置抵押物才能偿还全部贷款，控制化解风险已迫在眉睫。在原审庭审中，锦兴支行认可该风险预警报告的真实性。通过风险预警报告载明的内容可以认定，锦兴支行知晓玥某公司只能通过处置抵押物偿还全部贷款的事实，玥某公司以抵押物偿还贷款的意思表示已经到达锦兴支行。《合同法》第一百一十九条①规定："当事人一方违约后，对方应当采取适当措施防止损失的扩大；没有采取适当措施致使损失扩大的，不得就扩大的损失要求赔偿。"本案中，锦兴支行在上述款项到期之前，已经认识到玥某公司到期不能清偿债务本息的风险，根据玥某公司的请求，其可以在债务到期后通过及时行使抵押权避免玥某公司利息损失扩大，但其直到2011年2月才诉请玥某公司清偿债务和实现抵押权，故对于其未能及时行使抵押权而致违约损失扩大的部分，不能要求赔偿。但本案的特殊性在于，作为抵押物的房地产，在借款合同到期之后至今，一直处于升值状态，玥

① 编者按：《民法典》第591条。

某公司的实际损失并未增加。换言之，锦兴支行迟延行使抵押权在增加玥某公司利息损失的同时也使玥某公司因抵押物增值而受益。综上，根据损益相抵规则，本院通过利益衡量认为，对于8250万元到期后的利息，玥某公司仍应承担给付责任。

延伸阅读

1. 行使质押权不存在明显迟延的，不构成减损义务的违反

案例一：某银行股份有限公司长春分行与远某物流股份有限公司合同纠纷一审民事判决书［（2016）吉01民初269号］

长春市中级人民法院认为："关于某长春分行是否存在过错并因此减轻远某物流公司的违约责任问题。远某物流公司主张在监管过程中，其多次向某长春分行发送电子邮件，提示风险，但某长春分行既未采取措施保障质押财产安全，也未采取诉讼和执行措施，对其债权不能清偿存在过错。《中华人民共和国合同法》第一百一十九条①规定：'当事人一方违约后，对方应当采取适当措施防止损失的扩大；没有采取适当措施致使损失扩大的，不得就扩大的损失要求赔偿。'根据已查明的事实，虽然远某物流公司在监管过程中多次向某长春分行提示风险，但截至2014年7月30日质押财产仍处于远某物流公司监管之下，质押财产价值仍高于某长春分行要求的最低控制线，远某物流公司未提供证据证明其明确通知某长春分行其终止监管并要求某长春分行自行保管质押财产，且宝某公司和某田公司的借款尚未到期，两笔借款于2014年9月19日到期后，某长春分行于2014年9月22日即向公证机关申请开具执行证书并进入执行程序，不存在明显迟延。因此，不能认定某长春分行未采取适当措施防止损失的扩大，从而减轻远某物流公司的违约责任。"

2. 典当行在"绝当"后迟延处理当物清偿债务的，无权向债务人主张逾期利息

案例二：鑫某典当有限责任公司与玉溪市基某工程公司典当纠纷一审民事判决书［（2014）玉中民二初字第102号］

玉溪市中级人民法院认为："《中华人民共和国合同法》第一百一十九条②规

①② 编者按：《民法典》第591条。

定，‘当事人一方违约后，对方应当采取适当措施防止损失的扩大，没有采取适当措施致使损失扩大的，不得就扩大的损失要求赔偿。’《典当管理办法》第四十三条第（一）项规定，典当行‘可以按照《中华人民共和国担保法》的有关规定处理，也可以双方事先约定绝当后由典当行委托拍卖行公开拍卖。拍卖收入在扣除拍卖费用及当金本息后，剩余部分应当退还当户，不足部分向当户追索。’从上述规定可看出，绝当后处置当物既是典当行的权利也是其义务，故典当行应当及时处置当物，而本案原告鑫某典当公司在绝当后长达四年的时间未处置当物，致使损失扩大，因此其不得就扩大的损失要求赔偿，对其损失本院酌情按中国人民银行同期贷款利率支持其从绝当期满后的资金占用损失。”

080 受让部分主债权时，债权受让人能否对全部抵押物行使抵押权？

裁判要旨[①]

抵押权为担保物权，具有不可分性。主债务被分割或者部分转移，债务人自己提供物的担保，债权人请求以该担保财产担保全部债务履行的，人民法院应予支持。

案情简介

一、1996 年至 2001 年间，亚某贸易广场公司与某行省直支行签订十二份借款合同，借款未偿还本金累计为 28598 万元。亚某贸易广场公司以三份最高额抵押合同作为担保，抵押物为五处房产，共取得五个他项权利证书。

二、上述贷款到期后，亚某贸易广场公司未履行还款义务。2003 年 4 月 16 日和 2004 年 4 月 6 日，某行省直支行两次向亚某贸易广场公司发出催收。

三、2004 年 6 月 28 日，某行省直支行与某公司武汉办事处签订债权转让协议，将其中 9 笔借款合同项下 19158 万元主债权及利息转让给某公司武汉办事处并登报公告催收。2004 年 11 月 29 日，某公司武汉办事处又将上述债权转让给东

① 案件来源：武汉市亚某贸易广场股份有限公司与某资产管理公司武汉办事处借款担保合同纠纷上诉案［最高人民法院（2006）民二终字第 31 号］

某公司武汉办事处并登报公告催收。2005 年 5 月，东某公司武汉办事处催收，亚某贸易广场公司保证归还全部债务。

四、2005 年 8 月 19 日，东某公司武汉办事处向湖北高院提起诉讼，请求判令亚某贸易广场公司偿付 19158 万元借款本金及利息；并对全部抵押物享有优先受偿权。湖北高院一审判决亚某贸易广场公司还本付息，东某公司武汉办事处对全部抵押物享有优先受偿权。

五、亚某贸易广场公司不服，以东某公司武汉办事处仅受让部分债权，无权对全部抵押物行使抵押权为由上诉至最高法院。最高法院二审判决驳回上诉，维持原判。

裁判思路

本案中亚某贸易广场公司败诉的原因在于抵押权作为担保物权，具有不可分性。抵押权的不可分性体现在两个方面：一方面抵押物被分割时，抵押权人可就分割后的抵押物行使抵押权；另一方面抵押权债权被分割或者部分转让时，在各部分债权未获全部清偿前，各债权人可以其享有的部分债权对全部抵押物行使抵押权。本案中，某行省直支行对亚某贸易广场公司共享有 12 笔有最高额抵押担保的债权，而某行省直支行仅将其中的 9 笔转让给了某公司武汉办事处，某公司武汉办事处又将其再次转让给了东某公司武汉办事处。其余 3 笔转让给了案外人。故东某公司武汉办事处仅取得了部分债权。此时，亚某贸易广场公司在上诉时通过两个方面意欲论证东某公司武汉办事处不能对全部抵押物行使抵押权：（1）债权虽转让，但抵押权未转移登记；（2）抵押物在两个新的债权受让人之间未进行分割。对于第一个问题，最高法院从担保物权的从属性出发，直接认定抵押权随债权转让的，无需办理转移登记手续；对于第二个问题，最高法院认为，抵押权的不可分性，在抵押权所担保的债权未受全部清偿前，抵押权人有权就抵押物的全部行使权利。就抵押物与被担保的债权的关系而言，就是抵押物的全部担保债权的各个部分。因此，最高法院认定受让部分债权的东某公司武汉办事处对全部抵押物享有优先受偿权。

经验总结

1. 抵押权具有不可分性。具体是指在抵押权所担保的债权未受全部清偿前，抵押权人有权就抵押物的全部行使权利。就抵押物与被担保的债权的关系而言，就是抵押物的全部担保债权的各个部分。因此，抵押物的不可分性决定了抵押权不会因为所担保的债权因清偿、转让、分割等原因“打折”时而对应地“打折”。相反，只要主债权未清偿完毕，则不论主债权辗转于何人之手或被多少人所分别享有或已部分清偿，债权人都可以对全部抵押物行使抵押权。简言之，只要是债权人，在其债权未获清偿前就可以对抵押人主张行使抵押权，而不论债权人取得债权的先后、多少。

2. 债权人在转让债权时，应注意抵押权的从属性和不可分性。抵押权的从属性决定了抵押权必须随主债权转让而转让，债权转让人不能仅转让债权而自己保留抵押权或将抵押权与债权分别转让给不同的主体。抵押权的不可分性决定了债权人在分别转让债权时不能在不同的债权受让人之间按比例分割抵押权或让部分债权受让人取得有抵押权担保的债权而另一部分债权受让人取得无担保的债权。以上个性化的债权转让设计方式不能发生预期的法律效果。这一点十分重要。如果债权人在转让债权时不明白这一点，则可能对转让债权的定价作出错误的判断，低估部分债权的转让价格；如果债权受让人不明白这一点，则可能在受让债权时高估债权受让的价格。

3. 抵押权的不可分性和从属性对于债权人而言十分有利，对于抵押人而言则负担十分沉重。因此，在第三人提供抵押担保的情况下，抵押人可与债权人约定，在债权人转让债权时，不再继续承担担保责任。如此，抵押人可仅对特定的债权人承担担保责任，而不必担心因债权转让特别是分割转让时导致四面受敌的尴尬局面。

相关法条

《中华人民共和国民法典》（2021 年 1 月 1 日施行）

第四百零七条 抵押权不得与债权分离而单独转让或者作为其他债权的担保。债权转让的，担保该债权的抵押权一并转让，但是法律另有规定或者当事人另有约定的除外。

《最高人民法院关于适用〈中华人民共和国民法典〉有关担保制度的解释》（法释〔2020〕28 号 2021 年 1 月 1 日施行）

第三十九条 主债权被分割或者部分转让，各债权人主张就其享有的债权份额行使担保物权的，人民法院应予支持，但是法律另有规定或者当事人另有约定的除外。

主债务被分割或者部分转移，债务人自己提供物的担保，债权人请求以该担保财产担保全部债务履行的，人民法院应予支持；第三人提供物的担保，主张对未经其书面同意转移的债务不再承担担保责任的，人民法院应予支持。

裁判意见

以下为最高法院在二审判决“本院认为”部分就此问题发表的意见：

抵押权的不可分性，是指在抵押权所担保的债权未受全部清偿前，抵押权人有权就抵押物的全部行使权利。就抵押物与被担保的债权的关系而言，就是抵押物的全部担保债权的各个部分。依据《最高人民法院关于适用（中华人民共和国担保法）若干问题的解释》第七十二条[①]第一款关于“主债权被分割或者部分转让的，各债权人可以就其享有的债权份额行使抵押权”、第七十一条[②]第一款关于“主债权未受全部清偿的，抵押权人可以就抵押物的全部行使其抵押权”的规定，东某公司武汉办事处可以就其享有的债权份额对本案所涉抵押物的全部行使抵押权。1999 年 4 月 19 日签订的最高额抵押合同约定，亚某贸易广场公司设定抵押的实际信贷金额应包括本合同生效之日前已发生的信贷余额本息及合同生效之日起至本合同规定的亚某贸易广场公司提供抵押期限届满之日止新发生的信贷金额本息。亚某贸易广场公司关于 1999 年 4 月 19 日签订的最高额抵押合同所担保的主债权只有一笔的上诉主张，没有事实依据，本院不予支持；关于东某公司武汉办事处对 1999 年 4 月 19 日签订的最高额抵押合同项下的抵押物即武房昌他字第 99000 × ×号房屋他项权证项下的房产不存在按债权份额享有优先受偿权问题的上诉主张，没有法律依据，本院亦不予支持。原审法院判决东某公司武汉办事处对武房昌他字第 99000 × ×号房屋他项权证项下的房产在其享有的债权份额内享有优先受偿权并无不当，本院予以维持。

武房昌他字第 98000 × ×号、第 200100 × × ×号、第 200100 × × ×号、第 200100 × × ×号等四份他项权证项下的房产既是本案所涉九笔借款的抵押物，又是湖北省高级人民法院（2005）鄂民二初字第 38 号案所涉三笔借款的抵押物。某行省直支行在将前述十二笔借款所产生的债权分别转让给某公司武汉办事处和湖某省财政厅时，并未对抵押物进行分割，故抵押物所担保的仍然是前述十二笔

---

① 编者按：《民法典担保制度解释》第 39 条。

② 编者按：《民法典担保制度解释》第 38 条。

借款。亚某贸易广场公司关于武房昌他字第98000××号、第200100×××号、第200100×××号、第200100×××号等四份他项权证项下的抵押物中用于为湖北省财政厅的主债权担保的部分不属于抵押物的上诉主张，没有事实和法律依据，本院不予支持。原审法院判决东某公司武汉办事处对武房昌他字第98000××号、第200100×××号、第200100×××号、第200100×××号等四份房屋他项权证项下的房产在其享有的债权份额内享有优先受偿权并无不当，本院予以维持。

延伸阅读

部分债权的受让人可对全部抵押物行使抵押权的判例

案例一：烟台丛某置业有限公司与烟台益某灯芯绒有限公司企业借贷纠纷一审民事判决书［（2016）鲁06民初11号］

烟台市中级人民法院认为："关于本案的抵押权，本院认为，因本案的债权转让行为合法有效，依据《中华人民共和国物权法》第一百九十二条①'抵押权不得与债权分离而单独转让或者作为其他债权的担保。债权转让的，担保该债权的抵押权一并转让，但法律另有规定或者当事人另有约定的除外'之规定，本案某行西大街支行将所涉债权转让给原告时，其抵押权一并同时转让，原告对被告提供的抵押物，享有抵押权。鉴于抵押权的不可分性，在抵押权所担保的债权未全部受偿前，抵押权人有权就抵押物全部行使权利。由于本案某行西大街支行转让的债权仅是担保债权中的部分债权，依据《最高人民法院关于适用〈中华人民共和国担保法〉若干问题的解释》第七十二条②第一款关于'主债权被分割或者部分转让的，各债权人可以就其享有的债权份额行使抵押权'、第七十一条③第一款关于'主债权未受全部清偿的，抵押权人可以就抵押物的全部行使其抵押权'的规定，原告可以就其享有的债权份额对本案所涉抵押物的全部行使抵押权。"

---

① 编者按：《民法典》第407条。
② 编者按：《民法典担保制度解释》第39条。
③ 编者按：《民法典担保制度解释》第38条。

案例二：仙游县叶某古典家具有限公司与薛某发、连某凡、林某波、陈某萍金融借款合同纠纷一审民事判决书［（2014）莆民初字第448号］

莆田市中级人民法院认为：《合同法》第八十一条[①]规定，债权人转让权利的，受让人取得与债权有关的从权利。《物权法》第一百九十二条[②]规定，抵押权不得与债权分离而单独转让或者作为其他债权的担保，担保该债权的抵押权一并转让。《最高人民法院关于适用〈中华人民共和国担保法〉若干问题的解释》第七十二条[③]规定，主债权被分割或部分转让的，各债权人可能就其享有的债权份额行使抵押权。因而抵押权不能独立于债权，应当与主债权一并转让。被告林某波、陈某萍辩解的抵押担保只限对特定债权人履行的主张不能成立。原告在受让第三人某银行仙游支行的债权后，依担保合同及借款合同约定的送达地址通过EMS邮寄给各被告，并在法制今报上进行公告，通知程序并无不当，故被告林某波、陈某萍的辩解理由不能成立。

案例三：董某国与盐城凯某来实业发展有限公司保证合同纠纷一审民事判决书［（2013）亭商初字第1124号］

盐城市亭湖区人民法院认为：关于原告主张对被告向原借款人张某广抵押的房产享有优先受偿权问题。《最高人民法院关于适用〈中华人民共和国担保法〉若干问题的解释》第七十二条[④]规定：主债权被分割或者部分转让的，各债权人可以就其享有的债权份额行使抵押权。本案中，原告履行担保责任后，原债权人张某广已将借条上200万元的债权转让给原告，并实际交付了借条，故原告已取得原借款人张某广对被告的债权，根据上述司法解释的规定及原告主张的担保债权的比例，原告可以在200万元限额内对抵押财产变卖、拍卖的价款享有优先受偿权。

---

① 编者按：《民法典》第547条。

② 编者按：《民法典》第407条。

③④ 编者按：《民法典担保制度解释》第39条。

第七节 抵押担保的债权债务转让

081 债权转让后，不动产抵押权未作变更登记的，债权受让人是否享有抵押权？

裁判要旨[①]

《物权法》第一百九十二条[②]规定了抵押权处分的从属性，抵押权作为从权利应随债权转让而转让。债权受让人取得的抵押权系基于法律的明确规定，并非基于新的抵押合同重新设定抵押权，故不因受让人未及时办理抵押权变更登记手续而消灭。

案情简介

一、2012 年 9 月 20 日，某银行怀化分行与绿某源签订《流动资金借款合同》，绿某源向某银行怀化分行借款 2000 万元。双方还签订了《最高额抵押合同》，绿某源用其名下的厂房、土地使用权和全部设备作为抵押，并办理了抵押登记。贷款到期后，绿某源仅归还某银行怀化分行贷款本金 100 万元。

二、某银行怀化分行在告知绿某源拟将所拥有的债权转让给城建某公司后，城建某公司与某银行怀化分行于 2013 年 11 月 21 日签订了《债权转让协议》，某银行怀化分行将其对绿某源的前述贷款债权和抵押权转让给城建某公司，城建某公司没有重新办理抵押权登记。2013 年 12 月 4 日，城建某公司向绿某源送达了《清偿到期债务通知书》，但绿某源并没有在限定的期限内清偿债务。

三、城建某公司向怀化中院起诉，请求判决：1. 绿某源还本付息；2. 城建某公司对绿某源提供的抵押物享有优先受偿权。怀化中院一审判决支持城建某公司的诉讼请求。绿某源不服，上诉至湖南高院，湖南高院二审判决驳回上诉，维持原判。

---

① 案件来源：绿某源糖业有限公司、丁某耀等借款合同纠纷申请再审民事裁定书［最高人民法院（2015）民申字第 2040 号］

② 编者按：《民法典》第 407 条。

四、绿某源仍不服，向最高法院申请再审，最高法院裁定驳回再审申请。

裁判思路

本案中，绿某源败诉的原因在于，其认为城建某公司虽然通过债权转让协议取得了案涉债权，但未当然取得担保债权的抵押权。理由是，案涉的抵押权在债权转让后未办理抵押权变更登记，城建某公司依法不享有抵押权。但最高法院认为，根据抵押权处分上的从属性，抵押权作为从权利应随债权转让而转让。债权受让人取得的抵押权系基于法律的明确规定，并非基于新的抵押合同重新设定抵押权，故不因受让人未及时办理抵押权变更登记手续而消灭。因此，最高法院最终认定，城建某公司对抵押物继续享有抵押权。绿某源公司因此败诉。

经验总结

1. 担保人对于担保的从属性应有清醒准确的认识。担保的从属性体现在担保成立、效力、存续、转让、消灭五个方面。其中存续上从属性是指债权存续的，担保存续（经过保证期间的保证例外）；转让上的从属性是指债权转让的，担保随之转让。需特别注意的是，担保效力上从属性是法律的强制性规定，一般当事人不得创设效力独立于债权之外担保（独立担保）。最高法院在2016年11月颁布了《最高人民法院关于审理独立保函纠纷案件若干问题的规定》，对于独立保函开立的主体作了严格限定，仅限于“银行或非银行金融机构”，即其他主体不得设立效力独立于主债权之外的担保，《民法典担保制度解释》的新规与这一规定相符。

2. 担保之所以具有从属性，不仅是基于法律的直接规定，更是由担保的内在性质所决定。担保存在的唯一意义就是为债权的实现提供保障，其设立的目的在于增强债权的效力，辅助债权的实现。可以说，担保是因债权而生，因债权而灭。因此，债权转让时，包括抵押权在内的债的担保一并转让，不仅是基于法律的直接规定而产生，更是基于担保的内在性质，是《民法典》第四百零七条中规定的“法律另有规定”的情形之一。故债权受让人即使未办理抵押权变更登记，也因为债权的受让当然继受取得抵押权。

3. 债权人在受让债权后虽然当然取得担保债权的不动产抵押权，未办理变更登记不影响抵押权的取得。但需特别注意的是，此时不动产登记簿上记载的抵押权人与实际抵押权人不一致，出现了登记错误。为了防止原抵押权人单独申请注销抵押权，导致担保受让债权的抵押权丧失，债权受让人还是应当积极要求原抵押权人及时办理抵押权变更登记手续，以防不测（详见案例五中的“悲剧”）。在原抵押权人拒绝办理变更登记时，应及时向不动产登记机关申请异议登记或者直接申请更正登记。

4. 抵押人在接到债权转让通知后，不要抱存未经变更登记即可不再承担担保责任的侥幸心理。根据担保物权的从属性，债权人转让债权既不需要抵押人同意，也不需要通知抵押人，抵押人不得以未接到通知、未经本人同意、未办理抵押权变更登记为由，主张不再承担担保责任。当然，抵押人可以在抵押合同中约定，债权人转让债权的，抵押人不再承担担保责任。

相关法条

《中华人民共和国民法典》（2021 年 1 月 1 日施行）

第二百零八条 不动产物权的设立、变更、转让和消灭，应当依照法律规定登记。动产物权的设立和转让，应当依照法律规定交付。

第三百八十八条 设立担保物权，应当依照本法和其他法律的规定订立担保合同。担保合同包括抵押合同、质押合同和其他具有担保功能的合同。担保合同是主债权债务合同的从合同。主债权债务合同无效的，担保合同无效，但是法律另有规定的除外。

担保合同被确认无效后，债务人、担保人、债权人有过错的，应当根据其过错各自承担相应的民事责任。

第三百九十一条 第三人提供担保，未经其书面同意，债权人允许债务人转移全部或者部分债务的，担保人不再承担相应的担保责任。

第四百零七条 抵押权不得与债权分离而单独转让或者作为其他债权的担保。债权转让的，担保该债权的抵押权一并转让，但是法律另有规定或者当事人另有约定的除外。

《最高人民法院关于适用〈中华人民共和国民法典〉有关担保制度的解释》（法释〔2020〕28 号 2021 年 1 月 1 日施行）

第二条 当事人在担保合同中约定担保合同的效力独立于主合同，或者约定担保人对主合同无效的法律后果承担担保责任，该有关担保独立性的约定无效。主合同有效的，有关担保独立性的约定无效不影响担保合同的效力；主合同无效的，人民法院应当认定担保合同无效，但是法律另有规定的除外。

因金融机构开立的独立保函发生的纠纷，适用《最高人民法院关于审理独立保函纠纷案件若干问题的规定》。

《最高人民法院关于审理独立保函纠纷案件若干问题的规定》（法释〔2020〕18号 2020年修正）

第一条 本规定所称的独立保函，是指银行或非银行金融机构作为开立人，以书面形式向受益人出具的，同意在受益人请求付款并提交符合保函要求的单据时，向其支付特定款项或在保函最高金额内付款的承诺。

前款所称的单据，是指独立保函载明的受益人应提交的付款请求书、违约声明、第三方签发的文件、法院判决、仲裁裁决、汇票、发票等表明发生付款到期事件的书面文件。

独立保函可以依保函申请人的申请而开立，也可以依另一金融机构的指示而开立。开立人依指示开立独立保函的，可以要求指示人向其开立用以保障追偿权的独立保函。

《中华人民共和国担保法》（2021年1月1日失效）

第二十二条 保证期间，债权人依法将主债权转让给第三人的，保证人在原保证担保的范围内继续承担保证责任。保证合同另有约定的，按照约定。

裁判意见

以下为最高法院在“本院认为”部分就此问题发表的意见：

城建某公司对案涉抵押物是否享有抵押权。

《物权法》第一百九十二条[①]规定：“抵押权不得与债权分离而单独转让或者作为其他债权的担保。债权转让的，担保该债权的抵押权一并转让，但法律另有规定或者当事人另有约定的除外。”本条系关于抵押权处分从属性的规定，抵押权作为从权利应随债权转让而转让。债权受让人取得的抵押权系基于法律的明确规定，并非基于新的抵押合同重新设定抵押权，故不因受让人未及时办理抵押权变更登记手续而消灭。本案中城建某公司受让某银行怀化分行对绿某源公司享有的债权，依据法律规定有权受让与案涉债权相关的抵押权，一、二审法院据此判定抵押权继续有效，并无不当。

---

① 编者按：《民法典》第407条。

延伸阅读

案例一：浙江金某科技园开发有限公司与浙江省某展资产经营有限公司、金华市某电设备有限公司债权转让合同纠纷申请再审民事裁定书［（2014）民申字第1725号］

最高法院认为："关于金融机构不良资产转让是否必须变更不动产抵押登记，受让人方能取得不动产抵押权的问题。本案所涉的不动产抵押办理了抵押登记，抵押权已依法成立，根据《最高人民法院关于审理涉及金融资产管理公司收购、管理、处置国有银行不良贷款形成的资产的案件适用法律若干问题的规定》（以下简称《规定》）第九条'金融资产管理公司受让有抵押担保的债权后，可以依法取得对债权的抵押权，原抵押权登记继续有效'的规定，资产经营公司受让有抵押担保的债权后，即依法取得抵押权。《规定》对抵押权转移的规定，与《中华人民共和国物权法》第一百九十二条①'债权转让的，担保该债权的抵押权一并转让，但法律另有规定或者当事人另有约定的除外'的规定是一致的。二审判决适用法律并无不当，科技园公司关于资产经营公司因未办理抵押变更登记而不能取得抵押权的申请再审理由，本院不予支持。"

案例二：贵州省德某县人民政府、贵州省德某县房地产交易中心与贵州盈某资产管理有限公司房屋登记行政注销案行政判决书［（2015）黔高行终字第59号］

贵州省高级人民法院认为："关于盈某公司是否具有原告资格。本案中，长某公司贵阳办事处于2005年7月20日与某银行贵州省分行签订了《债权转让协议》，约定于同日将银某实业公司欠云岩支行的十三笔贷款本金余额人民币2320万元债权和所欠利息转让给长某公司贵阳办事处。德某县人民政府于2006年12月29日作出德府发（2006）××号文件《德某县人民政府关于对贵州银某鹰实业有限公司陶丽的德江县彩印厂房屋所有权注销的决定》，决定将贵州银某鹰超临界萃取德某县有限公司抵押给某银行贵阳市云岩区支行的房屋他项权利证予以注销。2011年12月31日，长某公司贵阳办事处与盈某公司签订了《债权转让协议》，又把上述债权本息及相应的抵押权利依法转让给了盈某公司。依据《中华人民共和国物权法》第一百九十二条②'抵押权不得与债权分离而单独转让或者

①② 编者按：《民法典》第407条。

作为其他债权的担保。债权转让的，担保该债权的抵押权一并转让，但法律另有规定或者当事人另有约定的除外'之规定，盈某公司转让取得债权之时，亦取得相应的抵押权。因此，盈某公司作为抵押权人，与被诉抵押权注销行为具有直接的利害关系，其有权依据《中华人民共和国行政诉讼法》第二条'公民、法人或者其他组织认为行政机关和行政机关工作人员的行政行为侵犯其合法权益，有权依照本法向人民法院提起诉讼'之规定提起行政诉讼。上诉人所提'债权转让发生在注销行为之后，债权转移并不必然带来行政诉讼原告资格转移'之上诉理由，因本案所涉情形并非《中华人民共和国行政诉讼法》第二十五条'有权提起诉讼的公民死亡，其近亲属可以提起诉讼。有权提起诉讼的法人或者其他组织终止，承受其权利的法人或者其他组织可以提起诉讼'所规定的当事人资格转移，同时债权转让时间并不影响诉讼主体资格认定，故该理由本院不予采纳。"

案例三：四川某展资产管理有限公司与波某集团有限公司、四川绵阳波某机电有限公司、长春威某汀汽车零部件制造有限公司、长春川某房地产开发有限公司、四川波某实业有限公司、四川绵阳好某汽车零部件制造有限公司、董某、熊某借款合同纠纷一审民事判决书［（2016）川民初 19 号］

四川省高级人民法院认为："根据《中华人民共和国物权法》第一百九十二条①'抵押权不得与债权分离而单独转让或者作为其他债权的担保。债权转让的，担保该债权的抵押权一并转让，但法律另有规定或者当事人另有约定的除外'、《中华人民共和国合同法》第八十一条②'债权人转让权利的，受让人取得与债权有关的从权利，但该从权利专属于债权人自身的除外'之规定，抵押权作为从权利应随债权转让而转让，债权受让人取得的抵押权系基于法律的明确规定，并非基于新的抵押合同重新设定抵押权，故不因债权受让人未及时办理抵押权转移登记手续而消灭。截至目前，抵押权人仍登记为金某信托，原告四川某展资产公司作为债权受让人未办理抵押权的转移登记，不影响其对案涉三份《抵押合同》所载抵押物享有优先受偿权。根据《抵押合同》约定，抵押担保范围为主合同项下的主债权、利息、罚息、复利、违约金等费用。因此，四川某展资产公司有权对波某机电、威某汀汽车、川某房地产提供的抵押物行使优先受偿权，波某机电、威某汀汽车、川某房地产承担责任的范围为本金 16000 万元 + 期内利

① 编者按：《民法典》第 407 条。

② 编者按：《民法典》第 547 条。

息 6417111.11 元 + 按约定应承担的罚息和复利。波某机电、威某汀汽车、川某房地产承担担保责任后，有权向波某集团追偿。”

案例四：原告南某市区农村信用合作联社与被告广西丰某糖业集团有限公司、安徽恒某文化置业有限公司、芜湖首某房地产开发有限公司金融借款合同纠纷一案民事判决书［（2014）桂民二初字第 2 号］

广西壮族自治区高级人民法院认为：“2013 年 8 月 21 日，渤某国际信托与南某信用社、广西丰某公司、安徽恒某公司、芜湖首某公司签订《信贷资产转让协议》，将渤某国际信托拥有的《信托贷款合同》项下的《抵押合同》的抵押权转让给南某信用社。根据《中华人民共和国物权法》第一百九十二条①‘抵押权不得与债权分离而单独转让或者作为其他债权的担保。债权转让的，担保该债权的抵押权一并转让，但法律另有规定或者当事人另有约定的除外’的规定，南某信用社享有本案抵押权。安徽恒某公司、芜湖首某公司应当向南某信用社承担抵押责任，即南某信用社在本案本息范围内对用于抵押的安徽恒某公司芜国用（2010）第×××号、芜国用（2010）第×××号项下的土地使用权和芜湖首某公司芜国用（2006）第 0607010××××号项下的土地使用权在拍卖、变卖或其他处理方式所得款享有优先受偿权。南某信用社在受让本案信托债权时未变更抵押登记不影响其行使抵押权。并且在债权转让时，渤某国际信托与南某信用社、广西丰某公司、安徽恒某公司、芜湖首某公司签订《信贷资产转让协议》，安徽恒某公司、芜湖首某公司已经知道债权转移的事实，本案抵押权转让对安徽恒某公司和芜湖首某公司都已产生效力，应当承担抵押担保责任。安徽恒某公司关于因本案抵押权转让未办理变更登记其不承担抵押责任的主张没有事实和法律依据，本院不予支持。”

案例五：张某琳与某县农村信用合作联社、某县住房和城乡建设局侵犯抵押权赔偿责任纠纷民事申请再审裁定书［（2015）豫法立二民申字第 00323 号］

河南省高级人民法院认为：“某物资公司因向某银行三门峡支行营业部申请贷款 80 万元，将其所有的陕房证字第××××号产权证下房产抵押给了某银行三门峡支行营业部，双方于 1997 年 8 月 29 日办理了陕新他字第××号房屋他项权证。2005 年 9 月 21 日，张某琳与上海江某信息科技有限公司签订债权转让协议，取得了上述 80 万元贷款本息的债权，双方虽未就抵押权的转移签订抵押转

---

① 编者按：《民法典》第 407 条。

让合同，但根据《物权法》第一百九十二条[①]：‘债权转让的，担保该债权的抵押权一并转让’的规定，若主债权转让，作为从属债权的抵押权也随之转移。在《担保法》及最高人民法院《关于适用〈中华人民共和国担保法〉若干问题的解释》以及《物权法》[②] 中，均没有受让后的债权人必须重新办理抵押登记手续或抵押权人变更手续后才有权享有和行使抵押权的规定，而建设部发布的《城市房地产抵押管理办法》适用范围为在城市规划区国有土地范围内从事房地产抵押活动，二审判决依据《城市房地产抵押管理办法》第三十七条：‘抵押权可以随债权转让。抵押权转让时，应当签订抵押权转让合同，并办理抵押权变更登记’的规定，认定张某琳没有证据证明其取得了某物资公司房屋抵押权利，适用法律有所不妥。在信用社诉某物资公司另一借款合同纠纷案件中，信用社所诉借款并未办理抵押登记，但其依据一审法院生效的（1997）陕经二初字第 50 号经济调解书及（1997）陕法执字第 5 号民事裁定书取得了涉案房产，住建局依据一审法院作出的（1997）陕法执协字第 5 号协助执行通知书，对涉案房产办理了产权转移手续，履行的是行政机关法定的司法协助义务，张某琳没有证据证明信用社在取得涉案房产、住建局在办理涉案房产的转移手续中存在过错，故其要求信用社、住建局承担侵权赔偿责任的诉求缺乏事实和法律依据，一、二审判决适用法律虽有不当，但实体处理正确。”

082 债务人因重组发生债务转移的，抵押权人能否主张免责？

裁判要旨[③]

在企业重组过程中，债务的责任承担主体发生了变化，构成债务转让。债务人的偿债能力发生了变化，严重影响抵押人作出担保责任时的判断。故担保人可主张免责。

---

① 编者按：《民法典》第 407 条。

② 编者按：已失效，被《民法典》吸收。

③ 案件来源：通化市某房屋开发有限公司与某银行股份有限公司通化分行、通化市金某药业有限公司、吉林通化东某药业股份有限公司与王某借款合同纠纷审判监督民事判决书［最高人民法院（2015）民提字第 28 号］

案情简介

一、2003 年 7 月 16 日，东某药业在某银行处贷款 900 万元，山某公司以和平路×××号综合楼为东某药业提供抵押担保，现 900 万元贷款没有偿还。

二、2005 年 5 月 18 日，东某药业召开股东会并形成决议，即同意东某药业与金某药业合并重组。2006 年 3 月 15 日，金某药业召开股东大会并形成决议，即同意东某药业与金某药业两公司合并重组，合并后成立通化金某药业有限公司。双方债务由合并后通化金某药业有限公司承继。以上合并方案未经抵押权人山某公司同意。

三、自 2005 年 8 月到 2007 年 8 月，金某药业偿还了东某药业欠某银行的 900 万元贷款的利息，后期未还。截至 2009 年 3 月 31 日，尚欠利息 1335916.83 元。

四、2008 年 2 月 22 日，某银行向通化中院起诉，请求判令东某药业及山某公司立即偿还所欠贷款 900 万元整及利息 1335916.83 元。一审诉讼中某银行请求追加金某药业为被告。通化中院 2009 年 8 月一审判决东某药业与金某药业还本付息，某银行对抵押物享有优先受偿权。

五、山某公司不服，向检察机关申诉，吉林省检察院于 2011 年 11 月向吉林高院提出抗诉，吉林高院于 2012 年 5 月裁定指令通化中院再审。通化中院再审一审判决维持 2009 年 8 月所作判决。山某公司不服，上诉至吉林高院，吉林高院二审判决驳回上诉，维持原判。

六、山某公司仍不服，向最高法院申请再审，最高法院再审改判支持了山某公司再审申请。山某公司得以免除担保责任。

裁判思路

本案对于山某公司而言，绝对是一件起死回生的案件。本案中某银行败诉的原因在于，案涉 900 万元债务在因企业重组合并发生转移时，未征得抵押人同意。“第三人提供抵押的，债权人许可债务人转让债务未经抵押人书面同意的，抵押人对未经其同意转让的债务，不再承担担保责任。”本条的立法目的是保护抵押人利益不因债务转移而受损，因为债务人转让债务可能出现新的债务人偿债能力低于原债务人的情形。故债务人转让债务时需征得抵押人同意，由抵押人决定是否同意债务人继续转让债务。

但本案中发生的债务转移与一般意义上的债务转移略有不同，是发生在企业合并重组过程中的债务转移。在通常情形下，企业合并后偿债能力往往会有所提升，一般不会害及抵押人利益。故本案的二审吉林高院认为："本案系因债务人发生合并重组情况而发生的债务承继，并未因此而损害债权人权利或增加债务人负担，不同于一般意义上的债务转移，不需抵押担保人书面同意。"

但最高法院在再审中注意到了合并可能存在的例外情形。即合并不增加债务人负担只是通常情形，但两家均为负资产的企业合并时，则可能增加债务人负担，从而害及抵押人利益。故最高法院在再审中审慎认为，在企业重组过程中，债务的责任承担主体发生了变化，构成债务转让。债务人的偿债能力发生了变化，可能害及担保人利益，从而需要取得抵押人同意。故山某公司得以免责，某银行最终败诉。

经验总结

1. 有担保的债务的债务人转让债务时，不仅需要征得债权人同意，还需要征得担保人同意。根据《民法典》第三百九十二条规定，未经抵押人同意，债务人转让债务的，保证人、抵押人可不再继续承担担保责任。因此，债权人在同意债务人转让债务时，需特别注意，务必征得担保人同意，防止债权"脱保"。建议债权人在未征得担保人同意之前，审慎同意债务人转让债务的请求。征得担保人同意债务转让的方式，最好以书面形式为之，以保存相关证据。

2. 债务人因企业合并、分立过程中发生的债权债务转移虽然具有一定的特殊性，但仍属于债权债务转移的形式之一。应当按照《民法典》第三百九十二条、《民法典担保制度解释》第三十九条的规定征得担保人同意。因为债务人在企业合并时并不会当然增加债务人偿债能力；在企业分立时，即使分立企业之间彼此承担连带责任，也不当然地不会降低分立企业的偿债能力。

3. 担保人在面对债务人转移债务时，应审慎选择是否同意债务人继续转移债务。如果通过完整的尽职调查证明债务的受让人偿债能力高于原债务人的，可同意债务人转移债务。如果不能确定债务受让人偿债能力高低的，建议不同意债务人转让债务。如果确需同意的，可要求债务人提供反担保，以确保自身利益。

相关法条

《中华人民共和国民法典》（2021年1月1日施行）

第三百九十二条 被担保的债权既有物的担保又有人的担保的，债务人不履行到期债务或者发生当事人约定的实现担保物权的情形，债权人应当按照约定实现债权；没有约定或者约定不明确，债务人自己提供物的担保的，债权人应当先就该物的担保实现债权；第三人提供物的担保的，债权人可以就物的担保实现债权，也可以请求保证人承担保证责任。提供担保的第三人承担担保责任后，有权向债务人追偿。

《最高人民法院关于适用〈中华人民共和国民法典〉有关担保制度的解释》（法释〔2020〕28号 2021年1月1日施行）

第三十九条 主债权被分割或者部分转让，各债权人主张就其享有的债权份额行使担保物权的，人民法院应予支持，但是法律另有规定或者当事人另有约定的除外。

主债务被分割或者部分转移，债务人自己提供物的担保，债权人请求以该担保财产担保全部债务履行的，人民法院应予支持；第三人提供物的担保，主张对未经其书面同意转移的债务不再承担担保责任的，人民法院应予支持。

裁判意见

以下为最高法院在再审期间“本院认为”部分就此问题发表的意见：

担保人是基于对于债务人偿债能力的信任才做出担保，因此，《最高人民法院关于适用〈中华人民共和国担保法〉若干问题的解释》第七十二条①规定，第三人提供抵押的，债权人许可债务人转让债务未经抵押人书面同意的，抵押人对未经其同意转让的债务，不再承担担保责任。本案中债务人东某药业发生了企业重组。依据一审查明的事实，2005年8月2日，威某药业与金某药业法人代表王某签订企业产权转让合同，其中约定欠某银行的900万元贷款及利息由王某负责偿还。不论最终该笔债务是由王某负责偿还，还是金某药业负责偿还，在企业重组过程中，涉案债务的责任承担主体发生了变化，构成债务转让。债务人的偿债能力发生了变化，这严重影响山某公司作出担保责任时的判断。而从2006年6

① 编者按：《民法典担保制度解释》第39条。

月5日，某信用社向通化市中某资产评估有限责任公司作出的《关于同意东某药业向金某药业投资函》的内容看，某银行作为债权人对于所发生的债务转让是知情并同意的，依据《最高人民法院关于适用〈中华人民共和国担保法〉若干问题的解释》第七十二条[①]的规定，涉案债务的转让并未取得抵押人的书面同意，抵押人应不再承担担保责任。现某银行与金某药业均未提供证据证明山某公司书面同意债务转让，应当认定山某公司不再承担担保责任。

延伸阅读

与前述裁判意见相反的观点：企业改制承继债务未经担保人同意的，担保人不得主张免责。

案例：某银行股份有限公司宁县支行与宁县供电公司、原审第三人恒生某生物科技有限责任公司确认合同无效纠纷二审民事判决书［（2014）庆中民终字第459号］

庆阳市中级人民法院认为：关于宁县某行是否应返还宁县供电公司土地使用证的问题。2001年12月21日，宁县某行（甲方）与恒生某公司（乙方）签订协议，约定1996年11月13日某县生物农药厂的贷款100万元，由乙方承接认债，本金挂账，暂不计息属实，但宁县某行转让涉案借款的行为是基于企业改制，并非宁县某行与某县生物农药厂或者恒生某公司的协议转让，且恒生某公司整体受让某县生物农药厂，其与某县生物农药厂之间属债权债务的承继关系，即宁县某行与恒生某公司转让涉案借款不属于《最高人民法院关于适用〈中华人民共和国担保法〉若干问题的解释》第七十二条[②]第二款规定的情形，宁县电力局仍应承担担保责任，故宁县某行要求取消其归还宁县供电公司土地使用权证书的上诉理由成立。

①② 编者按：《民法典担保制度解释》第39条。

第八节　最高额抵押

083 最高额抵押权能否随主债权一并转让？

裁判要旨[①]

在最高额抵押合同没有达到约定的决算期或者通过其他方式对主合同债权予以确定时，最高额抵押权并不因为其所担保的其中一个或者数个债权的变化、消灭、转让而发生变化、消灭、转让，但最高额抵押权并非绝对不能随主债权一并转让。除非在当事人有特别约定的情况下，最高额抵押权必须待其所担保的债权特定后方可随同一起转让，否则发生的主合同债权转让则成为脱离最高额抵押权担保的普通债权。

案情简介

一、2001 年 12 月 31 日，某行新华支行与某建工集团签订合同编号为2001－04号的《最高额抵押合同》，担保的债权是2001 年 12 月 31 日至2004 年 12 月 30 日期间因某行新华支行向某建工集团连续发放贷款而形成的一系列债权，担保最高额为人民币 3400 万元整。某建工集团以其土地及地上房产做抵押。

二、2002 年 9 月 25 日，某行新华支行又与某建工集团签订了编号为 2002－01 号的《最高额抵押合同》，担保的债权是 2002 年 9 月 29 日至 2004 年 9 月 28 日期间因某行新华支行向某建工集团连续发放贷款而形成的一系列债权，担保最高额为人民币 1050 万元整。某建工集团以其土地及房产做抵押并办理了抵押登记手续。借款合同签订后，某行新华支行按约定发放了贷款。

三、2004 年 6 月 28 日，某行新华支行将上述贷款及从权利转让给中国某资产管理公司石家庄办事处（以下简称某石办），并登报通知了某建工集团。2004 年 11 月 29 日，某石办又将上述债权转让给东某石办，并登报通知了某建工集团。

---

① 案件来源：石家庄某建工集团有限公司与某资产管理公司石家庄办事处最高额抵押借款合同纠纷上诉案［最高人民法院（2007）民二终字第 240 号］

四、2007年4月28日，东某石办向河北高院提起诉讼，请求判令：（1）某建工集团偿还借款本金3880万元及利息；（2）确认东某石办对某建工集团提供的抵押物享有优先受偿权。河北高院一审判决支持东某石办的诉请。

五、某建工集团不服，上诉至最高法院，最高法院二审判决驳回上诉，维持原判。

裁判思路

本案某建工集团主张某石办及东某石办受让的债权为未确定的债权，理由是："本案所涉最高额抵押担保期限尚未届满，贷款数额尚未达到最高担保限额。最高额抵押担保的债权确定前，部分债权转让的，最高额抵押权不得转让。"但最高法院认为：关于"最高额抵押的主合同债权不得转让"的规定，从其立法本意看，强调的是主合同债权在不特定的情况下不能随同其最高额抵押权的全部或者部分一起转让的一般原则。这个不特定是指："在最高额抵押合同没有达到约定的决算期或者通过其他方式对主合同债权予以确定时，在一定时间段内发生的债权总额可能始终是不确定的，是不断变化的。"因此，如无约定，只有一个条件下才能发生最高额抵押权随同主合同债权一同转让情形，即主合同债权发生特定化情形。因此，除非在当事人有特别约定的情况下，最高额抵押权必须待其所担保的债权特定后方可随同主债权一起转让，否则发生转让的主合同债权则成为脱离最高额抵押权担保的普通债权。本案最高额抵押合同项下的借款合同债权实际已经确定或特定，不可能发生新的债权，即使发生新的借贷关系也与本案最高额抵押合同无关，不属其所担保的债权范围。故本案最高额抵押担保债权已经特定，本案债权可以依法转让，并对抵押物享有优先受偿权。某建工集团因此败诉。

经验总结

1. 本案的裁判依据是《担保法》。《担保法》第六十一条[①]规定："最高额抵押的主合同债权不得转让。"如果从立法用语上来看，似乎可以得出，只要是最高额抵押担保的主合同债权都"不得转让"，本案中东某石办最终受让的债权就

① 编者按：已失效，被《民法典》吸收。

是由最高额抵押担保的债权，故某建工集团据此认为债权转让行为无效。但最高法院认为，对于《担保法》第六十一条[①]的理解，不能单纯从字面含义出发，而应从其“立法本意”出发。最高法院通过探求该条的立法本意，得出最高额抵押担保的主债权不能转让是在主债权未特定的情况下不能转让，在主债权已经特定或者当事人另有约定的情况下，可以转让，而且转让后抵押人不得据此主张免除担保责任。最高法院这一解释法律问题的方法，在民法方法论上被称为“目的性限缩”的解释方法。

具体而言，本案中最高法院认为《担保法》第六十一条[②]这一看似清晰无比的法律规定，实际上存在着一个隐藏其后的法律漏洞——适用范围过宽。这一适用范围过宽，将导致原本不应禁止主债权转让的情形（主债权特定化或当事人另有约定）也被列为禁止转让的情形，导致法律适用与立法目的相违背。故最高法院在正确揭示最高额抵押担保的主债权禁止转让的立法目的后，通过限缩《担保法》第六十一条[③]的适用范围，填补这一隐藏在法条背后的立法漏洞。此即为目的性限缩的解释方法。与目的性限缩相对应的解释方法称为“目的性扩张”，其具体适用的情形与方法与目的性限缩正好相反。

《民法典》已经将这一漏洞进行了填补，《民法典》第四百二十一条规定：“最高额抵押担保的债权确定前，部分债权转让的，最高额抵押权不得转让，但是当事人另有约定的除外。”将主债权特定化或当事人另有约定的情形规定为抵押权随债权转让的特殊情形。

2. 在受让有最高额担保的债权时，应注意以下事项：（1）核实最高额抵押担保的主债权是否已经确定，如果是已确定的债权，可直接受让；（2）如最高额抵押担保的主债权尚未确定，则尽可能与最高额抵押人约定，抵押人对受让债权继续提供担保；（3）如受让的债权是未最终确定的主债权的一部分，且抵押人又拒绝继续提供担保的，此时受让债权为无抵押担保的债权，故应综合债务人的偿债能力、债权的其他担保情况等确定合理的债权受让价格。

3.《民法典》第四百二十三条明确规定了五种最高额抵押主债权确定的情形，具体为：“（一）约定的债权确定期间届满；（二）没有约定债权确定期间或者约定不明确，抵押权人或者抵押人自最高额抵押权设立之日起满二年后请求确定债权；（三）新的债权不可能发生；（四）抵押权人知道或者应当知道抵押财

①②③ 编者按：已失效，被《民法典》吸收。

产被查封、扣押；（五）债务人、抵押人被宣告破产或者解散。”并以“法律规定债权确定的其他情形”作为兜底。本案中，虽然约定的债权确定期间尚未届满，但最高法院还是基于以下两点理由认定东某石办受让的债权已经确定：(1) 相关债权已达到最高额抵押所担保的债权限额，故新的债权已不可能再发生；(2) 担保的四笔贷款中，三笔已届清偿期未获清偿，最高额抵押合同约定的实现抵押权的条件已经达到。

因此，作为债权人在接受最高额抵押担保时，最好明确约定担保债权确定的期间、条件及方式，防止发生不必要的纠纷。如果没有约定，应根据《民法典》第四百二十三条规定的具体情形结合案件事实进行确定。

4. 最高额抵押担保的债权在债权确定后，转化为相当于一般抵押权担保的债权。根据《物权法》第二百零七条[①]的规定，其相关问题的解决应直接适用《物权法》第十六章第一节[②]关于“一般抵押权”的规定。

相关法条

《中华人民共和国民法典》(2021 年 1 月 1 日施行)

第四百二十条 为担保债务的履行，债务人或者第三人对一定期间内将要连续发生的债权提供担保财产的，债务人不履行到期债务或者发生当事人约定的实现抵押权的情形，抵押权人有权在最高债权额限度内就该担保财产优先受偿。

最高额抵押权设立前已经存在的债权，经当事人同意，可以转入最高额抵押担保的债权范围。

第四百二十一条 最高额抵押担保的债权确定前，部分债权转让的，最高额抵押权不得转让，但是当事人另有约定的除外。

第四百二十三条 有下列情形之一的，抵押权人的债权确定：

（一）约定的债权确定期间届满；

（二）没有约定债权确定期间或者约定不明确，抵押权人或者抵押人自最高额抵押权设立之日起满二年后请求确定债权；

（三）新的债权不可能发生；

（四）抵押权人知道或者应当知道抵押财产被查封、扣押；

（五）债务人、抵押人被宣告破产或者解散；

① 编者按：《民法典》第 423 条。

② 编者按：已失效，被《民法典》吸收。

（六）法律规定债权确定的其他情形。

裁判意见

以下为最高法院在“本院认为”部分就此问题发表的意见：

本院认为，通过当事人的上诉和答辩，本案上诉争议焦点在于原贷款银行对本案所涉债权转让至资产管理公司的行为的效力，具体说，就是原贷款银行转让本案贷款债权之时，由于本案的借款合同是在具有最高额抵押合同情形下进行的，主合同债权是否已经特定，转让行为本身是否违法从而影响转让行为的效力认定。

首先，我国《担保法》第六十一条[①]有“最高额抵押的主合同债权不得转让”的规定，从其立法本意看，强调是主合同债权在不特定的情况下不能随同其最高额抵押权的全部或者部分一起转让的一般原则，这是最高额抵押权的本质属性决定的。最高额抵押权不同于普通抵押权的特殊性体现在最高额抵押权对其所担保的在一个最高债权额限度之内在一定期间内连续发生的债权具有不可分割性，最高额抵押权并非仅仅为其所担保范围内某一项特定具体的债权而设立，而是为一系列不特定债权设立。此处的“主合同债权”意指在最高额抵押权担保的情况下按照约定的最高债权额限度之内以抵押物对一定期间内连续发生的不特定债权的概括性总称，而并非指在具有最高额抵押权担保的情况下单笔或者多笔债权自由流动、变化、转让、消灭，不包括当事人在最高额抵押合同中特别约定当主合同债权不确定时发生转让连同最高额抵押权全部或部分转让的情形，也不包括最高额抵押权担保的债权按照约定或者法定事由已经特定化之后发生转让的情形。在最高额抵押合同没有达到约定的决算期或者通过其他方式对主合同债权予以确定时，在一定时间段内发生的债权总额可能始终是不确定的，是不断变化的。最高额抵押权并不因为其所担保的其中一个或者数个债权的变化、消灭、转让而发生变化、消灭、转让，除非当事人早已在最高额抵押合同中有特别约定。最高额抵押权在如何随同其所担保的主合同债权发生转让的问题上如果当事人在合同中没有约定，那么只有一个条件才能发生最高额抵押权随同主合同债权一同转让情形，即主合同债权发生特定化情形。《最高人民法院关于审理涉及金融资产管理公司收购、管理、处置国有银行不良贷款形成

---

① 编者按：已失效，被《民法典》吸收。

的资产的案件适用法律若干问题的规定》第八条“……最高额抵押权所担保的不特定债权特定后，原债权银行转让主债权的，可以认定转让债权的行为有效”正是体现这样的思想。因此，除非在当事人有特别约定的情况下，最高额抵押权必须待其所担保的债权特定后方可随同一起转让，否则发生的主合同债权转让则成为脱离最高额抵押权担保的普通债权。

其次，就本案而言，本案所涉两份最高额抵押合同并没有约定决算期，虽然其约定最高额抵押权的存续期为至被担保债权诉讼时效届满之日后的2年，也就是说，是本案债权转让发生之日即由新华支行将本案四笔贷款及从权利转让给某石办时，仍在本案最高额抵押合同的存续期间；本案所涉四笔借款合同虽然其中三笔贷款的履行期限已经届满，即三笔债务已达清偿期，但另有一笔即2003年12月26日金额为2440万元的2003－16号借款合同因其借款期限为2003年12月29日至2004年12月28日而未届清偿期，但是，判断最高额抵押合同项下的借款合同债权是否已经确定的标准并非完全在于上述因素，仍需要结合其他因素综合判断。鉴于本案四笔贷款合同金额已达最高额抵押合同约定的债权的最高额限度，事实上不可能发生新的债权；且本案四笔贷款合同是“借新还旧”的借款合同，是为到期的八笔旧贷进行的转贷而重新签订的四份借款合同；该四笔借款合同其中三笔贷款的履行期限已经届满，即三笔债务已达清偿期；同时，根据本案两份最高额抵押合同第十条抵押权实现主合同项下全部或部分债务本金或利息履行期限届满，乙方（指新华支行）未受清偿的，新华支行有权依法处分抵押物的约定，应当认为新华支行于2004年6月28日将本案所涉的四笔借款债权及担保债权转让给某石办时，本案最高额抵押合同项下的借款合同债权实际已经确定或特定，不可能发生新的债权，即使发生新的借贷关系也与本案最高额抵押合同无关，不属其所担保的债权范围。本案最高额抵押担保债权已经特定，本案债权可以依法转让。本案债权作为不良资产进行转让符合有关法律政策，本案最高额抵押项下的债权变成具有普通抵押权的债权，并没有损害债务人的利益或加重债务人的责任。本案债权转让行为不违反法律、法规的强制性规定，应当认定有效。原审判决对此认定和处理正确，本院予以维持。某建工集团上诉所称的本案债权转让无效及理由不能成立，本院不予支持。

延伸阅读

关于转让最高额抵押担保的债权的合同效力的判例，裁判观点较为一致，均认为不论是《物权法》实施之前还是实施之后，特定化的最高额抵押担保的债权可以转让。《民法典》的规定基本沿袭了《物权法》中相关条文的表述。

1.《物权法》实施后，最高额抵押担保的债权转让不再适用《担保法》

案例一：山东省方某物流有限公司合同纠纷执行案裁定书［（2014）鲁执复议字第26号］

山东省高级人民法院认为：申请复议人方某物流公司提出的其为涉案主债权设定了最高额抵押，根据《担保法》第六十一条①的规定，最高额抵押的主合同债权不得转让这一主张。本院认为，本案的债权转让行为发生在《物权法》实施之后，根据《物权法》第一百七十八条②的规定，担保法与物权法的规定不一致的，应当适用物权法。《物权法》第二百零四条③规定："最高额抵押担保的债权确定前，部分债权转让的，最高额抵押权不得转让，但当事人另有约定的除外。"由此可见，《物权法》对最高额抵押所担保的主债权，不再禁止转让，只是在主债权确定前转让部分债权的，抵押权不随之转让。至于主债权确定之后再转让债权的，《物权法》没有作出限制性规定，本院认为，此种情况下，应按照普通债权的转让规则适用《物权法》第一百九十二条④的规定。因此，申请复议人的上述主张不成立，本院不予支持。

案例二：江苏皇某置业有限公司与朱某飞、常州市巨某建设发展有限公司等借款合同纠纷二审民事判决书［（2015）苏商终字第00234号］

江苏省高级人民法院认为：二审期间，朱某飞还提出《担保法》第六十一条⑤规定，最高额抵押的主合同债权不得转让。本案中，皇某公司系以其土地使用权提供最高额抵押担保，故案涉债权依法不能转让。对此，本院认为，《物权法》第一百七十八条⑥规定，担保法与本法的规定不一致的，适用本法。同时，该法第二百零四条⑦规定，最高额抵押担保的债权确定前，部分债权转让的，最高额抵押权不得转让，但当事人另有约定的除外。据此，就最高额抵押担保的债权能否转让的问题，《担保法》和《物权法》作出了不同的规定，前者规定不能转让，后者并未规定不能转让，而是就债权确定前转让部分债权时抵押权是否一并转让作出了规定。故朱某飞主张最高额抵押担保的债权不得转让，与《物权

---

①②⑤⑥ 编者按：已失效，被《民法典》吸收。

③⑦ 编者按：《民法典》第421条。

④ 编者按：《民法典》第407条。

法》的规定不符，没有法律依据，本院依法不予支持。

2.《物权法》实施前，最高额抵押担保的债权特定化后可以转让

案例三：上海产某集团有限公司与徐州畅某集团公司、某市云龙区某街道办事处、于某宝、某市电线电缆厂、宋某庄金融借款合同纠纷上诉案［（2011）苏商终字第0030号］

江苏省高级人民法院认为：根据《担保法》第六十一条①“最高额抵押的主合同债权不得转让”的规定，最高额抵押的主债权禁止转让。《最高人民法院关于审理涉及金融资产管理公司收购、管理、处置国有银行不良贷款形成的资产的案件适用法律若干问题的规定》第八条规定“人民法院对最高额抵押所担保的不特定债权特定后，原债权银行转让主债权的，可以认定转让债权的行为有效”，进一步明确了针对特定受让主体（即资产管理公司），最高额抵押担保的主债权特定后转让可以认定有效的特定情形。因此，最高额抵押担保的主债权转让可以认定有效的特定情形必须符合以下条件：一是受让主体应为资产管理公司；二是最高额抵押所担保的不特定债权必须特定。

案例四：八某桥建设有限公司与徐某娟、搏某贸易有限公司等债权转让合同纠纷申诉、申请民事裁定书［（2016）浙民申2830号］

浙江省高级人民法院认为：徐某娟、搏某公司主张，根据我国《担保法》第六十一条②规定，最高额抵押的主合同债权不得转让。但本案债权转让时，最高额抵押期间已经届满，债权范围已经特定化，实际上已转化为普通抵押，八某桥公司与某银行绍兴分行之间的债权转让行为不受上述规定限制。

案例五：海某有限公司与卢某某一案再审民事判决书［（2012）浙杭商再终字第1号］

杭州市中级人民法院认为：依据石化某与某银行杭州分行于2008年10月23日签订的《银行承兑协议》约定，四笔银行承兑汇票到期日均为2009年4月23日，到期后石化某未向某银行杭州分行还款，邓某某、詹某某也未履行保证责任，此时，某银行杭州分行与卢某某签订的《个人最高额抵押合同》所涉的担保债权已经特定化。《中华人民共和国担保法》第六十一条③规定的着眼点在于保持最高额抵押权的完整性和概括性，并关注最高额抵押权的决算期。本案中，卢某某作为最高额抵押合同的抵押担保方在担保债权特定化后所签订的债权转让

①②③ 编者按：已失效，被《民法典》吸收。

合同，并未损害他人利益，也未产生不良后果，因此本案所涉最高额抵押的主合同债权转让当属有效。

案例六：万某公司与白某、叶某等典当纠纷一审民事判决书［（2012）杭下商初字第2016号］

杭州市下城区人民法院认为：天某公司与被告白某、叶某、欣某公司签订的《借款合同》约定借款到期日为2012年8月19日，到期后白某、叶某未向天某公司归还借款，欣某公司也未履行担保责任，此时，天某公司与万某公司签订的《最高额抵押合同》所涉的担保债权已经特定化。《中华人民共和国担保法》第六十一条①规定的着眼点在于保持最高额抵押权的完整性和概括性，并关注最高额抵押权的决算期。本案中，天某公司和万某公司在担保债权特定化后所签订的债权转让合同，并未损害他人利益，也未产生不良后果，因此本案所涉最高额抵押的主合同债权转让当属有效。天某公司将上述债权合法转让与原告万某公司后，同时万某公司也取得了与债权有关的从权利，故原告万某公司有权要求白某、叶某偿还前述债务，并就抵押物享有优先受偿权、要求欣某公司承担担保责任。

084 最高额抵押担保的范围是否包括已经存在的债权？

裁判要旨②

最高额抵押通常是对一定期间内将要连续发生的债权提供担保，但最高额抵押权设立前已经存在的债权，经最高额抵押合同的当事人同意，可以转入最高额抵押担保的债权范围。

案情简介

一、2013年11月21日，某行宜昌西陵支行与旭某工贸公司签订《人民币流动资金贷款合同》，借款1500万元。2014年12月9日，某行宜昌西陵支行与华

① 编者按：已失效，被《民法典》吸收。

② 案件来源：某银行股份有限公司宜昌西陵支行与华某矿业有限责任公司、旭某工贸有限公司金融借款合同纠纷二审民事判决书［湖北省高级人民法院（2016）鄂民终1168号］

某矿业公司签订《最高额抵押合同》，最高额抵押担保期间为2014年11月10日至2015年7月1日，抵押物为华某矿业公司磷矿采矿权。最高额抵押合同第十二条约定，华某矿业公司同意以该采矿权同时为2013年11月21日《人民币流动资金贷款合同》提供抵押担保。

二、2013年11月25日，某行宜昌西陵支行依约向旭某工贸公司发放贷款本金1500万元。旭某工贸公司到期未还款，某行宜昌西陵支行向宜昌中院起诉，请求旭某工贸公司还本付息，并得以华某矿业公司提供的矿业权优先受偿。

三、宜昌中院一审判决旭某工贸公司还本付息，但某行宜昌西陵支行不得以矿业权优先受偿。

四、某行宜昌西陵支行不服，上诉至湖北高院。湖北高院二审改判某行宜昌西陵支行对华某矿业公司提供的矿业权享有优先受偿权。

裁判思路

本案中华某矿业公司败诉的原因在于，最高额抵押合同的当事人已经将业已存在的债权纳入到最高额抵押担保范围之内。最高额抵押是债务人或者第三人以不转移抵押物占有的方式对一定期间内将要连续发生的债权提供担保。从文义来看，最高额抵押是对将来发生的债权提供的担保。因此，与一般抵押不同，最高额抵押设立时，往往最高额抵押担保的债权尚未现实存在。故最高额抵押在一定程度上突破了抵押担保在担保成立上的从属性。这是最高额抵押最显著的特征，也是其最大的优势。虽然最高额抵押通常都是为将来发生的债权提供担保，但并不代表对于已发生的债权即不能纳入最高额抵押担保的范围之内。经当事人同意，对于已存在的债权可以纳入最高额抵押担保的范围。本案所涉的《最高额抵押合同》最高额抵押担保期间为2014年11月10日至2015年7月1日。但该合同又明确将2013年11月21日《人民币流动资金贷款合同》项下的借款纳入到最高额抵押担保之内，符合法律规定。湖北高院二审据此改判某行宜昌西陵支行对华某矿业公司提供的矿业权享有优先受偿权。一审法院认定2013年11月21日《人民币流动资金贷款合同》项下的借款不属于最高额抵押担保的范围适用法律错误。华某矿业公司因此败诉。

经验总结

1. 最高额抵押与一般抵押最显著的不同在于最高额抵押设立时，最高额抵押担保的债权往往尚未实际发生。就此而言，最高额抵押突破了抵押担保在成立上的从属性。最高额抵押的这一特征，使其具有普通抵押无可比拟的优势。最高额抵押为存在密切经济往来的当事人提供了灵活、安全、高效的担保方式，免去了当事人就每一笔交易单独签订担保合同的负担，降低了交易成本。故对于当事人而言，可充分利用最高额抵押担保的这一特征优化交易模式，降低交易成本。

2. 虽然最高额抵押设立的初衷即是为了解决为将来连续发生的债权提供担保的问题，但最高额抵押并未将已经存在的债权排除在最高额抵押担保的范围之外。相反，《民法典》第四百二十条第二款规定，当事人可通过约定，将已经存在的债权纳入到最高额抵押担保的范围之内。为避免争议，当事人意欲将业已存在的债权纳入到最高额抵押担保的范围内时，应当具体明确。应当注意的是，此处所谓的“当事人”并非主合同的当事人，而是《最高额抵押担保合同》的当事人。主合同的当事人通过约定将已存在的债权纳入最高额抵押担保范围，对于抵押人不发生效力。

3. 对于抵押人而言，在签订抵押合同时，应注意仔细审查抵押合同的内容，防止债权人将业已存在的债权纳入到最高额抵押担保的范围之内，进而导致承担更重的担保责任。对于债权人而言，可充分利用最高额抵押担保的这一灵活性，将业已存在的债权纳入到最高额抵押担保的范围，提供债权获得清偿的可能性。

相关法条

《中华人民共和国民法典》（2021 年 1 月 1 日施行）

第四百二十条 为担保债务的履行，债务人或者第三人对一定期间内将要连续发生的债权提供担保财产的，债务人不履行到期债务或者发生当事人约定的实现抵押权的情形，抵押权人有权在最高债权额限度内就该担保财产优先受偿。

最高额抵押权设立前已经存在的债权，经当事人同意，可以转入最高额抵押担保的债权范围。

裁判意见

以下为湖北高院在二审判决“本院认为”部分就此问题发表的意见：

本案一审过程中，涉案《最高额抵押合同》《省国土资源厅关于宜昌华某矿业有限责任公司良田磷矿采矿权抵押备案的函》已经庭审质证，华某矿业公司对该证据并无异议。虽然本案某行宜昌西陵支行与旭某工贸公司的《人民币流动资金贷款合同》签订于2013年11月21日，且某行宜昌西陵支行与华某矿业公司的《最高额抵押合同》首部约定华某矿业公司为某行宜昌西陵支行与债务人在2014年11月10日至2015年7月1日期间所签订的主合同项下一系列债务提供最高额抵押担保，但该合同第十二条第（二）项还约定“华某矿业公司同意以该采矿权同时为宜昌市旭某工贸有限公司与某银行股份有限公司西陵支行于2013年11月21日签订的LDZJDKHT－XL20130××号《人民币流动资金贷款合同》所列明的债权提供抵押担保”。《物权法》第二百零三条①第二款规定“最高额抵押权设立前已经存在的债权，经当事人同意，可以转入最高额抵押担保的债权范围”，即只要最终实际发生的债权总额不超过双方约定的最高债权额，即使该债权发生在最高额抵押权设立前，也应当被允许增补到最高额抵押所担保的债权范围内。是否将已经存在的债权转入最高额抵押担保的债权范围，系当事人自己的权利，只要双方协商同意，法律应当允许。故华某矿业公司与某行宜昌西陵支行协议约定将LDZJDKHT－XL20130××号《人民币流动资金贷款合同》项下债权纳入最高额抵押担保范围符合前述法律规定，某行宜昌西陵支行在债权到期后，有权在旭某工贸公司不履行债务时主张对华某矿业公司提供的抵押物优先受偿。一审法院关于涉案最高额抵押担保内容不包括LDZJDKHT－XL20130××的《人民币流动资金贷款合同》项下的债务的认定与事实不符，本院予以纠正。

延伸阅读

1. 当事人可约定将已存在的债权纳入最高额抵押担保范围

案例一：某银行股份有限公司武汉汉阳支行、重某集团股份有限公司合同纠纷二审民事判决书［（2017）鄂民终56号］

湖北省高级人民法院认为：《最高额抵押合同》第二条约定，在本合同生效前债务人与抵押权人之间已经发生的债权，构成本合同之主债权。《中华人民共和国物权法》第二百零三条②第二款规定，最高额抵押权设立前已经存在的债权，经当事人同意，可以转入最高额抵押担保的债权范围。某银行汉阳支行自泰

①② 编者按：《民法典》第420条。

某圣公司受让的对武某公司的3600万元债权，虽产生于《最高额抵押合同》生效前，但依合同约定仍属《最高额抵押合同》项下被担保的主债权，某银行汉阳支行有权就3600万元债权对案涉抵押物优先受偿。一审判决适用法律不当，本院予以纠正。

2. 最高额抵押担保的债权确定期间起算点可早于最高额抵押合同签订之日

案例二：某银行股份有限公司顺德分行、奥某贸易有限公司金融借款合同纠纷二审民事判决书［（2016）粤06民终2574号］

佛山市中级人民法院认为：从本案查明的事实可知，2014年3月7日，某行顺德分行与邓某池签订《最高额抵押合同》，约定邓某池提供抵押物，为灏某公司在2013年9月18日至2018年12月31日期间向某行顺德分行借款形成的债务提供最高额抵押担保，担保的最高债权额度为667万元；同日，某行顺德分行与陈某洪签订《最高额抵押合同》，约定陈某洪提供抵押物，为洪某公司在2013年9月18日至2018年12月31日期间向某行顺德分行借款形成的债务提供最高额抵押担保，担保的最高债权额度为667万元；同日，某行顺德分行与陈某红签订《最高额抵押合同》，约定陈某红提供抵押物，为腾某公司在2013年9月18日至2018年12月31日期间向某行顺德分行借款形成的债务提供最高额抵押担保，担保的最高债权额度为667万元。邓某池、陈某洪、陈某红为其各自提供的抵押物均已经办理了抵押登记，办理了《房地产他项权证》，抵押登记包括《最高额抵押合同》编号、担保的最高债权额、最高额抵押担保的债权确定期间等信息。其中，最高额抵押担保的债权确定期间是2013年9月18日至2018年12月31日。

3. 最高额保证也可将已存在的债权纳入担保范围之内

案例三：某银行股份有限公司广州第二支行与中外运久凌储运公司借款合同纠纷二审民事判决书［（2015）穗中法金民终字第434号］

广州市中级人民法院认为：最高额保证是指保证人对一定期间内连续发生的不特定债权，在最高限额内承担保证责任的保证方式，‘不特定’的含义既包括时间上的不确定，也包括数额上的不确定。最高额保证担保的债权有可能已经发生，也有可能尚未发生，最高额保证的生效与被担保的债权是否发生没有关联。本案中君某公司、李某君签订《最高额保证合同》将已经存在的债权包含在最高额保证担保责任范围内，是其真实的意思表示，合法有效，理应按照合同约定承担连带保证责任。君某公司、李某君主张担保债权在签订《最高额保证合同》

时已经确定，与最高额保证的本质特征不符的理由没有法律依据，本院不予支持。

085 最高额抵押物被查封后的新增的债权，是否属于抵押担保范围？

裁判要旨①

抵押权的目的在于保障债权的实现，属于担保物权，具有绝对权、对世权，在债权人为将来一定期间内发生的债权已经依法设立了最高额抵押权时，在债权人未收到抵押物被查封之通知时，债权人完全可以在约定的期间内，在最高额范围内向借款人发放贷款。债权人不知道抵押物被查封却认定其在约定的决算期届至前发放的最高限额内的贷款不能行使抵押权，则有悖于担保法保障债权实现之初衷，亦会使最高额抵押权之功能被蜕化，同时亦有悖于抵押权之绝对权属性。

案情简介

一、2000 年 10 月 27 日，金某公司、金某厂与某合作银行前身某农村信用合作社（以下简称某信用社）签订了一份《最高额抵押借款合同》，三方约定金某厂以其所拥有的土地使用权作为抵押物为金某公司提供担保，担保债权发生期间为从 2000 年 10 月 27 日起至 2002 年 10 月 10 日止，最高额贷款限额 300 万元。

二、金某公司基于上述合同以购料为由，分别六次（2000 年 11 月 2 日、2000 年 12 月 1 日、2000 年 12 月 20 日、2001 年 2 月 27 日、2001 年 3 月 1 日、2001 年 3 月 6 日）向某信用社借款各 50 万元，共计 300 万元。上述借款到期后，金某公司未按期归还借款本金，仅按期内利率计算支付利息至 2005 年 6 月 20 日。

三、本案涉讼抵押物即金某厂提供抵押的土地使用权，该土地上的房屋已于 2001 年 2 月 6 日，由温州中院依据相关民事裁定书向温州市房产管理局办理了房产所有权查封手续，但未通知债权人。

---

① 案件来源：某合作银行某南行与金某公司等借款合同纠纷上诉案［（2006）浙民二终字第 176 号］

四、2005年11月9日，某合作银行向福州中院提起诉讼，请求：1. 金某公司还本付息；2. 本案抵押有效，某合作银行对抵押物变卖、拍卖价款享有优先受偿权。福州中院一审判决：金某公司还本付息；如金某公司未在确定的期限内履行还款义务（仅包括借款日期分别为2000年11月2日、2000年12月1日、2000年12月20日的三笔借款），则拍卖或变卖抵押物，在最高限额150万元内，由某合作银行优先受偿。

五、某合作银行不服，上诉至浙江高院，浙江高院二审改判：金某公司还本付息；如金某公司未在确定的期限内履行还款义务，则拍卖或变卖抵押物，在最高限额300万元内，由某合作银行优先受偿。

裁判思路

本案中金某厂、金某公司败诉的原因在于某合作银行对于最高额抵押物被查封的事实并不知情，故在抵押物被查封后对金某公司的新增贷款属于最高额抵押所担保的债权。《最高人民法院关于人民法院民事执行中查封、扣押、冻结财产的规定》（以下简称《查封规定》）第二十七条①规定："人民法院查封、扣押被执行人设定最高额抵押权的抵押物的，应当通知抵押权人。抵押权人受抵押担保的债权数额自收到人民法院通知时起不再增加。人民法院虽然没有通知抵押权人，但有证据证明抵押权人知道查封、扣押事实的，受抵押担保的债权数额从其知道该事实时起不再增加。"而《担保法解释》第八十一条②规定："最高额抵押权所担保的债权范围，不包括抵押物因财产保全或者执行程序被查封后或债务人、抵押人破产后发生的债权。"针对上述两条的理解与适用，本案二审期间诉讼双方发生了一定的分歧。金某公司认为，《查封规定》第二十七条③仅适用于案件执行阶段，本案尚未到执行阶段，故应适用《担保法解释》第八十一条④的规定，该案债权在抵押物被查封之日起已经特定。但某合作银行则认为，其对抵押物被查封之事实并不知情，故债权在抵押物查封时尚未特定。最终，浙江高院认为："若债权人不知道抵押物被查封而认定其在约定的决算期届至前发放的最高限额内的贷款不能行使抵押权，则有悖于担保法保障债权实现之初衷，亦会使最高额抵押权之功能被蜕化，同时亦有悖于抵押权之绝对权属性。"并认为，

①③　编者按：2020年修正后，修改为第25条。
②④　编者按：已失效。

《查封规定》第二十七条[1]是对《担保法解释》第八十一条[2]的明确化和具体化，并不能以《担保法解释》第八十一条[3]的规定排除《查封规定》第二十七条[4]的适用。金某厂、金某公司因此败诉。

经验总结

1. 根据《担保法解释》第八十一条[5]的规定，最高额抵押物被查封可能构成抵押物所担保的债权特定化的条件之一。但该条的规定较为原则，并未就债权人不知晓抵押物被查封的事实时所新增的债权是否也排除在最高额抵押担保的债权之外。为此，《查封规定》进行了细化，规定只有在债权人知晓或者应当知晓抵押物被查封的事实时，新增债权才不属于最高额抵押所担保的范围。因此，《查封规定》第二十七条与《担保法解释》第八十一条[6]彼此并不冲突，而是一般和特殊，具体和抽象的关系。《民法典》第四百二十三条，则直接采纳了查封规定中的表述，认为"抵押权人知道或者应当知道抵押财产被查封、扣押"时，抵押权人的债权确定。

2. 最高额抵押人在得知抵押物被查封的事实后，为防止担保范围的进一步扩大，应当将抵押物被查封的事实以书面的形式告知债权人。根据《查封规定》第二十七条[7]第二款的规定，有证据证明债权人知道最高额抵押物被查封的事实的，此后新增债权即排除在最高额抵押物所担保的债权范围之外。因此，抵押人可通过主动通知债权人并保存相关证据的方式，有效防止抵押担保的债权范围的扩大。

3. 根据《查封规定》第二十七条[8]第一款的规定，最高额抵押物被查封后，法院应当将抵押物被查封的事实通知债权人。债权人在接到法院通知后的新增债权即排除在最高额抵押物所担保的债权范围之外。因此，最高额抵押人应当留意或向法院询问，是否已经将抵押物被查封事实告知债权人。如未告知的，可请求法院即时告知，也可根据本文"经验总结"第2项的建议，在抵押物被查封的时候主动告知债权人。

4. 债权人是否知晓最高额抵押物被查封的事实，不能通过债权人知晓抵押人的其他财产已被采取了其他执行强制措施而推定。

---

[1][4][7][8] 编者按：2020年修正后，修改为第25条。

[2][3][5][6] 编者按：已失效。

相关法条

《中华人民共和国民法典》（2021 年 1 月 1 日施行）

第四百二十三条 有下列情形之一的，抵押权人的债权确定：

（一）约定的债权确定期间届满；

（二）没有约定债权确定期间或者约定不明确，抵押权人或者抵押人自最高额抵押权设立之日起满二年后请求确定债权；

（三）新的债权不可能发生；

（四）抵押权人知道或者应当知道抵押财产被查封、扣押；

（五）债务人、抵押人被宣告破产或者解散；

（六）法律规定债权确定的其他情形。

《最高人民法院关于人民法院民事执行中查封、扣押、冻结财产的规定》（法释〔2020〕21 号 2020 年修正）

第二十五条 人民法院查封、扣押被执行人设定最高额抵押权的抵押物的，应当通知抵押权人。抵押权人受抵押担保的债权数额自收到人民法院通知时起不再增加。

人民法院虽然没有通知抵押权人，但有证据证明抵押权人知道或者应当知道查封、扣押事实的，受抵押担保的债权数额从其知道或者应当知道该事实时起不再增加。

《最高人民法院关于适用〈中华人民共和国担保法〉若干问题的解释》（法释〔2000〕44 号 2021 年 1 月 1 日失效）

第八十一条 最高额抵押权所担保的债权范围，不包括抵押物因财产保全或者执行程序被查封后或债务人、抵押人破产后发生的债权。

裁判意见

以下为浙江高院在本案二审期间就此问题发表的意见：

虽然《担保法解释》第八十一条①只规定查封事实系最高额抵押所担保的债权特定化的法定事由之一，而未规定债权人不知道查封事实而对最高额抵押债权特定化的影响，但若从最高额抵押权的立法旨意来理解《担保法解释》第八十

① 编者按：已失效。

一条①，亦同样可以得出《查封规定》第二十七条②中的应有之义。因为法律规定抵押权的目的在于保障债权的实现，而且抵押权属于担保物权，物权又属于绝对权、对世权，在债权人为将来一定期间内发生的债权已经依法设立了最高额抵押权时，在债权人未受抵押物被查封之通知时，债权人某信用社完全可以在约定的期间内，在最高额范围内向借款人发放贷款。否则，若债权人不知道抵押物被查封而认定其在约定的决算期届至前发放的最高限额内的贷款不能行使抵押权，则有悖于担保法保障债权实现之初衷，亦会使最高额抵押权之功能被蜕化，同时亦有悖于抵押权之绝对权属性。虽然被上诉人金某厂提出"《查封规定》主要是针对执行程序中的规范性操作问题，不能涵盖《担保法解释》的适用范围"之抗辩意见，但由于《担保法解释》第八十一条③规定执行措施（查封）对最高额抵押的影响，则《查封规定》作为执行程序中的司法解释，其规定查封通知的效力，系对《担保法解释》第八十一条④的明确化和具体化。就本案而言，从现有证据看，并无充分证据证明上诉人在最高额抵押期间内发放贷款时已经知道本案抵押物被查封的事实，亦无证据证明原审法院查封抵押物后已经通知了上诉人。因此，根据《查封规定》第二十七条"人民法院查封、扣押被执行人设定最高额抵押权的抵押物的，应当通知抵押权人。抵押权人受抵押担保的债权数额自收到人民法院通知时起不再增加。人民法院虽然没有通知抵押权人，但有证据证明抵押权人知道查封、扣押事实的，受抵押担保的债权数额从其知道该事实时起不再增加"的规定，上诉人依法享有的最高额抵押权未受法定事由的阻却，其在本案最高额抵押期间内发生的最高额度内的300万元债权，对本案抵押物依法享有优先受偿权。虽然上诉人知道抵押人金某厂账户被原审法院冻结的事实，但查封、扣押、冻结均系人民法院可采取的执行措施，对人民法院采取何种执行措施，作为执行程序案外人的上诉人无从得知。故不能仅凭上诉人知道金某厂账户被冻结的事实就推定其知道本案抵押物被查封的事实。

---

①③④ 编者按：已失效。

② 编者按：2020年修正后，修改为第25条。

第九节 抵押权消灭

086 抵押权的行使是否适用诉讼时效制度?

裁判要旨①

抵押权是物权，不适用诉讼时效制度。根据担保合同从属性原则，抵押权人应当在主债权诉讼时效期间行使抵押权；未行使的，人民法院不予保护。

案情简介

一、2014年9月2日，赵某胜与实某房地产公司签订《抵押借款合同》，约定实某房地产公司向赵某胜借款5000万元，借款期限为12个月。同日，实某物业公司与赵某胜签订《抵押合同》，约定由实某物业公司以其拥有的房产向赵某胜提供抵押担保，双方办理了抵押登记。

二、借款到期后，实某房地产公司无法清偿到期债务，赵某胜向法院提起诉讼，要求实某房地产公司还款。2017年1月17日，一审法院判决支持了赵某胜的诉讼请求。

三、2017年2月，赵某胜凭一审判决向法院申请执行；2017年11月6日，赵某胜向法院提出申请对抵押担保房屋拍卖，以实现其担保物权，法院于2018年7月9日作出裁定，驳回了赵某胜的申请。随后，赵某胜遂向一审法院起诉，请求法院确认其对实某物业公司的房屋享有抵押权。

四、2018年8月30日，辽宁省本溪市中院作出一审判决认为，赵某胜在主债权确认后2年内向法院主张实现抵押权，并未超过行使抵押权的期限。遂判决赵某胜对案涉房产享有抵押权。实某物业公司不服，上诉至辽宁省高级人民法院。

五、2019年4月18日，辽宁省高院作出二审判决认为，抵押权适用诉讼时效制度，本案的诉讼时效应当从2015年9月起算，抵押权已过2年诉讼时效。

---

① 案件来源：赵某胜、实某物业管理有限公司抵押权纠纷再审民事判决书［(2020) 最高法民再110号］

遂判决撤销原判，驳回赵某胜的全部诉讼请求。赵某胜不服，向最高人民法院申请再审。

六、2020 年 9 月 30 日，最高人民法院经再审认为，抵押权不适用诉讼时效制度，赵某胜行使抵押权未超过法定期间，故撤销二审判决，维持本案一审判决。

裁判思路

本案的争议焦点为，抵押权是否适用诉讼时效制度。对此争议焦点，本案中人民法院存在两种对立观点。

第一种观点认为，抵押权适用诉讼时效制度。《物权法》第二百零二条①规定："抵押权人应当在主债权诉讼时效期间行使抵押权；未行使的，人民法院不予保护。"债权人仅起诉主债务人，不起诉抵押人的，主债权的诉讼时效因法院作出生效判决而消灭，抵押权人行使抵押权的诉讼时效应当从主债权无法清偿之日（2015 年 9 月）起算。辽宁省高院依据这一观点，判决赵某胜败诉。

第二种观点认为，抵押权是物权，不适用诉讼时效制度。《物权法》第二百零二条②是针对抵押权人行使抵押权期间的限制，该行使期间与主债权诉讼时效期间相同，随着主债权诉讼时效中断、中止而变化。也就是说，抵押权行使期间只是以主债权诉讼时效期间为参照来计算，并不等于对抵押权也要适用诉讼时效制度。根据《担保法解释》第十二条③"担保权人在诉讼时效结束后的二年内行使担保物权的，人民法院应当予以支持"的规定，本案中，主债权因法院的判决于 2017 年 1 月最终确认，应当以此时间点计算抵押权的行使期间。本溪市中院、最高人民法院依据这一观点，支持了赵某胜的诉讼请求。

经验总结

1. 抵押权是物权，不适用诉讼时效

从权利性质上来看，抵押权为担保物权。物权请求权不适用诉讼时效的有关规定。《诉讼时效规定》第一条、《民法总则》第一百八十八条④均明确，只有债

---

①② 编者按：《民法典》第 419 条。

③ 编者按：已失效。

④ 编者按：《民法典》第 188 条。

权请求权适用诉讼时效制度。但抵押权的物权属性不代表其不受到任何行使期间的限制。

2. 抵押权人行使抵押权，应当在主债权诉讼时效届满前提出

根据担保合同的从属性原则，主债权消灭，担保物权消灭。主债权诉讼时效届满，意味着主债务人不再有还款义务，此时，即使抵押权仍然存续，抵押权人也不再能就抵押财产优先受偿。基于这一理念，《民法典》第四百一十九条与之前的《物权法》作出了相同规定，即“抵押权人应当在主债权诉讼时效期间行使抵押权；未行使的，人民法院不予保护”。《民法典担保制度解释》第四十四条亦明确：“主债权诉讼时效期间届满后，抵押权人主张行使抵押权的，人民法院不予支持；抵押人以主债权诉讼时效期间届满为由，主张不承担担保责任的，人民法院应予支持。”因此，在实务中，抵押权人行使抵押权，务必在主债权诉讼时效届满前提出。

3. 抵押权人仅起诉债务人的，应当在申请法院强制执行时效期间内对债务人申请强制执行，从而保证抵押权的延续

《担保法解释》就抵押权人实现抵押权的期间进行了明确的规定[①]，即“主债权诉讼时效结束后的二年”。而 2021 年 1 月 1 日起适用的《民法典担保制度解释》第四十四条则更加严格地遵循了担保合同的从属性原则，规定：“主债权诉讼时效期间届满前，债权人仅对债务人提起诉讼，经人民法院判决或者调解后未在民事诉讼法规定的申请执行时效期间内对债务人申请强制执行，其向抵押人主张行使抵押权的，人民法院不予支持。”

《民法典担保制度解释》并未说明在抵押权人仅起诉主债权人，并向法院申请强制执行之后，再行行使抵押权的期限。虽然在本案中，“抵押权不适用诉讼时效”这一裁判规则已经得到确认，但是，抵押权人能否在申请对债务人强制执行后，无限期地享有行使抵押权的权利，仍待在实践中进一步观察。

相关法条

《中华人民共和国民法典》（2021 年 1 月 1 日施行）

第四百一十九条　抵押权人应当在主债权诉讼时效期间行使抵押权；未行使的，人民法院不予保护。

---

① 编者按：已失效。

《最高人民法院关于适用〈中华人民共和国民法典〉有关担保制度的解释》(法释〔2020〕28号　2021年1月1日施行)

第四十四条　主债权诉讼时效期间届满后，抵押权人主张行使抵押权的，人民法院不予支持；抵押人以主债权诉讼时效期间届满为由，主张不承担担保责任的，人民法院应予支持。主债权诉讼时效期间届满前，债权人仅对债务人提起诉讼，经人民法院判决或者调解后未在民事诉讼法规定的申请执行时效期间内对债务人申请强制执行，其向抵押人主张行使抵押权的，人民法院不予支持。

主债权诉讼时效期间届满后，财产被留置的债务人或者对留置财产享有所有权的第三人请求债权人返还留置财产的，人民法院不予支持；债务人或者第三人请求拍卖、变卖留置财产并以所得价款清偿债务的，人民法院应予支持。

主债权诉讼时效期间届满的法律后果，以登记作为公示方式的权利质权，参照适用第一款的规定；动产质权、以交付权利凭证作为公示方式的权利质权，参照适用第二款的规定。

《最高人民法院关于审理民事案件适用诉讼时效制度若干问题的规定》(法释〔2020〕17号　2020年修正)

第一条　当事人可以对债权请求权提出诉讼时效抗辩，但对下列债权请求权提出诉讼时效抗辩的，人民法院不予支持：

(一) 支付存款本金及利息请求权；

(二) 兑付国债、金融债券以及向不特定对象发行的企业债券本息请求权；

(三) 基于投资关系产生的缴付出资请求权；

(四) 其他依法不适用诉讼时效规定的债权请求权。

裁判意见

以下为最高人民法院在再审审理期间，在“本院认为”部分，对抵押权的行使与主债权诉讼时效之间关系的论述：

(一) 关于赵某胜行使抵押权是否超过法定期间

《物权法》第二百零二条[①]规定：“抵押权人应当在主债权诉讼时效期间行使抵押权；未行使的，人民法院不予保护。”本案中，判断赵某胜行使抵押权是否超过法定期间，主要在于对赵某胜行使抵押权时间的认定。

---

① 编者按:《民法典》第419条。

抵押权是担保物权的一种。根据我国担保物权法律制度和规范，担保物权人在债务人不履行到期债务或者发生当事人约定的实现担保物权的情形，担保物权人即可依法行使担保物权。担保物权人行使担保物权的方式和途径是：担保物权人既可以先行向人民法院提起申请实现担保物权的特别程序，如该申请被人民法院裁定驳回，担保物权人可依法向人民法院提起担保物权的普通诉讼程序；也可以直接向人民法院提起担保物权的普通诉讼程序。在担保物权人以提起普通诉讼程序的方式行使担保物权时，既可以在主债权诉讼中一并提出，也可以在法定期间内单独以担保人为被告提起诉讼。在担保物权人初始提起申请实现担保物权特别程序而被人民法院裁定驳回的情况下，虽然目前法律和司法解释并未明确规定担保物权人应当在多长期限内提起普通诉讼程序，但因上述特别程序与普通程序具有法定程序的接续性，只要担保物权人后续并未明显不合理地迟延向人民法院提起诉讼，则其初始提起申请实现担保物权特别程序的时间，就应当认定为行使担保物权的时间，而不能简单地以后续提起担保物权诉讼的时间作为担保物权人行使担保物权的时间。

本案中，无论抵押权人赵某胜是初始提起申请实现抵押权特别程序抑或是后续提起抵押权诉讼普通程序，均属于物权法第二百零二条①规定的行使抵押权行为，只要其初始行使抵押权行为发生在抵押权的行使期间内，人民法院就不能在后续抵押权诉讼中再简单以行使抵押权超过法定期间为由而不予支持。本案赵某胜与债务人实某房地产公司签订的《抵押借款合同》约定，借款期限为 2014 年 9 月 12 日至 2015 年 9 月 11 日，主债权诉讼时效期间的初始起算时点应为借款期限届满日之次日，即 2015 年 9 月 12 日。赵某胜于 2016 年 10 月 18 日对借款人实某房地产公司向一审法院提起偿还欠款诉讼，主债权的诉讼时效出现中断事由，主债权诉讼时效期间依法应当重新计算。赵某胜于 2017 年 6 月 6 日向本溪市平山区人民法院申请实现抵押权，在 2018 年 7 月 9 日被裁定驳回后，于同年 7 月 24 日提起本案抵押权诉讼。本案应当认定赵某胜行使抵押权的时间是其向一审法院提起申请实现抵押权特别程序的 2017 年 6 月 6 日，而且其在实现抵押权申请被裁定驳回后在很短时间内即提起诉讼，显然也不存在明显不合理迟延起诉的问题。同时，本案在赵某胜行使抵押权的上述时点，《民法总则》尚未施行，应当适用《民法通则》第一百三十五条②规定的两年普通诉讼时效期间来计算本案

① 编者按：《民法典》第 419 条。
② 编者按：已失效。

主债权诉讼时效期间。因此，本案中赵某胜行使抵押权的时间，不论是以主债权诉讼时效期间的初始起算时点为准计算，还是以主债权诉讼时效中断后诉讼时效期间重新起算时点为准计算，均未超过物权法第二百零二条①规定的期间。二审判决以赵某胜提起的抵押权诉讼已经超过法律规定的诉讼时效为由，驳回其有关诉讼请求，适用法律错误。实某物业公司有关赵某胜在已取得主债权生效判决的情况下再申请实现抵押权属于权利滥用和分别依据主合同与抵押合同启动两个执行程序来保障一个债权系浪费司法资源的再审抗辩主张，显然没有理据，是对担保物权制度的刻意曲解，本院不予考虑。

（二）对原审判决存在的其他问题的评价

首先，关于抵押权是否适用诉讼时效制度的问题。二审判决认为，抵押权适用诉讼时效制度，并以案涉抵押合同约定的担保期限为依据计算本案所谓的“诉讼时效期间”。应当指出，抵押权是担保物权，并不适用诉讼时效制度，否则有违传统民法理论。抵押权只存在行使期间的问题，只是依据物权法第二百零二条②的规定，该行使期间与主债权诉讼时效期间相同，随着主债权诉讼时效中断、中止而变化。也就是说，抵押权行使期间只是以主债权诉讼时效期间为参照来计算，并不等于对抵押权也要适用诉讼时效制度。赵某胜在本案中主张的抵押权应予支持，系因其行使抵押权未超过物权法第二百零二条③规定的法定行使期间，而非直接对其抵押权适用诉讼时效制度的结果。二审判决立足于诉讼时效制度裁判本案，明显违背了抵押权不适用诉讼时效的传统民法理论。同时，二审判决以案涉抵押合同约定的抵押担保期限即2014年9月12日至2015年9月12日，计算本案抵押权“诉讼时效期限”为自2015年9月13日起的两年期限，并据此得出赵某胜于2018年7月24日在一审法院提起行使抵押权诉讼“已超过法定二年诉讼时效”的结论，也明显不符合物权法第二百零二条④关于“抵押权人应当在主债权诉讼时效期间行使抵押权”及担保法解释第十二条⑤第一款关于“当事人约定的或者登记部门要求登记的担保期间，对担保物权的存续不具有法律约束力”的规定，本院予以纠正。

其次，关于物权法与担保法解释规定的抵押权行使期间不一致的问题。2000年12月13日起施行的担保法解释第十二条⑥第二款规定：“担保物权所担保的债权的诉讼时效结束后，担保权人在诉讼时效结束后的二年内行使担保物权的，人

---

①②③④ 编者按：《民法典》第419条。

⑤⑥ 编者按：已失效。

民法院应当予以支持。”2007年10月1日起施行的物权法第二百零二条[①]规定：“抵押权人应当在主债权诉讼时效期间行使抵押权；未行使的，人民法院不予保护。”显然，物权法与担保法解释关于抵押权行使期间的规定并不一致。根据物权法第一百七十八条[②]关于“担保法与本法的规定不一致的，适用本法”的规定以及《立法法》规定的上位法优于下位法、新法优于旧法的法律适用原则，物权法作为上位法，且颁布实施时间在后，应当优先适用，故本案应当适用物权法第二百零二条[③]的规定。对此，一审判决适用担保法解释第十二条[④]有误，二审判决对此予以纠正正确。

此外，一审判决在论理部分提到，赵某胜应在主债权案件（2016）辽05民初30号民事判决所确定的债务范围内行使优先受偿权。在本案再审申请审查和再审审理期间，赵某胜因对主债权案件（2016）辽05民初30号民事判决利息计算方式不服对该判决向人民检察院提出申诉，一审法院也以（2020）辽05民监2号民事裁定书裁定再审该主债权案件。对主债权案件因利息计算方式错误进行的再审，只涉及抵押权优先受偿的范围计算，并不影响本案对赵某胜是否享有抵押权以及优先受偿权问题的裁判，因此，本案的处理无需等待主债权案件的再审结果。

延伸阅读

1. 抵押权是物权，不适用诉讼时效制度，但抵押权应当在主债权诉讼时效内行使。

案例一：王某诉李某抵押合同纠纷案［（2016）京03民终8680号 《最高人民法院公报》2017年第7期（总第249期）］

北京市第三中级人民法院认为：首先，就诉讼时效而言，其以请求权人怠于行使权利持续至法定期间的状态为规制对象，目的在于让罹于时效的请求权人承受不利益，以起到促其及时行使权利之作用，依民法理论通说，其适用范围限于债权请求权。而就抵押权而言，其属于支配权，并非请求权的范围，更非债权请求权的范围，如将抵押权纳入诉讼时效的规制范围，无疑有违民法原理。

其次，就抵押权而言，其目的在于担保债务的履行，以确保抵押权人对抵押

①③ 编者按：《民法典》第419条。
② 编者按：已失效，被《民法典》吸收。
④ 编者按：已失效。

物的价值享有优先受偿的权利。为实现上述目的，抵押权对物之本身必将产生权能上的限制，对物的使用和转让均会发生影响。故，若对抵押权人行使抵押权的期限不进行限制，将使抵押财产的归属长期处于不稳定状态，不仅不利于保护当事人的合法权益，亦不利于物之使用和流通效能的发挥。此外，如果允许抵押权人在任何时候均可行使抵押权，则意味着在主债权经过诉讼时效且债务人因此取得抗辩权之后，债权人依然可从抵押人处获得利益，进而将抵押人和债务人之间的追偿和抗辩置于困境，换言之，也意味着抵押人将长期处于一种不利益的状态，其义务也具有不确定性，若如此，对于抵押人来说未免过于苛刻亦有失公允。

再次，从权利分类角度分析，在数项权利并存时，依据权利的相互依赖关系，有主权利与从权利之分，凡可以独立存在、不依赖于其他权利者，为主权利；必须依附于其他权利、不能独立存在的则为从权利。举例而言，在债权与为担保债的履行的抵押权并存时，债权是主权利，抵押权为从权利。在主权利已经丧失国家强制力保护的状态下，抵押物上所负担的抵押权也应消灭方能更好地发挥物的效用，亦符合物权法之担保物权体系的内在逻辑。故物权法第二百零二条①规定抵押权行使期间的重要目的之一当在于促使抵押权人积极地行使抵押权，迅速了结债权债务关系，维系社会经济秩序的稳定。综合上述分析，应当认定在法律已设定行使期限后，抵押权人仍长期怠于行使权利时，法律对之也无特别加以保护的必要，应使抵押权消灭。具体到本案中，因上诉人李某在主债权诉讼时效期间并未向被上诉人王某主张行使抵押权，故对李某的抵押权，人民法院不予保护，该抵押权消灭，王某请求解除抵押登记的请求应予支持。

案例二：聚某股权投资管理有限合伙企业与张某执行分配方案异议之诉再审案［（2019）最高法民申3978号］

最高人民法院认为，《物权法》第二百零二条②规定："抵押权人应当在主债权诉讼时效期间行使抵押权；未行使的，人民法院不予保护。"《最高人民法院关于人民法院执行工作若干问题的规定（试行）》第九十三条规定："对人民法院查封、扣押或冻结的财产有优先权、担保物权的债权人，可以申请参加参与分配程序，主张优先受偿权。"本案中，因张某、侯某玲与焦某芹、高某升之间存在债权债务关系，焦某芹以其位于西安市高新区为上述债务提供抵押担保，并办

①② 编者按：《民法典》第419条。

理了抵押登记，房屋管理机关亦出具了房屋他项权利证书，载明权利种类为抵押，债权数额500万元，登记时间为2011年5月20日。张某、侯某玲就案涉抵押房产所担保的主债权向泾阳县人民法院提起诉讼前，曾于2016年4月22日，向西安市中级人民法院执行机构提出优先受偿申请书，要求对被查封的案涉抵押房产行使优先受偿权。张某、侯某玲就主债权提起诉讼是为明确主债权，以弥补之前行使抵押权所存在的瑕疵。二审法院根据前述法律规定和事实，认定即使张某自提起该诉讼至2016年9月28日法院作出民事调解书，未涉及张某的抵押权行使问题，亦不意味着张某未在主债权诉讼时效期间行使抵押权，张某并未丧失抵押权，其有权就抵押房产优先受偿，该认定并无不当，本院予以维持。

案例三：德某房地产开发有限责任公司、杨某杰民间借贷纠纷再审审查与审判监督民事裁定书［（2020）最高法民申2155号］

最高人民法院认为，德某公司就案涉房屋签订《商品房预售合同》向杨某杰提供让与担保，可参照适用有关不动产抵押权行使期间的法律规定。《物权法》第二百零二条①规定："抵押权人应当在主债权诉讼时效期间行使抵押权；未行使的，人民法院不予保护。"杨某杰起诉主张担保权利时未超出《借款合同》诉讼时效期间。德某公司依法应承担相应担保责任，原审判决根据各方当事人胜诉比例判令德某公司负担部分案件受理费用，适用法律正确。德某公司该项主张依据不足，不予支持。

2. 主债权已过诉讼时效，但债务人重新承诺偿还债务造成诉讼时效重新计算的，抵押人不再承担担保责任。

案例四：东某商贸有限公司与某经济合作社金融不良债权追偿纠纷再审案［最高人民法院（2019）最高法民申669号］

最高人民法院认为：《最高人民法院关于适用〈中华人民共和国担保法〉若干问题的解释》第十二条②规定："当事人约定的或者登记部门要求登记的担保期间，对担保物权的存续不具有法律约束力。担保物权所担保的债权的诉讼时效结束后，担保权人在诉讼时效结束后的二年内行使担保物权的，人民法院应当予以支持。"涉案《广东发展银行贷款合同》项下借款本息诉讼时效至2003年2月20日届满。本案某银行东莞分行应在2005年2月20日前行使担保物权，但是根

① 编者按：《民法典》第419条。
② 编者按：已失效。

据现有证据，某银行东莞分行并未在该期间行使抵押权，因此，涉案抵押权的行使期间已于2005年2月20日届满。虽然南某公司于2005年3月30日向某银行东莞分行出具《还款意向书》承诺还款，对原债务进行重新确认，但没有证据证明某合作社对抵押进行了重新确认或重新登记，债务人对原债务进行重新确认的行为并不当然引起抵押权诉讼行使期间的重新计算。因此，东某公司认为其抵押权未超过诉讼时效期间，没有事实和法律依据，二审法院认定并无不当。

087 银行将有抵押权的债权并入新的借款合同，抵押权是否消灭？

裁判要旨①

银行与债务人将原有的有抵押权担保的债权并入新的《综合授信合同》作为该合同项下的融资，本金也占用合同项下的授信额度，系双方就未获清偿部分债权所作的清结，即以新债权取代旧债权，原债权消灭，故相应的抵押权亦应归于消灭。在主债权更迭的情况下，相应的担保责任必然随之发生变化，故双方需另行签订抵押合同并办理抵押登记，抵押权顺位应按照新的抵押权登记完成的时间确定。

案情简介

一、2007年3月28日，某银行厦门分行与三某乐公司签订授信额度为1500万元的《授信额度协议书》。同日，某银行厦门分行与桥某公司签订《授信额度抵押合同》，将其所有的面积为132710平方米土地使用权抵押担保以上债权，2007年3月30日办理了抵押权登记。

二、2007年11月19日，中某智公司与桥某公司签订一份《抵押（反担保）协议书》，约定桥某公司以其所有的面积为132710平方米土地使用权作为抵押，为保证人中某智公司提供反担保。2007年11月21日办理了抵押登记。后中某智公司作为保证人代三某乐公司向某银行履行了债务。

---

① 案件来源：某银行股份有限公司厦门分行与中某智担保投资有限公司其他合同纠纷申请再审民事裁定书［最高人民法院（2014）民申字第697号］

三、2008年5月9日，三某乐公司与某银行厦门分行签订《综合授信合同》，约定某银行厦门分行与三某乐公司自上述授信额度使用期限开始日之前将已发生但尚未到期的融资业务项下三某乐公司应偿还或偿付给某银行厦门分行的款项并入该合同，作为该合同项下的融资，其本金占用该合同项下的授信额度。同日，某银行厦门分行与桥某公司签订《最高额抵押合同》，约定桥某公司以其所有的面积为132710平方米土地使用权作为上述综合授信合同的抵押。2008年5月9日办理了抵押权登记。

四、后某银行厦门分行向厦门中院提起诉讼，请求判令三某乐公司立即支付某银行厦门分行1400万元及利息，并请求判令某银行厦门分行对抵押物享有优先受偿权。厦门中院支持了某银行厦门分行的上述诉讼请求。判决生效后，三某乐公司未履行义务，某银行厦门分行向厦门中院申请强制执行。厦门中院于2011年1月21日拍卖了桥某公司的上述土地使用权，扣除实现债权的费用后余款为12930376元。2011年7月12日，厦门中院作出《关于被执行人福建省桥某机械工业有限公司所有的长泰县古农农场银塘工业区土地使用权拍卖款项的分配方案》，确定某银行厦门分行为该土地的第一顺位抵押权人，中某智公司为该土地的第二顺位抵押权人。中某智公司随后向厦门中院对上述分配方案提出异议，某银行厦门分行亦提出抗辩。

五、中某智公司向厦门中院提起执行异议之诉，请求判令：（1）撤销厦门中院《关于被执行人福建省桥某机械工业有限公司所有的长泰县古农农场银塘工业区土地使用权拍卖款项的分配方案》；（2）中某智公司为第一顺位抵押权人。一、二审的厦门中院、福建高院均支持了中某智公司的诉请。

六、某银行厦门分行仍不服，向最高法院申请再审，最高法院裁定驳回其再审申请。

裁判思路

本案中，某银行厦门分行的裁判思路在于其对抵押物享有的抵押权顺位劣后于中某智公司。在再审申请中，某银行厦门分行认为，某银行厦门分行2008年办理的抵押权登记实为2007年3月抵押登记的连续登记，理应优先于中某智公司2007年11月取得的抵押权。但最高法院认为，某银行厦门分行于2008年5月9日与三某乐公司签订的《综合授信合同》，将既往的债务并人至新的《综合授信合同》之下，构成对双方既往债权债务关系的“清结”，清结完成后双方原有的债权债务关系消灭，进而根据新签订的《综合授信合同》成立新的债权债务关系。在原债权债务关系消灭的前提下，作为既往债权担保的抵押权也理应消灭。因此，虽然新的《综合授信合同》的抵押物与既往债权的抵押物相同，但根据新的抵押合同办理的抵押权登记也不能认定为是既往抵押权的连续登记。换言之，应根据新的抵押权登记的时间确定抵押权顺位，而不能根据原有的抵押权登记时间确定抵押权顺位。在本案中，某银行厦门分行新的抵押权登记时间为2008 年 5 月 9 日，而中某智公司抵押权登记的时间为 2007 年 11 月 21 日。故法院最终认定，中某智公司的抵押权顺位在先，某银行厦门分行因此败诉。

经验总结

1. 应当区分借贷的展期与债务清结协议

本案对于某银行厦门分行的教训不可谓不惨痛、不深刻。其中一个最为关键的原因即在于某银行厦门分行没有准确把握 2008 年 5 月 9 日新签订的《综合授信合同》的法律内涵。

某银行厦门分行以为，新签订的合同将既往借贷形成的债权纳入其中，构成对原借贷关系的展期，是原借贷关系的延续，故新办理的抵押权登记也构成对原抵押权登记的连续登记。但最高法院认为，新的《综合授信合同》构成对原债权债务关系的“清结”，即用新的合同对既往所有的债权债务关系进行了结。这一“清结”，消灭了既往的债权债务关系，形成了全新的债权债务关系。其相应的法律后果是：消灭了原有的债权上的担保。清结协议最核心的特征在于，将既有的债权债务关系纳入新的债权债务关系中。纳入的方法有：（1）签订新的协议完全覆盖既往的债权债务关系。（2）协议中含有消灭既往债权债务关系，建立新的债权债务关系的内容。（3）协议中含有用新的债权债务关系替代原有的债权债务关系的内容。但应将清结协议与既往债权债务关系的确认协议区分开来。

在借贷关系的展期中，借贷双方仅仅是延长了债权债务关系的期限，债权债务关系不因展期而丧失同一性，在担保人同意继续提供担保的情况下，原担保关系自始继续有效。展期协议的核心特征在于仅仅延长了债权债务关系时间，除此之外的其他内容一概不发生变化。如果某银行厦门分行与三某乐公司签订的《综合授信合同》不是“清结协议”，而是债务展期，那么某银行厦门分行的抵押权登记时间即可从2007年3月30日开始起算。某银行厦门分行不至于因此败诉。

因此，银行在与债务人签订涉及对既往债务的处理协议时，应严格区分展期协议与清结协议，防止将二者混淆，导致新的或者旧的债权“脱保”。我们建议：对于有担保的既有债权，我们倾向于签订展期协议，以确保抵押权的优先顺位。

2. 应区分债务清结协议与“借新还旧”

“借新还旧”与债务清结协议的共同点在于：协议签订后原有的债权债务关系即归于消灭。因此同债务清结协议一样，借新还旧协议签订后，旧的债权的担保也随之消灭，而不能当然延续至借新还旧协议。因此，为担保借新还旧协议，必须签订新的担保合同，涉及不动产抵押的还应重新办理抵押权登记。此时，新登记的抵押权应根据新登记的时间确定抵押权顺位，在存在顺位在先的抵押权时，存在一定的风险。

但“借新还旧”与债务清结协议仍有以下不同：

（1）“借新还旧”是以新的贷款偿还旧的贷款的形式消灭原有的贷款；清结协议是以新的债权债务关系替代或消灭原有债权债务关系，内容和形式更为多样。

（2）“借新还旧”中，新贷数额往往与旧贷积欠的本息数额相等；而债务清结协议中新的债权额与旧的债权额则不一定完全相等，甚至有可能连给付内容都发生变化（如双方达成以提供新的劳务的方式结清既有的债权债务）。

因此，对于清结协议的认定，应根据协议的具体内容来确定，而不能仅根据协议的名称或者一方当事人的陈述来确定。不能因为清结协议给付的数额、给付的内容与原有的债权债务关系不同，即否定其消灭原债权债务关系的效力。

3. 应区分债务清结协议与代物清偿协议

所谓的代物清偿协议，是指以其他种类的给付代替原合同约定的给付，从而消灭债权债务关系的协议。一般认为，代物清偿协议属于实践合同，即只有已实际履行的协议方能消灭原有的债权债务关系，否则债权人仍可要求债务人继续履行原债务。因此，代物清偿协议的签订并不当然消灭原有的债权债务关系，此点与清结协议则有所不同。

相关法条

《中华人民共和国民法典》（2021年1月1日施行）

第四百一十四条　同一财产向两个以上债权人抵押的，拍卖、变卖抵押财产所得的价款依照下列规定清偿：

（一）抵押权已经登记的，按照登记的时间先后确定清偿顺序；

（二）抵押权已经登记的先于未登记的受偿；

（三）抵押权未登记的，按照债权比例清偿。

其他可以登记的担保物权，清偿顺序参照适用前款规定。

裁判意见

以下为最高法院在“本院认为”部分就此问题发表的意见：

本院认为，本案双方争议的焦点为中某智公司与某银行厦门分行的抵押权顺位先后问题。依据我国物权法第一百九十九条①之规定，在抵押权均经登记而有效设立的情况下，衡量同一抵押物上抵押权实现的顺序，应以抵押权登记的时间先后作为判断的依据。本案中，中某智公司对案涉抵押物设立抵押权的时间为2007年11月21日，某银行厦门分行主张实现的抵押权则设立于2008年5月9日，显然迟于中某智公司抵押权的登记设立时间，因此中某智公司的抵押权顺位应优先于某银行厦门分行。

某银行厦门分行提出其于2008年5月9日设立的抵押登记实为2007年3月30日设立抵押权的续押，故其仍应为第一顺位抵押权人。本院认为某银行厦门分行的主张不能成立，主要理由有三：

其一，案涉抵押物上于2007年3月30日与2008年5月9日设定的两次抵押权，系基于不同的主债权合同和相应的抵押合同，为担保不同的主债权而分别设定、独立登记，在形式上具有独立性。尽管某银行厦门分行和三某乐公司在2008年所签订的《综合授信合同》中约定将2007年授信额度项下所发生的款项并入该合同，作为该合同项下的融资，本金也占用合同项下的授信额度，作为三某乐公司对某银行厦门分行债务的组成部分，但在原合同一年履行期限届满的情形下，双方就未获清偿部分债权达成的合意系对2007年授信额度项下债务所作的清结，即以新债权取代旧债权，而非同一债权的展期。在主债权更迭的情况下，相应的担保责任必然随之发生变化，故双方需另行签订抵押合同并办理抵押登记。

其二，某银行厦门分行在本案某银行使抵押权所依附的债权均系在2008年

---

① 编者按：《民法典》第414条。

的《综合授信合同》项下于2008年6月26日至11月20日期间发生的银行承兑汇票，而非基于2007年的协议。某银行厦门分行作为专业的金融机构在授予中某智公司信用额度时即应对双方间的债务做出清理，并作为授信额度的发放依据。2008年授信协议中双方已就2007年额度项下未清偿部分债务并入后续协议达成了新的合意，后续实际发生的债权债务均产生于新的授信额度项下。即便某银行厦门分行认为此前债务未得到清偿，其作为债权人却并未就2007年授信额度项下的未偿债务要求清偿，亦未就此行使抵押权，而是基于2008年实际发生的债务主张权利，故一、二审法院以该基础法律关系认定事实并无不当。

其三，设定抵押权的根本目的在于担保主债权的实现，抵押权依附于主债权而存续，主债权对抵押权人的担保责任具有重大影响。2007年的授信协议主债权因履行期限届满双方当事人的清结而消灭，故相应的抵押权亦已归于消灭，不存在连续登记的基础。本案中两次抵押登记基于不同的主债权，而非同一债权项下的分期登记或连续登记，故并不属于担保法解释第五十八条第二款所规制的针对同一笔债权的抵押期间，因登记部门原因致使抵押物连续登记的情形。因此某银行厦门分行提出其2008年设立的抵押登记系2007年抵押权的连续登记的主张不能成立。

088 主债权丧失强制执行效力，抵押人能否要求解除抵押？

裁判要旨[①]

抵押权作为一种从权利，是为担保主债权的实现而设立，其效力状态应依附于主权利。如抵押担保的主债权被认定成为自然之债而丧失了法律强制力保护的，从属于主债权的抵押权也丧失了法律强制力的保护。继续维持抵押登记的存在，就丧失其合法的依据，且影响抵押财产的效能发挥，故抵押权应当解除。

---

① 案件来源：沈阳（中国北方某城）有限公司与中国某资产管理股份有限公司辽宁省分公司、某银行股份有限公司辽宁省分行抵押合同纠纷申诉、申请民事裁定书［最高人民法院（2017）最高法民申1355号］，国某资产管理股份公司辽宁省分公司与沈阳（中国北方某城）有限公司不良债权追偿纠纷再审民事判决书［最高人民法院（2013）民提字第57号］

案情简介

一、1998－1999年，某银行沈阳分行（以下简称沈阳某行）共借给花某公司四笔借款，共计人民币4380万元，花某公司以其自有的房屋及土地做担保，贷款到期后花某公司不能支付本息。2002年12月6日，沈阳中院判决花某公司给付沈阳某行借款及利息。如未清偿，以其所有的抵押物变价后优先受偿。之后，沈阳某行向沈阳中院申请强制执行。

二、2003年9月1日沈阳某行与花某公司达成还款《协议书》。最高法院最终认定，该协议仅为履行法院判决的约定，并无创设新的债权债务关系的意图。沈阳某行向沈阳中院提出撤销对该案执行程序的申请，沈阳中院于2004年1月11日以（2003）沈法执字第133号民事（执行）裁定书，裁定终结该案的执行程序。

三、2004年6月7日，沈阳某行将四笔债权转让给某公司。此债权转让协议于2004年8月2日向花某公司送达，债权转让生效。某公司向沈阳中院起诉，以还款《协议书》未履行为由，请求法院判决花某公司还本付息，并对抵押物享有抵押权。沈阳中院一审以债权丧失强制执行力沦为自然债务为由，驳回了某公司诉请。某公司不服，后辽宁高院二审、最高法院再审，均驳回了某公司诉请。

四、花某公司向沈阳中院起诉，请求解除抵押物的抵押登记。沈阳中院，辽宁高院一二审均支持了花某公司诉请。某公司不服，向最高法院申请再审，最高法院裁定驳回再审申请。案涉抵押物抵押被解除。

裁判思路

本案中的某公司不仅吃了哑巴亏，还被债务人以“反戈一击”的方式丧失了名存实亡的抵押权登记。本案中某公司败诉的原因在于，其所受让的债权因债权转让人申请撤销强制执行申请而沦为不具有强制执行力的自然之债。本案的债权转让人沈阳某行在与花某公司达成还款协议后，即撤销了强制执行申请，沈阳中院作出了终结强制执行程序的裁定书。至此，沈阳某行与花某公司之间的4380万元的债权即丧失了在此申请法院强制执行的效力，沦为自然之债。故最高法院认为：“案涉抵押担保的主债权已经被认定成为自然之债，就丧失了法律强制力保护，虽然在法律上抵押权有其存在的独立价值，但就本案的抵押权而言，随着案涉抵押担保的主债权成为自然之债，客观上从属于主债权的抵押权也丧失了法律强制力的保护。综上，二审认定案涉的主债权和抵押权都不再受国家强制力的保护，继续维持抵押登记的存在，就丧失其合法的依据，且影响抵押财产的效能发挥。”故最终维持了二审法院关于解除抵押的判决事项。某公司因此败诉。

经验总结

1. 自然之债不具有强制执行力。所谓的自然之债，是指债权人不能向法院申请强制执行，而只得由债务人自行履行的债务。如超过诉讼时效的债务、赌债、超过强制执行申请期限的债务等。故资产管理公司等债权受让人在受让他人债权时，不应仅关注所受让的债权是否已经超过诉讼时效，而需站在更广的层面从受让债务是否具有申请法院强制执行可能性的角度上，判断受让债务最终获得清偿的可能性。

2. 抵押等担保具有从属性。最高法院在本案中认为：“抵押权作为一种从权利，是为担保主债权的实现而设立，其效力状态应依附于主权利。”此处所言的效力上的从属性，不仅仅指主债权不成立、无效或者被撤销时，抵押权亦不复存在，还应包括抵押权担保的效力范围以主债权的效力为限。主债权沦为自然债务而丧失强制执行效力的，抵押权也丧失了继续存在的基础。故最高法院最终认定该案中抵押权登记基础存在丧失了合法依据，应予撤销。

3. 在债务人不履行生效判决时，债权不仅应及时向法院申请强制执行以维护自身权益，更为重要的是在强制执行阶段应慎重撤回强制执行申请。尤其是要防止债务人通过签订所谓“还款协议书”的方式诱骗债权人申请撤回强制执行申请。因为如果撤回强制执行申请后被法院裁定终结执行，而又未在法定期间内在此提出的，则可能判决所确认的给付义务即沦为自然之债，丧失申请法院强制执行的效力。对债权人的权益影响甚为巨大，不得不引起高度重视。因此，在执行阶段切莫以为“判决在手，天下我有”。否则稍有不慎，即可能“赔了夫人又折兵”。

相关法条

《中华人民共和国民事诉讼法》（2021 年修正）

第二百四十六条　申请执行的期间为二年。申请执行时效的中止、中断，适用法律有关诉讼时效中止、中断的规定。

前款规定的期间，从法律文书规定履行期间的最后一日起计算；法律文书规定分期履行的，从最后一期履行期限届满之日起计算；法律文书未规定履行期间的，从法律文书生效之日起计算。

第二百六十四条 有下列情形之一的，人民法院裁定终结执行：

（一）申请人撤销申请的；

（二）据以执行的法律文书被撤销的；

（三）作为被执行人的公民死亡，无遗产可供执行，又无义务承担人的；

（四）追索赡养费、扶养费、抚养费案件的权利人死亡的；

（五）作为被执行人的公民因生活困难无力偿还借款，无收入来源，又丧失劳动能力的；

（六）人民法院认为应当终结执行的其他情形。

裁判意见

以下为最高法院在再审期间“本院认为”部分就此问题发表的意见：

关于案涉抵押权是否应予解除的问题。抵押权作为一种从权利，是为担保主债权的实现而设立，其效力状态应依附于主权利。本案中，案涉抵押担保的主债权已经被认定成为自然之债，就丧失了法律强制力保护，虽然在法律上抵押权有其存在的独立价值，但就本案的抵押权而言，随着案涉抵押担保的主债权成为自然之债，客观上从属于主债权的抵押权也丧失了法律强制力的保护。综上，二审认定案涉的主债权和抵押权都不再受国家强制力的保护，继续维持抵押登记的存在，就丧失其合法的依据，且影响抵押财产的效能发挥，该认定并无不当，本院予以维持。

延伸阅读

1. 支持主债权因罹于诉讼时效而沦为自然之债的，抵押权消灭的判例

案例一：某银行股份有限公司上海分行与陈某某商品房预售合同纠纷一案二审民事判决书［（2011）沪二中民二（民）再终字第26号］

上海市第二中级人民法院二审认为，本案的争议焦点在于某银行上海分行在陈某某购买的房屋上所设定的抵押权是否可以存续。根据查明的事实，大某诚公司在将本案涉讼房屋出售给陈某某后，为向某银行上海分行借款人民币1000万元又将包括本案涉讼房屋在内的17套房屋抵押给了该行，但由于某银行上海分行在1999年9月10日后未再向大某诚公司主张归还上述借款，一审法院据此认定某银行上海分行与大某诚公司间的债务已经成为自然之债并无不当。同时，一审法院依据查明的事实，结合相关法律规定认定某银行上海分行因未在法律规定的两年时间内行使抵押权，故本案涉讼房屋的抵押权已经超过除斥期间而被消灭，亦无不妥，对一审法院依据上述认定和据此作出的判决，本院可予维持。

2. 不支持主债权因罹于诉讼时效而沦为自然之债的，抵押权消灭的判例

案例二：上诉人张某福与被上诉人某银行英德市支行、英德市储某粮管理公司及原审第三人英德市望某建材供销公司抵押合同纠纷二审民事判决书［（2013）清中法民三终字第160号］

清远市中级人民法院认为："关于上诉人主张的抵押权是否符合消灭的法定情形的问题。经本院审查认为，借款因超过诉讼时效不受人民法院保护，只是丧失了诉讼的胜诉权，借款成了自然之债，但其债权仍然存在，根据《中华人民共和国担保法》第五十二条①'抵押权与其担保的债权同时存在，债权消灭的，抵押权也消灭'的规定，债权存在的，其抵押权也同时存在。此外，《中华人民共和国物权法》第一百七十七条②规定：有下列情形之一的，担保物权消灭：（一）主债权消灭；（二）担保物权实现；（三）债权人放弃担保物权；（四）法律规定担保物权消灭的其他情形。而上诉人未能提供证据证明其主张符合上述规定的情形，因此，上诉人请求确认抵押权消灭的上诉请求依据不足、理由不充分，本院不予采纳。因上诉人要求确认抵押权消灭的请求不成立，其请求注销抵押登记的请求也理据不足，且本院（2011）清中法民三终字第111号民事判决已告知上诉人对于土地使用权抵押登记问题，可持本院（2011）清中法民三终字第110号民事判决向相关部门请求处理，因此，上诉人的上诉请求依据不足，本院予以驳回。"

3. 债权未在法定期间内申请强制执行而沦为自然之债的，抵押人可申请解除抵押权

案例三：某技术进出口公司诉某银行股份有限公司重庆市分行等建筑物和其他土地附着物抵押权纠纷案［（2008）渝五中民初字第408号］

重庆市第五中级人民法院认为："本案查明的事实还表明，为担保598XB0414、598XB0415两个信用证项下债权而成立的抵押权，与该两个信用证项下的主债权都

---

①② 编者按：《民法典》第393条。

已经过人民法院生效判决的确认。但由于权利人（既是主债权人也是抵押权人）未在法定期限申请恢复强制执行，丧失了请求法院强制执行保护其合法权益的权利。其直接的法律后果就是598XB0414、598XB0415两个信用证项下的主债权成为自然之债，也就是丧失了国家强制力的保障。抵押权作为一种从权利，是为担保主债权的实现而设立，其效力状态应依附于主权利。在被终结执行的重庆市高级人民法院（1999）渝高法经二初第1号民事判决书中，债权人对涉案房屋的优先受偿权也包含其中。这就意味着权利人也丧失了请求法院强制执行抵押物，以实现其优先受偿权的权利。在这样的状态下，抵押物上所负担的抵押登记，对原抵押权人来讲因已经丧失了国家强制力的保障而变得毫无意义。但对抵押物所有人而言，继续维持抵押登记势必影响抵押物的正常使用和流转，尤其会影响抵押物交换价值的实现，妨害抵押物所有人所有权的行使。抵押担保本来是合法设置在抵押物上的负担，它在担保主债权实现的同时，妨碍了所有权的行使。在抵押权合法存在的时候，这样的妨碍是正当的。由于本案的主债权和抵押权都不再受国家强制力的保护，继续维持抵押登记的存在，就丧失了合法的依据。尽管本案争执的抵押权没有法定的消灭情形，但基于前述原因，为物尽其用，本院对原告要求解除抵押登记的诉请予以支持。”

089 债务人虚构债务并设定抵押的，其他债权人能否主张撤销抵押权？

裁判要旨①

如果存在债权人与债务人恶意串通，将其全部或者部分财产抵押给该债权人，因此丧失了履行其他债务的能力，损害了其他债权人的合法权益，受损害的其他债权人可以请求人民法院撤销该抵押行为。

案情简介

一、2013年7月5日，李某林与长某公司、孙某杉、张某签订编号为20130705

① 案件来源：孙某鹤与李某林申请执行人执行异议之诉纠纷上诉案［（2015）苏商终字第00605号］

的借款合同1份，李某林向长某公司提供数额为1000万元的借款。孙某杉、张某为长某公司向李某林提供无限连带责任担保。2013年8月9日，长某公司与李某林签订房地产抵押担保合同1份，以其名下的两套房产为上述借款提供担保，并办理抵押登记。

二、长某公司向李某林归还借款利息至2013年9月26日，本金未归还。李某林于2013年12月26日诉至南京中院，南京中院于2014年3月27日作出(2014)宁商初字第5号民事判决：长某公司还本付息，孙某杉、张某承担连带责任保证，李某林对抵押房产享有优先受偿权。上述判决生效后，李某林申请强制执行。

三、2014年9月17日，南京中院发布（2014）宁执字第285号公告，对抵押房产进行评估、拍卖。后因抵押房产的国有土地使用权已抵押给孙某鹤，致该房产的评估、拍卖未能继续进行。李某林以长某公司与孙某鹤恶意串通虚构456万元民间借贷债务并设定抵押为由向原审法院提出执行异议，但被裁定驳回。

四、李某林向南京中院提起执行异议之诉，请求撤销孙某鹤的抵押权。南京中院查明，孙某鹤、长某公司签订案涉房地产抵押借款合同，实质是将孙某杉对孙某鹤的个人债务转化为长某公司对孙某鹤的借款，并由长某公司提供案涉国有土地使用权进行担保。遂一审判决支持李某林诉请。

五、孙某鹤不服，上诉至江苏省高院，江苏省高院二审判决驳回上诉，维持原判。

裁判思路

本案中孙某鹤败诉的原因在于其对抵押房产国有土地使用权的抵押权是通过与长某公司虚构债务的方式取得的。孙某鹤与长某公司的债权债务关系实质是由孙某杉对孙某鹤的个人债务转化而来，由长某公司提供国有土地使用权进行担保。因此，长某公司承担了本不应该由其承担的虚假债务，并为该虚假的债务提供了抵押担保。本案案情本不符合《担保法解释》第六十九条[①]规定的构成要件，但江苏高院在适用法律时采用了“举轻以明重”的方法，认为《担保法解释》第六十九条[②]虽系在债务人存在多个普通债权人的情形下，禁止债务人与其中一个债权人恶意串通，将全部或部分财产设定抵押，但如果存在债权人与债务

①② 编者按：已失效，被《民法典》吸收。

人恶意串通虚构债权进而设定抵押损害其他债权人利益的行为，则更应为法律所禁止，应依据前述司法解释的规定撤销该抵押行为。

经验总结

1. 根据《担保法解释》第六十九条①的规定，债务人有多个普通债权人的，在清偿债务时，债务人与其中一个债权人恶意串通，将其全部或者部分财产抵押给该债权人，因此丧失了履行其他债务的能力，损害了其他债权人的合法权益，受损害的其他债权人可以请求人民法院撤销该抵押行为。本条的规定实际上是《合同法》第七十四条②关于债权人撤销权的具体应用。根据《合同法》第七十四条③的规定："债务人以明显不合理的低价转让财产，对债权人造成损害，并且受让人知道该情形的，债权人也可以请求人民法院撤销债务人的行为。"如果债务人在资不抵债的情况下为个别债权人设定抵押，实际上是一种变相的"以不合理的抵押转让财产"的行为，故其他债权人可主张撤销。只是《担保法解释》第六十九条④对此规定了更为严格的适用条件，即不仅要求债权人在资不抵债时为其他债权人设定了抵押，而且还要求债务人与其他债务人之间存在恶意串通的事实。

2. 在法律适用的过程中，要善于运用法律漏洞填补的解释方法。本案的主要事实发生在《民法典》适用之前，相关案情本不符合《担保法解释》第六十九条⑤的规定，因为本条的适用需要以债务人在资不抵债的情况下，为个别债权人以自己的财产设定抵押。即要求个别债权人与债务人之间存在真实的债权债务关系，而本案中长某公司与孙某鹤之间并不存在真实的债权债务关系。但江苏高院在适用法律时，并未拘泥于该条的文义，而是采用了"举轻以明重"的解释学方法，填补了这一法律漏洞。基本的裁判思路是，既然存在真实债务时为个别债权人设定抵押都为法所不许，那么为不存在真实债务的债权人设定抵押更应为法所不许。"举轻以明重"的解释方法是在确定一方当事人责任常采用的填补漏洞的解释学方法，操作思路为：既然较轻的 A 情形都要承担责任或不得主张权利，那么比 A 情形更重的 B 情形则更要承担责任或不得主张权利。

---

①④⑤ 编者按：已失效，被《民法典》吸收。
②③ 编者按：《民法典》第 539 条、第 540 条。

3. 《民法典》及《民法典担保制度解释》生效后，《担保法解释》第六十九条[①]被取消，取而代之的是《民法典》第五百三十九条“债务人以明显不合理的低价转让财产、以明显不合理的高价受让他人财产或者为他人的债务提供担保，影响债权人的债权实现，债务人的相对人知道或者应当知道该情形的，债权人可以请求人民法院撤销债务人的行为”。关于恶意串通行为，《民法典》第一百五十四条规定：“行为人与相对人恶意串通，损害他人合法权益的民事法律行为无效。”依据《最高人民法院关于适用〈中华人民共和国民事诉讼法〉的解释》第一百零九条的规定，恶意串通的证明标准是能够排除合理怀疑。证明恶意串通，必须证明接受抵押的抵押权人知道债务人偿债能力不足，且该抵押行为实质上系转移财产、逃避债务。

4. 债权人在维护自身权利时，不仅应当关注债务人是否具有偿债能力，而且要关注债务人在资不抵债的情形下的财产行为。尤其需关注债务人与个别债权人达成的以物抵债协议、抵押担保协议、抵消协议，与非债权人之间的财产转让协议、抵押协议、以物抵债协议等。如果发现上述协议可能存在低价甚至无偿转让财产的情形，债权人均可根据《民法典》第一百五十四条的规定主张撤销上述协议。

相关法条

《中华人民共和国民法典》（2021 年 1 月 1 日施行）

第一百五十四条 行为人与相对人恶意串通，损害他人合法权益的民事法律行为无效。

第五百三十九条 债务人以明显不合理的低价转让财产、以明显不合理的高价受让他人财产或者为他人的债务提供担保，影响债权人的债权实现，债务人的相对人知道或者应当知道该情形的，债权人可以请求人民法院撤销债务人的行为。

《中华人民共和国合同法》（2021 年 1 月 1 日失效）

第七十四条 因债务人放弃其到期债权或者无偿转让财产，对债权人造成损害的，债权人可以请求人民法院撤销债务人的行为。债务人以明显不合理的低价转让财产，对债权人造成损害，并且受让人知道该情形的，债权人也可以请求人

① 编者按：已失效，被《民法典》吸收。

民法院撤销债务人的行为。

撤销权的行使范围以债权人的债权为限。债权人行使撤销权的必要费用，由债务人负担。

《最高人民法院关于适用〈中华人民共和国担保法〉若干问题的解释》（法释〔2000〕44号 2021年1月1日失效）

第六十九条 债务人有多个普通债权人的，在清偿债务时，债务人与其中一个债权人恶意串通，将其全部或者部分财产抵押给该债权人，因此丧失了履行其他债务的能力，损害了其他债权人的合法权益，受损害的其他债权人可以请求人民法院撤销该抵押行为。

裁判意见

以下为江苏高院在“本院认为”部分就此问题发表的意见：

《最高人民法院关于适用〈中华人民共和国担保法〉若干问题的解释》第六十九条[①]的规定虽系在债务人存在多个普通债权人的情形下，禁止债务人与其中一个债权人恶意串通，将全部或部分财产设定抵押，但如果存在债权人与债务人恶意串通虚构债权进而设定抵押损害其他债权人利益的行为，则更应为法律所禁止，应依据前述司法解释的规定撤销该抵押行为。本案中，孙某鹤无充分证据证明其与长某公司之间的债权债务关系成立，但长某公司却以其土地使用权为该债权设定抵押，该抵押行为因损害债权人李某林的债权，应予撤销。

延伸阅读

1. 不能证明债务人与个别债权人恶意串通的，其他债权人不得主张撤销抵押权

案例一：张某廷、联某投资有限公司确认合同无效纠纷再审审查与审判监督民事裁定书［（2020）最高法民申1239号］

最高人民法院认为：《物权法》第九条[②]第一款规定，不动产物权的设立、变更、转让和消灭，经依法登记，发生效力；未经登记，不发生效力，但法律另有规定的除外。根据原审查明的事实，涉案“红某国贸”项目的土地使用权证、

---

① 编者按：已失效，被《民法典》吸收。

② 编者按：《民法典》第208条。

建设工程规划许可证、建设工程用地许可证、预售许可证均登记在广西联某公司名下，各方当事人在合作开发项目时也约定以联某公司作为该项目开发投资主体，以广西联某公司名义开展活动。2013 年6 月8 日，联某公司与某行友爱支行签订《抵押合同》，约定广西联某公司以“红某国贸”项目在建工程设立抵押，并办理了抵押登记。涉案抵押物登记在联某公司名下，联某公司以其设定抵押，系有权处分。张某廷虽与联某公司签订合作协议，但合作协议系张某廷与联某公司的内部约定，并未改变涉案抵押物登记的权属情况。（2014）钦南民初字第166 号民事调解书作出时间在《抵押合同》签订之后，且亦未改变抵押物登记情况。张某廷提交的证据不能证明某行友爱支行与联某公司恶意串通，损害张某廷利益。张某廷主张涉案《抵押合同》无效，缺乏依据。原判决认定联某公司与某行友爱支行签订的《抵押合同》不存在无效情形，并无不当。

案例二：江北创某有限公司、中某公司海事海商纠纷再审审查与审判监督民事裁定书［（2019）最高法民申 6187 号］

最高人民法院认为：中某公司与某银行宁波分行签订的编号分别为甬北仑SX2015104 -4、SX2015105 -4、SX2015105 -5 的三份《最高额抵押合同》属于双方真实意思表示，且内容并不违反法律法规禁止性规定。原审判决关于案涉三份《最高额抵押合同》合法有效的认定，事实清楚，适用法律正确。创某公司以合同法第五十二条第（二）项[①]“恶意串通，损害国家、集体或者第三人利益”的规定为由，主张确认案涉三份《最高额抵押合同》无效，但其所提供的证据仅能证明两被申请人有就设立最高额抵押合同进行过磋商，并不能证明两被申请人就设立抵押合同存有恶意串通的行为，故其再审理由不能成立。

案例三：周某祥与宁波鑫某工业发展有限公司、某银行股份有限公司宁波市鄞州支行债权人撤销权纠纷二审民事判决书［（2011）浙商外终字第 60 号］

浙江省高级人民法院认为：“周某祥主张其法律依据为最高人民法院《关于适用〈中华人民共和国担保法〉若干问题的解释》第六十九条[②]规定，……。该条规定对于本案情形确具针对性，但其适用前提中的关键之处即债务人与抵押权人恶意串通的情节仍不能认定，理由在于：第一，虽然鑫某公司于2008 年12 月15 日将全部土地及在建工程抵押时，确已存在包括周某祥在内的多个债权；基于同日签订的6000 万元借款合同而办理的抵押担保范围包括此前已经发生的四

① 编者按：《民法典》第 154 条。
② 编者按：已失效，被《民法典》吸收。

个合同的借款，对于该四笔借款而言，也可认为系事后抵押，但周某祥并无证据证明某银行鄞州支行在办理抵押时知道其他债权人的存在，且因鑫某公司的其他债务包括周某祥的在内，基本属于担保债务，某银行鄞州支行称，无法从企业的征信系统查到这些债务，应是实情，就算鑫某公司自己在其他债权人起诉前，也难以确定有多少或然债务的债权人。第二，从原审法院（2010）浙甬商外初字第89号民事判决业已查明的鑫某公司工程进度情况看，某银行鄞州支行与鑫某公司借款发生时，在建工程显然还不具备办理抵押的条件，故先将已具备抵押条件的土地办理了抵押手续，而后待在建工程基本成形时随即办理了抵押手续，并非是在建工程早已完工而拖延至遇险时突击抵押，本案事后抵押完全受鑫某公司工程进度所限制。第三，早在鑫某公司厂房等工程开工前，也是在某银行鄞州支行向鑫某公司发放首笔贷款前的2006年5月11日，鑫某公司即向某银行鄞州支行出具了《承诺函》，鑫某公司在该函中明确写明‘待厂房等后续抵押物形成并取得相关权证后及时办理抵押、保险手续，将贷款转入抵押项下’。虽然，周某祥认为该函不可能形成于函中落款日期即2006年5月11日而否认该函真实性，但其未能提供相反证据，故其提出仍需某银行鄞州支行承担证明形成日期的举证责任的上诉理由，缺乏相应依据，原审法院认定该函真实性并无不当。尽管周某祥还认为，即使认定《承诺函》真实有效，《承诺函》也只针对2006年的贷款，不针对2008年的贷款，2008年贷款所对应部分的抵押仍属恶意抵押，但是，由于《承诺函》出具时，所有贷款尚未发生，函中写明的‘将贷款转入抵押项下’，应理解为全部贷款，如果仅指部分贷款，反而没有指向性，不合逻辑；其次，2008年12月15日的最高额抵押合同中明确注明的担保范围包括原先发生的贷款，并列明了相应贷款合同，可以印证《承诺函》中‘将贷款转入抵押项下’的含义就是为某银行鄞州支行向鑫某公司发放的全部贷款提供担保，而《承诺函》中所述用于抵押的财产正与事后办理抵押的资产一致，故该《承诺函》足以表明鑫某公司向某银行鄞州支行借款前达成的将相应资产予以抵押的合意，这种事先存在的合意是不存在事后恶意的明证。因此，某银行鄞州支行在事先有抵押合意，又待抵押条件基本完备且又不知其他债权人存在的情况下，与鑫某公司办理的抵押手续，无法认定其存在恶意串通的情形。本案抵押行为因不存在最高人民法院《关于适用〈中华人民共和国担保法〉若干问题的解释》第六十九条①

① 编者按：已失效，被《民法典》吸收。

规定的可撤销情形，原审法院未支持周某祥主张撤销抵押行为的请求正确，应予维持。”

2. 个别债权人知晓债务人财务状况恶化仍接受其担保的，可认定为“恶意串通”

案例四：黄某岩、黄某英债权人撤销权纠纷二审民事判决书［青岛市中级人民法院（2017）鲁02民终165号］

该院认为：“本案为债权人撤销权纠纷，被上诉人起诉要求撤销二上诉人之间办理的房屋抵押。根据《最高人民法院关于适用〈中华人民共和国担保法〉若干问题的解释》第六十九条①规定……。就本案而言，本院认为二上诉人之间构成了恶意串通，上诉人黄某岩将其财产抵押给其中上诉人黄某英，损害被上诉人合法权益的情形。理由如下：（1）关于黄某岩履行能力的问题，上诉人主张黄某岩有大量债权已进入执行，不存在无财产执行的情况。对此，被上诉人提出抗辩，称经其查询，上诉人所主张的黄某岩作为债权人的执行案件中相关债权均已执行终结，提供给被上诉人的相关抵押房产也已过户给他人等，黄某岩并无财产可供执行，而且黄某岩因逃避执行已经被黄岛区人民法院下达了协查通知。上诉人并未就其主张的仍有财产可供执行以及其债务人提供的抵押财产是否已经过户给他人或另行处理的情况提供证据，不能证明其还有其他可供执行财产，故，本院依法采信被上诉人的抗辩，对上诉人的主张不予采信。（2）关于二上诉人是否构成恶意串通的问题，本院认为，上诉人黄某英主张本案中与抵押房产相关的债权并无其与黄某岩之间的资金往来全部明细予以核对和确认，无法确认该笔债权的真实性。即使该债权真实发生于2014年12月至2015年1月，上诉人黄某英在诉讼称其与上诉人黄某岩有大量借款，每年都对帐，上诉人黄某英应当清楚上诉人黄某岩的经济状况，而且上诉人黄某英在诉讼中自认知道上诉人黄某岩当时资金链出现问题，在此情形下，二上诉人在本案讼争房产抵押之前几天将黄某岩名下的另一房产转至黄某英名下，继而又将本案讼争房产抵押给黄某英，而除此之外，黄某岩再无其他有效财产可供执行，二上诉人的抵押行为明显构成恶意串通损害其他债权人利益。因此，一审法院判令撤销二上诉人之间的抵押行为符合法律规定。”

---

① 编者按：已失效，被《民法典》吸收。

3. 对于是否存在“恶意串通”的情形，应综合多种因素认定

案例五：郝某与某商业银行股份有限公司深圳分行确认合同无效纠纷二审民事判决书［（2014）深中法房终字第1027号］

深圳市中级人民法院认为：“某银行深圳分行对晶某达公司的第一笔债权于2012年5月25日到期，陈某良在此后的2012年7月17日将涉案房产抵押登记给郝某，而郝某对陈某良的债权已于2010年3月转化为借款，陈某良为郝某设定的抵押在郝某、陈某良的债务形成后两年，为事后抵押；双方办理抵押登记时，陈某良对郝某的债务尚未到期；郝某在接到某银行深圳分行起诉郝某、陈某良的应诉通知后起诉陈某良要求其偿还借款本金人民币240万元，但未同时要求确认其对涉案房产享有抵押优先受偿权。原审判决综合以上事实认定郝某、陈某良的抵押行为存在恶意串通的情形，是正确的。并且陈某良所举证据不能证明其在将涉案房产抵押给郝某后仍有履行债务的能力，故原审法院认定陈某良因设定涉案房产的抵押而丧失了履行债务的能力正确。最高人民法院《关于适用〈中华人民共和国担保法〉若干问题的解释》第六十九条①规定：……郝某、陈某良的抵押行为符合最高人民法院《关于适用〈中华人民共和国担保法〉若干问题的解释》第六十九条②规定的债权人可以行使撤销权的构成要件，郝某上诉主张其与陈某良的抵押行为不存在最高人民法院《关于适用〈中华人民共和国担保法〉若干问题的解释》第六十九条③规定的可撤销情形的理由不成立。”

090 主债权超过诉讼时效后，抵押权是否还存续？

裁判要旨④

抵押权人在主债权诉讼时效期间未行使抵押权将导致抵押权消灭，而非胜诉权的丧失。抵押权消灭后，抵押人要求解除抵押权登记的，人民法院应当支持。

---

①②③ 编者按：已失效，被《民法典》吸收。

④ 案件来源：李某上诉王某抵押合同纠纷一案［北京市第三中级人民法院（2016）京03民终8680号 《最高人民法院公报》2017年第7期］

案情简介

一、2009年8月11日，王某与李某签订协议书，约定，甲方从乙方处借款50万元，期限自2009年8月11日至2009年9月10日。期满一次性偿还全部借款。为保证李某的权益，王某将位于北京市通州区A房屋抵押于李某处。同日，从李某的银行账户向另一账户转款49.72万元。王某向李某出具收条，写明："今收到李某现金人民币伍拾万元整。"

二、2009年8月12日，王某和李某在北京市通州区建设委员会办理了关于涉案房屋的抵押登记手续，2009年9月2日，李某被登记为上述房屋的他项权利人，取得A房屋他项权利证书，其上记载房屋所有权人为王某，债权数额为人民币50万元。

三、后李某未在诉讼时效期间内向王某主张债权及抵押权，该债权罹于诉讼时效。王某诉至法院，请求判令：李某协助王某办理注销通州区A房屋的抵押登记手续。通州法院一审判决支持原告诉请。

四、李某不服，上诉至北京三中院，北京三中院二审判决驳回上诉，维持原判。

裁判思路

本案中抵押权人李某的裁判思路在于其未在主债权诉讼时效的期间内向抵押人王某主张行使抵押权。《物权法》第二百零二条[①]规定："抵押权人应当在主债权诉讼时效期间行使抵押权；未行使的，人民法院不予保护。"对于此处的"人民法院不予保护"的内涵，存在不同理解。有法院认为，应将其理解为抵押权人的"胜诉权消灭"，而非抵押权本身消灭，如果抵押人自愿履行担保义务的，应予准许。但也有观点认为，应理解为抵押权的权利本体消灭，即只要抵押权人未在主债权诉讼时效期间内行使抵押权，抵押权本身就因期间的经过而灭失。本案的两审法院均采纳了第二种裁判观点。其中二审法院更是从诉讼时效、抵押权、权利分类三个角度充分论证了这一观点。结合本案的实际，李某作为抵押权人未在主债权期间内行使抵押权导致抵押权消灭，即应配合抵押人注销抵押登记。李某因此败诉。

---

① 编者按：《民法典》第419条。

经验总结

1. 抵押权作为担保物权，具有从属性，其体现之一即为效力上的从属性。具体而言，主债权的成立和生效是抵押权成立和生效的前提，主债权消灭抵押权亦随之消灭。由于抵押权所担保的实际上是债权人请求债务人履行债务的请求权，因此抵押权实际上是依附于债权请求权能之上的权利。如果诉讼时效经过后，主债权中的请求权能即已经消灭，抵押权无所依附。因此，主债权诉讼时效经过后，具有从属性质的抵押权的效力即行消灭。

2. 有抵押担保的债权人不能因为有抵押权的存在而有恃无恐。理论上，抵押权为担保物权，除非存在《民法典》第三百九十三条规定的情形，担保物权不因其他事由而消灭。但该条第四项是一个兜底性条款，规定“法律规定担保物权消灭的其他情形”也可导致抵押权消灭，而《物权法》第二百零二条[①]即为该规定之一。因此，债权人不仅要在诉讼时效期间内积极主张债权，而且要在主张债权的同时积极主张抵押权。防止抵押权因诉讼时效经过而归于消灭。

3. 因债权人未在诉讼时效期间内行使导致抵押权消灭的，抵押人可要求抵押权人协助办理抵押权注销登记手续。如果抵押权消灭后，抵押权人仍保有抵押权利登记，基于抵押登记的公示公信效力，将导致抵押人对于抵押物的再行处分面临一定的困难，对抵押人而言甚为不利。因此，抵押人可请求抵押权人在抵押权消灭后协助注销抵押登记，如抵押权人拒不配合的，抵押人可通过诉讼的方式获得相应生效法律文书后，单方面向不动产登记机关申请注销抵押登记。

相关法条

《中华人民共和国民法典》（2021年1月1日施行）

第三百九十三条 有下列情形之一的，担保物权消灭：

（一）主债权消灭；

（二）担保物权实现；

（三）债权人放弃担保物权；

（四）法律规定担保物权消灭的其他情形。

---

① 编者按：《民法典》第419条。

第四百一十九条 抵押权人应当在主债权诉讼时效期间行使抵押权；未行使的，人民法院不予保护。

裁判意见

以下为北京三中院在二审期间就此问题发表的论述，清华大学法学院程啸教授对该论述给予了极高的评价：

关于争议焦点三，在主债权已过诉讼时效的前提下，本院认为李某的抵押权已消灭，抵押人王某主张解除抵押登记的请求应予支持。需特别指出的是，由于该争议焦点的本质涉及对《物权法》第二百零二条①的理解，且与当事人的诉求和抗辩直接相关，故本院以法理为基，以规范为据，对于作出如上认定的理由阐释如下：

《物权法》第二百零二条②规定："抵押权人应当在主债权诉讼时效期间行使抵押权；未行使的，人民法院不予保护"，该条款中"不予保护"含义的明确依赖于对诉讼时效和抵押权性质的分析。

首先，就诉讼时效而言，其以请求权人怠于行使权利持续至法定期间的状态为规制对象，目的在于让罹于时效的请求权人承受不利益，以起到促其及时行使权利之作用，依民法理论通说，其适用范围限于债权请求权。而就抵押权而言，其属于支配权，并非请求权的范围，更非债权请求权的范围，如将抵押权纳入诉讼时效的规制范围，无疑有违民法原理。

其次，就抵押权而言，其目的在于担保债务的履行，以确保抵押权人对抵押物的价值享有优先受偿的权利。为实现上述目的，抵押权对物之本身必将产生权能上的限制，对物的使用和转让均会产生影响。故，若对抵押权人行使抵押权的期限不进行限制，将使抵押财产的归属长期处于不稳定状态，不仅不利于保护当事人的合法权益，亦不利于物之使用和流通效能的发挥。此外，如果允许抵押权人在任何时候均可行使抵押权，则意味着在主债权经过诉讼时效且债务人因此取得抗辩权之后，债权人依然可从抵押人处获得利益，进而将抵押人和债务人之间的追偿和抗辩置于困境，换言之，也意味着抵押人将长期处于一种不利益的状态，其义务也具有不确定性，若如此，对于抵押人来说未免过于苛刻亦有失公允。

---

①② 编者按：《民法典》第419条。

再次，从权利分类角度分析，在数项权利并存时，依据权利的相互依赖关系，有主权利与从权利之分，凡可以独立存在、不依赖于其他权利者，为主权利；必须依附于其他权利、不能独立存在的则为从权利。举例而言，在债权与为担保债的履行的抵押权并存时，债权是主权利，抵押权为从权利。在主权利已经丧失国家强制力保护的状态下，抵押物上所负担的抵押权也应消灭方能更好地发挥物的效用，亦符合《物权法》之担保物权体系的内在逻辑。故《物权法》第二百零二条①规定抵押权行使期间的重要目的之一当在于促使抵押权人积极地行使抵押权，迅速了结债权债务关系，维系社会经济秩序的稳定。综合上述分析，应当认定在法律已设定行使期限后，抵押权人仍长期怠于行使权利时，法律对之也无特别加以保护的必要，应使抵押权消灭。具体到本案中，因李×在主债权诉讼时效期间并未向王某主张行使抵押权，故对李某的抵押权，人民法院不予保护，该抵押权消灭，王某请求解除抵押登记的请求应予支持。

延伸阅读

案例一：某农村商业银行股份有限公司林城支行与陈某山合同纠纷民事裁定书［（2016）黑民申535号］

黑龙江省高级人民法院认为，陈某山对于李某飞向某农商行贷款提供了两种担保方式，一是同某农商行签订《抵押担保借款合同》，陈某山用其房屋作为抵押物，借款、抵押期间为2005年4月15日至2006年4月15日；二是出具《承诺书》，作为连带责任保证人提供担保，担保期限为2005年4月15日起至还清贷款本息为止。某农商行应当在借款合同履行期限届满后两年内向借款人李某飞主张权利，但某农商行在上述期间内并未主张过权利，且没有发生诉讼时效中止、中断或者延长的法定情形，故某农商行对李某飞的债权已经超出诉讼时效期间。依据《物权法》第二百零二条②“抵押权人应当在主债权诉讼时效期间行使抵押权；未行使的，人民法院不予保护”的规定，某农商行因怠于行使权利已丧失要求法院保护其抵押权的胜诉权，陈某山又以其行为明示不再进行抵押，故陈某山与某农商行之间的抵押合同已终止，但因双方未办理解除抵押登记，影响陈某山对抵押物的支配权，故一、二审法院判决解除《抵押担保借款合同》符合实际情况，某农商行认为不应解除合同的申请理由不能成立。……《担保法》

①② 编者按：《民法典》第419条。

第五十二条①规定："抵押权与其担保的债权同时存在，债权消灭的，抵押权也消灭"，但不能依据该项法律规定即推定"只要债权未消灭，抵押权即存在"的理论，且亦受诉讼时效的限制，故某农商行以上述法律规定主张其仍享有抵押权的申请理由本院不予支持。

案例二：邓某容与某银行股份有限公司重庆市分行、某银行股份有限公司重庆北碚支行抵押合同纠纷二审民事判决书［（2013）渝一中法民终字第04305号］

重庆市第一中级人民法院认为：本案中，邓某容向某银行北碚支行借款7万元，并以其房屋提供担保，办理了抵押登记。然而，根据已生效的重庆市北碚区人民法院作出的（2009）碚法民初字第869号民事判决，某银行北碚支行、某银行重庆分行对邓某容享有的贷款主债权已成为自然之债，丧失了国家强制力的保障。某银行北碚支行对邓某容所享有的抵押权，作为一项从权利，是为担保贷款主债权的实现而设立，其效力状态应依附于主权利，在该抵押权不再受人民法院保护的情形下，抵押物上所负担的抵押登记，对抵押权人来讲因已丧失了国家强制力的保障而变得缺乏意义，但对抵押人而言，继续维持抵押登记势必影响抵押物的正常使用和流转，尤其会影响抵押物交换价值的实现，妨害抵押人所有权的行使。抵押担保本来是合法设置在抵押物上的负担，它在担保主债权实现的同时，妨碍了所有权的行使。在抵押权合法存在的时候，这样的妨碍是正当的。本案主债权和抵押权现都不再受国家强制力保护，继续维持抵押登记的存在，就丧失了合法的依据。同时，重庆市高级人民法院于2009年6月发布了规范性文件《审理金融债权及担保纠纷案件研讨会会议纪要》，其中第二条第（三）项载明："抵押权人在主债权诉讼时效期间届满后行使抵押权的法律后果，即《中华人民共和国物权法》第二百零二条②'抵押权人应当在主债权诉讼时效期间行使抵押权；未行使的，人民法院不予保护'之规定的理解问题。会议认为，该规定是对抵押权存续期限的规定，超过该期限未行使抵押权的，抵押权消灭。"可见，根据该意见，《物权法》第二百零二条③中"人民法院不予保护"是指未行使的抵押权，因主债权诉讼时效的经过而消灭，而非丧失的仅是抵押权受人民法院保护的权利。因此，涉诉的抵押权业已消灭。综上，基于前述原因，为物尽其用，定纷止争，应支持邓某容要求解除抵押登记、返还房屋产权证的诉讼请求。因在目前的抵押登记记载中，某银行北碚支行还是抵押权人，其也收取了邓某容房屋产

① 编者按：《民法典》第393条。

②③ 编者按：《民法典》第419条。

权证，某银行北碚支行负有当然的办理解除该抵押登记和返还房屋产权证的义务，必要时某银行重庆分行也应予以协助。因此，一审判决驳回邓某容的诉讼请求，属于适用法律错误，本院予以纠正。

案例三：上诉人某银行股份有限公司佳木斯分行与被上诉人刘某某、王某梅、刘某宗、刘某贤抵押合同纠纷一案判决书［（2014）佳商终字第9号］

佳木斯市中级人民法院认为：抵押权设立的目的是担保主债务的履行及债权的实现，而债权的实现除了债务人主动履行义务，更多的是依靠债权人积极主张债权。本案主因是上诉人没有在诉讼时效届满前，主张到期债权和行使抵押权而丧失胜诉权，被法院判决驳回诉讼请求。被上诉人要求上诉人出具解除抵押登记手续，上诉人以享有“自然权利”为由拒绝出具解除抵押登记手续。上诉人怠于行使权利，导致主债权超过诉讼时效期间，抵押权无法实现。如果任凭这种状态持续，则不利于抵押物的有序流转和价值实现。因此，应认定抵押权消灭，这符合法治精神，也有利于最大限度发挥财产的效能。本案被上诉人刘某贤、王某梅、刘某宗、刘某贤为刘某某、王某梅与上诉人借贷提供抵押担保过程中已履行了义务，但由于上诉人不在法定的期间内主张权利，致使自身丧失胜诉权，进而无法实现债权，其抵押权由于自身不作为而消灭。抵押权消灭后，抵押人有权要求抵押权人办理解除抵押登记手续。原审判决并无不当，上诉人的上诉主张缺乏事实和法律依据，本院不予支持。

第十节　其他问题

091 抵押权能否善意取得？如何善意取得？

裁判要旨[①]

抵押权属于担保物权，属于《物权法》第一百零六条[②]第三款规定的“其他物权”范围，故可根据物权登记公示公信原则，善意取得抵押权。

---

① 案件来源：再审申请人施某与被申请人张某锦、谢某鸿、赣州高某技实业有限公司民间借贷纠纷一案再审裁定书［最高人民法院（2015）民申字第3063号］

② 编者按：《民法典》第311条。

案情简介

一、2013 年 1 月 14 日，张某锦与时任菊隆高某公司董事长、法定代表人的谢某鸿签订《借款协议书》，约定由张某锦向谢某鸿提供 1920 万元借款。施某作为借款的保证人，以其名下土地和房屋（为夫妻共同财产，但仅登记在施某名下）作为抵押担保，并办理了抵押登记。菊隆高某公司作为本次借款的连带责任担保人由法定代表人谢某鸿签字并盖章。张某锦与施某并不熟识。

二、借款到期后，谢某鸿并未如约归还借款亦未支付利息，张某锦多次追索均未果，故诉至赣州中院，请求：谢某鸿、菊隆高某公司、施某连带还本付息，并对抵押物享有优先受偿权。施某提出反诉，请求：撤销施某 2013 年 1 月 14 日为谢某鸿向张某锦借款本金 1920 万元设定的房屋和土地抵押担保。赣州中院一审判决谢某鸿、菊隆高某公司、施某连带还本付息，但驳回了其主张对抵押物享有优先受偿权的诉请。

三、张某锦不服，上诉至江西高院，江西高院二审改判支持张某锦对抵押物享有优先受偿权。

四、施某不服，向最高法院申请再审，最高法院裁定驳回再审申请。张某锦对抵押物的优先受偿权得以确认。

裁判思路

本案中施某的裁判思路在于抵押权可以善意取得。根据已查明的事实，案涉抵押的土地和房屋属于夫妻共同财产，施某在签订抵押合同及办理抵押登记时，均未取得其妻子的同意。但上述房屋及土地仅登记在施某个人名下，不动产登记簿上并无其妻子作为共有人的记载。根据《民法典》第三百一十一条的规定，作为担保物权的抵押权，可参照适用善意取得制度。因此，江西高院认为："信丰县房产管理局登记权利人仅为施某，张某锦可根据物权登记公示原则，信赖施某对该房屋具有完全处分权，除非有证据证明张某锦事先明知登记错误，信丰县房产管理局为张某锦办理了他项权利证书，张某锦善意取得本案抵押房产的抵押权。"最高法院在再审本案时也认为："抵押权属于担保物权，属于《物权法》第一百零六条[①]第三款规定的'其他物权'范围。因此，二审法院适用该条认定

---

① 编者按：《民法典》第 311 条。

张某锦根据物权登记公示原则，信赖施某对案涉抵押房产具有完全处分权，适用法律并无不当。”故张某锦通过善意取得的方式取得了案涉抵押物的抵押权，施某因此败诉。

经验总结

1. 抵押权为担保物权，可适用善意取得制度。《物权法》第一百零六条[①]第三款规定：“当事人善意取得其他物权的，参照前两款规定。”抵押权为担保物权，为本款所称“其他物权”之一种，故可参照适用《物权法》第一百零六条[②]的善意取得制度。

2. 对于不动产抵押权的善意取得应满足以下构成要件：（1）抵押物物权（所有权、用益物权）存在登记错误，导致名义登记人并非真实的权利人或者完全的权利人；（2）接受抵押的债权人对抵押物物权登记存在登记错误并不知情；（3）存在真实的担保债权；（4）已经办理了抵押登记。由于提供抵押在抵押人和抵押权人之间，是一种无偿行为，故《物权法》第一百零六条[③]规定的“支付合理对价”的要求，并非抵押权善意取得的构成要件之一，但鉴于抵押权具有从属性，故要求抵押所担保的债权必须真实存在。结合本案的具体情况来看，作为抵押权人的张某锦与作为抵押人的施某并不熟识，其无从判断登记在其名下的房屋是否为夫妻共同财产，是否存在其他共有人，故其对于抵押物物权登记存在登记错误的情形并不知情且无重大过失，应认定为善意。故江西高院及最高法院均认为张某锦通过善意取得的方式取得了案涉抵押物的抵押权。

3. 不动产物权登记存在登记错误对于真实权利人而言，存在一定的风险。不动产物权登记的登记错误主要有几种形态：（1）登记的权利主体错误；（2）应登记的权利人或者权利未登记；（3）已经消灭的物权登记未注销；（4）已经实际发生物权变动的不动产物权未变更登记；（5）权利顺位登记错误。在出现登记错误时，真实权利人或者利害关系人可根据《民法典》第二百三十四条的规定请求人民法院确认其权利；也可直接根据《物权法》第十九条[④]的规定，向不动产登记机关申请更正登记；在登记的权利人不同意更正而不动产物权又面临被无权处分的风险时，可申请异议登记，并在异议登记完成后及时提起不动产物权确权之诉。

---

①②③ 编者按：《民法典》第311条。

④ 编者按：《民法典》第220条。

相关法条

《中华人民共和国民法典》（2021 年 1 月 1 日施行）

第二百二十条 权利人、利害关系人认为不动产登记簿记载的事项错误的，可以申请更正登记。不动产登记簿记载的权利人书面同意更正或者有证据证明登记确有错误的，登记机构应当予以更正。

不动产登记簿记载的权利人不同意更正的，利害关系人可以申请异议登记。登记机构予以异议登记，申请人自异议登记之日起十五日内不提起诉讼的，异议登记失效。异议登记不当，造成权利人损害的，权利人可以向申请人请求损害赔偿。

第二百三十四条 因物权的归属、内容发生争议的，利害关系人可以请求确认权利。

第三百一十一条 无处分权人将不动产或者动产转让给受让人的，所有权人有权追回；除法律另有规定外，符合下列情形的，受让人取得该不动产或者动产的所有权：

（一）受让人受让该不动产或者动产时是善意；

（二）以合理的价格转让；

（三）转让的不动产或者动产依照法律规定应当登记的已经登记，不需要登记的已经交付给受让人。

受让人依据前款规定取得不动产或者动产的所有权的，原所有权人有权向无处分权人请求损害赔偿。

当事人善意取得其他物权的，参照适用前两款规定。

《最高人民法院关于适用〈中华人民共和国民法典〉物权编的解释（一）》（法释〔2020〕24 号）

第一条 因不动产物权的归属，以及作为不动产物权登记基础的买卖、赠与、抵押等产生争议，当事人提起民事诉讼的，应当依法受理。当事人已经在行政诉讼中申请一并解决上述民事争议，且人民法院一并审理的除外。

第二条 当事人有证据证明不动产登记簿的记载与真实权利状态不符、其为该不动产物权的真实权利人，请求确认其享有物权的，应予支持。

第三条 异议登记因民法典第二百二十条第二款规定的事由失效后，当事人提起民事诉讼，请求确认物权归属的，应当依法受理。异议登记失效不影响人民法院对案件的实体审理。

第十五条 具有下列情形之一的，应当认定不动产受让人知道转让人无处分权：

（一）登记簿上存在有效的异议登记；

（二）预告登记有效期内，未经预告登记的权利人同意；

（三）登记簿上已经记载司法机关或者行政机关依法裁定、决定查封或者以其他形式限制不动产权利的有关事项；

（四）受让人知道登记簿上记载的权利主体错误；

（五）受让人知道他人已经依法享有不动产物权。

真实权利人有证据证明不动产受让人应当知道转让人无处分权的，应当认定受让人具有重大过失。

裁判意见

以下为最高法院在再审期间就抵押权善意取得问题发表的意见：

施某申请再审主张原审判决对以下问题适用法律错误……二是施某设定抵押未取得配偶同意，抵押无效，二审法院错误适用《物权法》第一百零六条①之善意取得制度。对此，《物权法》第一百零六条②第一款、第二款规定了所有权的善意取得制度，但第三款同时还规定："当事人善意取得其他物权的，参照前两款规定"，因此其他物权可以参照该条前两款关于所有权善意取得的规定处理。《物权法》第二条③第三款规定："本法所称物权，是指权利人依法对特定的物享有直接支配和排他的权利，包括所有权、用益物权和担保物权。"抵押权属于担保物权，属于《物权法》第一百零六条④第三款规定的"其他物权"范围。因此，二审法院适用该条认定张某锦根据物权登记公示原则，信赖施某对案涉抵押房产具有完全处分权，适用法律并无不当。施某该项申请再审理由亦不能成立。

---

①②④ 编者按：《民法典》第311条。

③ 编者按：《民法典》第205条、第114条。

延伸阅读

关于抵押权善意取得的三个裁判观点

1. 动产抵押权可适用善意取得

案例一：唐某良与陕西海某嘉豪融资担保有限责任公司担保物权纠纷申请再审民事裁定书［（2013）民申字第103号］

最高法院认为："《中华人民共和国物权法》第一百零六条[①]第三款规定：'当事人善意取得其他物权的，参照前两款规定。'一、二审法院已查明的事实为，惠某公司于2009年2月27日向某秦都区农村信用合作联社借款90万元，海某公司为惠某公司提供了担保。惠某公司与海某公司签订了抵押合同，约定将惠某公司所有的印染设备抵押给海某公司，并于2009年3月11日在咸阳市工商行政管理局办理了动产抵押登记手续。后海某公司于2010年1月12日代惠某公司偿还贷款本息共计913806元。同时，海某公司在一、二审中提交的《抵押合同》、《动产抵押登记书》、《反担保保证合同》、《陕西惠某印染有限公司股东会决议》、《股东个人财产情况说明与承诺》等证据亦表明惠某公司为涉案印染设备设定抵押的事实。唐某良提供的证据不足以证明海某公司取得涉案设备的抵押权具有恶意，海某公司为善意抵押权人，依法取得了涉案设备的抵押权。二审判决对此认定并无不当。"

2. 抵押权善意取得时抵押权人不需要支付合理对价，但必须担保债权真实

案例二：某银行股份有限公司潍坊分行、刘某新城乡建设行政管理：房屋登记管理（房屋登记）再审行政判决书［（2017）鲁行再6号］

山东省高级人民法院认为："关于申请人是否善意取得涉案房产抵押权的问题。《中华人民共和国物权法》第一百零六条[②]第一款规定，构成善意取得必须同时具备三个条件：'（一）受让人受让该不动产或者动产时是善意的；（二）以合理的价格转让；（三）转让的不动产或者动产依照法律规定应当登记的已经登记，不需要登记的已经交付给受让人。'第三款规定：'当事人善意取得其他物权的，参照前两款规定'。据此规定，申请人可以善意取得房屋抵押权，但必须满足上述三个条件。本案中，申请人在与刘某新设立抵押权时，对其与陈某玲仍

---

①② 编者按：《民法典》第311条。

处于婚姻关系存续期间的情况并不知情。刘某新提供给申请人的离婚证、离婚协议、婚姻登记记录证明材料在形式上没有明显瑕疵，且涉案抵押担保在经过行政机关审查后也办理了登记。刘某新的真实婚姻状况必须经过查询民政部门登记才能知晓，如若将此全部归属于担保债权人的审查义务范围，未免过于严苛，亦有违合同法、担保法等保护交易安全的立法初衷。因此，申请人有理由相信刘某新提供的证明材料的真实性。在此情况下，其接受担保行为过程中的审查义务已经完成。申请人基于房产证显示涉案房产系刘某新'单独所有'，基于对刘某新提供的婚姻状况证明材料的信赖，完全有理由相信涉案房屋系刘某新的个人财产。因此，申请人在接受刘某新提供担保的过程中，已经尽到了合理的审查义务，主观上构成善意。根据《物权法》的上述规定，善意取得还应当符合'以合理的价格进行转让'，但基于抵押权作为担保物权的特殊性质，显然不存在'合理的转让价格'，故本院认为仅需给付合理的对价即可。本案中，申请人已向孙某奎、付某红支付了300万元贷款，符合给付合理对价的条件。综上，申请人符合善意取得法定条件，能够善意取得涉案房屋抵押权。"

3. **法院确权的裁判文书具有排除他人根据不动产登记簿记载善意取得抵押权的效力**[①]

案例三：某农商行执行异议之诉案民事判决书［（2014）黔高民终字第12号］

贵州省高级人民法院认为："某农商行小河支行取得对案涉房屋抵押权不属于善意取得。某农商行小河支行虽然根据争议房产的产权证登记情况办理了抵押贷款手续，但本案争议房产办理产权登记和抵押登记之前，本院（1997）黔高法执字第21-4号生效民事裁定已将争议房产权利确定给了振某公司，该裁定书作为生效法律文书，具有公示公信力和执行力，应视为某农商行小河支行依法应当知道振某公司取得了争议房产权属的事实。同时，本案案涉房产早在2000年就已经交由振某公司占有使用，某农商行小河支行在取得抵押登记过程中也并未进行任何现场核实工作，没有尽到合理的注意义务，故其抵押权的取得不属于善意取得。"

---

① 编者按：该裁判观点值得商榷。

092 多个债权人协议交换抵押物，是否属于单独转让抵押权？

裁判要旨[①]

数个债权人与同一个债务人约定对原合同设定的抵押物进行交换，并非单独进行抵押权转让，该变更协议应有效。

案情简介

一、1996年5月6日，某水产公司与稼某公司签订了分房方案，将环球广场10～14层分给了某水产公司。某水产公司同意以上述房屋为稼某公司向华某公司的贷款提供抵押担保。

二、1997年10月27日，某信用联社与稼某公司签订了抵押借款合同和抵押合同，约定：某信用联社向稼某公司发放贷款2000万元。稼某公司以环球广场24－27层房屋作为抵押担保。

三、2000年1月8日，某信用联社、稼某公司、华某公司签订一份变更抵押物协议。华某公司与某信用联社在解除原抵押的基础上协议交换了抵押物，并重新办理了抵押登记。

四、2003年2月21日，某信用联社向重庆高院提起诉讼，请求判令稼某公司偿还借款本金及其利息；华某公司承担连带赔偿责任；某信用联社对环球广场10－14层房产享有优先受偿权。稼某公司反诉称，某信用联社未按约定的期限提供贷款，应承担违约责任。某水产公司作为有独立请求权的第三人，请求法院判决确认某信用联社对环球广场10－14层房屋不享有抵押权。

五、重庆高院一审判决稼某公司还本付息；某信用联社对环球广场10－14层房产享有优先受偿权。驳回了稼某公司的反诉。

六、某水产公司不服，以债权人间抵押物交换构成脱离债权的抵押权转让，故抵押物交换应属无效为由向最高法院提起上诉。最高法院判决驳回上诉，维持原判。

---

① 案件来源：北京天某物业开发有限公司与某银行股份有限公司北京昌平支行借款合同纠纷上诉案［最高人民法院（2005）民二终字第129号］

裁判思路

本案中某水产公司的裁判思路在于债务人与数个债权人之间达成的关于交换抵押物的行为，并不属于单独转移抵押权的行为，而是在解除原抵押后重新设定抵押担保的行为。担保物权具有从属性，其权利存在的目的即在于担保特定的债权。担保物权从属性的重要内容之一即为转移上的从属性，即担保物权不能脱离于债权单独转让，而只能与其所担保的债权一并转让。即使当事人未对一并转让作出约定的，也视为一并转让。《担保法》第五十条[①]规定："抵押权不得与债权分离而单独转让或者作为其他债权的担保。"《物权法》第一百九十二条[②]也有相同的规定。因此，如果抵押权脱离于其所担保的债权而单独转让，并不能发生抵押权转让的法律效果。在本案中，华某公司、某信用联社与稼某公司达成了交换抵押物的协议，但其交换的程序设计则是通过解除原抵押而重新设定新的抵押来实现的。因此，可认定各方已重新达成了抵押担保的协议。故最高法院未认定本案中协议交换抵押物的行为构成了脱离担保债权单独转移抵押权。某水产公司因此败诉。

经验总结

1. 根据《民法典》第四百零七条的规定，抵押权为担保物权，具有从属性，不能脱离于其所担保的债权而单独转让。如果当事人约定单独转让抵押权的，不发生抵押权转移的法律效果。抵押权不能单独转让不仅体现为抵押权不能脱离于担保的债权而转让，也表现为担保某一债权的抵押权不能通过转让而担保另一债权，还表现为债权人不能仅转让债权而自己单独保留抵押权。

2. 不同债权人对同一债务人享有债权时，各方协议交换抵押物，如果处理得当，并不属于脱离担保的债权单独转让抵押物的行为。具体的操作路径为：（1）债权人、抵押人及债务人各方达成变更抵押物的协议；（2）各方共同申请将原有的抵押物解押；（3）各方根据交换后的抵押物情况重新办理抵押登记。

3. 对于交易结构的设计，不仅要满足各方当事人的现实需求，更要符合法律相关规定。本案中，正是因为各方当事人对交换抵押物这一事项设计了良好的

---

①② 编者按：《民法典》第407条。

交易结构，才使得各债权人交换抵押物的交易免于被认定为单独转让抵押权的行为。如果在此过程中交易结构设计不当，导致法院认定交易行为构成单独转让抵押权，则各债权人都将面临“脱保”的巨大风险。因此，对于重大的交易行为，建议委托律师对交易结构进行设计、审查，确保交易行为合法有效，充分维护各方利益。

相关法条

《中华人民共和国民法典》（2021 年 1 月 1 日施行）

第四百零七条 抵押权不得与债权分离而单独转让或者作为其他债权的担保。债权转让的，担保该债权的抵押权一并转让，但是法律另有规定或者当事人另有约定的除外。

裁判意见

以下为最高法院在二审判决书中“本院认为”部分就此问题发表的意见：

某信用联社、华某公司、稼某公司三方签订变更抵押物协议及进行抵押物交换的行为，是否违反了《担保法》关于抵押权不得与债权分离单独转让的禁止性规定①。2000 年 1 月 8 日某信用联社、华某公司、稼某公司三方签订的变更抵押物协议，是某信用联社和华某公司作为债权人与同一个债务人稼某公司协商一致后，对原合同中设定的抵押物进行交换的行为，并非单独进行抵押权转让。该协议的履行表明，三方当事人是通过分别解除原抵押之后重新设定抵押，不属于抵押权与债权分离单独转让的情形，也未超越委托书的授权范围。该变更抵押物协议，是三方当事人真实意思表示，不违反法律禁止性规定。在该变更抵押物协议签订后，当事人各自办理了解除抵押和重新抵押的手续，并经有关部门核准登记。因此，原审法院确认变更抵押物协议有效，是正确的，本院应当予以维持。上诉人关于变更抵押物协议内容违反《担保法》禁止性规定，应当确认无效的主张，于法无据，本院不予支持。

---

① 编者按：《民法典》第 407 条。

093 抵押人用假房产证办理抵押贷款，登记部门是否需要承担责任?

裁判要旨[①]

房管部门在履行抵押登记职责时，未尽到必要的注意义务，造成行政相对人损失的，应承担相应的国家赔偿责任。故抵押人用假房产证抵押诈骗贷款，房管局应予赔偿。

案情简介

一、1995年4月17日，某信托公司与天某公司签订了700万元的《借款合同》。天某公司以其房屋作为抵押担保。同年4月26日，某市房交所作出《房屋抵押贷款通知书》，认定抵押物产权人为天某公司，产权证号为005518，抵押权人为某信托公司。

二、1995年6月13日，某市房管局函告某信托公司，发现颜某龙未在市房屋产权监理处办理房屋产权证书，即用假产权证办理了房产抵押贷款手续。1995年6月16日，江西省南昌市公安局对颜某龙利用假房产证诈骗贷款一案立案侦查。2000年10月20日，南昌中院判决颜某龙构成诈骗罪，判处无期徒刑。

三、1996年5月7日，某信托公司以某市房管局为赔偿义务机关向其提出行政赔偿申请。某市房管局在法定期限内未作出是否赔偿的决定。同年8月28日，某信托公司向江西高院提起行政赔偿诉讼。诉讼中，某信托公司注销企业法人登记，其债权债务由某银行江西省分行承担。

四、江西高院一审判决由某市房管局赔偿某银行江西省分行贷款损失4505000元的60%，即2703000元。

五、南昌市房管局不服，上诉至最高法院，最高法院二审判决由某市房管局赔偿某银行江西省分行人民币2477750元及利息。

---

① 案件来源：某银行江西分行诉某市房管局违法办理抵押登记二审案［最高人民法院（2002）行终字第6号 《中华人民共和国最高人民法院公报》2004年第2期（总第88期）］

裁判思路

本案中，某市房管局败诉的原因在于，其作为不动产登记机关，在作出不动产抵押登记时，未尽必要的审查注意义务，根据建设部《城市房屋产权产籍管理暂行办法》第四条第二款、第十条和建设部、中国人民银行《关于加强与银行贷款业务相关的房地产抵押和评估管理工作的通知》第一条，以及建设部、国家物价局、国家工商行政管理局《关于加强房地产交易市场管理的通知》第三条的规定，某市房管局是南昌市范围内办理房产产权登记及抵押登记的行政主管部门。其在办理包括抵押登记在内的不动产登记时，应当通过查阅不动产登记簿的方式对拟登记的不动产的权利状况进行审查。如果当事人持有假的不动产权利证书（包括所有权证书，他项权利证书）办理不动产登记，不动产登记机关可以识别。但遗憾的是，在本案中某市房管局违反职业规范，未尽必要的注意义务，为持有假房产证实施诈骗的天某公司办理抵押登记手续，并明示某信托公司可以办理贷款，最终导致某信托公司相应的损失。故最高法院最终认定，某市房管局应承担相应的损害赔偿责任。某市房管局故而败诉。

经验总结

1. 根据《民法典》第二百一十二条的规定，当事人申请不动产登记时，不动产登记机关应当“查验申请人提供的权属证明和其他必要材料”。国土资源部制定的《不动产登记操作规范（试行）》第3.3.2.2条规定：“不动产登记机构应当查验不动产权证书或者不动产登记证明是否真实、有效。”此处所谓的“查验”，不仅包括形式上的检查，也包括实质上的验证。故不动产登记机关对于申请人提供的关于权属证明的材料有通过不动产登记簿进行核验的义务。如果申请人提供虚假的权属证明材料骗取不动产登记机关登记进而导致第三人损害的，不动产登记机关应根据《民法典》第二百二十二条的规定承担损害赔偿责任。因此，不动产登记机关在进行不动产登记时，应当严格审查，必要时应根据《民法典》第二百一十二条第二款的规定，实地踏勘不动产。

2. 抵押人在进行不动产抵押登记申请时，一定要提供真实有效的证明材料，切勿企图通过提供虚假的证明材料蒙混过关。因为通过虚假的证明材料申请抵押登记，可能构成贷款诈骗罪，法律风险极大。

3. 银行等债权人，如果碰到债务人、抵押人提供虚假的证明材料办理抵押登记时，不仅可以根据抵押合同的约定直接追究债务人、抵押人的违约责任，而且还可以根据《物权法》的相关规定①要求不动产登记机关承担一定的损害赔偿责任。但银行作为专业的金融机构，根据《商业银行法》第三十六条的规定，负有严格审查抵押物、质物的权属和价值的义务。故在抵押人通过欺诈手段骗取抵押登记时，银行并不能通过向不动产登记机关申请损害赔偿的方式全部转移经营风险。

相关法条

《中华人民共和国民法典》（2021 年 1 月 1 日施行）

第二百一十二条 登记机构应当履行下列职责：

（一）查验申请人提供的权属证明和其他必要材料；

（二）就有关登记事项询问申请人；

（三）如实、及时登记有关事项；

（四）法律、行政法规规定的其他职责。

申请登记的不动产的有关情况需要进一步证明的，登记机构可以要求申请人补充材料，必要时可以实地查看。

第二百二十二条 当事人提供虚假材料申请登记，造成他人损害的，应当承担赔偿责任。

因登记错误，造成他人损害的，登记机构应当承担赔偿责任。登记机构赔偿后，可以向造成登记错误的人追偿。

《中华人民共和国商业银行法》（2015 年修正）

第三十六条 商业银行贷款，借款人应当提供担保。商业银行应当对保证人的偿还能力，抵押物、质物的权属和价值以及实现抵押权、质权的可行性进行严格审查。

经商业银行审查、评估，确认借款人资信良好，确能偿还贷款的，可以不提供担保。

《中华人民共和国国家赔偿法》（2012 年修正）

第四条 行政机关及其工作人员在行使行政职权时有下列侵犯财产权情形之

① 编者按：已失效，被《民法典》吸收。

一的，受害人有取得赔偿的权利：

（一）违法实施罚款、吊销许可证和执照、责令停产停业、没收财物等行政处罚的；

（二）违法对财产采取查封、扣押、冻结等行政强制措施的；

（三）违法征收、征用财产的；

（四）造成财产损害的其他违法行为。

《不动产登记操作规范（试行）》（自然资函〔2021〕242号）

3.3.2 查验申请材料是否符合法定形式

3.3.2.1 不动产登记机构应当查验申请人的其他申请材料规格是否符合本规范第1.8节的要求；有关材料是否由有权部门出具，是否在规定的有效期限内，签字和盖章是否符合规定。

3.3.2.2 不动产登记机构应当查验不动产权证书或者不动产登记证明是否真实、有效。对提交伪造、变造、无效的不动产权证书或不动产登记证明的，不动产登记机构应当依法予以收缴。属于伪造、变造的，不动产登记机构还应及时通知公安部门。

裁判意见

以下为最高法院在“本院认为”部分就此问题发表的意见：

本院认为，根据建设部《城市房屋产权产籍管理暂行办法》第四条第二款、第十条和建设部、中国人民银行《关于加强与银行贷款业务相关的房地产抵押和评估管理工作的通知》第一条，以及建设部、国家物价局、国家工商行政管理局《关于加强房地产交易市场管理的通知》第三条的规定，某市房管局是南昌市范围内办理房产抵押登记的行政主管部门。某市房交所和某市房产评估所作为其下属单位，所实施的有关房地产抵押登记的行政行为，应视为是受其委托所实施的行为。

根据《城市房地产管理法》和《担保法》[①] 的有关规定，办理房地产抵押登记是抵押合同生效的前提条件。某市房管局作为负责办理房产抵押登记的行政主管部门，在办理房产抵押登记过程中，对当事人的申请应当以高度负责的态度认真履行必要的注意义务，对于抵押房产及其权属证书的真伪有条件加以核对与识

---

① 编者按：已失效，被《民法典》吸收。

别。然而，某市房管局在本案中违反职业规范，未尽必要的注意义务，为持有假房产证实施诈骗的天某公司办理抵押登记手续，并明示信托公司可以办理贷款。信托公司基于对房产登记机关所办抵押登记行为的信赖，为天某公司发放贷款，致使信托公司遭受了财产损失。虽然本案贷款人天某公司是造成信托公司财产损失的直接责任人，但是某市房管局的违法行为客观上为天某公司骗取贷款提供了条件，其违法出具他项权利证明的行为与信托公司财产损失之间存在法律上的利害关系和因果关系。根据《国家赔偿法》第四条第四项、第七条第四款、第二十八条第七项和《最高人民法院关于审理行政赔偿案件若干问题的规定》第二十九条的规定，某市房管局对其违法办理抵押登记而酿成信托公司财产损失的后果，在天某公司无法偿还贷款的情况下，应当承担相应的过失赔偿责任。一审判决认定某市房管局应当承担补充赔偿责任不当，应予纠正。某市房管局承担行政赔偿责任后，有权就其承担的数额向天某公司行使追偿权。

延伸阅读

案例一：王某鹰与某农垦管理局住房和城乡建设局，第三人杨某伟、马某房屋行政登记及行政赔偿二审行政判决书［（2016）黑81行终5号］

黑龙江省农垦中级法院认为：关于住建局行政赔偿责任如何确认问题。虽然本案没有直接证据证实住建局工作人员张某涛、王某明与第三人存在恶意串通行为，但是张某涛、王某明作为住建局工作人员在明知未经审批无权为王某鹰颁发房屋他项权证的前提下，还以江某农场房产管理所的名义违法为王某鹰颁发房屋他项权证。同时，在明知第三人杨某伟提供的名字为王某民的假他项权证，未经抵押权人王某鹰同意的前提下，又为杨某伟替换了用以设定抵押的假房证（S2000068），并用替换出来的假房证对应的房屋为杨某伟进行了重复抵押登记。住建局的工作人员张某涛、王某明故意违反法定程序和行业管理程序的规定，违法作出行政行为的行为，已经受到刑事责任追究。《中华人民共和国物权法》第二十一条①“当事人提供虚假材料申请登记，给他人造成损害的，应当承担赔偿责任。因登记错误，给他人造成损害的，登记机构应当承担赔偿责任。登记机构赔偿后，可以向造成登记错误的人追偿。”上述内容是针对在不动产登记过程中，登记申请人及登记机构因其自身过错给他人造成损害应当如何承担责任作出的规

① 编者按：《民法典》第222条。

定。住建局的工作人员张某涛、王某明故意违反法定程序和行业管理程序的规定，错误地为原告王某鹰及第三人杨某伟、马某办理房屋抵押登记，并为原告王某鹰颁发房他证红江房字第××号房屋他项权证的行为，给原告王某鹰的抵押物权造成了损害，住建局依法应承担赔偿责任。住建局在承担赔偿责任后，有权就其承担的赔偿数额向造成登记错误的第三人杨某伟、马某及案外人张某涛、王某明追偿。

案例二：严某进与广西壮族自治区某市房产管理局城乡建设行政管理其他二审行政判决书［（2015）防市行终字第26号］

防城港市中级人民法院认为：国家赔偿法第四条第（四）项规定，行政机关及其工作人员在行使职权时有造成财产损害的违法行为的，受害人有取得赔偿的权利。物权法第二十一条[①]第二款的规定，因登记错误，给他人造成损害的，登记机构应当承担赔偿责任。登记机构赔偿后，可以向造成登记错误的人追偿。《最高人民法院关于审理房屋登记案件若干问题的规定》第十二条规定，申请人提供虚假材料办理房屋登记，给原告造成损害，房屋登记机构未尽合理审慎职责的，应当根据其过错程度及其在损害发生中所起作用承担相应的赔偿责任。本案中，某市房产管理局及其工作人员在进行房屋抵押登记过程中，违反房屋登记的相关规定，未尽到审慎查验、核实义务，其行为构成违法，并致使罪犯王某志等人利用伪造的材料得以办理房屋他项权证，导致严某进被骗取20万元之后，无法有效地行使抵押权以救济其损失，严某进20万元的损失与某市房产管理局及其工作人员怠于行使职权具有因果关系。且根据生效的判决书和裁定书，王某志已被以合同诈骗罪判处有期徒刑十二年，责令其退赔严某进经济损失20万元，但王某志现正在监狱服刑中，无财产可供执行。据此，一审判决某市房产管理局办理东房他证东兴市字第2011－××××号房屋他项权证的行为违法并赔偿严某进的损失有事实和法律依据。上诉人提出严某进遭受的损失与上诉人的行政行为没有因果关系，严某进没有提供向直接侵权人追索无果的证据，就直接向上诉人提起行政赔偿诉讼于法无据的上诉意见，与本案查明的事实不符，本院不予支持。但本案中，造成严某进被骗取、损失20万元，存在复合原因，其中，罪犯王某志等人故意骗取财物，是造成严某进财产损失的主要原因，某市房产管理局及其工作人员怠于履行职责是次要原因，严某进由于轻信犯罪分子，应对交易风

① 编者按：《民法典》第222条。

险不足，也是造成财产损失的原因之一。本院结合实际综合考虑，确定王某志等人的过错责任为主要责任，该责任不少于50%；根据某市房产管理局的过错程度及其在损害发生中所起作用，确定其承担次要的赔偿责任，为40%；确定严某进自行承担10%的责任。故此，确定东兴市房产管理局应赔偿给严某进8万元（20万元×40%=8万元）。一审判决没有全面审查本案中造成严某进财产损失存在多因一果的事实，所确定的行政赔偿责任错误，应予以纠正。

案例三：某银行股份有限公司森保支行与某市国土资源和房屋管理局行政赔偿二审行政判决书［（2015）穗中法行终字第15号］

广州市中级人民法院认为："被上诉人应否承担行政赔偿责任的问题。《中华人民共和国物权法》第二十一条①第二款规定……《最高人民法院关于审理房屋登记案件若干问题的规定》第十三条规定：'房屋登记机构工作人员与第三人恶意串通违法登记，侵犯原告合法权益的，房屋登记机构与第三人承担连带赔偿责任。'已经生效的（2012）穗从法刑初字第304号和（2012）穗从法刑初字第302号刑事判决已认定邓某辉、胡某芳系受国家机关委托代表国家机关行使房地产登记职权的某市房地产管理局产权科、房地产交易所的工作人员，其因玩忽职守，违法向从化市温泉竹某山庄颁发了房产证及房地产他项权证。从生效的刑事判决及原审法院查明的事实看，上诉人某银行股份有限公司森保支行向借款人广州市永某经济开发有限公司发放贷款，是基于对被上诉人某市国土资源和房屋管理局颁发的涉案房产证及房地产他项权证的信赖。因涉案房地产登记行为违法，后经被上诉人纠正，导致上诉人据以发放贷款的涉案房产证及房地产他项权证被撤销，进而致上诉人不能实现抵押权，故被上诉人违法颁发涉案房产证及他项权证的行政行为与上诉人的损失有直接的因果关系，根据上述规定，被上诉人理应对上诉人的损失予以赔偿。因《中华人民共和国物权法》已经明确规定②登记机构登记错误造成他人损害的应当承担赔偿责任，登记机构赔偿后可以向造成登记错误的人追偿，且现有法律、法规、规章均未规定上诉人应穷尽其他一切司法救济途径进行债务追偿不能方可提起行政赔偿之诉，行政相对人对其采用何种司法救济途径拥有自主选择权，故原审法院以此为由驳回上诉人的行政赔偿请求错误，应予以纠正。被上诉人赔偿后可向相关责任人员予以追偿。"

①② 编者按：《民法典》第222条。

094 登记的担保期间对担保物权的存续，是否具有约束力？

裁判要旨[①]

担保物权为物权，当事人约定的或者登记部门要求登记的担保期间，对担保物权的存续不具有法律约束力。登记簿上记载的担保期间经过，抵押权不必然消灭。

案情简介

一、2014 年 1 月 8 日，某银行与磁某公司签订《综合授信额度合同》，约定某银行给予磁某矿业公司综合授信额度 8 亿元，授信期限三年。同日，某银行与新某铁公司签订了《最高额抵押担保合同》。

二、《最高额抵押担保合同》约定，新某铁公司以其名下红旗东某铁矿采矿权为磁某矿业公司在前述综合授信合同项下的债务提供最高额抵押担保；担保的最高本金余额为 4 亿元及其对应的利息、罚息、复利及其他费用；担保期间为主债务履行期限届满之日后两年。合同签订后，双方在相应产权登记部门办理了采矿权抵押登记手续。

三、2017 年 3 月，磁某公司仍欠某银行本金 3 亿元未归还，某银行遂向法院起诉，要求磁某公司还款，并就新某铁公司提供的抵押物实现抵押权。

四、天津市高级人民法院认为，本案抵押权经办理抵押登记合法设立，某银行有权就新某铁公司的采矿权优先受偿。

五、一审判决生效后，新某铁公司发现，根据承德市国土资源局出具的《采矿权抵押登记备案证明》，某银行对红旗东某铁矿采矿权抵押的“抵押期限自批准登记之日起至 2016 年 2 月 27 日止”。故新某铁公司以 2017 年 3 月时，抵押权已消灭为由，向最高人民法院申请再审。

六、最高人民法院认为，本案抵押权不因抵押登记上的抵押期限届满而消灭，故判决驳回新某铁公司的再审申请。

---

① 案件来源：滦平县新某铁采选有限责任公司、某银行股份有限公司天津分行金融借款合同纠纷再审审查与审判监督民事裁定书［（2019）最高法民申 1643 号］

裁判思路

本案再审阶段的争议焦点为，新某铁公司的抵押权是否因登记机关登记的抵押期限到期而消灭。对此，最高人民法院认为：

抵押权是担保物权，其产生、变更、消灭应当遵循法定原则。抵押权消灭的法定情形，主要包括主债权全部清偿、抵押权实现、抵押物消灭等。对于登记机关登记的抵押期限到期是否导致抵押权消灭问题，《担保法解释》第十二条①第一款规定："当事人约定的或者登记部门要求登记的担保期间，对担保物权的存续不具有法律约束力。"尽管《担保法解释》第六十一条②规定："抵押物登记记载的内容与抵押合同约定的内容不一致的，以登记记载的内容为准。"但该规定系对抵押财产、被担保的债权范围等事项的规定。当事人间约定抵押期间，事关抵押权的产生、消灭，应当严格遵守法定原则。据此，新某铁公司关于某银行天津分行对新某铁公司的抵押权因登记的抵押期限到期而消灭的再审申请理由，缺乏法律依据，依法不能成立。

经验总结

1. 担保物权多以登记为生效条件，登记簿上的记载是解决担保物权纠纷的重要依据。《民法典》第二百一十六条规定："不动产登记簿是物权归属和内容的根据。"《民法典担保制度解释》第四十七条规定："不动产登记簿就抵押财产、被担保的债权范围等所作的记载与抵押合同约定不一致的，人民法院应当根据登记簿的记载确定抵押财产、被担保的债权范围等事项。"可见，登记簿上记载的有关抵押物及被担保债权等信息对确定抵押权的范围至关重要。因此，作为抵押担保的各方当事人，切勿认为签订了抵押合同就万事大吉。及时、准确地办理抵押登记，其重要性不亚于抵押合同的签订。

2. 抵押权具有物权属性，抵押权消灭必须符合法定的条件与程序。抵押权因主债权全部清偿、抵押权实现、抵押物消灭而消灭。"抵押期间届满"并非抵押权消灭的法定情形。因而《担保法解释》（2021 年 1 月 1 日起失效）第十二条规定："当事人约定的或者登记部门要求登记的担保期间，对担保物权的存续不

---

①② 编者按：已失效。

具有法律约束力。”当事人签订合同约定了抵押权消灭时间，或者在抵押登记中载明了抵押权消灭时间的，未经抵押权涂销登记，不产生物权变更的效力。虽然《民法典》与《民法典担保制度解释》中并无相关规定，但这一观点已经成为裁判实务中的共识。本案中，新某铁公司以为自己抓住了抵押登记簿记载中“抵押期间”这一救命稻草，但忽略了抵押权的物权属性，最终导致败诉。

3. 登记的抵押期限无效，并不意味着抵押权永远存在。《民法典担保制度解释》第四十四条规定：“主债权诉讼时效期间届满后，抵押权人主张行使抵押权的，人民法院不予支持。”即使抵押权具有物权属性，不因当事人约定或者抵押登记载明的抵押期间而消灭，但根据担保物权的从属性原则，主债权消灭，担保债权消灭。故作为债权人，应当在主债权诉讼时效内，及时向债务人提出主张，并及时行使抵押权。

相关法条

《中华人民共和国民法典》（2021 年 1 月 1 日施行）

第二百一十四条 不动产物权的设立、变更、转让和消灭，依照法律规定应当登记的，自记载于不动产登记簿时发生效力。

第二百一十六条 不动产登记簿是物权归属和内容的根据。

不动产登记簿由登记机构管理。

《最高人民法院关于适用〈中华人民共和国民法典〉有关担保制度的解释》（法释〔2020〕28 号 2021 年 1 月 1 日施行）

第四十四条 主债权诉讼时效期间届满后，抵押权人主张行使抵押权的，人民法院不予支持；抵押人以主债权诉讼时效期间届满为由，主张不承担担保责任的，人民法院应予支持。主债权诉讼时效期间届满前，债权人仅对债务人提起诉讼，经人民法院判决或者调解后未在民事诉讼法规定的申请执行时效期间内对债务人申请强制执行，其向抵押人主张行使抵押权的，人民法院不予支持。

主债权诉讼时效期间届满后，财产被留置的债务人或者对留置财产享有所有权的第三人请求债权人返还留置财产的，人民法院不予支持；债务人或者第三人请求拍卖、变卖留置财产并以所得价款清偿债务的，人民法院应予支持。

主债权诉讼时效期间届满的法律后果，以登记作为公示方式的权利质权，参照适用第一款的规定；动产质权、以交付权利凭证作为公示方式的权利质权，参照适用第二款的规定。

第四十七条 不动产登记簿就抵押财产、被担保的债权范围等所作的记载与抵押合同约定不一致的，人民法院应当根据登记簿的记载确定抵押财产、被担保的债权范围等事项。

《最高人民法院关于适用〈中华人民共和国担保法〉若干问题的解释》（法释〔2000〕44号 2021年1月1日失效）

第十二条 当事人约定的或者登记部门要求登记的担保期间，对担保物权的存续不具有法律约束力。

担保物权所担保的债权的诉讼时效结束后，担保权人在诉讼时效结束后的二年内行使担保物权的，人民法院应当予以支持。

第六十一条 抵押物登记记载的内容与抵押合同约定的内容不一致的，以登记记载的内容为准。

裁判意见

以下为最高院在“本院认为”部分就此问题发表的意见：

抵押权消灭的法定情形，主要包括主债权全部清偿、抵押权实现、抵押物消灭等。对于登记机关登记的抵押期限到期是否导致抵押权消灭问题，《最高人民法院关于适用〈中华人民共和国担保法〉若干问题的解释》第十二条①第一款规定：“当事人约定的或者登记部门要求登记的担保期间，对担保物权的存续不具有法律约束力。”据此，新某铁公司关于某银行对新某铁公司的抵押权因登记的抵押期限到期而消灭的再审申请理由，缺乏法律依据，依法不能成立。

延伸阅读

1. 抵押权的期限应当以抵押物的存续为基础，抵押物是探矿权、土地使用权等权利的，抵押权的期限不能超过相关权利实际存续的期限。

案例一：中国某资产管理股份有限公司贵州省分公司、绿某能源开发有限公司金融借款合同纠纷二审民事判决书［（2020）最高法民终960号］

最高法院认为：采矿权属用益物权，具有期限属性，案涉采矿许可证的有效期至2019年12月，现期限已届满，而绿某公司能否取得该采矿许可证的续期尚不确定。虽《最高人民法院关于适用〈中华人民共和国担保法〉若干问题的解

---

① 编者按：已失效。

释》第十二条[①]第一款规定了抵押权登记的公示债务履行期限，不作为债务履行期的依据，但抵押权能否实现，仍有赖于抵押物的权利状态与事实状态。本案争议抵押物为永某煤矿采矿权，该采矿权期限已届满，某资产贵州分公司作为案涉债权的受让人，在绿某公司能否继续享有永某煤矿采矿权尚不确定的情况下，主张就该采矿权享有优先受偿权，缺乏事实基础与法律依据，对某资产贵州分公司的上诉请求，本院不予支持。若绿某公司的采矿许可证后期获得续期批准，某资产贵州分公司可另行主张权利。

2. 担保物权登记上载明权利有效期的，有效期经过，担保物权仍有效。

案例二：华某建筑有限公司与宏某融资担保有限公司等追偿权纠纷再审案［（2018）最高法民申3481号］

最高法院认为：《应收账款质押登记办法》第十二条虽规定，“质权人自行确定登记期限，登记期限以年计算，最长不得超过5年。登记期限届满，质押登记失效。”但依照物权法定原则，《应收账款质押登记办法》作为部门规章不能规定应收账款质权的消灭期限，不具有消灭应收账款质权的效力。而且，根据《担保法解释》第十二条第一款关于“当事人约定的或者登记部门要求登记的担保期间，对担保物权的存续不具有法律约束力”的规定，案涉应收账款的质押登记效力不受信贷征信机构有关登记期限的约束，质权人未办理质押登记展期，不影响依法设立的质权的效力。因此，《应收账款质押登记办法》关于“登记期限届满，质押登记失效”的规定不具有消灭应收账款质权的效力。案涉《最高额反担保质押合同》已经合法程序办理了质押登记，宏某公司的应收账款质权依法设立。宏某公司未办理质押登记的展期，不影响依法设立的质权的效力。因此，华某公司关于质押登记逾期即丧失质权的再审申请理由与法律规定不符，本院不予支持。

案例三：某荣、娱某养殖有限公司海域使用权纠纷再审审查与审判监督民事裁定书［（2019）最高法民申6399号］

最高法院认为：根据上述事实，案涉海域在出租给某荣之前已经设定抵押并办理了抵押登记，娱某公司经拍卖取得海域使用权，不受某荣与宏某公司之间租赁合同的约束。《最高人民法院关于适用〈中华人民共和国担保法〉若干问题的

---

① 编者按：已失效。

解释》第十二条[①]第一款规定："当事人约定的或者登记部门要求登记的担保期间，对担保物权的存续不具有法律约束力。"案涉《海域使用权抵押登记申请表》虽然登记抵押有效期自2014年4月14日至2014年12月31日，但对抵押权的存续不具有法律约束力。某荣关于本案租赁在前，抵押在后，抵押权不影响租赁合同的效力的理由不能成立。

案例四：徐州徐工某物资供应有限公司、中国某资产管理股份有限公司湖北省分公司借款合同纠纷再审审查与审判监督民事裁定书［（2017）最高法民申3576号］

最高法院认为：关于案涉质押权是否已经失效的问题。《物权法》第二百二十八条[②]第一款规定："以应收账款出质的，当事人应当订立书面合同。质权自信贷征信机构办理出质登记时设立。"故本案应收账款质权自在中国人民银行征信中心办理出质登记时设立。徐工某物资公司主张上述质权登记期限均为一年，至起诉时已届满，根据当时有效的中国人民银行《应收账款质押登记办法》第十二条之规定："质权人自行确定登记期限，登记期限以年计算，最长不得超过5年。登记期限届满，质押登记失效"，本案质权已失效。但上述《应收账款质押登记办法》仅规定质押登记失效，不能得出质押登记期限届满质权消灭的结论，且修订后的《应收账款质押登记办法》已删除了该规定。再根据《最高人民法院关于适用〈中华人民共和国担保法〉若干问题的解释》第十二条[③]的规定："当事人约定的或者登记部门要求登记的担保期间，对担保物权的存续不具有法律约束力。担保物权所担保的债权的诉讼时效结束后，担保权人在诉讼时效结束后的二年内行使担保物权的，人民法院应当予以支持"，质权不应因当事人约定的或登记的担保期限届满而消灭，故一审、二审关于本案质权在登记到期后并不当然灭失的认定是正确的。

案例五：恒某实业（中国）集团有限公司、某银行股份有限公司成都蜀汉支行合同纠纷二审民事判决书［（2019）最高法民终582号］

最高法院认为：贵州省国土资源厅在办理顺某煤矿采矿权抵押备案登记时规定了抵押有效期，但抵押权作为一种担保物权，其设立、变更应当遵循物权法定原则，不依当事人约定而改变，依据《物权法》第一百七十七条[④]关于"有下列

①③ 编者按：已失效。
② 编者按：《民法典》第445条。
④ 编者按：《民法典》第393条。

情形之一的，担保物权消灭：（一）主债权消灭；（二）担保物权实现；（三）债权人放弃担保物权；（四）法律规定担保物权消灭的其他情形”、《最高人民法院关于适用〈中华人民共和国担保法〉若干问题的解释》第十二条①第一款关于“当事人约定的或者登记部门要求登记的担保期间，对担保物权的存续不具有法律约束力”的规定，贵州省国土部门规定的抵押期间对案涉抵押权的存续并无法律效力，某银行蜀汉支行享有的抵押权并不因该规定期间经过而消灭。

案例六：天某投资发展有限公司、安某信托股份有限公司合同纠纷二审民事判决书［（2017）最高法民终907号］

最高法院认为：各方当事人所签订的股权质押合同、抵押合同均系各方当事人真实意思表示，依法成立并生效。天某公司、某域公司亦办理了相应的质押和抵押登记，质押、抵押依法发生法律效力。安某公司作为质押权人、抵押权人有权要求行使质押权、抵押权以清偿上述债务。

虽然抵押登记记载存续期间为“2015年9月17日止”，但《中华人民共和国物权法》第二百零二条②对抵押权的司法保护期间规定为：“主债权诉讼时效期间”，故当事人或登记机关对担保物权的约定或登记的担保期间与上述法律规定不符的，不能产生法律效力。天某公司、某域公司、王某瑛、黄某海有关抵押存续期间已过，抵押权消灭的抗辩，与法相悖，一审法院不予采纳。

---

① 编者按：已失效。

② 编者按：《民法典》第419条。

第四章　其他担保形式

第一节　质　押

095 对租金的应收账款质权与抵押权的权利顺位如何确定？

裁判要旨[①]

法院通过查封对抵押财产施加以公权力之后，抵押人收取孳息的权利即被剥夺。从抵押权的性质来看，抵押权人对法定孳息清偿义务人的通知，并非抵押权效力及于法定孳息的生效要件，而系对抗要件。故抵押物已被扣押后，抵押权人对抵押物的租金可优先于租金应收账款质权人受偿。

案情简介

一、2012 年 11 月 15 日，某银行深圳分行、深圳某策公司、案外人某安国际信托股份有限公司签订《贷款合同》，各贷款人同意按照向借款人提供总计本金额不超过人民币 2 亿元整的中长期贷款。

二、2013 年 2 月 5 日，某银行深圳分行与天津隆某公司签订《应收账款最高额质押合同》，天津隆某公司将其九处房产出租所产生的所有租金对应的应收账款全部质押给某银行深圳分行并办理登记。

三、某银行深圳分行放款后，深圳某策公司未能按期偿还本息。截至 2015 年 3 月 20 日，深圳某策公司尚欠借款本金 2 亿元，欠利息共计 32647123.23 元。

---

① 案件来源：某银行股份有限公司深圳分行与某策投资有限公司、九策高某技产业园有限公司等金融借款合同纠纷二审民事判决书［（2016）最高法民终 543 号］

四、某银行深圳分行向广东高院起诉，请求判令解除借款合同，深圳某策公司还本付息，赔偿损失，并对天津隆某公司案涉九处房屋租金享有优先受偿权。广东高院一审判决支持了其诉请。

五、天津隆某公司向最高法院提出上诉，认为某银行深圳分行对案涉九处房产租金无优先受偿权。最高法院二审查明：2011 年 7 月，国某公司向中某公司发放信托贷款 7 亿元，天津隆某公司以案涉九处房产提供抵押担保。2012 年 4 月 16 日，国某公司起诉要求天津隆某公司承担抵押担保责任。2012 年 4 月 17 日江苏高院裁定查封案涉九处房产；2013 年 8 月 12 日，江苏高院向天津某东百货发出协助执行通知书，要求自 2013 年 8 月 14 日起暂停支付租赁合同项下租金。2015 年 8 月 5 日，江苏高院作出执行裁定书，将案涉九处房产作价 8.04 亿元抵偿给国某公司的债权受让人。

六、最高法院二审改判某银行深圳分行对九处房产租金收益享有优先受偿权，但劣后于国某公司。

裁判思路

本案中某银行深圳分行对案涉九处房产租金应收账款质权劣后于国某公司对案涉九处房产抵押权的原因在于抵押物在设定租金应收账款质押时已经被另案查封。债务人不履行到期债务或者发生当事人约定的实现抵押权的情形，致使抵押财产被人民法院依法扣押的，自扣押之日起抵押权人有权收取该抵押财产的天然孳息或者法定孳息，但抵押权人未通知应当清偿法定孳息的义务人的除外。在本案中，虽然 2012 年 4 月 17 日案涉九处房产已经被抵押权人申请查封，但迟至 2013 年 8 月 14 日，江苏高院才将查封事实告诉承租人。如果严格按照该条文义，抵押权人在通知清偿义务人后才能取得收取天然孳息和法定孳息的权利，则作为抵押权人的国某公司应自 2013 年 8 月 14 日后，才能取得收取案涉九处房屋租金的权利。故一审法院，在此之前抵押权的效力不及于租金。但最高法院则从立法目的的角度展开论述，得出了通知清偿法定孳息的义务人并非抵押权基于法定孳息的生效要件，而是对抗要件的结论：（1）从抵押权效力及于孳息的立法目的看，抵押权人行使抵押权致使抵押财产被法院扣押，此时剥夺抵押人收取孳息的权利有利于抵押权的实现。法院通过查封对抵押财产施加以公权力之后，抵押人收取孳息的权利即被剥夺，抵押权人是否通知法定孳息的清偿义务人，并不影响该立法目的的实现。（2）从法律规定的通知之目的看，物权法第一百九十七条[①]规定的对法定孳息清偿义务人的通知，具有防止发生债务人为错误给付之目的，未经通知对该法定孳息清偿义务人不发生抵押权效力及于孳息之法律效果。但抵押财产被法院扣押后，即使抵押权人怠于通知，抵押权效力已经及于孳息。因此，最高法院再次通过目的性限缩的方式，将通知法定孳息清偿义务人的规定限缩解释为对抗要件而非生效要件，诚值赞同。也正是基于此，最高法院才得出某银行深圳分行对案涉抵押物租金的优先受偿效力劣后于国某公司的结论。

经验总结

1. 抵押权并非对抵押物进行直接占有并支配的权利，而是对抵押物的交换价值在特定条件下进行优先支配的权利。因此，在设定抵押后，抵押人仍可对抵押物进行使用收益，抵押人有收取抵押物孳息的权利。但如果抵押物被扣押，则意味着抵押权人已经进入了抵押权的实现程序，此时允许抵押人收取孳息将不利于抵押权的实现。正是基于此点，《民法典》第四百一十二条才规定，抵押物被扣押后，抵押权人有权收取孳息，即抵押权的效力及于抵押物之孳息。因此，抵押权人在请求查封、扣押抵押物时，应同时要求抵押人报告抵押物出租的情况，以便及时收取孳息，提高抵押担保债权获得清偿的可能性。

2. 根据《民法典》第四百一十二条的规定，在抵押权人未通知应当清偿法定孳息的义务人时，抵押权人无权收取孳息。此处无权收取孳息，并不代表抵押权人的抵押权效力并未及于抵押物之法定孳息，而是不能够产生对抗法定孳息清偿义务人的效果。其目的是在于保护法定孳息的清偿义务人，防止法定孳息清偿义务人因孳息收取权的转移而发生非债清偿的法律后果。因此，最高法院在本案中对于《物权法》第一百九十七条[②]第一款规定的解释，除采用了目的性限缩的解释学方法外，还采用了类比推理的解释方法。这一解释方法，不仅增强了本判决的说服力，也为未来司法实践适用类比推理填补法律漏洞提供了样本，值得司法实务工作者借鉴学习。

3. 虽然抵押权人通知法定孳息的清偿义务人并非抵押权效力及于法定孳息的生效要件，但仍为对抗要件。在抵押权人未通知法定孳息的义务人时，抵押权

①② 编者按：《民法典》第412条。

人可能面临如下的法律风险：原有的法定孳息收取权利人（通常为抵押人）继续收取法定孳息，并沦为抵押人的一般责任财产。此时如果抵押人资不抵债，则对于抵押权人而言其本应获得更多清偿的可能即不复存在，债权将可能有所折损。因此，对于抵押权人而言，在申请法院扣押抵押物后，应及时通知清偿法定孳息的义务人，以提高债权获得全部清偿的可能性。

相关法条

《中华人民共和国民法典》（2021 年 1 月 1 日施行）

第四百一十二条 债务人不履行到期债务或者发生当事人约定的实现抵押权的情形，致使抵押财产被人民法院依法扣押的，自扣押之日起，抵押权人有权收取该抵押财产的天然孳息或者法定孳息，但是抵押权人未通知应当清偿法定孳息义务人的除外。

前款规定的孳息应当先充抵收取孳息的费用。

第五百四十六条 债权人转让债权，未通知债务人的，该转让对债务人不发生效力。

债权转让的通知不得撤销，但是经受让人同意的除外。

裁判意见

以下为最高法院在二审判决“本院认为”部分就此问题发表的意见：

三、关于某银行深圳分行对案涉九处房产自 2013 年 2 月 5 日至 2016 年 2 月 5 日期间出租所产生的租金收益是否享有优先受偿权的问题

本案隆某公司以其九处房产的租金收益向某银行深圳分行设立应收账款质押，并办理了质押登记，原判决认定该质押有效设立并无不当，通常情况下某银行深圳分行作为质权人可对该租金收益享有优先受偿权。但是，根据二审查明的事实，本案所涉的九处房产抵押给了另案债权人国某公司，国某公司在实现抵押权时将案涉租金收益作为抵押权标的通过法院予以强制执行。由此产生的主要法律问题是，国某公司在另案中的抵押权效力是否及于案涉租金收益？如果及于，何时及于？对该问题的回答，关系到究竟是某银行深圳分行还是国某公司对案涉租金享有优先受偿权的问题，对此具体分析如下：

物权法第一百九十七条[①]第一款规定："债务人不履行到期债务或者发生当事人约定的实现抵押权的情形，致使抵押财产被人民法院依法扣押的，自扣押之日起抵押权人有权收取该抵押财产的天然孳息或者法定孳息，但抵押权人未通知应当清偿法定孳息的义务人的除外。"租金属于法定孳息的范畴，故判断另案抵押权的效力是否及于案涉租金，亦当依据物权法的该款规定进行。从本案一、二审查明的事实看，另案中天津隆某公司于2011年7月22日为国某公司的债权设立抵押权，2012年4月18日江苏高院查封案涉九处房产，2013年8月12日江苏高院通知天津某东百货暂停支付租赁合同项下租金。而本案中应收账款质权系于2013年2月6日经登记设立。显然，本案应收账款质权设立之时，抵押财产即案涉九处房产已被江苏高院另案查封，但尚未通知法定孳息即案涉租金的清偿义务人天津某东百货。在此情况下，另案抵押权的效力是否应当及于法定孳息，关键在于对物权法第一百九十七条[②]第一款关于通知的法律后果如何判断。若该通知行为系抵押权的效力及于法定孳息的生效要件，则本案质权设立时国某公司的抵押权尚不及于案涉租金，本案质权当优先于另案抵押权受偿。若该通知行为系抵押权的效力及于法定孳息的对抗要件，即未通知的效果只是不得主张清偿义务人所为之清偿无效，则国某公司的抵押权自2012年4月18日江苏高院查封之日起已经及于案涉租金，早于本案质权设立时间，另案抵押权人当优先于本案质权人受偿。

对此，一方面，从抵押权效力及于孳息的立法目的看，抵押权系非占有性担保物权，抵押权设立后，抵押财产的占有权、使用权和收益权仍由抵押人行使，因抵押财产的使用而产生的孳息亦当由抵押人所有。但是，当债务人不履行到期债务或者发生约定的实现抵押权之情形，因抵押权人行使抵押权致使抵押财产被法院扣押，就意味着抵押权进入实现程序。如果此时抵押财产的孳息仍为抵押人收取，就会使抵押人为收取孳息而拖延处理抵押物，此时剥夺抵押人收取孳息的权利有利于抵押权的实现，这应是物权法第一百九十七条[③]第一款规定抵押权效力自扣押之日起及于孳息的立法目的之所在。法院通过查封对抵押财产施加以公权力之后，抵押人收取孳息的权利即被剥夺，抵押权人是否通知法定孳息的清偿义务人，并不影响该立法目的的实现。另一方面，从法律规定的通知之目的看，法定孳息系由抵押关系当事人之外的第三人负责清偿。物权法第一百九十七条[④]规

---

①②③④ 编者按：《民法典》第412条。

定的对法定孳息清偿义务人的通知与合同法第八十条[①]规定的债权让与时对债务人的通知，均具有防止发生债务人为错误给付之目的。合同法第八十条[②]明确规定："未经通知，该转让对债务人不发生效力。"参照该规定，对法定孳息清偿义务人之通知亦当解释为，未经通知对该法定孳息清偿义务人不发生抵押权效力及于孳息之法律效果。进而言之，抵押财产被法院扣押后，即使抵押权人怠于通知，抵押权效力已经及于孳息，但清偿义务人因不知抵押财产被扣押的情况而将法定孳息支付给抵押人的，仍产生清偿的效力，抵押权人不得主张清偿无效，即不得对抗清偿义务人。

由此可见，物权法第一百九十七条[③]规定的对法定孳息清偿义务人的通知，并非抵押权效力及于法定孳息的生效要件，而系对抗要件。因此，虽然江苏高院于2013年8月12日才通知天津某东百货暂停支付租赁合同项下租金，但应认定国某公司的抵押权效力自2012年4月18日江苏高院查封之日起已及于案涉租金。因本案应收账款质权设立在后，某银行深圳分行对案涉九处房产租金收益相对于另案抵押权人不应当优先受偿。

另应指出的是，本案应收账款质权虽然劣后于另案抵押权，但某银行深圳分行较之于无担保之普通债权人就案涉租金仍具有优先受偿的权利。若另案抵押权人国某公司的债权受清偿后上述租金仍有剩余，则某银行深圳分行就该剩余部分之租金可主张优先受偿。根据本院二审查明的事实，2015年11月30日江苏高院另案裁定，终结本次执行程序。据此可知，另案抵押权人国某公司的债权尚未得到全部清偿。

在另案抵押债权尚未得到全部清偿的情况下，某银行深圳分行对案涉租金不得行使优先受偿权。更何况，当事人并未提供证据证明在案涉租赁合同解除后，案涉九处房产之上又形成新的租赁关系。故在案涉租赁合同解除后，由于案涉质权的标的即收取租金的债权已经终止，某银行深圳分行亦无从行使其优先受偿权。

根据上述分析可以认定，本案应收账款质权虽有效设立，但另案抵押权及于法定孳息即租金的效力优先于本案应收账款质权的效力。故，相对于另案抵押权人国某公司而言，某银行深圳分行对案涉九处房产租金收益不具有优先受偿的权利。

---

①② 编者按：已失效，被《民法典》吸收。

③ 编者按：《民法典》第412条。

综上所述，深圳某策公司、天津某策高某技公司的上诉请求和理由不能成立，应予驳回；原判决认定事实及适用法律基本正确，仅第六项判令某银行深圳分行对案涉九处房产租金收益享有优先受偿权有欠妥当，应予纠正。

延伸阅读

关于抵押物被扣押后抵押权人收取法定孳息的判例

1. 抵押物被扣押后，抵押权人可收取法定孳息

案例一：苏某钊、刘某瑞借款合同纠纷执行审查类执行裁定书［（2017）闽执复1号］

福建省高级人民法院认为：本案租赁合同签订时间均于抵押权设立之后，根据《中华人民共和国物权法》第一百九十条[①]，该租赁关系不得对抗已登记的抵押权。同时，漳州中院2016年3月7日依法查封案涉房屋时，抵押权已经开始实现，根据《中华人民共和国物权法》第一百九十七条[②]，债务人不履行到期债务或者发生当事人约定的实现抵押权的情形，致使抵押财产被人民法院依法扣押的，自扣押之日起抵押权人有权收取该抵押财产的天然孳息或者法定孳息。因此，漳州中院向邱某福送达协助执行通知书，并要求其协助4月1日以后的租金于法有据。

2. 抵押物被扣押前抵押权的效力不及于法定孳息

案例二：某银行股份有限公司长沙分行、四某建设开发有限公司等执行异议之诉民事判决书［（2015）湘高法民二初字第19号］

湖南省高级人民法院认为："本案中，四某公司以其所有的涉案301房屋为姜某良的债务设定抵押担保，并依法办理了抵押登记，故姜某良对该房屋依法享有抵押权。《中华人民共和国物权法》第一百九十七条[③]规定：'债务人不履行到期债务或者发生当事人约定的实现抵押权的情形，致使抵押财产被人民法院依法扣押的，自扣押之日起抵押权人有权收取该抵押财产的天然孳息或者法定孳息，但抵押权人未通知应当清偿法定孳息的义务人的除外'。根据上述规定，不动产抵押的抵押标的物是不动产本身，在抵押权实现之前，抵押权的效力原则上仅及于不动产本身，并不及于因该不动产产生的租金收益等孳息。因此，四某公司将

① 编者按：《民法典》第405条。
②③ 编者按：《民法典》第412条。

涉案301房屋抵押给姜某良后，在姜某良实现抵押权之前，又将基于该房屋所产生的租金收益、物业管理费等应收账款出质给某银行长沙分行并不违反法律的强制性规定。本院（2014）湘高法民二初字第20号民事判决在某银行长沙分行与四某公司签订《最高额权利质押合同》并依法办理了应收账款质押登记的情形下，认定某银行长沙分行对四某公司提供质押的租金收入以及物业管理费在最高债权额2.5亿元的范围内享有优先受偿权正确。"

3. 抵押权人申请扣押抵押物租金不属于《物权法》第一百九十七条①规定的情形

案例三：某银行股份有限公司顺德分行、某（中国）有限公司珠海分行与佛山市炬某金属制品有限公司，佛山市卡某迪贸易有限公司、徐某雄、李某娴其他执行执行复议案件执行复议执行裁定书［（2014）珠中法执复字第40号］

珠海市中级人民法院认为：根据《中华人民共和国物权法》第一百七十九条②的规定，抵押权是一种物的价值权担保，并不转移抵押财产的占有。抵押期间，抵押财产的所有人和占有人，对抵押财产仍享有占有、使用、收益的权利。抵押权人对抵押财产享有的优先受偿权并不当然及于抵押财产的孳息。《中华人民共和国物权法》第一百九十七条③规定了抵押权人收取孳息的条件有二：一是债务人不履行到期债务，或当事人约定的实现抵押权的情形已经发生，抵押权行使的条件已经成就；二是抵押权人依法向人民法院行使抵押权，申请人民法院拍卖、变卖抵押财产，人民法院因此扣押了抵押财产。而在本案中，执行法院是基于某银行珠海分行的申请，依法冻结了顺某公司应支付给卡某迪公司01铺的租金，与抵押权人某行顺德分行行使抵押权无关，故不符合适用《中华人民共和国物权法》第一百九十七条④规定的条件，某行顺德分行据此主张对抵押财产的孳息享有优先受偿权并不成立。

---

①③④　编者按：《民法典》第412条。

②　编者按：《民法典》第394条。

096 同一动产上质押和已登记的抵押并存时，权利顺位如何确定？

裁判要旨[①]

同一财产抵押权与质权并存时，如果抵押权已登记的，抵押权人优先于质权人受偿。[②]

案情简介

一、某行安源支行与赣某电煤公司、某宇集团公司、某翊公司等借款合同纠纷一案，江西高院于2015年7月9日作出（2015）赣民二初字第28号民事判决书：某行安源支行对拍卖、变卖抵押物（某宇集团公司、某翊公司共同所有的43.16万吨原煤、某宇集团公司单独所有的16.1096万吨原煤，已办理抵押登记）并优先受偿。

二、判决后双方当事人均未上诉。某行安源支行申请执行。后江西高院委托江西银某拍卖有限公司拍卖抵押物。

三、某银行萍乡分行与某宇集团公司等金融借款合同纠纷一案，萍乡中院于2014年8月19日作出（2014）萍民二初字第15号民事调解书：被告某宇集团公司向某银行萍乡分行还本付息后解除对出质物为13万吨原煤（由第三方监管）的查封。该出质物与上述抵押物存在重叠。

四、某银行萍乡分行得知江西高院委托江西银某拍卖有限公司拍卖抵押物后，向江西高院提起执行异议之诉，主张对出质物为13万吨原煤享有优先受偿权。江西高院裁定驳回其执行异议。

裁判思路

本案中某银行萍乡分行败诉的原因在于，某行安源支行对原煤享有的已登记的抵押权优先于其对原煤的质押权。根据浮动抵押的规定，企业、个体工商户、

---

① 案件来源：某银行股份有限公司萍乡分行、某银行股份有限公司萍乡安源支行等与某电煤储运有限公司、某宇燃料集团有限公司金融借款合同纠纷执行裁定书［（2016）赣执异7号］

② 编者按：该裁判意见尚有争议。

农业生产经营者可以将现有的以及将有的生产设备、原材料、半成品、产品等动产进行抵押。同时，根据《物权法》第二百零八条①的规定，当事人还可以交付的方式在动产上设定质押。因此，动产不仅可以设定质押，在一定条件下也可以设定抵押。但二者的不同之处在于，抵押不以占有为必要即可设定，而质押必须以转移占有的方式才能设定。同时，根据《物权法》第一百八十八条②、第一百八十九条③的规定，以动产设定抵押的，虽不经登记即可设定，但非经登记不得对抗善意第三人。在本案中，在同一原煤上同时存在某银行萍乡分行的质押权和某行安源支行的抵押权，且某行安源支行的抵押权已经登记。根据《担保法解释》第七十九条④关于“同一财产法定登记的抵押权与质权并存时，抵押权人优先于质权人受偿”的规定，某行安源支行已登记的抵押权权利顺位优先于某银行萍乡支行的质押权。某银行萍乡支行因此败诉。

经验总结

1. 动产不仅可以设定质押，还可以设定抵押。但动产质押和动产抵押成立的要件和效力并不相同。动产抵押无需交付即可设定，办理登记仅为对抗第三人的要件；动产质押交付完成才能设定，是否登记对于质押的效力不生影响。因此，债权人在选择动产作为担保物时，应当综合考量抵押和质押的优势和劣势。动产抵押在未登记的情形下，没有相应的权利外观，故对于抵押权人而言风险较大。所以，建议抵押权人在接受动产抵押时，务必办理抵押登记，以防不测。

2. 《民法典》第四百一十六条规定：“动产抵押担保的主债权是抵押物的价款，标的物交付后十日内办理抵押登记的，该抵押权人优先于抵押物买受人的其他担保物权人受偿，但是留置权人除外。”根据上述规定可以得出，动产抵押办理登记不仅可以取得对抗第三人效力的法律效果，而且还可以起到保全权利顺位的作用。即动产抵押登记可以取得绝对对抗质押权的法律效力，也可以取得对抗后位抵押权人的法律效果。因此，动产抵押权人办理抵押登记，意义重大。

3. 在进行大型的动产（机动车、船舶、航空器、成批原材料）·交易（买卖、

---

① 编者按：《民法典》第425条。
② 编者按：《民法典》第403条。
③ 编者按：《民法典》第404条。
④ 编者按：《民法典》第416条、第456条。

设定质押）时，不仅要考虑交易的标的物是否为对方当事人所有或占有，更要考虑动产上是否可能存在已登记的抵押权或者已经被登记在第三人名下。因此，建议在进行大型动产交易时，对动产的权属情况进行必要的调查，以防交易发生不测。

相关法条

《中华人民共和国民法典》（2021 年 1 月 1 日施行）

第三百九十六条 企业、个体工商户、农业生产经营者可以将现有的以及将有的生产设备、原材料、半成品、产品抵押，债务人不履行到期债务或者发生当事人约定的实现抵押权的情形，债权人有权就抵押财产确定时的动产优先受偿。

第四百零三条 以动产抵押的，抵押权自抵押合同生效时设立；未经登记，不得对抗善意第三人。

第四百一十四条 同一财产向两个以上债权人抵押的，拍卖、变卖抵押财产所得的价款依照下列规定清偿：

（一）抵押权已经登记的，按照登记的时间先后确定清偿顺序；

（二）抵押权已经登记的先于未登记的受偿；

（三）抵押权未登记的，按照债权比例清偿。

其他可以登记的担保物权，清偿顺序参照适用前款规定。

裁判意见

以下为江西高院在本院认为部分就此问题发表的意见：

本院认为，依据《担保法》第五十四条①第（二）项规定，抵押物已登记的先于未登记的受偿。依照《最高人民法院关于适用〈中华人民共和国担保法〉若干问题的解释》第七十九条②第一款规定，同一财产法定登记的抵押权与质权并存时，抵押权人优先于质权人受偿。因此，同一财产抵押权与质权并存时，如果抵押权已登记的，抵押权人优先于质权人受偿。本案中，根据上述查明的事实和证据，萍乡市湘东区下埠镇某货场共有四个储煤区（四堆原煤），经测算截至 2016 年 3 月 16 日堆积煤炭资源储量为 19.46006 万吨，赣某电煤公司和某翊公司

---

① 编者按：《民法典》第 414 条。

② 编者按：《民法典》第 416 条、第 456 条。

先后两次就该货场原煤向某行安源支行提供动产抵押担保，其中萍安工商抵字2012第028号抵押登记原煤为16万余吨，加上萍安工商抵字2009第21号抵押登记的部分原煤，初步推算该货场所储存的四堆原煤均为本案赣某电煤公司、某翊公司向某行安源支行提供的抵押担保物。另外，某宇集团公司基于其与某银行萍乡分行签订的《最高额质押合同》，向某银行萍乡分行提供的位于萍乡市湘东区下埠镇某货场储煤场C区13万吨原煤，处于该货场四个储煤场之间。因此，某货场储煤场C区作为某宇集团公司向某银行萍乡分行提供的质押物13万吨原煤，与赣某电煤公司向某行安源支行提供的抵押物该货场中的部分原煤之间，在同一财产上可能存在两个担保物权竞合。由于赣某电煤公司向某行安源支行提供的担保物已进行动产抵押登记，抵押权人某行安源支行依法应当优先于质权人某银行萍乡分行受偿。另外，某银行萍乡分行请求对位于萍乡市湘东区下埠镇某货场储煤场C区的13万吨原煤优先受偿，实际上系对本案执行标的提出的书面异议，上述原煤上设立的抵押权和质押权虽均已分别为生效判决书、调解书确定，但是某货场储煤场C区储存的13万吨原煤上同时存在的质押权和抵押权何者优先受偿的顺位并未被生效法律文书确定，该异议请求与原生效判决、裁定无关。综上所述，某银行萍乡分行的异议理由不能成立，本院不予支持。

延伸阅读

1. 同一不动产上租赁收益权质押的质权人权利劣后于已登记的不动产抵押权人

案例一：某银行股份有限公司长沙分行、四某有限公司等执行异议之诉民事判决书［（2015）湘高法民二初字第19号］

湖南省高级人民法院认为：“《最高人民法院关于适用〈中华人民共和国担保法〉若干问题的解释》第七十九条①规定：‘同一财产法定登记的抵押权与质权并存时，抵押权人优先于质权人受偿。同一财产抵押权与留置权并存时，留置权人优先于抵押权人受偿’。根据该规定，在本案存在戴某的抵押权与某银行长沙分行的应收账款质押权并存，二者之间发生竞合的情形下，成立在后的应收账款质押权不得对抗成立在先的抵押权，故戴某成立在前的抵押权应优先于某银行长沙分行的应收账款质押权受偿。自戴某通过行使抵押权取得涉案401房屋的所

① 编者按：《民法典》第416条、第456条。

有权时起，即取得了该房屋包括收益权在内的完整的所有权，在该房屋上设定的其他担保权利因此归于消灭，某银行长沙分行无权就该房屋的租金收益及物业管理费行使优先受偿权。但并不影响某银行长沙分行就戴某取得该房屋所有权之前的租金收益及物业管理费享有优先受偿的权利。综上所述，本院（2015）湘高法执异字第2号执行裁定书解除本院（2014）湘高法民保字第22－4号协助执行通知书对长沙市开福区芙蓉中路一段×××号某商务广场401房屋租金所采取的指定交付措施正确。某银行长沙分行提出本院（2015）湘高法执异字第2号执行裁定书错误，应予撤销的诉讼请求于法无据，本院不予支持。”

2. 仅以登记生效要件的抵押权在登记后才可能优先于质权

案例二：盐城晔某热镀锌有限责任公司、顾某花二审民事裁定书［（2015）苏民撤终字第00007号］

江苏省高级人民法院认为：“2012年2月20日，晔某公司通过股东会决议，将公司的动产机械设备、原材料抵押给顾某花，并已在响水工商局办理了抵押登记手续。故根据《中华人民共和国物权法》第一百七十九条①、第一百八十条②第一款第（四）项、第一百八十八条③的规定，顾某花对案涉抵押物享有优先受偿权。因此，晔某公司与顾某花之间签订的上述民事调解书，不违反法律的规定，并未损害响水某行的合法权益。再次，2012年7月25日，晔某公司与响水某行签订一份《商品融资合同》和《商品融资质押监管协议》，约定晔某公司向响水某行贷款1000万元，并以该公司的1180吨锌锭作为质押物，由中某华东物流有限公司进行监管。在《商品融资质押监管协议》的附件《质物种类、价格、最低要求通知书》中已列明质押物锌锭在库。故响水某行所称的质押物应只限于晔某公司仓库内存放的锌锭。因响水某行与晔某公司在所签《商品融资质押监管协议》中对质押物约定为动态质押，也即晔某公司为生产需要可以随时取用处于中某华东物流有限公司监管状态下的锌锭作为生产原料，而晔某公司也有义务保证在监管期间，无论提货或换货，库存质押物锌锭都应符合《质物种类、价格、最低要求通知书》列明的要求，即晔某公司应随时补充因取用而减少的锌锭。因此，晔某公司因生产需要而从监管仓库内取用熔化在车间锌锅内的锌，虽来源于

---

① 编者按：《民法典》第394条。
② 编者按：《民法典》第395条。
③ 编者按：《民法典》第403条。

响水某行的质押物锌锭，但已不属于响水某行所称的质押物。最后，即使晔某公司车间锌锅内的锌与仓库内的锌锭为同一物，也因顾某花所设定的抵押在先，且已办理了抵押登记手续，根据《中华人民共和国物权法》第一百八十八条①规定，动产抵押采登记对抗主义，即抵押权登记后可对抗第三人，因此，当然可以对抗后设定的质权人，该情况下动产抵押权优先于质权，故响水某行上诉认为对晔某公司车间内锌锅里的锌享有优先受偿权的理由，缺乏事实和法律依据，不能成立。综上所述，原审法院（2012）盐民初字第0194号民事调解书没有损害响水某行的合法权益。响水某行上诉要求撤销该民事调解书的诉讼请求不符合案外人撤销之诉的立案受理条件，原审法院未予支持，并无不当。需要说明的是，《最高人民法院关于适用〈中华人民共和国担保法〉若干问题的解释》第七十九条②第一款关于同一财产法定登记的抵押权与质权并存时，抵押权人优先于质权人受偿的规定，只适用于登记生效的抵押，不适用本案，一审引用该条款属于适用法律有误，本院予以纠正。原审法院裁定认定事实清楚，处理结果恰当，应予维持。”

3. 未登记的动产抵押权权利顺位劣后于质押权

案例三：刘某军与金某投资担保有限公司、迅某汽车服务有限公司侵权责任纠纷二审民事判决书［（2016）陕04民终689号］

咸阳市中级人民法院认为：“上诉人认为本案争议标的物陕D×××××思域车车主张某艳一车二抵属诈骗行为，本案应先刑后民，因公安机关对此并未立案，故本案不涉及先刑后民问题。《最高人民法院关于适用〈中华人民共和国担保法〉若干问题的解释》第七十九条③规定，同一财产法定登记的抵押权与质权并存时，抵押权人优先于质权人受偿，本案上诉人虽对争议车辆享有抵押权，但其抵押权未经登记，被上诉人与张某艳以书面形式签订质押协议并将车辆交付，质押期限届满后，张某艳未偿还借款，被上诉人继续留置质物，符合法律规定，故上诉人的抵押权不能对抗被上诉人对争议车辆享有的质押权。”

---

① 编者按：《民法典》第403条。

②③ 编者按：《民法典》第416条、第456条。

097 因出质人的原因导致股权质押未有效设立，出质人能否免责？

裁判要旨[①]

因出质人的原因导致股权质押未有效设立，不影响质押合同的效力，故质押人应当承担未能履行设立股权质押义务的违约责任。承担责任的范围，相当于出质人因违约而逃避的责任以及质权人丧失的权益。

案情简介

一、2011年8月12日，某桥公司与金某公司、某城宁夏公司签订《借款合同》，金某公司向某桥公司借款人民币1.2亿元。某城宁夏公司将其合法持有的金某公司80%股权及法定孳息（包括质押股权应得红利和其他收益）质押给某桥公司，作为某桥公司向金某公司提供上述贷款的担保。但该股权质押因某城宁夏公司的原因，一直未能按规定完成质押登记手续。

二、金某公司到期未还款，某桥公司向北京高院起诉，诉请：金某公司还本付息，某城宁夏公司对上述款项承担连带给付责任。北京高院一审判决金某公司还本付息；某城宁夏公司在案涉质押股权价值的范围内对上述款项承担赔偿责任。

三、某城宁夏公司不服，上诉至最高法院，最高法院二审判决驳回上诉、维持原判。

裁判思路

本案中某城宁夏公司败诉的原因在于虽然股权质押未能有效设立，但质押担保条款仍然有效，某城宁夏公司对于股权出质未能成功办理登记事宜存在过错，应承担违约责任。以股权出质的，应当到工商行政主管部门办理登记，质权自办理出质登记时设立。在本案中，出质人为某城宁夏公司，负有按照本条之规定办理股权质押登记的义务。但因为某城宁夏公司囿于自身原因，未能办理相应的股

① 案件来源：某桥国盛投资有限公司与某城（宁夏）资产经营有限公司、金某联合投资有限公司企业借贷纠纷二审民事判决书［最高人民法院（2015）民二终字第70号］

权质押登记，导致涉案股权质押未能有效设立。最高法院认为，虽然案涉股权质押未能有效设立，但股权质押条款仍然有效，且出质人对于未能办理股权质押登记事宜存在过错，故应按照《民法典》的规定承担违约责任，违约责任的范围相当于“出质人因违约而逃避的责任以及质权人丧失的权益”。某城宁夏公司因此败诉。

经验总结

1. 以股权出质的，应当按规定办理股权质押登记手续。根据《民法典》第四百四十三条之规定，以在证券登记结算机构登记的股权出质的，质权自证券登记结算机构办理出质登记时设立；以其他股权出质的，质权自工商行政管理部门办理出质登记时设立。股权质权是权利质权，必须办理质押登记，且质权自质押登记时取得。本案中某桥公司因为质押股权未办理质押登记而未能取得质押股权的质权。对于股权质押的登记义务，如无特别规定，应由出质人负担，理由是出质人负有使质权人取得质权的义务，而股权质押取得质权的方法即为登记。

2. 以股权进行质押的，并不属于《公司法》第十六条规定的以公司财产对外提供担保的情形，不需要公司股东会或者董事会作出相应的决议。因为股东是股权的权利人，故此时的担保人是股东，而不是公司。所以，以公司的股权出质的，不属于公司对外提供担保，不受《公司法》第十六条的约束，只需要作为出质人的股东本人同意即可。

3. 股权质押因未办理登记而未能有效设立时，出质人并不能因此免责。根据《民法典》第四百四十三条的规定，股权质权之登记完成时设立，未经登记的质权人不能取得质权。但股权出质未能办理质押登记，并不影响质押合同的效力。在质押合同仍然有效的情况下，债权人可根据质押合同要求出质人根据《民法典》的规定承担违约责任，赔偿因质权未能有效设立所遭受的损失。这一损失的计算，应受双重限制：（1）以债权人要求债务人履行债务时的股权价值为限；（2）以债权人主债权未获清偿的部分为限。在实际适用时，应以二者中低者为限。

相关法条

《中华人民共和国民法典》（2021 年 1 月 1 日施行）

第四百四十三条　以基金份额、股权出质的，质权自办理出质登记时设立。

基金份额、股权出质后，不得转让，但是出质人与质权人协商同意的除外。出质人转让基金份额、股权所得的价款，应当向质权人提前清偿债务或者提存。

《工商行政管理机关股权出质登记办法》（中华人民共和国国家工商行政管理总局令第 86 号 2016 年修订）

第四条 股权出质登记事项包括：

（一）出质人和质权人的姓名或名称；

（二）出质股权所在公司的名称；

（三）出质股权的数额。

第五条 申请出质登记的股权应当是依法可以转让和出质的股权。对于已经被人民法院冻结的股权，在解除冻结之前，不得申请办理股权出质登记。

第六条 申请股权出质设立登记、变更登记和注销登记，应当由出质人和质权人共同提出。申请股权出质撤销登记，可以由出质人或者质权人单方提出。

申请人应当对申请材料的真实性、质权合同的合法性有效性、出质股权权能的完整性承担法律责任。

第七条 申请股权出质设立登记，应当提交下列材料：

（一）申请人签字或者盖章的《股权出质设立登记申请书》；

（二）记载有出质人姓名（名称）及其出资额的有限责任公司股东名册复印件或者出质人持有的股份公司股票复印件（均需加盖公司印章）；

（三）质权合同；

（四）出质人、质权人的主体资格证明或者自然人身份证明复印件（出质人、质权人属于自然人的由本人签名，属于法人的加盖法人印章，下同）；

（五）国家工商行政管理总局要求提交的其他材料。

指定代表或者共同委托代理人办理的，还应当提交申请人指定代表或者共同委托代理人的证明。

裁判意见

以下为最高法院在“本院认为”部分就此问题发表的意见：

关于某城宁夏公司是否应承担未能办理股权质押登记的法律责任及承担何种责任形式问题。……某城宁夏公司囿于其自身原因未能如约办理相应的股权质押登记，导致涉案股权质押并未有效设立。虽然因某城宁夏公司的原因导致股权质押未有效设立，但是并不影响《借款合同》中有关质押担保条款的效力。因此，在质押担保条款有效的前提下，依据《合同法》第一百零七条[①]关于“当事人一方不履行合同义务或者履行合同义务不符合约定的，应当承担继续履行、采取补救措施或者赔偿损失等违约责任”的规定，某城宁夏公司应当承担未能履行设立股权质押义务的违约责任。对于违约责任的具体形式，鉴于某城宁夏公司的违约行为导致其不当逃避了质押担保责任，致使某桥公司丧失在涉案股权及法定孳息范围内的质押权利，亦失去了收回涉案借款的物权保障，因此，某城宁夏公司因违约而逃避的责任以及某桥公司丧失的权益即应视为某桥公司的损失。依据《借款合同》第七条的约定，某城宁夏公司将合法持有的金某公司的80%的股权以及法定孳息（包括质押股权应得红利）质押给某桥公司，作为某桥公司向金某公司提供贷款的担保。在法定担保期间内，如未经某桥公司同意，金某公司未按合同约定如期偿还本息，则某桥公司有权依法定方式，通过处理某城宁夏公司质押的股权及其法定孳息所得款项及权益优先受偿。某城宁夏公司依法应当在其持有金某公司80%的股权价值以及法定孳息，包括质押股权应得红利范围内承担赔偿责任。一审法院判决某城宁夏公司在涉案质押股权价值范围内对金某公司的借款本息承担赔偿责任符合法律规定，本院予以维持。至于某城宁夏公司提及的涉案股权价值不确定的问题，属于执行阶段解决的事项，并不影响本案裁判。某城宁夏公司的此项上诉请求及理由缺乏事实和法律依据，本院不予支持。

098 抵质押担保中存在流质、流押条款是否会导致担保无效？

裁判要旨[②]

债务到期前，当事人在质押合同中关于债务到期后质物归属或以固定价款处置质物的约定为“流质条款”，可能因违反“禁止流质”原则而无效。

案情简介

一、2013年5月22日，华某酒业公司与遵义某行签订《流动资金借款合

① 编者按：《民法典》第577条。

② 案件来源：贵州华某酒业有限公司、新某酒业供应链股份有限公司金融借款合同纠纷再审审查与审判监督民事裁定书［（2020）最高法民申121号］

同》，约定遵义某行向华某酒业公司发放贷款1000万元，借款期限为12个月，借款合同签订后，遵义某行按照约定向华某酒业公司发放了贷款。

二、同日，华某酒业公司与遵义某行签订《最高额抵押合同》，约定华某酒业公司以不同年份的酱香基酒就前述借款合同的借款向遵义某行提供动产最高额抵押，相应最高债权额限度在“具体金额在其被清偿时确定”。

三、前述合同签订当日，遵义某行作为甲方与乙方华某酒业公司、丙方新某酒业公司共同签订《动产抵押监管协议》，约定由新某酒业公司为遵义某行监管前述抵押物，《动产抵押监管协议》明确抵押物的最低价值为2001万元。

四、此外，《动产抵押监管协议》约定：“在出现《贷款合同》所约定的违约事件时，新某酒业公司将按抵押担保金额购置本合同项下的抵押物，购置款项将直接优先用于偿还乙方对甲方的应负债务。在抵押物的动态管理过程中，随着市场等因素的变化导致抵押物贬值时，丙方应按抵押担保金额购置本合同项下的抵押物，购置款项将直接优先用于偿还乙方对甲方的应负债务。”

五、2014年6月21日，华某酒业公司借款期满，仍欠本金999.9万元未归还，遵义某行遂起诉至法院，要求华某酒业公司还款，并就抵押物拍卖、变卖所得价款享有优先受偿权，不足部分由新某酒业公司承担补充清偿责任。

六、遵义市中级人民法院一审认为，根据《动产抵押监管协议》中抵押物贬值、监管人应按照最低价格购置抵押物的约定，在本案抵押物不能清偿本案债务的情况下，新某酒业公司应对本案债务承担补充清偿责任。新某酒业公司不服，上诉至贵州省高级人民法院。

七、贵州省高级人民法院认为，《动产抵押监管协议》在主合同履行期限届满前约定由新某酒业公司以相对固定价款处分质物，构成变相流质条款，该条款无效，新某酒业公司对案涉借款无需承担责任。

八、华某酒业公司不服，向最高人民法院申请再审，最高人民法院裁定驳回其再审申请。

裁判思路

本案的核心争议在于新某公司作为动产抵押监管的监管人应否承担责任。对此，最高人民法院认为：

首先，关于《动产抵押监管协议》的性质。动产质押与动产抵押的区别在于债务人或者第三人是否将其动产交由债权人占有。本案中，《动产抵押监管协议》约定，由新某酒业公司为债权人遵义某行监管涉案基酒，故案涉《动产抵押监管协议》虽名为动产抵押合同，但实为动产质押合同。

其次，关于在抵押人无法清偿债务时由监管人以固定价格购买抵押物的约定是否有效的问题。《物权法》第二百一十一条①规定："质权人在债务履行期届满前，不得与出质人约定债务人不履行到期债务时质押财产归债权人所有"，此为担保法中旨在保护质押人的"禁止流质"条款。《物权法》规定仅有债务人不履行到期债务的情况实际发生时，质权人才可以与出质人协议以质押财产折价，也可以就拍卖、变卖质押财产所得的价款优先受偿。而本案中《动产抵押监管协议》关于履行期限届满前已约定由新某公司以相对固定价款处分质物，实际上属于变相流质条款，该条款应被认定无效。

最后，流质条款无效不影响担保合同其他部分的效力。案涉《动产抵押监管协议》系各方真实意思表示，其中的监管人回购条款虽属无效，但其他部分内容未违反法律、行政法规的强制性规定，应属有效，遵义某行有权对案涉质押物实现质权。但案涉协议其他条款并未就新某公司回购不能的责任问题进行约定，故原审判决新某公司对案涉借款无需承担责任并无不当。故裁定驳回华某酒业公司的再审申请。

经验总结

1. 约定将担保财产转移给第三人或债权人占有的担保合同为质押合同。《民法典》第四百二十五条规定："为担保债务的履行，债务人或者第三人将其动产出质给债权人占有的，债务人不履行到期债务或者发生当事人约定的实现质权的情形，债权人有权就该动产优先受偿。"此处的"占有"包括交由债权人占有，也包括交由债权人委托的第三人占有。《民法典担保制度解释》对债权人、出质人与监管人签订三方协议，从而订立担保合同的交易模式进行了详细规范，明确了担保合同的成立、违约责任的承担等实施细则。

2. 注意流质条款和变相流质条款的识别。《民法典》设置禁止流质、流押之规定，旨在避免债权人在签订担保合同时滥用优势地位，乘债务人之危压低担保物价值并免除自身清算义务，造成不公。在实践中，担保物权人在债务履行期限

① 编者按：《民法典》第428条。

届满前，与担保人约定债务人不履行到期债务时抵押财产归债权人所有的，只能依法就担保物优先受偿，不能直接取得担保物。

变相流质、流押条款存在多种表现形式。债权人通过与担保人签订《买卖合同》《股权转让合同》等形式的所有权转让合同，并约定债务人无法按期偿还债务时履行所有权转让合同的，均有可能因违反禁止流质、流押条款而被认定无效。变相流质条款的核心特征是在债务履行期限届满前约定以固定的价格处置担保物，包括事先约定将担保物直接作价给债权人，亦包括事先约定将担保物以确定价格抵偿给第三人。本案中，各方在《动产抵押监管协议》中约定监管人在债务无法清偿时，以固定价格购买质押物，正是因为违反了禁止流质原则而被法院确认无效。

3. 担保合同并不因流质、流押条款的存在而整体无效，债权人仍有权对担保物拍卖、变卖所得的价款优先受偿。《担保法》第六十六条[①]规定："出质人和质权人在合同中不得约定在债务履行期届满质权人未受清偿时，质物的所有权转移为质权人所有。"《担保法》虽规定了流质契约的禁止原则，但未规定相关条款无效后的法律后果，《民法典》第四百零一条、第四百二十八条明确，抵押权人、质押权人在债务履行期限届满前，与担保人约定债务人不履行到期债务时抵押财产归债权人所有的，只能依法就担保财产优先受偿。故即使流质、流押的约定无效，亦不妨碍担保物权人就担保物优先受偿的权利。

相关法条

《中华人民共和国民法典》（2021 年 1 月 1 日施行）

第四百零一条 抵押权人在债务履行期限届满前，与抵押人约定债务人不履行到期债务时抵押财产归债权人所有的，只能依法就抵押财产优先受偿。

第四百二十八条 质权人在债务履行期限届满前，与出质人约定债务人不履行到期债务时质押财产归债权人所有的，只能依法就质押财产优先受偿。

《最高人民法院关于适用〈中华人民共和国民法典〉有关担保制度的解释》（法释〔2020〕28 号 2021 年 1 月 1 日施行）

第五十五条 债权人、出质人与监管人订立三方协议，出质人以通过一定数量、品种等概括描述能够确定范围的货物为债务的履行提供担保，当事人有证据

① 编者按：已失效。

证明监管人系受债权人的委托监管并实际控制该货物的，人民法院应当认定质权于监管人实际控制货物之日起设立。监管人违反约定向出质人或者其他人放货、因保管不善导致货物毁损灭失，债权人请求监管人承担违约责任的，人民法院依法予以支持。

在前款规定情形下，当事人有证据证明监管人系受出质人委托监管该货物，或者虽然受债权人委托但是未实际履行监管职责，导致货物仍由出质人实际控制的，人民法院应当认定质权未设立。债权人可以基于质押合同的约定请求出质人承担违约责任，但是不得超过质权有效设立时出质人应当承担的责任范围。监管人未履行监管职责，债权人请求监管人承担责任的，人民法院依法予以支持。

《最高人民法院关于审理民间借贷案件适用法律若干问题的规定》（法释〔2020〕17 号 2020 年第二次修正）

第二十三条 当事人以订立买卖合同作为民间借贷合同的担保，借款到期后借款人不能还款，出借人请求履行买卖合同的，人民法院应当按照民间借贷法律关系审理。当事人根据法庭审理情况变更诉讼请求的，人民法院应当准许。

按照民间借贷法律关系审理作出的判决生效后，借款人不履行生效判决确定的金钱债务，出借人可以申请拍卖买卖合同标的物，以偿还债务。就拍卖所得的价款与应偿还借款本息之间的差额，借款人或者出借人有权主张返还或者补偿。

裁判意见

《物权法》第二百一十一条①规定："质权人在债务履行期届满前，不得与出质人约定债务人不履行到期债务时质押财产归债权人所有。"第二百一十九条②规定："债务人不履行到期债务或者发生当事人约定的实现质权的情形，质权人可以与出质人协议以质押财产折价，也可以就拍卖、变卖质押财产所得的价款优先受偿"。据原审查明，遵义某行、华某酒业公司、新某公司签订的《动产抵押监管协议》及《补充协议》明确约定，当出现约定的违约事件导致还贷风险或者在抵押物的动态管理过程中随着市场等因素的变化导致抵押物贬值时，新某公司将按抵押担保金额（包括借款本金、利息及遵义某行实现债权的相关费用等）购置案涉基酒，购置款项直接优先偿还给遵义某行，即在履行期限届满前已约定由新某公司以相对固定价款处分质物，此种事先约定质物的归属和相对价款之情

① 编者按：《民法典》第 428 条。
② 编者按：《民法典》第 436 条。

形实质上违反了物权法的上述规定，系变相流质条款，该条款应认定无效。原审判决虽适用法律错误，但认定结果并无不当，予以维持。

《最高人民法院关于适用〈中华人民共和国担保法〉若干问题的解释》第九十六条①规定，本解释第五十七条②之规定，适用于动产质押。第五十七条③第一款规定："当事人在抵押合同中约定，债务履行期届满抵押权人未受清偿时，抵押物的所有权转移为债权人所有的内容无效。该内容的无效不影响抵押合同其他部分内容的效力。"本案中，案涉《动产抵押监管协议》及《补充协议》系各方真实意思表示，其中的回购条款虽属无效，但其他部分内容未违反法律、行政法规的强制性规定，按照上述司法解释的规定，其他部分内容应属有效。案涉协议其他条款并未就新某公司回购不能的责任问题进行约定，故原审判决新某公司对案涉借款无需承担责任并无不当。

延伸阅读

1. 认定担保合同条款构成"变相流质""变相流押"的案例

案例一：李某民、李某军借款合同纠纷再审审查与审判监督民事裁定书[（2019）最高法民申5664号]

最高人民法院认为：虽然《物权法》第二百一十一条④规定了质权人在债务履行期限届满前，不得与出质人约定债务人不履行到期债务时质押财产归债权人所有，但并未禁止双方当事人将质押财产作为买卖的标的。本案原审已查明，2017年1月6日，李某军与李某民、李某中签订了《借款合同》，该合同第三条约定，若李某民、李某中（乙方）逾期，则乙方所质押的金某公司100%股权作为甲、乙双方买卖的标的。此外，在该合同中，双方还对金某公司所持有土地的价格、支付方式、借款利息减免进行了约定。但合同中并未约定债务履行期限届满质权人未受偿时该股权直接转移给李某军，故原审适用法律并无不当。

案例二：梁某君等与梁某莲民间借贷纠纷再审案[（2018）最高法民申2919号]

最高人民法院认为：双方所签《借款合同》第十一条第四款约定，梁某君未能按照合同履行还款约定时，管某有权在不通知梁某君的情况下，申请相关的

---

① 编者按：已失效。

②③ 编者按：已失效，被《民法典》吸收。

④ 编者按：《民法典》第428条。

政府机构强制过户抵押物。从该约定内容看，虽与《物权法》第一百八十六条①即“抵押权人在债务履行期届满前，不得与抵押人约定债务人不履行到期债权时抵押财产归债权人所有”的规定不完全吻合，但亦属于“抵押财产归债权人所有”的一种形式。但更为准确地讲，本案当事人已经以签订《郑州高新区房地产抵押合同》并办理抵押登记的方式，对该条款约定的债权实现方式进行了变更，即管某应就抵押房产以主张抵押权的方式实现其债权，而不再是“申请相关的政府机构强制过户抵押物”，故该条款效力与否并不影响双方权利义务的认定。

案例三：三某牧业有限公司与和某置业有限公司等企业借贷纠纷再审案［（2017）最高法民申1500号］

最高人民法院第四巡回法庭认为：《借款合同》第五条约定，如超过2013年10月25日汝某公司仍未归还借款，需按约将其一切财产、一切经营管理权、一切人员移交给和某公司，并把一切手续变更给和某公司，否则计收违约金直至交付完毕。根据《物权法》第一百八十六条②“抵押权人在债务履行期届满前，不得与抵押人约定债务人不履行到期债务时抵押财产归债权人所有”的规定，该约定属流押条款，亦属无效约定。

案例四：中某汽车公司等诉铭某集团有限公司等股权转让合同纠纷案［（2015）民二终字第384号］

最高人民法院认为：中某公司提出受让股权的依据为铭某公司与朱某群签订的《融资借款协议》及其项下的《股权质押合同》及《股权转让协议》，据协议相关条款内容来看，双方约定在铭某公司未能及时清偿债务时，朱某群有权要求铭某公司将其持有的桂某公司32.1510%（对应出资额9785万元）股权以7000万元价格转让给朱某群指定的任意第三人，铭某公司不得拒绝，且该第三人亦无需向铭某公司支付股权转让款，而是直接支付给朱某群以偿还欠款。其实质为在铭某公司不能如约偿还朱某群借款时，朱某群可将铭某公司质押的股权以事先约定的固定价格转让给第三方以清偿铭某公司所负债务，即在履行期限届满前已约定由质权人朱某群以固定价款处分质物，相当于未届清偿期即已固定了对质物的处分方式和处分价格，显然与法律规定的质权实现方式不符。此种事先约定质物的归属和价款之情形实质上违反了《物权法》第二百一十一条③禁止流质的强制性规定，故该约定条款应属无效。

---

①② 编者按：《民法典》第401条。

③ 编者按：《民法典》第428条。

2. 认定担保合同条款不构成“变相流质”“变相流押”的案例

案例五：曾某元、湖南新某置业发展有限公司合同纠纷再审民事判决书［（2019）最高法民再304号］

最高人民法院认为：第二，担保法及物权法设置禁止流质、流押之规定，旨在避免债权人滥用优势地位，乘债务人之危压低担保物价值并免除自身清算义务，以谋取不当利益，造成不公。本案中，为担保新某公司履行债务，曾某元与新某公司在《借款协议》中约定：以新某公司开发的公园一号车位作为抵押，如不能按期归还，出借人有权对借款人资产进行资产保全，申请法院冻结。故案涉《借款协议》及《商品房买卖合同》均未约定新某公司未能清偿债务时，作为担保物的案涉车位的所有权直接由曾某元取得，以消灭双方的债权债务关系。案涉车位以预购商品房预告登记代替办理抵押权登记的目的，系为限制新某公司对该车位进行转让或作其它处分，并非为了确保曾某元取得案涉车位的所有权。因此，新某公司关于本案存在违反担保法第四十条①禁止流押规定的主张，缺乏事实及法律依据，本院不予支持。

案例六：刘某元、刘某梅合同纠纷二审民事判决书［（2019）最高法民终724号］

最高人民法院认为：至于刘某元主张2012年5月26日《退股协议》和2015年7月31日《协议书》，违反禁止流押的强制性规定而无效的问题。《中华人民共和国物权法》第一百八十六条②规定，“抵押权人在债务履行期届满前，不得与抵押人约定债务人不履行到期债务时抵押财产归债权人所有”。分析《退股协议》关于“刘某梅将40%股权作价6700万转让给刘某元……如刘某元在2015年12月31日前未全部还清欠款，则无条件将煤矿交给刘某梅独自经营，已交付给刘某梅的款项作为赔偿款，不予退还”，和《协议书》关于“刘某元于2015年8月1日将煤矿经营权交还刘某梅，刘某元前期出资作为承包经营和井口改造费用，欠亿某信公司债务、七某龙矿矿业有限责任公司债务（100万以内）由刘某梅承担”的约定，刘某元与刘某梅并未将大富某煤矿设定为抵押物，刘某元与刘某梅并非抵押人与抵押权人的关系，本案不存在适用物权法关于禁止流押规定的情形。

---

①② 编者按：《民法典》第401条。

099 对质押物的真实性审查不严，金融机构是否应承担责任?

裁判要旨[①]

金融机构对借款人的资信，保证人的偿还能力，抵押物、质物的权属和价值以及实现抵押权、质权的可行性承担的审查义务属于法定义务，不能通过协议全部转移给他人。金融机构违反该义务导致借款不能收回的，应承担相应责任。

案情简介

一、2004年4月27日，某银行宝山支行与宏某公司签订银行承兑协议一份，约定：宏某公司申请某银行宝山支行承兑商业汇票3张，金额共计2000万元，宏某公司存入保证金600万元，焦某明为上述债务提供连带责任保证。后某银行宝山支行于2004年6月11日实际承兑并付款。

二、同日，某银行宝山支行与宏某公司还签订质押合同：宏某公司以自有的热卷钢材为质物为上述债务提供质押担保。某银行宝山支行、宏某公司、某商物流公司三方签订质物监管协议一份：三方声明自出质通知送达某商物流公司时，视为质物移交某银行宝山支行占有；某商物流公司声明，承兑协议项下的质物已验收完毕。

三、2004年4月，宝某公司仓单附仓单明细、出质背书各一份。仓单明细记载了4种规格的热卷，合计7469.704吨。2004年6月至8月，宝某公司、某商物流公司先后四次共同向某银行宝山支行填发仓单明细，每次仓单明细均载明：货主名称宏某公司、品名热轧钢卷、规格混规格、数量7522.427吨。同年9月9日，宝某公司致函某银行宝山支行称，经8月31日仓库清盘，泓某公司、宏某公司两家单位在其仓库的库存量为零。

四、2004年9月15日，某银行宝山支行曾以宏某公司未能清偿上述承兑协议项下的债务、质物灭失等为由，向上海市第二中级人民法院提起诉讼。上海二中院一审判决宏某公司偿付某银行宝山支行1400万元及利息；焦某明承担连带责任，宝某公司承担补充赔偿责任；某商物流公司对宝某公司不能清偿的部分承

① 案件来源：某物流集团上海有限公司与某银行股份有限公司上海宝山支行、宏某实业有限公司、某铁储运有限公司、焦某明合同、侵权纠纷案［最高人民法院（2009）民提字第40号］

担赔偿责任。某银行宝山支行、某商物流公司均不服，上诉至上海高院，上海高院判决驳回上诉，维持原判。

五、某商物流公司不服，向上海高院申请再审，上海高院裁定驳回其再审申请。某商物流公司仍不服，以某银行宝山支行负有审核质物权属的法定义为由向最高法院申请再审。最高法院改判：某银行宝山支行应自行部分承担责任，某商物流公司仅需对宝某公司不能清偿的部分承担70%赔偿责任。

裁判思路

本案中某银行宝山支行的裁判思路在于其不能通过协议的方式转移法定的审查贷款担保物真实存在与否的义务。本案某银行宝山支行所采用的担保方式为动产质押担保，根据《物权法》第二百零八条①的规定，动产质押以实际交付质物为质权成立的前提条件。故只有当某银行宝山支行直接占有或者控制质物时，质押才能成立。但一般银行并无存放大型质物的条件，故某银行宝山支行委托第三方监管质物，某银行宝山支行并未直接实际核验过质物是否真实存在。某银行宝山支行不仅通过协议委托第三方监管了质物，还通过该协议将保证并核验质物真实存在的义务转移给了作为监管方的某商物流公司。质物的实际存放单位宝某公司的仓单均是在未经真实核验的基础上开具的，最后证实质物自始即存在严重短缺。最高法院认为，某银行宝山支行负有《商业银行法》规定的对质物权属真实性进行核查的法定义务，该义务不能通过协议的方式转移给第三方。故认定某银行宝山支行对于质物实际不存在有一定的过错，应自行承担相应的责任。某银行宝山支行因此败诉。

经验总结

1. 银行作为专业的金融机构，在从事信贷业务时负有比一般民事主体更高的注意义务和审查核验义务。根据《商业银行法》第三十六条的规定："商业银行贷款，借款人应当提供担保。商业银行应当对保证人的偿还能力，抵押物、质物的权属和价值以及实现抵押权、质权的可行性进行严格审查。"该项义务是《商业银行法》对银行规定的法定义务。如果银行在贷款过程中未履行相应义务

① 编者按：《民法典》第425条。

导致相应损失，应自行承担部分责任。同时由于该项审查义务的法定性，银行不能通过协议等方式将该项义务转移给第三方。银行也不能因为第三方未履行审查义务导致相应损失而主张自己无需承担任何责任。

2. 对于大型的动产质押，不仅一般的商业银行并不具有直接保管质物的条件，而且银行直接保管质物的成本往往较高。因此，银行为节约成本往往会通过质物监管协议的方式委托第三方对质物进行监管。但这样的监管委托并非一劳永逸，银行应随时通过包括但不限于实体查看的方式关注质物的真实状况及其变化，防范并及时处理可能出现的风险。这不仅是银行降低信贷风险的有效措施，更是商业银行的法定义务之一。

3. 虽然《民法典》第四百二十九条规定，质押以质物的实际交付为成立要件，但此处的交付并不以实际交付为限。质押人不仅可以通过直接占有质物的方式取得质权，而且可以通过委托第三人占有的方式取得质权。此处的第三人只能是出质人以外的人而不能为出质人本人。

相关法条

《中华人民共和国民法典》（2021 年 1 月 1 日施行）

第四百二十九条　质权自出质人交付质押财产时设立。

第四百三十六条　债务人履行债务或者出质人提前清偿所担保的债权的，质权人应当返还质押财产。

债务人不履行到期债务或者发生当事人约定的实现质权的情形，质权人可以与出质人协议以质押财产折价，也可以就拍卖、变卖质押财产所得的价款优先受偿。

质押财产折价或者变卖的，应当参照市场价格。

《中华人民共和国商业银行法》（2015 年修正）

第三十五条　商业银行贷款，应当对借款人的借款用途、偿还能力、还款方式等情况进行严格审查。

商业银行贷款，应当实行审贷分离、分级审批的制度。

第三十六条　商业银行贷款，借款人应当提供担保。商业银行应当对保证人的偿还能力，抵押物、质物的权属和价值以及实现抵押权、质权的可行性进行严格审查。

经商业银行审查、评估，确认借款人资信良好，确能偿还贷款的，可以不提供担保。

裁判意见

以下为最高法院在本案再审判决中就此问题发表的意见：

关于某银行宝山支行对损失的产生是否存在过错。根据《商业银行法》第三十五条、第三十六条规定，某银行宝山支行在审贷过程中对质物的权属具有法定的审查义务。某银行宝山支行认为，其对质物权属的审查以及质物的监管义务已经通过质物监管协议委托给了某商物流公司。但是，在某银行宝山支行与某商物流公司签订质物监管协议之前，某银行宝山支行就已经接受了宝某公司出具的仓单附仓单明细，并办理了出质背书手续。而某银行宝山支行在此过程中并没有对宏某公司提供的仓单项下的质物是否存在尽到审查义务，没有能够发现仓单项下的钢材不存在的事实。在质物虚假的情况下，根据某银行上海分行 2004 年 4 月 26 日批准的宏某公司的承兑申请，某银行宝山支行与宏某公司签订银行承兑协议，并于同日将并不存在的质物交由某商物流公司办理质物移交手续并实施监管。因此，某银行宝山支行对于因质物虚假造成的损失，存在一定过错，应承担相应的责任。原审判决对某银行宝山支行对于损失的发生存在过错没有认定不当，本院予以纠正。

延伸阅读

银行未核验质物真实性，应自担损失

案例一：某银行股份有限公司乌苏支行与某速递物流股份有限公司新疆维吾尔自治区分公司委托合同纠纷申诉、申请民事裁定书［（2016）最高法民申 3304 号］

最高法院认为："《中华人民共和国商业银行法》第三十六条、《贷款通则》第十条均规定，贷款人应当对质物的权属、价值以及实现质权的可行性进行严格审查。本案中，某行乌苏支行并未对质物进行严格审查。根据新疆维吾尔自治区乌苏市人民法院（2015）乌刑初字第 27 号生效刑事判决认定的事实，鑫某公司从 2011 年开始以燃料油作为质物先后数次向某行乌苏支行贷款。2012 年，鑫某公司生产经营亏损，为了获取贷款，该公司联系会计事务所作出虚假的审计报告，组织财务人员提交虚假财务报表，同时安排工作人员向质押的燃料油罐体注水，将'燃料油'虚增至 24253.94 吨。后经司法鉴定，用于质押贷款的燃料油实际仅有 1650.6 吨，鑫某公司存放少量燃料油的目的是为了伪装整个油罐均为燃料油的假象。为了达到燃料油的质量标准、虚增价值，鑫某公司趁银行监督人员不备，将抽取的水油混合物样品替换成燃料油样品以获取合格的检验报告，由此核算质押的'燃料油'价值为12286万元。通过上述手段，鑫某公司获得了某行乌苏支行的案涉8500万元贷款。某行乌苏支行负责案涉贷款业务的工作人员赵某海接受公安机关询问时称，某行乌苏支行没有聘请有资格的专业机构对质物的真实性进行检验，鑫某公司当时给银行提交了中石油某山子鉴定中心出具的油品检验报告，银行是以该油品检验报告为依据放贷的，该报告中不包括油品的数量；其虽然参与了提取样品的过程，但样品是鑫某公司派人提取的，其没有参与送检，检验报告是鑫某公司派人取来送到银行的。2013年8月26日，某行乌苏支行作出《某银行抵（质）押核实书》《关于乌苏鑫某化工有限公司押品核实确认书》《评估现场调查表》等文件，载明：该行指派2位调查人员前往鑫某公司实地核查，确认该公司提供的押品名为燃料油，通过对该公司提供的购进燃料油发票核实，认定燃料油重量为24253.94吨，银行核查意见为：'押品真实存在、足值有效'。某物流新疆分公司在二审上诉时称，其是在上一家监管单位原铅封未动的情况下原样接收质物后再次铅封，某行乌苏支行对此没有异议。可见，案涉质物的实际价值远远低于某行乌苏支行放贷时认定的价值，并非由于某物流新疆分公司在监管质物期间未尽监管责任导致质物毁损灭失或变质、短少、受污染所致，而是因为质物移转占有之前、某行乌苏支行审批贷款时，未尽对质物价值的谨慎注意义务，未自行委托专业机构进行质物价值鉴定，未严格监督取样和送检过程，轻信了鑫某公司送来的检验报告。鑫某公司及其主管人员构成骗取贷款罪，已被依法判处刑罚。某物流新疆分公司并无违约行为，对于某行乌苏支行的贷款被鑫某公司骗取没有过错，某行乌苏支行要求某物流新疆分公司赔偿其未能收回的贷款本息损失，缺乏事实和法律依据，二审法院未予支持，并无不当。"

案例二：某银行股份有限公司哈尔滨长江路支行与某物流有限公司、哈尔滨商某实业有限公司等金融借款合同纠纷二审民事判决书［（2016）最高法民终266号］

最高法院认为：对于某银行而言，根据《物权法》第二百一十五条[①]规定可知，质权人负有妥善保管质押财产的义务。根据《商业银行法》第三十六条规定可知，商业银行贷款借款人应当提供担保。商业银行应当对保证人的偿还能力、抵押物、质押物的权属和价值以及实现抵押权、质权的可行性进行严格审

① 编者按：《民法典》第432条。

查。本案某银行作为贷款人和质权人，具有审查保管质押财产的法定义务，应当对债务人商某公司交付的质押财产数量进行严格测量。但某银行未履行相应义务，而是将该义务通过《动产监管合同》全部委托某物流公司履行。在某银行明知商某公司将质押钢材交付某物流公司时未进行实际测量的情况下，其既不组织三方实际测量，也不督促某物流公司按照监管合同约定进行测量，仅仅依据商某公司的库存表即在《押品清单》上填写质押财产数量并加盖公章，该行为表明其不仅怠于履行其法定质物审查义务，在明知质押钢材可能不足的情况下随意放贷，而且对自己债权的实现疏于管理并听任债权不能实现的风险放大，存在明显过错，对造成的己方损失，也应承担相应责任。

第二节 定 金

100 履约保证金与定金有何区别？在对方违约时是否应退还？

裁判要旨[①]

当事人交付留置金、担保金、保证金、订约金、押金或者订金等，但没有约定定金性质的，当事人主张定金权利的，不符合定金性质的履约保证金不能适用定金罚则，人民法院不予支持。

案情简介

一、中某公司（持股99%）、南某公司（持股1%）系坤某车业公司股东。2014年4月4日，中某公司、南某公司与神某公司签订了《股权转让协议》，约定中某公司、南某公司将所持有的坤某车业公司100%股权转让给神某公司。2014年7月10日，三方签订《补充协议》约定按照神某公司占80%，中某公司占19%，南某公司占1%的股权运作新的坤某车业公司。该《补充协议》签订后的当日，坤某车业公司与神某公司未签订《租赁经营合同》。

二、在《租赁经营合同》签订后，中某公司、南某公司将坤某车业公司移

① 案件来源：中某集团有限公司、南某房地产有限公司股权转让纠纷二审民事判决书［四川省高级人民法院（2016）川民终1156号］

交给神某公司经营，但《股权转让协议》及《补充协议》所约定的相关内容没有履行。2014年9月，中某公司、南某公司要求神某公司搬出租赁经营场地。神某公司于2014年9月10日支付300万元。中某公司出具收据，该收据载明："收购坤某车业公司履约保证金头笔款"。

三、2014年11月12日，中某公司、南某公司再次致函神某公司，要求履行2014年4月4日签订的《股权转让协议》支付股权转让价款，但神某公司仍未履行。

2014年12月5日，中某公司、南某公司向神某公司发出解除《股权转让协议》通知书。2014年12月15日，坤某车业公司向神某公司发出通知要求神某公司搬离租赁经营场地。

四、2014年12月18日，中某公司、南某公司向遂宁中院起诉，提出解除《股权转让协议》和《补充协议》，并支付未付股权转让款的利息损失及违约金。神某公司同意解除《股权转让协议》及《补充协议》，要求中某公司、南某公司退还收取的300万元。遂宁中院一审判决相关协议解除，中某公司退款300万元"履约保证金"。

五、中某公司不服，上诉至四川高院，认为神某公司违约，不应退还300万元的"履约保证金"。四川高院判决驳回上诉，维持原判。

裁判思路

本案中中某公司的裁判思路在于：履约保证金不是定金，不能适用于定金罚则。定金是担保合同履行的方式之一，给付定金的一方不履行约定的债务的，无权要求返还定金；收受定金的一方不履行约定的债务的，应当双倍返还定金。此即定金罚则。但司法上对于定金的认定较为严格，如果合同约定所谓的"留置金、担保金、保证金、订约金、押金或者订金等"，又没有约定以上交付的金钱适用于定金罚则的，则不能将其认定为定金，也不能适用定金罚则。本案中神某公司向中某公司交付的履约保证金即属其中之一。因为神某公司在向中某公司交付300万元时，中某公司仅在收据中说明其为"履约保证金"，并未约定相应的罚则，故该笔交付的金钱不符合定金的性质。在合同已经解除的情况下，收受的履约保证金的一方即不能以交付履约保证金的一方违约为由主张不予返还。中某公司因此败诉。

经验总结

1. 定金是担保合同履行的方式之一。根据《民法典》第五百八十六条的规定，当事人可以约定一方向对方给付定金作为债权的担保。债务人履行债务后，定金应当抵作价款或者收回。给付定金的一方不履行约定的债务的，无权要求返还定金；收受定金的一方不履行约定的债务的，应当双倍返还定金。对于交付定金的一方而言，定金罚则的存在能够督促其履行债务以避免定金被不予退还；对于接收定金的一方而言，定金罚则的存在也能够督促其履行债务以避免定金被要求双倍返还。因此定金担保与其他担保不同，其具有双向担保的性质。

2. 定金合同为要物合同、要式合同。定金的成立必须以实际交付一定数额的金钱为要件，且必须以书面形式为之。当交付的金额与约定的金额不一致时，以实际交付的金额作为定金数额。如双方虽在合同中约定了定金条款，但定金未实际交付的，该定金条款并不成立，此后也不能适用定金罚则。

3. 定金与违约金都是对未来违约一方损害赔偿的预先约定。因此当一方当事人违约而合同又同时对此违约行为约定了定金和违约金时，根据《民法典》第五百八十八条的规定，守约的一方只能选择其中一种作为违约损害赔偿的方法。

4. 由于定金罚则的存在，定金这一担保形式实际上带有一定的惩罚性色彩。因此，《民法典》第五百八十六条规定定金的数额不能超过合同标的额的百分之二十。同时，在司法上对于定金的认定也较为严格。除非明确约定为定金或者约定了定金罚则，否则“留置金、担保金、保证金、订约金、押金或者订金等”都不能适用定金罚则。因此，日常交易中广泛运用的各类保证金、押金等，虽然在一定程度上能够起到担保合同履行的法律效果，但无法像定金一样适用定金罚则。当事人在合同起草、审查的过程中一定要慎之又慎，谨慎选择、设计确保合同能够履行的交易条款。

相关法条

《中华人民共和国民法典》（2021 年 1 月 1 日施行）

第五百八十六条 当事人可以约定一方向对方给付定金作为债权的担保。定金合同自实际交付定金时成立。

定金的数额由当事人约定；但是，不得超过主合同标的额的百分之二十，超过部分不产生定金的效力。实际交付的定金数额多于或者少于约定数额的，视为变更约定的定金数额。

第五百八十七条　债务人履行债务的，定金应当抵作价款或者收回。给付定金的一方不履行债务或者履行债务不符合约定，致使不能实现合同目的的，无权请求返还定金；收受定金的一方不履行债务或者履行债务不符合约定，致使不能实现合同目的的，应当双倍返还定金。

第五百八十八条　当事人既约定违约金，又约定定金的，一方违约时，对方可以选择适用违约金或者定金条款。

定金不足以弥补一方违约造成的损失的，对方可以请求赔偿超过定金数额的损失。

裁判意见

以下为四川高院在二审期间就此问题发表的意见：

关于神某公司所支付的300万元的性质问题。本院认为，根据《补充协议》中关于“……签订补充协议后，神某公司在最短的时间内以履约的方式支付中某公司、南瑞房产公司2000万元。以上1－3条实现后全额退还给神某公司……”的约定，结合神某公司于2014年9月10日支付300万元，中某公司出具收据载明“收购坤某车业公司履约保证金头笔款”，且从神某公司并未提出异议的事实来看，神某公司所支付的案涉300万元的性质应当是基于《补充协议》的约定，而支付的履约保证金。案涉《补充协议》关于该履约保证金的约定，并未明确其具有定金的性质，根据《最高人民法院关于适用〈中华人民共和国担保法〉若干问题的解释》第一百一十八条[①]关于“当事人交付留置金、担保金、保证金、订约金、押金或者订金等，但没有约定定金性质的，当事人主张定金权利的，人民法院不予支持”的规定，案涉300万元履约保证金不具有定金的性质，中某公司不能基于神某公司未履行合同约定直接扣除全部履约保证金。履约保证金是合同当事人一方为担保合同的履行，而给付另一方当事人一定的金钱作为债权的担保，其功能在于为合同履行提供一种担保，根据债的担保的性质，履约保证金的性质为补偿性，即当缴纳履约保证金的一方当事人未履行合同约定的义务

---

① 编者按：已失效。

时，收取履约保证金的一方当事人可以从该保证金中扣除因对方未履行合同约定而给己方所造成的损失。如果在扣除违约损害赔偿后履约保证金还有剩余，应当在合同履行完毕或合同解除后，将剩余的履约保证金退还给对方当事人。本案中，当神某公司与中某公司、南某公司同意解除《股权转让协议》及《补充协议》时，案涉《股权转让协议》和《补充协议》即告解除。神某公司并未履行《补充协议》所约定的各项义务，也并未获得坤某车业公司的股权，但《补充协议》并未就违约责任进行约定，此时神某公司所承担的违约损害赔偿责任应当以实际损失为基础。而中某公司、南某公司在本案中并未提交证据证明神某公司未履行《补充协议》的约定给其造成的实际损失。故根据本案现有证据，中某公司应当将案涉300万元履约保证金退还给神某公司。如果中某公司有新的证据能够证明神某公司未履行《补充协议》的约定而给自己所造成的实际损失，可以另行向神某公司主张。

延伸阅读

关于不符合定金性质的保证金等不能适用定金罚则的判例

1. 未约定定金罚则的保证金、承诺金，不属于定金担保

案例一：北京爱某华物业管理有限公司与北京市某区环境卫生服务中心、北京海某房地产开发有限公司合资、合作开发房地产合同纠纷申请再审民事裁定书［（2013）民申字第1618号］

最高法院认为："双方当事人并未就保证金的性质作出明确的约定，环卫中心主张因爱某华公司违约保证金归其所有，这实际上属于定金罚则的适用，根据《最高人民法院关于适用〈中华人民共和国担保法〉若干问题的解释》第一百一十八条①规定：'当事人交付留置金、担保金、保证金、订约金、押金或者订金等，但没有约定定金性质的，当事人主张定金权利的，人民法院不予支持。'故环卫中心主张200万元保证金归其所有不予退还缺乏事实和法律依据。在双方约定不明的情况下，二审法院酌情处理，确定依据2008年的相关标准进行折抵并无不当。"

案例二：陈某与大庆旭某房地产开发有限公司合同纠纷一案民事裁定书［（2016）黑民申165号］

黑龙江省高级人民法院认为："陈某因欲购买旭某公司开发的房屋，分别于

① 编者按：已失效。

2013 年 3 月 24 日、2013 年 4 月 2 日向旭某公司交付要约承诺金共计 307431 元，后因双方未能签订购房合同，陈某要求退款，旭某公司于 2014 年 10 月 16 日将全部承诺金退给陈某，但陈某认为其交纳的承诺金具有定金性质，旭某公司应双倍返还，故诉至法院。因陈某与旭某公司签订的《房屋要约协议书》及《房屋要约书》中均无定金字样，亦无体现定金性质的约定，《中华人民共和国担保法》第九十条①的规定，定金应当以书面形式约定，现陈某未提交其他证据，无法证明该承诺金即为定金或具有定金性质，根据《最高人民法院关于适用〈中华人民共和国担保法〉若干问题的解释》第一百一十八条②'当事人交付留置金、担保金、保证金、订约金、押金或者订金等，但没有约定定金性质的，当事人主张定金权利的，人民法院不予支持'的规定，原一、二审法院对陈某的诉讼请求未予支持正确，陈某主张承诺金具有定金性质的再审申请理由不能成立。"

2. 仅约定一方适用于定金罚则的保证金不能认定为定金担保

案例三：福建蓝某建设有限公司与德州瑞某房地产开发有限公司建设工程施工合同纠纷二审民事判决书［（2016）鲁民终 1488 号］

山东省高级人民法院认为：瑞某公司是否应返还保证金 100 万元？根据《担保法》第二条③关于债权人为担保其债权实现，需依担保法的规定设定担保，其方式为保证、抵押、质押、留置和定金之规定，案中所涉"保证金"明显不属上述前四种方式，只与"定金"方式相近。根据《合同法》第一百一十五条④的规定，当事人约定以"定金"方式担保的，需符合担保法关于定金的规定，而本案中的所谓"保证金"显然不符合法律关于"定金"的规定。最高人民法院《关于适用〈中华人民共和国担保法〉若干问题的解释》第一百一十八条⑤规定："当事人交付留置金、担保金、保证金、订约金、押金或者订金等，但没有约定定金性质的，当事人主张定金权利的，人民法院不予支持。"本案中，关于保证金的约定为确保蓝某公司能履行本合同双方约定的各项条款，在第一次拨款时无息退回 50%，在工程装修第一段拨款时将剩余保证金无息全额退还蓝某公司，如因蓝某公司原因中途停工退场，造成解除本合同，本保证金不予退还。该约定，仅对瑞某公司有利时适用"定金法则"，并未约定如果对瑞某公司不利

①③ 编者按：已失效，被《民法典》吸收。

②⑤ 编者按：已失效。

④ 编者按：《民法典》第 587 条。

时，应适用双倍返还的“定金法则”，故其依据此种约定的主张均不应支持。该“保证金”应依抵销原理抵冲有关损失后，余下的返还蓝某公司。因此，100万元应予退还。

3. 占有他人不适用定金罚则的资金拒不返还的，应赔偿他人的利息损失

案例四：中国泛某控股集团有限公司与山东省某高新技术投资有限公司股权转让纠纷一审民事判决书［（2010）鲁商初字第2号］

山东省高级人民法院认为：“关于原告泛某公司支付的2000万元的性质及双方《协议书》解除后的责任承担问题。本院认为，根据双方《协议书》第七条的约定：甲乙双方承诺并同意，甲方最迟于5月30日前向乙方支付2000万元人民币作为甲乙双方签订正式股权（指乙方所持有的股权）转让协议的保证金。《协议书》生效后，2004年9月1日，原告泛某公司经某银行向被告某高新投公司电汇2000万元整，汇款用途为往来款。从双方《协议书》约定及付款的履行情况来看，足以认定原告泛某公司付给被告某高新投公司的2000万元是保证金。根据最高人民法院《关于适用〈中华人民共和国担保法〉若干问题的解释》第一百一十八条①的规定：‘当事人交付留置金、担保金、保证金、订约金、押金或者订金等，但没有约定定金性质的，当事人主张定金权利的，人民法院不予支持。’因此，原告泛某公司和被告某高新投公司虽然在来往的信函中和诉讼中都有按定金罚则追究对方责任的主张，但均没有合同依据和法律依据，本院不予支持。因原、被告双方订立的《协议书》并未对违约金作出约定，《协议书》解除后，被告某高新投公司也未主张实际损失，在其长期占用原告泛某公司2000万元保证金的情况下，按公平原则，应当返还原告泛某公司支付的2000万元保证金及占用资金期间的利息。”

---

① 编者按：已失效。

第三节 让与担保

101 将股权形式上转让至债权人名下，能否构成合法有效的让与担保？

裁判要旨①

当事人以签订股权转让协议方式为民间借贷债权进行担保，在不违反法律、行政法规效力性强制性规定的情况下，担保行为有效。签订股权让与担保协议并依约完成股权登记变更后，因借款人未能按期还款，担保人将股权形式上转让至债权人名下的担保是股权让与担保，该行为有效，债权人有权对受让的股权进行拍卖、变卖，并就拍卖而来的价款优先受偿。

案情简介

1. 2013 年 5 月至 2014 年 4 月间，闽某公司与西某公司签订多份《借款合同》，约定西某公司从闽某公司处借款共计 8.75 亿元。

2. 2014 年 6 月 14 日，西某公司与闽某公司的股权代持人签订《股权转让协议》，约定西某公司将其持有的翠某山公司的 64% 股权转让给闽某公司的股权代持人，如西某公司按期履行债务，闽某公司应将受让的股权份额全部转回。同日，西某公司将股权转让给了闽某公司的股权代持人，并办理了工商变更登记手续。

3. 2018 年 6 月 11 日，西某公司因资不抵债进入破产程序，闽某公司向法院起诉，要求法院确认其对翠某山公司的股权优先受偿。

4. 一审法院以“双方签订该合同的真实目的并非真正实现股权转让，而是为了对案涉债务提供担保”为由，认定股权让与担保行为违反了物权法定和物权公示原则，闽某公司无权就翠某山公司的股权优先受偿。

5. 2019 年 1 月 21 日，闽某公司不服一审法院判决，向最高人民法院提起上

① 案件来源：闽某投资集团有限公司与西某集团有限公司、第三人刘某平民间借贷纠纷案［（2019）最高法民终 133 号 《最高人民法院公报》2020 年第 1 期（总第 279 期）第 15－43 页］

诉，最高法院认为，西某公司与闽某公司的股权让与担保行为有效，闽某公司对相应股权有优先受偿的权利。

裁判思路

本案败诉的原因是当事人对股权让与担保协议效力的错误认识。当事人以签订股权转让协议方式为民间借贷债权进行担保，此种非典型担保方式为让与担保。在不违反法律、行政法规效力性强制性规定的情况下，担保行为有效。

《全国法院民商事审判工作会议纪要》（法〔2019〕254 号）已经明确肯定让与担保的法律效力："债务人或者第三人与债权人订立合同，约定将财产形式上转让至债权人名下，债务人到期清偿债务，债权人将该财产返还给债务人或第三人，债务人到期没有清偿债务，债权人可以对财产拍卖、变卖、折价偿还债权的，人民法院应当认定合同有效。"本案涉及的股权已经通过登记公示的方式转让至债权人名下，在债务人无法清偿到期债务时，债权人可以请求参照法律关于担保物权的规定对财产拍卖、变卖、折价优先偿还其债权。

经验总结

1. 让与担保的设立应当在债务履行期届满之前，且债权人与担保人之间应当对合同的担保属性进行释明，明确股权转让的行为是为了担保债权的实现，并对股东权利的行使限制、股权回购的条件与程序进行明确的约定。在明确了以上条件的情况下，无论股权转让协议的名称为何，法院都应当认定其为股权让与担保合同，并按照非典型担保的规定认定合同效力。

2. 担保人为自己或者他人的债权设置股权让与担保时，应当合理评估出让股权的价值，并在合同中设置相对灵活的赎回条款，避免因部分债务无法偿还而丧失全部股权的控制权，从而进一步陷入资金周转困难，偿债能力下降的局面。本案中，西某公司让与的股权价值远超过其借款额，在一定时期内阻碍了其资金周转，这一因素对其最终因经营不善而破产有一定影响。

3. 虽然最高法院对股权让与担保在效力上予以认可，但是当事人在设定股权让与担保应当注意以下问题：第一，不能违反禁止流质的规定，当事人约定不能偿还到期债务时，受让的股权归债权人所有的，法院将不予支持，约定债权人有权对受让股权拍卖、变卖并就相应价款优先受偿的，法院应予支持；第二，不能有通谋虚伪的意思表示，债权人与担保人之间必须就让与担保的担保属性进行确认，作出真实的意思表示；第三，不能侵犯他人的合法权益，如不能侵犯其他股东的优先购买权、股权上已设置的其他担保物权等。

裁判意见

以下为法院在“本院认为”部分就此问题发表的意见：

2014年6月20日，西某公司为甲方、刘某平为乙方签订《协议书》，约定：“甲方向乙方借款用于银行短期倒贷，本息合计723606136.82元（股权比例计算说明见附件一）。现由于甲方无力偿还，西某公司同意将其持有翠某山公司64%股权转让给刘某平，乙方。现甲乙双方经协商一致，就未尽事宜达成协议如下：……二、甲乙双方签订的股权转让协议的目的是以股权转让的形式保证乙方债权的实现，督促甲方按本协议的约定偿还乙方的借款。本协议约定的还款期限为：2014年6月21日至2015年6月20日。……四、在本协议约定的还款期限内，甲乙双方应保证：1. 甲方应积极筹措资金偿还乙方借款，每偿还一笔借款，按还款数额相应核减乙方的持股比例。当投入逊克县翠某山矿业有限公司的借款本息723606136.82元、投入西某集团哈尔滨龙某房地产开发有限公司借款490753923.74元、西某钢铁集团有限公司借款100000000.00元全部还清时，乙方应将受让的逊克县翠某山矿业有限公司的股权份额全部转回甲方或甲方指定的公司，并配合甲方办理工商变更登记手续。……五、如甲方在本协议约定的还款期限内未能偿还乙方的借款时：……利息按原借款合同约定的税后年息18%计算，按月支付。”为履行上述约定内容，2014年6月13日，翠某山公司股东会决议同意西某公司将其所持有的翠某山公司64%股权转让给刘某平，其他股东放弃优先购买权。西某公司与翠某山公司在工商部门办理了翠某山公司股东变更登记。

2015年8月13日，西某公司为甲方、刘某平为乙方，签订《补充协议书》，约定：“甲、乙双方于2014年6月20日签订逊克县翠某山矿业有限公司股权转让协议书，甲方将持有的翠某山矿业公司64%的股权未按对价原则阶段性转让给乙方，以保证乙方债权的安全和实现。鉴于现阶段甲方尚无力偿付对乙方的债务并回购翠某山矿业公司64%的股权，且乙方也没有实质持有翠某山矿业公司股权的意愿，为此，甲、乙双方基于实际考虑，经协商一致，达成补充协议如下：……二、甲乙双方1年内引进战略投资商投资翠某山时，战略投资商用于购买乙方阶段性持有的翠某山矿业公司股权的价款，首先用于偿还甲方对乙方的借款本息，乙方按还款比例相应减持64%股权比例，同时对已偿还借款停止计息。……四、若从补充协议签订之日起，1年内甲方不能全部还清债务，乙方有权对外出售翠某山矿业公司股权，出售价格以评估价格为基础下浮不超过10%；出售股权比例变现的额度，不得超过未清偿借款本息和。同等条件甲方有优先回购权。五、截至2015年6月20日，甲方向乙方借款本息合计849232648.54元。若6个月内清偿，按年税后利率12%付息；若还款期限超过6个月部分，按年税后利率18%付息。利息一年一结算。六、乙方在哈尔滨龙某房地产有限公司债权未清偿部分转入翠某山矿业公司64%股权中，在翠某山矿业公司股权变卖所得价款中清偿。"

本院认为，西某公司与刘某平签订的《协议书》约定，"双方签订的股权转让协议的目的是以股权转让的形式保证乙方债权的实现，督促甲方按本协议的约定偿还乙方的借款。""甲方应积极筹措资金偿还乙方借款，每偿还一笔借款，按还款数额相应核减乙方的持股比例。""……全部还清时，乙方应将受让的逊克县翠某山矿业有限公司的股权份额全部转回甲方或甲方指定的公司，并配合甲方办理工商变更登记手续"。《补充协议书》再次明确，该股权转让是为了"保证乙方债权的安全和实现"，且双方确认"乙方也没有实质持有翠某山矿业公司股权的意愿"。可见，双方签订股权转让协议的目的是以股权转让形式保证刘某平债权的实现，担保西某公司按协议约定偿还借款。上述《协议书》《补充协议书》约定将西某公司名下翠某山公司64%股权变更至刘某平名下，与前述以龙某公司100%股权提供的担保为同一性质，并非真正的股权转让，而是将翠某山公司64%股权作为对刘某平债权实现的非典型担保，即让与担保。对此，各方不持异议。如前所述，有关让与担保的约定内容真实、自愿、合法，不具有合同无效情形，应为有效合同。一审判决认定，双方于2014年6月13日签订《协议书》、2015年8月13日签订《补充协议书》的真实目的并非真正实现股权转让，而是为了对案涉债务提供担保，符合本案当事人在相关系列合同中作出的连贯的、一致的真实意思表示，本院予以确认。西某公司主张，上述《协议书》《补充协议书》系本案各方通谋虚伪意思表示，依据《民法总则》第一百四十六条①规定和《破产法》相关规定，应属无效。对西某公司提出的该项诉请，不予

① 编者按：《民法典》第146条。

支持。

本院认为，与认定以龙某公司100%股权设立让与担保的约定有效同理，亦应认定以翠某山公司64%股权设立的让与担保约定有效。《民法总则》第一百四十六条[①]规定，行为人与相对人以虚假的意思表示实施的民事法律行为无效。以虚假的意思表示隐藏的民事法律行为的效力，依照有关法律规定处理。是否为“以虚假的意思表示实施的民事法律行为”，应当结合当事人在主合同即借款合同和从合同即让与担保合同中作出的真实意思表示，统筹作出判断。约定将债务人或第三人股权转让给债权人的合同目的是设立担保，翠某山公司64%股权转让至闽某公司代持股人刘某平名下是为西某公司向闽某公司的巨额借款提供担保，而非设立股权转让民事关系。对此，债权人、债务人明知。从这一角度看，债权人、债务人的真实意思是以向债权人转让翠某山公司股权的形式为债权实现提供担保，“显现的”是转让股权，“隐藏的”是为借款提供担保而非股权转让，均为让与担保既有法律特征的有机组成部分，均是债权人、债务人的真实意思，该意思表示不存在不真实或不一致的瑕疵，也未违反法律、行政法规的效力性强制性规定。

西某公司上诉主张，以翠某山公司股权设定的让与担保违反物权法定及物权公示原则，违反法律禁止流押流质的规定。本院认为，首先，根据物权和债权区分原则，物权法定原则并不能否定上述合同的效力，即使股权让与担保不具有物权效力，股权让与担保合同也不必然无效。其次，让与担保虽非《物权法》等法律规定的有名担保，但属在法理及司法实践中得到广泛确认的非典型担保。本院认为，《物权法》第一百八十六条[②]规定，抵押权人在债务履行期届满前，不得与抵押人约定债务人不履行到期债务时抵押财产归债权人所有；第二百一十一条[③]规定，质权人在债务履行期届满前，不得与出质人约定债务人不履行到期债务时质押财产归债权人所有。前述《物权法》禁止流押、禁止流质之规定，旨在避免债权人乘债务人之危而滥用其优势地位，压低担保物价值，谋取不当利益。如约定担保权人负有清算义务，当债务人不履行债务时，担保权人并非当然取得担保物所有权时，并不存在流押、流质的问题。本案中，西某公司与刘某平2015年8月13日签订的《补充协议书》约定，如西某公司不能还清债务，“乙

---

① 编者按：《民法典》第146条。
② 编者按：《民法典》第401条。
③ 编者按：《民法典》第428条。

方有权对外出售翠某山矿业公司股权，出售价格以评估价格为基础下浮不超过10%；出售股权比例变现的额度，不得超过未清偿借款本息。”可见，西某公司与刘某平就以翠某山公司64%股权设定的让与担保，股权出售价格应以“评估价格为基础下浮不超过10%”的清算方式变现。本院认为，上述约定不违反禁止流质流押的法律规定，应当认定上述约定有效。

闽某公司上诉主张，让与担保是已为《民间借贷规定》所认可的非典型担保，设定担保的目的在于债权人就担保标的物优先受偿。案涉翠某山公司64%股权已在工商部门变更登记至刘某平名下，具有物权公示作用及对抗第三人效力，能够限制该股权转让或其他处分。故，闽某公司就翠某山公司64%股权具有排除第三人的优先物权效力。西某公司主张，依据物权法定原则，只有法律明确规定的物权种类，才具有法律认可和保护的物权效力，让与担保并非法律明确规定的物权种类，仅具有债权效力，不具有与法定物权同样的物权效力，不能对抗第三人，无法取得优先于其他债权人的受偿权；从合同内容看，本案就以该股权设定让与担保的《协议书》《补充协议书》均未约定刘某平享有优先受偿权。本院认为，闽某公司与西某公司上述主张，实质争议焦点在于：以翠某山公司64%股权设定的让与担保是否具有物权效力，让与担保权人是否可因此取得就该股权价值优先受偿的权利。最高人民法院《关于进一步加强金融审判工作的若干意见》第三条规定，依法认定新类型担保的法律效力，扩宽中小微企业的融资担保方式。除符合合同法第五十二条①规定的合同无效情形外，应当依法认定新类型担保合同有效；符合物权法有关担保物权规定的，还应当依法认定其物权效力。对于前述股权让与担保是否具有物权效力，应以是否已按照物权公示原则进行公示，作为核心判断标准。本案讼争让与担保中，担保标的物为翠某山公司64%股权。《公司法》第三十二条第二款规定，公司应当将股东的姓名或者名称向公司登记机关登记；登记事项发生变更的，应当办理变更登记。未经登记或者变更登记的，不得对抗第三人。可见，公司登记机关变更登记为公司股权变更的公示方式。《物权法》第二百零八条②第一款、第二百二十六条第一款及第二百二十九条③规定，在股权质押中，质权人可就已办理出质登记的股权优先受偿。举轻以明重，在已将作为担保财产的股权变更登记到担保权人名下的股权让与担

① 编者按：《民法典》第144条、第146条、第153条、第154条。

② 编者按：《民法典》第425条。

③ 编者按：已失效。

保中，担保权人形式上已经是作为担保标的物的股份的持有者，其就作为担保的股权享有优先受偿的权利，更应受到保护，原则上具有对抗第三人的物权效力。这也正是股权让与担保的核心价值所在。本案中，西某公司与刘某平于2014年6月就签订《协议书》以翠某山公司64%股权设定让与担保，债权人闽某公司代持股人刘某平和债务人西某公司协调配合已依约办妥公司股东变更登记，形式上刘某平成为该股权的受让人。因此，刘某平依约享有的担保物权优于一般债权，具有对抗西某公司其他一般债权人的物权效力。闽某公司主张，刘某平享有就翠某山公司64%股权优先受偿的权利，本院予以支持。西某公司以让与担保非法定物权，以合同当事人未约定刘某平有优先受偿权为由，否定其优先受偿主张，本院不予支持。一审判决认定该让与担保不具有物权效力和对抗第三人的效力有误，本院予以纠正。

闽某公司主张，一审判决以《破产法》第十六条有关禁止个别清偿之规定为由不予支持其就翠某山公司64%股权优先受偿，属适用法律错误，应根据《破产法》第一百零九条规定认定其享有优先受偿的权利。西某公司主张，只有《物权法》《担保法》规定的法定担保物权人①，才可依《破产法》第一百零九条规定在破产程序中享有优先受偿权；如判定刘某平享有对翠某山公司64%股权的优先受偿权，将损害其他债权人利益，对西某公司等四十家公司破产重整造成不利影响。本院认为，认定刘某平对讼争股权享有优先受偿权，不构成《破产法》第十六条规定所指的个别清偿行为。《破产法》第十六条之所以规定人民法院受理破产申请后的个别清偿行为无效，一是，因为此种个别清偿行为减少了破产财产总额；二是，因为此类个别清偿行为违反公平清偿原则。在当事人以股权设定让与担保并办理相应股权变更登记，且让与担保人进入破产程序时，认定让与担保权人就已设定让与担保的股权享有优先受偿权利，是让与担保法律制度的既有功能，是设立让与担保合同的目的。

本案中，翠某山公司64%股权已经变更登记至刘某平名下，刘某平就该股权享有优先受偿权利。根据在案证据，尽管案涉一系列借款合同、抹账协议、以翠某山公司股权设定让与担保的协议及补充协议均以刘某平名义与西某公司等签订，但银行转账记录等相关证据显示，除关某吉与卢某国提供的借款外，其他借款均由闽某公司或其关联公司（铭某公司、闽某公司）账户汇出，关某吉、卢

---

① 编者按：已失效，被《民法典》吸收。

某国先后将其债权转让给刘某平，刘某平本人亦承认真正的权利人为闽某公司，其名下翠某山公司的股份只是为闽某公司代持。鉴此，在闽某公司与西某公司之间存在真实的债权债务关系、闽某公司与刘某平之间对于股权代持关系并无争议的情况下，闽某公司主张就翠某山公司64%股权优先受偿，应予支持。

本案二审中，各方当事人确认，经刘某平同意，案涉翠某山公司64%股权已为西某公司对案外人某银行大连分行金融借款设定股权质押。某银行大连分行诉西某公司、伊春市百某实业有限公司、刘某平、四川省某州钢铁集团有限责任公司、翠某山公司金融借款合同纠纷案，2017年10月17日，辽宁省高级人民法院作出（2017）辽民初44号一审民事判决，该判决现已发生法律效力。某银行大连分行对刘某平持有的翠某山公司64%股权在债权本金5亿元及相应利息、逾期利息、复利和实现债权费用范围内就质押财产享有优先受偿权。本院认为，闽某公司对翠某山公司64%股权享有优先受偿权。基于本案各方确认并经刘某平同意，将为担保闽某公司债权已设立让与担保的股权又出质给西某公司债权银行，某银行大连分行对翠某山公司64%股权应优先于刘某平（闽某公司）受偿。

相关法条

《中华人民共和国民法典》（2021年1月1日施行）

第四百二十八条 质权人在债务履行期限届满前，与出质人约定债务人不履行到期债务时质押财产归债权人所有的，只能依法就质押财产优先受偿。

《全国法院民商事审判工作会议纪要》（法〔2019〕254号）

71.［让与担保］债务人或者第三人与债权人订立合同，约定将财产形式上转让至债权人名下，债务人到期清偿债务，债权人将该财产返还给债务人或第三人，债务人到期没有清偿债务，债权人可以对财产拍卖、变卖、折价偿还债权的，人民法院应当认定合同有效。合同如果约定债务人到期没有清偿债务，财产归债权人所有的，人民法院应当认定该部分约定无效，但不影响合同其他部分的效力。

当事人根据上述合同约定，已经完成财产权利变动的公示方式转让至债权人名下，债务人到期没有清偿债务，债权人请求确认财产归其所有的，人民法院不予支持，但债权人请求参照法律关于担保物权的规定对财产拍卖、变卖、折价优先偿还其债权的，人民法院依法予以支持。债务人因到期没有清偿债务，请求对该财产拍卖、变卖、折价偿还所欠债权人合同项下债务的，人民法院亦应依法予以支持。

《最高人民法院关于适用〈中华人民共和国民法典〉担保部分的解释（征求意见稿）》（2020年11月9日发布）

第六十七条 【将股权形式上转让至债权人名下的担保】 股东以将其股权转移至债权人名下的方式为债务履行提供担保，公司或者公司的债权人以股东未履行或者未全面履行出资义务、抽逃出资等为由，请求作为名义股东的债权人与股东承担连带责任的，人民法院不予支持。

人民法院在认定某一交易是股权转让还是将股权转移至债权人名下的方式为债务履行提供担保，需要综合考察以下因素：

（一）是否存在被担保的主债权债务关系；

（二）是否存在股权回购条款；

（三）股东是否享有并行使股东权利。

延伸阅读

担保人与债权人签订将股权形式上转让至债权人名下的担保行为有效

案例一：巨某投资控股有限公司诉福建省某稀土（集团）有限公司等合同纠纷案［（2018）最高法民终119号］

最高人民法院认为：对让与担保效力的质疑，多集中在违反物权法定原则、虚伪意思表示和回避流质契约条款之上。其中违反物权法定原则的质疑，已在物权法定原则的立法本意以及习惯法层面上得以解释，前述《最高人民法院关于审理民间借贷案件适用法律若干问题的规定》第二十四条的规定，即属对让与担保的肯定和承认；而回避流质契约条款可能发生的不当后果，亦可为让与担保实现时清算条款的约定或强制清算义务的设定所避免。至于让与担保是否因当事人具有通谋的虚伪意思表示而无效，应在现行法律规定以及当事人意思表示这两个层面来检视。就现行法律规定而言，《合同法》第五十二条①规定："有下列情形之一的，合同无效：（一）一方以欺诈、胁迫的手段订立合同，损害国家利益；（二）恶意串通，损害国家、集体或者第三人利益；（三）以合法形式掩盖非法目的；（四）损害社会公共利益；（五）违反法律、行政法规的强制性规定。"该条规定并未将单纯的通谋虚伪意思表示列为合同无效的法定情形。《中华人民共

① 编者按：《民法典》第144条、第146条、第153条、第154条。

和国民法总则》第一百四十六条①则规定，“行为人与相对人以虚假的意思表示实施的民事法律行为无效。以虚假的意思表示隐藏的民事法律行为的效力，依照有关法律规定处理。”根据该条规定，如当事人之间存在通谋的虚假意思表示，基于该虚假意思表示实施的民事法律行为应为无效。由此，让与担保是否无效的关键在于，当事人是否具有通谋的虚假意思表示。对此，实践中多有误解，认为让与担保中，债务人将标的物权利转移给债权人，仅仅属于外观形式，其真实意思是在于设定担保，故为双方通谋而为虚假的转移权利的意思表示，应为无效。但事实上，在让与担保中，债务人为担保其债务将担保物的权利转移给债权人，使债权人在不超过担保目的的范围内取得担保物的权利，是出于真正的效果意思而做出的意思表示。尽管其中存在法律手段超越经济目的的问题，但与前述禁止性规定中以虚假的意思表示隐藏其他法律行为的做法，明显不同，不应因此而无效。

本案中，《股权转让协议》约定了转让标的、转让价款、变更登记等事项，江西巨某、修水巨某均就股权转让事宜作出股东会决议，案涉股权亦办理了变更登记手续，具备股权转让的外在表现形式。修水巨某虽提供黄某、叶某花等证人证言，拟证明其同意转让案涉股权的目的在于提供担保，但此种事实恰恰符合让与担保以转移权利的手段实现担保债权目的的基本架构，不构成欠缺效果意思的通谋的虚假意思表示，其据此主张《股权转让协议》无效，于法无据。且《股权转让协议》第3.1条约定了清算条款，不违反流质条款的禁止性规定。故，《股权转让协议》系各方当事人通过契约方式设定让与担保，形成一种受契约自由原则和担保经济目的双重规范的债权担保关系，不违反法律、行政法规的禁止性规定，应为合法有效。

案例二：东某房地产开发有限公司、建某企业管理咨询有限公司破产债权确认纠纷再审审查与审判监督民事裁定书［（2020）最高法民申460号］

最高人民法院认为：关于案涉《股权转让协议书》的性质和效力。本案中，2011年3月18日，宝某公司账户（徽商银行尾数××××）共收到6笔款项共计2.1亿元，其中第6笔款项5000万元，即为东某公司履行《股权转让协议书》而支付的股权转让款。丁某明在合肥市公安局庐阳分局经侦大队所作询问笔录中供述：“原宝某公司因融资向深圳金某诚投资担保公司借款，深圳金某诚投资担

① 编者按：《民法典》第146条。

保公司法人代表林某忠安排以其侄子林某借款 2.1 亿元，并签订《借款合同》《财务顾问合同书》，并以公司 100%股权转让的形式为借款质押，约定借款两个月，在宝某公司到期不能偿还没有办法的情况下，将股东变更为深圳金某诚投资担保公司指定的股东深圳东某公司、诚某信公司，法人代表变更为林某忠的外甥罗某钦”。据此，原一、二审判决关于“2015 年 11 月 13 日，丁某明在合肥市公安局庐阳分局经侦大队制作的《询问笔录》中陈述的宝某公司对外借款中没有本案所涉 5000 万元借款”的认定有误，对丁某明供述中其与林某签订的《借款合同》《财务顾问合同书》事实未查清。结合《股权转让协议书》实际履行情况（股权转让款用于宝某公司缴纳土地出让金，股权工商登记变更至深圳东某公司、诚某信公司名下，但丁某明依然负责和掌控宝某公司唯一房地产开发项目的经营管理和财务），双方当事人真实意思表示应为股权让与担保。该让与担保并不违反法律、行政法规的强制性规定，在股权变更登记已经完成的情况下，具有一定的物权效力。但深圳东某公司、诚某信公司仅对变价后的股权价值享有优先受偿权，而不宜认定其未经清算事先直接取得股权。

案例三：潘某义、某信托有限公司合同纠纷二审民事判决书［（2019）最高法民终 688 号］

最高人民法院认为：案涉《股权收购及转让协议》并非以股权让与方式担保借款合同债权。潘某义主张案涉《股权收购及转让协议》的签订是其以股权让与方式用东方蓝某公司股权向某信托对其享有的 1.5 亿元借款债权提供担保，但如前所述，潘某义未能提供证据证明其与某信托之间存在借款关系，股权让与担保成立的前提并不存在。同时，股权让与担保是以转让股权的方式达到担保债权的目的，但本案当事人签订《股权收购及转让协议》的目的并不在于担保债权。因为潘某义在协议签订时并不是东方蓝某公司股权持有人，其不具备以该股权提供让与担保的条件和可能；而新某公司作为东方蓝某公司股权持有人和出让人，无论其真实的交易对象是某信托还是潘某义，新某公司的真实意思都是出让所持股权，而不是以股权转让担保债权。

图书在版编目（CIP）数据

担保纠纷裁判规则与类案集成 / 李舒，唐青林，李元元编著．—北京：中国法制出版社，2022．5

ISBN 978－7－5216－2449－6

Ⅰ．①担… Ⅱ．①李…②唐…③李… Ⅲ．①担保－经济纠纷－审判－案例－中国 Ⅳ．①D923．25

中国版本图书馆 CIP 数据核字（2022）第 001536 号

责任编辑：赵宏　　　　封面设计：李宁

担保纠纷裁判规则与类案集成

DANBAO JIUFEN CAIPAN GUIZE YU LEI'AN JICHENG

编著/李舒，唐青林，李元元

经销/新华书店

印刷/三河市国英印务有限公司

开本/710 毫米×1000 毫米　16 开　　　　印张/41　字数/613 千

版次/2022 年 5 月第 1 版　　　　2022 年 5 月第 1 次印刷

中国法制出版社出版

书号 ISBN 978－7－5216－2449－6　　　　定价：169．00 元

北京市西城区西便门西里甲 16 号西便门办公区

邮政编码：100053　　　　传真：010－63141600

网址：http：//www. zgfzs. com　　　　**编辑部电话：010－63141830**

市场营销部电话：010－63141612　　　　**印务部电话：010－63141606**

（如有印装质量问题，请与本社印务部联系。）